Gods and Heroes

英雄与神祇

趣说希腊神话

— 上卷 —

侯继迎 编著

广西师范大学出版社
·桂林·

SHENQI YU YINGXIONG: QUSHUO XILA SHENHUA
神祇与英雄：趣说希腊神话

图书在版编目（CIP）数据

神祇与英雄：趣说希腊神话：上下卷 / 侯继迎编著. —桂林：广西师范大学出版社，2021.5
ISBN 978-7-5598-3586-4

Ⅰ.①神… Ⅱ.①侯… Ⅲ.①神话－古希腊－通俗读物 Ⅳ.①B932.545-49

中国版本图书馆 CIP 数据核字（2021）第 009450 号

广西师范大学出版社出版发行
（广西桂林市五里店路9号　邮政编码：541004）
（网址：http://www.bbtpress.com）
出版人：黄轩庄
全国新华书店经销
广西广大印务有限责任公司印刷
（桂林市临桂区秧塘工业园西城大道北侧广西师范大学出版社集团有限公司创意产业园内　邮政编码：541199）
开本：787 mm × 1 092 mm　1/16
印张：38　　　　字数：380 千字
2021 年 5 月第 1 版　　2021 年 5 月第 1 次印刷
定价：98.00 元（上、下卷）

如发现印装质量问题，影响阅读，请与出版社发行部门联系调换。

自　序

在现代人的心目中，神话属于丰富多彩的想象，而生活才是不容置疑的真实，二者截然不同、泾渭分明。这种"自以为是"的想法导致的结果就是一步步地远离祖先思考问题和感受事物的方式。这种远离同时也是成年人对自己童年的背叛，因为作为个人的童年时代恰恰就是整个人类远古时代的缩影。成年之后，我们之所以怀念童年，是因为它承载了太多的美好回忆：无忧无虑，天真无邪，以及属于"无知"的那份纯真与美丽。于是，怀旧便成为成年人的一种通病。

"一个成人不能再变成儿童，否则就变得稚气了。但是，儿童的天真不使成人感到愉快吗？他自己不该努力在一个更高的阶梯上把儿童的真实再现出来吗？"[1]在没有时间机器的情况下，神话是把我们带回童年、带到远古的唯一方式。而要真切地实现这一点或者说真实地感受这一切，我们要做的最重要的事情就是让那活灵活现的想象打倒谨慎行事的理性，清空横亘在感觉器官与万物自然之间的一切，贴近大地，亲近海洋，聆听飞鸟，拥抱自然，"嵌入"自然。在这里，"我们"不是主体，自然界也不是客体，因为"我们"没有从自然中抽离，自然也没有把"我们"当作星外来客，"天地与我并生，而万物与我为一"（《庄子·齐物论》）。在此一境遇中，任何人走在林中、来到河边、漫步田野之时，遇到威力无边

---

[1]《马克思恩格斯选集》第二卷，人民出版社，2012年版，第711-712页。

的巨神或美丽可爱的仙女都不会有一丝诧异。

每个民族都有自己的神话，而希腊神话却能从中脱颖而出，那是因为"有粗野的儿童和早熟的儿童。古代民族中有许多是属于这一类的。希腊人是正常的儿童。"[1]

首先，古希腊人有着奇特的想象力，他们的思想犹如脱缰的野马插上了飞翔的翅膀，因此古希腊人创造的神话堪称绚丽多姿。但另一方面，希腊神话尽管像其他神话一样有荒谬的情节却又基本合乎常理，因为它们注重铺垫，每一个人物都有坚实的背景，令人害怕而又不合理性的东西在希腊神话中毫无容身之所。这就使得每一篇神话、每一个故事都给人一种真实可信、触手可及的感觉。

其次，每个民族的神话都会表现出一定的杂乱性，但与其他民族的神话相较，希腊神话有着谱系更为分明、辈分更为清晰的特点。当然，希腊神话也并非本来如此。它们是北方亚欧大陆印欧语游牧民族入侵者[2]粗犷勇武的神话、南方地中海世界精致优美的神话和东方富有神秘主义色彩的神话交流融合、氤氲化生的结果。在这一过程中，处于"黑暗时代"[3]末期的游吟诗人[4]和处于城邦文明兴起时期的系统叙事诗[5]作者进行了大量的编纂、整理与改造工作。

---

[1] 《马克思恩格斯选集》第二卷，人民出版社，2012年版，第712页。
[2] 主要是涤荡高度发达的克里特文明、开创相对落后的迈锡尼文明的阿卡亚人。
[3] 公元前11世纪，北方多利亚人入侵者摧毁了迈锡尼文明，希腊历史由此重回野蛮状态，直到公元前8世纪城邦制的希腊文明崛起。这一时期被称为"黑暗时代"。"荷马史诗"成型于这段时间，故又称"荷马时代"。
[4] 主要是生活在公元前9世纪—公元前8世纪的荷马与赫西俄德。
[5] 系统叙事诗大约盛行于公元前7世纪—公元前6世纪，是以神话和英雄传说为内容的古希腊史诗。叙事诗将分散凌乱的希腊民间神话传说改造为彼此相关的有机体系，并且填补和充实了荷马史诗和赫西俄德作品中的许多忽略之处与空缺之处。（参见赵林：《西方宗教文化》，武汉大学出版社，2005年版，第21页。）

最后，也是最重要的一点，古希腊游吟诗人与传奇作家完成了一件极其伟大的事情——把一个无比恐惧、让人望而生畏的世界变成了一个美丽诱人、让人向往的天堂。古希腊人在神话上的一大革新是按照他们自己的形象，即人的形象来塑造神祇，而之前各族人民的头脑中根本就没有产生过类似这样的念头。古埃及的猫头女身像、狮身人面像，美索不达米亚的鸟头人身像、牛头狮身像等都体现了艺术家决心极力创造出世人见所未见、闻所未闻、与任何生物都不像的"纯想象"神祇，以供世人顶礼膜拜。希腊神话中也有稀奇古怪的形象，如狮身人面的斯芬克斯、蛇发女妖戈耳工、九头蛇许德拉等，但这些怪物并不产自希腊本土，而是来自埃及，且都是作为配角、负面角色出现在故事中，其存在的价值基本上就是充当各位英雄豪杰成就伟业的垫脚石。古希腊人也会创造，但他们的创造并不完全依靠头脑中稀奇古怪的想象，其欲望在周围世界的现实事物中就得到了满足：他们看到体魄强壮的运动员，于是创造了威力无穷的宙斯；他们看到风华正茂的年轻人，于是创造了动作敏捷的赫尔墨斯；他们看到风姿绰约的貌美少女，于是创造了美丽动人的维纳斯……总之，希腊的一切艺术和思想都深深地扎根于现实人类世界。德国哲学家卡西尔说："在荷马的史诗中我们看不到两个世界之间有什么确定的屏障。人在他的神祇中描绘的正是他自己，在神的一切中表现出来的正是人的千姿百态、喜怒哀乐、气质性情甚至癖好。"[①]他们是神，因此他们大权在握，高高在上，发怒时确实十分可怕；但他们又来自人，因此他们非常亲切，生活中可随意取笑。男神固然比男人更强大，女神固然比女人更美丽，但他们的性格弱点、道德缺陷却也更加明显与突出：宙斯十分好色，想出各种各样的办法企图对妻子掩盖自己的风流韵事，却每次都露出马脚，狼狈不堪；赫拉妒意十足，

[①]【德】恩斯特·卡西尔：《人论：人类文化哲学导引》，甘阳译，上海译文出版社，2013年版，第168页。

想出各种各样的巧妙又显卑鄙的计策惩罚情敌,却每次都无法最终得逞。这就是希腊神话所构筑的尽管也有惩罚与恐惧但又极富人情味儿的世界。在这个世界里发生的故事具有娱乐性,但又不失教育性。二者协调得如此完美,到了让人叹为观止的程度。

具体说来,"神人同形同性"是希腊神话最重要的特征。所谓"神人同形同性",简单地说,是指神不仅拥有人的健美形体,而且具有人的七情六欲,因此亦可被称为"神仙凡人化"。"同形",是指古希腊人按照人的形象创造了神,并认为神就是人的最完美的体现。"希腊人竭力以美丽的人体为模范,结果竟奉为偶像,在地上颂之为英雄,在天上敬之如神明。"[①] 也就是说,神是具有超凡能力的有血有肉的生灵,他们具有人的形体,只是比人身材更高大,肌肉更发达,体魄更健壮,容貌更俊美!男神一个个魁梧健壮,堪称男人的标准和典范;女神一个个性感妩媚,堪称女人的标准和楷模。"同性"是指:神祇也需要吃饭喝水,虽然他们吃的是仙丹神食,喝的是玉液琼浆;神祇也有人的理智与情感、忧愁与烦恼,虽然他们高高在上,统治人类。更为重要的是,神之所以为神并不是因为他们的道德境界有多么高尚,相反,人所具有的弱点神都具有,而且表现得比人更为突出、更为典型。他们寻花问柳,拈花惹草,贪婪自私,尔虞我诈,巧取豪夺,偷盗奸淫,无所不用其极。[②] 但所有这些非但没有减弱反而极大地增强了希腊神话的魅力,因为它少了矫揉与造作,多了纯净与率真,一切都是无拘无束的真情流露、自由奔放的大胆表达,仿佛一下子让我们回到了超越一切道德准则与规范的童年时代,想起了无伤大雅的恶

[①]【法】丹纳:《艺术哲学》,傅雷译,生活·读书·新知三联书店,2016年版,第57页。
[②] 古希腊哲学家克塞诺芬尼在《讽刺诗》中就曾指出:"荷马和赫西阿德(即赫西俄德——引者注)把人间视为无耻丑行的一切都加在神灵身上:偷盗,奸淫,尔虞我诈。"[北京大学哲学系外国哲学史教研室编译:《西方哲学原著选读》(上卷),商务印书馆,1981年版,第19页。]

作剧，找到了天真烂漫的纯净美。正因为如此，希腊神话才称得上是人类文化史上不可多得的艺术奇葩。

希腊神话是人类的瑰宝，孕育出了盛极一时的古希腊文化，而古希腊文化又是整个西方文化的摇篮。所以，要了解西方文化，希腊神话不可不读。但同时，希腊神话体系庞大、盘根错节，如不理顺其人物关系、故事勾连，只能给人留下人名难以记忆、情节支离破碎之印象，它的整体美感必然遭到破坏。为了让读者清晰明白地了解希腊神话、切实感受它的无穷魅力，本书试图用生动通俗的语言、环环相扣的逻辑、前后注解的方法，抽丝剥茧地为您展开这一美丽画卷！

希腊神话大体上分为"神的故事"和"英雄传说"两个部分。本书共分四编：第一编，两个神族；第二编，一位泰坦；第三编，三大世家；第四编，四次行动。"一位泰坦"，是指普罗米修斯；"两个神族"，是指宙斯之前的旧神族——泰坦神族和以宙斯为首的新神族——奥林匹斯神族。这两编属"神的故事"。"三大世家"，是指珀尔修斯世家、卡德摩斯世家、忒修斯世家；"四次行动"，是指夺取金羊毛、卡吕冬狩猎、七雄攻忒拜和特洛伊战争。这两编则属"英雄传说"。这种"一、二、三、四"的编写方式便于大家从整体上把握全书内容和希腊神话的构成。当然，在本书的最后部分，还附上了"奥德修斯返乡"的故事，因为它既属于"特洛伊战争"的后续，又对整个希腊神话不可或缺。

另外，需要说明两点。

第一，随着时间的推移，希腊神话在传播的过程中不断被加工改造，因而同一个人物具有不同身世、同一个故事出现不同版本的情况经常发生。有些人物、故事，就算是时间差不了多少的荷马与赫西俄德之间也有不小的差异，更不用说后来了。现在相当多的希腊神话著作采用的方法是尽量将一个人物的各种身世、一个故事的各种版本一并列举出来。这当然有助于读者充分掌握材料，但同时也不可避免地会影响人物的统一性和故事的连贯性。为避免初学者陷入更大的混乱，本书在展开的过程中除非十分必要，基本上只选取其中一个比较符合前后逻辑的人物身世、故事版本来叙述，以保证其发展脉络的顺畅性。

第二，希腊神话涉及的人物众多、名字较长且有诸多重名现象[①]，导致许多读者虽有了解希腊神话的强烈愿望，但在阅读相关书籍的过程中得到的感受却是名字记不住，看了后面忘了前面。这样一来，诸神之间、英雄之间、诸神与英雄之间的关系一团乱麻，最后只得放弃。本书采用"前后注解的方法"来解决这一问题：前面故事涉及的人物后面可能要做详细讲述，后面故事涉及的人物前面可能已经出现过，在这种情况下，都会做出相应注释，标出参考页码，以便读者前后对照，加深对人物的印象。

下面，让我们回到那无限遥远的时代，来感受神奇瑰丽的希腊神话带来的无穷魅力吧……

---

① 意大利思想家维柯（1668—1744）在他的代表作《新科学》中说："瓦罗（公元前116—公元前27年，罗马时代的法学家、历史学家、修辞学家，被维柯誉为最渊博的学者——引者注）辛勤地搜集天神的名称，搜到了三万种，因为希腊人曾数出这么多。这些神名涉及最古时代身体、精神、经济或民政等方面的生活需要。"[【意大利】维柯：《新科学》（上），朱光潜译，安徽教育出版社，2006年版，第153页。]

目录

上 卷

自序···1

第一编　两个神族···1
　一、五大创世神···2
　二、十二泰坦神···4
　三、神王更迭··7
　四、奥林匹斯十二主神···19
　　（一）宙斯···20
　　　1. 宙斯与卡利斯托··22
　　　2. 宙斯与伽倪墨得斯··25
　　（二）赫拉··27
　　　1. 赫拉与宙斯的性事纷争···30
　　　2. 宙斯与赫拉的斗智斗勇···31
　　（三）波塞冬··32
　　（四）哈迪斯··36
　　（五）雅典娜··42
　　　1. 雅典娜的身世···42

  2. 雅典娜的惩罚……………………………………45
 （六）阿尔忒弥斯……………………………………48
  1. 阿尔忒弥斯出生………………………………48
  2. 阿尔忒弥斯上位………………………………51
  3. 阿尔忒弥斯与阿克泰翁………………………53
 （七）阿波罗…………………………………………55
  1. 阿波罗的成功上位……………………………55
  2. 阿波罗的坎坷情路……………………………59
 （八）赫淮斯托斯……………………………………66
 （九）阿瑞斯…………………………………………69
 （十）阿佛洛狄忒……………………………………75
  1. 维纳斯的爱情…………………………………76
  2. 丘比特的爱情…………………………………80
 （十一）赫尔墨斯……………………………………88
  1. 赫尔墨斯成功逆袭……………………………88
  2. 赫尔墨斯与赫尔塞……………………………93
  3. 赫耳玛佛洛狄忒与萨耳玛西斯………………95
 （十二）狄俄尼索斯…………………………………97
  1. 狄俄尼索斯的出生与抚养……………………97
  2. 狄俄尼索斯的漫游与凯旋……………………101

第二编　一位泰坦……………………………………107
 一、普罗米修斯造人与盗火…………………………108
 二、潘多拉的魔盒……………………………………111
 三、普罗米修斯的被缚与解放………………………113

四、洪水灭世与重新造人…………………………………118

　　五、"英雄时代"……………………………………………121

第三编　三大世家……………………………………………127

　一、珀尔修斯世家………………………………………………128

　　（一）宙斯与伊俄……………………………………………128

　　（二）兄弟相残………………………………………………133

　　（三）宙斯与达娜厄…………………………………………137

　　（四）珀尔修斯的伟大功绩…………………………………138

　　　1. 力斩美杜莎………………………………………………139

　　　2. 石化阿特拉斯……………………………………………142

　　　3. 拯救安德洛墨达…………………………………………143

　　　4. 误杀外祖父………………………………………………146

　　（五）赫拉克勒斯……………………………………………149

　　　1. 宙斯与阿尔克墨涅………………………………………149

　　　2. 赫拉克勒斯的降生与成长………………………………154

　　　3. 赫拉克勒斯的十二功绩…………………………………159

　　　4. 赫拉克勒斯的求婚之路…………………………………191

　　　5. 赫拉克勒斯与翁法勒女王………………………………195

　　　6. 赫拉克勒斯的复仇之路…………………………………198

　　　7. 赫拉克勒斯的封神之路…………………………………203

　　　8. 赫拉克勒斯的后代子孙…………………………………206

　二、卡德摩斯世家………………………………………………208

　　（一）宙斯诱拐欧罗巴………………………………………208

　　（二）卡德摩斯创基业………………………………………211

（三）安菲翁建忒拜城 ……………………………… 217
（四）尼俄柏遭到报应 ……………………………… 220
（五）俄狄浦斯的悲剧 ……………………………… 223
　　1. 弑父娶母 …………………………………… 223
　　2. 流落异乡 …………………………………… 233

三、忒修斯世家 ……………………………………… 239
（一）雅典建城及王位更迭 ………………………… 240
（二）普洛克涅和菲罗墨拉 ………………………… 244
（三）厄瑞克透斯的女儿们 ………………………… 247
　　1. 普洛克里斯与刻法罗斯 …………………… 247
　　2. 克瑞乌萨与阿波罗 ………………………… 251
　　3. 俄瑞堤伊亚和玻瑞阿斯 …………………… 260
（四）忒修斯出世 …………………………………… 262
（五）忒修斯回乡 …………………………………… 265
（六）忒修斯认父 …………………………………… 268
（七）忒修斯杀牛 …………………………………… 270
（八）忒修斯执政 …………………………………… 275
（九）忒修斯交友 …………………………………… 278
（十）忒修斯娶妻 …………………………………… 280
（十一）忒修斯二婚 ………………………………… 281
（十二）忒修斯抢妻 ………………………………… 283
（十三）忒修斯之死 ………………………………… 284

下　卷

第四编　四次行动·····························287
  一、夺取金羊毛·····························288
    （一）西绪福斯·····························290
    （二）阿塔玛斯·····························294
    （三）克瑞透斯·····························296
    （四）伊阿宋回乡·····························299
    （五）阿耳戈远征·····························301
      1. 偶遇女儿国·····························304
      2. 误杀好国王·····························306
      3. 两英雄离队·····························307
      4. 杀掉赛拳手·····························309
      5. 解救菲纽斯·····························310
      6. 成功过撞岩·····························311
      7. 遭遇铜怪鸟·····························312
      8. 救下堂兄弟·····························313
      9. 美狄亚出场·····························315
      10. 美狄亚赠药·····························318
      11. 伊阿宋斗牛·····························322
      12. 金羊毛到手·····························324
      13. 美狄亚杀弟·····························325
      14. 喀耳刻净罪·····························326
      15. 塞壬的歌声·····························327
      16. 墨西拿海峡·····························328

　　　　17. 美狄亚完婚·················329
　　　　18. 利比亚遇险·················331
　　　　19. 杀死塔罗斯·················332
　　　　20. 伊阿宋回乡·················333
　　（六）伊阿宋复仇·················334
　　（七）伊阿宋负心·················336
　　（八）美狄亚杀子·················340
二、卡吕冬狩猎·················342
　　（一）"杀猪大会"与墨勒阿革洛斯之死·················343
　　（二）阿塔兰忒和希波墨涅斯·················347
三、七雄攻忒拜·················351
　　（一）波吕尼刻斯借兵·················351
　　（二）七雄攻打忒拜城·················356
　　（三）安提戈涅葬兄长·················363
　　（四）后辈英雄攻忒拜·················367
　　（五）阿尔克迈翁弑母·················370
四、特洛伊战争·················373
　　（一）迈锡尼·················374
　　　　1. 阿伽门农的曾祖父——坦塔罗斯·················375
　　　　2. 阿伽门农的祖父——珀罗普斯·················378
　　　　3. 阿伽门农的父亲——阿特柔斯·················380
　　（二）斯巴达·················386
　　（三）特洛伊·················389
　　（四）金苹果之争·················392
　　　　1. 珀琉斯的身世·················392

2. 忒提斯的婚礼·················395
　　3. 帕里斯的裁决·················397
（五）帕里斯诱拐海伦·················400
（六）战前动员·····················406
（七）出征受挫·····················412
　　1. 献祭伊菲革涅亚················412
　　2. 误伤忒勒福斯·················417
　　3. 抛弃菲罗克忒忒斯···············419
（八）战争前九年····················420
　　1. 正面交锋···················420
　　2. 陷害战友···················422
　　3. 清理外围···················424
　　4. 谈判失败···················424
（九）战争第十年····················426
　　1. 阿喀琉斯的愤怒················426
　　2. 阿伽门农的试探················431
　　3. 两个丈夫的决斗················432
　　4. 整整一天的战斗················435
　　5. 特洛伊人的胜利················444
　　6. 阿喀琉斯拒绝和解···············447
　　7. 希腊人夜袭敌营················448
　　8. 特洛伊再次胜利················450
　　9. 帕特洛克罗斯之死···············459
　　10. 阿喀琉斯重返战场···············465
　　11. 赫克托耳之死·················474

12. 赫克托耳的葬礼⋯⋯⋯⋯⋯⋯⋯⋯⋯⋯⋯⋯⋯⋯⋯⋯⋯477
13. 阿玛宗女王之死⋯⋯⋯⋯⋯⋯⋯⋯⋯⋯⋯⋯⋯⋯⋯⋯481
14. 埃塞俄比亚国王之死⋯⋯⋯⋯⋯⋯⋯⋯⋯⋯⋯⋯⋯⋯483
15. 阿喀琉斯之死⋯⋯⋯⋯⋯⋯⋯⋯⋯⋯⋯⋯⋯⋯⋯⋯⋯487
16. 大埃阿斯之死⋯⋯⋯⋯⋯⋯⋯⋯⋯⋯⋯⋯⋯⋯⋯⋯⋯489
17. 欧律皮罗斯之死⋯⋯⋯⋯⋯⋯⋯⋯⋯⋯⋯⋯⋯⋯⋯⋯492
18. 帕里斯之死⋯⋯⋯⋯⋯⋯⋯⋯⋯⋯⋯⋯⋯⋯⋯⋯⋯⋯495
19. 盗取帕拉斯神像⋯⋯⋯⋯⋯⋯⋯⋯⋯⋯⋯⋯⋯⋯⋯⋯499
20. 木马屠城计⋯⋯⋯⋯⋯⋯⋯⋯⋯⋯⋯⋯⋯⋯⋯⋯⋯⋯501

附：奥德修斯返乡⋯⋯⋯⋯⋯⋯⋯⋯⋯⋯⋯⋯⋯⋯⋯⋯⋯⋯509
（一）奥德修斯的遭遇⋯⋯⋯⋯⋯⋯⋯⋯⋯⋯⋯⋯⋯⋯⋯510
1. 美酒与忘忧果⋯⋯⋯⋯⋯⋯⋯⋯⋯⋯⋯⋯⋯⋯⋯⋯⋯510
2. 智斗独眼巨人⋯⋯⋯⋯⋯⋯⋯⋯⋯⋯⋯⋯⋯⋯⋯⋯⋯511
3. 风神埃俄罗斯⋯⋯⋯⋯⋯⋯⋯⋯⋯⋯⋯⋯⋯⋯⋯⋯⋯516
4. 莱斯特律戈涅斯人⋯⋯⋯⋯⋯⋯⋯⋯⋯⋯⋯⋯⋯⋯⋯518
5. 女巫喀耳刻⋯⋯⋯⋯⋯⋯⋯⋯⋯⋯⋯⋯⋯⋯⋯⋯⋯⋯519
6. 前往哈迪斯冥国⋯⋯⋯⋯⋯⋯⋯⋯⋯⋯⋯⋯⋯⋯⋯⋯524
7. 海妖塞壬⋯⋯⋯⋯⋯⋯⋯⋯⋯⋯⋯⋯⋯⋯⋯⋯⋯⋯⋯527
8. 墨西拿海峡⋯⋯⋯⋯⋯⋯⋯⋯⋯⋯⋯⋯⋯⋯⋯⋯⋯⋯528
9. 神祇的圈套⋯⋯⋯⋯⋯⋯⋯⋯⋯⋯⋯⋯⋯⋯⋯⋯⋯⋯530
10. 仙岛思乡⋯⋯⋯⋯⋯⋯⋯⋯⋯⋯⋯⋯⋯⋯⋯⋯⋯⋯531
11. 海神的报复⋯⋯⋯⋯⋯⋯⋯⋯⋯⋯⋯⋯⋯⋯⋯⋯⋯535
12. 瑙西卡公主⋯⋯⋯⋯⋯⋯⋯⋯⋯⋯⋯⋯⋯⋯⋯⋯⋯537
13. 在阿尔喀诺俄斯的宫中⋯⋯⋯⋯⋯⋯⋯⋯⋯⋯⋯⋯539
14. 回到伊塔卡⋯⋯⋯⋯⋯⋯⋯⋯⋯⋯⋯⋯⋯⋯⋯⋯⋯544

（二）伊塔卡的变故 ·················· 546
  1. 求婚者胡作非为 ················ 546
  2. 召开公民大会 ·················· 549
  3. 寻访皮洛斯和斯巴达 ············ 552
（三）奥德修斯复仇 ·················· 554
  1. 忒勒玛科斯归来 ················ 555
  2. 会见欧迈俄斯 ·················· 556
  3. 父子相认 ······················ 559
  4. 回到王宫 ······················ 563
  5. 夫妻相见 ······················ 567
  6. 诛杀求婚者 ···················· 572
  7. 夫妻相认 ······················ 580
  8. 大团圆结局 ···················· 582

后 记 ································ 587

第一编　两个神族

在我们所熟悉的以宙斯为代表的奥林匹斯神族之前，还有一个更为古老的泰坦神族。它们一起构成希腊神话中的新旧"两个神族"。泰坦神族的统治被奥林匹斯神族暴力推翻，实现了新旧神谱的更迭。

一、五大创世神

话说宇宙幻化之初、天地分裂之前，原是一片混沌，英文唤作Chaos，汉语音译为"卡俄斯"。这"卡俄斯"乃何方神圣？它不可描述、无边无际、毫无秩序，可谓宇宙各元素融为一体、尚未分化的原始状态。它就像中国古人所说的"元气未分，混沌为一"、"天地未生，混沌一气"。

这个卡俄斯别的本事没有，却有一项"繁衍生命"的特异功能。它闲来无事，一时兴起，以"无性繁殖"的方式从自身内部分裂出五个孩子：大地之神该亚，地狱之神塔耳塔洛斯，爱欲之神厄洛斯，黑暗之神厄瑞玻斯，黑夜女神倪克斯。他们就是鼎鼎大名的五大创世神，构成了最古老的神祇。世界由此发端，希腊神话的美丽画卷也由此慢慢铺陈展开……

1. 该亚：女，大地之神。她将马上成为故事的主角，所以在此暂且省略对她的介绍。

2. 塔耳塔洛斯：男，地狱之神。他身处大地最底端，后来成为一所监狱，专门关押妖魔怪物，囚禁犯上作乱的神祇。除此之外，他还是有罪之人死后灵魂的归宿。

3. 厄洛斯：没有性别，爱欲之神。因为他（她）既代表男性对女性的欲望，又代表女性对男性的欲望，当然还有男性对男性、女性对女性的欲望，所以搞得他（她）自己反倒不男不女。别看性别搞不清楚，但这位厄洛斯威力却着实不小，他（她）"能使所有的神和所有的人销魂荡魄、呆若木鸡，使他们丧失理智，心里没了主意"。[①] 正是他（她）催生了诸神之间的爱慕之情，进而可以享受两性欢愉并摆脱无性繁殖的枯燥状态。

4. 厄瑞玻斯：男，黑暗之神。他位于大地与冥府之间，也是地下世界的一个部分。人死后，灵魂便首先穿过黑暗，再到达冥府。

5. 倪克斯：女，黑夜之神。她住在冥国的入口或冥河处，代表夜之本体。

在身为爱欲之神的老三出生之前，大家根本不懂得男女情爱为何物、肉体结合又有何妙处。现在有了厄洛斯不断催情，五妹倪克斯和四哥厄瑞玻斯住得很近，于是他们经常鬼混在一起，日久生情，"黑暗"加"黑夜"就有了月黑风高的苟且之事。完事之后，倪克斯神奇地发现自己的肚子大了，一口气生下三位古老的神祇——光明之神埃忒耳、白昼女神赫墨拉以及冥河艄公卡戎。除此之外，这位倪克斯自己还生育了死神塔那托斯、睡神许普诺斯、不和女神厄里斯、欺骗女神阿帕忒、命运三女神摩伊赖等。

这么多名字，一时哪能记得住？后面故事中露面的时候再说吧——他们即使出现也大多是"打酱油"的角色。但有一组神还是要引起我们的注意，那就是几乎在所有的故事中都没有正面现身但又无处不在的冷酷无情、铁面无私的命运三姐妹——小妹克罗托（负责纺织生命之线）、二姐拉刻西斯（负责丈量生命之线）、大姐阿特罗波斯（随时准备用剪刀剪断生命之线）。在希腊神话中，命运不是外在的异己因素，而是处于自身之中，主宰一切、不可抗拒的神秘力量；凡是命定的东西，一定会发生。不管你是庸庸碌碌的凡人、勇武好战的英雄，还是永生不死的神祇，都无法逃避这把时刻悬在头上的达摩克利斯之剑。

[①]【古希腊】赫西俄德：《工作与时日·神谱》，张竹明、蒋平译，商务印书馆，2016年版，第31页。

二、十二泰坦神

五大创世神的名字不大好记，但我们现在也没必要都记住他们。在接下来要讲的希腊神话中，名字最好记的老大该亚才是主角；至于那四个名字后面带"斯"字的只不过是"龙套演员"而已，提到的时候再说吧！

接下来，让我们以热烈的掌声欢迎大神该亚登场……

卡俄斯混沌一片，尚无神格。该亚堪称世间第一神，享受着大地母亲的万分荣耀。但再牛的神也有孤单寂寞的时候。每逢此时，她就找弟弟妹妹聊聊天。不过，该亚后来发现聊了还不如不聊，因为他们都是地狱、黑暗、黑夜之类的，聊天只能给自己带来负面情绪。一开始，该亚打心眼儿里瞧不起那位不男不女、没有性别的老三厄洛斯，可是环视整个世间就他们这么几个神，实在是没什么选择余地。于是，她就尝试着和爱欲之神聊了几次。结果这一聊不要紧，不知不觉中竟撩拨起了爱的冲动和欲望。这可怎么办啊？那几位她都看不上，爱欲之神又没有性别。

百爪挠心的感觉实在不好受。急得上蹿下跳的该亚一生气、一狠心、一跺脚：我自己来——自己生、自己养、自己用。于是，作为大地女神的她靠单性生殖的方式生出了天空（乌拉诺斯）、海洋（蓬托斯）、山脉（乌瑞亚）、大自然（宁芙仙女①）——总之，大地上的一切都诞生了。这时，该亚对儿子们下手了。她先从老大开始，在爱欲之神的促使下，她"嫁"给了自己的大儿子——天空之神乌拉诺斯。其实这里谈不上"嫁"，就是赤裸裸的肉体结合。

此时的我们也许会不由得惊呼一声："啊！母子结合？没搞错吧？这不是地地道道的乱伦嘛！"各位读者，这里暂且允许您惊讶一下，但等您

---

① 宁芙是山川、水泽、海岛、树林、草场等野外成精的众仙女的统称。她们是大自然的精灵，相貌美丽动人、性格活泼可爱，虽然会死，但不会老，有着天山童姥般的容颜。

接着往下看希腊神话时就再也不会感到惊讶了，因为您会发现对希腊诸神来说，血亲婚配根本不是事儿！① 再说了，创世之初，找遍整个宇宙只有有限的那么几个神，不将就也实在是没办法啊！实际上，我们得承认，由卡俄斯的无性生殖到该亚的单性生殖再到该亚和乌拉诺斯的两性生殖，已经是巨大的进步了。

乌拉诺斯、该亚夫妇结合后生出六个怪物——三个独目神和三个百臂神。独目神不是我们在海盗影片中经常看到的瞎了一只眼的独眼龙，而是只在额头中间长了一只大环眼的神；百臂神也不像中国神话中有一千只手却只有一个头的千手观音，而是有一百个手臂五十个脑袋。《神谱》有言："他们（百臂巨人——引者注）身材魁梧，力大无穷，不可征服。在天神和地神生的所有子女中，这些人最可怕。"② 兄弟六个皆是长相怪异、面目狰狞、身材高大的巨人。看到这里，我们只能默默地说一句：近亲结婚，害神不浅啊！

不过，这两口子并没有气馁：六个不行，再来一打。于是他们又生了十二个孩子——六男六女，也就是我们比较熟悉的"十二泰坦"③。他们分别是六位男性泰坦——俄刻阿诺斯、科俄斯、许珀里翁、克利俄斯、伊阿珀托斯、克洛诺斯，六位女性泰坦——忒亚、瑞亚、忒弥斯、谟涅摩绪涅、福柏和忒堤斯。

1. 俄刻阿诺斯：男，大洋之神。他与自己的妹妹、沧海女神忒堤斯结合，生育了三千男性河神及三千海洋女神。在后面的神话故事中我们会发现，

---

① 关于这一问题的理论论述，可参看恩格斯《家庭、私有制和国家的起源》一书。
② 【古希腊】赫西俄德：《工作与时日·神谱》，张竹明、蒋平译，商务印书馆，2016年版，第32页。
③ 泰坦就是无比巨大之意，巨轮"泰坦尼克号"的名字即源于此。

河神、海神等一切水神都具有非常强大的变身本领。[①]而且，我们还会发现，这从四面八方包围陆地的三千海洋女神给众多好色男神真是提供了十分丰富的资源。

2. 科俄斯：男，智力之神。他见哥哥娶了妹妹，自己也赶快下手娶了一个——月之女神福柏。两口子生下两个女儿——无星无月的"暗夜神"勒托和星光璀璨的"星夜神"阿斯忒里亚。后来，宙斯的咸猪手伸向了这对姊妹花。性格火辣的妹妹阿斯忒里亚断然拒绝。生性软弱的姐姐勒托没能逃离魔掌，为宙斯生下一对龙凤胎——大名鼎鼎的第三代月神阿尔忒弥斯和第三代太阳神阿波罗。

3. 许珀里翁：男，第一代太阳神。一共就这几个妹妹，再不出手就晚了！于是他选择了妹妹忒亚，生育了黎明女神厄俄斯、第二代太阳神赫利俄斯和第二代月神塞勒涅。

4. 克利俄斯：男，生长之神。这位老兄见哥哥都向亲妹妹下手，面露鄙夷之色，批评他们这样做是不对的——起码也得找个关系远点的吧？于是他娶了欧律比亚。欧律比亚是谁？前面说过，该亚与儿子的结合先从老大乌拉诺斯开始，后来她又和二儿子蓬托斯搞在一起，生了几个儿女，其中之一就是这个欧律比亚。这么说来，克利俄斯的这个老婆实际上也就是母亲和叔叔的私生女。他们两口子生下了珀耳塞斯、阿斯特赖俄斯和帕拉斯几个子女。

5. 伊阿珀托斯：男，灵魂之神。此时，老大哥俄刻阿诺斯的女儿们已长大成人。俗话说："女大十八变，越变越好看。"这叔叔一看众多侄女长得这么漂亮，干脆自己先在里面挑一个吧，省得便宜了别人。就这样，

[①] 周作人在他翻译的《希腊神话》一书的注释中说："水性最是变动无常，所以能变化成各种形状。"（【古希腊】阿波罗多洛斯：《希腊神话》，周作人译，长江出版社，2018年版，第221页。）

三千海洋女神之一的克吕墨涅成了他的妻子。后来证明这位大神的眼光还真是不赖。克吕墨涅给他生下了四个赫赫有名的泰坦儿子——阿特拉斯、墨诺提俄斯、普罗米修斯和厄庇墨透斯，后面的故事中他们将悉数登场。

6. 忒亚：女，璀璨之神，许珀里翁之妻。

7. 瑞亚：女，时光之神。小老弟克洛诺斯娶她为妻。后来这两口子发达了——丈夫克洛诺斯推翻了父亲乌拉诺斯的统治成为第二代神王，瑞亚也就升格为第二代神后。夫妇两个生下了六个孩子，分别是后来的灶神赫斯提亚、农产女神得墨忒尔、天后赫拉、冥王哈迪斯、海神波塞冬和第三代神王宙斯。

8. 忒弥斯：女，正义之神。她嫁给了宙斯，在宙斯的七个老婆中排行老二，生时序三女神。

9. 谟涅摩绪涅：女，记忆之神。她嫁给了宙斯，在宙斯的七个老婆中排行老五，与宙斯同寝九昼夜生下掌管文艺和科学的缪斯九女神。

10. 福柏：女，第一代月神，科俄斯之妻。

11. 忒堤斯：女，沧海之神，俄刻阿诺斯之妻。

12. 克洛诺斯：男，天空之神，瑞亚的丈夫。后来他篡位成功，坐上了第二代神王的宝座。

此时，乌拉诺斯、该亚是第一代神王、神后，他们与子女十二泰坦及其后代共同统治着整个宇宙。

三、神王更迭

该亚是大地，乌拉诺斯是天空。天空俯视大地，大地仰望天空，按理说他们应该是比较和谐的两口子。但问题是，当时天地一体，尚未分离，天空覆盖着大地，二者大小一样、完全叠合，每一块土地都有一块天空黏合其上。除此之外，更为关键的是，乌拉诺斯的性欲极其旺盛，他每天无所事事，只知道在大地的怀抱里无休止地发泄兽欲。该亚顿时觉得丧失了存在感，完全成了老公泄欲和生子的工具。此时的地母对于自己当初没耐得住寂寞生了这么个儿子一事真是连肠子都悔青了。

不止如此，当该亚给老公生下第一批孩子——三位独目巨人和三位百臂巨人的时候，乌拉诺斯就抱怨不已，嫌弃老婆生的这些孩子质量太次，都是些丑陋无比的怪胎。面对这种抱怨，该亚尽管在背后也流了不少伤心的眼泪，但看了看奇形怪状的孩子们，她还是选择默默地忍了。当第二批孩子——十二泰坦神出生后，该亚发现孩子的质量明显提升了：眼睛都是两个，头也成了标配的一个，胳膊的数量虽然还是有点多，但一眼看过去也基本能数清了。她心想：这下老公该满意了吧！但没有任何情感经验的她哪里知道，男人一旦不喜欢你了，怎么做都是错的。面对孩子，乌拉诺斯满脸憎恶和愤怒，接下来对老婆就是一顿奚落和嘲笑："你看看你生的这些孩子，不还是些丑陋、庞大的怪物吗？孩子这么难看，你让我这一代神王的脸往哪里搁？你再看看我是多么英俊潇洒、风流倜傥！我真怀疑这孩子是野种！看见他们我就觉得自己头上的帽子发绿。还是给你还回去吧！让他们重新回炉可能还会好点。"于是，乌拉诺斯不容分说又将这些孩子塞回妻子该亚的肚子里。

你想想，面对这样的丈夫，作为妻子的该亚能不生气吗？第一，你整天压在我身上发泄兽欲，让我年纪轻轻就对夫妻生活产生了恐惧。第二，孩子长得难看也不能光怨我——孩儿他爹也有责任啊！第三，你怀疑我出轨？我倒是想找情人，也得有机会啊！你一刻不离地在我身上压着，我出的哪门子轨啊！还有那更可恶的第四点：十月怀胎容易吗？超大婴儿好生吗？好不容易一个个生下来了，你倒好又给塞回去了！你让我忍受两次痛苦！

该亚越想越气：这日子没法过了！连个娘家也没有，她无处诉苦。她决定进行无情的报复。但自己能力有限，关键时刻还得靠儿子。她趁乌拉诺斯睡着时，用腹语对肚子里的泰坦孩子们诉起了苦，并添油加醋地诉说丈夫如何侮辱了他们母子，鼓励他们联合起来反抗父亲的统治并将其杀掉。听到这些话，孩子们吓坏了：乌拉诺斯巨大无比、力大无穷，整天压在母亲的身上，想要打败他可不那么容易。起来造反可不是闹着玩的！该亚一看这种情形，认为必须出狠招了，遂告诉儿子们："谁带头除掉可恶的父亲，谁将有权继承王位，成为新一代神王。"这个诱惑实在是太大了！年龄最小但是野心最大的儿子克洛诺斯站了出来，答应帮助母亲推翻父亲的统治。

该亚告诉小儿子："就在前不久我发现自己又怀孕了。这次是在夫妻二人刚刚大吵一架之后怀的孕。心情不好导致我怀的是个怪胎——一块巨大的金刚石。我已在体内将其打造成一把锋利无比的镰刀。你如此这般，大事必成。"

母子二人制定了一个极其狡诈阴险的计划……

克洛诺斯依计行事。他在母亲的肚子里手持镰刀，埋伏在乌拉诺斯和该亚交合的地方窥伺着机会。这样的机会不难等，天天都有。当父亲又一次在母亲身上发泄淫威的时候，"克洛诺斯从埋伏处伸出左手，右手握着那把有锯齿的大镰刀，飞快地割下了父亲的生殖器"[1]。乌拉诺斯被阉割的那一瞬间感觉不对。他疼痛得吼叫一声，轰然而起。天地连接的纽带断了，从此分离，成了"太监"的乌拉诺斯永远固定在世界的最高处，再也不敢下来。

神是永生不死的。但乌拉诺斯失去了生殖能力，也就丧失了天父的资

---

[1]【古希腊】赫西俄德：《工作与时日·神谱》，张竹明、蒋平译，商务印书馆，2016年版，第33页。

格。

紧接着，克洛诺斯顺势把父亲的生殖器用力扔向远处。它在空中飞的过程中，许多精血滴到大地之上——其实也就是该亚身上，因为她就是大地女神。这样一来，该亚躺着中枪了，又孕育出怪物巨人族、复仇三女神和许多好战的梣树宁芙。而那个生殖器最后落到了大海里，激起了很多泡沫——按《神谱》的说法是"一簇白色的浪花"[①]。其实哪里是什么浪花，分明就是乌拉诺斯的精液！"浪花中诞生了一位少女"，她就是我们极其熟悉的金发碧眼、天使面孔、魔鬼身材的阿佛洛狄忒（意即"浪花所生的女神"）[②]。当然作为中国人更为熟悉的是她的罗马名字——维纳斯。克洛诺斯这一扔无疑完成了由极丑到极美的转换。

第一代神王乌拉诺斯的统治就这样被自己的小儿子推翻了。大事既成，克洛诺斯赶紧招呼哥哥姐姐们从母亲的体内出来——十二位泰坦、三位独眼巨人和三位百臂巨人终于可以伸展一下腰身、呼吸一下新鲜空气了。理所当然，富有造反精神的克洛诺斯被推举为新一任武林盟主——也就是继乌拉诺斯之后的第二代神王。

现在，再也没有那可恶的丈夫压在身上整天强暴自己了，该亚顿时觉得轻松了许多。但没过多长时间，她又浑身不自在，心痒难耐，有一种说不出来的感觉。原来爱神厄洛斯又上身了，不断催生着她的情欲。于是，这位大地女神又找来第二个儿子海神蓬托斯与她共赴云雨，生下了表征大海各种属性的五位儿女：海之友善涅柔斯，海之奇观陶玛斯，海之愤怒福耳库斯，海之危险刻托，海之力量欧律比亚。

[①]【古希腊】赫西俄德：《工作与时日·神谱》，张竹明、蒋平译，商务印书馆，2016年版，第33页。
[②] 赫西俄德说，因为女神是"从男性生殖器产生的，故又名'爱阴茎的'"。（【古希腊】赫西俄德：《工作与时日·神谱》，张竹明、蒋平译，商务印书馆，2016年版，第34页。）

克洛诺斯无心去管老娘的私生活。他登基坐殿没多长时间，就娶了姐姐瑞亚为妻，变得和父亲一样整日里花天酒地、作威作福、专横残暴。但这种奢靡的享乐生活只是徒有其表，因为神王深知他的独眼和百手兄弟们的强大，认为他们的存在是对自己王位的潜在威胁。因此，惴惴不安的神王最终设毒计将六个哥哥抓住并囚禁于塔耳塔洛斯地狱。但这样做并不能使克洛诺斯彻底安心，因为他还有一个心结无法打开，那就是父亲乌拉诺斯在离开大地之前发下的一个诅咒始终在耳边回响："你这个忤逆之子的命运和我一样——也终将被自己的儿子所推翻。"这个心事使克洛诺斯耿耿于怀、茶饭不香。最后，神王为了避免这可怕的诅咒，终于做出一个残忍的决定：把妻子瑞亚给他生下来的孩子全部吃掉——目的是断子绝孙，以绝后患。

瑞亚为克洛诺斯生了五个孩子，在分娩后即被父亲全都一口吞下。想想就知道：老公当着妻子的面如此残暴地吃掉自己身上掉下来的肉，当妈的能不伤心吗？因此，她在第六次怀孕时，决心要保全此子。等到快要临盆之际，瑞亚找了个借口和丈夫大吵一架，于是我们熟悉的场面出现了：老婆对老公撂下一句狠话——"不和你过了，以后自己在家煮泡面吃吧"，一跺脚回娘家了！该亚这当妈的一看闺女挺着个大肚子回来了，忙问怎么回事。瑞亚抱住母亲哭诉一番。老妈一听这还了得——这不是耽误我抱外孙吗？仔细一想：对了，不止外孙，还同时是孙子呢——女婿克洛诺斯也是自己的儿子啊！姜还是老的辣。当天晚上，该亚就给闺女出了个主意，让女儿依计行事。

第二天，瑞亚生下一个可爱的男婴，他就是未来的第三代神王——大名鼎鼎的宙斯。既是奶奶又是姥姥的该亚将婴儿抱到了克里特岛上，交给瑞亚的侍女和祭司抚养。

第三天，克洛诺斯撑不住了，来到丈母娘家负荆请罪。一进门他先认错，承认都是因为自己不好惹得媳妇生气，以后再也不会了。接着，神王就迫不及待地问老婆是不是生了。该亚一听就明白：这哪里是关心媳妇啊！他心里惦记的分明是儿子——看来泡面吃起来还是不如孩子口感好啊！该亚不动声色，到里屋把女儿瑞亚叫了出来，劝女儿说孩子都给人家生了，还能怎么着啊，赶紧跟丈夫回家吧！瑞亚遂告别母亲，抱着"孩子"装出一副极不情愿的样子和克洛诺斯走了。在路上神王一把将妻子怀里的襁褓抢了过来，看也不看把它一口吞了下去，这才心安。他哪里知道襁褓里包的根本不是婴儿，而是一块石头！

在克里特岛，瑞亚的侍女——伊达山宁芙仙女用蜂蜜和羊奶喂养小宙斯，祭司枯瑞忒斯跳起战舞发出声响掩盖他的啼哭，以防被克洛诺斯发现。

在众女仙的精心抚养和照料下，宙斯在岛上很快长成一个英俊健壮的青年。生有三千个女儿的大洋神俄刻阿诺斯[①]非常喜欢他，于是便把最富有智慧的女儿墨提斯嫁给他做妻子。瑞亚觉得已为人夫的宙斯是时候知道自己的身世了，就找机会向儿子倾诉了她的良苦用心。听了母亲的经历、父亲的残暴、兄弟姐妹的悲惨遭遇，年轻气盛的宙斯气愤不已，拍着胸脯发誓说一定要推翻父亲的统治。但冷静过后，他仔细一想，父亲克洛诺斯手里那把曾经割下爷爷乌拉诺斯生殖器的镰刀可不是好惹的——它让人看了实在是胆寒啊！

遇到为难的事找老婆——人家墨提斯可是一位拥有无穷智慧和预知能力的聪慧女泰坦。贤内助出场，这都不是事儿！女神为宙斯配了一小瓶具有催眠和呕吐作用的药水，并教给他如此这般……

在神王克洛诺斯的高压统治下，大家敢怒不敢言，一派天下太平的景象。他对自己想出把孩子们吞到肚子里这个办法也颇为得意，所以整日里

[①] 俄刻阿诺斯就是前面说的十二泰坦中的老大。参见本书第 5 页。

无所事事,以喝酒来消磨时光。瑞亚建议给丈夫配备一个专门为他倒酒的仆人,克洛诺斯自然非常高兴,于是宙斯顺利来到父亲身边。宙斯聪明伶俐,很快便博得克洛诺斯的欢心和信任。终于有一天,趁父亲不注意,他将老婆墨提斯配的神奇药水混入酒中,服侍克洛诺斯喝下。很快,克洛诺斯便昏睡不醒。他在睡梦中还呕吐不止,原来吃进肚中的五个孩子随同食物一起都吐了出来——他们依次是赫斯提亚、得墨忒尔、赫拉、哈迪斯、波塞冬,当然还包括那块被当作孩子吞食的一直没有消化的石头。神是永生的,不但不死,而且在克洛诺斯的肚子里也不影响生长,所以现在他们皆已长大成人,其实力也已今非昔比。

宙斯将哥哥姐姐们召集在一起,说明了要推翻父亲统治的想法。大家举双手赞成。但就这么几个神毕竟势单力孤。具体怎么造反,众说纷纭,莫衷一是。这时,宙斯的贤内助、智慧的墨提斯又站了出来。她提出了"三步走"的具体战略步骤:第一步,建立革命根据地;第二步,抓紧结婚生孩子;第三步,团结一切可以团结的力量。

老婆的指示一下达,宙斯话不多说,抓紧落实第一步。宙斯在希腊东北部忒萨利亚地区找到了一座云雾缭绕的荒山——奥林匹斯山,把它当作革命根据地。话说,这奥林匹斯山本来是有主的。它的主人是俄刻阿诺斯的女儿——三千海洋神女之一欧律诺墨和丈夫俄菲翁的地盘,但后来这可怜的小两口被叔叔克洛诺斯无故抢了宅子、占了地,被赶回到海洋之中,奥林匹斯也就成了无主荒山。宙斯在这里建立了他的大本营,开宗立派,被称为奥林匹斯派。接着,他们落实第二步。宙斯兄弟几个为革命工作不辞辛劳地忙活着结婚、找情人,造"神"工程开始了。有人可能会问:"现在生孩子赶趟吗?"这一点大可放心:人家可是神啊!孩子生下之后"见风长",没几天就成年了,有效地充实了革命队伍。然后他们落实第三步。宙斯开始进行舆论造势,策反敌营:凡是现在投降过来的,既往不咎,革命胜利后保证你官升一级、工资翻倍；凡是反抗到底、死不悔改的，革命成功之后打入塔耳塔洛斯监狱，万世不得翻身。权力和金钱的诱惑果然有效。首先站出来表态的就是十二泰坦中的老大俄刻阿诺斯。想想也是，宙斯可是他从小就看上的乘龙快婿——老丈人怎么能不帮女婿呢！再说了，之前自己的女儿欧律诺墨被克洛诺斯打下奥林匹斯山的账还没算呢，新仇旧恨一起报吧！他这一站队可不得了，那可是当时神界最大的家庭。宙斯的大舅子小舅子们（三千男性河神）、大姨子小姨子们（三千海洋女神）都来了。第一个来入伙的就是俄刻阿诺斯的大女儿斯堤克斯一家：包括丈夫帕拉斯①，两个女儿"竞争女神"泽洛斯、"胜利女神"尼刻，两个儿子强力神克拉托斯、暴力神比亚。为了表彰斯堤克斯的英明决策，也为了表明自己说话算数，宙斯令强力神和暴力神兄弟俩伴随左右，成了他的贴身保镖和忠实仆人。更为重要的是，自此以后，宙斯尊斯堤克斯为"守誓河"——即无论是谁，在必须发下誓言的时候，彩虹女神、神的使者伊里斯②就下到冥界，用金杯装来斯堤克斯的河水，众神面对此水起誓。违背誓言的神，将会被罚九年有期徒刑——期间不得吃神食，不得饮仙酒，不得参加聚会，独自浑浑噩噩、恍恍惚惚、孤苦伶仃、混天熬日并被剥夺一切政治权利。

大家一看，投降果然是个不错的选择。于是陆续有些神——比如正义女神忒弥斯、记忆女神谟涅摩绪涅等也归顺了宙斯。其中特别值得一提的还有大名鼎鼎的普罗米修斯③。因为他具有未卜先知的能力，知道这场战争的最终胜利者是宙斯，所以他提前倒戈。跟着他一起来入伙的还有弟弟

---

① 帕拉斯是十二泰坦之一克利俄斯和欧律比亚的儿子。参见本书第6页。
② 伊里斯是海之奇观陶玛斯（参见本书第10页）和三千海洋神女之一厄勒克特拉的女儿。
③ 普罗米修斯是十二泰坦之一伊阿珀托斯和三千海洋女神之一克吕墨涅的儿子。参见本书第6页。

厄庇墨透斯——他没有主见，哥哥一说也就跟着来了。而普罗米修斯的两个哥哥——阿特拉斯、墨诺提俄斯则不听那一套，仍然留在克洛诺斯的阵营。

经过一番招兵买马，奥林匹斯派的实力不断壮大。宙斯觉得造反时机已经成熟，于是他公然对父亲——正在统治天国的第二代神王克洛诺斯宣战，这就是希腊神话中著名的泰坦之战。在这场战争中，泰坦神以忒萨利亚以南的俄特律斯山为根据地，而宙斯和他的兄弟姐妹们则占据着忒萨利亚以北的奥林匹斯山。双方激战了十年，打得昏天黑地，几乎要毁掉整个宇宙，但始终难分胜负。这种胶着的战况令宙斯愁眉不展。聪明的普罗米修斯早就知道打败克洛诺斯的办法，但他之前一直不说，因为他认为只有当战争打到这种程度时才能凸显自己进言的重要性。这位泰坦神对满面愁容的宙斯说："现在战争双方势均力敌、难分伯仲，如果有一支生力军加入，那胜利肯定是属于我们的。"宙斯深表赞同。但问题的关键是：战争打到这个份上，哪来的生力军啊？普罗米修斯不紧不慢地说道："这生力军不是别人，就是你那威力无比的六个大伯——被克洛诺斯囚在塔耳塔洛斯的独眼巨人族和百臂巨人族。"宙斯一听恍然大悟，赶紧派人前去拯救他们，并许以优厚的条件。兄弟六人到了地面之后，兴奋至极——他们好久没有见过天日了。宙斯用一顿神界大餐盛情招待了诸位伯伯。为了报答这份恩情，再加上他们本来就对无故将其囚禁的克洛诺斯恨之入骨，所以他们心甘情愿为宙斯卖命。以工匠技艺闻名的独眼巨人们为奥林匹斯神打造了威力无比的武器——他打造了一根可以发射雷霆、闪电和霹雳的权杖送给宙斯，打造了有排山倒海之威力的三叉戟送给波塞冬，打造了一副隐形头盔和一把双股叉送给了哈迪斯。骁勇善战的百臂巨人在战场上奋勇作战，堪称以一敌百——因为他们都有一百只手。新生力量的加入立马打破了平衡、改变了剧情，宙斯最终战胜了克洛诺斯。

胜者为王败者寇。为免除后患，宙斯依葫芦画瓢，用那把祖传的金刚石镰刀将老爹克洛诺斯直接阉割，并把那些顽固不化的泰坦族神灵囚禁在塔耳塔洛斯。为了避免这些人逃走并再次兴风作浪，他命令手下在监狱四周建起青铜墙壁，再令三个百臂巨人负责看守。宙斯的这三个百臂伯父虽说又一次回到了冥界，但他们的地位变了——由囚犯直接升级为监狱长，闲着没事的时候可以随便提审、虐待几个犯人，让泰坦们也尝尝当年作威作福的时候兄弟我受的什么罪，所以三位倒也十分乐意。至于独目巨人，他们手艺精巧、吃苦耐劳，就留在了宙斯的儿子火神赫淮斯托斯[①]的铁匠铺里做帮手。

伟大的胜利之后，到了决定谁来做王的时候了。宙斯和他的两个哥哥——哈迪斯、波塞冬[②]互不相让。宙斯觉得自己在泰坦之战中的贡献无人能及，理应当老大，但那二位争辩说他们的贡献也不小，而且论年龄也轮不到他。就这样，大小谈判、圆桌会议开了无数次，不但毫无结果，反而是剑拔弩张，光桌子就拍坏了好几张。眼看兄弟之间又要开战，那个狡猾的普罗米修斯又一次及时出现了。他提出一个自古至今屡试不爽、绝对公平的办法——拈阄，抓到谁是谁，命中注定，愿赌服输，三分天下——大海、冥界、天庭，大地由三者共同管理，掌管天庭者为号令天下的"武林盟主"。结果，运气还算不错的波塞冬抓到了大海，成为海神；宙斯颤颤巍巍地展开纸团看到"天庭"俩字赶紧揉了揉眼睛，不敢相信自己真的成了第三代神王。这结果使哈迪斯一下泄了气，自认倒霉的他只能统管那阴暗的冥界，成为冥王。最高统治者宙斯志得意满，终于得以安然地统治

[①] 赫淮斯托斯这位大神的故事参见本书第 66 页。
[②] 克洛诺斯吐出来的孩子一共五个，但赫斯提亚、得墨忒尔、赫拉三位是女儿身，在男权社会没有登基坐殿的权利。

世界了。他和众兄弟姊妹一同居住于巍峨的奥林匹斯山宫殿中。那里从不下雨，也无风雪。众神整日畅饮美酒，纵情享乐。

然而，好日子总是短暂的。没过多少年，新的反叛势力又来攻打奥林匹斯山了。他是谁呢？就是地母该亚和弟弟地狱之神塔耳塔洛斯生的怪物提丰[①]。前文提到，该亚是看不上这个弟弟的——别说嫁给他了，连聊天的兴趣都没有。所以，她宁可独自生孩子，然后再嫁给自己的儿子。现在怎么又和弟弟鬼混在一起了呢？其实，该亚和塔耳塔洛斯的结合谈不上任何感情，只是为了报复。原来，该亚当初保护宙斯活下来，只是为了抱孙子，没想到这孙子长大成人后竟然把她那些"可爱的"、孤单寂寞时要履行丈夫职责的泰坦儿子们都给灭了，还把他们囚禁在暗无天日的塔耳塔洛斯那里——这就说不过去了，所以，她一直怀恨在心。后来，该亚想打通弟弟塔耳塔洛斯这一环节，释放泰坦神。怎么打通呢？塔耳塔洛斯身处冥界，是老光棍一个。就有办法了：出卖色相。结果如何呢？对于色相，塔耳塔洛斯倒是来者不拒，但放人免谈。他向来胆小怕事，否则也不至于连个媳妇都不敢出去抢，至今仍是光棍一根。这下可把该亚气坏了：把自己赔上了，事也没办成，还无处诉苦，等于吃了个哑巴亏！不过后来事情有了转机——该亚发现这个兄弟倒是弹无虚发，那一次以后她竟然怀孕了，生下来一看还是个三胞胎：巨蟒皮同，怪物提丰，小妹厄喀德娜。这下该亚扑哧一笑、转悲为喜。为什么呢？因为她对老二提丰太满意了——这个儿子简直可以说是战斗力爆表。

提丰天生异相：人身蛇尾，浑身披着坚硬的鳞甲，身体高度超过所有山峰，横向到达大地东西两边，长着一百个头——比百手巨人还多出一倍，一百张嘴中喷出灼热剧毒的火焰，并发出响雷般，如牛叫、狮吼、犬吠的

[①] 英语中"Typhoon（台风）"一词，正是由 Typhon（提丰）而来。

可怕声音。

　　该亚一看，我哪里还用得着你塔耳塔洛斯啊！我的儿子就能直接把奥林匹斯神给灭了。于是，在母亲该亚的受命下，提丰来到奥林匹斯山下挑战，扬言要开历史的倒车——消灭宙斯，将泰坦巨神从冥渊中拯救出来，将天地重新融合，归于混沌。

　　提丰挥动风暴之槌狂吼厉啸，将宙斯派下山来平定叛乱的大神击成重伤；他又冲入海中，激起滔天巨浪，将海神波塞冬的战车拽出水面。山上诸神没见过这等场面，心想反正天下也轮不到自己来坐，犯不着为宙斯丢了老命——神虽然是不死的，但被关在提丰他爹那里也不是好玩的。他们化为各种动物四散奔逃，不见了踪影。但神王宙斯不打不行啊——提丰就是冲着他的王位来的。宙斯坚守鏖战，独自面对这个怪物，躲闪着他的致命火焰，并用手中的权杖不断地对其放出闪电和霹雳。打了一段时间，提丰渐感不支。他体型太大，飞不起来，只能在地面上；而宙斯则在天上。提丰个子再高，也得仰面喷火，说实话颈椎也有点受不了。于是，提丰对宙斯说："你仗着居高临下的优势才能和我鏖战到现在。你如果也在地面上肯定占不到任何便宜。"一听这话，宙斯表示严重不服：谁怕谁啊？他刷地一下就下来了，和提丰来了个摔跤式贴身肉搏，岂知这下中了提丰的诡计。大家不要忘了他可是人身蛇尾，下半身一直盘踞在地面上。宙斯不明就里，一下就被提丰牢牢缠住了。他的霹雳闪电棒远程攻击可以，肉搏战就无法发挥作用了。这可怎么办啊？情急之下，宙斯往腰里一摸，突然摸到了那把祖传的"金刚石镰刀"。他用锋利无比的刀子一下割伤了提丰。提丰疼痛难忍，宙斯趁机逃脱了他的魔掌。这次宙斯可学乖了——他就在空中往下轰，再也不下来了。受伤的提丰经过一番苦战，不支倒地。宙斯趁机将其压在西西里岛的埃特纳火山之下。

　　提丰虽被压在山下，但他后来还是找了个老婆。老婆是谁呢？就是同胞妹妹厄喀德娜。同为人身蛇尾的两个怪物不用媒婆出面就走到了一起。这两口子生下的孩子个个怪异、个个有名：双头犬欧特鲁斯，三头狗刻耳柏洛斯，九头蛇许德拉，喷火怪兽喀迈拉，涅墨亚狮子，百头巨龙拉冬，科尔喀斯恶龙，狮身人面兽斯芬克斯，透墨索斯恶狐，啄食普罗米修斯内脏的恶鹰等众多妖魔。在后面的神话中，正是这个怪兽军团成为各路英雄豪杰降妖除魔的对象，好像他们的出现就是专门给英雄们的成名之路来提供垫脚石的。

提丰的暴动被平定后，各位大神像没事人儿似的又回到了奥林匹斯山上，一通溜须拍马，大赞宙斯的威猛无敌。宙斯不计前嫌，又过起了太平日子。

若干年后，不甘失败的该亚又一次怂恿她的巨人后代，也就是乌拉诺斯的生殖器被克洛诺斯割下来扔到大海的过程中滴下来的血在大地上孕育出的怪物巨人族反抗宙斯。但在宙斯的凡人儿子赫拉克勒斯[1]与众神的共同奋战下，最终巨人族败北，也被打入了地狱。

这之后，就再没有发生过大规模武装反抗宙斯统治的事情了。

四、奥林匹斯十二主神

以宙斯为首的众神因其居住在希腊东北部忒萨利亚地区的奥林匹斯山，所以被称为奥林匹斯神族。这一神族共有十二位主神。下面我们就分别来看看他们的履历和故事。

---

[1] 赫拉克勒斯的故事参见本书第149页。

（一）宙斯

宙斯是希腊名，其罗马名是朱庇特。

宙斯是第三代众神之王，奥林匹斯十二神之首。他是雷神，掌握着使用万钧雷霆的大权，其圣鸟为雄鹰。根据这一点，以后大家欣赏以希腊神话为题材的西方油画作品时，凡是看到身边有一只雄鹰的一个胡子拉碴的男人，基本就可以断定这个男人是宙斯了。

宙斯率领诸神打败了其父克洛诺斯为首的泰坦神族，成为新一代神王。这一丰功伟业值得世人称颂。但除此之外，在整个希腊神话中，坐天下的宙斯所干的事情基本上就是玩弄各种阴谋诡计诱拐少女或劫掠美女了。他四处留情，却大多始乱终弃。

首先，宙斯有七位妻子。

第一位是智慧女神墨提斯，俄刻阿诺斯与忒堤斯之女，就是给宙斯配制神奇药水令克洛诺斯又困又吐的那位。

第二位是正义女神忒弥斯，十二泰坦中的老八，和宙斯生下时序三女神。

第三位是海洋女神欧律诺墨，是俄刻阿诺斯与忒堤斯之女。可曾记得欧律诺墨和丈夫俄菲翁被克洛诺斯赶下奥林匹斯山的情节？[①] 宙斯帮小姨子报了仇，但条件是以身相许。就这样，他生生地拆散了人家夫妻二人。老婆被宙斯看上了，俄菲翁敢怒不敢言，戴着绿帽子悻悻地走了。欧律诺墨为宙斯生下"顾盼之间含情脉脉，令人销魂荡魄"[②] 的美惠三女神。

第四位是丰产女神得墨忒尔，被克洛诺斯吞下去的孩子之一，宙斯的姐姐。她为宙斯生下女儿珀耳塞福涅。

[①] 参见本书第 13 页。
[②] 【古希腊】赫西俄德：《工作与时日·神谱》，张竹明、蒋平译，商务印书馆，2016 年版，第 54 页。

第五位是记忆女神谟涅摩绪涅，十二泰坦中的老九。她和宙斯一口气在床上温存了九昼夜，生下缪斯九女神。

第六位是暗夜女神勒托，十二泰坦中科俄斯与妹妹福柏的女儿。她生下后来的月神阿尔忒弥斯和太阳神阿波罗。

第七位是天后赫拉，被克洛诺斯吞下去的孩子之一，宙斯的姐姐。她生了火神赫淮斯托斯、战神阿瑞斯、青春女神赫柏和生育女神埃勒提亚。

这是宙斯的七位妻子。除了她们之外，宙斯的情人就不计其数了。举例如下：

宙斯与风雨女神迈亚，生下神使赫尔墨斯；

宙斯与忒拜公主塞墨勒，生下酒神狄俄尼索斯；

宙斯与阿尔戈斯公主达娜厄，生下英雄珀尔修斯；

宙斯与迈锡尼公主阿尔克墨涅，生下大力神赫拉克勒斯；

宙斯与斯巴达王后勒达，生下英雄波吕丢刻斯和绝世美女海伦；

宙斯与腓尼基公主欧罗巴，生下米诺斯、拉迪曼提斯和萨耳珀冬；

……

宙斯这些情人和私生子的名字暂且不用记，在后面的故事中他们都会作为主角一一出场。至于宙斯到底有多少个情人，又有多少个私生子，只能说注定永远是个谜了。

风流成性的宙斯有一个优点，就是不是道貌岸然的伪君子。他从来不对别人掩饰自己的好色本性。无奈，家里有个河东狮——赫拉，使他又不得不偷偷摸摸。在找情人这件事情上他绞尽脑汁，玩弄各种诡计欺瞒赫拉，和老婆斗智斗勇。于是乎，这两口子就上演了诸多情节曲折、险象环生的戏剧桥段。这不仅给文艺复兴时代及后来的油画大师提供了丰富的素材，也为我们茶余饭后平添了许多饶有趣味的谈资。

奥林匹斯众神变化多端，尤以宙斯为甚。这一技术被宙斯熟练地运用到泡妞这一毕生追求的事业中去。他除了变成老鹰①、布谷鸟②、天鹅③、公牛④等各种动物之外，还曾化作云⑤、雨⑥等自然现象来引诱无知少女。总之，在这件事情上宙斯可谓脑洞大开、无所不用其极。所以说，在以希腊神话为题材的油画作品中，只要看到美女身边依偎着一个色迷迷的牲畜，这个牲畜基本就可以断定是宙斯了。

以好色著称的宙斯为后世提供了许多美妙绝伦的泡妞故事。由于这些故事大都是某个完整故事中的一个桥段，所以放在后面叙述。在这里，让我们首先了解两则小故事，稍微展现一下老宙的色狼风采。

1. 宙斯与卡利斯托

为了把妹，宙斯不只变化成动物、云雨之类，还曾经变成女人……

阿耳卡狄亚国王吕卡翁有一个美丽动人的女儿卡利斯托。她是宙斯之女——月亮神、狩猎神、处女神阿尔忒弥斯⑦的一个侍从。她一身猎装，肩挎神弓，手持长矛，始终追随在女神左右，而且也像她的女主人一样发誓守着处女之身，终身不嫁。也正因为如此，阿尔忒弥斯非常喜欢她。

在一个炎热的夏日，卡利斯托陪伴着阿尔忒弥斯在林中狩猎。女神安排她去追赶一头受伤的野兽，美丽的女孩沿着野兽的足迹来到一片林间空地。她感到又热又累，便躺在一棵大树的绿荫下休息，不知不觉竟睡着了。

万能的宙斯时刻注视着人间的每一寸土地，生怕错过美女。他偶然瞥见了离女儿的狩猎地不远的草地上躺着的卡利斯托。这时他才发现原来女

---

① 宙斯变成老鹰劫走了美少年伽倪墨得斯(参见本书第25页)和美少女埃癸娜(参见本书第290页)。
② 宙斯变成布谷鸟诱骗了姐姐赫拉(参见本书第28页)。
③ 宙斯变成天鹅占有了美女勒达(参见本书第387页)。
④ 宙斯变成公牛诱拐了美女欧罗巴(参见本书第208页)。
⑤ 宙斯化作乌云霸占了美女伊俄(参见本书第128页)。
⑥ 宙斯化作黄金雨临幸了美女达娜厄(参见本书第137页)。
⑦ 阿尔忒弥斯这位大神的故事参见本书第48页。

儿的侍从中竟然有这么一个美人胚子。这样的机会怎能放过？于是，宙斯对自己说："这回我偷偷干一回，我老婆肯定不会知道。即使知道了，挨一顿骂也值得！"①想到这里，他隐去神祇的痕迹，变身凡人来到卡利斯托身边，轻轻地将她抱在怀中生怕把她惊醒。但卡利斯托还是醒了，睁眼发现自己正躺在一个男人怀中。她吓坏了——自己对男人从来没有感过兴趣，平时连看都不看一眼。羞愧难当的姑娘马上站起来逃走了。

宙斯这个情场老手在男女之事上多聪明啊！他一眼就看透了美女的心思。他眉头一皱，心生一计：你不是不喜欢男人吗？那我就变性。宙斯摇身一变，变为女儿阿尔忒弥斯，在卡利斯托奔跑的前方不远处等着心上人自投罗网。慌里慌张的卡利斯托哪能辨出真假！她一看到女主人就放心了，顿时觉得有了依靠，一下子扑进了"阿尔忒弥斯"的怀中，向"女神"诉说起刚才的经历。卡利斯托主动投怀送抱，正中神王下怀。宙斯开始不由自主地在女孩身上乱摸。卡利斯托似乎感觉不对，试图再次从宙斯怀里挣脱。宙斯知道已经瞒不下去了，还是轻车熟路——霸王硬上弓来得干脆。可怜的卡利斯托没有一点思想准备。她拼命反抗，可是无济于事。恢复原形的宙斯毕竟是无所不能的。卡利斯托虽然打猎时有降龙伏虎的本领，但哪有能力逃出宙斯的魔掌！好事得逞之后，宙斯心满意足地返回了天宫。

无辜失去处女之身的卡利斯托只能把眼泪往肚子里咽，默默地回到女神和女伴们身边。这种难为情的事无处倾诉，让平日里活泼开朗的卡利斯托变得沉默寡言。更糟糕的是：百发百中的宙斯让她怀孕了！不管如何遮掩，终于有一次，大家像往日一样在露天公共澡堂——泉水里洗澡时，这个秘密还是被发现了。一贯以"心眼小"著称的阿尔忒弥斯气坏了。她觉得卡利斯托这个她平日里最喜爱的侍从背叛了她。女神听不进女孩的任何

---

① 【古罗马】奥维德：《变形记》，杨周翰译，上海人民出版社，2016年版，第59页。

解释，将她逐出了领地。

　　无依无靠的卡利斯托孤身一人，一边哭泣一边漫无目的地向前走去。她来到一片树林的深处，觉得自己再也走不动了，就随便搭了一个茅草屋住了下来。没过多长时间，她便生下一个男孩——阿耳卡斯。自此，母子二人相依为命，艰难度日。

　　一代神王宙斯固然厉害。他可以变成女人诱拐无辜少女，可宙斯家里那位——天后赫拉也不是吃素的。她最终还是洞悉了这件事情的真相。特别是当她得知丈夫的这个"小三"连儿子都有了的时候，更是气得暴跳如雷，心想：我管不住老公还办不了你吗？她发誓一定不会放过这个"狐狸精"卡利斯托，让她知道知道一代天后的手段。

　　古往今来，不管是人还是神，正室在看到小三的那一刻，都会丧失理性。天后赫拉来到卡利斯托居住的茅草屋，一看见她就破口大骂，泼妇本性尽显。不容分说，她上去就抓住了卡利斯托的头发，恶狠狠地说："你到处去勾引别人的老公，不就是仗着年轻貌美吗？我要给你毁容！"说话间，赫拉暗施法术，瞬间把天使般的卡利斯托变成了一头大熊。手段得逞后，赫拉心满意足地回到了天庭。诸位可能会问："'小三'和老公生的私生子呢？赫拉难道就这么忍了？"不要着急！阴险毒辣的中年妇女哪能放过他？更大的阴谋在后面呢！

　　可怜的卡利斯托现在只能发出像熊一样的哀号。她想起当年，手拿弓箭，在树林里追逐猛兽的场景，再看看现在的自己，却成了猎人的目标，整天东躲西藏，永无宁日，真是欲哭无泪、肝肠寸断！

　　光阴荏苒。失去母亲但仍不明真相的阿耳卡斯在附近猎人的抚养下已长大成人，像他的母亲卡利斯托一样，成长为一名英俊潇洒的出色猎手。在赫拉的精心安排下，有一天，猎人阿耳卡斯手持长矛，身背弓箭，正在林中寻觅猎物。他忽然看见一头母熊缓缓向他走来——不用问这只熊正是阿耳卡斯的母亲卡利斯托。她一下认出了儿子，但又无法呼喊他的名字，只能不顾一切地向阿耳卡斯扑来，想拥抱一下朝思暮想的孩子。可阿耳卡斯无论如何也不会想到这头大熊竟是自己的亲生母亲啊！英勇的猎人见大熊向他扑来，麻利地向后一闪，举起长矛，用尽全身力气向猎物刺去。

就在惨剧正要上演的那一刻，剧情发生了翻转。洞悉一切的宙斯看到了这一幕。自己变性骗过卡利斯托和她发生一夜情之后就忙着去找别的女人了，没想到儿子都这么大了。现在儿子要杀害亲生母亲，这还了得！他略施神法，把他们的儿子变成了一只小熊。这样一来，阿耳卡斯便立刻认出了母亲。

宙斯用脚趾头也能想出这必定是家里那位母老虎想出的毒辣诡计。为使母子二人免得再遭赫拉毒害，宙斯将他们升到天界，成为天上的大熊星座和小熊星座。

2. 宙斯与伽倪墨得斯

和那么多女神、女人发生过关系的宙斯，口味有时也会改变一下——他偶尔也喜欢男人。

特洛伊城的创建者特洛斯有三个儿子——伊罗斯、阿萨剌科斯和伽倪墨得斯。小儿子伽倪墨得斯最得父亲的宠爱，而且是一个标准的美男子。一天，众神之王宙斯闲来无事。他俯瞰人间，无意间看到了这位美少年正在伊达山[①]的草地上和朋友玩耍。伽倪墨得斯过于迷人的身体使众神之王神魂颠倒、口水直流。按捺不住喷薄情欲的宙斯遂化作一只老鹰从奥林匹斯山王座上俯冲下来。顷刻间，他运用法力使整个山峰的上空电闪雷鸣，

---

① 前文提到，宙斯在克里特岛的伊达山上被抚养长大（参见本书第12页），怎么特洛伊又出来一个伊达山？实际上，克里特岛上那座是真正的伊达山，特洛伊的祖先即来自这里。所以，特洛伊的伊达山是仿此而起的名字。（参见【古罗马】维吉尔：《埃涅阿斯纪》，杨周翰译，上海人民出版社，2016年版，第101页。）

下起了倾盆大雨。在大家躲避风雨之时，老鹰来到伽倪墨得斯身边，展开他那巨大的翅膀为俊美的少年遮风挡雨。事情来得太突然。伽倪墨得斯还没有反应过来，化作老鹰的宙斯已抱着他腾空而起。

对于美少女，宙斯的做法是挖空心思享受片刻欢愉，使她们成功受孕，然后抛弃。他从来不曾把任何一个人间女子带回家，但美少男的待遇就不同了，他直接将其带回了奥林匹斯山。

回到家中，宙斯现出原形，迫不及待地和伽倪墨得斯上了床。① 事后美少年也刻骨铭心地爱上了宙斯，成为神王的公开情人。宙斯片刻也离不开他，遂命伽倪墨得斯做他的侍酒童，目的就是始终陪伴在他的左右。两人你有情我有意，真是黏到了一定程度——伽倪墨得斯每次给宙斯倒酒时，总是斟满酒后拿起酒杯先在自己的嘴唇上碰触一下，再把杯子转半圈，然后递到宙斯手中，宙斯接过来后再在伽倪墨得斯嘴唇碰过的地方饮酒。他们也就以这样的方式实现了间接接吻。②

神祇们聚会时，伽倪墨得斯那美妙的身姿穿梭在宴席间，为众神斟满琼浆玉液。看到他的美貌，众神也都乐在其中。所以在后面的神话中，我们就会看到奥林匹斯山上喜欢这个调调的绝不只宙斯一个。

但其中有一个神看到这一幕不高兴了——那无疑就是宙斯的妻子赫拉。自从有了这个伽倪墨得斯，宙斯对于风韵犹存的赫拉连正眼都不瞧一下，天后能不吃醋吗？怒火中烧的赫拉趁宙斯不注意，就将美少年变成了水瓶。你不是给宙斯倒酒，并且还要耍点小情调吗？那我就满足你，让你直接成为水瓶给宙斯倒一辈子酒。

---

① "劫走伽倪墨得斯的不论是宙斯还是弥诺斯，在克里特及希腊其他城邦，强奸少年男子长期以来都是个既成的习俗。"（【德】利奇德：《古希腊风化史》，杜昌忠、薛常明译，海豚出版社，2012年版，第472页。）

② 英语 Catamite（娈童）一词，正是由 Ganymedes（伽倪墨得斯）而来。

自此以后，从伽倪墨得斯这个水瓶中倒出来的再也不是酒了，而是那伤心的眼泪。宙斯更是悔恨不已、痛不欲生，便将伽倪墨得斯的灵魂留在天界。这就是水瓶座的由来。

伽倪墨得斯是特洛伊王子。这件事使赫拉对特洛伊人的仇恨之心算是种下了。在后来的三女神选美事件中，特洛伊王子帕里斯没有把金苹果给自恃貌美如花的她，而是给了爱神维纳斯。此事更是令这位天后气急败坏。[1] 新仇加旧恨，让赫拉在特洛伊战争中不遗余力地帮助希腊人彻底摧毁特洛伊城。

关于宙斯的故事我们暂且讲到这里。在后面的很多神话中他仍将以主角的身份出现。

纵观整个希腊神话，不难得知宙斯的个人简历是："性别：男；爱好：女！"借用赫拉的话就是："他最在乎的事只有和女神或凡人女子睡觉。"[2] 因此，我们可以送给他一个称呼：老色鬼。

（二）赫拉

赫拉是希腊名，其罗马名是朱诺。

赫拉有一个外号叫"白臂赫拉"，看样子她长得挺白；赫拉是宙斯的妻子，身居天后的位置，看样子她挺富；赫拉是金苹果事件中"选美三女神"之一，看样子她挺美。因此，用现在的话说，赫拉就是货真价实的"白富美"。

赫拉的圣鸟是孔雀。就像前面说的大家欣赏西方古典油画作品时，凡是看到身边有一只雄鹰的胡子拉碴的男人，基本就可以断定他是宙斯；凡

---

[1] 参见本书第 397 页。
[2]【古希腊】阿波罗尼俄斯：《阿尔戈英雄纪》，罗逍然译笺，华夏出版社，2011 年版，第 177 页。

是在古典油画中看到身边有一只孔雀的"白富美",则基本可以断定她是赫拉。

赫拉长得如此漂亮,就算她是亲姐姐,好色的宙斯也不会放过。宙斯不止一次对她表达爱慕之情,但赫拉根本看不上这个弟弟,因为那时宙斯已经有了六个老婆,而且还是个有名的花心大萝卜。不过这难不倒万能的宙斯。有一次,宙斯看到正值青春年少、花季年龄的赫拉在花园玩耍,忍不住情欲大发,遂变成一只被雨水淋透、瑟瑟发抖、飞不起来的布谷鸟。赫拉见这只鸟非常可怜,就解开衣襟揣在怀里,试图用体温给它以温暖。宙斯一看已经得逞,当即恢复原形占尽了便宜。赫拉感到无比羞愧,但城府极深的她此时并没有乱了方寸,仍保持极其清醒而又理性的头脑。她可不甘心做七姨太。在宙斯打算将生米煮成熟饭之时,赫拉推开了他,说道:"既然已经这样了,我肯定会嫁给你,但现在不行。你必须答应我一个条件。"心急火燎的宙斯百依百顺,别说一个条件,十个条件也行啊!赫拉提出的条件是:"不能像前面六个那样,大家都不知道,你们就偷偷结婚了。你我的婚事必须昭示天下,明媒正娶,大操大办,把所有的神都邀请到,在诸神的见证下确定我正宫娘娘的地位。"

为了尽早抱得美人归,第二天宙斯就一切照办,在奥林匹斯山上举行了隆重而热闹的婚礼。众神都赶来进献礼物。在所有的礼物当中,最珍贵的要数祖母该亚送给他们的一株金苹果树。这棵树种在世界的最西端,由泰坦神阿特拉斯[1]及其女儿[2]连同巨龙拉冬[3]一起守护。树上结出的金苹果在后面的很多故事中不可或缺,也从侧面证明该亚给宙斯送来的这份大礼

---

[1] 阿特拉斯是十二泰坦之一伊阿珀托斯的儿子,普罗米修斯的哥哥。参见本书第6页。
[2] 阿特拉斯与黄昏女神生下赫斯帕里得斯七姐妹。她们负责看管种有金苹果树的圣园。
[3] 巨龙拉冬是提丰与厄喀德娜的孩子。参见本书第19页。

实际上并没有安什么好心。这是后话。在婚礼上，宙斯宣布，赫拉正式获得无比荣耀的天后位置。虽然进门较晚，但她的地位超越了六位姐姐，坐上了奥林匹斯山仅次于宙斯的第二把交椅。闲话不提。对宙斯来说无比漫长难挨的一天终于过去——熬到了晚上，赫拉才和他同房。这一同房不要紧，两口子一口气在床上待了三百年。

天后的位置一旦确立，宙斯再也不能娶妻，加之他们甜哥哥蜜姐姐在床上温存了三百年，赫拉觉得她在俘获男人心这方面成功了。但她哪里想到，三百年的时间已令宙斯对美丽的赫拉产生了审美疲劳，下了床的他原形毕露，风流本色不减当年。他又开始马不停蹄地到处找情人了。

这下可把赫拉气坏了。怎么办？和宙斯离婚？自己也去找情人给丈夫戴绿帽子？这些都行不通。因为赫拉是掌管婚姻和家庭的女神，她的职责就是保护婚姻的神圣、维护家庭的稳定，所以即使宙斯风流成性，她也不能和他离婚。不但不能离婚，自己还得恪守妇道。① 婚又不能离，管又管不住，打又打不过，这可如何是好！最终的结果是这两口子陷入了宙斯到处留情、赫拉撒泼吵架、宙斯连哄带骗、两人重归于好、宙斯接着找情人这样的无限循环之中。不过整日里妒火中烧的赫拉并不甘心，她要捍卫自己的婚姻。她对宙斯的不忠行为施以无情的报复——报复的方法就是发挥聪明才智，苦思冥想各种残忍手段，毫不手软地惩罚、折磨被宙斯爱上的众多女孩及他们的私生子，哪怕她们中的绝大多数本来就是被宙斯诱骗上床或强奸的，她也绝不放过。赫拉对付"小三"的各种方法，在后面的神话故事中我们慢慢领略，在此暂且略过。这里先讲两个比较有意思的小故事，缓和一下这两口子造成的紧张气氛。

---

① "在婚姻这张温床上所展示的圣事或宗教仪式、法令、习俗当中，赫拉任何时候都是圣洁的。她是婚姻的女神，与诱惑、肉欲无涉，因为这些快乐由阿佛洛狄忒负责。"（Walter Burkert *Greek Religion: Archaic and Classical*, John Raffan, Oxford:Basil Blackwell, 1985, P. 132）

1. 赫拉与宙斯的性事纷争

有一天,赫拉又为丈夫宙斯经常出去找女人一事大动肝火。她说:"老宙啊,我算看透你了。你找那么多的女人不就是为了满足性的欲望,获得性的快感和乐趣吗?"宙斯则争辩说:"夫人此言差矣。我找女人只是为了多繁衍一些后代而已。至于性生活中的享受嘛,还是你们女人得到的更多啊!"于是,两位大神开始争论起在男女之事中到底谁享受到的乐趣更多的问题。双方各执一词,争执不下,吵得脸红脖子粗也无法得出一个令对方信服的结论。两口子还真是够执着,有一种不达真理誓不罢休的劲头。最后,他们想起了一个人——忒瑞西阿斯,商定让他来对这件事进行裁决。在这一问题上再也没有谁比他更有发言权了。

忒瑞西阿斯本来是个百分之百的纯爷们。在婚后的某一天,他出远门路过库勒涅山,在山上休息时看到一雌一雄两条蛇正在交配。他走过去杀掉了雄蛇。不一会儿他感觉自己的身体正在起变化,仔细一看大吃一惊:自己怎么变成女人了?他赶快回到家中。到家后他觉得也没办法再和老婆过下去了,于是就和老婆离了婚。接下来怎么办呢?一个女人无依无靠的,也没法过日子啊!她只好找了个好人家把自己嫁了。一晃七年过去了,作为女人的忒瑞西阿斯已经习惯了相夫教子的生活,对以前的经历也渐渐淡忘了。可是有一天,她出门办事,再一次来到了库勒涅山上。就在那个原来杀掉雄蛇的地方,她又看到了雌雄双蛇交配的场景。这次她一时兴起杀掉了雌蛇,与七年前相同的感觉又出现了。她仔细一瞧,差点把下巴惊了下来:自己又变回了男人!

忒瑞西阿斯有着如此传奇的经历,神王和神后岂能不知?夫妻二人立即将其传唤到奥林匹斯山,本着虚心求教的态度想对上述问题一探究竟。忒瑞西阿斯是个老实人。他根据在这方面的个人体验,干脆利落地答道："如果把交会分作十分,那么男人享受一分,女人享受九分。"① 听到这个回答,赫拉怒由心头起,一气之下弄瞎了他的双眼。不过这个答案倒是很合宙斯的胃口。他在外面找女人现在终于有了理直气壮的理由:我宙斯的口号是"牺牲自己,愉悦她人"。

因为这事,可怜的忒瑞西阿斯失去了双眼,再也不会看到雌雄双蛇交配的场景了。宙斯为了补偿和感谢忒瑞西阿斯,赐予了他预言的本领和跨越七代人的寿命。在之后的神话故事中,忒瑞西阿斯作为预言者会经常出来扮演不可或缺的龙套角色。

2. 宙斯与赫拉的斗智斗勇

宙斯本来想的是:我身为一代神王,理应阅尽天下美色,谁敢不从?哪个敢管?没想到他偏偏娶了个母夜叉,把自己看管得太严,只能靠插空变换身形、改变容貌出去偷腥。就算这样,他被捉奸在床也是常有的事。不过,历经千锤百炼,老油条宙斯自有化解矛盾的办法。

有一次,宙斯偷偷摸摸找情人,又被赫拉逮了个正着。天后一气之下,像现在的许多女性一样收拾收拾回娘家了,发誓如果丈夫不来接、不赔礼道歉就不回家。宙斯和赫拉是亲姐弟,他的丈母娘瑞亚不就是他老娘吗?想当年瑞亚根本就不同意宙斯与赫拉的婚事,所以大婚那天她老人家就没参加,独自一人在家里生闷气。现在宙斯才不会主动到老娘那里挨骂呢!这位情场高手自有办法:他偷着用木头做了个假新娘,放在婚车里,然后用五颜六色的绸缎把婚车装饰一番。准备工作做好以后,他专门找来乐队敲锣打鼓,驾着马车招摇过市,到处散布传言,说前段时间自己离婚了,天后位置空缺,现在要娶一个温柔贤淑的漂亮女神做妻子,并让她登上天后的宝座。这等宣传造势,赫拉能不知道吗?她知道自己再在母亲家待着

---

① 【古希腊】阿波罗多洛斯:《希腊神话》,周作人译,长江出版社,2018年版,第185页。

天后地位将不保。她没来得及和母亲说一声就赶紧跑回了奥林匹斯山。她怒气冲冲地向这位"新娘"扑了过去。可等她掀开帷幔，发现原来只是个木偶人像，这才知道中计了。当然，对赫拉来说，这计中得倒也情愿。她不但没有了怨气，还忍不住扑哧一下被宙斯逗乐了。夫妇重归于好。赫拉挽着宙斯的胳膊屁颠屁颠地跟着他回了家。宙斯一看后院的火已被扑灭，赶紧又马不停蹄地开始了寻花问柳的伟大事业……

纵观整个希腊神话，天后赫拉的主要工作就是斗"小三"。我们对她的性格定位是：善妒。

（三）波塞冬

波塞冬是希腊名，其罗马名是尼普顿。

波塞冬是海神。当年兄弟三个三分天下之后，浩瀚无边的大海就在他的统治之下。论长相，他和宙斯不相上下，都是一副胡子拉碴的大叔形象。他们的区别主要在于所持的武器：宙斯使用雷电棒，波塞冬手拿三叉戟。他狂野彪悍、四肢发达、头脑简单却威力无比，可以使茫茫大海波涛汹涌、摧毁一切。波塞冬的圣兽是马，所以在油画作品中他经常驾着马车出现。

波塞冬野心勃勃。他本来想做老大，统治天庭，但无奈手气较差，拈阄时抓到了大海。奥林匹斯山大会结束之后，他心不甘、情不愿地驾着马车下得山来，到了自己的领地。到任之后，他才发现这块领地有一个巨大的好处，那就是水中仙女数不胜数。只要有水的地方就属他管辖。不但大海里有三千海洋神女，而且山泉边、沼泽地到处都有宁芙仙女的身影。色鬼波塞冬[1]顿时转悲为喜，心里乐开了花。

上任第一天，波塞冬就急着召集大家开会，强调的第一点就是严格考勤制度，任何神灵和仙女都必须前来报到，不得缺勤。与会者到齐之后，波塞冬的眼睛哪里还够使？海神本来想趁机找个最漂亮的仙女娶为正妻，再找一些自己喜欢的充实后宫。现在放眼望去，海洋神女、宁芙仙女不计其数，个个长得魔鬼身材、美若天仙（对了，她们本来就是天仙），他简直挑花了眼。波塞冬在会上发言时结结巴巴，只顾东张西望、大咽口水。他草草结束会议，赶快回去驾上马车巡视海域。这样做的目的也太明显了吧？哪里是巡视海域，分明是寻找佳丽！

波塞冬站在马车上，一双色眼360度全方位、无死角地扫视过去，一眼看中了其中一位仙女。她就是前文提到的大地女神该亚和第二个孩子海神蓬托斯结合所生的儿子涅柔斯[2]的女儿安菲特里忒。此时的安菲特里忒正和久未谋面的姐妹在浪花中跳舞嬉戏。她那娇美的面容、曼妙的舞姿直让波塞冬看得神魂颠倒。

这位头脑简单、四肢发达的大神看到这一幕早就失了魂、丢了魄，只顾呆呆地站在马车上张着嘴流口水了。神马的缰绳已从手中脱落，失去方向感的马匹呼啸着向仙女们冲了过去，吓得她四散奔逃。波塞冬这才回过神来，赶紧抓住缰绳直奔安菲特里忒的方向猛追过去。安菲特里忒被这位大胡子肌肉男吓坏了。她急忙潜入海底，和波塞冬玩起了游击战。海神哪肯轻易放过一丝机会！他一个猛子扎到水里，四处寻觅美女踪迹。无奈他刚刚到任第一天，对自己的工作环境极其不熟悉。他到处乱撞，根本找

---

[1] 前文不是把"色鬼"的称号已经给宙斯了吗？怎么这里又给了波塞冬？看完希腊神话后，我们就会发现奥林匹斯诸神——不分男女——不好色的实在是稀有物种。好色正是他们的共同爱好，只是宙斯比较典型而已，所以我们称他为"老色鬼"。

[2] 参见本书第10页。

不到躲藏在洞里的海中仙女。

一无所获的海神不得不浮出海面，独自在那里垂头丧气、黯然神伤。此时，一只狡猾的海豚看准这正是为新任领导干活出力、拍马屁的好时机。它游到海神身边，献媚道："报告大王，我从小就生活在这片水域，对里面的一草一木、一岩一洞都非常熟悉，可以帮您找到意中人。"波塞冬一听大喜过望，答应它事情办成之后必有重赏。

海豚干起活来真是卖力，不一会儿就带着领导找到了仙女的藏身之地。安菲特里忒没有办法，只得屈服，嫁给了波塞冬，成为海后。波塞冬感激使他抱得美人归的海豚，遂将其化作不朽的海豚星座。

"安菲特里忒和波涛喧嚣的摇动大地之神生下了身材庞大、统治广大水域的特里同。他拥有海的深处，和亲爱的母亲、海王父亲一起住在黄金做成的宫殿里。他是一个可怕的神灵。"[1]为什么说特里同是一个"可怕的神灵"呢？因为他上半身是人、下半身是鱼——大家可能会说这就是个美人鱼。美人鱼哪里可怕了？不但不可怕，还很漂亮呢！那是因为我们心目中的美人鱼是多年进化的结果，已经成为一个不折不扣的美女形象。特里同可不同：他是男性，是所有美人鱼的老祖宗，是拖着鱼尾、龇着獠牙、满头绿发的人鱼，而不是美人鱼。他和后来的美人鱼之间的差别就好比是原始山顶洞人与现代时尚美女的差别。

爱情事业双丰收，老婆孩子热炕头。海神波塞冬志得意满，在自己的豪华宫殿里过起了舒适自在的日子。但是，身边有着无数美女资源的大神，哪能满足于就一个安菲特里忒啊！没过多长时间，他就追随宙斯的脚步开始了找情人的漫漫征程。

波塞冬把魔掌不但伸向了他的随从——海洋仙女，而且也没有放过凡

---

[1]【古希腊】赫西俄德：《工作与时日·神谱》，张竹明、蒋平译，商务印书馆，2016年版，第55页。

人中的绝色美女——美杜莎！

　　前文提到，该亚和第二个儿子海神蓬托斯生下了表征大海属性的五位儿女：海之友善涅柔斯，海之奇观陶玛斯，海之愤怒福耳库斯，海之危险刻托，海之力量欧律比亚。① 后来，涅柔斯娶了俄刻阿诺斯和忒堤斯的女儿多里斯。这两个神的基因良好：一个公正善良、和蔼可亲，另一个端庄大方、温柔贤惠。所以他们生下了五十个海洋仙女，是"平静海洋的一切美好特点的象征"②。其中名气最大的要数心胸开阔的安菲特里忒③和特洛伊战争中最著名的英雄阿喀琉斯的母亲忒提斯。涅柔斯的兄弟福耳库斯娶了妹妹刻托，这两口子一个是海之愤怒，另一个是海之危险。由于基因搭配出了点问题，他们生下的戈耳工三姐妹中，斯忒诺和欧律阿勒两个拥有不死之身，却长着坚硬的鳞甲、野猪似的獠牙、青铜的手、金羽毛的翅膀、一条条毒蛇组成的头发，真是面目狰狞、恐怖至极；另一个竟然是个凡人——她就是美杜莎。虽为凡夫俗子，但美杜莎长得却非常漂亮，特别是她那头乌黑靓丽的秀发更是无人能比。

　　后来，美杜莎做了雅典娜④神庙中的女祭司。每当在镜中看到自己仙女般的美丽容颜和瀑布般的青丝秀发时，她都感到颇为自豪，也逐渐变得傲慢起来——她竟然在智慧女神的神像前声称自己比女神还要美丽。没想到隔墙有耳，大色狼波塞冬正巧打此路过。他趴着窗户仔细观看，立即被美杜莎的容貌所吸引。于是海神幻化成马的模样迫不及待地直接在雅典娜的神庙里把她给强暴了。雅典娜可是童贞女神啊！光天化日之下竟然在她

---

① 参见本书第10页。
② 【古希腊】赫西俄德：《工作与时日·神谱》，张竹明、蒋平译，商务印书馆，2016年版，第36页。
③ 对于老公找情人一事，海后从不像天后那样整天追踪盯梢。她的一贯态度就是不管不问，所以被称为心胸开阔的安菲特里忒。这一点真是让宙斯羡慕嫉妒恨啊！
④ 雅典娜这位大神的故事参见本书第42页。

眼皮底下发生这等污秽之事，她岂能容忍！她恨不得把手中的盾牌朝波塞冬径直砸去，但她不能这样做，因为还有比这更为紧急的事情——那就是先得用盾牌把她那双纯洁的眼睛遮住！

发泄完兽欲之后，波塞冬跑了。雅典娜望着他的背影气得浑身哆嗦。但她知道波塞冬不好惹，加之他是自己的伯父，拿他有什么办法呢？回头一看，她发现了仍然躺在地上哭泣的美杜莎。女神气不打一处来：说到底还不是因为你的自负与傲慢才招来了这等祸害？她便把一口恶气全撒在了亵渎神灵的美杜莎身上。女神施展法术把美丽的美杜莎变成了丑陋的妖怪之躯：嘴里长着一对野猪的獠牙，下半身变成了蛇的样子，脖子上长出了鳞片，尤其是她那引以为傲的秀丽长发也变成了一条条的毒蛇。最后，智慧女神又赐予美杜莎一双任何人看到后都会立即被石化的眼睛——这也许是对那些整天只知道盯着美女的色狼的惩罚吧！

纵观整个希腊神话，波塞冬的基本形象就是：头脑简单，四肢发达，胡子拉碴，喜好女色。

（四）哈迪斯

哈迪斯是希腊名；其罗马名是普路同。

哈迪斯是冥王。当年兄弟三个三分天下，阴暗潮湿的鬼魂世界成为他的管辖之地。

人死后，神使赫尔墨斯[①]引导其灵魂进入阴间，首先穿过位于大地与冥府之间的黑暗之地——厄瑞玻斯，然后将面对一条波涛汹涌的黑色大河——被命名为"悲痛之河"的阿刻戎河。在这条河上，冥河艄公卡戎[②]

[①] 赫尔墨斯这位大神的故事参见本书第88页。
[②] 卡戎是厄瑞玻斯与倪克斯的儿子。参见本书第3页。

负责把死者的亡魂摆渡到河对岸。但卡戎认钱不认人，要想过河就得缴纳过路费，没钱的只能在岸边做个游荡的孤魂野鬼。河对岸是一片开阔的平原——真理田园。在这里，亡灵将接受冥界三判官——米诺斯、拉达曼提斯①和埃阿科斯②的审判。③有罪之人被送往痛苦之所——塔耳塔洛斯（地狱）；无罪之人被送往幸福之所——爱丽舍乐园（福地）。在爱丽舍乐园和塔耳塔洛斯之间有一座雄伟的宫殿——这就是冥王哈迪斯的住所。宫殿有着非常坚固的青铜墙壁，长着三个脑袋和一条龙尾的地狱之犬——刻耳柏洛斯④在大门旁边担任着守卫的职责。

也许是因为哈迪斯对抽签结果不满意，所以他深居简出，宅男一个，很少离开自己的领地去往奥林匹斯山。这也就使得他在我们的印象中总是充满了神秘与诡异。一般来说，他的形象是一个头戴隐形盔、手持双股叉、坐着黑马战车的老头子。宙斯、波塞冬、哈迪斯作为亲兄弟，长得差不多，都是一副邋遢老头形象。

哈迪斯面容冷峻、冷酷无情但同时又公正无私、刚正不阿，所以他固然非常可怕但并不邪恶。除了那次闻名天下的抢妻事件（实际上这次也情有可原），哈迪斯没干过其他坏事，而且也从未闹出过绯闻，几乎没有上过娱乐版头条，在男女关系问题上和他的兄弟有着天壤之别。

下面我们就来了解一下哈迪斯抢妻事件的来龙去脉。

得墨忒尔是谷物女神、丰收女神，克洛诺斯和瑞亚的女儿，宙斯的亲

---

① 米诺斯、拉达曼提斯是宙斯和欧罗巴的儿子。参见本书第 211 页。
② 埃阿科斯是宙斯和埃癸娜的儿子。参见本书第 393 页。
③ 拉达曼提斯负责审判亚洲的鬼魂，埃阿科斯负责审判欧洲的鬼魂，米诺斯则负责复审，并为枉死者平反。
④ 刻耳柏洛斯是提丰与厄喀德娜的怪物孩子。参见本书第 19 页。

姐姐，还是他的第四位老婆①。有了得墨忒尔的保护，富饶的大地终年果实累累，人们整日里享受着丰收的喜悦。当然大家也不会忘记这都是女神的恩赐，总是给她献上丰富的祭品。

但这一切终将逝去。后来有了一年四季的区分，每到冬天，冰雪来临，绿色就会褪去，整个大地变得毫无生气。这是为什么呢？原来，得墨忒尔为宙斯生下了独生女——珀耳塞福涅，而女神非常喜欢这个女儿，将其视为掌上明珠。珀耳塞福涅长得美丽可人，所以提亲者络绎不绝，简直踏破了门槛。但是，没有任何一个男神能够过得了未来丈母娘这一关，都被得墨忒尔一一回绝，因为她根本舍不得女儿嫁人。宙斯的始乱终弃使她感觉天底下和天上边没有一个好男人、好男神。为避免女儿像她一样被抛弃，她认为还不如将女儿不嫁人，母女俩一起过一辈子倒也快活。但让人无奈的是，女神终究无法逃避命运之神的掌控，她的女儿还是被哈迪斯抢走做了冥后。

话说哈迪斯看到两个兄弟不但都已娶妻生子，而且还找了很多情人，反过来再看一下自己这个做大哥的，仍是光棍一人——这差距也有点太大了吧！堂堂冥王，竟然连个压寨夫人都没有，实在是太过寒酸。但同时他也知道，哪个当母亲的愿意把女儿送到黑暗的冥界去做媳妇呢！哈迪斯一狠心、一跺脚，为了解决个人问题也做一回坏人，干脆去抢一个回来。于是，他离开冥府到奥林匹斯山上寻找目标。无巧不成书，他看上的正是宙斯和得墨忒尔的女儿也就是侄女珀耳塞福涅。他知道姐姐得墨忒尔不好说话，肯定不会同意这门婚事，但直接去抢的话又对弟弟宙斯有所顾忌。冥王最终决定走未来老丈人的门路——先去探探宙斯的口风。见到宙斯之后，他先是诉苦，说："你左拥右抱、后宫佳丽三千，当哥哥的却连个说知心

---

① 参见本书第 20 页。

话的人都没有。哥哥心里苦啊！"然后他直接表明来意，求他把女儿珀耳塞福涅嫁给自己。宙斯一想，他在高高的奥林匹斯山上君临天下，享尽各种荣耀；哥哥却在那幽暗的冥府，与各种鬼魂生活在一起，确实该补偿一下。于是，宙斯很痛快地答应了哥哥的请求，准许把女儿嫁给他。但他提醒哈迪斯：明媒正娶的路子在得墨忒尔那里肯定走不通，你必须靠抢。哈迪斯一听这话，这不正合我意吗？不愧是兄弟俩，想到一块儿去了！接下来，兄弟俩制定了具体的实施策略……

在一个阳光明媚的日子里，珀耳塞福涅和她的同伴在田野里自由自在地采摘着各种鲜花。

宙斯趁大家不注意，在远处变出一株异常艳丽的水仙花，并将女儿珀耳塞福涅的目光引向鲜花的方向。女神从没见过这么漂亮的鲜花，急切地走过去想把它采下来送给母亲。可是，就在她的手要碰到水仙花的一刹那，那片大地突然裂开了缝隙。还没待珀耳塞福涅反应过来，冥王哈迪斯驾着四匹黑色骏马拉的马车就从大地深处冒了出来，不容分说一把抓住侄女的手腕，将她拉到车上，一溜烟儿回到了阴间。

得墨忒尔不明就里。她连续九天不吃不喝，到处寻找女儿的踪迹，但仍一无所获。最后，把哈迪斯这种光天化日之下公然抢妻的行为尽收眼底的第二代太阳神赫利俄斯看到女神失魂落魄的样子再也忍不下去了，遂将事情的真相告知于她，并劝她不要过于伤心，说："哈迪斯作为一方之主，也配得上你女儿了。再说，当爹的都同意了，你又能怎么着呢？"

听了这话，得墨忒尔心如死灰：第一，她恨弟弟哈迪斯，心爱的女儿竟然被他抢去做了媳妇；第二，她恨丈夫宙斯，不但毁了自己的青春，还偷偷摸摸地把女儿嫁到阴间。想到这里，女神愤而离开了这个伤心之地——奥林匹斯仙境。冥界去不了，奥林匹斯不想待，得墨忒尔来到了人间。但和以往不同，之前女神总是满面春风、和颜悦色，带给人们的也都是丰收和喜悦，这次她四处流浪，精神恍惚，日渐憔悴。她因思念爱女伤心欲绝，也变得冷酷无情，于是收回了对大地的一切赠礼。因此，种子停止了发芽，地里长不出庄稼，到处充满了饥馑与灾荒，人类正走向灭亡。

　　住在大地上的人类衣不蔽体、食不果腹，哪有多余的祭品来献给诸神啊！不但收不到献祭，诸神听到的都是处在生死边缘的人类对他们的抱怨乃至咒骂。时间一长，作为众神之王的宙斯实在坐不住了。他派遣各路神祇前去规劝得墨忒尔，让她恢复大地的生机与活力。但女神根本无动于衷，并向宙斯一再声明她的立场："见到女儿之前，我是绝对不会让步的！"此时，宙斯终于意识到问题的严重性。看来他的哥哥——冥王哈迪斯必须做出让步了。于是，他差遣神使赫尔墨斯去往阴间，对冥王说明事情的来龙去脉，并传达宙斯的意思：哈迪斯退让一步，把新娘送回给得墨忒尔，以后做弟弟的保证再给他找个更好的！哈迪斯一方面知道自己不能违背众神之主宙斯的命令，另一方面这段时间确实饿死的人太多，冥界人满为患，作为领导的哈迪斯虽采取了各种策略来解决住房问题，无奈房源有限，仍然十分吃紧。加之，抢来的这个媳妇和他根本没有感情基础，她整日里思母心切，以泪洗面，茶饭不思，知心话一句不说，抱怨之声倒是经常有。所以，冥王决定依顺宙斯之意，把珀耳塞福涅送回去。

　　这样一来，哈迪斯岂不是白忙活了，落得个赔了夫人又折兵的下场？冥王不会那么傻。千辛万苦弄了个媳妇哪能就这么轻易地放她走了！他自有如意算盘。

　　珀耳塞福涅一听说哈迪斯要放她回去，可高兴坏了。哈迪斯却故作黯然神伤状，满怀深情地对珀耳塞福涅说道："你既然不愿意留在冥府做我的王后，我也不能强求，现在就让赫尔墨斯送你回去吧！但你在这里整天不吃不喝，弄得面容憔悴，到了地面会头晕的。再者，让你母亲看到你这个样子她也会伤心的，还以为我虐待你了。这里有个石榴，你把它吃了吧！

那样会好些。"珀耳塞福涅听了这一番话，顿时觉得这个伯父并没有传说中那么可怕，而且还挺通情达理，就拿起石榴吃了起来。但她急于见到母亲，所以没有耐心把整个石榴吃完，只吃了四颗石榴籽。

之后，哈迪斯将珀耳塞福涅交给了赫尔墨斯。事不宜迟，神使飞速将她带到了母亲得墨忒尔身边。母女相见，紧紧相拥，各自向对方倾诉着自己的悲惨经历。

思女心切的得墨忒尔突然想起一件事来，紧张地询问女儿在冥界有没有吃过东西。珀耳塞福涅如实相告。母亲悲伤地流下了眼泪，说道："你年幼无知，不知道无论是谁，只要吃了亡者之国中的食物就无法回到人间。吃了哈迪斯的石榴，你就是他的人了。石榴籽可以保证你必须重新回到他的身边。"珀耳塞福涅一听这话，可吓坏了：这可怎么办啊？母亲得墨忒尔决定暂且不管那一套，能拖一时是一时，还是不回奥林匹斯山，就带着女儿在人间居住。但想想女儿早晚要离开自己回到冥界，女神仍忍不住伤心落泪，没有心思给大地恢复生机。

宙斯是不好意思面对得墨忒尔的，就让母亲出面劝她回家。瑞亚来到寸草不生、一片荒芜的大地上，对女儿说："宙斯让我来劝你重回奥林匹斯仙境，珀耳塞福涅在冥界只吃了四颗石榴籽，所以她每年只需四个月的时间和丈夫哈迪斯住在冥界。只要你肯回去，让绿色充满大地，剩余的时间你们母女就可以待在一起了。这已经是宙斯的重大让步了！请你把生机与活力赐予人类吧！"心地善良的得墨忒尔答应了。珀耳塞福涅正式嫁给哈迪斯，成为冥后。得墨忒尔再度使田里长满了庄稼，让大地上铺满了鲜花和绿草。人类又过上了幸福的生活。

如此看来，这一抢亲事件最终还算是得到了比较完满的解决，哈迪斯应该心满意足了。但是，天长日久，这位头脑不怎么灵光的冥王终于发现娶珀耳塞福涅做老婆并不是明智之举：宙斯本来是弟弟，这下好了，反倒成了自己的岳父；那些侄子、侄女见了这位伯父直接改口叫起了姐夫、妹夫，就这样自己被生生降了一辈。思来想去，为了面子，哈迪斯再也不去奥林匹斯山参加众神的宴会了。

纵观整个希腊神话，哈迪斯给我们留下的基本印象就是：他是一个神秘、冷酷、可怕但并不邪恶，也不好色的老头子。

（五）雅典娜

雅典娜是希腊名，其罗马名是密涅瓦。

雅典娜集富有理性的智慧女神、主持正义的战争女神、心灵手巧的纺织女神、纯洁无比的处女之神[①]于一体。她是宙斯之女，拥有美丽的容颜和超凡的智慧，是宙斯最为宠爱的孩子。雅典娜的圣物是橄榄树，圣鸟是猫头鹰。

对于雅典娜，在这里讲两则故事。

1. 雅典娜的身世

雅典娜的出生最为神奇，因为她是全副武装地从父亲的脑袋里蹦出来的。这是怎么回事呢？且听我细细道来……

我们知道，神是永生不死的，所以神的儿子想要继承大统靠等是永远也等不来的，他们只能采取暴力手段推翻父亲的统治——克洛诺斯取代乌拉诺斯如此，宙斯取代克洛诺斯也是如此。这就使得历代神王都想尽一切办法来避免儿子的反叛。乌拉诺斯借口儿子长得丑将他们再次扔回妻子的肚子里。克洛诺斯的成功谋反向我们证明了这种做法并不保险，所以他登基之后选择的不再是将儿子扔回妻子的肚子，而是把儿子一个个吞到自己的肚子里面。当然，他最终仍没能避免被宙斯推翻的命运。那么接下来的

[①] 在希腊神话中，处女之神有三位：智慧女神雅典娜，月亮女神阿尔忒弥斯，灶神赫斯提亚。

问题就是：宙斯呢？他的命运将如何？

　　前面提到，第一代神王乌拉诺斯在被儿子克洛诺斯割下生殖器的那一刻诅咒道："命中注定，你也终将被自己的儿子所推翻！"这使得坐上第二代神王宝座的克洛诺斯惶惶不可终日。同样，克洛诺斯被儿子宙斯打败压到塔耳塔洛斯之时，他也说了同一个诅咒："你也会生下一个比你自身更强大的儿子，他将取代你的统治！"这使得坐上第三代神王宝座的宙斯比他的父亲和爷爷更加紧张与焦虑。为什么呢？因为他面临的问题比他的长辈更为复杂和棘手。乌拉诺斯和克洛诺斯的儿子是有限的，虽然不知道其中哪一个会谋反，但把他们统统消灭就行了！可宙斯呢？大家别忘了他可是出了名的好色之徒，处处留情，连自己都搞不清楚曾经和哪些女神发生过关系，她们到底有没有生下儿子。这可怎么办？全部关押起来？不可能！他的私生子数不胜数。戒色？听到这俩字，宙斯马上说："那还是把我杀了吧！"所以对宙斯来说，不能像前辈那样全面撒网。他必须精准定位，知道到底和哪个女神生下的儿子会比自己更强大。宙斯固然拥有无上的能力，但他并非全知全能的上帝。所以这个问题一直萦绕于心，他又不知道答案。这让一代神王很是痛苦。当然，任何事情都无法阻止宙斯猎艳的脚步，只是他小心提防着点就行了！

　　前文讲到宙斯时，我们曾说他娶的第一个妻子是大洋神俄刻阿诺斯和忒堤斯的女儿墨提斯。这个墨提斯是古老的智慧女神，在宙斯推翻父亲统治的革命行动中献计献策，做出了很大的贡献。后来，墨提斯怀孕了，该亚来看望孙子媳妇。要走的时候她偷偷对宙斯说："我看你这个媳妇不一般，估计她生下来的儿子要比你更强大。你好自为之吧！"宙斯一听这话大吃一惊，也不知道奶奶说的这话是真是假。他心想：之前，奶奶曾生下怪物儿子提丰试图推翻我的统治，失败之后又怂恿她的巨人儿子们起来造反。由此看来，奶奶有可能骗我，不知道她又要耍出什么鬼花样。但宙斯转念一想：还是小心为妙，万一真的被她说中了怎么办？不得不防啊！

有一天，宙斯温柔地对墨提斯说："在你之后虽然我又找了几个老婆，但那都是为了革命事业、充实革命队伍，而且说实话她们不论长相还是能力都没法和你相比。在我心里你才是唯一，我会永远爱你。"对于爱情这事，男的靠嘴巴，女的靠耳朵。这是亘古不变的道理。这几句话像是给墨提斯灌了迷魂汤。她听得如醉如痴，对宙斯爱得死去活来。此时，宙斯不失时机地说道："我们玩一个互相吞吐的游戏吧！就是把对方吞到肚子里再吐出来。"墨提斯毫不犹豫地答应了，并且觉得非常好玩。其实，说白了，好玩不好玩不在于游戏本身，关键在于和谁玩——和心爱的人一起玩，不管游戏多么无聊都会兴致勃勃。实际上，以墨提斯的智慧，宙斯的奸计不难识破。但甜言蜜语会使女人的智商大大降低，再加上"一孕傻三年"。当宙斯吞下墨提斯以后，他却不往外吐了。这下可把墨提斯气坏了。虽然自己不会死，但就像克洛诺斯吞噬孩子一样，他不吐你还真就出不来。生气也没办法。孩子在肚子里一天天长大。十月怀胎，一朝分娩。墨提斯在宙斯的肚子里生下了孩子。

这可怎么办？宙斯还得再生一次，可是从哪里生呢？后来，宙斯发现这好像由不得他来选择，因为这孩子生性好动，在他身体里乱蹦乱跳，可到了他的头部之后干脆在那里住下了，再也不去别的地方了。胎位不正使宙斯头痛欲裂，整座奥林匹斯山都能听见他临产前阵痛的嚎叫。最后，宙斯实在受不了了，终于下定决心让心灵手巧的普罗米修斯给他实施"剖头产"。普罗米修斯虽见多识广，但也是第一次做这种手术。他拿来斧子，一点一点地凿开了宙斯的头。突然，一个身穿铠甲、手执盾牌与长矛、英姿勃发的女孩从宙斯的头颅里出来了。她就是继承了母亲良好基因的智慧女神雅典娜。同时，母亲怀她时被丈夫欺骗导致她火气较大，所以雅典娜也成为威风凛凛的女战神。雅典娜的出生使宙斯大大地松了一口气：身体的折磨解除了，但更重要的是幸好是女儿。分娩之后，墨提斯仍然留在宙斯的肚子里。这样，她就成了宙斯的智囊——当时人们以为大家是靠肚子来思考问题的。

宙斯虽然过了一把生孩子的瘾，但你让他又当爹又当妈地养孩子，他可没那个时间和耐心！于是他找了个神——特里同抚养雅典娜。这个特里同可不是我们前面提到的波塞冬和安菲特里忒两口子生的那个人身鱼尾的怪物特里同[①]——宙斯再不靠谱也不会找这么个玩意儿来帮他抚养爱女！这里的特里同是利比亚的河神。几乎就在宙斯生出雅典娜的同时，特里同河中的贝壳生出一个女孩——帕拉斯[②]。两个女孩不但年龄相仿，而且爱好相同——那就是玩搏斗游戏。志趣相投的她们很快就成了十分要好的朋友。

有一天，两个好斗的女孩又"打"了起来。正巧这时宙斯来看望心爱的女儿雅典娜。他在天上看到这一幕，不明就里，以为她们真的在打仗。高度紧张的宙斯密切地关注着战局的变化，虽然女儿不会死，但受伤也不是好玩的。正在这时，帕拉斯手中寒光闪闪的长矛向雅典娜刺了过来，雅典娜躲避不及，看上去马上就要被刺到了。救女心切的宙斯连忙把他的神盾抛下去，挡在长矛刺过来的地方。本想抽矛回来抵挡雅典娜进攻的帕拉斯被眼前发生的事情惊呆了，不知所措。而此时雅典娜的长矛正好反击过来，来不及反应的帕拉斯一下被刺中要害，当场毙命。

看到帕拉斯竟然死在自己的长矛之下，雅典娜伤心欲绝。但事已至此，无力回天。于是为了纪念好友，她就把自己的名字改为"帕拉斯·雅典娜"，还为帕拉斯塑了一尊塑像，取名为帕拉狄昂（Palladium）。

[①] 参见本书第 34 页。
[②] 与斯堤克斯的丈夫帕拉斯同名。参见本书第 14 页。

2. 雅典娜的惩罚

雅典娜有着超凡脱俗的王者风范和咄咄逼人的强大气场。她对自己的超凡智慧和战斗能力高度自信。不过最令她感到自信的还真不是这些，而是女红……

作为心灵手巧的纺织女神，雅典娜曾向人间女子传授她那无与伦比的纺织技巧。因此，人类特别是待字闺中的女孩和已为人妇的女人无不对这位女神敬重有加。

然而，任何时候都有不服的。

吕底亚城中有一位名叫阿拉克涅的女孩。她出身低微但心灵手巧，父亲是一位普通染匠。从小就和布匹打交道的她练就了一身非凡的本领——纺线、织布、刺绣样样精通，技术非凡。她的每个作品都栩栩如生、巧夺天工。这使得女孩成为当地的风云人物，名噪一时。阿拉克涅每次干活都会引来许多女孩的围观，连附近的森林和水泽宁芙仙女都会停止嬉闹，静静地欣赏她那熟练而优雅的动作。女孩和仙女的眼神里总是充满了羡慕之情，并不断发出啧啧的赞叹声："你看，阿拉克涅这纺织技术竟然如此精湛，难道是女神雅典娜手把手教她的不成？"大家的夸赞使阿拉克涅失去了理智，逐渐变得骄傲起来，开始得意忘形。她甚至公开宣称："我的成功完全靠的是自己的天分和努力，和任何人、任何神都没有关系。我不是你们说的雅典娜的学生，也不知道她的纺织技术如何。我只知道在这个世界上没有哪个人、哪个神能够超过我。"

本来就有点小心眼的雅典娜一贯展现的都是女强人形象，哪里受得了这等侮辱？她的小姐脾气上来，连万神之王宙斯都得礼让三分。阿拉克涅这个凡间女子竟敢对这位大小姐公然挑衅，这还了得！雅典娜决定实施报复。但作为智慧女神，情感永远在理智的控制之下，她不会感情用事、贸然行动。

女神变成一个慈眉善目的老婆婆来到阿拉克涅跟前，并以长者的身份向她提出警告："我知道你的纺织技术一流，但那是在人间。和神相比，人永远是有差距的。我们最好不要和女神较上下、争高低，那样的话到头来只会自取其辱。"阿拉克涅停下手中的活计，不屑一顾地看着老人，说道："你是谁啊？是不是雅典娜的女仆？她不敢和我比试才派你来吓唬我的吧？快回去告诉你那位所谓的女神，如果她敢来，就让她领教一下我的本领，我一定会让她输得一塌糊涂！"这下，雅典娜可真是怒了。她立即现出真身，要和阿拉克涅一较高下。阿拉克涅看到女神后淡定如初，从容应战，并且声称如果输了，甘愿受罚。

比赛开始。雅典娜和阿拉克涅的巧手动作优美、上下翻飞，几乎同时完成了她们的作品。女神首先展开了她的布匹：布的中心图案是以宙斯为首的奥林匹斯山威严的众神，四角则织出了众神对一些自命不凡、狂妄自大的凡人的惩罚。这幅作品堪称完美，同时也再次向阿拉克涅发出警告：和神竞争是不会有好下场的。

随后，自负的阿拉克涅也展开了她的杰作。雅典娜一看，她的纺织技术确实已经登峰造极，不在自己之下，但当她看到画面题材和内容时，不由得怒火中烧。阿拉克涅织出的画面都是以宙斯为首的诸神的风流韵事，绝对的"八卦题材"。人家雅典娜可是圣洁的处女之神啊！你阿拉克涅一个尚未出嫁的姑娘怎么总想着窥探别人隐私，满脑子男欢女爱啊！女神愤怒地撕碎了这幅亵渎神灵的作品，并告诉阿拉克涅："你的技术确实很高超，但你的情趣低俗、境界太低。这就是你的致命弱点。你怎么能够和我相比呢！"随后，女神把纺锤摔到了阿拉克涅的脸上。

自尊心超强的阿拉克涅哪里受得了这等侮辱？一生气，一跺脚，就到树林里找了棵歪脖树上吊自杀了。雅典娜看到这一幕，生了怜悯之情，动了恻隐之心，觉得她虽然有罪，但罪不至死，就施展法术让她复活了。死罪虽免，活罪难饶。阿拉克涅还要为她的狂妄自大、亵渎神灵付出代价。雅典娜将来自地府的毒汁撒向了她，只见她的身躯开始痉挛，缩小变黑，到最后竟成了一只蜘蛛[①]。雅典娜警告道："既然你喜欢纺织又那么爱上吊，那我就成全你，让你和你的后代永远吊在树上像织布一样不停地织网，免得你忘了这个教训。"

纵观整个希腊神话，雅典娜的基本形象就是：一个勇敢而不失智慧，要强而不失善良，美丽端庄，英姿勃发，略有点小心眼又最受宙斯宠爱的处女之神。

（六）阿尔忒弥斯

阿尔忒弥斯是希腊名；其罗马名是狄安娜。

阿尔忒弥斯是第三代月亮女神。在很多油画作品中，画家会在她的头上画个"月牙"以表明她的月神身份。

阿尔忒弥斯是狩猎女神。在神话故事中她是一个身着猎装、肩挎神弓、猎狗伴随左右的美貌女子。她的圣物是鹿，所以鹿有时也会出现在有关狩猎女神的油画作品中。

阿尔忒弥斯是处女之神。她有着超凡脱俗的美丽容颜和冰清玉洁的处女之身，浑身散发着一种冷艳的美。

1. 阿尔忒弥斯出生

前文讲到，十二泰坦巨神中的科俄斯娶了妹妹福柏，生下两个女儿——暗夜神勒托和星夜神阿斯忒里亚。[②] 姐妹俩就像《红楼梦》中的尤二姐与尤三姐，性格截然不同：勒托生性软弱，阿斯忒里亚则是个烈性女子。老

[①] 在希腊语中，阿拉克涅即意为蜘蛛。
[②] 参见本书第6页。

色鬼宙斯同时看上了姐妹俩。他决定先向刚烈泼辣的那位下手，遂开始追求阿斯忒里亚。可人家阿斯忒里亚是个有夫之妇，丈夫就是泰坦神克利俄斯与欧律比亚的儿子珀耳塞斯[①]，夫妻两个还生下一个著名的女儿——赫卡忒[②]。欲火烧身的宙斯不管那一套，上去就要对美女动手动脚，可对丈夫忠贞不贰的阿斯忒里亚誓死不从。百爪挠心的宙斯也失去了耐心，干脆还是用老办法——霸王硬上弓，上去一把抱住了这位女神。阿斯忒里亚使劲挣脱也难逃魔掌，情急之下她变成一只小鹌鹑飞走了。马上就要得手的宙斯岂肯轻易放过这么一个美女！他立即变成一只雄鹰紧紧追赶。鹌鹑哪能飞得过老鹰！眼看马上就要追上了，阿斯忒里亚义无反顾地投入爱琴海中，化为一座隐没在水下的岛屿——"无明岛"阿得罗斯，以表明誓死不从的决心。

宙斯也没想到这女子竟会如此刚烈，只好悻悻地回来了。妹妹是追不到手了，他那色迷迷的目光又转移到姐姐勒托身上。生性软弱的勒托没有太多主见，所以这次宙斯没费什么周折便轻易得手。一番云雨之后神王心满意足地回到了奥林匹斯山。不多久，勒托发现自己怀孕了——只能说神王真不是吹的，向来都是"弹无虚发"。

毫无疑问，这时候有一个神该出场了，就是那个整日里妒火中烧、以"抓小三"为毕生事业的天后赫拉。此时，赫拉已嫁给宙斯，但尚无子嗣。以"合法妻子"身份自居的她看到在自己之前宙斯虽然已经有了六个老婆，也有了不少孩子，但前面五个老婆生的都是女孩——第一个老婆智慧女神墨提斯生下女儿雅典娜，第二个老婆正义女神忒弥斯生下时序三女神，第三个

[①] 参见本书第6页。
[②] 赫卡忒长有三个身子、六只手，是冥界幽灵、妖魔鬼怪的总管，是专司魔法、噩梦、咒语和巫术的女神，是冥后珀耳塞福涅的侍女，夜间经常在恶狗和女妖的伴随下出没游荡于三岔路口和坟场附近。在后面"夺取金羊毛"的故事中她会现身。

老婆海洋女神欧律诺墨生下美惠三女神,第四个老婆丰产女神得墨忒尔生下女儿珀耳塞福涅,第五个老婆记忆女神谟涅摩绪涅生下缪斯九女神。第六个老婆就是这个勒托,她已怀了丈夫的种,万一生下一个男孩怎么办?那将是宙斯的长子。这事绝不容许发生!第一个生下儿子的必须是我——天后赫拉!

想到这里,赫拉面对斯堤克斯河水发下誓言:禁止世间任何一块陆地接收勒托分娩,否则当地神仙将受到严惩。为了监视勒托的行踪,她找到了巨蟒皮同。这个皮同就是该亚所生的怪物儿子提丰的大哥[1],平时负责守卫她在帕耳那索斯山麓的德尔斐神示所。赫拉命令皮同发挥蟒蛇死缠烂打的特长,紧跟勒托,以便随时驱赶她,让她无法停留、永无定所。可怜的勒托挺着大肚子东躲西藏,没有哪个神祇敢为她提供生产之地,真可谓尝尽了人情冷暖、世态炎凉。最后,疲惫不堪的女神终于来到了爱琴海。在这里,阿斯忒里亚了解了事情的原委,她所化成的"无明岛"阿得罗斯浮出水面接纳了姐姐,此岛也由此成为"光明岛"得罗斯。面对这种情形,百密一疏的赫拉束手无策,因为这座岛屿一直在水下漂浮着,不能算作陆地,她的誓言失效了。

勒托在岛上总算可以喘口气了,但紧张过后猛一放松,女神发现马上要生。她大着肚子到处奔波,几乎跑遍了整个地球,产前运动量是绝对达到了,所以她毫不费力、轻而易举地生下一个女婴——阿尔忒弥斯。勒托心想这下可轻松了,但突然发现不对:肚子里好像还有一个。自己怀的原来是双胞胎!那就接着生吧。但是这个老二可费老劲了,无论如何死活不出来。面对这种突发情况,阿斯忒里亚也是不知所措,而且岛上没有别人,连个接生婆也找不到。这可怎么办?就这样九天过去了,"见风长"的阿

---

[1] 参见本书第17页。

尔忒弥斯已长大成人。她不忍心看到母亲疼痛难忍的样子，就把胳膊一撸，衣服一撩，霸气地说了一句"让我来"，三下五除二地接生成功。母子平安，弟弟阿波罗出生了。

阿尔忒弥斯出生九天之后就给她母亲接生，女性生育时的痛苦和血腥在她幼小的心灵中留下了抹不去的阴影，所以她自此十分讨厌男人和生孩子，决定保持独身。

2. 阿尔忒弥斯上位

十二泰坦之一的福柏是第一代月神。她嫁给哥哥科俄斯生下女儿勒托，勒托为宙斯生下阿尔忒弥斯，所以按辈分来说，福柏是阿尔忒弥斯的外婆。

泰坦之战结束后，坐上第三代神王宝座的宙斯论功行赏、分封诸神。塞勒涅是十二泰坦中许珀里翁与妹妹忒亚的女儿。[①] 她天生丽质、美丽动人，凭借出众的姿色将宙斯轻易拿下。借助宙斯，女神成功上位，取代姑姑福柏成为第二代月神。那么，阿尔忒弥斯又是怎样代替塞勒涅的位置而成为第三代月神的呢？

塞勒涅这位如花似玉的美女偏偏又是个多情种，那么她成为各种绯闻、爱情故事的主角就是必然的了。除了宙斯，她还曾和诸多男神发生过关系，但这些都没有打响她的名号。让她的花痴本性闻名于人神两界的是她与恩底弥翁的那段缠绵悱恻的爱情故事……

恩底弥翁是卡吕刻与埃特利俄斯[②]的儿子。他是个风度翩翩、举止优雅的美少年，最喜欢做的事情就是在小亚细亚的拉特摩斯山放牧羊群。那里草地茂盛，空气清新，使人心旷神怡，好像世外桃源一样。最令恩底弥翁心醉神迷的还是晚上的拉特摩斯山：月亮冉冉升起，整座大山笼罩在朦

---

① 参见本书第6页。
② 这两口子的身份参见本书第289页。

胧的月色之中，景色异常迷人。因此，恩底弥翁经常躺在山坡那柔软的草地上，仰视这梦幻般的夜景，不知不觉进入了甜美的梦乡。

　　有一天晚上，牧羊少年又在静谧的山谷中悠然入睡，月神像往常一样驾着她那辆银色马车上班了。当飞过拉特摩斯山的上空时，处于感情空档期的塞勒涅无意中向下看了一眼，看到了正在熟睡的恩底弥翁。女神停下马车定睛细瞧，简直被这个年轻人的美貌惊呆了，当时就芳心荡漾、六神无主。她哪还有心思上班啊？上次开会时宙斯专门强调的不定期考勤一事早就被她抛到九霄云外去了。塞勒涅只觉得心里的小鹿到处乱撞，忍不住从空中滑翔而下，直接向美少年扑了过去。但转念一想：这样会把我的小情郎弄醒的！他睡觉的样子是最美的，也是我最喜欢的。想到这里，塞勒涅轻轻地、深情地偷吻了一下恩底弥翁的脸。这一吻不要紧，怀春少妇再也把持不住了。她做了《神雕侠侣》中尹志平对小龙女做的事情。

　　自此以后，塞勒涅懒得去理天庭考勤一事，每晚都来会情郎，小心翼翼地重复做着同样的事情。太阳已经从地平线上冉冉升起，她还是久久不愿离去。时间一长，她也担心不知哪天一不小心会把情郎弄醒。她最喜欢的就是恩底弥翁在她的月光中酣睡的样子。她内心多么希望能够任由自己为所欲为，美丽的少年却长眠不醒啊！

　　有一天，宙斯找到塞勒涅，直截了当地盘问道："你这月神是怎么当的？经常是该上班的时候不上班，该和太阳神交接班的时候你又赖在那里不下班！"塞勒涅毫不隐瞒地将自己迷恋恩底弥翁的事情告诉了宙斯，然后对他说道："看在你我昔日情人的分上，恳求你满足我一个愿望——让恩底弥翁日夜在拉特摩斯山上睡眠，永远不要醒来，并使他一直保持青春状态。如能这样，我愿辞去月神一职，住在凡间与他日夜相伴。"宙斯答应了她的请求，随即施展法术让恩底弥翁长眠不醒。塞勒涅千恩万谢之后来到拉特摩斯山上的恩底弥翁身边，与睡美人幸福地生活在一起，并一鼓作气为他生下五十个女儿。

塞勒涅主动辞职，月神位置空缺，宙斯理所当然地让女儿阿尔忒弥斯担当了这一重要职位。仔细想来，这会不会是宙斯蓄谋已久的诡计，只等着塞勒涅主动就范呢？

3. 阿尔忒弥斯与阿克泰翁

也许是因为阿尔忒弥斯一辈子都没尝过恋爱的滋味，这位老处女的脾气那是出了名的不好。她性格乖张、睚眦必报，前文说雅典娜小心眼，那基本上是在所有女性的正常范围之内。阿尔忒弥斯就不同了：在很多故事中她就像《倚天屠龙记》中的"灭绝师太"一样凶狠残忍并极富报复之心，有人对她稍有冒犯便会惨遭惩罚。

阿里斯泰俄斯是拉庇泰公主库瑞涅为太阳神阿波罗生下的儿子[1]。他长大成人后跟随著名的马人喀戎[2]学习箭术，并成为闻名希腊的猎手。后来，阿里斯泰俄斯爱上了忒拜城的创立者卡德摩斯的四女儿奥托诺厄[3]，两人生下一子——阿克泰翁——他就是后边这个故事的主角。

阿克泰翁年少时像父亲一样也拜在喀戎门下学习打猎，并很快成长为一名出色的猎手。有一天，他和伙伴们在基太隆山区的森林围猎。一个上午下来，大家收获颇丰，但也已是汗流浃背。到了正午，太阳更显毒辣。阿克泰翁让大家原地休息。他则拿着伙伴们的水壶去寻找山泉水。到了山谷深处，潺潺的流水声使阿克泰翁兴奋不已。他很快看到了那条小溪。他沿着溪水流动的方向逆流而上，不一会儿来到了一个岩洞边。热极了的阿克泰翁想在山洞里洗个澡凉快凉快，就一头闯了进去……

---

[1] 阿波罗与库瑞涅的故事参见本书第 65 页。
[2] 马人喀戎的身世参见本书第 157 页。
[3] 参见本书第 216 页。

阿克泰翁哪能想到，这个山洞偏偏是阿尔忒弥斯的圣地。此时，狩猎女神和随行仙女刚刚打猎回来。她们也是热得香汗淋漓，到了山洞里面一个个脱得精光跳到晶莹的泉水里沐浴嬉戏。就在这时，那个倒霉的阿克泰翁闯了进来。伴随阿尔忒弥斯左右的众位仙女可都是像女主人一样立志单身一辈子的，现在倒好，赤身裸体地站在一个大男人面前。她们顿时大叫起来，吓得不知如何是好。她们赶快用自己的身体去遮挡女主人，但基本上无济于事——女神太高大，有些关键部位根本挡不住。再来看那个阿克泰翁，他已经待在那里动不了了。长这么大没近过女色的他哪见过这个——简直就是一幅活色生香的美女集体入浴图！

　　女神那圣洁的身体在一个男人面前展露无遗，对阿尔忒弥斯来说简直是奇耻大辱。她想：如果我放过这小子，那他回去后还不得添油加醋、大肆吹嘘自己看到了处女之神的裸体？想到他一边流着口水、一边神采飞扬地向大家炫耀这次大饱眼福的经历的样子，女神再也不敢往下想了。她怒火上升，决定绝不给这个莽撞少年这样的机会，于是她一只手遮住身体，另一只手掬起泉水向阿克泰翁的脸上撩去，并恶狠狠地诅咒道："快去告诉你的伙伴们，你看到了赤身裸体的女神吧！"刹那间，被泉水浸湿的阿克泰翁的头上竟然长出一对鹿角。就在他惊慌失措、还没缓过神来的时候，小伙子发现自己已经变成了一头牡鹿。

　　阿克泰翁一看事情不好，赶紧向洞外跑去。到了洞口，那些随他一起来取水的猎犬看到主人后不是摇尾欢迎，而是张牙舞爪地向他猛扑过来。猎犬无法认出他就是阿克泰翁，以为这头鹿是主人从洞中撵出的猎物。阿克泰翁试图用力呼喊，发出的却是鹿的哀鸣，而不是人的声音。这些训练有素的猎狗一旦发现目标便不会轻易放弃，就漫山遍野地追赶阿克泰翁。最后，阿克泰翁的脚步慢了下来。一条猎狗瞅准时机，一下将他扑倒在地，其余猎狗蜂拥而上，将他咬得遍体鳞伤。就在这时，在林中休息的朋友闻声而至，纷纷拉弓搭箭，射死了这头牡鹿。接下来，大家开始寻找阿克泰翁，想让他也分享一下缴获猎物的喜悦……

可怜的阿克泰翁只过了一次眼瘾，阿尔忒弥斯就让他以生命为代价来偿还，其小心眼可见一斑。

纵观整个希腊神话，阿尔忒弥斯的基本形象就是：绝色的美女，纯洁的处女，出色的猎手。但实际上所有这些都不重要，真正让她闻名于世的是她那睚眦必报的小心眼。

（七）阿波罗

阿波罗是希腊名；其罗马名也是阿波罗。

阿波罗是光芒万丈的太阳神、善弹里拉琴的音乐之神、箭术高超的银弓之神、授人医术的医疗之神、充满光明的真理之神、通古今之变的预言之神。他拥有英俊神武的外貌、超凡脱俗的气质，可以说是一个标准的美男子，又是一个富有小资情调的文艺青年。他的圣鸟是乌鸦。

十二泰坦之一的许珀里翁是第一代太阳神。他与妹妹忒亚结合生育了赫利俄斯和塞勒涅。前文提到，泰坦之战结束后，塞勒涅用色相勾引宙斯，成功上位成为第二代月神。而塞勒涅在和宙斯勾搭成奸之前实际上已经先将他的哥哥拿下，而且还生下了四个女儿——季节女神。塞勒涅枕边风一吹，让现任情人给她的昔日情人谋个职位，宙斯就让这位大舅哥赫利俄斯取代了老岳父许珀里翁的职位，封他为第二代太阳神。那么，后来阿波罗怎么又会取而代之成为第三代太阳神呢？

1. 阿波罗的成功上位

阿波罗是宙斯和勒托之子，阿尔忒弥斯的孪生弟弟。关于他的身世前面一节已经讲到。

阿波罗出生后，和母亲勒托、姐姐阿尔忒弥斯一家三口在岛上生活得无忧无虑。一有时间,母亲便把他们两个叫到跟前,讲她之前的不幸经历,讲他们来到世间是多么不容易,每次讲到动情处总是忍不住留下伤心的泪水。所以这姐弟俩在幼小的心灵里对母亲有着无比深厚的感情,早早就在心底暗暗发下誓言:以后只要有我们在,决不让母亲吃苦、受气;谁要是敢欺负母亲,我们将对他进行无情的报复。①

四个月后,已经长大成人的阿波罗再也不甘心这样平淡地生活下去。他要干出一番事业。他首先要做的一件事就是找蟒蛇皮同复仇——之前正是它追得母亲在大地上没有立足之地。阿波罗挎着银弓来到帕耳那索斯山下的德尔斐,在阴暗潮湿、漆黑恐怖的洞穴里找到了皮同。皮同扭动着身子朝来犯者扑了过去。阿波罗拉动弓箭,轻而易举地射中了它的七寸。

皮同的本职工作是守卫大地女神该亚在这里的神谕所。现在它已被杀,野心勃勃的阿波罗顺手将德尔斐据为己有。为表忠心,阿波罗声称在这里他将负责发布父亲宙斯的神谕。神谕都要借祭司之口说出,他便将皮同的妻子——母蛇皮提亚化作人形,让她做了自己的第一个女祭司。② 阿波罗作为预言之神,一项重要工作就是引导人类了解神意,德尔斐神庙就是他宣示神谕的场所,即"神示所"。在希腊神话中,这座铭刻着"认识你自己"和"凡事勿过度"两句至理箴言的神庙将多次出现。它的地位非常重要,其他任何神庙都无法与它相比。

对于祖母该亚的这个私生子皮同,宙斯在镇压了提丰的反叛之后就想把它除掉,但一直没有找到合适的机会和借口。现在儿子替他把这件事给办了。不但如此,懂事的儿子还主动表明立场——在德尔斐发布我的神谕。

---

① 这种报复最为典型的一次发生在"尼俄柏"的故事中。参见本书第 220 页。
② 祭司坐在神庙洞窟的金鼎之上,不断从地洞口冒出的硫黄气使她获得神祇赐予的灵感,在迷迷糊糊的状态中发布诸神那含糊糊的指示。

本来就是嘛，祖母早就退居二线了，哪还轮得着她发布什么神谕！思来想去，宙斯觉得这个儿子办事十分靠谱，样样都做到了自己的心坎里，真是越看越喜欢。于是宙斯允许他入主奥林匹斯山。但阿波罗告诉父亲："我无论如何不能独去，要去我们母子仨一起去。"宙斯一看儿子果然母子情深、姐弟情深，有情、有义、有担当，颇有我老宙的遗风啊！宙斯立马决定给他们解决编制问题，位列仙班。

没过多久，宙斯就将阿波罗晋升为奥林匹斯主神，并把太阳神的重要位置交给了他。

这件事得从第二代太阳神赫利俄斯与伊阿珀托斯的妻子克吕墨涅暗生情愫说起。

希腊神话讲到这里，大家对于神祇之间的乱伦、偷情之事应该早已习以为常、见怪不怪。伊阿珀托斯是谁？克吕墨涅又是谁？他们的名字确实不怎么好记，需要我们经常回过头去查找一番。

克吕墨涅就是十二泰坦中的老大俄刻阿诺斯与忒堤斯所生的三千海洋女神之一，后来嫁给了她的叔叔、同为十二泰坦的伊阿珀托斯。[①]这样一来，克吕墨涅与赫利俄斯的关系就是：如果就伊阿珀托斯而论，他们是婶侄关系；如果就俄刻阿诺斯而论，他们之间则是叔伯兄妹。算了，还是不管这些了，总之这两个神发生了关系。

赫利俄斯与克吕墨涅偷情，生下一个儿子法厄同和被统称为"赫利阿得斯"的三个女儿。法厄同这孩子长得不错，却是个冲动自负、没有脑子的家伙。知道自己是老妈的私生子也就罢了，他还逢人便讲、到处夸耀："我是太阳神赫利俄斯的儿子！"他也不想想：这样一来，让你妈克吕墨涅的脸往哪里搁？关键是让那位伊阿珀托斯老兄怎么在神界混？固然，诸神不

---

① 参见本书第6页。

分男女基本上都偷情，都有私生子，但也没有像法厄同那样到处宣扬，并以此为傲的啊！

　　法厄同的小伙伴们都不信他说的话，他还跟别人急了："你们怎么就不相信我是私生子呢？我要证明给你们看。"于是，法厄同就长途跋涉来到太阳神居住的宫殿里，要求赫利俄斯出面向大家证明他们之间的亲子关系。天底下哪有父亲不疼儿子的！看到儿子为了证实自己的真实身份历尽千辛万苦来到这里，赫利俄斯也是爱子心切，随即指着冥河发誓："伊阿珀托斯哪能生出你这么优秀的孩子！你法厄同绝对是我的亲生儿子。为了向别人证明咱俩的关系，你现在可以随意向我提出任何一项要求，做父亲的都可以答应你。"

　　赫利俄斯话音刚落，法厄同就迫不及待地提出想替父亲值一天班，威风八面地驾着太阳车由东到西从天空驶过，好让那些伙伴们心服口服。太阳神惊恐万分，怎么也没有想到儿子会提出这个要求，肠子都悔青了。他急切地对法厄同说道："你现在年纪还小，根本没有能力驾驭那四匹喷火的烈马，稍有闪失，对你自身、对大地、对天空都会造成无法弥补的伤害。我可爱的儿子，赶快放弃这个要求吧！"急于想向所有人证明真实身份的法厄同坚决不肯放弃他那丧失理智的请求。无奈赫利俄斯已向斯堤克斯冥河发出了神圣的誓言，当事人不肯让步，他别无选择，只能同意。

　　第二天，黎明女神厄俄斯刚刚打开天门，"神二代"法厄同就迫不及待地跨上了由四匹长翼神马所拉的太阳神车。赫利俄斯始终放心不下，给儿子涂上防晒霜、戴上遮阳帽，并来了个驾校临时培训，叮嘱他千万不要偏离轨道，也不可飞得过高或过低。可是，法厄同生性高傲自负，觉得自己无所不能，完全听不进父亲的告诫。他迅速抓起缰绳，飞马如离弦之箭冲出了时间的两扇大门。无知少年一下子就蒙了，使劲拉扯缰绳让马放慢速度，可这些神马根本感觉不到他的力量，车子早已偏离它应有的轨迹。

法厄同拿这些天马毫无办法。马儿们也感觉到今天换了主人，撒欢儿似的狂奔起来。太阳车突然急速下降，大地骄阳似火，不但树木被烤焦，非洲兄弟们也自此被烤成了黑人。刹那间太阳车又被拉到极高之处，大地骤然变冷；天空则似火烧，正在天庭中寻欢作乐的诸位神祇看样子马上就要被烤成肉串。

众神之父宙斯定睛一看：这还了得，在我被烤成肉串之前还是先把你烤了吧！他赶忙出手，掏出闪电棒一下击中了这个不自量力的少年。法厄同和太阳车随即燃起了熊熊大火，从空中急速坠落到广阔的厄里达诺斯河里。①

赫利俄斯看到眼前这幕惨剧，悲痛万分却又无可奈何。法厄同的三个妹妹赫利阿得斯伤心欲绝，整整痛哭了四个月。最后她们都变成了白杨树，眼泪也成为晶莹的琥珀。

铸成大错的赫利俄斯不用宙斯多说，就主动来到天庭负荆请罪。神王一本正经地说道："骄纵儿子闯下如此大祸，本该将你押去塔耳塔洛斯地狱终身监禁。但念在你平时还算恪尽职守，又有自首情节，就算了吧！死罪可免，活罪难饶！就地免职，终生不得录用！"赫利俄斯千恩万谢，退了出去。看着老太阳神远去的背影，宙斯狡黠地笑了。接着，他就把太阳神一职交给了自己的儿子阿波罗。这是不是宙斯的又一个阴谋诡计呢？我们不得而知。

2. 阿波罗的坎坷情路

如果说赫拉是"白富美"，那"高富帅"则非阿波罗莫属。他长相俊美，身材标准，是个光看背影就能让美女咽口水的阳光男孩。不但如此，他还三教九流无所不通、医卜星相无所不能，堪称"偶像派"外加"实力

---

① 后来，人们把不听劝告，不自量力的行为称为"法厄同行为"。

派"的顶级明星。特别是他那无人能及的音乐天赋,还经常抱着个里拉琴低吟浅唱,清新文艺范儿十足。一般来说,这样的文艺青年都是天生的爱情高手,对美女杀伤力十足,但可惜阿波罗却是个例外。他的情路颇为坎坷,甚至到最后也没找到一位正牌妻子。美神维纳斯就曾讥讽他:"日神啊,你那俊秀的容貌,你的风采,你射向四方的光芒,对你有什么用呢?"[①]

故事一:阿波罗与达佛涅

在个人感情问题上,阿波罗不是不努力。他曾经追过无数美女,但基本上以悲剧收场。这种下场,在一定程度上可以说是阿波罗咎由自取。为什么这么说呢?因为他得罪谁不好,偏偏从小就得罪了西方的媒婆——丘比特[②]。诸神寻花问柳、欺男霸女屡获成功,靠的就是这个小小的丘比特,试问谁敢得罪他啊?不开眼的阿波罗偏要以身试法,等待他的也就只能是无情又无尽的打击报复……

想当年,刚刚四个月大的阿波罗就用他的银弓射杀了巨蟒皮同,不由得有点忘乎所以、飘飘然。回来的路上,他正好看到小爱神丘比特拿着小弓箭在地上玩耍,便忍不住拿出自己的弓箭,炫耀道:"小孩子,看到了吗?这才是真正的弓箭!它是用来打仗的,可以射杀最危险的敌人。你那小弓小箭别的用处没有,也就只能当玩具了!"丘比特站起身来不紧不慢地答道:"如果我没猜错,你就是那个骄傲自大的阿波罗吧!论年龄你没我大,论弓箭的威力你更是和我没法比。你的箭或许可以征服皮同,但我的箭却可以把你征服!我要让你永远得不到那伟大的爱情。"

听了这话,阿波罗不屑一顾地转身走了,丘比特接着"飕"的一声把"爱情之箭"射向了他。阿波罗心中立刻对爱情有了强烈的渴望,身不由

[①]【古罗马】奥维德:《变形记》,杨周翰译,上海人民出版社,2016年版,第106页。
[②] 丘比特的身世参见本书第74页。

己地四处寻找美女。河神珀纽斯的美丽女儿达佛涅正巧由此路过。阿波罗一眼就看上了她,不顾一切地狂奔过去。调皮的丘比特接着把那支"绝情之箭"射向了达佛涅。①

此时,阿波罗已深深地爱上了达佛涅。"他望着她的眼睛,像闪烁的明星;他望着她的嘴唇,光看看是不能令人满足的。他赞叹着她的手指、手、腕和袒露到肩的胳膊。看不见的,他觉得更可爱。"② 在这种情绪的驱使之下,阿波罗迫不及待地向美女表达了爱慕之情。无奈"落花有意流水无情",达佛涅满脸不高兴地说道:"走开,离我远一点儿!看见你我就讨厌!"一边说着一边飞快地朝山谷的方向跑去。阿波罗岂肯罢休,此刻的他已是"爱情的火苗,尽情地燃烧,血液开始沸腾在身体里呼啸"。他在后面苦苦追赶,并赶快亮明了身份:"我可不是令人厌恶的流氓!我是宙斯的儿子阿波罗,我真的、真的非常爱你!"说完这句话之后,阿波罗以为可以收到奇效,没想到达佛涅跑得更快了。

不过,达佛涅跑得再快,毕竟是女流之辈,怎么也跑不过小伙子啊!况且还有爱情做助力,阿波罗跑起来也不觉得累。不一会儿,达佛涅已是气喘吁吁、筋疲力尽,感觉身后男子的气息已吹到了她的秀发。这时,女孩看见了父亲的河流,连忙呼救:"亲爱的父亲,伟大的河神,请您赶快显灵,将我变形吧!给我带来爱情灾难的正是那美丽的容颜、婀娜的形体,求您快点让它们消失吧!"

一听这话,河神珀纽斯已是老泪纵横,但他还是满足了女儿的请求。不一会儿,只见达佛涅的秀发已变成树叶,手腕慢慢成了树枝,两条腿也

---

① 小爱神丘比特的箭囊里装有两种箭:凡是被他用金箭射到的人,心中立刻会唤起爱的激情,坠入狂热的爱情之中;而被他的铅箭射中的人,就会逃避甚至敌视爱情,对爱他的人心生憎恶。

② 【古罗马】奥维德:《变形记》,杨周翰译,上海人民出版社,2016年版,第35页。

已开始成为树干，两只脚则深深地扎进土里成为树根。女孩消失了，只留下一棵月桂树在风中摇摆。

阿波罗看到这一幕，懊悔万分，抱着月桂树流下了伤心的眼泪。他依然爱着变形后的达佛涅，可是月桂树却在不停摇摆。丘比特的威力可见一斑。阿波罗痴情地对着月桂树说："现在的你已不能做我的妻子，但我对你的爱永远不会改变。请你当我的圣树吧！我要让你永葆青春，终年常绿，让那些胜利者用你的枝叶编成桂冠，戴在头上。"月桂树的树枝抖动了一下，仿佛是在点头。

这就是阿波罗的初恋。受挫的爱情以及悲惨的结局使他不能不做出深刻反省。他认为不是丘比特在捣鬼，而是觉得自己地位不够高、权力不够大、金钱不够多。自认为一旦有了这些，还能缺了美女？后来经过一番打拼，他终于得到宙斯的宠爱与认可，成为奥林匹斯主神之一，集太阳之神、音乐之神、弓箭之神、医疗之神、真理之神、预言之神等众多头衔于一身。这时的阿波罗又信心满满、踌躇满志地踏上了他的爱情之旅。

故事二：阿波罗与卡珊德拉。

阿波罗是德尔斐神庙的主人，手底下有许多女祭司替他发布神谕。他突然想到找媳妇何必外求，办公室恋情多方便啊！

上班期间阿波罗召集大家开会。哪里是开会，分明就是像波塞冬那样借开会之机替自己物色猎物。这次会议最大的收获就是瞄上了他的一个女祭司——特洛伊国王普里阿摩斯十二个女儿中最漂亮的卡珊德拉。阿波罗心想：我是神庙总裁，你就是个小职员，追你还不容易？于是，他就经常以指导业务为由接近女孩。事情进展得还算顺利，不管是约会还是吃饭，卡珊德拉次次应允！为了进一步博得女孩子欢心，阿波罗允诺给她想要的一切。卡珊德拉说想要得到未卜先知的预言能力。女孩既然提出来了，阿波罗二话不说，把占卜的本领教给了她。可令阿波罗没想到的是，卡珊德拉就是一个爱情骗子。学会了占卜之后，她说："就到这里吧，我们之间好像不太合适！"被卡珊德拉骗得溜溜转的阿波罗这下可真是怒了。但他毕竟是理性的化身，就强压怒火故作镇静地对姑娘说："我是真的很喜欢你。但感情是两个人的事情，你既然不喜欢我，我也不能强求。在我们分手之前能不能满足我一个小小的愿望，让我吻你一下？"卡珊德拉觉得人家钱也花了，感情也搭上了，吻一下也没什么，于是就答应了。但她哪里知道阿波罗的险恶用心：他是用这个办法夺走让人相信卡珊德拉做出的预言的力量。在后面的神话故事中，我们将会看到卡珊德拉能够准确地预知一切，但说出来之后没有一个人相信她的预言，这就是阿波罗对她的惩罚。

故事三：阿波罗与西比拉。

与卡珊德拉的办公室恋情失败，太阳神并没有气馁。他觉得这纯属偶然：哪能每次都碰上这样的感情骗子？于是他又开始追求另一个叫西比拉的女祭司。在感情发展到一定程度后，想不出别的办法的阿波罗还是老一套，又向西比拉做出许诺：我可以满足你的一个愿望。西比拉指着一堆沙土，娇滴滴地说道："我希望自己寿命的长度能够和沙粒的数量一样多。你能满足我吗？"在心爱的女孩面前显摆的时候到了！阿波罗施展法术满足了她的愿望。然而和卡珊德拉一样，姑娘在愿望得到满足之后说："我觉得你真的很好，不过我想我们还是继续做朋友吧！"阿波罗也明白：恋爱期间，女孩要说"你真坏"，说明有戏；要是来一句"大哥，你真是个好人"，哪里还会有戏？做朋友只是个拒绝的理由和借口罢了！他再一次恼羞成怒：让你长寿这一点固然无法收回，但我不会让你永葆青春。这样一来，西比拉老得特别快，身体也越来越小，最后她变成了一只鸣蝉。这时候，人们再去问她想要什么时，她的答案永远是："死了，死了……"

故事四：阿波罗与玛耳珀萨。

两次办公室恋情接连失利，阿波罗再也不好意思吃窝边草了。从上一段爱情的打击中走出来之后，愈挫愈勇的他又爱上了埃托利亚国王欧厄诺斯的女儿玛耳珀萨。不过，这次他遇上了一个情敌——阿法柔斯的儿子伊达斯①。就在文艺青年阿波罗苦苦追求玛耳珀萨期间，生性莽撞的伊达斯来了个先下手为强，驾着超级豪华飞车直接把美丽的姑娘给劫走了。阿波罗哪能咽得下这口气！一个凡人竟敢和大神抢女人，这还了得？

抱得美人归的伊达斯回到家后屁股还没坐热，阿波罗就一路追上门来，打算强行把玛耳珀萨带走。见此情景，天不怕地不怕的伊达斯拿起弓箭要和阿波罗单挑。就在两位情敌正要拉开架势搏斗的时候，宙斯从天而降。他将双方分开，说道："爱情不应该这么血腥！还是让姑娘在你们两个追求者之中自己做出选择吧！没被挑中的那一个以后再也不许纠缠。"

阿波罗一听这话，心里高兴了：这看似公平的裁决，分明是老爹变着法儿偏袒自己！这不明摆着？哪位姑娘都会选择与英俊潇洒的永生神祇共同生活，而不会和一个愣头愣脑的有死凡人待在一起。

可是，事实证明，阿波罗想错了。姑娘举步来到伊达斯身边，朱唇微启，语气坚定地说道："我愿选择伊达斯做我的丈夫。"这下我们的大神尴尬了，一时间竟然语塞，只剩满脸的不解与疑惑。妩媚动人的玛耳珀萨神情泰然地说道："我是寿命有限的凡人，阿波罗却是永生的神灵。现在的我虽然美丽动人，但一定会日渐苍老。一旦人老珠黄，阿波罗还会喜欢我吗？还是和一个有死的凡人在一起比较现实。我们两人将同享富贵荣华、共度艰难困苦。现在我能想到最浪漫的事就是和心爱的人一起慢慢变老，最后归于黄土。这才是真正的幸福。"玛耳珀萨这番话说得声音不大，却掷地有声，轻易不会被感动的硬汉伊达斯听了之后也禁不住流下泪水，一把将老婆揽入怀中。

---

① 参见本书第 302 页。

如果说前几次的爱情失败阿波罗尚能忍受的话，这次竟然败在一个凡人手下，让我们这位顶着"高富帅"头衔的大神情何以堪？

故事五：阿波罗与库瑞涅。

感情之路布满荆棘，一段时间内阿波罗对自己彻底失去了信心。

痛定思痛，阿波罗开始进一步总结经验：追女孩追不上，可能是方式有问题——很多时候自己老是端着，可能有点太文艺、太斯文了。比如和卡珊德拉外出约会、共进晚餐无数次，最后到分手的时候都没接过吻。接触过的每个女人都说"你真是个好人"，可问题的关键是"男人不坏、女人不爱"才是亘古不变的道理。老爸宙斯、伯父波塞冬怎么就能屡战屡胜呢？他们比我长得帅吗？比我更有才吗？显然都不是。关键是人家脸皮够厚、手段够黑，看样子我也得向他们学习。我又不是没有豪车，像伊达斯那样开着车直接去抢不就行了！到这一刻，阿波罗终于想通了。

一天，阿波罗驾着他的高级马车威风凛凛地出去巡视。在空中向下望去，他看见一位身材魁梧、十分彪悍的姑娘正在大山里与一只凶猛的狮子搏斗。太阳神命飞马降低高度，定睛一看，发现这姑娘不但体格强壮，而且长得也是美艳惊人。这不正是我的菜吗？他顿时起了歹意。第一次干这事，他也是比较紧张，阿波罗看见周围群山环绕、荒野一片、四下无人，立即跳下马车，一脚将狮子踢飞，抱起美女就往车上跑。事情来得太突然，姑娘不明就里，极力反抗，但你有再大的力气，能敌得过那情欲上升的太阳神吗？跨过大海来到利比亚，阿波罗不容分说，和姑娘成就了好事。事后他才知道，这女孩是忒萨利亚地区拉庇泰人的公主库瑞涅。后来他俩生了个孩子——阿里斯泰俄斯。阿里斯泰俄斯的儿子就是前文讲到的误闯阿尔忒弥斯浴室被女神变成牡鹿的阿克泰翁。

纵观整个希腊神话，阿波罗的基本形象就是：多才多艺富有诗意的大帅哥，屡遭爱情打击的文艺青年。

（八）赫淮斯托斯

赫淮斯托斯是希腊名；其罗马名是武尔坎努斯。

赫淮斯托斯是火神、工匠之神，宙斯与赫拉的儿子。

赫淮斯托斯"貌丑色黑而多毛"[1]，还是个跛子，堪称众神中最丑陋的一位，但他却阴差阳错地娶了最美的女神维纳斯做妻子。这位匠神性情温和，老实善良，但手艺高超，出神入化，众神的宫殿、武器、工艺品等大都出自他。

赫拉见勒托为宙斯生下孩子，还是一儿一女龙凤胎；这还不算完，丈夫宙斯对他们更是宠爱有加，将日神、月神这样重要的位置给了他俩。想到这里，赫拉怒火上撞，气不打一处来，把宙斯往床上一推，咬牙切齿地大声喊道："我也要生儿子！"

也许是生孩子的欲望太强烈了，当晚这位天后就怀孕了！

之后的日子里，赫拉腆着个肚子在奥林匹斯山上到处显摆，好像在说："快来看啊，我赫拉也怀上了宙斯的种，这才是名正言顺的太子！"就这样没折腾多长时间，赫拉早产了。一看是个儿子，她高兴坏了——这个孩子就是赫淮斯托斯。但几天之后，她就高兴不起来了。这孩子根本没发育好——身体羸弱，天生瘸腿，而且面貌丑陋，形象猥琐！赫拉心想：我生来"白富美"，堂堂"一代天后"怎么能有这么一个儿子呢？这质量也太差了吧？如果这事儿大家都知道了我还怎么在神界混下去？想到这里，她一狠心把儿子扔下了奥林匹斯山。

赫淮斯托斯是不幸的，也是幸运的。他掉到了海里（否则可能另一条

---

[1]【古罗马】琉善：《路吉阿诺斯对话集》（上册），周作人译，中国致公出版社，2019年版，第88页。

腿也被摔瘸了），而且第一时间被善良的海洋神女忒提斯①和欧律诺墨②发现。两位女神将他救起并抚养长大。赫淮斯托斯虽然身体残疾，但身残志坚，其才智也十分卓绝。他心灵手巧，吃苦耐劳，掌握了各种出神入化的锻造技艺，逐渐成长为宇宙第一能工巧匠。他给精心照顾他的海洋神女们打造了许多金银首饰、漂亮的装饰品等，颇得她们的欢心。赫淮斯托斯看起来在大海里生活得无忧无虑，但他一刻也没有忘记当年狠心的母亲将他抛弃的痛苦经历。对于母亲的绝情，他发誓一定要报复。

有一天，正值赫拉生日，众神给天后送来了各种各样的礼物以示祝贺。赫淮斯托斯尽其毕生所学精心打造了一把非常漂亮的黄金座椅，委托海洋神女将其送往奥林匹斯神山，并带话说希望以此来缓和母子关系。赫拉一看见这把华丽而精巧的金座椅，喜欢得不得了，一屁股就坐上去了。可是坐下去容易，想起来就难了。原来赫淮斯托斯在座椅四周都设置了机关，只要人一坐下去就会弹出许多细若游丝但又无比结实的链条，会将其紧紧锁住，动弹不得。更为巧妙的是这些链条是无形的，除了赫淮斯托斯，谁也看不见。众神虽然都使出了浑身解数，但无济于事，因为不知锁链在哪里，根本无从下手。赫拉一看，也不能屁股上老带着个椅子到处走来走去啊！没有办法，她还是得去请自己那个丑儿子。

赫拉接连派了好几个神都没有完成任务。赫淮斯托斯恨透了母亲：想当年你狠下心来将我抛弃，现在我也是铁了心了，就是不去！看你能拿我有什么办法！反正除了我没人能解开那椅子！

硬的不行就只能来软的，最后赫拉派出了酒神狄俄尼索斯③。他给赫

---

① 忒提斯是涅柔斯与多里斯的女儿。参见本书第35页。
② 欧律诺墨是俄刻阿诺斯与忒堤斯的女儿，宙斯的第三任老婆。参见本书第20页。
③ 狄俄尼索斯这位大神的故事参见本书第97页。

淮斯托斯带来各种美酒，并表明了来意："你的锻造技艺天下闻名，我心中的崇拜之情早已如滔滔江水连绵不绝，今天打此路过特来拜访。"两个神越聊越开心。到了中午，他们边喝酒边谈心，狄俄尼索斯根本不提让他替赫拉解困的事。赫淮斯托斯酒到浓处，将埋藏在心底多年的委屈全都向酒神倾诉出来——真是"借酒消愁愁更愁"。最后他喝得酩酊大醉、不省人事，酒神趁机将他背到了奥林匹斯山上。

上得山来，小风一吹，赫淮斯托斯的酒也醒了，知道自己中了计，但他还是拒绝释放赫拉。众神都替天后求情，说她以前做得确实不对，但她终究是你的母亲。最后，心地善良的他终于妥协了，不过他提出了三个条件：（1）赫拉承认他这个儿子；（2）让他重返奥林匹斯山，并成为主神之一；（3）把美神维纳斯许配给他做妻子。

此时的赫拉也觉得自己当初的行为欠妥，对不住儿子，现在该给儿子一些补偿了，所以前两个条件没有问题。但让最美的女神维纳斯嫁给这个最丑的赫淮斯托斯有点不般配吧？不过她转念一想：丈夫宙斯早就对大美人维纳斯垂涎三尺了，让她做儿媳妇在一定程度上也好断了宙斯的念想。想到这里，赫拉爽快地答应了儿子的三个条件。

就这样，赫淮斯托斯终于登上奥林匹斯山。宙斯根据他的特长将其封为火神、工匠之神，位列主神之一。接着，他又迎娶了美神维纳斯，真是爱情事业双丰收！事后，赫淮斯托斯释放了母亲赫拉，赫拉以后对这个儿子也是关怀备至。母子关系成功修复。

真是个大团圆的结局啊！

但问题的关键是故事到这里并没有结束，应该说远远没有结束！

赫淮斯托斯以为自己占了大便宜，娶了个风情万种的美娇娘。维纳斯确实是个大美女，但无奈丈夫是个武大郎啊，这样的搭配想没有故事都难！

第一，这是一桩"包办婚姻"。宙斯与赫拉作为维纳斯的直接领导、顶头上司，让你嫁给他们的儿子，无父无母的维纳斯能怎么办？虽然她对这桩婚事颇为不满，但无奈自己"心比天高，命比纸薄"，也只能服从。

第二，两口子极不般配，简直就是神界版的美女与野兽。身为爱欲女神的维纳斯美艳绝伦，风情万种，风流成性，却偏偏夫君又丑又瘸，老实巴交，不善言辞，不解风情。

第三，赫淮斯托斯是个非常勤快的劳动者，整天一大早就去他的铁匠铺里叮叮当当，回来时天色已晚，而且一身臭汗，澡也不洗，倒头便睡。这样的生活对爱欲之神维纳斯而言和独守空房无异。她怎么受得了这个？！

第四，奥林匹斯山上那些男神哪个不早就对维纳斯垂涎三尺？可是女神眼界极高，一个也看不上。无奈造化弄人，最后便宜了这个武大郎！不过这也没关系，男神们隔三岔五都会去铁匠家串门，却发现每次铁匠都不在家。

其中，来串门次数最多的就是下面这位阿瑞斯……

纵观整个希腊神话，赫淮斯托斯的基本形象就是：一个长相丑陋、手艺精湛、为人善良、性格懦弱的老头。对了，最重要的一点忘说了：绿帽子无数。

（九）阿瑞斯

阿瑞斯是希腊名；其罗马名是马尔斯。

阿瑞斯是战神，不过和代表正义战争的雅典娜相反，他代表的是非正义战争。他是宙斯与赫拉的儿子，圣物是秃鹰和猎犬。

天后赫拉自从生下个残疾儿子赫淮斯托斯之后一直耿耿于怀：怎么会生出个这样的孩子呢？到底哪里出了问题？我和他爹的基因肯定没问题。想来想去只有一个原因：他是个早产儿！不行，再来一次，我就不信生不出个像阿波罗那样的儿子来。

赫拉又一次怀孕了。这次她不到处显摆了,而是乖乖地待在家里保胎。孩子足月出生,是个大胖小子,而且长得威武英俊。赫拉一看:这才是我的儿子嘛!完全继承了我的良好基因。可是没过几天,她又高兴不起来了:这孩子身体倒是没有残疾,但好像脑子有残疾。原来是他出生时大脑缺氧,成了弱智。

就这样,天后赫拉给宙斯生下了两个儿子。他们的共同之处在于,都是残疾人——一个腿残,一个脑残。

赫淮斯托斯虽然貌丑腿残,但性情温和,爱好和平,无论走到哪里都颇受欢迎。而阿瑞斯则截然相反:论长相,他相貌堂堂,英俊潇洒,玉树临风;论性格,他嗜杀成性,好勇斗狠,脾气暴烈,一看到血流成河的场景立马兴奋无比,荷尔蒙爆棚;论战斗力,遇到弱者他穷凶极恶,残忍无比,遇到强者他则哭哭啼啼,落荒而逃;论智商,他脑残弱智。这个低能儿就是灾祸的化身。他走到哪里,哪里就会爆发战争。所以,不管是人类还是诸神都非常讨厌他,堪称名副其实的人神共愤。

但凡事皆有例外。小叔子的这种野性狂暴却正合维纳斯的胃口。他对女神来说有着极强的吸引力,维纳斯心甘情愿地做了他的情妇……

赫淮斯托斯堪称希腊神话版的武大郎。他们还都是技术男,只是工种不同:一个是铁匠,一个是伙夫。而且,他们都有一个长相不错且孔武有力的弟弟。至于维纳斯,活脱脱就是那千娇百媚、风流成性的欲女潘金莲。不解风情的老公早出晚归一心扑在他那无比热爱的打铁事业上,独守空房的维纳斯也只能像潘金莲一样整天在家洗澡度日。但是自从见了英俊威武的二叔阿瑞斯,维纳斯便芳心悸动、欲火难耐,忍不住眉目传情、暗送秋波。阿瑞斯可不是视伦理纲常重于一切的武二郎,他正是那"潘、驴、邓、小、闲"皆已具备、自从见了潘金莲就再也无法忘怀的西门大官人。这两位大神一个脑子残疾、一个胸大无脑，倒也般配。他们眉来眼去，一拍即合，随即勾搭成奸。自此之后，阿瑞斯便成了哥哥赫淮斯托斯家的常客。

阿瑞斯知道赫淮斯托斯整天忙于工作，回家很晚，所以天一擦黑，他就来哥哥家串门，与情人维纳斯幽会缠绵。但他也不知道这位火神几点回家。早点离开，他舍不得；晚点离开，又得提心吊胆。这便如何是好？脑残阿瑞斯急得上蹿下跳也想不出个办法，情妇维纳斯对他说："你找个贴身侍从站在门口放哨，一看见那个'老不死的'回来就进来报信，然后你从后门出去不就行了？"阿瑞斯一听果然妙计，顿时心花怒放：终于可以放心大胆地与情人在一起了。

有一天，赫淮斯托斯早上出门时告诉维纳斯："这几天有一批武器急着要货，得赶工期，我可能会回来得很晚。"维纳斯一听，心里乐开了花，但她嘴上却说："我的夫君啊！你整天忙于工作，也太累了，一定要注意身体！"火神一脸感动："多谢夫人挂念！你独自在家操持家务，也不要过于操劳！"美神心中窃笑，嘴上却说："放心吧！时间不早了，你快去上班吧！小心你老爹考勤！"赫淮斯托斯遂匆匆离去。

连续几天，赫淮斯托斯都是过了半夜才回家，阿瑞斯、维纳斯终于可以长时间在一起缠绵了！有一天晚上，匠神没有回家，直接住在了他的铁匠铺里。这对奸夫淫妇整夜颠龙倒凤，好不快活！不过，这下可苦了阿瑞斯的那名侍从。天天熬夜，他实在受不了了，不知不觉竟睡了过去。早上，太阳神驾着他的马车出来上班了，侍从还没睡醒。这一切都被从这里经过的阿波罗看到了。

阿波罗立马来到铁匠铺，把维纳斯红杏出墙一事告诉了同父异母的兄弟赫淮斯托斯。之后，太阳神拍着火神的肩膀语重心长地说道："兄弟，咱这奥林匹斯山上出轨偷情的事我见多了，但都是睁一只眼闭一只眼。我才懒得管呢！你就不同了。你的老实巴交、心地善良是出了名的，我实在不忍心看到你被别人欺负，不忍心看到你老婆给你戴绿帽子啊！"阿波罗这番话听起来说得义正词严，充满了同情心，但之后我们就会知道他来告密完全是出于对阿瑞斯的羡慕嫉妒恨。

面对妻子的背叛，赫淮斯托斯伤心至极。他知道论长相自己配不上貌美如花的妻子，所以自结婚以来对娇妻宠爱有加、百依百顺，工作之余经常打造各种精致的金银首饰来博取她的欢心，没想到到头来还是落得个如此下场。但怒火中烧的火神并没有贸然行动。他依旧保持着理智而冷静的头脑，因为他明白"捉贼捉赃、捉奸捉双"的道理。

赫淮斯托斯若无其事地回到家中，到了晚上对妻子说他还要去加班，又得熬一个通宵。维纳斯刚送走火神，得到通知的阿瑞斯后脚就来了。他们见面后早已是欲火焚身。没有前戏，女神躺在床上直接说："亲爱的，快上床吧，让我们躺下寻欢爱！"[1]阿瑞斯麻利地脱光了衣服和情人滚起了床单！他们哪里知道，赫淮斯托斯虽然还没有研究出来摄像头这一捉奸利器，但这也难不倒这位出色的工匠之神。他像那次对付老妈赫拉一样，趁维纳斯不注意在床上装了一张精心制作的看不见的黄金网。这张网"细得眼睛都看不见，连最细的羊毛也比不过它，甚至连房梁上垂下来的蜘蛛丝也比不了它。这些网做得只要轻轻一碰，稍微动一动，就把人黏住"。[2]正在偷情的这对男女一丝不挂地被那牢不可破的金网罩住，再也无法逃脱。

被老公捉奸在床，维纳斯无话可说。但她毫无愧色，坦然自若，并声称："大家都知道，我们这是包办婚姻。压根儿我就不同意，你我根本就没有共同语言，更谈不上爱情。你自己照照镜子看看咱们般配吗？在阿瑞斯这里我才找到了真爱，自然而然就在一起了。我们之间才是伟大的爱情。"

---

[1]【古希腊】荷马：《荷马史诗·奥德赛》，王焕生译，人民文学出版社，1997年版，第145页。
[2]【古罗马】奥维德：《变形记》，杨周翰译，上海人民出版社，2016年版，第106页。

老公被自己的老婆在奸夫面前理直气壮地数落了一顿，谁不气急败坏？赫淮斯托斯也不怕丢人了，遂请来奥林匹斯山上的所有神祇，当众展览，现场直播，看看这对奸夫淫妇的丑恶嘴脸，也好让大家评评理，替他说句公道话。

老实巴交的赫淮斯托斯把各路神祇想得过于正直纯洁了，但他们都是些什么货色啊！接到通知的大神迅速到齐，看到大美人维纳斯赤身裸体地躺在网里，一个个心里想的都是：早就想看看美神裸体的样子啦！一直没有机会，今天终于大饱眼福了，抓紧时间多看两眼。谁还有工夫关心那心灵受伤的匠神！谁还会想起什么道德谴责！这时每个神祇心里都充斥着一个共同的想法：做下一个阿瑞斯。

其中最"嗨"的要数赫尔墨斯[①]，别的神心里想想也就罢了，这个狡猾的家伙却直接对和他关系最好的兄长阿波罗说："阿瑞斯真让我嫉妒。他不仅能和这位美娇娘私通，还能和她那么紧地捆在一起，如果躺在网中的人是我就好了！"只听阿波罗默默地说了一句："兄弟，原来你也是这样想的！"

维纳斯虽身陷困境，但听了赫尔墨斯的话还是不免心花怒放，心想：原来这位小兄弟也对我有感觉啊！我们来日方长！之后，赫尔墨斯果然成功地从众多神仙中脱颖而出，成为女神下一个偷情的对象。

诸神大饱眼福之后，一个个心满意足地陆续离开了，案发现场剩下了那个既尴尬又可怜的赫淮斯托斯。赔了夫人、丢尽颜面、差点吐血的他该怎么办呢？还能怎么办！放人吧！总不能让自己的老婆和这个奸夫一直就这么待着吧？

赫淮斯托斯事后想了想，也怪自己当时只顾贪恋美色非要娶这个贼婆

[①] 赫尔墨斯这位大神的故事参见本书第88页。

娘，以致种下祸根。看来老婆我是管不住了，随她去吧！不过，兔子急了也会咬人的。此时的老赫已经打定主意：只要有机会，我将对你们施以无情的报复！①

这次偷情直播事件带来的效果是：（1）气急败坏的阿瑞斯迁怒于放哨侍从，责备他玩忽职守，遂把他变成一只大公鸡，命它天亮之前必须打三遍鸣，报三次晓；（2）阿瑞斯与维纳斯的情人关系公开化，由地下转为地上；他们公然在一起过起了日子，并生下小爱神厄洛斯、和谐女神哈耳摩尼亚、恐惧神得摩斯、惊慌神福波斯、互爱之神安忒洛斯五个孩子。

小爱神厄洛斯与五大创世神中的爱神厄洛斯②同名。他们的区别主要在于作为创世神的厄洛斯只是一种"抽象原则"或者说"爱之本体"，而维纳斯的儿子厄洛斯则是一个以肉嘟嘟的男孩形象示人的"纯粹个体"。当然，对我们来说，更为重要的是要知道他的罗马名字叫丘比特。

维纳斯和阿瑞斯的另外几个私生子的情况如下：哈耳摩尼亚后来嫁给了忒拜城的创立者卡德摩斯③；恐惧神和惊慌神则成了父亲阿瑞斯的跟班加帮凶，父子三个合伙干起了杀人越货的勾当；互爱之神安忒洛斯在接下来关于丘比特的故事中会出现④。

纵观整个希腊神话，阿瑞斯这个非正义战神的基本形象就是：相貌堂堂但行为猥琐，十分好战但经常被打，凶残又脑残，外强中干，色厉内荏。

---

① 这种报复最为典型的一次体现在"卡德摩斯世家"的故事中（参见本书第208页），其整个家族的故事可以概括为"一条项链引发的血案"。这一系列的血案便从阿瑞斯与维纳斯的私生女哈耳摩尼亚开始，而其幕后制造者就是赫淮斯托斯。

② 参见本书第2页。

③ 参见本书第214页。

④ 参见本书第81页。

（十）阿佛洛狄忒

阿佛洛狄忒是希腊名；其罗马名是维纳斯。

相对于"阿佛洛狄忒"这个希腊名字，大家可能更熟悉罗马名"维纳斯"。这位女神的圣物是鸽子。现在，作为赫淮斯托斯与阿瑞斯故事中的主角出现的维纳斯终于要登场了。

前文提到维纳斯是从大海里的泡沫中诞生的，而这泡沫就是第一代神王乌拉诺斯的生殖器被他的儿子克洛诺斯扔到海里之后流出的精液形成的[1]。因此，维纳斯实际上是乌拉诺斯的女儿，属于第二代神王系统，论辈分比第三代众神领导核心宙斯还要大，算是宙斯的姑姑。姑姑美貌不输小龙女，可那花心宙斯却比不上痴情的小杨过！

维纳斯是美神。她生得金发碧眼、白瓷肌肤、容颜娇嫩、魔鬼身材。正如古罗马作家阿普列乌斯所说，"我将试图向诸位也描写一下她的神奇面貌，只要人类语言的贫乏性给我这种可能性，或者神灵本身赋予我一种才思敏捷的灵感"。[2]

维纳斯是爱欲之神。她是从男性的生殖器中诞生的，是情欲的化身。她千娇百媚，作风放荡，风流成性，不守妇道，视贞洁为无物。[3]

当这样一位女神从塞浦路斯岛登上奥林匹斯山，出现在宙斯的宫殿中时，立刻引起了巨大的骚动。她让所有的男神垂涎三尺，个个都想娶她为妻；她让所有的女神嫉妒愤恨，个个都得看紧自己的丈夫。那个醋坛子赫拉与维纳斯的关系一直不好，不仅是因为宙斯一有机会就偷瞅两眼这位美女，还因为自己是婚姻的保护神，而维纳斯这个狐狸精则鼓动大家多搞婚

---

[1] 参见本书第 10 页。
[2] 【古罗马】阿普列乌斯：《金驴记》，刘黎亭译，译林出版社，2014 年版，第 293 页。
[3] "在一些希腊文学著作中，阿佛洛狄忒这个名词还动词化，意思也就是做爱。"（王晓朝：《希腊宗教概论》，上海人民出版社，1977 年版，第 95 页。）

外情。

1. 维纳斯的爱情

在奥林匹斯山十二主神中，若论起风流来，男神中当选宙斯，女神中要是维纳斯属第二，就没有哪个神敢说是第一。所以，后来的文艺复兴运动，要借助绘画来重新认识人性、表现个性解放的时代精神，其中一个题材就是宙斯的风流韵事，另一个就是裸体的维纳斯。当时，女性裸体画难登大雅之堂，但这难不倒诸位油画大师——不管画的是哪位模特的裸体，最后只要标注上"维纳斯"这个名字就可招摇过市了。这样一来，宙斯和维纳斯倒是无意中成就了许多经典之作，也算是二位大神对艺术的贡献了。

虽然如此，女神维纳斯也曾有一段可歌可泣的爱情故事……

当年，诞生于大海之上的维纳斯乘着扇贝一路漂流来到了塞浦路斯岛，这座岛屿也就成了她的故乡。受这位风流女神的影响，岛上居民曾一度荒淫无度、堕落至极。按说这些人和女神臭味相投，应该颇得她的欢心才对。但事情并非如此：女神一生气反倒给当地居民降下惩罚。俗话说："女人的心思你别猜。"更何况是女神呢！维纳斯的惩罚也是那么出乎意料、匪夷所思——她把岛上的男人都变成了头上长角的公牛，让女人则干脆做起了皮肉生意，成了对过往旅客出卖肉体的毫无羞耻之心的妓女。

凡事皆有例外。虽然塞浦路斯的臣民不怎么样，但他们的国王皮格马利翁却出淤泥而不染，成为岛上唯一没有被女神惩罚的人。说起来这位皮革马利翁也很是怪异。他看到周围的女人个个妩媚妖艳、水性杨花，就觉得天底下没有一个好女人，在她们身上根本找不到自己所向往的那种纯真和唯美，所以发誓终身不娶，孤身一人终老一生。

皮格马利翁是一位杰出的雕刻家。他几乎把整个身心都倾注在这份事业上。但随着时光的流逝、年龄的增长，他也开始感到孤独。怎么排遣这份孤独呢？后来，他想出了一个好办法：既然人世间的女人都不完美，那我就按自己心中想象的完美形象雕一个美女出来，让她日夜陪伴着我。说干就干，皮革马利翁夜以继日地工作，把全部的热情、执着和爱恋都倾注在这幅作品上。最后，终于完工了。一块洁白无瑕的象牙被雕刻成姿容绝世、超凡脱俗的理想少女形象。皮格马利翁每天久久凝视着自己的得意之作，不愿离开。时间长了，他不知不觉地为"少女"那惊人的美貌、清纯的气质所折服，竟然对这尊雕像产生了爱慕之情。

后来，皮革马利翁每天像对待妻子一样装扮她、爱抚她、拥抱它、亲吻它，甚至与雕像同床共枕。他梦想着自己的爱能被"少女"所接受，但醒来之后它却依然只是一尊冷冰冰的雕像。终于，再也无法承受这种相思之苦的皮格马利翁鼓起勇气来到维纳斯的神殿里，恭恭敬敬地向女神献上丰盛的祭品，祈求她将生命赐予象牙雕像。女神被他的真诚所感动，决定让丘比特出马，帮他实现愿望。接着，祭坛边的火焰三次熊熊燃起——这证明祈祷将会应验。

皮格马利翁大喜过望。他飞奔回家，紧紧地抱住了雕像。这时，他似乎感觉到了人体的温度，双手触碰到的地方也开始变得柔软起来。丘比特不失时机地一箭射了过去。皮格马利翁忍不住亲吻了雕像，发现少女也正用充满爱意的眼光看着他，嘴唇已缓缓张开，露出了甜美的笑容。接着，冰冷的雕像开始说话了——它真的有了生命。皮格马利翁惊呆了。一个完全按照丈夫的标准打造出来的美人复活了，并顺理成章地做了他的妻子。[1]皮格马利翁以海中仙女伽拉忒亚（意为"皮肤像牛奶一样白皙的美女"）的名字为妻子命名，二人在维纳斯女神的见证下举行了隆重的婚礼。第二年，他们便有了自己的孩子——女儿帕福斯。

---

[1] 心理学概念"皮格马利翁效应"即源于这则神话故事，是指当我们在潜意识里对某件事情有强烈的期望时，这件事情就会真的发生，因此亦被称为"期待效应"。

一晃十几年过去了，来自亚细亚的叙利亚人喀倪拉斯娶帕福斯为妻，并做了塞浦路斯岛的国王。后来，他们夫妇有了一个女儿，名叫密耳拉。由于遗传基因良好，这密耳拉生得容貌出众、美若天仙。女孩本人也觉得世间再也没有人比她更美，甚至不把奥林匹斯山上的美神维纳斯放在眼里，所以在供奉众神之时唯独不向这位女神献祭。

这下可把维纳斯给惹恼了。她又想出了一个比较阴毒的惩罚方法。

维纳斯命令丘比特对妄自尊大的密耳拉射出爱情之箭，让她对父亲喀倪拉斯萌发深深的爱慕之情。密耳拉一缕情丝完全系在父亲身上，可她羞于启齿，逐渐患上了相思病。她茶饭不思，日渐消瘦。一直照顾她的奶妈了解了她的心事之后，决定帮助自己的女主人。她想出的损招就是，让密耳拉趁着夜色潜入父亲的卧室与其乱伦。爱得如痴如醉、无法自拔的密耳拉想都没想就采取了行动。可是在第十二天的夜里，事情败露，喀倪拉斯得知这些天来和自己同床共枕的情人竟是亲生女儿，愤怒地拿起刀就要杀掉密耳拉。已怀上父亲骨肉的密耳拉发疯似的跑了出去，喀倪拉斯在后面紧追不舍。眼看就要追上了，众神出于怜悯将密耳拉变成了一棵没药树[①]。

十个月后，没药树的皮突起，渐渐胀裂，竟从里面生出一个俊美绝伦的男孩。森林里的宁芙女仙将其抚养长大，并为他取名阿多尼斯[②]。

有一天，维纳斯和她的儿子丘比特玩耍，一不小心女神的胸部为丘比特的弓箭所伤。前面提到，这弓箭的威力可着实不小。维纳斯心中立即燃起了一股爱情的火焰。恰在此时，女神看见了风度翩翩的"花样美少男"阿多尼斯，顿时对他一见钟情。

[①] 没药树长成后，割开树皮，就会流淌出一种能做名贵香料和药材的树脂，即名密耳拉（Myrrha）。
[②] 在现代英语中，"adonis"意为"美男子、英俊少年"。

女神维纳斯不顾一切地向阿多尼斯表达了倾慕之情，并对他展开了疯狂的追求。她心里想的是："凭我的身材与美貌，男人见了个个都垂涎三尺、把持不住，现在我主动向你表白还怕拿不下你？"没想到，这次她还真是想错了。这位帅哥对美女没有任何兴趣，只喜欢在林中狩猎，便一口拒绝了维纳斯的好意。要按女神往日的脾气，指不定又会用什么残忍的办法来惩罚这个不识抬举的年轻人。可是，这次不同，中了爱情之箭的维纳斯对阿多尼斯像着了魔一样，疼爱都来不及，哪还舍得对他动粗？她用尽一切甜言蜜语，极力向他倾诉恋爱的奇妙、肉体的欢愉，但阿多尼斯始终不为所动，更是时常显露出急欲摆脱她的神色。

　　这位平日里最爱在树荫下休息的女神实在没有办法。为了和心上人在一起，也只好束起衣襟，把自己装扮成一个猎手，整日跟随在阿多尼斯的左右，与他一起翻山越岭，踏遍山林河谷，再也不回奥林匹斯山了。就算这样，维纳斯每天还是担心情郎的安危，奉劝他不要独自出去狩猎，也不要捕杀像狮子、老虎这样的猛兽。但阿多尼斯对她的话不屑一顾，并经常嘲笑她说："真是个啰唆的女人！我爱怎样就怎样，不用你管！"每当听到这样的话，女神只能默默忍受。

　　有一天，女神还没睡醒，阿多尼斯就偷偷出去打猎了。非常凑巧，阿多尼斯的猎狗发现了一头野猪，这使这位年轻人热血沸腾、跃跃欲试。他一箭就射中了猎物。但它并没有死，而是掉过头来向猎人发起迅猛的攻击。阿多尼斯抵挡不住，被野猪的长牙穿透，一命呜呼。

　　恋人死前的呼喊惊醒了维纳斯。她蓬头赤脚，不顾一切地匆匆赶来。路上的白玫瑰刺中了女神的脚底，神圣的血液流到花瓣上，使其变成了红色，从此这世间也就有了红玫瑰。女神赶到时，见爱郎已死，不禁悲恸欲绝，肝肠寸断。阿多尼斯的鲜血不停地流到地上，从血中长出了娇美的银莲花。

阿多尼斯死了，但女神维纳斯炙热的爱情之火并没有熄灭。她整天对着银莲花默默流泪。此举感动了冥王哈迪斯夫妇。他们法外施恩，允许已入冥国的阿多尼斯每年三分之二的时间与维纳斯欢聚——此时万物复苏，生机盎然。其余三分之一的时间他回归冥府——此时万物凋零，一片萧条。①

维纳斯以前天天都在阿多尼斯的身边也没遇到过凶猛的野猪，怎么偏偏这次就遇上了呢？难道只是巧合？其实不然。实际上这头野猪正是战神阿瑞斯变化而来。他嫉妒阿多尼斯，并一直在寻找机会置他于死地，因为自从有了这个小白脸，曾经的情人维纳斯已把他彻底遗忘了。真是应了那句"奸出人命，赌生贼"的俗语。

2. 丘比特的爱情

前面提到，和火神赫淮斯托斯婚后没多久，爱欲之神维纳斯就身体力行，致力于与众多神祇和凡人发展情人关系，并生下一些私生子，其中最有名的当然要数她与战神阿瑞斯的儿子丘比特。丘比特是"爱神"，他老妈维纳斯是"爱欲之神"。一字之差，天壤之别——丘比特负责让神或人燃起爱情之火，维纳斯负责让其产生生理欲望。所以，母亲曾搂着心爱的儿子说道："儿啊，你是我的左右臂，我的威力全靠你才能施展。"②

丘比特靠他的弓箭帮助众神和人间的饮食男女燃起爱情的火焰，但无奈他的箭术本来就不精，还经常被那个以"所有的爱情都是盲目的"为信条的母亲蒙住眼睛，所以基本上就是盲射、瞎射，搞得爱情之箭四下乱飞，到处都产生"说也说不清楚、糊里又糊涂"的爱。正如古罗马作家阿普列

---

① 阿多尼斯这一题材被许多诗人采用，如彼翁的《哀阿多尼斯》、莎士比亚的《维纳斯和阿多尼斯》、雪莱的《阿多尼斯》等。

② 【古罗马】奥维德：《变形记》，杨周翰译，上海人民出版社，2016年版，第140页。

乌斯所说,"小家伙天不怕地不怕,是搞恶作剧的能手,对公共道德不屑一顾。他身背能使人兴奋起来的弓箭,夜里跑进别人的居室里去,在夫妇之间播散分裂的种子,肆无忌惮地制造极其严重的丑闻,总而言之,从来不干一件好事"。[1] 但本性如此顽劣的丘比特自己却经历了一场轰轰烈烈的爱情!

一提到丘比特,在我们的脑海中呈现出来的就是一个长着一对翅膀、有着肉嘟嘟婴儿肥的小屁孩形象。

别以为小爱神长成这个样子是为了显示自己有多可爱,实际上那是他的生理缺陷。看到别的神都"见风长",没几天已是成人形象,当妈的维纳斯女神也是愁啊!她到处遍寻名医也找不到解决问题的办法。后来,不知道她从哪里打听到一个偏方:要想让丘比特长大成人,必须再给他生个弟弟。维纳斯也不知道这办法是否靠谱,但还是决定试上一试。再说了,对她来说生孩子还不简单?她当晚就把情夫阿瑞斯推倒在床,成功受孕,后来生下一个孩子——安忒洛斯。"偏方治大病。"没想到这招还真收到了意想不到的神奇效果,成功解决了丘比特的成长问题。

丘比特这位爱情的掌控者让无数青年男女深受爱情的煎熬。长大成人后的他也难逃这一宿命,在意料之外陷入了一场离奇曲折的爱情之中……

一位国王有三个非常漂亮的女儿,尤其是小女儿普绪克生得花容月貌,倾国倾城,美若天仙。周围各国的王公贵族、青年才俊都不远万里来到这里,只为一睹公主芳容。他们见到普绪克的那一刻立即被其美貌迷住,就如同《天龙八部》中的段誉在无量洞见到了神仙姐姐,禁不住对其顶礼膜拜,奉为女神。至于那位真正的美神维纳斯则早被抛到脑后,其地位和荣耀已被这一凡间女子所取代,致使她的神殿遭遇冷落,祭坛布满灰尘。

---

[1]【古罗马】阿普列乌斯:《金驴记》,刘黎亭译,译林出版社,2014年版,第106页。

向来以美貌为傲的维纳斯早已习惯于无论走到哪里所有男神、男人的目光集于一身的待遇，现在竟然失去了不少粉丝，她哪能受得了？盛怒之下，她决定施以报复。不过，她报复的对象不是那些弃她而去的男人，而是使他们做出这种选择的那个女人——普绪克。维纳斯找来了最好的帮凶、恶作剧专家——丘比特，给儿子说明了事情的原委，随即掏出一瓶苦泉水，让他将其洒在普绪克身上——这样就再也不会有任何一个"人间男子"爱上她。然后她让儿子用金箭去射普绪克，让她爱上世间最丑陋、最卑贱的男人——当然即使这样的男人也会拒绝她的求爱，最终普绪克只能死于单相思。这里不免感叹一声：果然是最毒妇人心啊！

　　此时的丘比特虽已长大成人，但淘气本性不改，而且在他那天真烂漫的外表下永远隐藏着一颗不那么阳光的内心。一听母亲的这条毒计，他顿时觉得非常好玩，便欣然前往。

　　丘比特隐身飞进普绪克的房间，拿出苦泉水不容分说洒到了正在睡觉的美女身上，随即弯弓搭箭，打算向她射去。就在这时，他好奇心突起，想知道女孩到底是何等容貌竟让身为美神的母亲如此嫉妒。这一看不要紧，普绪克的美貌确实让丘比特吃惊不小；这一惊不要紧，丘比特被自己的金箭扎破了手；这一扎不要紧，小爱神无可救药地爱上了普绪克。

　　这可怎么办啊？丘比特无法抵挡这金箭的魔力，但又怕母亲怪罪。六神无主的爱神找到了阿波罗，求他帮忙。

　　看来不管是谁，一旦深陷爱情之中，智商就会降低。你瞧瞧丘比特找的这主儿！阿波罗堂堂太阳神，又是一表人才，到现在连个媳妇也找不着，还不是拜你所赐？他能帮你吗？

　　阿波罗听完丘比特的倾诉，一副幸灾乐祸的样子。他像模像样地双掌合十："果然报应不爽！真是苍天有眼啊！"听到这里，丘比特都快哭了。他诚心诚意地向阿波罗道了歉："以前全怪我年幼无知。现在我终于体会到了爱一个人的幸福与痛苦。您大人有大量，还望您不计前嫌，帮我出出主意。以后不管什么时候，只要您遇到意中人，我一定帮您得到她！"听完这话，阿波罗陷入了沉思。第一，之前那件事也不能全怪丘比特，也是因为自己年少轻狂，取笑他在先。第二，说实话，这些年心里苦啊，真想正儿八经地找个真心爱自己、知冷知热的人儿，无奈丘比特从中作梗，一直不能遂愿！夜深人静、歇班在家、只身一人或孤枕难眠之时也曾想过给丘比特送点礼，缓和一下关系，让他帮自己脱单！但无奈终因放不下那清高的文艺范儿，硬生生地挺到了现在！如今丘比特求到自己门上，正好顺势也就有了台阶，干脆做个顺水人情。想到这里，阿波罗答应了丘比特的请求，给他出了一个在维纳斯那里可以蒙混过关的办法……

　　再说那人间美女普绪克，对于晚上所发生的一切一无所知，只是因为有了苦泉水的魔力，"结果普绪喀（即普绪克——引者注）纵然有倾城倾国之色，也未能从她那容颜中获得任何果实。所有人都观看她，所有人都赞美她，可是没有一个人愿意登门向她求婚——不管是国王还是贵族，哪怕是平民百姓。不错，人人都赞叹她那盖世无双的容貌，但他们是把她当成一尊艺术雕像来欣赏的。"[①] 后来，普绪克的两个姐姐陆续出嫁，只有她仍待字闺中。

　　老国王不明就里，想来想去明白了可能是触怒了哪位神祇。于是，他前往阿波罗那著名的神示所——德尔斐神庙请求神谕。事情的发展都在阿波罗的掌控之中，他借女祭司之口对老人说道："今天晚上，您的女儿普绪克必须独自登上王宫附近的大山，在那里等待她命中注定的丈夫——一条带翼蟒蛇，将她带走并娶她为妻。"老国王惊恐不已，回到家后把阿波罗的神谕告诉了女儿。普绪克的心里虽然满是悲伤和恐惧，但她认定神命

[①]【古罗马】阿普列乌斯：《金驴记》，刘黎亭译，译林出版社，2014年版，第108页。

难违，还是决意上山。

到了晚上，普绪克独自一人来到高山之巅。林中的风声、猛兽的叫声吓得她瑟瑟发抖。可是不一会儿，美丽的公主如同进入了梦境，不知不觉、轻飘飘地步入一个豪华的宫殿、美丽的花园，而且周围还有许多女佣来侍奉她，但奇怪的是她却看不到这些侍女的身形。

就在这时，"怪物"出现了。普绪克仍是如同盲人一般，只能听到他的声音，触摸他的身体。"怪物"开口说道："我是你的丈夫，请你相信我，我真的非常爱你，虽然你无法看见我。爱情应该建立在彼此信任的基础上，容不得半点怀疑！如果你心存疑忌，看到了我的样子，那么我们就只有分离，无缘再在一起。"虽然不知道丈夫长什么样，但他的声音是那样动听，他的语气是那样温柔，他的爱是那样真实，这足以俘获少女的心。从此以后，丈夫总是在黎明之前离去，午夜时分归来，尽管不能见其面貌长相，但普绪克仍觉得自己非常幸福和满足。

白天无聊的时候，善良的公主就会想起父亲和姐姐。每当想到他们现在可能仍然在为她的命运而担忧就会十分伤感。有一天晚上，她请求丈夫允许姐姐们来看她一次，好让家人亲眼见到她现在的生活，以免担心。丈夫同意了，但叮嘱妻子要让姐姐们天黑之前离开这里。

第二天，在侍女的带领下，普绪克的两个姐姐来到了她居住的豪华宫殿。没有想到，当姐姐们看到这一切时不是替妹妹感到高兴，而是顿起妒意，想方设法地破坏她的幸福。她们先是提出要见一下妹夫，普绪克说他今天出去了。然后她们便再三追问妹夫的长相，老实善良的普绪克不会撒谎，承认自己也没有看到过丈夫的样子。一听此言，姐姐就对妹妹说："预言之神阿波罗发布的神谕向来不会错。你的丈夫肯定不是人，而是那可怕的怪物，否则怎么会不让你见到他的真面目呢？我猜他一定会在你为他生下孩子之后将你吞掉。"心思单纯的普绪克吓坏了，赶紧向姐姐们寻求建议。

两个姐姐给普绪克出了一个主意：趁夜里丈夫睡着的时候，一手拿灯，一手拿刀，看他到底是不是怪物。如果是，就杀死他；如果不是，继续躺下睡觉就行了。普绪克觉得这真是个两全其美的好办法，决定照做。姐姐们会心一笑，带着妹妹给的金银首饰心满意足地离开了。

当天夜里，普绪克见丈夫已酣然入睡，便偷偷下床拿起早已备好的刀剑，点燃了油灯。当她举着灯第一次看见丈夫的时候，不由得惊呆了：哪里是什么怪物，而是一位如此俊美的少年！惊愕之余她又感到十分懊悔，懊悔自己对丈夫的不信任，懊悔自己听信姐姐的言词。就在这惊慌失措之际，一不小心一滴灯油撒在了丈夫的肩上。丘比特一下子被烫醒了。看到眼前的一幕他什么都明白了，内心十分伤感，遂站起身来对普绪克说道："我是丘比特，我十分爱你，但从你那里换回的却是怀疑；我违抗母命前来娶你，但从你那里得到的却是刀剑。夫妻一旦缺少了信任，爱情就会远离。永别了，普绪克！"说完这话，丘比特消失在夜色中，回到了维纳斯的身边。

此时的普绪克肠子都悔青了。她精神恍惚地离开宫殿，漫无目的地四处游荡，跨过江河，越过高山，历尽千辛万苦，只为找回她的爱人。功夫不负有心人，虽然没找到丈夫，却遇上了来到人间的维纳斯。普绪克把事情的原委告诉了女神，并求她带自己去见丘比特。维纳斯一听，顿时火冒三丈。第一，原来你就是那个让我失去众多粉丝的女人啊？真是仇人见面分外眼红。第二，怎么？你竟然还是我的儿媳妇？我自己啥都不知道就莫名其妙地做了婆婆？第三，都说"娶了媳妇忘了娘"，看来此言不假。我那个儿子以前从来不敢违拗我的意思，这次不但没有惩罚你，竟然还背着我娶了你当媳妇。不用问，肯定是你这个狐狸精不知用了什么手段勾引迷惑他，才让他做出这样的傻事！怎么着？还想让我带你去见他？门儿都没有！

普绪克苦苦哀求，表达了她的忏悔之情和对丘比特的一往情深，祈望女神能够心生怜悯。最后，维纳斯说道："想见我的儿子，你必须完成三项任务！"其实，女神心里想的都是凭人力根本不可能完成的任务，她就是故意刁难普绪克，让她知难而退。

第一项任务是：小麦、大麦、小米、罂粟、山藜豆、扁豆、蚕豆、黄黍等堆在一起，限定普绪克在天亮前把这些种子分开。后来蚂蚁跑来帮忙，很快就分好了。

第二项任务是：灌木丛中生活着一群凶恶如猛虎的金毛绵羊，普绪克必须弄些金羊毛回来。河边芦苇悄悄告诉普绪克，一到傍晚这些绵羊就会走出灌木丛到河边休息，这时去灌木丛中就会发现凡是绵羊经过的地方，荆棘上都挂着金羊毛。

这两项任务顺利完成，维纳斯对普绪克更是恨得牙痒，因为女神怀疑她是一个会法术的巫婆。随即，女神亮出狠招，说道："前面这两项任务其实不算什么，关键是第三项。我儿子丘比特被你烧伤了，按说该由你来照顾他。可这些天来都是我在忙前忙后，觉都睡不够，结果弄得我面容憔悴。我可是靠脸吃饭的，这样下去让我这个以美貌著称的神祇在天界怎么混？那些不开眼的凡夫俗子更得说你比我漂亮啦！现在我给你一个盒子，你将它带到阴间，让冥后把她的'美丽'装一点进去送给我。"

为了爱情无所畏惧的普绪克来到阴间，流着眼泪情真意切地向珀耳塞福涅说明了缘由，冥后随即答应了她。普绪克也没想到事情的进展会如此顺利，赶紧谢过冥后高高兴兴地往回赶路。在路上，普绪克作为女人的好奇心和虚荣心战胜了她的理智：她很想看看这盒子里装的"美丽"到底是什么。同时，三项任务即将完成，马上就能见到心爱之人，而这段时间的劳碌奔波弄得自己很憔悴，她想：何不盗用一点使自己变得更美些？她小心翼翼地打开了盒子。刹那间，一股浓烈的香味扑鼻而来，接着她便昏昏沉沉地睡着了。原来盒子里装的不是什么"美丽",而是"睡眠"。由此看来,充足的睡眠才是让人美丽的诀窍啊!

所有这一切都被太阳神看在眼里,阿波罗帮人帮到底。他赶紧去告诉了丘比特。听说普绪克为了找他吃尽了苦头,小爱神也是大为感动。实际上,在爱情魔力的驱使下,这段时间丘比特也早已原谅了她。他迫不及待地来到普绪克身边,当即将她眼里的睡意抹去,重新放回盒子,并吻醒了自己的爱人。

之后,这对小夫妻兵分两路:普绪克将从冥界带回的盒子送给维纳斯交差;丘比特则绕开母亲直飞奥林匹斯仙境,去找大领导宙斯,求他同意这桩婚事,颁发结婚证书。

对于一天也离不开女人的宙斯来说,他哪敢得罪爱神丘比特?他立马召开全体神祇大会,在会上向大家庄严宣布丘比特和普绪克正式结为夫妇,并同意赐予新娘长生不老丹,解决编制,将她列入仙班。不过,宙斯最后也没忘了叮嘱丘比特一句:"若是今后大地上还存在着某位确实如花似玉的姑娘,那你可要记住:作为我施与你恩惠的交换,你有义务将她奉献给我。"[①] 丘比特连连点头应允。

维纳斯一看这次生米彻底煮成熟饭了,没有办法,还是认下这个儿媳妇吧!同时她认为,通过考验,普绪克这女孩有一点和自己不同:她对一个男人死心塌地、始终如一、忠贞不贰。这样也好,儿媳妇以后就老老实实地在天庭中相夫教子,不会再去凡间勾引男人,也就不会妨碍他们敬拜自己了。另外,日后婆媳俩手挽手在奥林匹斯山上出来逛街的时候,两大美女的杀伤力绝对非同凡响,还不得阻塞交通啊!想想这场面心里都美!

---

① 【古罗马】阿普列乌斯:《金驴记》,刘黎亭译,译林出版社,2014年版,第157页。

就这样，丘比特与普绪克幸福地生活在了一起！①

纵观整个希腊神话，维纳斯的基本形象就是：一个美丽性感、勾魂摄魄、风流成性、善于给老公戴绿帽子的仙界风尘女子。

（十一）赫尔墨斯

赫尔墨斯是希腊名，其罗马名是墨丘利。

赫尔墨斯最正式的职业是使神。他身姿优美，行动敏捷，飞得和思想一样快，堪称天界神行太保，所以能够迅速地把宙斯的旨意和命令传达于神界和人间。②

当然，赫尔墨斯除了信使这一主业之外，还有各种兼职——他还是商业之神、盗贼之神、畜牧之神、雄辩之神、骗子小偷的护佑神、旅行者的保护神等，同时他还是灵魂牵引者，负责引领亡魂下到阴间。总之，大神各司其职，凡是兼顾不到的职业都由赫尔墨斯兼任。如此一来，在希腊神话中，赫尔墨斯便成为诸神中出场率最高的龙套演员。

在油画作品中，赫尔墨斯的标准形象一般是头戴飞檐帽、脚穿带翼鞋、手持双蛇杖的清秀俊逸美少年。

1. 赫尔墨斯成功逆袭

自从正牌妻子赫拉生下两个残废儿子——赫淮斯托斯和阿瑞斯之后，宙斯一直待在家里闷闷不乐。他转念一想：还是得找点娱乐项目缓解一下这种烦闷情绪。什么娱乐项目呢？老宙苦思冥想，想了半天，发现脑子里也就只有一个想法：出去找个情人！这次他把目标瞄准了居住在库勒涅山

---

① 丘比特，即 Cupid，是爱的意思；而普绪克，即 Psyche（Psyche 中的 P 不发音，所以也译作"赛姬"），意为灵魂。他们的结合代表着完美的爱情——"灵魂之爱"或"爱到灵魂深处"。

② 一般说来，赫尔墨斯是宙斯的使者。前文提到的女神使伊里斯（参见本书第 14 页）则主要服务于天后赫拉，但有时她也客串一下，负责传达宙斯的指示。

一个隐蔽山洞里的美女迈亚。

这位叫迈亚的少女是谁呢？她是普罗米修斯的哥哥阿特拉斯的女儿。

阿特拉斯与水泽仙女普勒俄涅生下七个如花似玉的女儿——人称普勒阿得斯七仙女，一家人过着无忧无虑、其乐融融的神仙日子。但在前文提到的泰坦之战中，阿特拉斯没有认清形势，坚决拥护老主子克洛诺斯，决定和宙斯死磕到底。结果，奥林匹斯神族获胜。阿特拉斯被罚在世界的西边以双肩擎住被放逐的天神乌拉诺斯，由此他也被称为擎天神。

父亲已被劳动改造。七个女儿无依无靠，又长得这么漂亮，早就被奥林匹斯山众色狼给盯上了。波塞冬抢了两个，阿瑞斯趁乱抢了一个，还有一个归了狡猾的凡人西绪福斯[①]。老色狼宙斯当然比他们都厉害——他收获了三个，其中之一就是刚才提到的迈亚。

迈亚躲在一个不起眼的破山洞里艰难度日，本以为可以躲过一劫，但无奈宙斯长着一双善于发现美的眼睛。一天中午，赫拉困意来袭，躺在床上睡起了午觉。宙斯一看机不可失，就蹑手蹑脚地从奥林匹斯山下来。他来到破瓦寒窑，与美女云雨一番，速战速决，随即返回家中。看到赫拉还没睡醒，宙斯若无其事地躺在了床上。

宙斯不愧为神王，向来是一箭中的。迈亚怀胎十月生下一个男孩——他就是今天故事的主角赫尔墨斯。

小赫尔墨斯生得古灵精怪。出生当天，他叼着奶嘴，尿着床，那一双眼睛就开始滴溜乱转、四处张望。一看自己的生活环境，破山洞到处漏水，别说家具了，连个玩具都没有——这就是传说中的"一口寒窑、家徒四壁"吧！这一幕深深地触动了他那颗幼小的心灵，随即暗下决心：一定要上演一出自力更生、白手起家、人生逆袭的好戏。

[①] 西绪福斯的故事参见本书第290页。

事不宜迟。赫尔墨斯马上离开摇篮，溜出山洞。这时正好有一只大乌龟在洞口晒太阳，小赫心想：先给自己做个玩具试试身手吧！他杀死乌龟，剥下龟壳，钻上小孔并穿上亚麻线，再加上几根树枝，就这样做成了世上第一把竖琴。一拨弄琴弦，竖琴发出了悠扬动听的声音。赫尔墨斯顿觉成就感十足。他一边弹琴，一边闲逛，四下寻找创业的机会。他不知不觉来到了缪斯女神的圣山——皮埃里亚山谷，她们的主人阿波罗正在这里放牧牛群。

赫尔墨斯看到后，眼珠一转，感觉获得人生第一桶金的机会来了。他略显身手轻易地偷走了五十头牛。阿波罗身为大神，怎么这么容易被盗？原来这位悲情王子刚刚又被一个女仙给踹了，正坐在石头上黯然神伤，心无旁骛地做深刻反省，结果让赫尔墨斯钻了空子！

赫尔墨斯不愧为天生神偷。他让牛倒着走路制造假象，并把树枝捆绑在鞋上，边走边清扫脚印。在路上，赫尔墨斯看到一位老人正在草地里牧羊，就走过去说道："我的仇人想抢走我的牛群。如果他们追上来问你是否看到过我，请你替我保守秘密。我把一头牛送给你当作报酬。"老人心头一喜，当即指着身边的一块石头发下誓言："年轻人，你尽管放心！我会像顽石一样不透露你的半点信息！"赫尔墨斯满意地赶着牛群走了。可没走出去多远，他还是放心不下，于是施展法术、变换相貌之后又回来，对老人说道："你有没有看见一个年轻人赶着五十头牛从这里经过？如果在你的指引之下找到牛群，我愿意送给你两头牛。"唯利是图的老人连忙指给了他年轻人的去向。赫尔墨斯十分气愤，一下将其变成了石头。这也就是"试金石"一词的由来。

随后，赫尔墨斯继续赶着牛群回到库勒涅山。在山上他先杀了两头牛，生起火来将牛肉烤熟，然后分成十二份。原来，他要用这牛肉向奥林匹斯山上的主神献祭。可现在天庭之中只有十一位主神，他干吗要准备十二份呢？其实这孩子已经把自己也给算上了。有着雄心壮志的他觉得自己早晚会成为第十二位——盗窃之神。① 赫尔墨斯接下来将剩下的四十八头牛藏在了另外的山洞里，颇为得意地弹着他的竖琴回家了。到了家门口，他又成为一个天真无邪的婴儿，若无其事地爬进了摇篮。

　　太阳神阿波罗得知有人在用牛肉向奥林匹斯诸神进行献祭，颇为高兴，就拿了自己的那份大嚼起来。看来美味佳肴可以有效缓解失恋的悲伤情绪，阿波罗觉得今天这烤牛肉特别好吃，心情也逐渐变得舒畅起来。吃完之后他还在不断地回味，可越咂摸越觉得滋味不对，后来他终于感觉出来了——这是自家牛肉的味儿！回头赶紧数了数自家牛的数量，才发现真的被盗了。这还了得！在我太阳神的照耀之下竟然有人敢偷我的牛！阿波罗还有一个头衔——占卜之神，他掐指一算就知晓了事情的真相，遂气呼呼地来到了赫尔墨斯母子俩所住的山洞，决定教训一下这个不知天高地厚的同父异母弟弟。赫尔墨斯一看大事不好，赶紧回到摇篮里，天真无邪地睁大了眼睛对阿波罗说道："叔叔，你是谁啊？有什么事吗？我妈妈不在家。"一听这个，阿波罗气得差点笑出来："别给我装蒜了！你偷了我的牛别不承认，快点交出来！"赫尔墨斯嘟起小嘴，一脸无辜地说："我只是个刚出生的婴儿，连路都不会走。这里穷乡僻壤的，我连牛长什么样都不知道。你可不要冤枉我啊！"阿波罗和他矫情了半天，赫尔墨斯只有一招——死不认账！

　　阿波罗还真拿这个孩子没有办法。他一气之下干脆抱起赫尔墨斯来到了宙斯面前，请神王评评理。其实赫尔墨斯等的就是这个——偷牛在其次，最重要的是通过这件事让宙斯认下自己这个儿子，了解一下他的手段。明知骗不了父亲，但他仍是百般抵赖。小赫尔墨斯的样子把宙斯也逗乐了。

---

　　① 关于奥林匹斯十二位主神的封神顺序，希腊神话并没有一个标准的说法。好像无论怎样排序，故事之间都无法做到完全严丝合缝。

宙斯见这小子能言善辩，聪明机灵，真是打心眼儿里喜欢。

宙斯故作威严地命令赫尔墨斯把牛群还给阿波罗。小赫一看目的既已达到，就决定承认了。不过，这次他想让阿波罗把牛主动送给自己……

就在阿波罗赶着牛群出山洞时，赫尔墨斯坐在洞口的石头上弹起了他发明的竖琴。听到这美妙的琴声，作为音乐之神的阿波罗哪里还走得动路？一看赫尔墨斯手里的乐器，自己连见都没见过，他顿觉十分新奇，便忍不住上前问这个小兄弟能不能把这琴送给他。赫尔墨斯说："要琴可以，把牛留下。"阿波罗只好答应，因为他太喜欢那把琴了。他进一步打听这琴的来历。赫尔墨斯说这就是自己的发明，自己还要发明更多的乐器。这下阿波罗来了精神，问能不能以后有了新发明先告诉他一声。赫尔墨斯眼睛一转，盯上了阿波罗手中牧牛用的双蛇杖，随即说道："可以，但请先把你的双蛇杖送给我！"阿波罗立马奉上。世界上第一笔商业交易就此完成。赫尔墨斯因此成为商业之神，顺势做了商人的保护神，双蛇杖也成了他的标志。

经过这件事，赫尔墨斯和阿波罗之间成了无话不谈的好兄弟、好朋友。现场直播阿瑞斯与维纳斯偷情事件时两位大神的反应充分证明了这一点。[1]

宙斯发现赫尔墨斯这孩子嘴巴会说，心眼多，腿脚利索，跑得快，诈骗、盗窃、做生意样样在行，随即送给他一顶飞檐帽和一双有翼飞鞋，决定把他留在身边做心腹，相信能给自己办不少事。后来的事实证明，宙斯果然慧眼识才、用人得当。赫尔墨斯不负所望，给宙斯办成了很多大事，特别是在泡妞这事上赫尔墨斯出力不少——他简直就是替"西门大官人"来回跑腿、牵线搭桥找美女的王干娘。赫尔墨斯曾忍不住向母亲迈亚诉苦：

---

[1] 参见本书第73页。

"刚才我从西顿地方卡德摩斯的女儿那里回来。宙斯叫我去看那女孩子的情况怎么样，我还没有来得及喘气，他就叫我去阿尔戈斯看达那厄。他说：'你可顺路到玻俄提亚，看一下安提俄珀吧。'我真是累得要命了。假如可能的话，我真愿意去请求把自己拍卖了，正如世间的奴隶觉得他们的景况太差了的时候。"面对儿子的抱怨，迈亚最后说了句："凡是情人都是性子很急躁的。"①

不过宙斯也没亏待赫尔墨斯。在他的帮助下，机灵鬼小赫成功逆袭，成为奥林匹斯山的主神之一。

2.赫尔墨斯与赫尔塞

每逢节假日歇班的时候，赫尔墨斯心里也想：不能只忙活着给领导物色情人，也得适当考虑一下自己啊！可自己每天都这么忙，哪有时间？这时他突然转念一想：现在不就是时间嘛！每次一到法定节日，人间就会举办庙会，也正是姑娘们集体出来游玩的时候。我个人放弃休息时间，找个把美女还不容易啊！

自此以后，赫尔墨斯就像《水浒传》里的高衙内，专拣庙会的时候加班加点来到凡间，在人堆儿里找漂亮姑娘。

这天，正值雅典娜节，大家都赶往神庙给女神献祭，场面热闹非凡。虽然警示牌上写着"色狼出没，提高警惕"，但姑娘们心里想的是：哪有这么巧啊？她们一个个还是抑制不住激动的心情，打扮得花枝招展，成群结队、有说有笑地沿着山路向古老的神庙赶去。她们哪里知道，一个色狼已经在雅典的上空盘旋了半天——他就是赫尔墨斯。突然，这位神界使者眼前一亮，瞄上了一个漂亮姑娘。"朱庇特的儿子（即赫尔墨斯——引者注）看见这样的美人，大吃一惊，在半空中就爱上了她，心里像着了火似

---

① 【古罗马】琉善：《路吉阿诺斯对话集》（上册），周作人译，中国致公出版社，2019年版，第12页。

的。"①

赫尔墨斯感觉这里来来往往的人太多，直接在路上向其表达爱意，姑娘可能会不好意思，所以他选择在半空中一路追随。女孩到家后，神使才知道这位姑娘原来是雅典第一任国王刻克洛普斯的女儿赫尔塞，和她同行的是姐姐潘德洛索斯和妹妹阿格劳洛斯。

赫尔墨斯从空中落下，径直向三位公主居住的宫殿走去。在门口，他遇到了阿格劳洛斯。公主见面前这位年轻人气度不凡，遂上前询问他的身份。神使毫不隐瞒，单刀直入："我是诸神之王宙斯的儿子赫尔墨斯，想要见一下你的姐姐赫尔塞。我非常喜欢她，想向她求爱，希望她能做我的妻子。"一听说是赫尔墨斯，阿格劳洛斯眼前一亮。不过引起她兴趣的倒不是大神本身，而是大神的口袋。

想当年，贪婪的阿格劳洛斯因获悉了涉及雅典娜颜面的一个秘密而向女神成功索要巨额封口费。② 现在，她觉得赚钱的机会又来了。公主挡在门口拦住赫尔墨斯的去路，对他说："要想见我姐姐也不难，先把黄金交出来。"这下神使赫尔墨斯傻眼了。他本以为自己一亮身份，这位未来的小姨子必会屈膝跪倒，表示热烈欢迎，没想到她却是位认钱不认人的主儿。赫尔墨斯一摸裤兜，面露窘色——他一分钱也没有。这也难怪：哪位大神出门身上带过钱啊！这叫"家财万贯，难免一时不便"。结果，阿格劳洛斯把赫尔墨斯臭骂一顿，并对他说："你这穷鬼，别在这里愣着了！回家准备钱去吧！"面对小姨子，赫尔墨斯也无计可施，不得不悻悻离去。

这一幕被雅典娜看在眼里，不禁勾起了她对那件不堪回首之事的记忆，想起了阿格劳洛斯威胁自己时的丑恶嘴脸。现在这个贪婪的女人在女神的

---

① 【古罗马】奥维德：《变形记》，杨周翰译，上海人民出版社，2016年版，第69页。
② 参见本书第244页。

圣地又欺负到了弟弟赫尔墨斯的头上,她再也按捺不住心中的怒火。雅典娜请来嫉妒女神,让她飞到阿格劳洛斯的房间里,"用手蘸了毒汁点在姑娘的胸口上,用荆棘填满了姑娘的心房,又在她鼻孔里吹进一阵恶毒的疠气,把乌黑的毒药直敷到她的腑脏和骨头上"。①

这样一来,阿格劳洛斯是无可救药了:满脑子都是赫尔墨斯那英俊的脸庞、姐姐赫尔塞那姣好的面容,以及他们两在一起那幸福甜蜜的场景。想起这些她就咬牙切齿,心如刀绞,夜不能寐,痛不欲生。阿格劳洛斯日日夜夜守在姐姐赫尔塞的房门口,生怕赫尔墨斯把她带走。

之后,赫尔墨斯又来过好几次,都被阿格劳洛斯挡在门外。虽然神使给了这位小姨子很多钱财,但毫无用处,因为现在嫉妒已占据了她的整个内心。赫尔墨斯好言好语劝其离开,阿格劳洛斯什么都听不进去,只知道无论如何也不能让他们过上好日子。最后,赫尔墨斯失去了耐心,就决定硬往里闯。他用双蛇杖推开房门,迈步进去。阿格劳洛斯拼命阻拦,抱住赫尔墨斯的腿不让他挪动一步。愤怒的赫尔墨斯再次施展他的石化神技,把阿格劳洛斯变成了一块石头。

没有了阿格劳洛斯的阻挡,赫尔墨斯大摇大摆地进入姑娘的闺房,并一箭中的让赫尔塞成功受孕。后来,赫尔塞为他生下一子——刻法罗斯。刻法罗斯与他的妻子普洛克里斯又为我们演绎了一出凄美的爱情故事……②

3. 赫耳玛佛洛狄忒与萨耳玛西斯

前文提到,维纳斯与阿瑞斯偷情之事被赫淮斯托斯现场直播,奥林匹斯诸色狼前来围观,赫尔墨斯情不自禁,表达了自己内心的真实想法:"纵

---

① 【古罗马】奥维德:《变形记》,杨周翰译,上海人民出版社,2016年版,第71页。
② 关于刻法罗斯与普洛克里斯的爱情故事,参见本书第247页。

然有三倍如此牢固的罗网缚住我,你们全体男神和女神俱注目观望,我也愿睡在黄金的阿佛洛狄忒的身边。"① 维纳斯一听,原来这位年纪不大的小帅哥对我也有想法;他作为神使天上地下跑个不停,堪称运动健将,想来身体不错,甚合我意!两位神祇你有情我有意,没过多久,即勾搭成奸,生下一个儿子——赫耳玛佛洛狄忒。

父亲体态健美,母亲貌美如花,这孩子很好地继承了他们的良好基因,十几岁就已经长成一个玉树临风的大帅哥。不过赫耳玛佛洛狄忒这位帅哥的名字有点长啊!仔细一看,恍然大悟,原来只是把父母的名字连在一起而已(Hermaphroditus=Hermes+Aphrodite),让我们不禁感叹这对露水夫妻也真够懒的。但看完下面的故事之后我们发现还真不能这样说,因为这名字其实预示了赫耳玛佛洛狄忒终将成为一个阴阳双性人的宿命。

转眼间,赫耳玛佛洛狄忒已经15岁了。有一天,他在漫游的路上穿越一片森林。当时酷热难当,他遂决定在一处湖边停下来,打算洗澡解暑。住在湖中的宁芙仙女萨耳玛西斯此刻正在水边采摘鲜花,突然发现一个男子闯入了她的领地。已经好久没有见过男人的小仙女大喜过望,赶紧藏在树后观察。一个乡下女子以前哪里见过这样的帅哥啊?萨耳玛西斯疯狂地爱上了美少年!宁芙仙女向来不受礼法约束,崇尚的是"有爱就要大胆说出来"。萨耳玛西斯不顾一切地冲上去直接对帅哥表白,并欲行非礼。

赫耳玛佛洛狄忒被这突如其来的小仙女吓了一跳。他极力反抗,冰冷地回绝了她:"实话告诉你,你这种'激情四射型'根本不适合我,识相的话赶快离开!你要是不走,我走!"萨耳玛西斯被当面泼了一盆冷水,好没面子啊!她沮丧地离开了。赫耳玛佛洛狄忒见性骚扰危险已解除,衣服一脱,便在湖中洗起澡来。但他哪里知道,强烈的爱情之火已经烧得萨

---

① 【古希腊】荷马:《荷马史诗·奥德赛》,王焕生译,人民文学出版社,1997年版,第146页。

耳玛西斯挪不动脚步。她没走出去几步就停下来躲在了一棵大树后面偷看。看到赫耳玛佛洛狄忒已是赤身裸体，姑娘"不觉发呆，像着了魔似的，欲火在心里燃烧，连眼睛也像在冒火……她简直迫不及待，恨不得马上快活一番"。[1] 萨耳玛西斯再也抑制不住那井喷的情欲，急不可耐地扯下衣服，跑过去跳到湖里，直接扑了上去。这位热情似火的仙女一把抱住赫耳玛佛洛狄忒，接着像藤蔓一样将帅哥死死缠绕、紧紧贴住，激情澎湃地狂吻起来。她一边亲吻一边向各路神灵发出祈求："我实在是爱死这个小帅哥了，一刻也不愿意和他分离！请让我们两个永远像现在这样身体紧密相连吧！"生来花心的诸位神祇觉得像姑娘这样的痴情人也属难得，就满足了她的心愿。于是萨耳玛西斯彻底融入心上人的身体，实现合体后的赫耳玛佛洛狄忒也就成了异性同体——阴阳双性人。[2]

纵观整个希腊神话，赫尔墨斯的基本形象就是：天生机灵鬼，腿脚非常快，兼职特别多，宙斯好跟班。

（十二）狄俄尼索斯

狄俄尼索斯是希腊名，其罗马名是巴克斯。

狄俄尼索斯是酒神。酒既可温暖人心、提神壮胆，又能使人丧失理智、走向毁灭，所以酒神的形象也是自相矛盾的：有时和蔼善良，是一位充满欢乐的神祇；有时又血腥残酷，显得十分野蛮。

1. 狄俄尼索斯的出生与抚养

自从与迈亚生下机灵鬼赫尔墨斯后，宙斯对自己的良好基因更加自信。他经常这样想：掰着手指头看看我老宙生的这些孩子——雅典娜、时序三

---

[1] 【古罗马】奥维德：《变形记》，杨周翰译，上海人民出版社，2016年版，第111页。
[2] 英语中，"Hermaphroditism（雌雄同体）"一词即来源于赫耳玛佛洛狄忒（Hermaphroditus）的名字。

女神、美惠三女神、珀耳塞福涅、缪斯九女神、阿尔忒弥斯、阿波罗、赫尔墨斯，哪个不是美丽端庄、英俊神武、一表人才！数来数去也就是赫淮斯托斯、阿瑞斯这兄弟俩质量不高。为什么会这样？这不是明摆着吗？只能怪家里那只母老虎！要不然我宙斯和别的女人生的孩子都这么好，和你生的这俩怎么是残次品呢！原来我就说过，女人不能嫉妒心太强，整天生气、着急加上火，不但对自己身体不好，而且还影响下一代。要不然生出来的孩子怎么不是战神就是火神呢！所以说，我老宙这良好的基因在你赫拉那里就是浪费。为了物尽其用，没有办法，我还得出去找别的女人。这就叫"难为我自己、造福全人类"！

宙斯心里喊着这无比崇高的口号又向下一个女人进发了。她就是忒拜国王卡德摩斯①与哈耳摩尼亚②的女儿塞墨勒。这次宙斯变成一个出身高贵、英俊潇洒的人间男子来宫中和她幽会。对于大多数女人，宙斯一般都是一箭中的、使其怀孕之后抬腿就走，不再回来。但他对塞墨勒却用情极深，没有那么粗鲁与野蛮，而是经常来到公主的闺房与她谈情说爱，并将真实身份直言相告。

这时，女人特有的第六感发挥作用了。赫拉发觉这段时间老公总是心不在焉，心想他肯定在外面又另寻新欢了。但这次，她一不吵，二不闹，而是暗中调查此事。等把一切都打听清楚了，一条毒计也慢慢成形……

一天晚上，赫拉变身为塞墨勒的奶妈来到公主面前，对她说："经常来和你约会的情郎自称万神之王宙斯，也不知道是真是假。现在社会上冒充他人身份招摇撞骗的非常多，你可一定要小心啊！"大门不出二门不迈、毫无社会经验的塞墨勒公主感觉奶妈说得很有道理。赫拉接着说："等他

---

① 卡德摩斯的故事参见本书第 211 页。
② 哈耳摩尼亚是维纳斯和阿瑞斯的女儿。参见本书第 74 页。

下次再来的时候,你想办法要求他现出宙斯的真身,看他能不能做得到。"公主觉得这真是个好办法,而且还非常好玩,遂决定依计行事。

过了几天,宙斯借口出门办事又溜下凡间。赫拉看着丈夫远去的背影,阴险地笑了。此时的神王已是百爪挠心,但他也怕赫拉跟踪,所以还是转了个弯才来到塞墨勒公主的身边。于是影视剧中青年男女谈恋爱时的经典对白开始了。

女人千娇百媚地撒起娇来:"这么长时间你也不来看我。你到底还爱不爱我?"

男人立刻一本正经地回答道:"当然爱!"

女人:"有多爱?"

男人:"这天底下我最爱的就是你了。"

女人:"那你是不是可以满足我的任何要求?"

男人:"那还用说!"

女人:"我才不信呢!你敢不敢发誓说一辈子只爱我一个!"

男人:"我发誓,如果我不爱你就天打……"

女人赶忙用手捂住了男人的嘴,接下来的事情就不能诉诸笔端了……

早在远古时期,古希腊神话中的宙斯和塞墨勒就曾上演过这样的经典桥段。

宙斯那个时代流行对着"守誓之河"——斯堤克斯河水发誓。被爱情冲昏头脑的老宙对塞墨勒说:"我真的很爱你!为了证明我的真心,我愿意满足你的任何要求!"

一代神王就这样钻进了塞墨勒设下的圈套。公主立即说道:"我的要求就是,我想看看你的真身。"这下可把宙斯吓坏了。他对公主说:"亲爱的塞墨勒,请你放弃这个可怕的想法吧!我一旦现身,必然带着霹雳与闪电,凡人只要看到就会立即被烧死。"塞墨勒一听,心想:你吓唬谁呢?

眼前这位不会真的像奶奶说的是个只会欺骗纯情少女的小白脸吧？于是她把小嘴一噘，把脸扭过去了，说道："你就是个感情骗子，刚才还说满足我的一切要求呢！现在又来这一套！看来你根本就不爱我！"宙斯无计可施——自己刚才是对着斯堤克斯河水发下的誓言，只要塞墨勒不肯收回这一要求，他也就无法反悔。无奈之下，神王只好现出真身。顷刻间，电闪雷鸣，霹雳大作，整个王宫都被大火吞噬。塞墨勒当然也无法幸免，就在她见到宙斯真容的那一刻已被烧得外焦里嫩。天空中的赫拉看到这一切，知道计谋已经得逞，心满意足地又一次笑了。

但赫拉也许高兴得太早了。宙斯知道塞墨勒有孕在身，眼疾手快的他赶紧掏出随身携带的那把著名的上古神器——金刚石镰刀给她实施了剖腹产，取出还未足月的孩子，随即割开自己的大腿，把胎儿缝在了里面。这种孕育婴儿的方式闻所未闻，也真亏宙斯能想得出。等胎儿足月后，宙斯又来了个"剖腿产"，将其取出。他就是今天故事的主角狄俄尼索斯。

赫拉得知那把大火没能实现一尸两命，懊恼不已。狄俄尼索斯诞生后，天后下令不准任何人收养他。面对嗷嗷待哺的婴儿，宙斯也很着急。他赶紧找来得力助手——赫尔墨斯，让他以最快的速度把小狄俄尼索斯偷偷带到俄耳科墨诺斯王国，交给国王阿塔玛斯[①]的妻子也就是塞墨勒的妹妹伊诺养育。赫尔墨斯飞速来到伊诺面前，把事情的来龙去脉向她交代清楚，并告诉她按照神的旨意这个孩子应由他们夫妻抚养一段时间。伊诺听从赫尔墨斯的建议，接受了神谕，开始偷偷抚养小狄俄尼索斯。

赫拉最终还是发现了宙斯这个私生子的藏匿之处，愤怒地要对违抗自己命令的伊诺一家施以严酷的惩罚。她施展法术让阿塔玛斯发了疯。阿塔玛斯先是疯狂地砍死了大儿子，又手举利剑不停地追赶妻子伊诺，最后逼

---

① 阿塔玛斯的故事参见本书第 294 页。

得她抱着小儿子墨利刻耳忒斯跳入大海。幸好海中仙女接纳了他们，波塞冬将母子俩变成了不朽的海神。①

阿塔玛斯回到家后，拿着利剑到处寻找狄俄尼索斯的踪迹。形势危急，宙斯连忙把狄俄尼索斯变成一只山羊以暂时躲避阿塔玛斯的追击。随后，赫尔墨斯火速赶去将孩子抱走，并在宙斯的授意下将他送往瑞亚的住处。神使满怀崇敬地向祖母说明了情况：由于天后赫拉不断迫害，父亲不得不委托您替他抚养这个儿子。瑞亚答应了宙斯的请求，从赫尔墨斯手中将狄俄尼索斯接过，并恢复了他的本来面貌。

为了防止再度被那狠心的女儿赫拉发现，瑞亚把孙子狄俄尼索斯装扮成女孩的样子，偷偷将他送到隐蔽的倪萨山谷，和许阿得斯七仙女②混在一起生活。也许正因为此，长大后的狄俄尼索斯颇有几分风姿绰约的女孩子气。这恰好与美酒所具有的那种外柔内刚的特点相符合。也正是在这里，狄俄尼索斯凭借自己的聪明才智发明了种植葡萄和酿造葡萄酒的技术，为他最后成为酒神奠定了基础。

无论天上还是人间，酒早已存在，但葡萄酒却是狄俄尼索斯的发明。在西方油画作品中，这位神祇的头上往往带着葡萄藤花冠，以表明他的酒神身份。

2. 狄俄尼索斯的漫游与凯旋

宙斯是神，塞墨勒是人，所以他们的儿子狄俄尼索斯其实有一半凡人血统，是一位半神。那他后来又是如何被诸神接纳为奥林匹斯圣山上的一

---

① 伊诺成为海神之后名字改为琉科忒亚，他的儿子墨利刻耳忒斯被称为海神帕莱蒙。母子俩专门负责在暴风雨中为航海者导航并搭救在海上遇难的旅人。

② 许阿得斯七仙女是擎天神阿特拉斯与埃特拉生下的七个女儿。前面提到的为宙斯生下赫尔墨斯的迈亚是阿特拉斯与普勒俄涅所生的普勒阿得斯七仙女之一。还有，替赫拉看管金苹果树的赫斯帕里得斯七姐妹也是阿特拉斯和黄昏女神生下的女儿。看来，这位阿特拉斯老兄堪称制造七仙女专业户。

员,并成为十二主神之一的呢?这主要是因为:第一,狄俄尼索斯出生之时,经受宙斯雷火的炙烤,已锻去其凡性,使他永生不死;第二,他在人世间经历了一番奇异的游历和闯荡。

和仙女们一起生活的狄俄尼索斯还是没有能够逃脱赫拉的魔掌。她使宙斯的这个私生子得了疯病。自此以后,狄俄尼索斯整天饮酒度日、麻痹自己。

有一天,狄俄尼索斯喝了酒之后,乘坐着由黑豹驾驶的四轮车在山林中四处游荡,不知不觉、疯疯癫癫地走出了倪萨山,由此也就开始了他的周游世界之旅。狄俄尼索斯先由希腊来到了小亚细亚的伊达山。在那里,他遇到了天地万物之母库柏勒①。仁慈善良的库柏勒早就知晓狄俄尼索斯的不幸身世。她小施法力,治好了他的疯病。之后,狄俄尼索斯告别库柏勒,继续他的冒险之旅,到了埃及、叙利亚、埃塞俄比亚甚至印度等地。

一路上,狄俄尼索斯跋山涉水,从一个国家到另一个国家。他无论走到哪里,都将种植葡萄树和酿造葡萄酒的技术传授给当地人。在漫游的过程中,他教人歌舞、制定教仪、显示神迹,逐渐积累了一大批信徒和侍从。追随者越来越多,队伍越来越庞大。他们一个个头戴花冠,打着铙钹,肆无忌惮地饮酒、狂欢、跳舞、唱歌,簇拥着崇拜的主人——狄俄尼索斯。

狄俄尼索斯的随从主要有下面这些。

首先是牧神潘。他是赫尔墨斯与林中仙女西林尼一夜情的产物,生下来就是一副长着羊角、羊蹄、羊尾、羊须的半人半羊模样。母亲西林尼被自己生下的怪胎吓跑了,父亲赫尔墨斯将他抱到了奥林匹斯山。众神倒是觉得小家伙特别可爱。尤其是在音乐方面,他完美地继承了父亲的良好基

---

① 对众神之母、大地女神库柏勒的崇拜起源于小亚细亚佛律癸亚(特洛伊是它最著名的城市)一带,后来传到希腊。希腊人将其与瑞亚合二为一。

因，对音乐造诣颇深。长大后的潘神没有在奥林匹斯山上居住。他喜欢在绿树成荫的森林里吹着优美的排箫四处游荡，寻找美女。潘神性欲旺盛。他"生来多情，不想只爱着一个人"[①]，故时刻不停地追求各色仙女，但大都因为他的长相问题被拒绝。同时，调皮可爱的山林水泽仙女们又经常挑逗他、捉弄他，在打情骂俏之间，也有很多仙女被他成功拿下。后来，狄俄尼索斯认识了形象猥琐的潘神，非常喜欢他。于是，他成为酒神的忠实打手与跟班。

其次是萨提尔（Satyr，也翻译为"色狼"[②]）。他们是一个群体，是些长着羊蹄子、羊尾巴的半人半羊的小精灵。萨提尔有时狡黠奸诈，有时又愚笨可笑，其基本性格就是嗜酒如命、视色如命，有着无比强烈的酒瘾和性欲。由此看来，他们这长相、品性与潘神无异，所以在勾女把妹这一伟大事业中的际遇也无甚差别。理所当然，潘神和萨提尔们成了最好的朋友，大家一起做了狄俄尼索斯的随从。

再次是森林之神西勒诺斯。狄俄尼索斯早期正是在他的教育和引导下发明了种植葡萄和酿造葡萄酒的技术，因此西勒诺斯是狄俄尼索斯的老师，后来成为他的信徒。西勒诺斯一般以头戴花冠、骑着毛驴、醉醺醺的滑稽矮胖小老头的形象出现，有时也会像潘神或萨提尔那样以半人半羊的形象示人。

最后是众多山林水泽仙女与人间妇女。她们嗜酒成癖，饮酒无度，喝起酒来极度兴奋，连唱带跳，不顾体面，癫狂之时纵情淫乱、粗野残忍、无恶不作，因此也被称为酒神狂女。

---

① 【古罗马】琉善：《路吉阿诺斯对话集》（上册），周作人译，中国致公出版社，2019年版，第7页。
② 萨提尔是希腊神话中的一种下品神。他们就是整日沉湎于酒色之中的色情狂。（参见【古罗马】阿普列乌斯：《金驴记》，刘黎亭译，译林出版社，2014年版，第159页。）

如此一来，呈现在我们眼前的就是这样一幅情景：狄俄尼索斯头戴花冠、手持神杖，坐在猎豹拉动的车子上，雄赳赳气昂昂地走在最前面，后面跟着一个由美女与野兽构成的奇异组合。他们边走边饮酒，醉醺醺地吹着长笛，敲着铙钹，又唱又跳，狂奔乱跑，在群山中、树林里、草地上欢快地行进。实际上，所有这些粗野与放荡的行为都从另一个侧面表现了古希腊底层民众尤其是受压抑的妇女宣泄情欲和突破禁锢的一种原始冲动。

漫游期间，狄俄尼索斯途径那克索斯岛。在那里他找到了自己的真爱——阿里阿德涅。

克里特公主阿里阿德涅爱上了雅典英雄忒修斯，随同心上人回程途中经过那克索斯岛。[①] 为了消除旅途劳顿，他们在岛上休息了一个晚上。在梦中，命运女神来到忒修斯身边，告诉他："阿里阿德涅命中注定是狄俄尼索斯的妻子。你必须把她独自留在那克索斯岛海岸边，趁着夜色你和你的随从起航回雅典去吧！"醒来后，忒修斯伤心不已。但这是命运女神的安排，他又有什么办法呢？虽然心里对爱妻恋恋不舍，但他不敢违抗命运女神的意志，只好匆匆收拾行囊，拔锚启程。公主阿里阿德涅醒来后发现情人已经远去，自己一个人孤零零地被弃于荒岛之上，真是又气又恨又怕！

这时，狄俄尼索斯在其随从的簇拥下赶来了。他来了个英雄救美，很快便俘获了姑娘的芳心，于是阿里阿德涅做了狄俄尼索斯的妻子。信徒们大声唱起了赞歌，庆祝主人狄俄尼索斯成功脱单，抱得美人归。

经过这一番远程漫游，狄俄尼索斯锻炼了自己。他不但增长了见识，收服了大批信徒，还得到了美好的爱情，可谓收获颇丰。当他志得意满地凯旋，再次回到希腊时，父亲宙斯对儿子的这番作为相当满意，遂特批狄俄尼索斯成为奥林匹斯十二主神之一——酒神。

[①] 忒修斯与阿里阿德涅的故事参见本书第 272 页。

成为酒神的狄俄尼索斯并没有忘记老婆阿里阿德涅。他将爱妻带上奥林匹斯山，向众神宣布了她的身份，并请求父亲宙斯赐予她永生。万神之王答应了儿子的请求，从此酒神夫妇过上了幸福美满的生活。

俗话说："酒能乱性。"确实，看看酒神的那些信徒——潘神、萨提尔、宁芙仙女、凡间妇女，他们终日里饮酒作乐，生活淫乱无度，肆无忌惮地发泄着情欲。但酒神本尊却与他们不同。他深爱着妻子，没有背着她去搞婚外情。这一点和那个借着职务便利不断骚扰女下属的波塞冬有着天壤之别。

每年的葡萄收获时节，人们就会聚集起来向酒神致敬，感谢他赐予大地的丰收和欢乐。这便是"酒神节"。期间，大家停止一切日常活动，纵情狂欢。敬拜仪式主要是戏剧演出，古希腊的悲剧与喜剧都源于此。

纵观整个希腊神话，狄俄尼索斯的基本形象是：时而温和善良，时而野蛮残忍，是一个具有如酒一般矛盾冲突性的另类神祇。

奥林匹斯十二位主神的简介到此暂告一个段落。当然，在后面的故事中，他们还会粉墨登场，悉数亮相。

第二编 一位泰坦

这一编，我将为大家介绍一位非常熟悉的神祇——普罗米修斯。他之所以重要，因为正是他实现了神、人、英雄之间的勾连，也才由此引出了以后的诸多神话故事与英雄传说……

一、普罗米修斯造人与盗火

第一编曾经提到十二泰坦之一的伊阿珀托斯有四个儿子——阿特拉斯、墨诺提俄斯、普罗米修斯和厄庇墨透斯。[①] 泰坦之战前，宙斯搞了个策反敌营的舆论宣传活动，阿特拉斯和墨诺提俄斯不听那一套，结果一个被劳动改造——双臂擎天，一个被判无期徒刑——押入塔耳塔洛斯地狱。普罗米修斯聪慧而睿智，他的名字"Prometheus"是"先见之明"的意思。这意味着他是一位"先知先觉者"，有预知未来、未卜先知的超能力。他掐指一算，此战宙斯必胜，所以他干脆顺应形势，提前归降。普罗米修斯的弟弟厄庇墨透斯与哥哥相反，他的名字"Epimetheus"是"后见之明"的意思。这意味着他是一位"后知后悔者"，也就是俗话说的"马后炮"。[②] 没有任何主见的厄庇墨透斯经哥哥一番劝说，也就跟着他一起投降了。

革命胜利后，宙斯说话算数，赏罚分明，除了给普罗米修斯和厄庇墨透斯兄弟两个加官晋爵之外，还让他们去建功立业。

当时，天下三分：宙斯掌管天庭，波塞冬负责大海，冥界归属哈迪斯。大地由兄弟三个共同管理。现在宙斯任命普罗米修斯和厄庇墨透斯去创造动物和人类，给大地赋予生机与活力。让这兄弟俩的创造物生活在广阔的大地上，这将是多么伟大的一番事业啊！

[①] 参见本书第6页。
[②] "metheus"意为"智慧之人"。"pro"是"之前"的意思，"epi"则是"之后"的意思。

生性浮躁的厄庇墨透斯不容分说，施展法术创造了各种动物。谨慎行事的普罗米修斯则把泥土与河水按一定比例混合成黏土，仿照男神的模样捏成人形，并请来智慧女神给他以帮助。前文提到，普罗米修斯是雅典娜的"接生婆"，所以两位大神的关系非同一般。女神造出一只蝴蝶将灵性吹入普罗米修斯的这一创造物，于是大地上出现了人类。

厄庇墨透斯干活飞快。他又开始把良好的本能赋予他的创造物。力量、勇气、速度以及皮毛、翅膀、甲壳等所有好的禀赋、才能和东西，他都一股脑儿地给了各种动物。轮到人类的时候，他才发现什么也没剩下。到这时，厄庇墨透斯才意识到自己又犯了"意气用事，然后改变主意，懊恼不已"的老毛病。他追悔莫及，只好向哥哥求助。普罗米修斯对这个弟弟实在是无语了。他知道就目前来看，如果论本能，人类无疑是最弱的一个物种，靠适应世界根本无法在大地上生存。现在这种情况他也无力改变。"先知先觉者"思来想去，只有违背诸神的意愿，偷偷教会人类如何发挥自己的聪明才智，掌握各种生存的技巧和方法来改造世界，以求生存。不仅如此，他还从天上拿来火种送给人类，让这些创造物摆脱对黑暗的恐惧，驱走严寒的侵袭，享受熟食的美味，并对付猛兽的袭击。这样一来，人类不但解决了生存问题，而且还从愚昧无知和柔弱无助中摆脱出来，逐渐成为万物的灵长。

经过这么一番折腾，普罗米修斯和他的创造物之间的感情更深了。以后不管什么事情他都站在人类一边，给人类争取更多的权利。

人类的变化引起了万神之王宙斯的注意。他想让人类完全在自己的掌控之下，要求他们以杀牲祭祀的方式表示对诸神的敬重。人类不敢得罪神灵，只能满足宙斯的要求。但还有一个问题令宙斯无法释怀，那就是牲口被杀之后到底哪些用来供神享用、哪些留给人类自己吃，一直没有严格的规定。于是，神王决定在希腊的墨科涅召开神祇大会。会议的主要议题就是通过杀牛分肉来一次性地确定以后牛肉的分配方式。事关重大，分牛肉的人选是个问题。经过激烈讨论，大家选择了普罗米修斯：第一，人是普罗米修斯造的，他可以做人类的代言者；第二，普罗米修斯毕竟是帮助宙斯打天下的一位神祇，也是神界利益的维护者。

但最后的事实证明，普罗米修斯偏袒了人类。

这位泰坦神的儿子决意用他的智慧来蒙骗神祇：聪明的普罗米修斯代表人类宰杀了一头公牛，然后将其切成碎块，分为两堆：一堆放上精肉和脂肪，并用牛皮进行遮盖；另一堆放的则是骨头与内脏，但他巧妙地将其用牛板油和肥肉包裹起来。把一切安排妥当之后，普罗米修斯把宙斯请了出来，恭恭敬敬地请他先行挑选。宙斯颇为得意地选了第二堆。这下好了，自此以后人类再向诸神献祭的时候，只需要焚烧内脏和骨头作为祭品就行了，好肉则可以心安理得地留下来自己享用了。

发现上当的宙斯大发雷霆。但规则是他定的，无法改变，于是他把满腔怒火发泄在了人类身上——他取走火种，剥夺了人类用火的权利。他想：反正人类把肉烤熟之后又不献给我吃，干脆还是让你们继续过茹毛饮血的生活吧！

可这难不倒聪明的普罗米修斯。他想出了一个巧妙的办法。他找来一根又粗又长的茴香秆①，扛着它守候在太阳神阿波罗经过的地方。太阳车疾驶而来，他迅速地将茴香秆伸到它的火焰里点燃，然后再将这一火种带回人间。

---

① 茴香秆里面有絮状的芯，一旦点燃，这个芯就会慢慢地闷烧着，可以持续很长时间。所以，古人常用它作为取火的工具。

二、潘多拉的魔盒

天庭中的宙斯看到大地上又一次升起了火焰，大发雷霆。但他决定这次不再把火种取回，因为他又想出一个更为邪恶的办法来惩罚人类，以便抵消火带给人类的福祉。什么办法呢？宙斯认为，表面看来，神高于人，天国高于人间，但真实情况并非如此——人类的生活无忧无虑，神祇却整天烦心事不断，偷情、嫉妒、告密、争吵没完没了。这到底是为什么呢？思来想去，他终于有了答案：一切皆因神有男神、女神之分，他们整天周旋于众多出轨对象之间，还得小心别被原配发现，防范嫉妒之心。而人类呢，普罗米修斯当初是按照男神的模样创造的，所以世间只有男性，没有女性，这就少了无数的烦恼与纷争。总之一句话："都是女性惹的祸。"这么一想，宙斯计上心来：创造女人来给人类制造麻烦与混乱，从此让他们也永无宁日。

说干就干。宙斯找来那个以心灵手巧著称的儿子——工匠之神赫淮斯托斯，让他像普罗米修斯那样用水和土混合做成黏土，仿照女神的形象创造人世间的第一个女人。完工之后，宙斯命令每位神祇赋予她一些优良特质：美神维纳斯给她难以形容的绝世美貌，并使她身上具有令男人痴迷的香味，增添诱人的魅力；纺织女神雅典娜施展她的纺织技能和服装设计本领为她织了一件华丽的衣衫，并教给她女红技巧；机灵鬼赫尔墨斯则传授给她能言善辩的语言天赋和说谎不眨眼的特殊能力；太阳神阿波罗赐予她天籁般优美的声音和高超的音乐才能；如此等等。最后众神给这个完美的女人取名潘多拉，意为"具有一切天赋的女人"。

接着，宙斯给这位美女送上一个密封的盒子。潘多拉不知道每位神祇事先都已在盒子里面放了一件危害人类的礼物，阴险的宙斯又百般告诫潘多拉千万不要打开盒子。

准备工作就绪，宙斯命忠实跟班赫尔墨斯将美人儿潘多拉送到人间。宙斯看着她远去的背影心中窃喜："伊阿珀托斯之子，你这狡猾不过的家伙！你以瞒过我盗走了火种而高兴，却不知等着你和人类的将是一场大灾难。我将给人类一件他们都为之兴高采烈而又导致厄运降临的不幸礼品，作为获得火种的代价。"[①]

普罗米修斯因偷盗火种违反天条被贬人间，没有任何主见的厄庇墨透斯也跟随哥哥来凡间居住。当潘多拉这个无与伦比的人间尤物突然出现在大家眼前时，这些从未见过女人的男人都十分惊奇。他们虽不知天上掉下来的这个妹妹来自哪个星球，但天然有一种打心眼儿里说不出的喜欢！

聪明的普罗米修斯猜到女人的出现必定是宙斯的阴谋，于是他告诫人们远离潘多拉。大家出于对这位创造者的崇拜，虽然不是很情愿但还是都听从了他的建议。最令普罗米修斯放心不下的是他那个心地纯朴、老实厚道的弟弟厄庇墨透斯，所以之前早就一再警告他不要接受来自奥林匹斯山的任何赠礼。可一时兴起总爱意气用事的厄庇墨透斯实在无法抵挡美女的诱惑。单身多年的"王老五"见了美艳绝伦、楚楚动人的潘多拉哪还记得哥哥的提醒？加上潘多拉的不断魅惑，他立即被她的美色所迷倒，迫不及待地把她领回了家。

婚后，厄庇墨透斯更是打心眼儿里喜欢妻子。被爱情滋润的潘多拉尤显娇美，洗衣做饭、女红针织无所不能，再加上她的花言巧语、能说会道，令丈夫神魂颠倒，整天屁颠屁颠地乐个不停。美女潘多拉对这样的生活也颇为满意，但她一直有个心事无法排解：宙斯送给她的那个盒子里面装的到底是什么？可每当想把它打开看个究竟时，又会想起宙斯的告诫："千万不要打开！"她越来越想知道答案，因为众神赋予了潘多拉一切包括强烈

[①]【古希腊】赫西俄德：《工作与时日·神谱》，张竹明、蒋平译，商务印书馆，2016年版，第3页。

的好奇心。最终，潘多拉还是没能忍住，小心翼翼地打开了那只盒子。盒子里立刻冒出一股黑烟，接着所有的灾难、疾病、罪恶、贪婪、嫉妒、奸淫、偷窃、瘟疫和祸害都飞了出来，并迅速充满整个人间。人类的黄金时代就此终结。

这时潘多拉才意识到自己闯了大祸。她马上关掉盒子，不经意将智慧女神雅典娜悄悄放在盒子底层的美好东西——希望给关在了里面。

前文提到，普罗米修斯造人时雅典娜曾向其吹过一口仙气，所以人类实际上是两位大神共同的创造物。这就不难理解为什么在诸神把各种"礼物"放入潘多拉的盒子里的时候，雅典娜除了放入灾难还偷偷地将希望压在盒子底部，因为内心的希望会战胜人们遇到的一切困难。所以，雅典娜是在不违背宙斯命令的前提下发挥智慧女神的特长，想方设法地挽救人类的命运。可无奈的是，潘多拉却由于过度紧张，把希望关在了盒子里面。

三、普罗米修斯的被缚与解放

只对人类做出惩罚，并不能使宙斯满足。他要向普罗米修斯施以报复。

宙斯把普罗米修斯交给他的两个忠实仆人——强力神克拉托斯和暴力神比亚[①]，命令他们和赫淮斯托斯一起将其押到大地的边缘，让匠神用无人能够打开的镣铐把他锁在高加索山[②]陡峭的岩石上，遭受太阳暴晒与风吹雨打的折磨。

善良的赫淮斯托斯实在不愿应允这件差事，但他无能为力，毫无办法——父亲宙斯的命令他不敢违抗。强力神、暴力神兄弟俩则面目狰狞、

---

① 强力神和暴力神即前文提到的斯堤克斯和帕拉斯的孩子。参见本书第 14 页。
② 今天，高加索山位于欧亚分界处。但在希腊神话中，它位于非洲西部沿海一带，属世界的边缘。

铁石心肠,毫无同情之心和怜悯之情。他们将普罗米修斯押到悬崖顶上,不断催促赫淮斯托斯赶紧动手,将主人宙斯的这个可恶仇敌牢牢地钉在岩石之上。在他们的监视下,赫淮斯托斯极不情愿却又无可奈何地拿起巨大的铁锤,眼含泪水用牢固的铁链将普罗米修斯的手脚锁在了陡峭的山岩上,并按宙斯的吩咐用一根尖利的钢钎穿透他的胸膛,将他的整个身体固定在身后的巨石之上。

伟大的普罗米修斯昂着头一声未吭,默默地忍受着穿心刺骨的疼痛。强力神讥笑道:"在这里随你怎样骄傲!现在你再把神的东西偷去送给凡人吧!我们倒要看看凡人有没有能力拯救你。"说完之后,兄弟俩得意扬扬地走了,赫淮斯托斯也面带悲伤地离去了。现在只剩下被锁在悬崖峭壁上的普罗米修斯。他直挺挺地吊着,无法弯腰,无法入眠,而且这种折磨没有期限,无休无止。

这时,普罗米修斯面对大海,开始高声呼喊,诉说起自己那无尽的苦楚:"作为'先知者',我早就知道后来发生的这一切,但可怕的命运无法逃避。我把火种送给了凡人,所以必须忍受这苦难!"

三千海洋神女[①]听到普罗米修斯的诉说,赶紧驾着马车来到他的身边。这些大姨子、小姨子为他的命运深感悲伤。看到亲人的普罗米修斯忍不住向她们诉起了苦:"泰坦之战时,我曾给宙斯出谋划策,帮助他在战争中取胜;胜利后,又根据我的建议,将泰坦神打入可怕的地狱;坐天下的时候,他又是听取我的意见用抓阄的办法平息了他们兄弟三个的争执,和平解决了权力分割问题。现在我可怜那些没有多少智慧的凡人,为他们盗来

[①] 三千海洋神女是大洋神俄刻阿诺斯的女儿,而普罗米修斯的父亲伊阿珀托斯则是俄刻阿诺斯的兄弟,所以他们是叔伯兄妹关系。同时,普罗米修斯的妻子阿西娅就是三千海洋神女之一,所以就此而论,这些女仙又是他的大姨子、小姨子。

火种，就遭到宙斯一次又一次的报复。这是多么的不公平啊！"

突然，愤怒的普罗米修斯好像想起了什么。他猛然提高嗓门，大声喊道："宙斯啊，我知道你为什么三番五次地惩罚我了！问题的根本不在于我为人类盗取火种，而是为了让我说出心中那个令你感到恐惧的秘密：你的父亲克洛诺斯在被压到塔耳塔洛斯之时，曾对你发出一个诅咒——总有一天你也会生下一个比你更强大的儿子，他将取代你的统治，成为第四代神王！你知道，除了我这个先知者，没有哪位神祇知晓如何使你避免这一厄运。但请你还是死了这条心吧！我是不会告诉你的！现在就尽情地折磨我吧！到你的王国被你那强大的儿子推翻的时候，你会遭到报应的！"

普罗米修斯的这番诅咒吓得大洋神女们个个花容失色，脸上满是恐惧和惊骇。不仅她们，那众神之王宙斯也被惊出一身冷汗。他确实想在适当的时候向普罗米修斯逼问这个问题，希望能从他那里得知到底和哪位女神的结合会生下一个无比强大的儿子。这个谜团一旦破解，他不但可以稳坐江山，而且以后就可以肆无忌惮地寻花问柳了！

普罗米修斯的话音刚落，宙斯派出的使者赫尔墨斯就已火速赶到。他来传达宙斯的命令："盗火的普罗米修斯，赶快把心中的秘密说出来：到底如何避免诸神之王被推翻的厄运？只要你说出那位女神的名字，以往的过错既往不咎，立即释放。如果不说，等待你的将是更为残酷的惩罚！"

面对宙斯的威胁，意志坚强的普罗米修斯毫无惧色。他对赫尔墨斯说道："我宁愿被锁在悬崖上受尽折磨也不会像你一样充当宙斯的忠实走狗。不管你那残暴的主人用什么刑罚折磨我，都不会把我吓倒。你去告诉他：他休想从我这里得到半点消息；他永远不会提前知道谁将夺取他的权力。"

气急败坏的赫尔墨斯转身就走。天庭之中的宙斯气得嗷嗷直叫。他对着高加索山发出道道闪电和滚滚雷霆，致使普罗米修斯连同锁他的悬崖在可怕的巨响中崩塌了，一下跌入了无底深渊，坠入塔耳塔洛斯地狱之中。

若干个世纪过去了,宙斯将普罗米修斯从深渊中提将上来,问他愿不愿意将秘密说出。倔强的泰坦神连吭都没吭一声。忍无可忍的宙斯决定让他遭受更大的苦难。宙斯派出巨鹰①,每天飞来用钢刀一样锋利的爪子撕开他的胸膛,再用利嘴啄食他的内脏。但身为神祇的普罗米修斯不会死去,一夜之间内脏就会长出、伤口就会愈合。这样,第二天巨鹰就又有了新的食物。赫尔墨斯告诉他:"这样的折磨会一个世纪、一个世纪地持续下去,直到有一位神祇甘愿放弃自己的生命,代替你去那哈迪斯的冥国。但我劝你还是别做梦了!哪位神祇会自愿放弃永生呢?"②坚强的普罗米修斯被折磨得奄奄一息,但他依然没有屈服。

宙斯一看严刑拷打对普罗米修斯这个硬汉根本不管用,干脆换一个套路——硬的不行来软的。于是他玩了个妥协让步的手段。

宙斯亲自或派其他神祇来解救并不能取得普罗米修斯的信任,所以他让自己在人间的私生子赫拉克勒斯③来完成这一任务。赫拉克勒斯在寻找金苹果的途中④来到大地的尽头——高加索山上,普罗米修斯对他讲述了自己的悲惨遭遇,宙斯之子则表达了对这位伟大泰坦的崇拜与同情。正在这时,宙斯的那只巨鹰又来了。它落在普罗米修斯的胸部准备再次展开血腥的啄食。赫拉克勒斯弯弓搭箭,一下将它射落。巨鹰坠入波涛汹涌的大海。

赫尔墨斯不失时机地飞驰而来。他发挥巧舌如簧的特长,真诚地向普罗米修斯道了歉,说以前都是自己的错,不应该威胁他,又说了一些温存体贴的话,并且向他做出保证:只要将宙斯逃避厄运的办法说出来,立即释放他。

---

① 这头恶鹰是怪物制造者提丰与厄喀德娜的孩子。参见本书第 19 页。
② 神祇永生不死,但如果自己主动放弃生命,则会死去。
③ 赫拉克勒斯的故事参见本书第 149 页。
④ 具体故事情节参见本书第 183 页。

也许是感激赫拉克勒斯的拔刀相助,也许是被赫尔墨斯的话所感动,也许是厌倦了这漫长的囚禁生活,普罗米修斯终于吐露了埋藏在心中的重大秘密。他说:"让宙斯远离海中神女忒提斯①,因为她无论与谁成婚,都将生下一个比丈夫更强大的儿子!"

秘密一经公开,宙斯惊出一身冷汗。他当时正在追求这位海洋女神,但忒提斯迟迟没有做出回应,所以神王还没能得手。这时,各位读者心里就不由得产生疑惑了:宙斯什么时候也开始玩情调、谈恋爱了?不是一直都管你愿意不愿意,直接霸王硬上弓吗?这确实是宙斯的一贯作风,但这次不同,因为忒提斯曾是他的救命恩人。想当年,宙斯和赫拉婚后不久,风流成性的宙斯就出去乱搞男女关系。盛怒之下赫拉忍无可忍。她联合波塞冬、雅典娜、阿波罗想谋朝篡逆,便将宙斯绑了起来。情况危急之时,正是忒提斯从塔耳塔洛斯叫来了看守泰坦囚犯的百臂巨人,他们赶到奥林匹斯山才解救了宙斯。对这位救命恩人,宙斯既不便硬来也不好意思欺骗,只能耐住性子软磨硬泡,希望哪天忒提斯能对他产生好感,主动投怀送抱。但令他颇感无奈的是,女神一直冷若冰霜,让神王百爪挠心、心痒难耐,又无计可施。恰在这时,宙斯听闻和他有着相同爱好的波塞冬也已对忒提斯觊觎良久。他意识到不能再这样等下去了,万一被哥哥先下手成了嫂子就追悔莫及了。管不了那么多了!还是以前的老套路——霸王硬上弓,来得直接。就在宙斯做出这个决定欲下手之际,普罗米修斯说出了那个隐藏已久的秘密。神王一听马上疲软,再也不敢对忒提斯有任何想法了。

心结已打开,宙斯立即派出赫淮斯托斯释放普罗米修斯。工匠之神欣然前往,为泰坦神解除了镣铐,拔出了钢钎。普罗米修斯终于站了起来,重获自由。

---

① 忒提斯是涅柔斯与多里斯的女儿。参见本书第35页。

为了满足宙斯原来提出的有一位神祇甘愿代替普罗米修斯受死的条件，被赫拉克勒斯无意之间用毒箭射伤又无法彻底治好的人马（即半人半马）喀戎自愿放弃永生[①]，代替普罗米修斯去往那阴暗的冥国。同时，为了满足宙斯的虚荣心，普罗米修斯的手上永远戴着一只镶嵌着高加索山石子的铁环，好像他仍然被囚禁在悬崖上一样。

四、洪水灭世与重新造人

大地上第一批人类生活的时代被称为"黄金时代"。那时他们过着无忧无虑的幸福生活：没有吵闹与纷争、疾病与衰老，也无须劳作，大地会自动长出各种各样的谷物与水果。一旦感到死亡将要来临，人们便自然而然地沉浸在长眠之中。由于那时只有男人，没有女人，"黄金时代"的人类一代而亡。潘多拉的到来使人类可以延续后代，但同时也带来了无尽的灾难与痛苦，人类由此进入"白银时代"。当时宙斯出于对人类的惩罚制造了美女潘多拉，雅典娜出于对人类的保护没有赐予她智慧（因为聪明的女人危害更大），但这也使得这一时代的人类缺乏理智。他们在父母身边生活上百年之久，思想不会走向成熟。好不容易长大成人，却已是濒临死亡。第三个时代被称为"青铜时代"。这个时代的人类拥有高大强壮的身躯和凶残狠毒的心灵。青铜武器的出现不但使他们能够脱离劳作而去猎杀动物，而且还造成了大规模的同类相残和战争连绵。

天庭中的宙斯经常听说青铜时代的人类恶行累累。于是，他决定变作凡人到人世间做个实地调查，看情况是否属实。

[①] 参见本书第 166 页。

这次宙斯来了个大义灭亲，把老岳父吕卡翁①的阿耳卡狄亚王国作为考察对象。宙斯以凡人的样子来到阿耳卡狄亚旅行了三天，不仅没有一个人按照神王所规定的"待客之道"招呼他饮水进食、歇脚居住，反而所有人都在自家门前对他无端斥骂，逐其离开。傍晚，宙斯走进吕卡翁的王宫，但他同时又以各种神奇的先兆让人们知道他其实是一位神祇。见此情景，国王的仆人吓得都跪下来对他顶礼膜拜。吕卡翁却不以为然："不要盲目跪拜！现在社会上骗子很多，他是不是在欺骗我们还不一定呢！"说完这话，吕卡翁便让宙斯稍事休息，自己则去厨房为他准备晚餐。到了后院，国王悄悄地杀了一名在押的囚犯，并命人将他剁成碎块，然后煎炒烹炸、蒸炖煮烧，制成各种菜肴，以此作为晚餐招待宙斯。吕卡翁端着这些肉一边走，一边为自己能想出这样的办法来验证陌生客人的身份而自鸣得意。当他把肉放到宙斯眼前时，神王知晓了一切。愤怒的宙斯施展法力，将岳父吕卡翁变成了一匹恶狼。

　　回到奥林匹斯圣山的宙斯立即召开全体神祇大会，议题就是共同商讨如何惩罚"青铜时代"的人类。经过热烈讨论，众神最后举手表决，达成共识：展开"大清洗"行动，斩草除根，将这一代人彻底消灭。至于方法，众神一开始考虑的是宙斯的致命武器——霹雳闪电，但后来神祇们怕那燃烧的熊熊烈火殃及天国，于是改成了特大暴雨。决议通过，当即执行。

　　除了湿润的南风神负责把黑乎乎的乌云赶到天上，其他所有的风神都放假休息，上班时间另行通知。顿时，雷声隆隆，倾盆大雨泻向大地。海神波塞冬把所有的河神都召集起来，命令他们掀起狂澜，将一切吞没。向来不甘寂寞的波塞冬还亲自披挂上阵，用他那威力无比的三叉神戟撞击大地，为洪水开路。泛滥的洪水犹如狂暴的野兽，四处乱撞，冲倒了大树，

---

①　前文提到，宙斯变作阿尔忒弥斯的样子诱骗了吕卡翁的女儿卡利斯托。参见本书第22页。

淹没了房屋。顷刻间，水天一色，整个大地一片汪洋，不见边际。鬼哭狼嚎、四散奔逃的人们被洪水冲走，幸免于难的那些人也都悲惨地饿死在光秃秃的山顶上。

在这一片汪洋大海之中，有一只木箱漂来漂去，最后到了高高的帕耳那索斯山露出水面的山峰之上。箱子里躲着一男一女两个人：丢卡利翁和皮拉。丢卡利翁是普罗米修斯的儿子，皮拉则是厄庇墨透斯和潘多拉的女儿。他们二人早已结为夫妇。之前，先知普罗米修斯已经预知这场洪水的来临，所以他通知儿子事先造好大木箱，并藏下充足的食物，等洪水泛滥时就带着妻子躲到里面去。

九天九夜过去了，宙斯从天庭俯瞰大地，看到"青铜时代"的人类都已死去，只剩下箱子里的丢卡利翁和皮拉。他知道这对夫妇是世间心地最善良、对神祇最为虔敬的人，所以决定放过他们。于是，宙斯唤来处于歇班状态的北风神，命他将乌云驱散，并让太阳神阿波罗回来正常值班。洪水渐渐退去，大地恢复了平静。

这时，丢卡利翁和皮拉从箱子里走了出来，庆幸自己逃过一劫。但当他们看到眼前那如同坟墓一般死寂的大地时，心里顿时感到无比孤独与凄凉。丢卡利翁对妻子皮拉说道："现在这荒凉的大地上就剩下我们两个人了。没有了同伴，活着又有什么意义呢！我真应该把父亲普罗米修斯造人的本领学到手——那样我们就不会孤单了。"妻子听了丈夫的这番话，伤心地流下了眼泪。没有任何主意的两个人漫无目的地向前走去，无意间来到一座还没有完全坍塌的神殿里，看到了正义女神忒弥斯[①]的神像。夫妇二人跪地恳求道："女神啊，请您指示我们，怎样才能重新创造人类呢？"女神用微弱的声音、含糊不清的语气告诉他们："把母亲的骸骨扔到身后

[①] 忒弥斯是十二泰坦之一，宙斯的第二个老婆。参见本书第20页。

去!"

这个神谕令他们夫妇惊讶不已。走出神殿后,带有厄庇墨透斯遗传基因的皮拉对丈夫说:"我不能扔掉母亲潘多拉的遗骸——那是对她灵魂的恣意冒犯!"带有普罗米修斯遗传基因的丢卡利翁没有说话,而是陷入了沉思之中。最后,他终于豁然开朗,领悟了女神的用意,兴奋地对皮拉说:"大地不就是生我们、养我们的母亲吗?它的骸骨就是地上的石块。我想女神的意思是让我们通过向身后扔石块的方式重新造人!"

于是,丢卡利翁和皮拉抱着试试看的态度转过身子,把大大小小的石块朝身后扔去。果然,奇迹出现了:石头一落地,马上化作人形,而且丢卡利翁扔的都变成了男人,皮拉扔的则变成为女人。就这样,由石头变成的新人类出现了。这是意志坚强、吃苦耐劳的一代。他们在荒凉的大地上重建家园,开始了新的生活。

五、"英雄时代"

在这片大地上,和丢卡利翁与皮拉用石头创造的人类一起生活的还有诸多英雄。他们一起开创了一个赫赫有名的"英雄时代"。

事情是这样的……

看到人类从"黄金时代"到"白银时代"再到"青铜时代"一步步地走向堕落,宙斯深感忧虑。他怕用石头创造出来的这些人类会继续堕落下去,于是决定给人类注入新鲜血液,以改变他们的基因。这"新鲜血液"、"优良基因"从哪里来呢?显然只能来自神祇。所以,宙斯想出来的办法是:自己和他的男神、女神同事们抽出一切空闲时间下到凡间,抓紧和女人、男人们上床,完成造人计划,让下一代人类具有神的血统,以实现品种改良。命令一下达,大部分神仙心里都乐开了花,并向宙斯保证超额完成任务。宙斯窃笑："就算你们再努力,在这方面能超过我吗?"于是,大家鼓足干劲、力争上游,床上床下忙得不亦乐乎,很快便创造出无数后代。这些后代由于有一半神祇的血统,所以被称为半神(hemitheoi),当然经常使用的是另外一个名称——英雄(heroes)。英国著名历史学家汤因比在其名著《历史研究》一书中这样写道:"在希腊神话那种随和的世界里,神灵们见到凡人漂亮的女儿就要恣意占有。他们的牺牲品如此之多,以致这些受害者能在诗文里排成一长列名单。这类事件从来就被当成耸人听闻的大事,结果总是引起英雄豪杰降临于世。"[1] 这些英雄人物生活的时代因此被称为"英雄时代"或"半神时代"。

英雄们天赋异禀,能力大大超过凡人,拥有接近神的力量与智慧,但无论如何他们不是神,相比之下更接近于人。英雄与神祇最大的区别、与人类最大的共同之处就是:"神祇"是永生的,"英雄"与"人类"都难免一死。但也有几位英雄是例外——他们论出身是英雄,后来却成了永生的神祇。比较典型的有狄俄尼索斯、赫拉克勒斯、阿斯克勒庇俄斯等。

狄俄尼索斯的故事前文已经讲过,赫拉克勒斯在后面的故事中将作为主角出现,到时再做详述。这里只讲一下阿斯克勒庇俄斯。

前文讲到,太阳神阿波罗四个月大时就得罪了爱神丘比特。因此,虽然论长相、出身和地位,自身条件样样超好,但他的情路却无比坎坷——不是追不上就是被欺骗,搞得这位优质剩男也只能放下身段靠抢女人来满足自己的本能欲望。后来,因普绪克一事,丘比特有求于阿波罗,两位神祇才最终达成妥协:阿波罗帮助丘比特得到心上人普绪克,丘比特则答应阿波罗以后不再故意破坏他的爱情生活。阿波罗做到了,那丘比特呢?

---

[1]【英】阿诺德·汤因比:《历史研究》(插图本),刘北成、郭小凌译,上海人民出版社,2005年版,第75页。

阿波罗喜欢上了佛律癸亚国王佛勒古阿斯的女儿科洛尼斯，并向她展开爱情攻势，美丽的公主答应了太阳神的追求。这次阿波罗吸取了以前追求卡珊德拉失败的教训，见了几次面就开始对情人动手动脚。科洛尼斯欲拒还迎，他们之间的感情进展很快。没过多长时间，阿波罗就顺利地将生米煮成熟饭，而且让科洛尼斯怀上了他的孩子。太阳神终于迎来了感情世界里你情我愿的第一次。他大喜过望，默默地感谢着丘比特，心想：这小子也没传闻中说的那么坏，起码说话算数，帮我得到了心爱的女人。

也许太阳神还是高兴得有点早了。科洛尼斯怀着阿波罗的孩子又爱上了阿耳卡狄亚人伊斯库斯，并嫁给了他。阿波罗的圣鸟乌鸦发现了这一切，并告诉了它的主人。这下阿波罗简直要被那个阴险狡诈、背后乱射箭的丘比特给气疯了。他一时无法发泄心中的怒火，就对着那只告密的乌鸦下了手，将它那雪白的羽毛变成了黑色，并把它那婉转的歌喉变成了难听的"呱呱"叫声。接着，怒气未消的阿波罗对背叛他的科洛尼斯展开了严密的跟踪行动，没几天就将她与情夫伊斯库斯捉奸在床。太阳神不容分说，拿起弓箭将这对奸夫淫妇射死在了床上。随即，身兼医疗之神的阿波罗对科洛尼斯实施了剖腹产，将腹中胎儿救了出来，取名为阿斯克勒庇俄斯。阿斯克勒庇俄斯是太阳神与凡间女子生下的孩子，所以他是一位英雄。

可怜的阿波罗没有媳妇，自己又没时间和能力照顾孩子，只能把阿斯克勒庇俄斯交给贤明的半人马喀戎①抚养。喀戎将高超的医术传授给阿波罗的儿子，加之阿斯克勒庇俄斯继承了父亲在这方面的良好基因，所以他的医术越来越精，逐渐超过了师父。

学成之后，阿斯克勒庇俄斯告别恩师，开始悬壶济世，以精湛的医术拯救了许多危重病人。后来，他又得到智慧女神雅典娜的青睐。女神送给

---

① 马人喀戎的身世参见本书第157页。

他一瓶蛇发女妖美杜莎①的神奇血液：这血液如果从左边取出，那它就是致命毒药；但如果从右边取出，那它就有令人起死回生的神奇功效。这不可思议的血液使阿斯克勒庇俄斯如虎添翼，堪比《天龙八部》中的"阎王敌"薛慕华、《倚天屠龙记》中的"蝶谷医仙"胡青牛。

大地上的人类自然非常感激阿斯克勒庇俄斯的善举。但他的行为却带来一个严重后果：许多将死之人被神医拯救，打乱了生死的自然秩序，直接导致冥府大量"减员"。哈迪斯不得不到神王宙斯那里去告状，请他裁决。宙斯一想，这不光是冥府"减员"问题，阿斯克勒庇俄斯的行为还打破了人神界限，威胁到了只有神灵才能拥有的"不朽"属性。这还了得！愤怒的宙斯拿出雷电棒对着阿斯克勒庇俄斯乱射一气，将他击死。

在爱情路上处处碰壁的阿波罗好不容易有了个儿子，结果被老爹亲手给弄死了。这令苦命的太阳神伤心欲绝，但他又不敢报复自己的父亲。于是，他便迁怒于在赫淮斯托斯的作坊里为宙斯锻造雷矢的三位独目巨人。他一脚将门踢开，弯弓搭箭把三兄弟射得四处逃窜。

事后，宙斯对亲手杀死孙子一事也觉得有些后悔。他想：自己有那么多的私生子，死一个两个的无所谓，阿波罗就不同了，找不上媳妇不说，有了个孩子还让我给杀了，我真是对不住儿子。作为补偿，宙斯便将阿斯克勒庇俄斯升上天空，化为蛇夫座，封他为医药之神②，获得永生。

这是个由"有死"英雄变为"不死"神祇的例子。当然，这属于个别情况，绝大多数英雄不免一死。正如赫西俄德所说，"在这个种族（指青铜时代的人类——引者注）也被埋进大地之后，克洛诺斯之子宙斯又在富有果实的大地上创造了第四代种族，一个被称作半神的神一般的比较高贵

---

① 参见本书第35页。
② 世界卫生组织（WHO）的标志就是阿斯克勒庇俄斯的蛇杖。

公正的英雄种族,是广阔无涯的大地上我们前一代的一个种族。不幸的战争和可怕的厮杀,使他们中的一部分人丧生。有些人是为了俄狄浦斯的儿子战死在七座城门的忒拜——卡德摩斯的土地上[①];有些人为了美貌的海伦渡过广阔的大海去特洛伊作战[②],结果生还无几"。[③] 也就是说,崇尚武力的英雄卷入残酷的战争并相继死去,当然作为炮灰陪着英雄一块儿死去的还有丢卡利翁和皮拉用石头创造的那些人类。

古希腊人普遍相信,英雄时代大致相当于公元前14世纪至公元前12世纪,基本上与迈锡尼文明时代晚期相吻合。一般来说,迈锡尼文明的最终毁灭,意味着英雄时代的终结。

大约从公元前11世纪,也即以荷马、赫西俄德为标志的"黑暗时代"开始,人类进入第五个时代——"黑铁时代"。这个时代的人类极其邪恶:子不孝,父不慈,兄弟相残,朋友无义,坑蒙拐骗,弱肉强食。赫西俄德就曾慨叹道:"我但愿不是生活在属于第五代的人类中间,但愿或者在这之前已经死去,或者在这之后才降生。因为现在的确是一个黑铁时代:人们白天没完没了地劳累烦恼,夜晚不断地死去。诸神加给了他们严重的麻烦。尽管如此,还有善与恶搅和在一起。如果初生婴儿鬓发花白(指堕落到极点——译者注),宙斯也将毁灭这一种族的人类。父亲和子女、子女和父亲的关系不能融洽,主客之间不能相待以礼,朋友之间、兄弟之间也将不能如以前那样亲密友善。子女不尊敬瞬即年迈的父母,且常常恶语伤之,这些罪恶遍身的人根本不知道畏惧神灵。这些人不报答年迈父母的养育之恩,信奉力量就是正义;有了它,这个人可以占据那个人的城市。他

---

① 七雄攻忒拜的故事参见本书第351页。
② 特洛伊战争的故事参见本书第373页。
③ 【古希腊】赫西俄德:《工作与时日·神谱》,张竹明、蒋平译,商务印书馆,2016年版,第6页。

们不爱信守誓言者、主持正义者和行善者，而是赞美和崇拜作恶者以及他们的蛮横行为。在他们看来，力量就是正义，虔诚不是美德。恶人用恶语中伤和谎言欺骗高尚者。忌妒、粗鲁和乐于作恶，加上一副令人讨厌的面孔，将一直跟随着所有罪恶的人们。羞耻和敬畏两位女神以白色长袍裹着绰约多姿的体形，将离开道路宽广的大地去奥林波斯山，抛弃人类加入永生神灵的行列。人类将陷入深重的悲哀之中，面对罪恶而无处求助。"[①]

大约从公元前8世纪起，古希腊奴隶制城邦开始形成。古希腊人在古希腊本土、爱琴海、小亚细亚、地中海和黑海沿岸建立了许多城邦，历史上称这个时代为"殖民时代"。这一时期的古希腊人热衷于追根溯源、确立谱系，每个家族都以迈锡尼时代某个著名英雄的后裔自居，并把他当作直系祖先来顶礼膜拜，这也就是所谓的"英雄崇拜"。

[①]【古希腊】赫西俄德：《工作与时日·神谱》，张竹明、蒋平译，商务印书馆，2016年版，第7页。

第三编 三大世家

这里的"世家",是指古希腊的英雄显贵家族。当然,讲述英雄家族的故事也离不开奥林匹斯山上的神祇们,因为"对于头目们最常用的形容词是:'宙斯所生的','宙斯所养的'。许多头目吹嘘他们远祖的谱系,都是上溯到宙斯为止"。[①] 按这种世家起源的解释方式,英雄谱系都可上溯到诸神的谱系。

这样的家族有很多,我们只挑选了珀尔修斯世家、卡德摩斯世家和忒修斯世家作单独讲述。对于其他世家,或者因为故事不多,不再讲述,或者因为和"四次行动"有密切联系,放在后面讲述。

一、珀尔修斯世家

珀尔修斯世家的谱系可以上溯到十二泰坦中的大洋神俄刻阿诺斯与沧海女神忒堤斯两口子。前文提到这对夫妻的特长就是有着极强的生育能力,生下三千男河神及三千女海神。今天要提到的正是这三千河神之一——伊那科斯。成年之后,伊那科斯在人间建立了一座大名鼎鼎的城市——阿尔戈斯。儿子闯出了名堂,老爹打算给他挑个好媳妇。去哪里找呢?对俄刻阿诺斯来说,这都不是事儿,因为自家女儿很多。于是,他便在众多女儿中挑中了墨利亚,把她嫁给了伊那科斯。夫妇二人生下了一个美丽至极、极易招来色狼的女儿——伊俄。珀尔修斯世家的故事就此开始……

(一)宙斯与伊俄

自从与赫拉正式结婚之后,宙斯在天界的偷情行为受到极大限制,女

[①] 【苏】弗兰采夫主编:《世界通史》第一卷,文运、王瓘等译,生活·读书·新知三联书店,1959年版,第911页。

神们也因惧怕天后而故意躲避着宙斯那一双色眯眯的眼睛。但这难不倒生性好色的老宙。他转移阵地,把战略重心放到了人间。

这天,美丽的伊俄正在草地上为她的父亲放牧羊群。奥林匹斯圣山的主宰一眼就盯上了她。他顿时欲火上升,情不自禁,就变身帅哥,飞速来到美女身边,直接向她表达了爱慕之情。宙斯直接,伊俄更直接。她断然拒绝了他的追求。早已欲火焚身的神王一看,觉得谈情说爱实在太麻烦,还是"霸王硬上弓"的老套路管用。失去耐心的他对女孩说:"我就是万神之王宙斯。今天我吃定你了。"接着他就伸出了那双咸猪手。美丽的姑娘吓得花容失色,转身就跑。宙斯立即追了上去。弱女子哪能跑得过大色狼?没几步她就落入了他的魔掌。一是考虑到光天化日之下在一览无余的草地上行男女之事会使伊俄难为情,二是怕被天上的母夜叉发现,宙斯连忙施展法力,化作一团云雾将美女罩住。就在这黑灯瞎火之中,宙斯不容分说推倒了被吓得已经僵在那里的伊俄,成就好事。

天上的赫拉见不到丈夫的踪影。她在奥林匹斯山上遍寻不着,无意间向大地上瞄了一眼,注意到青天白日之下突然有一小块地方云雾弥漫。对宙斯了如指掌的赫拉,马上意识到丈夫正背着她在干见不得人的勾当。恼羞成怒的赫拉已完全不顾自己的天后身份,像泼妇一样骂着街就朝那片乌云冲了过去。

还沉浸在性爱回味中的宙斯知道事情不妙,情急之下他将伊俄变成了一头白色小母牛。云雾散去之后,宙斯故作镇静地说:"亲爱的老婆,我在天庭闲着没事,就到凡间和这头牛玩耍。你怎么也来这里啦?"精明的赫拉不相信他的这番鬼话,心里想:你就知道玩弄女人,怎会有闲情逸致和动物玩耍!但她不露声色,决定来个将计就计。随即她说道:"我也是闲来无事,游玩至此。这头牛真是又可爱又漂亮。亲爱的老公,你把她送给我当宠物吧!"宙斯虽是一百个不情愿,又实在找不到拒绝的理由。但怕事情败露，他也只能有苦往肚子里咽。

外表温和、内心狂躁的赫拉在伊俄的脖子上拴了一根青铜链子，交给誓死效忠于她的土生的"百目怪物"阿耳戈斯监管。这个阿耳戈斯绝对是看守的好材料，因为其特异功能就是一百只眼睛可以轮流值班。

阿耳戈斯牵着伊俄在各地流浪。有一天伊俄发现自己被带回了家乡，并恰巧在牧场里看到了父亲和姐妹们。可怎样让他们认出可怜的自己呢？聪明的姑娘用她的牛蹄子在地上画了一行字。父亲终于认出了他一直苦心寻找的亲生女儿。可怜的老人顿时老泪纵横，张开双臂紧紧抱住女儿的脖颈，可也就在这时伊俄被粗鲁的阿耳戈斯强行带走了。

这一幕对宙斯的触动很大。他突然良心发现，觉得正是因为自己图一时之快，才造成了伊俄长期受折磨以及与父亲骨肉分离的悲惨结局。他再也不能坐视不管了，决定出手拯救心爱的女人。怎么拯救呢？想来想去还是得靠心腹之人、得力助手机灵鬼赫尔墨斯。他让赫尔墨斯一定想办法除掉赫拉的这个可恶帮凶——阿耳戈斯。

忠于职守、唯命是从、全年无休、善于给老爹偷情一事擦屁股的神使赫尔墨斯接到命令后毫不迟疑，一溜烟儿飞到人间。他将自己的神祇特征隐藏，化身为一个牧羊人，赶着羊群来到阿耳戈斯附近。赫尔墨斯在一块石头上坐定，随手抽出他与林中仙女一夜风流之后生下的儿子潘神[①]刚刚孝敬老爹的新乐器——排箫奏起了甜美的音乐。阿耳戈斯虽然是一个妖怪，但妖怪也有业余爱好。他的业余爱好就是音乐，所以他听得如醉如痴，遂招呼赫尔墨斯坐在他身边吹奏。狡猾的赫尔墨斯成功地取得了怪物的信任，为他演奏了一曲，随后开始天南海北地攀谈起来。神使能说会道，一阵神侃就把没什么见识的阿耳戈斯给忽悠住了。不知不觉白天过去了，怪物接

---

① 参见本书第 102 页。

连打了几个哈欠，百只眼睛开始睡意蒙眬。赫尔墨斯趁热打铁，拿起排箫吹起了催眠曲，想把敌人催入梦乡。然而，阿耳戈斯对他的女主人忠心耿耿，不敢松懈。尽管眼皮已经开始打架，他也还是拼命地让一部分眼睛先睡，而让另一部分眼睛睁着，紧紧地盯住小母牛，提防它乘机逃走。

热衷于音乐的阿耳戈斯对这个从未见过新鲜乐器十分好奇，开始打听起它的来历。

赫尔墨斯豁出去了，讲起儿子潘神那段不光彩的历史。关于这个排箫的起源，有一个凄美的故事。从前，在阿耳卡狄亚的山林中住着一位名叫绪任克斯的宁芙仙女。她是处女神阿尔忒弥斯的随从，也是一个对男人没有任何兴趣的主儿。无奈，小仙女长得实在太漂亮了，引来众多的追求者，但都被她巧妙地拒绝了。在这种事情上，好色的潘神自然不甘落后，展开了对美女的热烈追求。

姑娘一看潘长得这副熊样子（对了，应该是羊样子），吓得撒腿就跑。潘在后面一路猛追。就像当年阿波罗追逐达佛涅一样，追是追上了，但令他吃惊的是，他发现抱住的不是姑娘，而是一丛芦苇。原来绪任克斯跑的时候也学到了老前辈达佛涅的经验，向同为河神的父亲祈求帮助。河神已是老泪纵横，但他惹不起身为"官二代"的潘神，无可奈何之下将女儿变成了芦苇。

这时，一阵风吹过，芦苇丛发出了听起来满是忧伤的声音。伤心的潘神依依不舍，将芦苇折下做成了这件新乐器——排箫，并以心上人的名字为之命名。从此以后，人们就把这种乐器叫作绪任克斯。

赫尔墨斯陶醉其中，讲得倒是有声有色、津津有味，但怪物阿耳戈斯从未对女人感过兴趣，这种爱情故事对他来说更是索然无味。故事还没有讲完，阿耳戈斯的眼睛已然一只只地依次闭上，开始呼呼大睡。

赫尔墨斯瞅准时机，迅速抽出藏在身上的利剑，一下砍掉了阿耳戈斯的头颅。伊俄从此获得了自由,并具有了说话的能力,但赫尔墨斯无力将它变回人形。

狡猾的赫尔墨斯知道斩杀阿耳戈斯虽是奉宙斯之命,但肯定会引起赫拉的不满。于是他把阿耳戈斯的眼睛挖出来,镶嵌到了赫拉的圣鸟——孔雀的尾巴上,以讨好天后。

赫拉知晓了这一切。她不敢惩罚宙斯的心腹赫尔墨斯,便把满腔的仇恨再次发泄到无辜的伊俄身上。天后派了一只牛虻去叮咬她,驱使母牛满世界不停地奔跑,让她无法吃喝,不能安睡。

有一天,在牛虻的不断追赶下,伊俄跑到高加索山上,看到了被缚的普罗米修斯。她泪流满面,祈求这位先知告诉她何时才能摆脱这无休无止的折磨。普罗米修斯预言道:"可怜的姑娘,你还要继续奔跑下去。直到抵达尼罗河的那一刻,宙斯才会将你恢复人形。在那里,你会为宙斯生下一个儿子,而且在你的后代中还会出现一位绝世英雄,正是他最终将我解救[①]。"

告别普罗米修斯,伊俄再次跋山涉水,历经千辛万苦终于来到埃及。她跪倒在地苦苦哀求,以获得神王的怜悯。听到心上人的祈求,天庭之中的宙斯再也坐不住了。他干脆放下架子向媳妇主动承认错误,并写下了保证书。他承诺只要赫拉放过伊俄,一定洗心革面、痛改前非,从此以后堂堂正正做神,再也不到凡间去偷腥了。注定不能和宙斯离婚的赫拉只能做出让步,允许丈夫恢复伊俄的原形。

得到批准之后,神王急急忙忙来到尼罗河边,施展法力将伊俄变回人形。可这时宙斯简直惊呆了:重生之后的姑娘如出水芙蓉一般,变得比以前更加楚楚动人,格外惹人疼爱。看到美女,他哪里还挪得动脚步?他把

[①] 这位英雄就是赫拉克勒斯。

对赫拉的誓言抛到了九霄云外，又一次推倒姑娘，云雨一番。这次的偷情行为倒是没被赫拉发现。她见丈夫那番话说得情真意切，认为丈夫就算不能彻底改掉花心的毛病，起码也会有所收敛，所以就放松了警惕。

实际上，伊俄在与宙斯第一次交合之后就已暗结珠胎，恢复人形没多长时间她就在尼罗河畔为宙斯生下了一个儿子——厄帕福斯。

天后赫拉本已将伊俄一事放下，但当她看到厄帕福斯出生之后，心中的怒火又一次燃烧起来。她施展法术怂恿野蛮的库里斯特人将伊俄的儿子偷走并藏到隐蔽之处。可怜的伊俄为了寻找儿子，又开始四处漂泊，可她走遍了整个世界也没有见到厄帕福斯的踪影。最后，还是宙斯出面消灭了库里斯特人，并引导伊俄在埃塞俄比亚找到了他们的儿子。

我们不禁要问：宙斯向来都是始乱终弃，激情过后，转脸就走，这次他怎么会三番五次地拯救自己的情人？想来其中缘由应该是：伊俄是宙斯在凡间的第一个女人，就像初恋情人，所以他用情极深，难以忘怀。

（二）兄弟相残

也许是作为一种补偿，所有被宙斯抛弃的女人都有一个共同归宿——带着孩子嫁给当地国王。我们可以想想，就算国王不愿意，他能怎么着？宙斯的女人他敢不要吗？不但要乐呵呵地无条件接受，而且还得乖乖地把王位继承权让给宙斯的儿子。通过这种办法，宙斯让自己的血脉和权力在大地上不断延续和扩张。

伊俄带着儿子厄帕福斯回到埃及，嫁给了国王德勒戈诺斯。老国王死后，厄帕福斯顺利继位，成为埃及国王。当地人民则把伊俄尊为伊西斯女神。

厄帕福斯在尼罗河畔降生，便娶了神圣的尼罗河河神——尼罗斯的女儿孟菲斯为妻，生下一女利彼亚。随着实力的不断增强，厄帕福斯开始开疆拓土，将埃及西边的大片土地据为己有，并以女儿的名字将其命名为"利比亚"①。

埃及和利比亚北靠地中海，和那个一贯以"欺女霸女"著称的波塞冬做邻居，美女利彼亚岂能逃脱这个大色狼的魔爪？时刻想着延续血脉和延伸权力的海神趁机将其霸占，生下阿革诺耳和柏罗斯一对双胞胎兄弟。成年后，阿革诺耳远走小亚细亚，建立了他的国家——腓尼基，延续出卡德摩斯一脉。这是我们要讲的另一个世家的故事，留待以后再叙。②这里要说的是柏罗斯。他继承了外祖父厄帕福斯的王位，生下两个儿子——埃古普托斯和达那俄斯。后来，兄弟俩分土而治——埃古普托斯统治埃及，达那俄斯则占据着利比亚。

说来也怪，埃古普托斯和达那俄斯不愧为亲兄弟——两人都生了五十个孩子，而埃古普托斯生的全是儿子，达那俄斯生下的则是号称"达那伊得斯姐妹"的清一色女孩。

埃古普托斯一想：这下儿子们的婚姻大事有了着落，不争不抢正好一人一个。于是，他和儿子们拿着礼物，前来向兄弟提亲，希望和他结为亲家。达那俄斯知道哥哥老谋深算：此举不单是为儿子找媳妇，关键是想通过结亲把他的土地据为己有。再说，女儿们对这些生性残暴的叔伯兄弟也不感兴趣，根本不愿意嫁给他们。所以，达那俄斯一口回绝。野心勃勃的埃古普托斯被激怒了。他命令儿子们率领一支庞大的军队向利比亚发起进攻。达那俄斯不是对手，被侄子们打败，只得背井离乡，逃离自己的国家。

达那俄斯驾驶大船，带着女儿们在波涛汹涌的大海上航行了很久，最后在希腊的阿尔戈斯靠了岸——那是祖先伊那科斯的故乡。达那俄斯期望在这里获得援助与保护，摆脱侄子们的一路追杀。

---

① 古希腊人所说的利比亚，泛指除埃及以外的北非。
② 参见本书第 208 页。

国王珀拉斯戈斯^①得知有大船靠岸，以为是外敌入侵，遂率领军队杀了过来。赶到后，他们才发现原来是伊那科斯的后人双眼含泪、手执橄榄枝，以乞援人的保护神宙斯的名义寻求庇护，恳求国王出兵抵抗埃古普托斯的那些骄横的儿子们。

听到这里，珀拉斯戈斯犹豫了。一方面，他害怕与强大凶残、桀骜不驯的埃及人交战；另一方面，他也害怕因拒绝以宙斯的名义乞求保护的人而惹怒神王。于是，国王召开全体公民大会，征求大家的意见。会议最终一致决定帮助达那俄斯和他的女儿们。

就在这时，埃古普托斯派来的使者赶到了，扬言如果不主动将达那伊得斯姐妹们交出，他们就要用武力踏平阿尔戈斯。珀拉斯戈斯拔出剑来斩杀使者，誓与埃古普托斯的儿子们决战到底。

这场战争的胜利者是埃古普托斯的五十个儿子。国王珀拉斯戈斯浴血奋战，冲出重围逃往北方^②。阿尔戈斯居民不但没有责怪达那俄斯，还推举他为新任国王。可是埃古普托斯的大军依然没有撤走。为了求得和平，使他的人民免遭涂炭，达那俄斯决定同意将美丽的女儿嫁给侄子们。但他早已设计好一条毒计……

埃古普托斯的儿子们与达那伊得斯姐妹们举行了一场热闹的集体婚礼。婚宴结束后，新婚夫妇进入洞房，整个城市沉浸在一片杀机四伏的死寂之中。接着，一声声的惨叫打破了夜幕的沉静。达那伊得斯姐妹们犯下了弥天大罪——她们在各自的丈夫进入梦乡后，用事先藏在洞房中的短剑将他们残忍地杀死。

---

① 珀拉斯戈斯是宙斯与伊那科斯的孙女尼俄柏（与坦塔罗斯的女儿尼俄柏同名，参见本书第220页）所生的儿子。

② 珀拉斯戈斯迁居阿耳卡狄亚，成为这一地区的第一任国王，后来他的儿子吕卡翁（卡利斯托的父亲、宙斯的岳父，参见本书第22页）继承王位。

第二天，达那俄斯盘点姑爷的尸体，一看少了一个。怎么回事？原来，达那俄斯把小女儿许珀耳涅斯特拉许配给了埃古普托斯的儿子林叩斯。新婚之夜，这个林叩斯并没有像兄弟们那样急于进洞房，然后呼呼大睡，而是颇有情调地陪妻子看月亮，数星星，谈理想，谈人生。不谙世事的许珀耳涅斯特拉一下子疯狂地爱上了他。等丈夫睡去之后她已不忍将其杀死，而是把林叩斯唤醒，偷偷放他出宫。

得知一夜之间女儿就已胳膊肘往外拐，达那俄斯不禁大怒。他召集阿尔戈斯的元老们组成一个法庭，审判违抗命令的许珀耳涅斯特拉。

达那俄斯的意见，是将女儿处死。但在这时，女神维纳斯现身了。她为许珀耳涅斯特拉辩护："身为女人，嫁人后就应该维护自己的丈夫，那是她作为女人的职责所在。如果她像她的姐妹们那样将丈夫杀掉，守寡一生，怎么享受两性欢娱？怎么生儿育女？又怎么传宗接代？"达那俄斯不敢违拗女神的意志。他将林叩斯找回来，让女儿许珀耳涅斯特拉做了他的妻子。

这次49人集体死亡事件不但惊动了维纳斯，还惊动了神王宙斯。他认为，一方面达那伊得斯姐妹犯下了弥天大罪，另一方面这一家人也算是被逼无奈、正当防卫，所以判了个活罪可免、死罪难饶。什么叫活罪可免、死罪难饶呢？即宙斯命雅典娜和赫尔墨斯先为达那伊得斯姐妹净罪，然后令国王达那俄斯举办大型竞技比赛，选出49个优胜者，其奖赏就是娶这49个寡妇为妻；但是，达那伊得斯姐妹们生前可以逃脱罪责，死后却要在冥国接受惩罚——必须不停地从冥河中打水，然后倒入一个巨大的无底桶中让其流走，如此循环往复，永不停歇。

在这50个女婿中，处事圆滑、善于察言观色的林叩斯最得岳父的宠爱。但林叩斯在心中却一直没有忘记兄弟被杀的深仇大恨。他听说了父亲埃古普托斯知道儿子们死于非命后因伤心过度而自杀身亡的消息，就决定积蓄力量为父兄报仇。待到羽翼丰满之时，林叩斯杀死了岳父达那俄斯全家，并夺取了阿尔戈斯王位。

（三）宙斯与达娜厄

林叩斯死后，他的儿子阿巴斯继位。阿巴斯生下双胞胎儿子——阿克里西俄斯、普洛托斯，一个女儿——伊多墨涅。埃古普托斯和达那俄斯兄弟相互残杀的"基因"传到了曾孙一代，阿克里西俄斯与他的兄弟普洛托斯在母亲的肚子里就势同水火，打个不停。长大成年之后，二人更是发生严重内讧，哥哥把弟弟驱逐出境①，顺利继承阿尔戈斯王位，并娶了美丽的妻子欧律狄刻。

欧律狄刻是谁？大家可曾记得第一编讲赫尔墨斯时提到的普勒阿得斯七仙女，即擎天神阿特拉斯的漂亮女儿？阿特拉斯被劳动改造后，七个女儿被瓜分。宙斯抢了三个，其中之一是后来为他生下赫尔墨斯的迈亚，②还有一个叫塔宇革忒的也落入了他的魔掌，为他生下儿子拉刻代蒙。拉刻代蒙后来娶河神欧洛塔斯的女儿斯巴达为妻，并以妻子的名字为都城命名。他们的后代就是斯巴达人。这里的欧律狄刻即是他们夫妻生下的女儿。

阿克里西俄斯与欧律狄刻生了一个美丽的女儿——达娜厄。当然，有美女的地方，总少不了宙斯的身影……

有一天，来自德尔斐的一个先知向阿克里西俄斯宣示了一条神谕："你的曾祖父埃古普托斯意图抢占其兄弟的土地，最后搭上了全家的性命；你又把孪生兄弟普洛托斯赶走，独自占有伟大的阿尔戈斯。这些罪行将在达娜厄的儿子，也就是你的外孙那里得到报应——他将夺取你的王位，你将

---

① 普洛托斯的后续故事参见本书第 352 页。
② 参见本书第 89 页。

死在他的手上。"

这一神谕使阿克里西俄斯惴惴不安、非常恐惧，对宝贝女儿达娜厄的态度也由爱转恨。他要想尽一切办法极力避免灾难的发生。亲手杀死女儿他于心不忍。再说了，"弑亲"也会受到神祇的惩罚。于是他就命人在王宫的地底下用青铜修建了一座只留有狭窄通风口的铜塔，把达娜厄和她的女佣人关在里面，任何人不准进入。这样一来，女儿也就永远无法生出孩子。

凡人自然没有办法进入关押达娜厄的铜塔。但我们不要忘了，还有万能的神呢！尤其是那以猎艳作为毕生事业的神王宙斯，哪个美丽少女能逃得过他那双善于发现美的眼睛？

在一个阳光明媚的早晨，宙斯看到赫拉还在睡觉，就趁机溜下天庭，来到人间。他一眼就看上了像女神一样漂亮的达娜厄，并不顾一切地爱上了她。在偷情一事上向来善于开动脑筋的宙斯，这次化作一阵"黄金雨"，经过铜塔的通风口落在了达娜厄的身上。达娜厄在恍惚之中顿觉一股幸福的暖流向她袭来，其结果就是她怀上了雷神的孩子。临走时，宙斯向达娜厄表明了身份，并告诉她："你将生下一个伟大的英雄。"

（四）珀尔修斯的伟大功绩

十月怀胎，一朝分娩。达娜厄生下一个漂亮的男孩，母亲给这个孩子起名珀尔修斯。

没过多长时间，阿克里西俄斯就听到了孩子的哭声。他看到了一个漂亮的小男孩，感到十分惊讶和害怕。女儿告诉他这是宙斯的儿子。作为父亲的阿克里西俄斯却不相信。预言家的话又在国王的耳边响起，使他不寒而栗。阿克里西俄斯吩咐仆人制作了一个大木箱，把达娜厄母子装在里面，钉上箱盖，然后下令将木箱投入大海，让他们自生自灭。

宙斯不会让儿子命丧大海。木箱在波涛中漂浮了很久，被海浪冲到了塞里福斯岛的岸边。

塞里福斯国王的兄弟狄克堤斯正在海边捕鱼，捞到了这个箱子并把它拖到岸上。他打开箱子，里面走出一位美艳惊人的妇女抱着一个帅气十足的小男孩。他不由得大吃一惊，便带着母子二人去见他的哥哥——国王波吕得克忒斯。[①]兄弟俩了解实情之后，非常同情这对母子的遭遇，便收留了他们。

1. 力斩美杜莎

珀尔修斯在塞里福斯的王宫中逐渐长成一个身强力壮、体格匀称、飒爽英姿的小伙子，但国王波吕得克忒斯却不喜欢他。这是因为国王早就看上了美丽的达娜厄，可达娜厄却拒绝了他。波吕得克忒斯想硬来，无奈强壮的珀尔修斯总在母亲身边，使他无从下手。霸道的国王一直将英雄珀尔修斯视为眼中钉、肉中刺，天天琢磨如何谋害他，想方设法欲除之而后快。最后，波吕得克忒斯想出一条毒计……

有一天，波吕得克忒斯把珀尔修斯叫到身边，对他说："你总说自己是雷神宙斯的儿子。如果真是那样的话，你就不应该老是待在家里，而应去建立伟大的功绩来向我们证明这一点！"雄心勃勃的小伙子被国王这么一激，立马骄傲地瞥了波吕得克忒斯一眼，趾高气扬地说道："你随便说吧。我应该去建立什么样的功勋？"波吕得克忒斯一看珀尔修斯上钩了，便故意装出十分平静的样子对他说："那你就去把美杜莎的头颅取来吧！"珀尔修斯也是年轻气盛，爽快地答道："我想这也不会太难吧。保证手到擒来！"

[①] 普罗米修斯有个儿子——丢卡利翁，丢卡利翁有个儿子——赫楞，赫楞有个儿子——埃俄罗斯，埃俄罗斯有个儿子——玛格涅斯。波吕得克忒斯和狄克堤斯兄弟就是这位玛格涅斯的儿子。参见本书第289页。

珀尔修斯说得轻松。他哪里知道这美杜莎的厉害！

前文提到，"海之愤怒"福耳库斯与妹妹"海之危险"刻托生下戈耳工三姐妹。其中两个是不死的神灵，身上长着任何刀剑都砍不透的坚硬如钢的鳞甲，有一副像短剑一样锋利的牙齿，一双铜手上还有尖利的钢爪，头发则是一条条的毒蛇，任何人遇到她们都会被撕碎吸血，真可谓面目狰狞，阴森可怖。另一姐妹就是美杜莎。她是个有死的凡人，原本长得俏丽动人、美若天仙，特别是那一头乌黑的秀发，如瀑布一般铺在肩头。只是因为在雅典娜神庙里被好色的波塞冬强暴，女神便对她疯狂报复。美杜莎失去了美丽的容颜，变成和她的姐妹一样的相貌，而且她那引以为傲的美丽长发也变成了一条条咝咝作响的毒蛇。最后，雅典娜又赐予美杜莎一双任何人和她对视后都会立即被石化的眼睛。① 从此以后，三姐妹离开了她们的居住地，去了一个没人知道的地方。

宙斯对情人可以不管不顾，但对儿子的安危不会坐视不管。他派出心腹干将赫尔墨斯前去帮忙，并让他给儿子珀尔修斯带来了那把祖传的阉人神器——"不屈的金刚石镰刀"以及哈迪斯的隐形头盔。不仅如此，赫尔墨斯还把自己那双带翼飞行鞋借给这位同父异母兄弟使用。雅典娜也赶来帮忙。女神一直痛恨美杜莎玷污了她的神庙，现在正好可以借珀尔修斯之手干掉她。于是，女神将那面能像镜子一样照出一切事物的青铜盾牌提供给英雄使用。

有这些大神做后台，珀尔修斯必将成就一番伟业。

智慧女神雅典娜告诉珀尔修斯，在这个世上只有格赖埃三姐妹知晓戈耳工三姐妹的住处。格赖埃也是"海之愤怒"、号称"百怪之父"的福耳库斯的女儿。她们三姐妹没有青春年少，生下来就满头白发，而且三个人

---

① 参见本书第 36 页。

只有一只眼睛、一颗牙齿，彼此轮流使用。当其中一个使用这只眼睛的时候，另外两个就成了瞎子，只能靠有眼的这个领着她们行走。机灵狡诈的赫尔墨斯给珀尔修斯出了一个主意：在格赖埃将眼珠摘下交给下一个姐妹的传递过程中，趁机把它抢过来，以此逼迫她们说出通往戈耳工三姐妹住处的那条道路。

珀尔修斯依计行事。他在黑暗之中悄悄走到格赖埃三姐妹跟前，抓住时机，一下得手。三个妖怪顿时都成了瞎子。无助的她们吓得失声大叫，到处乱摸，连声恳求这位不速之客将眼睛还给她们。珀尔修斯不失时机地提出要求——只要为他指明戈耳工女妖的住处，他马上奉还这只宝贝眼睛。三姐妹没有办法，心眼又实诚，就给英雄指明了正确的道路。就这样，珀尔修斯将眼睛还给了她们。随后他穿上有翼飞鞋，戴上隐形头盔，手持明亮盾牌，挎上阉人镰刀，腾空而起，向戈耳工女妖居住的岛屿飞去。

离目的地越来越近，珀尔修斯稍稍降低高度，在海岛上空盘旋。他远远看见可怕的戈耳工女妖正在岩石上睡觉，身上的鳞甲和金色的翅膀在阳光的照射下闪耀着刺眼的光芒，头上的毒蛇则在缓缓蠕动。珀尔修斯怕被石化，不敢直视，赶忙取出雅典娜送的盾牌，用它当镜子照出三个女妖的形象。

到底哪个是美杜莎呢？三姐妹中只有她是凡胎肉身，能够被杀死。这时，赫尔墨斯出现了。他将美杜莎指给珀尔修斯，轻声说道："最靠近大海的就是美杜莎。趁女妖还没睡醒快去砍下她的头颅！记住，千万别朝她看！"

珀尔修斯如雄鹰一般，对准猎物俯冲下来。他一直盯着光洁的盾牌，以便准确定位。戈耳工头上的毒蛇已经嗅到敌人的气息，一条条吐着信子昂起头来。这惊醒了它们的主人，美杜莎已微微睁开了眼睛。

就在这千钧一发之际，珀尔修斯手中的镰刀像闪电一样迅速出击，一下就砍掉了美杜莎的头颅。一股黑血从她的脖腔喷出，接着飞出一匹带血的飞马珀伽索斯和一个金剑巨人克律萨俄耳。他们正是当年波塞冬播下的种，一直在美杜莎的肚子里，现在终于从脖子里生出来了。

珀尔修斯赶忙捡起美杜莎的头，装到事先准备好的神袋之中，然后一飞冲天。

美杜莎那垂死挣扎的尸体将她的两个姐妹惊醒。她俩一拍翅膀飞到空中，凶光毕露的眼睛扫视四周，极力寻找杀死妹妹的凶手，但无论如何她们也不会发现带着隐形头盔的珀尔修斯。

大功告成，珀尔修斯得意至极。他想借助有翼飞鞋的帮助，干脆来个环球之旅，也好趁机向全世界人民宣传并炫耀一下自己的光荣事迹。

2. 石化阿特拉斯

第一次穿飞鞋感觉比较新鲜。珀尔修斯像风一样在空中疾驰，转眼来到了利比亚。美杜莎头上的血液渗出神袋，滴在沙滩上。从这些血滴中生出了无数的毒蛇，所有的生灵都被吓跑，从此利比亚成了一片广阔的沙漠。

珀尔修斯"信马由缰"，一会儿飞到了普罗米修斯的哥哥、擎天神阿特拉斯管辖的地界。

前文提到该亚送给宙斯与赫拉的结婚礼物——金苹果树就种在阿特拉斯的地盘上。泰坦神战败之后，作为惩罚，宙斯让阿特拉斯负责擎住天空，赫拉给他的任务则是看护这棵苹果树。

正义女神忒弥斯曾对阿特拉斯做出这样的预言：将来某一天，宙斯的儿子会从你这里拿走三个金苹果。自此以后，阿特拉斯更是严加防范，严禁任何外乡人进入他的领土，因为他担心宙斯的儿子会跟着混进来。

现在，宙斯的儿子珀尔修斯来了。见到正在擎天的阿特拉斯，珀尔修斯直接向他表明了身份："阿特拉斯，我是宙斯的儿子——杀死戈耳工女妖美杜莎的英雄珀尔修斯。我建立了伟大的功绩，请你让我到家里歇歇脚吧！"年轻人从不放过任何一个吹嘘炫耀的机会。

阿特拉斯一听，宙斯的儿子竟然自报家门，明目张胆地前来挑衅，还让我招待，也太不把我这个守卫放在眼里了吧？想到这里，他粗暴地回答道："我最不喜欢的就是宙斯的儿子，那叫什么伟大的功绩！别在这里吹牛皮啦！你快滚吧！"

宙斯的儿子多得数不过来，忒弥斯只是说拿走金苹果的是宙斯的儿子，到底是哪个儿子她也没有明说。阿特拉斯还没把事情搞清楚，就这么不分青红皂白、劈头盖脸地把珀尔修斯乱骂一气。人家珀尔修斯对你的金苹果根本没有兴趣，只是他觉得自己干了一件大事，忍不住随便找个人吹吹牛皮罢了。结果倒好，他不但没有得到夸赞，虚荣心没有得到满足，反而被臭骂一顿，给撵了出来！这面子往哪里搁？珀尔修斯那颗无比傲气的心一下子拔凉拔凉的。他强压心中怒火，故作平静地对阿特拉斯说："好吧，伟大的泰坦神！你既然不欢迎我，那我就走了。为了表示我对你的敬意，请接受我给你的礼物吧！"

珀尔修斯当即背过身去，掏出美杜莎的头颅，向阿特拉斯递了过去。擎天神没想到宙斯的儿子竟然是这么一个软蛋，被自己斥责了一番，反而进献礼物。他想都没想就准备接受这一赠礼。当他看到美杜莎的头颅后就傻了眼，他立刻被石化，成为一座大山——阿特拉斯山。这条山脉支撑着整个天宇。

3. 拯救安德洛墨达

美杜莎的头颅在阿特拉斯身上一试，果然管用。珀尔修斯得意至极。有了这一致命武器，他终于可以骄傲地向整个世界高呼："谁敢惹我？谁惹我，我就石化谁！"

得意扬扬的珀尔修斯重新飞上高空，看看下一步再到哪里去显摆一下。英雄一路飞行，来到了埃塞俄比亚的海岸边。他从空中往下一看：哇，美女！仔细观瞧，这令人怜爱的姑娘被绑在了海边的山岩之上，而且还在那里不停地哭泣，不过梨花带雨使她显得更为娇美。珀尔修斯心想：这不正好给我提供了英雄救美的机会吗？借机展现一下我的飒爽英姿和侠肝义胆，我就不信不能博得美女的芳心！

珀尔修斯整了整飞行中被风吹乱的发型，上去跟姑娘搭讪起来："美丽的女孩，你叫什么名字？家住哪里？又为什么被捆绑在这里？"姑娘低着头，噙着眼泪回答道："我叫安德洛墨达，是埃塞俄比亚国王刻甫斯的女儿。我的母亲卡西俄珀亚是一个爱慕虚荣、喜欢吹牛的人。她说我比古老的海神涅柔斯与多里斯的女儿——五十个海洋神女更漂亮。这种不把神仙放在眼里的做法惹恼了众仙女，她们一起到海神波塞冬那里告状。我们都知道海后安菲特里忒就是这些仙女之一。波塞冬一听竟有人敢说他的老婆不如一个凡人漂亮，还惹得他这些小姨子们不高兴，这还了得！盛怒之下，海神大显神威，淹没了我们的家园。神谕宣示，只有把我绑在这里，给海怪撕食，国民才能得到解救。我的父亲没有办法，只好下令将我锁在这山岩之上，向海怪献祭。"

安德洛墨达的话音刚落，大海沸腾了，一个张着大嘴的海怪乘风破浪向姑娘这边冲了过来。安德洛墨达吓得花容失色。海边的父亲悲痛欲绝。内疚的母亲大声哭喊，发疯似的向大海跑去。她想紧紧地抱住女儿，却又无能为力。

看看安德洛墨达，再看看她的父母，珀尔修斯决定趁火打劫。他开口说道："我是宙斯的儿子，是杀死戈耳工女妖美杜莎的珀尔修斯。如果你们肯把女儿嫁给我，我就能救她。"

情况危急，只要能救得了女儿，国王两口子什么都答应。刻甫斯甚至做出许诺，他愿将整个王国作为陪嫁。

海怪劈波斩浪、飞速前进，已经逼近悬崖。此时的珀尔修斯本可以拿出他的撒手锏——美杜莎的头颅将海怪石化，不费吹灰之力，一招解决战斗，但如果那样做，就无法在姑娘面前展示他的优美身姿和强大本领。所以，英雄决定力斗海怪。只见珀尔修斯用脚一蹬，腾空而起，犹如一只矫健的雄鹰，从半空中猛扑下来。说时迟，那时快，他将手中那把无敌镰刀深深刺入海怪的脊背。拔出之后，海怪疼得上下翻滚，疯狂挣扎。它顾不上美女安德洛墨达，而是张着血盆大口直接向珀尔修斯扑了过来。珀尔修斯亮出优美的身段，矫健地在空中飞舞，利用空中优势不断地向海怪发起攻击。

受了致命伤的海怪渐渐体力不支。它的游动速度开始变缓，攻击力减弱。珀尔修斯优雅地落在心上人身边一块突出的岩壁上，左手抓住岩石，右手挥动镰刀对准海怪的头部刺了几下，彻底结果了它的性命。

之后，英雄珀尔修斯飞到姑娘跟前，帮她解开了锁链。海岸上响起一片欢呼声，国王夫妇及全体国民都热情赞颂伟大的英雄，珀尔修斯的虚荣心得到了极大的满足。

英雄救美，美丽公主自然爱上了白马王子。老爸老妈一看女婿如此英雄好汉也是满心欢喜，立马设宴招待宾朋，举行婚礼。

就在大家开怀畅饮，为一对新人送上美好祝福之时，宫廷外面突然一阵骚乱。原来公主安德洛墨达之前已有婚约在身，她的未婚夫就是自己的叔叔菲纽斯。现在他正率领一支庞大的军队冲进王宫欲武力夺回未婚妻。菲纽斯挥舞着长矛闯进婚礼大厅，喊道："珀尔修斯，不管你是谁，请把我的未婚妻安德洛墨达还给我。"刻甫斯愤怒地从席间站了起来，对弟弟呵斥道："无耻的菲纽斯，你还好意思来到我的宫廷之中？不错，当初我是答应把女儿嫁给你。但当她被锁在悬崖上，海怪威胁她的生命的时候，你在哪里？为什么不去救她？你怎么不从海怪口中夺回你的未婚妻，反而要从安德洛墨达的拯救者手里抢夺她？"

菲纽斯被问得无言以对。但他知道自己这边人多势众，还是决定靠武力把安德洛墨达掳走。自知理亏的他也不答话，向前一步，将手中长矛对准珀尔修斯，突然奋力投了过去。珀尔修斯侧身躲过，伸手抓住长矛，从座位上一跃而起，猛地向菲纽斯回掷过去。菲纽斯迅速躲到祭坛后边，他身后的一名随从被刺身亡。就这样，激烈的战斗开始了。

珀尔修斯作战勇猛，杀死了无数的敌人。但无奈自己人单势孤，国王刻甫斯的军队又已被有备而来的菲纽斯控制，所以帮手不多，渐感体力不支。他只能背靠廊柱，以盾牌作掩护，与敌人奋力拼杀。看到追随菲纽斯的武士一批批潮水般不断涌来，英雄珀尔修斯决定祭出法宝。他转过身去，从神袋里取出美杜莎的头颅，朝着冲在前面的敌人伸了过去，顿时，刚刚还在攻击珀尔修斯的对手一个个变成了石像。

见武士们都成了姿态各异的石像，正在指挥作战的菲纽斯惊恐万分。知道此战已不可能取胜的他又一次露出贪生怕死的本来面目，干脆跪地求饶："雷神宙斯的儿子，求您放过我吧！美丽的安德洛墨达归您所有！"

珀尔修斯不想饶恕这个反复无常、出尔反尔的卑鄙小人。他将美杜莎的头颅递到菲纽斯面前。尽管菲纽斯竭力避开这可怕的头颅，但最后目光还是落到了美杜莎的眼睛上。他立即变成了一尊跪在地上、眼里充满恐惧神情的石像。

一切问题都解决了。在接下来的几天里，珀尔修斯受到老岳父的热情款待，和美丽的妻子安德洛墨达享受着新婚的喜悦。

4.误杀外祖父

幸福的时光总是过得很快。转过年来，安德洛墨达就为珀尔修斯生下一个儿子珀耳塞斯[①]，外祖父的王位有了继承人。一切安排妥当，珀尔修

[①] 与泰坦神克利俄斯和欧律比亚的儿子珀耳塞斯同名。参见本书第6页。

斯告别岳父刻甫斯，带上老婆安德洛墨达，回到了塞里福斯岛。

到了家中，珀尔修斯才知道在他离开的这段日子里，母亲达娜厄屡次被国王波吕得克忒斯逼婚。她只能躲在宙斯的神庙里寻求庇护，因为任何人都不敢到这神圣之地为非作歹。珀尔修斯大怒，他救出母亲，并和她一起来到王宫。此时波吕得克忒斯正在饮酒作乐。

当伟大的英雄站在塞里福斯国王面前时，他大吃一惊。他从没想到珀尔修斯能活着回来。宙斯之子一脸平静地对波吕得克忒斯说："你交给我的任务已经完成。这就是美杜莎的头颅。"说着他便将这可怕的头颅掏出，对着波吕得克忒斯递了过去。残暴的国王朝女妖的头颅看了一眼，立刻变成了石头。

美杜莎被杀死了，美丽的新娘到手了，该显摆的也显摆了。珀尔修斯把隐形头盔、有翼飞鞋和那把锋利的镰刀都交给了神使赫尔墨斯，并把盾牌还给了雅典娜。前来助战的赫尔墨斯是奉宙斯之命，雅典娜可是主动伸出援助之手。珀尔修斯为了表达对女神的感激之情，把美杜莎的头献给了她。这位女战神把它固定在闪闪发光的胸甲上，立马战斗力飙升。

前面讲医神阿斯克勒庇俄斯时提到，雅典娜曾送给他美杜莎的神奇血液。① 估计是女神将女妖的血液取出，等头颅风干之后才弄到盔甲上的，这样它也就失去了"石化"的特异功能。雅典娜之所以这样做，一是因为女战神对自己的战斗力充满自信，哪里用得着美杜莎帮忙？二是因为如果不这样的话，以后谁还敢和她打交道啊？所以说，美杜莎的头颅在雅典娜女神那里主要发挥的就是吓人功能。

珀尔修斯把塞里福斯岛的统治权交给了波吕得克忒斯的弟弟，即曾在海边救过他们母子的狄克堤斯，自己则和母亲达娜厄、妻子安德洛墨达回

---

① 参见本书第 124 页。

到了故乡阿尔戈斯。珀尔修斯的外祖父阿克里西俄斯之前也曾听说外孙的英雄事迹，现在又听说他回来了，预言家的话在耳边不停想起："你将死在外孙手上！"极其恐惧的阿克里西俄斯于是舍弃家国，一路向北逃到了遥远的拉里萨城。

因为被阿克里西俄斯抛弃，珀尔修斯一直和母亲漂泊在外，但他从来没有想过要杀死外祖父报仇。了解到外祖父为了逃避自己而远走他乡，珀尔修斯很是无奈，但他还是接管了阿尔戈斯的统治权。

尽管珀尔修斯没有杀死外祖父的想法，但阿克里西俄斯仍没能逃脱注定的命运。

有一次，拉里萨城举办大型竞技比赛，邀请众英雄前来参加。伟大的英雄珀尔修斯当然也在被邀之列，但他不知道外祖父现在就居住在这个国家。到了掷铁饼的比赛环节，力大无穷的珀尔修斯掷出的铁饼高高飞上云端，落地时正好砸在一名观众的头上，将他砸死了。这位观众就是年迈的阿克里西俄斯。预言就这样应验了。

不久之后，宙斯之子知道了事情的真相。虽然是无意为之，但他仍为自己的行为深感愧疚。珀尔修斯把外祖父阿克里西俄斯的尸首带回阿尔戈斯厚葬。他再也不愿做这个伤心之地的国王，便和梯林斯国王进行了交换，让他来统治阿尔戈斯，自己则去统治梯林斯。[1]

自此以后，珀尔修斯和母亲、妻子一起过上了幸福的生活……

珀尔修斯去世后，宙斯将他升到天上，化为"英仙座"。他的妻子安德洛墨达则成为"仙女座"。跟着他沾光的还有他的岳父母刻甫斯和卡西俄珀亚，他们分别成为"仙王座"和"仙后座"。

---

[1] 参见本书第 353 页。

（五）赫拉克勒斯

在讲赫拉克勒斯的故事之前，首先需要了解一下珀尔修斯的孩子们。

珀尔修斯和老婆安德洛墨达共生下六个健壮的儿子——珀耳塞斯、厄勒克特律翁、斯忒涅罗斯、赫勒奥斯、墨斯托尔和阿尔卡俄斯，还有两个美丽的女儿——戈尔戈福涅和奥托克忒。

前文提到大儿子珀耳塞斯（Perses）出生在埃塞俄比亚，以备继承外祖父刻甫斯的王位。后来，他成了波斯人的祖先，"波斯（Persia）"就来源于他的名字。[1]

珀尔修斯死后，他的小儿子阿尔卡俄斯继承了梯林斯的王位，婚后生下儿子安菲特律翁、女儿阿那克索。

珀尔修斯的次子厄勒克特律翁离开家乡，去建立属于自己的功业。他溯伊那科斯河而上，在阿尔戈斯的北部创建了新城迈锡尼。后来厄勒克特律翁娶了阿尔卡俄斯的女儿，也就是他的侄女阿那克索，生下美丽的阿尔克墨涅。

珀尔修斯的儿子赫勒奥斯和女儿奥托克忒两人基本没留下什么故事，戈尔戈福涅的事迹留待以后再讲[2]。至于斯忒涅罗斯和墨斯托尔两个儿子，因为罗列太多的名字容易引起混乱，所以我把他们穿插到下面的故事当中……

1. 宙斯与阿尔克墨涅

珀尔修斯的五儿子墨斯托尔婚后生了女儿希波托厄。她生得貌美如花，姿色诱人，结果没把人诱来，把神诱来了。色鬼波塞冬强行让姑娘怀了孕，

---

[1] 波斯在亚洲，埃塞俄比亚在非洲，珀耳塞斯怎么会成为波斯人的祖先呢？其实，希腊神话里的埃塞俄比亚可不是今天的埃塞俄比亚。它大体指的是现在的伊朗（波斯是伊朗在古希腊语中的旧称译音）地区。而且，古希腊人认为，埃塞俄比亚人包括来自亚洲和非洲的两个种族。

[2] 参见本书第 302 页。

给他生了英雄儿子塔菲俄斯。成年后，塔菲俄斯建立了塔福斯城邦，他又生了儿子普忒瑞劳斯。波塞冬很喜欢普忒瑞劳斯这个孙子，就给他头上种了一根保证他永生不死的金发。

若干年后，已经成为国王的普忒瑞劳斯野心勃勃。他瞄上了最富裕的城邦——厄勒克特律翁统治的迈锡尼。普忒瑞劳斯的儿子们率领军队挺进迈锡尼城郊，先礼后兵，直接告诉厄勒克特律翁："我们是你的弟弟墨斯托尔的后代，现在来要回属于他的那份遗产。"一听这话，厄勒克特律翁的儿子们急了："这是哪里冒出来的一帮孙子，竟敢来这里抢东西？"二话不说就打了起来。结果迈锡尼这边根本不是对手，一众王子全部战死。普忒瑞劳斯的儿子们抢走了厄勒克特律翁的畜群，胜利而归。

国王厄勒克特律翁年事已高，儿子又被杀光了，所以他宣布："谁能帮我夺回被抢走的畜群，就把美丽的女儿阿尔克墨涅嫁给他。"

前面提到，继承珀尔修斯王位的阿尔卡俄斯有一个儿子安菲特律翁。这位老兄早就觊觎堂妹阿尔克墨涅的美貌，但老实巴交的他一直不好意思表白。现在有这么好的一个机会，他毫不犹豫地率领军队开往塔福斯，没费多大力气，就夺回了畜群。于是，他顺理成章地得到了美丽的阿尔克墨涅。

新婚之夜，安菲特律翁按捺不住激动的心情，麻利地脱光衣服就要和老婆进洞房。没想到阿尔克墨涅一把将他推开，说道："我已经是你的妻子了，进洞房是早晚的事，但现在不行。你必须先为我那些被杀的兄弟们向普忒瑞劳斯父子复仇，才能与我同床。"一听这话，老实人安菲特律翁快要郁闷死了。报仇和抢畜群不同，那得积蓄力量，准备一些时日。晚上和漂亮媳妇分床睡，能睡好觉吗？他白天脑子里又光想着报仇的事，时间一长，整个人都精神恍惚了。有一次出去打猎，心不在焉的安菲特律翁失手射死了岳父厄勒克特律翁。

现在，轮到珀尔修斯的三儿子斯忒涅罗斯登场了。他趁机诬陷安菲特律翁有意弑君，以此为借口将他两口子驱逐出境，占据了迈锡尼的王位。

安菲特律翁和新婚妻子阿尔克墨涅离开迈锡尼四处漂泊，最后来到忒拜城。国王克瑞翁收留了他们。郁闷的安菲特律翁整天借酒浇愁，酒后经常和克瑞翁谈起自己的伤心事。克瑞翁非常同情他的遭遇，感慨道："老哥都结婚这么长时间了，还能保持老婆的处子之身！现在这个社会像老哥这样的人不多了！"他叹了口气，端起酒杯接着说道："我敬佩老哥的为人。就凭这一点，我借给你军队，助你了却心事。希望你能早日和美丽的妻子同床共枕！"安菲特律翁激动得都要哭了。刚要起身打算对这位助人为乐的哥们表达感激之情，没想到这时克瑞翁又提出了借兵的附加条件："帮我灭掉为害忒拜的透墨索斯恶狐。"这只狐狸是怪兽之父提丰与怪兽之母厄喀德娜的怪兽孩子[①]，它怪就怪在命中注定永远不会被捉住。这样一来，谁也拿它没办法，忒拜人每月还得献上一个小孩，以消解它的恶气，避免带来更大的破坏。

安菲特律翁一听这话，心想：你老兄也真够黑的，不想借兵还不直说，绕这么大一个圈子，让我来完成这不可能完成的任务。可无奈寄人篱下，又有什么办法呢？垂头丧气的安菲特律翁回到家中，没法和老婆同床，两口子也就只能聊聊天、唠唠嗑。妻子阿尔克墨涅听了灭除恶狐一事之后，突然想起了老公安菲特律翁刚刚结交的一位朋友——因无意中杀死自己老婆普洛克里斯而流亡忒拜的刻法罗斯，正好有一条命中注定会追上所有猎物的神犬[②]。老婆的话提醒了安菲特律翁。他赶快将刻法罗斯找来，请他帮忙。就这样，刻法罗斯派出了他的猎犬。可问题的关键在于：一个是任何东西都追不上，一个是能追上任何东西，这种自相矛盾、两难困境如何

[①] 参见本书第19页。
[②] 具体故事情节参见本书第247页。

破解？没有办法，只能宙斯亲自出手了。他将奔跑中的猎狗和狐狸都化成了石头。

透墨索斯恶狐被除掉，克瑞翁只好借兵给安菲特律翁去攻打塔福斯。神犬被石化，老实人安菲特律翁心里过意不去，所以就请刻法罗斯一起出征，想拿下塔福斯后当作战利品送给这位朋友。刻法罗斯同意了。他想着到时有一块地盘，也好结束现在的流亡生涯。

第二天，安菲特律翁和刻法罗斯率军出发，踏上了攻打塔福斯的征程。到了塔福斯，几次战役下来，倒是把普忒瑞劳斯的儿子们一个个相继处理掉了，可唯独无法杀死普忒瑞劳斯本人，因为他有波塞冬种上的金发，无论如何都杀不死他的。这可怎么办呢？

后来，事情出现了转机。普忒瑞劳斯的女儿科迈托有一次站在城门上观战，看到了英俊潇洒的安菲特律翁并疯狂地爱上了他。被爱情冲昏头脑的女孩为了让心爱之人获胜，虽犹豫再三，但最后还是忍不住趁父亲熟睡之时拔掉了他的那根保命金发。于是普忒瑞劳斯一命呜呼，安菲特律翁大获全胜。

科迈托亲自迎接心上人进城，并向安菲特律翁说明了事情的原委，倾诉了对英雄的爱慕之情。但对爱妻忠贞不贰的安菲特律翁并不领情。他严词拒绝了女孩的追求，并以其犯有杀父罪行为由亲手处死了她。随后，安菲特律翁将塔福斯诸岛送给了朋友刻法罗斯，自己则带着战利品率军返回忒拜城。

想着回家后就能和美丽的妻子同房了，安菲特律翁心里简直乐开了花。而且，想着美女科迈托送上门来主动献身，都被自己毫不犹豫地拒绝了，他本人也被这份忠贞的爱情感动了。

可十分悲催的是，把爱情看得如此神圣的安菲特律翁万万想不到，在家里等着他的不仅有阿尔克墨涅，还有一顶著名的绿帽子……

话说安菲特律翁刚要启程回家,美女老婆就被一个神盯上了。他是谁呢?当然就是那从不放过任何一个美女的神王宙斯。

贪图美色的宙斯知道阿尔克墨涅与丈夫的约定,就变成了他的模样,对阿尔克墨涅说:"大仇已报,总应该兑现诺言了吧?"于是,阿尔克墨涅轻易中招,宙斯得逞。就这样,安菲特律翁不知不觉间头上竟多了顶绿帽子。不但如此,由于阿尔克墨涅实在是太美了,宙斯和她温存一晚上的时间不够,这位贪心的曾祖父还将黑夜的时间延长了三倍,以尽享人间春色。古罗马讽刺作家琉善借用赫尔墨斯之口的说法是:"因为从这交会中应该生出一个大人物,能够做许多工作的,所以在一夜里似乎难以完成。"[1]

第二天,安菲特律翁雄赳赳气昂昂、得意扬扬地归来了,急不可耐地立马钻进了卧室,对心爱的妻子说道:"我已替你的兄弟们报了仇,现在总可以洞房了吧?"阿尔克墨涅略带羞涩地说:"你这老实人什么时候也变得如此油嘴滑舌了?昨天晚上不是已经同床了吗?怎么今天又来这一套?"

这下安菲特律翁直接傻眼了。愤怒的他质问老婆究竟和谁上过床,阿尔克墨涅当然说:"不就是你吗!"安菲特律翁想想真是太窝火了:如此漂亮的老婆跟了自己这么久,连个手指头都没碰一下,到如今竟然被别人占得先机。这还不算,老婆明明偷了情还在这里明目张胆地耍赖。再老实的人也受不了,他架起火堆,把阿尔克墨涅绑起来,威胁她说:"再不交代奸夫是谁我就烧死你!"然而可怜的阿尔克墨涅又能交代什么呢?火堆被点燃了,当大火就要烧到美女的时候,突然天降大雨,浇灭了火焰。无疑,这是宙斯出手相救心上人。

这场大雨把安菲特律翁也浇醒了。他感觉到事情没那么简单,好像冥

---

[1] 【古罗马】琉善:《路吉阿诺斯对话集》(上册),周作人译,中国致公出版社,2019年版,第41页。

冥之中自有神意。于是他就找来了那位著名的变性人——忒瑞西阿斯[①]卜问真相。先知对他说："孩子，你真幸运，和你老婆上床的，就是那无所不能的神王宙斯啊！"

一听是宙斯给自己戴的绿帽子，安菲特律翁不但不生气了，反而觉得这是一件无比光荣的事情，而且老婆以为是自己的丈夫才和宙斯上的床，所以也就原谅了她。两个人和好如初，尽了鱼水之欢。这样，阿尔克墨涅就怀上了两个孩子——一个是宙斯的种，一个则属于安菲特律翁。

2. 赫拉克勒斯的降生与成长

宙斯坚信，他的优良基因种在阿尔克墨涅这么漂亮的女人身上，一定会生出一个无比伟大的儿子。所以，在孩子要降生的这一天，他忍不住在巍峨的奥林匹斯山上把诸神召集起来显摆一下。他对众神说："诸位男女神祇听着，我要告诉你们，今天一位伟大的英雄将来到世间。他以后会成为迈锡尼的国王，统治我的儿子珀尔修斯家族的所有后裔。"

别的神倒没什么，心想：你的儿子愿意统治谁就统治谁，那是人间的事，和我有什么关系？当然表面上还是要奉承几句的。但有一个神不愿意了，那就是宙斯的妻子、善妒的赫拉。天后心想：今天你把我们叫过来开会，说有重要的事情让大家见证，原来就是炫耀一下自己的私生子啊！以前你在外面找女人、生儿子还都是偷偷摸摸的，现在倒好，干脆明目张胆，根本就不把我这个正宫娘娘当回事儿！好吧，既然你让我没面子，我也要给你好看——我要剥夺你这个儿子的统治权，并且惩罚他一辈子。

老谋深算的赫拉灵机一动，计上心来。她找来欺骗女神阿帕忒[②]控制住宙斯的心智，然后对老公说："宙斯，我算看透你了，你什么时候说过

[①] 参见本书第30页。
[②] 阿帕忒是黑夜女神倪克斯的女儿。参见本书第3页。

真话？你从来不会履行自己许下的诺言！除非你当着大家的面，面对斯堤克斯河水立下不可违背的誓言——珀尔修斯家族今天第一个出生的婴儿将统治他的所有亲属。"被欺骗女神蒙蔽的宙斯并未察觉赫拉的阴谋，随即立下了神圣的誓言。

奥林匹斯众神祇接着开会聊天，等着见证宙斯这个伟大儿子的诞生。赫拉则借上厕所之机抽身离开会场，立即带着女儿生育女神厄勒提亚[①]离开光明的圣山来到迈锡尼。那里的国王是前文提到的珀尔修斯的三儿子——斯忒涅罗斯，他的妻子尼喀珀[②]刚刚怀孕七个月。为了报复宙斯，赫拉不顾一切，狠下心来让女儿给斯忒涅罗斯的妻子催产，提前生下一个儿子——欧律斯透斯。由于是早产，欧律斯透斯不但体质十分羸弱，他还是个性格软弱、胆小怕事的家伙。

事情办成之后，赫拉匆匆赶回奥林匹斯山，颇为得意地对宙斯说："迈锡尼的统治者斯忒涅罗斯的儿子欧律斯透斯已经降生。他是今天第一个出生的婴儿，按你发下的誓言，他应该统治珀尔修斯的所有后代。"

伟大的宙斯现在才知道上了赫拉的当。因为是面对斯堤克斯河水发下的誓言，他也无法对妻子做出惩罚，便把所有的仇恨都发泄到了蛊惑其心智的欺骗女神身上。他揪住阿帕忒的头发，把她从奥林匹斯山上扔了下去，再也不准她回到神圣的奥林匹斯山。自此，人世间也就充满了那无穷无尽的欺骗。

斯忒涅罗斯的儿子欧律斯透斯出生之后，阿尔克墨涅接着生下一对孪生子——宙斯的儿子阿尔喀得斯和安菲特律翁的儿子伊菲克勒斯。

[①] 赫拉和宙斯除了有赫淮斯托斯与阿瑞斯两个儿子之外，还有两个女儿——青春女神赫柏与生育女神厄勒提亚。参见本书第 21 页。

[②] 尼喀珀是珀罗普斯和希波达弥亚的女儿。参见本书第 380 页。

阿尔克墨涅心里清楚，按照赫拉的一贯作风，她不会轻易放过任何一个和宙斯发生过关系的女人及她的孩子。她不知道这个狠毒的女人这次又会玩出什么新花样。这种恐惧时刻折磨着她，使她终日里惶恐不安，最终导致她停止分泌乳汁，无法喂奶。

对这个寄予厚望的儿子，作为父亲的宙斯不能坐视不管。不但要管，出于愤怒和报复，他还要给予特殊照顾。宙斯想出来的招数很损：他趁赫拉半露着乳房睡觉时，将儿子阿尔喀得斯抱过来偷偷吸了她的乳汁。这孩子天生神力。他猛地一吸，被偷袭的赫拉一下疼醒了。乳汁四处飞溅，形成了银河。

一看老婆醒了，宙斯抱着孩子一溜烟儿跑掉了，又把他送回情人阿尔克墨涅那里。这下可把赫拉气坏了：老公在外面的私生子竟然吸了我的乳汁，而且是我的"永生之乳"——这意味着这个孩子生命结束时可以升天，像神一样获得永生。也正因为此，阿尔喀得斯改名赫拉克勒斯，意为"赫拉所成就的"。天后无意间竟然帮了丈夫的私生子这么大的忙！她如何受得了？气得赫拉牙根痒痒。她自此下定决心：惩罚赫拉克勒斯一辈子，绝不让他好好活着！

当赫拉克勒斯还在襁褓中时，赫拉就派出两条毒蛇去谋害他。毒蛇刚爬到摇篮旁边，阿尔克墨涅就发现了它们。她立马从床上跳了起来，女仆们一个个也是惊慌失措，大声呼喊。安菲特律翁手执利剑赶紧跑了进来，但他看到的却是令人难以置信的一幕：幼小的赫拉克勒斯那双娇嫩的小手里抓着两条毒蛇，它们已经被扼死了。

这使安菲特律翁更加确信，力大无比的赫拉克勒斯必是众神之王宙斯的儿子——自己哪能生出这么优秀的孩子啊？

安菲特律翁这养父做得非常合格。他对赫拉克勒斯照顾有加，为他请来各路名师，打算把他培养成德、智、体、美、劳全面发展的人。但后来他发现赫拉克勒斯严重偏科：骑马、射箭、打斗、击剑等科目一学就会，没多长时间就超过了老师；但在读书、写字、唱歌、弹琴等方面天资愚钝，样样不及格。这些老师从来没有见过这么笨的学生，整天和他生气。有一次，音乐老师利诺斯[①]看到赫拉克勒斯不愿学习，气得打了他一下。小赫随手一挡，没想到自己的力气这么大，竟然把老师给打死了。

安菲特律翁一看，这孩子力气太大。虽属正当防卫，但毕竟出了人命。为了防止以后再惹出类似事端，也因为一般的老师教不了他，安菲特律翁决定干脆把他送到忒萨利亚的珀利翁山，让他跟着著名的贤士喀戎去学习。

前面的故事，几次提到喀戎[②]，但都没有做详细介绍。这里我们有必要对他做一个说明。

说起喀戎，那可不是一般的人物。他是第二代神王克洛诺斯与俄刻阿诺斯的女儿、三千海洋女神之一菲吕拉生下的孩子。克洛诺斯怕被媳妇瑞亚发现，变成一匹骏马的样子与仙女结合，所以喀戎是一个有着人的上半身、马的下半身的人马，也即半人半马。神王尽了鱼水之欢后拍拍屁股闪了，母亲菲吕拉生下这么一个儿子也觉得十分羞愧，就变成菩提树离开了他。但喀戎并没有自暴自弃，而是发愤图强、自强不息，通过个人努力成为希腊神话中首屈一指的贤者、出类拔萃的智者。他骑马射箭、格斗相扑、刀枪剑戟、琴棋书画、医卜星象无所不能。喀戎隐居在珀利翁山洞中，就像我们中国的鬼谷子一样，向学生传授他的盖世绝学。凡是他教出来的学生，哪怕只学会了一种技艺，就可以在这方面称雄天下。在希腊神话中，喀戎是英雄们的共同导师，几乎所有大名鼎鼎的英雄都出自他的门下，比如赫拉克勒斯、阿喀琉斯、忒修斯、伊阿宋、俄耳甫斯、阿斯克勒庇俄斯

[①] 利诺斯是阿波罗与卡利俄珀的儿子，俄耳甫斯的弟弟。参见本书第302页。
[②] 参见本书第53、118、123页。

等等等等。

　　跟随名师喀戎学习，赫拉克勒斯的本领突飞猛进。十八岁成年之时，他已成为一个身材高大、体力惊人、武艺高强的英雄人物。学成之后，他告别师父，下得山来，开始闯荡江湖、行侠仗义，以图打响名号、扬名立万。

　　赫拉克勒斯经过喀泰戎山牧场的时候，听说最近山里来了一头凶猛的狮子，经常袭击牛群、咬伤牧人。宙斯的儿子一下来了劲头——这不正是大显身手的机会吗？于是，大英雄展开了对它的追捕。狡猾的狮子跑到了忒斯皮埃人的国度。国王忒斯皮俄斯热情地招待了这位早已有所耳闻的宙斯之子。在这里，赫拉克勒斯不知疲倦地追踪了那头狮子五十天，每天晚上都回到忒斯皮俄斯给他安排的住处就寝。工于心计的国王看中了英雄强大的遗传基因，便让自己的五十个女儿每晚趁着夜色轮流来到赫拉克勒斯的床上与他同寝。正值青春年少的小赫欣然接受了老国王的这一安排。不愧是宙斯之子！五十天过去了，五十位公主个个有了身孕，后来还都如愿以偿，生下了五十个儿子。

　　五十天之后，赫拉克勒斯终于逮住了这头狮子，不费吹灰之力将其打死。之后他剥下狮皮做了斗篷，割下狮首做了头盔。这样一来，无论他走到哪里，人们看到这身经典的行头，都会说这是打狮英雄赫拉克勒斯，就像《水浒传》里的打虎英雄武松一样。

　　一炮打响的赫拉克勒斯没有停留，而是继续赶路。快要抵达忒拜城的时候，他内心无比激动，因为马上就要见到久别的母亲阿尔克墨涅和养父安菲特律翁了。就在这时，赫拉克勒斯遇到了一伙气势汹汹的俄耳科墨努斯人。交谈中，他得知这伙人是专程来忒拜接受贡品的使者。之前他们打败了忒拜人，在以后的二十年里，忒拜必须年年进贡，岁岁称臣。赫拉克勒斯正发愁没有闲事可管以显示自己英雄气概的机会呢！这不送上门来了？再说了，这也不是闲事。当年养父安菲特律翁和母亲阿尔克墨涅落难时，正是忒拜国王克瑞翁收留了他们，所以帮助忒拜摆脱勒索也是分内之事。愤怒的赫拉克勒斯三拳两脚将众使者打倒，并割掉了这伙人的耳朵，用绳子串起来挂在他们的脖子上，然后把他们撵了回去。

俄耳科墨努斯国王厄耳癸诺斯勃然大怒。他御驾亲征，兴兵来犯。赫拉克勒斯一马当先杀死了国王。他的养父安菲特律翁也率领忒拜人奋勇杀敌，但不幸中箭身亡。经过一番激战，忒拜最终取得了战争的胜利。从此以后，俄耳科墨努斯人每年都要向忒拜进献两倍的贡品。

赫拉克勒斯为忒拜城立下了汗马功劳。作为奖赏，国王克瑞翁将女儿墨伽拉嫁给了他。后来，夫妇二人生下三个英俊的儿子，赫拉克勒斯一家在忒拜过着幸福美满的生活。

赫拉克勒斯在人间的英雄事迹博得了奥林匹斯山众神祇的欢心。他们纷纷给他送来礼物：阿波罗送来一套弓箭，雅典娜亲手为他织了华丽的衣衫，赫尔墨斯赠予他一把利剑，赫淮斯托斯则为他制作了金胸甲。赫拉克勒斯自己拔起一棵坚硬似铁的梣树①，制成了一根又长又粗的大棒槌②作为标志性的武器，再加上那套狮皮斗篷、狮首头盔，一身装备置办齐全，站在那里绝对威风凛凛、霸气十足。

3.赫拉克勒斯的十二功绩

看到这里，各位读者不免心生疑惑：那个善妒的赫拉不是说要对宙斯的这个私生子施以无可复加的报复吗？除了一开始派来的那两条毒蛇，没看到有什么具体行动啊！再看赫拉克勒斯现在的生活状态，老婆孩子热炕

---

① 前文说过，梣树宁芙是地母盖亚因乌拉诺斯受伤所滴精血受孕而生。参考本书第10页。这些仙女生活在梣树林中，生性好战。为了纪念她们的出生，人们经常用质地坚硬的梣树制作长矛、棍棒等武器。

② 周作人在他翻译的《希腊神话》一书的注释中说："兵器中的狼牙棒大概即从此演化而出，俗语云刺铜锤，形多长而非圆。"（【古希腊】阿波罗多洛斯：《希腊神话》，周作人译，长江出版社，2018年版，第108页。）

头，一家人优哉游哉、其乐融融，可谓功成名就、人神共仰。难道狠心的赫拉突然良心发现，放过了我们的大英雄？如果这样想，那说明你太善良了，完全低估了赫拉的阴险程度。女神对丈夫的这个私生子恨之入骨，看似风平浪静的背后其实潜藏着更为阴毒的报复。

当赫拉克勒斯和温柔善良的墨伽拉生下三个儿子之后，赫拉施展法力让英雄得了间歇性精神病。完全丧失理智的他在幻觉的控制下向手无寸铁的妻儿痛下杀手——他杀死妻子后又丧心病狂地把三个可爱的儿子扔进了火里。

清醒后，赫拉克勒斯追悔莫及、悲痛不已，决定自我放逐，离开忒拜这个伤心之地。他来到德尔斐神示所，向阿波罗诉起了苦。太阳神向这位同父异母的兄弟发出神谕："还是先去迈锡尼吧！软弱的欧律斯透斯已成为它的统治者。宙斯在赫拉的蒙骗之下发出的神圣誓言无法更改，你应当成为他的臣民，作为奴隶为他效力。"

勇猛无比的赫拉克勒斯自然不愿服从软弱无能的早产儿欧律斯透斯的统治，但又有什么办法呢？那是命运的安排，他无法改变。宙斯虽然知道儿子委屈，可也不能撤销与赫拉的约定。当然，心疼儿子的宙斯还是做出了努力。他与赫拉定下了如此协定："赫拉克勒斯不必终生都在欧律斯透斯的统治之下。欧律斯透斯可以随时给他安排十项任务，这些任务完成之时，就是赫拉克勒斯的解放之日。"赫拉之所以做出这种妥协，是因为这正合她的心意——她可以趁机帮助自己的傀儡欧律斯透斯给赫拉克勒斯出十道不可能完成的难题，这样就不必再偷偷摸摸，而是可以正大光明地将其置于死地了。

欧律斯透斯先天不足、胆小如鼠，是个十分平庸的无能之辈。但他明白自己如今的地位因何得来，所以对赫拉言听计从。

在赫拉的授意下，欧律斯透斯开始给英雄赫拉克勒斯下达命令、安排任务。

任务一：除掉涅墨亚巨狮。

涅墨亚狮子是同为人身蛇尾的提丰和厄喀德娜两口子生下的怪物①。它被赫拉抚养长大，是她的心腹干将，因为经常出没于涅墨亚城附近专门从事恐怖袭击活动，所以才有此称号。它练就了一身金钟罩铁布衫的本领，浑身上下刀枪不入，因此人们拿它没有任何办法。

无所畏惧的赫拉克勒斯毫不犹豫地踏上了建功立业的艰险征程。一到涅墨亚，他立即进山寻找狮子的洞穴。经过不懈努力，大英雄终于在一条幽深的峡谷里找到它了。这个山洞有两个洞口。他搬来巨石堵死其中一个，然后躲在石头后边等待敌人的到来。

临近傍晚，暮色渐浓。那头巨大而可怕的狮子终于出现在英雄的视线内。力大无比的赫拉克勒斯弯弓搭箭使出全身力气朝狮子猛射过去。可它的皮坚硬如钢，三支箭都被弹飞了。涅墨亚巨狮被惹恼了，怒吼着朝利箭射来的方向扑了过去。看来利器根本伤不了它。赫拉克勒斯把弓箭一扔，抄起钝器——那根著名的大棒，从石头后面一跃而出，抡起棒槌电光火石般重重地击打在狮子的头上。虽然狮子皮非常坚硬，但受了这实打实的沉重一击，那是真疼啊！没等狮子缓过神来，赫拉克勒斯一个箭步冲了上去，一双有千钧之力的手臂死死扼住了它的咽喉。话说这头狮子虽然刀枪不入，但它总得呼吸啊！赫拉克勒斯就这么一直勒着，狮子终于窒息而死。

杀死狮子后，赫拉克勒斯一看自己身上这套行头，虽然也是狮首做头盔、狮皮做斗篷，但和这头狮子比起来，那质量可就差远了。是该换身衣服了！想到这里他把赫尔墨斯赠送的利剑抽了出来，这才发现即使神祇的宝物也无法把狮子皮剥下来。这可怎么办呢？最后赫拉克勒斯灵机一动，

---

① 参见本书第19页。

想出了办法。他握着狮子的爪子当刀用，轻而易举地就剥下了狮皮。有了这身刀枪不入的狮皮作保护，大英雄赫拉克勒斯更是如虎添翼、无人能敌。

赫拉克勒斯扛着狮子来迈锡尼交差。当他把这头庞大的猎物放到欧律斯透斯面前的时候，胆小的国王吓得脸都白了。现在他才明白，赫拉克勒斯果真具有非同凡响的力量，从此之后再也不敢让这位英雄近他的身。

任务二：斩杀九头蛇许德拉。

看到涅墨亚狮子弄不死仇敌，赫拉又授意欧律斯透斯给赫拉克勒斯安排了第二项任务：杀掉九头水蛇许德拉。

这个许德拉和涅墨亚狮子一样，也是提丰和厄喀德娜所生，赫拉所养。它生活在勒耳那城附近的沼泽地，是一条长有九个蛇首的怪物。它有特异功能：八个头具有再生能力，中间一个头永生不死。这条水蛇经常爬出沼泽地，残害牲畜，弄得勒耳那四郊一片荒凉、民不聊生。

这次出征，赫拉克勒斯不再徒步前往，而是配了一个"专职司机"——同母异父的弟弟伊菲克勒斯的儿子伊俄拉俄斯，也许这样会显得更威武一些吧！伊俄拉俄斯驾着马车，带着赫拉克勒斯踏上了前往勒耳那的艰险征程。车辆抵达那片沼泽地之后，赫拉克勒斯让伊俄拉俄斯守着马车在近旁的树林中等候，自己前去寻找水蛇。

大英雄没走多远，就发现了那条臭名昭著的水蛇，但它躲在洞穴之中不肯出来。于是，赫拉克勒斯将箭头烧红，一支接一支地朝水蛇射去。这可激怒了怪物许德拉。它扭动着弯弯曲曲的身体，爬出了黑黝黝的洞穴，猛地立起身子朝英雄扑了过来。宙斯的儿子面无惧色，一脚踏过去将蛇身踩住。

水蛇甩动尾巴死死缠住赫拉克勒斯的双脚，想把他掀翻在地。可英雄的脚下如同生了根，稳如泰山。他挥起那根沉重粗大的棒槌，向蛇头一顿猛击。棒槌如风般呼啸，蛇头纷纷飞落。这时赫拉克勒斯才发现，只要蛇头一落地，蛇身上立马又会长出新蛇头。

就在此时，赫拉克勒斯突然觉得双脚疼得要命，低头一看，原来是一只巨蟹用螯钳住了他的脚。这是赫拉怕九头蛇搞不定，专门派来的帮凶。

林边的伊俄拉俄斯听到了激烈的打斗声，连忙赶过来一看究竟。此时的赫拉克勒斯正需要一个帮手。他不容分说上去打死了那只可恶的巨蟹。接着，足智多谋的伊俄拉俄斯点燃了一根粗大的树枝，用火去烫被赫拉克勒斯刚刚打掉头的蛇颈。那块肉被烧焦了，这回水蛇再也长不出新的蛇头。没有了左右四大护法，中间那颗不死的蛇头战斗力暴跌，许德拉对赫拉克勒斯的反抗也越来越无力。此时，赫拉克勒斯的那根大棒终于可以集中火力向不死的蛇头雨点般打过去。最后，巨大的水蛇轰然倒地，一命呜呼。

伟大的英雄将不死的蛇头埋在土里，并压上了巨大的镇妖石。现在，这蛇头虽然不死，可它已与蛇身分离，又有何用呢？接着，赫拉克勒斯将蛇身剖开，把大量的箭头浸在了有剧毒的胆汁中。这样一来，他的箭就有了见血封喉的强大功能，凡是被这毒箭射中，伤口再也无药可治。

这次战斗不但大功告成，还顺便提升了自己的战斗力。赫拉克勒斯满心欢喜地回去交差。可令他没想到的是，欧律斯透斯根本不认账，说他这次之所以能完成任务是因为得到了伊俄拉俄斯的帮助，所以不算数。本来兴高采烈的大英雄被浇了一盆冷水，不得不接着去完成新的任务。

任务三：捕捉刻律涅亚山赤牝鹿。

赫拉两次派兵遣将接连受挫，对自己忠心耿耿的两大怪兽也命丧黄泉。这令她气愤不已。情急之下，她又想出了更为阴损的一招：让赫拉克勒斯去得罪那位睚眦必报的阿尔忒弥斯，来个借刀杀人。

在赫拉的授意下，欧律斯透斯派赫拉克勒斯去捕捉阿耳卡狄亚地区刻律涅亚山上的赤牝鹿。这只美丽的赤牝鹿奔跑速度飞快，到处毁坏农田，以"小心眼"著称的女神阿尔忒弥斯派它去惩罚得罪她的那些人类。

赫拉克勒斯对这位同父异母的姐姐也是忌惮三分，不敢用弓箭去射杀她的鹿。大英雄没有办法，只能靠奔跑将其活捉，但这只鹿也不是吃素的。它长着一对金角、四条铜腿，在高山深谷中健步如飞、不知疲倦，向北一路狂奔。赫拉克勒斯在后面紧追不舍，翻过高山，穿过平原，跨过江河，马不停蹄整整追了一年。

赫拉克勒斯越跑越远，最后追到极北方，来到了依斯忒耳河源头。这时，赤牝鹿停下脚步。英雄眼看要抓到它了，可它却像故意戏耍赫拉克勒斯一样，就在即将触碰到它的那一刻，它非常灵活地扭头便跑，又朝着南方狂奔而去。

赫拉克勒斯只得继续追赶，一路又追回了赤牝鹿的老家——阿耳卡狄亚地区的刻律涅亚山。经受如此的长途奔袭，赤牝鹿仍然精力充沛。赫拉克勒斯对不加任何伤害靠自己的双腿活捉赤牝鹿的计划已感绝望，不得不拿出了弓箭。但他既不敢使用毒箭，也不敢射中赤牝鹿的要害部位，只是瞄准一条鹿腿射去，终于将它抓住。

赫拉克勒斯扛起赤牝鹿，刚要迈步赶回迈锡尼回复王命，阿尔忒弥斯已站在他的面前。怒不可遏的女神对他说道："赫拉克勒斯，难道你不知道这头鹿的主人是谁吗？你胆大包天竟敢把我的鹿射伤？这不是对我的侮辱吗？侮辱我的下场是什么你应该知道。难道你忘了阿克泰翁？你是不是也不想活了？"

赫拉克勒斯赶紧恭恭敬敬地向女神鞠躬施礼，说道："伟大的女神，我向来对您非常敬重，不敢有一点冒犯！但这次请您不要怪罪我。我伤了您的赤牝鹿完全是身不由己，因为我必须接受欧律斯透斯的差遣。当然，我必须说一句，这家伙的幕后主使就是您所痛恨的那位天后赫拉！"

阿尔忒弥斯一听到赫拉的名字，就恨得牙根痒痒，因为正是她害得母亲勒托四处流浪、无法生产。俗话说，敌人的敌人就是朋友。阿尔忒弥斯的原则是：谁和赫拉作对谁就是我的朋友。就这样，女神宽恕了赫拉克勒斯的罪过。

赫拉克勒斯终于把刻律涅亚山的赤牝鹿带回迈锡尼，将它交给欧律斯透斯，完成了他的第三项任务。

任务四：捉住厄律曼托斯山野猪。

追捕刻律涅亚山赤牝鹿用了整整一年的工夫，大力士赫拉克勒斯也是疲惫至极。赫拉一时想不到更好的办法，干脆来个疲劳战术，让敌人得不到喘息之机，就派他赶快去捉住厄律曼托斯山的野猪。

这头野猪经常出没于厄律曼托斯山附近，毁坏普索菲斯城四周的庄稼，并不时咬死村民。但对于大英雄赫拉克勒斯来说，其战斗力并不算强，只是它长着又粗又长的獠牙，个头和力量比较大而已。可是就算它力量再大，能超得过天生神力又吸过"天后之乳"的赫拉克勒斯吗？

信心满满的赫拉克勒斯赶往厄律曼托斯山，途中拜访了闻名已久的福罗斯。

这位福罗斯是酒神狄俄尼索斯的老师西勒诺斯的儿子。像喀戎一样，他也是位马人。[①] 赫拉克勒斯早就听说福罗斯生性厚道、非常好客，所以就顺路来拜访他。马人福罗斯热情相迎，并设宴款待宙斯这位伟大的儿子。席间，赫拉克勒斯对丰盛的菜肴赞不绝口，但唯一令他遗憾的是马人并没有给他准备美酒。宙斯之子觉得无酒不成席，所以就主动向福罗斯要起酒来。这下福罗斯为难了。他对赫拉克勒斯说："我的地窖里倒是存有一坛醇酒，也想拿出来和您分享。可它并不属于我一人所有，而是所有马人的共同财产。您也知道，那些马人并不慷慨，所以我没敢打开。"赫拉克勒斯一听此言，面带愠色，说道："有我在此，怕他做甚！拿出来尽管喝，

---

① 除喀戎和福罗斯这两位善良的马人之外，其他所有的马人都是伊克西翁和涅斐勒的后代。他们野蛮好色、无恶不作。参见本书第188页。

有什么事我替您担着。"福罗斯便打开了那坛尘封多年的美酒，这浓郁醇美的酒香顿时四处飘溢，很快就引来了成群的马人。

因福罗斯私自打开酒坛而气愤不已的马人们成群结队地冲到英雄的宴饮处，向正在开怀畅饮的赫拉克勒斯和福罗斯发起突然袭击。酒后的赫拉克勒斯二话不说，直接抄起炉火里正在燃烧着的木棍用力朝冲在前面的马人掷去，两个马人顿时丢了性命。接着他从背后抽出神弓，用浸过水蛇许德拉胆汁的毒箭射杀马人。只见赫拉克勒斯箭无虚发，一个又一个的马人应声倒地而亡。俗话说，软的怕硬的，硬的怕不要命的。这些马人平素为非作歹，但碰到赫拉克勒斯这样的狠角色，也是吓得落荒而逃。赫拉克勒斯一时杀得性起，难以按捺住自己的野性，一路追杀过来，竟一直追到了珀利翁山一带。马人们之所以朝这个方向跑，是因为这里住着他们的精神领袖、众英雄的导师——马人喀戎。这些马人慌忙躲进喀戎居住的山洞里，赫拉克勒斯看也没看就跟着冲了进来。他愤怒地弯弓搭箭朝一个马人射了过去，从未失手的赫拉克勒斯射中了这位马人的膝盖。但等他定睛一看，才发现射中的不是别人，正是自己的恩师喀戎。见此情景，赫拉克勒斯真是追悔莫及、悲痛万分。他赶紧把箭拔了出来，为他清洗和包扎伤口，并敷上一代神医喀戎亲自配制的灵丹妙药。但所有这些都无济于事——九头蛇的毒性实在是太大了，这伤口注定无法治愈。

贤人喀戎对许德拉的毒性非常了解。他知道自己作为神祇固然会永生不死，但从此之后要一直忍受这钻心般疼痛的折磨。

为了减轻痛苦，也为了拯救那位一心为人类谋福利的伟大泰坦普罗米修斯，后来喀戎甘愿放弃自己的生命，主动前往哈迪斯的冥国。[1]

无可奈何，赫拉克勒斯忍痛告别恩师喀戎，很快来到厄律曼托斯山。

---

[1] 参见本书第 118 页。

他在茂密的森林里找到了那头野猪，经过一番追逐和打斗将其捆起来带到了迈锡尼。胆小的欧律斯透斯一见这头巨大无比的野猪，吓得直接钻进了一口青铜大缸里。

任务五：清扫奥革阿斯牛圈。

赫拉虽然结婚了，但她的婚姻可谓名存实亡。久未得到爱情滋润的天后就像《倚天屠龙记》中的灭绝师太一样，心理难免有些扭曲。这次，她给赫拉克勒斯安排了一个无比变态的任务——掏大粪。

这是一个有着双重难度的任务：第一，它虽没有生命危险，但赫拉克勒斯却完成不了，因为要他清理的是奥革阿斯的牛圈。身为厄利斯国王的奥革阿斯是第二代太阳神赫利俄斯的儿子，三十年前老爹风光之时给了他三千头牛。这位奥革阿斯懒得出奇。自从这些牛来到他这里，牛圈一次也没有打扫过，真可谓尿流成河、屎堆成山，蔚为壮观。赫拉的走狗欧律斯透斯要求赫拉克勒斯一天之内把牛圈清扫干净，怎么可能呢？完成不了，也就有了杀他的理由。第二，即使奇迹出现，赫拉克勒斯完成了此项任务，让你这位盖世无双的大英雄一桶一桶地去掏大粪，不累死你也恶心死你！

身为奴隶的赫拉克勒斯在欧律斯透斯的统治之下哪有什么发言权？大英雄垂头丧气地来到厄利斯。但他可不是一味蛮干的"黑李逵"，而是粗中有细的"猛张飞"。赫拉克勒斯首先做了一番勘察地形的工作。经过观察，他有了清理牛圈的灵感，便对国王奥革阿斯说："如果你肯拿出三百头牛作为报酬送给我，那我就可以在一天之内将所有牛圈清扫干净。"奥革阿斯爽快地答应了，因为在他看来这是一个不可能完成的任务。

赫拉克勒斯说干就干。他在牛圈的围墙上拆了两个大口子，然后开沟引渠，一直挖到流经附近的两条河边，将河水引入牛圈冲刷一遍，再从另一个口子流出，没多长时间牛圈就被清扫得干干净净。尔后他又将围墙砌好。就这样，任务被赫拉克勒斯轻而易举地完成了。大英雄理直气壮地去找奥革阿斯索要酬劳，他没想到的是骄横的国王变卦了。赫拉克勒斯本想狠狠地报复出尔反尔的奥革阿斯，但他转念一想：别因为一时冲动惹得欧律斯透斯不高兴，让这次任务不作数那就因小失大了。干脆忍了吧！俗话说，君子报仇，十年不晚。等我完成十项任务获得了自由身再报仇也不迟啊！

可令赫拉克勒斯更加没有想到的是，回来交差时，欧律斯透斯以他向奥革阿斯索要报酬为由，把这项工作也排除在十项任务之外。这下赫拉克勒斯彻底悲催了。报酬没要到，任务没完成，真可谓偷鸡不成蚀把米、赔了夫人又折兵啊！十项任务的"一切解释权归老板所有"，人在屋檐下不得不低头，他有什么办法呢？

任务六：赶走斯廷法利斯湖怪鸟。

赫拉一看，这事儿外人终究靠不住，关键时刻还是得靠自己人。天后遂授意欧律斯透斯安排赫拉克勒斯去阿耳卡狄亚地区赶走斯廷法利斯湖畔的怪鸟，目的是让他激怒自己那个缺心眼的儿子阿瑞斯，因为这群怪鸟是战神的手下。

斯廷法利斯湖怪鸟长着强壮有力的铜爪、尖锐锋利的铜喙，经常出没于附近城市的四郊，糟蹋庄稼，袭击人畜。除此之外，怪鸟还有一个最可怕的武器，就是它们身上那一根根坚硬锋利的铜羽毛。一旦怪鸟在飞行过程中抖落这些羽毛，它们就会像利箭一样将袭击者射成乱麻。

赫拉克勒斯这次行动的使命是将怪鸟赶走而不是杀死，看似简单，实则不然。得到消息的阿瑞斯让这些手下躲在栖息的密林里，根本不让它们离开半步。面对这一情况，大英雄有劲没处使：在外面等，怪鸟不出来；到密林里去，找不到怪鸟的踪影。

赫拉克勒斯愁眉不展，宙斯当然不会坐视不管。他派出自己最疼爱的女儿雅典娜前来助战。智慧女神告诉赫拉克勒斯，这些长着铜爪、铜嘴、铜羽毛的怪物最害怕的恰恰就是铜器的敲击声,并随即送给他一对由匠神赫淮斯托斯亲手铸造的铜钹,嘱咐他如此这般即可完成任务。

遵从雅典娜的安排,赫拉克勒斯登上斯廷法利斯湖怪鸟栖息地附近的山坡,用力敲响了两面铜钹。这震耳欲聋的钹声传到密林中,吓得怪鸟振翅高飞,成群地飞出了密林。它们发现敌人后,立即撒下像箭一样尖利的羽毛,但是这些羽毛根本伤不到宙斯的英雄儿子,因为他有刀枪不入的涅墨亚狮皮作防护。

赫拉克勒斯举起弯弓,不失时机地向怪鸟射出一支支致命的毒箭。见同伴被射死了,其余的怪鸟吓得飞上云端,不一会儿就从英雄的视野中消失了。

斯廷法利斯湖怪鸟落荒而逃,飞出希腊边境,一路来到攸克辛海[1]岸边的阿瑞提亚岛。在这里它们给后来的阿耳戈英雄们制造了麻烦[2]。

就这样,勇敢的赫拉克勒斯完成了他的使命。虽然这次也有外援介入,但作为凡人的欧律斯透斯是看不到女神雅典娜的。当然,就算他能看到,女神是奉宙斯之命前来帮忙的,他又能怎么着呢?

任务七:活捉克里特公牛。

斯廷法利斯湖怪鸟被赶走,阿瑞斯固然生气,但因为有父亲宙斯最宠爱的女儿雅典娜暗中帮忙,他也只能吃个哑巴亏,不敢报复赫拉克勒斯。

怎么办呢?赫拉这次想出的办法是让赫拉克勒斯得罪大地震撼者波塞冬。她授意欧律斯透斯让英雄前往克里特岛,把波塞冬的那头疯牛牵到迈锡尼。

这头疯牛的来历是这样的……

---

[1] 攸克辛海,即"好客海",今称"黑海"。
[2] 参见本书第 312 页。

当年，宙斯变身公牛将美女欧罗巴诱拐到自己的出生地——克里特岛。成就好事之后，神王拍屁股走人，已有身孕的欧罗巴则嫁给了克里特国王阿斯忒里翁。① 之后，她生下三胞胎儿子——米诺斯、拉达曼提斯和萨耳珀冬，悲催的国王替宙斯把儿子养大成人后就一命呜呼了。此时，强势的米诺斯声称，根据诸神的安排，这个位置应该属于他。

　　米诺斯的这一说法，并不能服众。他为了表明这是神的意志，便向大家显示了自己与神沟通的特殊本领——祈求波塞冬赐予他一头公牛，并允诺事成之后会再把这头公牛回祭给海神。波塞冬答应了米诺斯的请求，真的从海上送给他一头绝世无双的健美公牛。这下，众人无话可说了。米诺斯终于达成心愿当上国王，并把两个弟弟赶出了克里特岛②。

　　可是，事成之后米诺斯却不舍得把那头无与伦比的公牛献祭给波塞冬了。他在自己的畜群中挑了另一头牛来代替，想着牛都长得差不多，海神也不会认出来吧。大神哪有那么好骗？波塞冬一眼就识破了其中的诡计。米诺斯这种弄虚作假、偷梁换柱的行为把海神气得火冒三丈。他决定对其实施残酷的报复。

　　怎么报复呢？波塞冬瞄上了米诺斯的老婆帕西菲。他不是要霸占这个女人，而是想出了一个更为阴损的办法：让帕西菲对他那头公牛产生遏制不住的情欲。欲火焚身的帕西菲急欲和公牛交合，但人牛之间怎能做到？帕西菲火急火燎地求助于无所不能的能工巧匠代达罗斯③。代达罗斯用木头做了一头牛，外面蒙上母牛皮，底下装上轮子，几乎达到了以假乱真的程度。接着他让帕西菲钻到牛肚子里，把这头木制"母牛"推到公牛那里，

---

　　① 具体故事情节参见本书第 208 页。
　　② 拉达曼提斯后来在埃勾斯岛做了王，并为当地人制定了法律和规则；萨耳珀冬则去了小亚细亚，掌管着吕喀亚王国。米诺斯和拉达曼提斯死后成为冥府的判官。
　　③ 代达罗斯的故事参见本书第 273 页。

终于实现了交合。之后，帕西菲便生下了那牛头人身的著名怪物——米诺陶洛斯。①

这还不算完。波塞冬又施展法力使这头交配完的公牛发了疯。它横冲直撞，摧毁一切，祸害岛上居民。

赫拉克勒斯这次的任务就是要带回这头疯牛。

英雄离开希腊，前往克里特岛，没费多大力气就逮住了公牛，并将它制服。之后，赫拉克勒斯骑在宽阔的牛背上，稳稳当当地渡海返回迈锡尼。当他把公牛牵到欧律斯透斯面前时，懦弱的国王不敢将它留下，而是让赫拉克勒斯来处置。赫拉克勒斯知道，一旦放走它，它又会为害人间，但他不得不这样做，因为他不想得罪威力无比的海神波塞冬。重获自由的公牛一路狂奔，穿过科林斯地峡，径直朝东北方向跑去，最后来到阿提卡的马拉松地区为害当地居民，后来被雅典英雄忒修斯杀死。②

任务八：夺取狄俄墨得斯烈马。

第七项任务没有得罪波塞冬，赫拉的计谋落空。她想通过第八项任务让赫拉克勒斯进一步激怒阿瑞斯。

狄俄墨得斯是色雷西亚的比斯托涅斯人的国王，阿瑞斯之子。这位国王和他爹一个德行——异常残暴。他有一群力量超凡、十分凶残、无法驯服的母马。国王用人肉来喂养它们，总是把那些外乡人抛到马栏中供烈马撕食。赫拉克勒斯收到的任务就是夺取狄俄墨得斯的这些烈马。

在大英雄乘船渡海赶去色雷西亚的路途中，发生了一件不得不提的事情……

赫拉克勒斯路过忒萨利亚地区的斐赖城，打算顺便前去拜访那里的国

---

① 米诺陶洛斯的故事参见本书第 270 页。
② 参见本书第 271 页。

王、自己的老朋友阿德墨托斯。

前文提到当年阿波罗的神医儿子阿斯克勒庇俄斯因爱搞起死回生而触怒了宙斯，结果一个霹雳弹直接干掉了这个孙子。阿波罗心中郁闷，但又不敢找宙斯算账，便迁怒为宙斯锻造雷矢的三位独目巨人，把三兄弟射得四处逃窜。① 宙斯一看，由于阿波罗捣乱，独目巨人不能安心上班，导致霹雳弹货源紧张，时不时还会遭遇断货危机。这还了得！于是，他就把阿波罗打下凡间，安排他给这位阿德墨托斯国王放牛七年作为惩罚。

阿德墨托斯曾参加过阿耳戈远航②和卡吕冬狩猎③，是位著名的英雄，以办事公正、热情好客而闻名。他天天好吃好喝招待阿波罗，一人一神在接触的过程中逐渐成为无话不谈的好朋友，并结下了过命的交情。后来，阿德墨托斯看上了忒萨利亚地区伊俄尔科斯国王珀利阿斯的女儿阿尔克斯提斯，便前去提亲。没想到珀利阿斯对他说："自古美女配英雄。我那美丽的女儿要嫁给能够让狮子和野猪为他拉车的英雄好汉。"这事对于凡人来说固然难以做到，但阿德墨托斯有一个强大的后台——阿波罗。有了神的帮助，他轻松完成任务。终于如愿以偿抱得美人归的阿德墨托斯大概高兴得过了头，结婚那天竟然忘了按风俗向女神阿尔忒弥斯献祭。小心眼的月神勃然大怒，施展法力搞得洞房里到处都是蛇。不过既然有阿尔忒弥斯的亲弟弟阿波罗在阿德墨托斯旁边，事情自然也好解决——一句话的事儿而已。

七年之后，阿波罗刑满释放，回到了光明的奥林匹斯山，继续过他的文艺青年生活。然而在他的内心深处，始终放不下这位人间至交。后来，

---

① 参见本书第 124 页。
② 参见本书第 301 页。
③ 参见本书第 342 页。

好友死期将近，阿波罗斗胆冒天下之大不韪，说服命运女神，给了阿德墨托斯一项特权：只要有一位家人自愿替他去往哈迪斯冥国，他就可以继续活在人间。

死神已到眼前，死亡时刻就要来临，阿德墨托斯请求风烛残年的双亲，让他俩中的一人代他去死。可面对可怕的死亡，他们都选择了退缩，拒绝了儿子的要求。这时年轻貌美的妻子阿尔克斯提斯勇敢地站了出来，主动提出甘愿为丈夫献出自己的生命。看到这一幕，阿德墨托斯的内心悲痛不已。他后悔了，后悔答应命运女神所提的条件。但是，命中注定的事情已无法改变。

阿尔克斯提斯躺在灵床上，已做好死亡的准备。铁石心肠的死神塔那托斯迈着无声的脚步逼近王宫。王后慢慢合上双眼，身体逐渐变凉——她死了。面对如此贤淑的妻子，阿德墨托斯再也抑制不住眼中的泪水，失声恸哭起来。

就在准备将阿尔克斯提斯的遗体送往墓地的时候，赫拉克勒斯来到了斐赖城。

宙斯之子在王宫门口遇到了悲伤的阿德墨托斯。国王不愿让客人因自己的家事而忧伤，所以竭力装出朋友相见异常高兴的样子，将英雄让进待客厅，叙起旧情，谈起了曾经的阿耳戈号远征。但赫拉克勒斯还是隐约感觉到了朋友的忧伤，便向他询问缘由。阿德墨托斯含含糊糊地回答说是因为一位远房亲戚刚刚离世，所以心情不大好。

国王吩咐仆人将老朋友领到客房，并为他备下丰盛的酒席。赫拉克勒斯解除了心中的疑虑，高高兴兴地开怀畅饮起来。心情沉重的仆人也竭力掩饰内心的悲痛，用心侍候着远来的客人。

但在夜深人静之时，赫拉克勒斯还是听到了仆人的抽泣声。他起身再三追问朋友家中究竟发生了什么事情，仆人最后只得对他说出了事情的真相。

赫拉克勒斯顿时感到无地自容：朋友遭此大难，他竟然还坐在这里大吃大喝！英雄决定报答在如此忧伤之时仍热情款待他的阿德墨托斯，而报答的方式就是从死神塔那托斯手中夺回善良的阿尔克斯提斯。

赫拉克勒斯从仆人那里打听到了阿尔克斯提斯的墓地所在，便立即匆匆赶去。他藏身墓后，不一会儿，传来死神扇动翅膀的响声，刮起了飕飕的阴风。只见塔那托斯飞到坟墓旁，开始贪婪地吸食祭品的血液。

赫拉克勒斯抓住时机一下跳将起来，扑向塔那托斯，用他那强有力的双手扼住了死神的咽喉。塔那托斯拼命反抗，但他无法挣脱大力神，宙斯强大的儿子最终战胜了死神。赫拉克勒斯将死神绳捆索绑，以此要挟他放回阿尔克斯提斯。面对勇猛无比的大英雄，塔那托斯只得做出妥协，将阿德墨托斯妻子的生命重新还给她。

阿德墨托斯安葬了妻子，再次回到皇宫之中。面对空荡荡的宫殿，他心中感到无比悲苦。任何时候都不如此时让他感到爱妻的重要性。他意识到自己的一切幸福都已被塔那托斯抢去，被带到了哈迪斯的冥国。

就在阿德墨托斯哀伤不已之时，赫拉克勒斯来到他的面前，身边还站着一位头上蒙着盖帕的妇人。他请求阿德墨托斯将这位妇女收留宫中。国王拒绝了，他说在失去心爱的妻子之后再也不想在寝宫的床榻上看见别的女人了。

赫拉克勒斯对这位好友说道："阿德墨托斯，你看看这位妇女是谁之后再做出决定吧！"

阿德墨托斯揭开盖帕，不禁失声惊呼："这是我的妻子阿尔克斯提斯！不，这只是她的阴魂吧？你看她只是默默地站着，一个字也没说！"

"我的老朋友，这不是阴魂。"赫拉克勒斯说，"她就是你那勇敢的妻子阿尔克斯提斯本人。我与塔那托斯拼死相搏将她夺回，但在她向冥界众神献上赎身的祭品之前，还没有摆脱他们的控制，所以她会继续沉默。阿德墨托斯，希望你们夫妻永远幸福！希望你永远保持我父亲宙斯所推崇的热情待客的风俗！就此告别了！我要继续踏上征程，去完成那些我必须完成的使命！"

阿德墨托斯千恩万谢，苦苦相留，但赫拉克勒斯执意要走。国王没有办法，就给他配备了一批勇士作为随从。

赫拉克勒斯带着随从来找色雷西亚的国王，想让他主动交出那些凶残的烈马。狄俄墨得斯岂肯乖乖就范！他拒绝了这一要求。宙斯的儿子一怒之下将他扔进了马棚，饿极了的烈马一窝蜂似的扑上去将主人撕食。没想到主人被吃之后，这些马倒变得驯服了。

赫拉克勒斯刚刚将马拉到船上，好战的比斯托涅斯人赶到了。他们要为自己的国王报仇雪恨。赫拉克勒斯害怕再像那次斩杀九头蛇许德拉一样因为有人帮忙而不算在十项功绩之列，所以他让随从们看守马群，单枪匹马和比斯托涅斯人打了起来。

赫拉克勒斯虽然人单势孤，但力大无穷的他经过一番激战还是打败了比斯托涅斯人。就在他得胜归来准备登船时，面前的惨烈景象让他惊呆了。原来，眼前的战争场面又激起了这些马的野性，它们将赫拉克勒斯的随从们都撕碎了。大英雄伤心欲绝，将一腔怒火都发泄到这些马身上，直把它们打得皮开肉绽彻底驯服。

安葬了同伴之后，赫拉克勒斯将狄俄墨得斯的烈马带回迈锡尼交差，欧律斯透斯则将它们全部献给了他的保护神——天后赫拉。

任务九：索取希波吕忒的金腰带。

赫拉继续挑战儿子阿瑞斯的底线，授意自己的女祭司、欧律斯透斯的女儿阿德墨忒向父亲索要希波吕忒的金腰带。希波吕忒是战神阿瑞斯的女儿，这条腰带则是父亲送给她证明阿玛宗女王身份的标志。

阿玛宗人生活在小亚细亚，其国民全都是女人，是一个标准的女儿国。这里也没有什么"子母河"，传宗接代靠的是每年一次与邻国男子交欢。男人对她们来说只是生养女儿、维系种族繁衍的工具。女人回去后生下的若是女婴，便留下来自己抚养；若是男婴，则送还给他的父亲——当然，大部分时候阿玛宗女人觉得这样太麻烦，就直接把孩子杀掉了。

　　阿玛宗女人肌肉发达，体态健美，骁勇异常，黩武好战。她们都会将右乳割掉，为的是方便拉弓射箭。①

　　希波吕忒是女儿国国王，自然不肯轻易交出象征其女王身份的金腰带。所以，赫拉这次打的如意算盘是：赫拉克勒斯这一去肯定会和希波吕忒发生冲突，其结果无外乎他被女王干掉或女王被他干掉——就算是后者也会加深赫拉克勒斯和阿瑞斯之间的仇恨。

　　现在的赫拉克勒斯在江湖中早已闯出了名堂。这次他振臂一呼，召集了一批英雄，共同登上大船，和他一起前往。尽管队伍不大，但他们在江湖中都有名号，其中最出名的当数雅典英雄忒修斯②。

　　英雄们的旅程非常遥远。他们一路行侠仗义，经过长途跋涉，终于到达攸克辛海最远的海岸——阿玛宗女人国的都城忒弥斯库拉。

　　宙斯那伟大的儿子所建立的丰功伟绩早已传到阿玛宗人的国度，所以赫拉克勒斯的船一靠岸，就受到女王及当地居民的热烈欢迎。

　　在众英雄当中，女王一眼就认出了伟大的赫拉克勒斯，因为他是如此出类拔萃、与众不同。希波吕忒迎上前来询问他们为何事来到此地。赫拉克勒斯回答道："尊敬的女王，我受迈锡尼的君主欧律斯透斯的派遣来到你们的国度。他的女儿阿德墨忒想要战神阿瑞斯送给你的那根金腰带，我

---

① "阿玛宗"这个词在希腊语中的本意就是"没有乳房的人"。
② 忒修斯的故事参见本书第 239 页。

受他的奴役不得不完成他交给我的任务。"

从来没有对任何一个男人产生过好感的女王希波吕忒面对强壮无比、野性十足的大英雄却完全丧失了抵抗能力，根本无法拒绝赫拉克勒斯的请求，说话间已不由自主、心甘情愿地去解腰带，就要主动把它递给赫拉克勒斯。

女神赫拉一看自己精心设计的毒计就要落空，岂肯善罢甘休？她立即化身为一个阿玛宗人，混在人群中间，向英勇好战的女战士鼓吹道："据我所知，赫拉克勒斯在撒谎，他来到这里另有所图。他想通过花言巧语把象征女王身份的金腰带骗到手中，然后名正言顺地占有我们的国家，把我们都当作女奴来役使。"

迷恋战争的阿玛宗人听信了赫拉的谗言，纷纷拿起武器向赫拉克勒斯的军队发起进攻。就这样，一场恶战开始了。机敏矫捷、勇武善战的阿玛宗人虽然杀死了赫拉克勒斯手下的几位英雄，但她们毕竟不是宙斯之子的对手。不懂怜香惜玉的大英雄一会儿用弓箭射、一会儿用大棒砸，众多女战士纷纷落下战马、香消玉殒。见此情状，阿玛宗人的军队溃逃了，希波吕忒女王也做了俘虏。赫拉克勒斯以这样的方式得到了她的金腰带。为了奖励此次作战最为英勇的雅典英雄忒修斯，赫拉克勒斯把希波吕忒送给了他。后来，希波吕忒做了雅典王后，为忒修斯生下希波吕托斯。[1]

完成任务的赫拉克勒斯率队乘船离开阿玛宗女人国，返回迈锡尼。途中，他们经过特洛伊城，想在这里靠岸添加船上的补给。可是，在离城不远的海岸边，映入赫拉克勒斯眼帘的是他的外曾祖父珀尔修斯杀了美杜莎之后途径埃塞俄比亚时看到的景象[2]———一个美丽的女孩被锁在紧靠海边的山岩之上。珀尔修斯遇到的是埃塞俄比亚国王刻甫斯的女儿安德洛墨达，赫拉克勒斯遇到的则是特洛伊国王拉俄墨冬的女儿赫西俄涅。她们的命运

---

[1] 参见本书第 280 页。

[2] 参见本书第 143 页。

是相同的——都是由于父母的缘故在等待着被波塞冬派来的海怪吞噬。

前文提到赫拉曾鼓动波塞冬、雅典娜、阿波罗捆住宙斯，打算推翻他的统治，但后来忒提斯叫来百臂巨人帮忙，使宙斯最终脱离险境。[①] 事后，雅典娜平安无事——她是父亲的宝贝女儿、掌上明珠，宙斯从不舍得惩罚她。但其他三位的命就没这么好了。赫拉被宙斯暴打一顿，波塞冬和阿波罗则被罚去凡间给特洛伊国王拉俄墨冬修筑城墙。两位大神兢兢业业、任劳任怨。一年之后，城墙修好了，但拉俄墨冬是个黑心老板，他拒付工钱。不仅如此，骄横的国王还威胁两位："你们是受宙斯的惩罚才来为我效劳的神祇，如果索取报酬，我就向宙斯汇报说你们仍有谋反之心。"

两位大神受制于人，没有办法，悻悻地回到了奥林匹斯山。等到拉俄墨冬向宙斯汇报完工作之后，他们再也抑制不住满腔的怒火，开始报复。阿波罗施展法力给特洛伊城降下瘟疫，弄得尸横遍野；波塞冬则派来海怪，肆意践踏特洛伊的庄稼，弄得民不聊生。绝望的拉俄墨冬只能祈求神谕。他得到的谕示是：只有献出女儿赫西俄涅的生命，整个国家才能摆脱这场灾难。于是，就出现了赫拉克勒斯看到的那一幕。

了解了具体情况的赫拉克勒斯觉得这事和赫西俄涅没有关系，不能让姑娘白白送了性命，便决定学习外曾祖父珀尔修斯，也来个英雄救美。不过，和前辈珀尔修斯不同的是，赫拉克勒斯提的条件不是要人，而是要马。

想当年宙斯化作老鹰将特洛伊国王特洛斯的儿子——美少年伽倪墨得斯掳上奥林匹斯山，做了他的情人。[②] 宙斯为此送了几匹神马给老岳父作为礼品，后来这些马传到了特洛斯的孙子、现任特洛伊国王拉俄墨冬的手里。在这紧要关头，拉俄墨冬赶紧应允只要能拯救女儿的性命，他情愿把

---

① 参见本书第 117 页。
② 参见本书第 25 页。

神马送给赫拉克勒斯作为报酬。

当年，珀尔修斯打海怪的时候极力展现他那飘逸的身形、潇洒的身手，一是因为他当时刚刚杀了蛇发女妖美杜莎，正春风得意，二是他想通过这种方式来博得美女的芳心。此时的赫拉克勒斯就不同了：第一，他是奴隶之身，寄人篱下，没什么可显摆的；第二，现在这种身份也不宜考虑婚姻大事，所以也就不用照顾女孩对他的感受和印象。

赫拉克勒斯吩咐特洛伊人在海岸边筑起一道土堤，他就趴在那里藏身其后。不一会儿，海怪出现了，它张着血盆大口直接朝赫西俄涅扑了过去。在它马上就要咬到公主的时候，赫拉克勒斯一声怒吼，从土堤后一跃而起，径直冲向海怪，将一把利剑深深刺进它的喉咙，然后直接跳到海怪的大嘴里，简单而粗暴地一顿狂劈乱砍，直到将其杀死。

大功告成，国王的女儿赫西俄涅获救。到了该兑现承诺的时候了！没想到拉俄墨冬这个好了伤疤忘了疼的家伙故技重施，再一次耍起了无赖。他不但拒绝将宝马送给赫拉克勒斯，还嘲笑他作为一个奴隶有什么资格索要报酬，命令他赶快滚出特洛伊。

伟大的英雄又一次被耍了。想着索取金腰带的任务已经完成，帮拉俄墨冬排忧解难本就属于路见不平拔刀相助，顺便赚点外快也不至于像为奥革阿斯清扫牛圈而索要报酬那次一样被排除在十项任务之外。没想到自己的运气如此之差，每次碰到的都是言而无信之辈。可他又有什么办法呢？第一，还是那句话："人在屋檐下，不得不低头。"阿波罗和波塞冬两位大神受制于人的时候都没敢报复，何况自己？第二，赫拉克勒斯本来带的人手就少，又被强悍的阿玛宗女人杀掉一些，就凭现在的实力要攻破阿波罗和波塞冬参与修筑的特洛伊城墙确实比登天还难。第三，路途遥远，还得赶回去把希波吕忒的腰带交到欧律斯透斯的手上，以完成使命，所以不能在这里耽搁太久。考虑到这些情况，赫拉克勒斯强压心中怒火，像被奥革阿斯欺骗那次一样，他又选择了忍耐。但伟大的英雄不会就此罢休，一旦获得了自由之身，他就要实施疯狂的报复。

任务十：带回革律翁的牛群。

阿瑞斯送给女儿希波吕忒的那条金腰带被赫拉克勒斯夺走了，女王本人作为俘虏也被迫嫁给了雅典的忒修斯。赫拉以为这样的奇耻大辱肯定会惹怒儿子并与赫拉克勒斯为敌。可令她没想到的是，一向脾气暴躁的阿瑞斯面对这样一位战斗力爆棚的英雄也得掂量掂量，并不敢轻易出手。

赫拉见儿子是个窝囊废，作为晚辈根本不敢惹他的父亲宙斯，于是转变策略。她选择和宙斯平辈、一直因权力分配对神王耿耿于怀的波塞冬作为对象，怂恿他出面与宙斯为敌。基于这一考虑，在赫拉的授意下，欧律斯透斯给赫拉克勒斯安排了第十项任务：去取波塞冬的一个孙子——革律翁的牛群。

前文提到，珀尔修斯砍下戈耳工女妖美杜莎的头颅之后，从脖腔里飞出了巨人克律萨俄耳和飞马珀伽索斯——这俩都是波塞冬当年播下的种。[1] 后来，克律萨俄耳娶泰坦神俄刻阿诺斯之女卡利罗厄为妻，生下了革律翁。

话说革律翁这小子是个不折不扣的怪胎：三个身体连在一起，三头六腿六臂。俗话说："双拳难敌四手。"人家有六只手，战斗力自然不俗。另外，革律翁手下还有巨人欧律提翁为他放牧牛群，有提丰与厄喀德娜所生的双头狗欧特鲁斯[2]做牧犬。

革律翁的家在太阳每天降落的地方——厄律提亚岛，那里已是大地的极西边。赫拉克勒斯义无反顾地踏上了遥远的征途，历尽千难万险终于来

---

[1] 参见本书第 142 页。
[2] 参见本书第 19 页。

到了大洋河边。可面对那波涛汹涌的河水他也犯了愁：怎么才能渡河登岛呢？

时近傍晚，正在值班的太阳神阿波罗驾着他那金光闪闪的太阳车飞驰而来，打算朝水面降落。他打眼观瞧，看到了同父异母兄弟赫拉克勒斯，遂主动上前将金船借给他使用。原来太阳神每天早上驾着马车上班，从大地的东端前往大地的西端，傍晚连马带车一起再乘坐这条金船渡海返回自己的宫殿，以确保第二天太阳照常从东方升起。

满心欢喜的赫拉克勒斯跳上金船，很快便抵达了厄律提亚岛。刚一上岸，为革律翁守护牛群的双头狗欧特鲁斯便嗅到了陌生的气味，它狂叫着扑向大英雄。可这条看起来无比凶残的猎狗实际上徒有虚名，赫拉克勒斯抡起他那根著名的大棒槌，只一下就将它打死。为革律翁放牧牛群的巨人欧律提翁也只是长着一副唬人的身板，是个骗吃骗喝的无能之辈。宙斯的儿子使他原形毕露，很快就把他结果了。

没费吹灰之力，革律翁的牛群到手了。赫拉克勒斯赶着它们朝停在岸边的金船走去。就在这时，革律翁听见了牛的叫声，遂循着声音追了过去。路上看见牧人和牧犬双双毙命，气得怪物暴跳如雷，不一会儿便追上了赫拉克勒斯。

赫拉克勒斯一见革律翁，也是吃惊不小。只见这个庞然大物用三只手拿着三幅盾牌掩护周身，另外三只手则握着三支长枪。这可怎么下手？

赫拉克勒斯与革律翁战在一起，但一直无法找到他的软肋。激战正酣之时，英雄忽然灵机一动：就算你保护得再严实，眼睛总得观察敌人吧？向来百发百中的大英雄瞅准机会猛然朝他射出一箭，正中巨人一个脑袋上的一只眼睛。赫拉克勒斯如法炮制，紧接着又射中了革律翁的几只眼睛。被气得哇哇直叫的巨人干脆扔下盾牌，挺起长枪直刺赫拉克勒斯。赫拉克勒斯也放下弓箭，挥起他那所向无敌的棒槌，雨点般向革律翁的三个身躯打将过去。巨人哪能抵挡得住大英雄电光火石般的攻击！没过多长时间他已坚持不住，铁塔般轰然倒地，没了气息。

赫拉克勒斯将革律翁的牛群赶到太阳神的金船上，离开了厄律提亚岛。上岸后，他把金船归还给阿波罗。

大英雄现在要做的就是穿越千山万水把这群牛赶回迈锡尼。可是当他走到意大利南部的瑞癸翁城附近时，有一头公牛离开牛群，游过海峡，来到了西西里岛。

西西里国王是波塞冬和美神维纳斯的私生子厄律克斯，贪财的他将这头牛据为己有。赫拉克勒斯了解情况后，便将牛群托付给赫淮斯托斯照管，并声称对维纳斯出轨一事早就看不惯了，这次要替被戴绿帽子的老赫报仇。火神当然愿意，还恶狠狠地嘱咐兄弟一定要将厄律克斯这个野种给弄死。

赫拉克勒斯渡海前去西西里，终于在厄律克斯的牛群中找到了丢失的那头公牛。但骄纵无比的国王不肯归还。他自恃力大，要求赫拉克勒斯以这头牛作为赌注与他决斗。厄律克斯真是不自量力！人家赫拉克勒斯向来以力气大而闻名。宙斯的儿子根本没有出招，上去一个"熊抱"，将国王死死抱住，越勒越紧。厄律克斯喘不过气来，最后竟生生地给憋死了。

赫拉克勒斯牵回这头牛，又赶着牛群继续前进。

路过阿文丁山的时候，赫拉克勒斯让牛群在草地上吃草，他自己则躺在台伯河岸边休息。大英雄没想到，这里是惯于偷盗抢劫的三头怪物卡库斯的老家。这位卡库斯是谁？刚才被打死的厄律克斯是维纳斯的私生子，卡库斯则是赫淮斯托斯的私生子——瞧这两口子，谁也没闲着！

卡库斯趁赫拉克勒斯睡着的时候，偷走了八头牛。宙斯之子醒来后，一清点牛群，发现数目不对。这时，他听见山洞里传来"哞哞"的牛叫声。赫拉克勒斯并不废话。他故伎重施，直接冲上去将偷牛贼卡库斯抱住勒死。

后面的路程还算顺畅。赫拉克勒斯一路跋山涉水终于把这些牛赶到迈锡尼，交给欧律斯透斯，完成了任务。

任务十一：摘取金苹果。

布置上次的任务，赫拉想的是让赫拉克勒斯激怒波塞冬。最后，波塞冬的儿子厄律克斯、孙子革律翁都死在了宙斯之子的手上。但赫拉的阴谋依然没有得逞，因为老谋深算的海神很清楚赫拉克勒斯在宙斯心目中的分量，想着反正自己的私生子多得是，死一个两个也无所谓，干脆忍了吧。所以，他也就一直没有出手。

十项任务已经完成，赫拉克勒斯依然完好无恙。这可把那位善妒的天后赫拉气得不轻。怎么办呢？

赫拉苦思冥想，终于又想出了一个难题：派赫拉克勒斯去圣园摘取金苹果。这项任务很难完成。第一，前文提到，在宙斯与赫拉的结婚典礼上，祖母该亚送给他们两口子一株金苹果树作为贺礼[1]；这棵树种在擎天神阿特拉斯管辖的国度里，赫拉派他看护。正义女神忒弥斯也曾提醒过阿特拉斯："将来某一天，宙斯的儿子会来你这里夺取金苹果，一定要严加防范！"[2] 第二，阿特拉斯需要擎住苍天。他派自己的七个女儿——赫斯帕里得斯姐妹住在圣园里时刻看管着金苹果。第三，赫拉仍放心不下，又派提丰与厄喀德娜的怪物孩子——日夜永不合眼的百头巨龙拉冬前来协助。第四，欧律斯透斯交代任务时并没有说明圣园的具体位置，赫拉克勒斯只能自己满世界去打听。

宙斯之子首先要搞清楚苹果树的位置所在。他跋山涉水走遍了原先赶着革律翁的牛群经过的所有国家，到处打听，可是无人知晓。之后他又来到大地的极北方。在这里，美丽的厄里达诺斯河神告诉他："除了老海神

---

[1] 参见本书第 28 页。
[2] 参见本书第 142 页。

涅柔斯①,谁都不知道去往圣园的道路。但你必须对他严刑逼供,否则他不会轻易吐露这一秘密。"

赫拉克勒斯谢过女神之后去找涅柔斯,最后在海边发现了他。大英雄一个箭步冲了上去,施展他的熊抱绝技,用铁钳般的双手勒住他,逼问圣园的方向。涅柔斯为了挣脱,变成各种各样的形态,左冲右突,但终究无法逃脱。已累得筋疲力尽的老海神被英雄捆绑起来。为了重获自由,他只得将赫斯帕里得斯圣园的位置告诉了赫拉克勒斯。宙斯之子得知这一秘密后,气得简直要七窍生烟!原来,圣园在世界的西方边缘,就是上次夺取革律翁牛群的那个方向,而自己历尽千辛万苦刚从那里回来,现在已经走到了世界的最北方!但他又有什么办法呢?只得在释放了老海神之后,重新踏上遥远的征途,千里迢迢再跑一趟。

赫拉克勒斯走到利比亚时,他遇上了地母该亚和海神波塞冬所生的儿子安泰俄斯。这位安泰俄斯是个好勇斗狠的主儿。他强迫所有来到利比亚的旅人和他角斗,并毫不留情地将战败的人杀死。以前还没人能够战胜他,因为谁都不知道为什么在角斗时他的力量会源源不断,从不枯竭。面对赫拉克勒斯,安泰俄斯又向他发起挑战。两人你来我往,搏杀了很久。大英雄多次把对方摔倒在地,可他发现这反而使其增添了力量。宙斯的儿子突然想明白了:他那一股又一股的新力量来自于他的大地母亲,只要感到体力不支,他就触摸一下大地,于是又焕发了生机。知道了原因所在,也就有了解决问题的办法。在搏斗中,赫拉克勒斯突然施展他的"熊抱神功",将安泰俄斯抱起来,举到半空之中,扼住他的咽喉。该亚的儿子慢慢力气耗尽,又没有新的力量注入,就这样被赫拉克勒斯给扼死了。

赫拉克勒斯继续赶路,来到埃及。由于长途跋涉,过度疲劳,他在尼

---

① 涅柔斯是该亚与蓬托斯的儿子。参见本书第 10 页。

罗河边的树林里睡着了。波塞冬的私生子、埃及国王布西里斯看见了熟睡的外乡人，就吩咐手下将他捆起来，打算将其作为祭品献给宙斯。

原来，埃及已连续九年歉收，来自塞浦路斯的预言家告诉布西里斯，以后每年都要用一个外乡人作祭品敬献宙斯，灾荒才会停止。但悲催的预言者没有算到布西里斯先拿预言者开了刀——他本人成为献给宙斯的第一个祭品。从此以后，残暴的国王把所有来埃及的外乡人都杀了献祭给雷神。这件事情越传越远，致使今年没有一个外乡人敢踏上埃及的国土。正在布西里斯愁眉不展时，赫拉克勒斯撞到了枪口上。他被拉到祭坛旁。献祭之前国王告诉了他事情的真相。伟大的英雄稍一用力就挣断了身上的绳索，打死了站在祭坛边的布西里斯。残暴的国王受到了应有的惩罚。

接下来，赫拉克勒斯路过高加索山，在那里射死了啄食普罗米修斯肝脏的恶鹰，帮助他和宙斯实现了和解，这事前面讲过。[①] 作为报答，先知普罗米修斯告诉了赫拉克勒斯从阿特拉斯那里获取金苹果的最佳办法。

赫拉克勒斯一路上克服了许多艰难险阻，最后终于来到大地的尽头，看到了用宽阔的双肩扛着整个天宇的泰坦神阿特拉斯。

故事发展到这里出现了一个矛盾：前文提到作为外曾祖父的珀尔修斯已经用美杜莎的头颅将阿特拉斯石化[②]，现在阿特拉斯却又生龙活虎地出现在外曾孙面前。面对这种情况，我们也只能理解为美杜莎的石化功能有期限了——期限一过，自动复活。

英雄主动过去和阿特拉斯打招呼："伟大的泰坦神，我是宙斯的儿子赫拉克勒斯。迈锡尼国王欧律斯透斯派我来从您的女儿赫斯帕里得斯姐妹的果园中摘取三个金苹果。我站在您的位置上，替您扛着天宇，您帮我去

[①] 参见本书第 116 页。

[②] 参见本书第 142 页。

取金苹果可以吗？"

自我感觉比较聪明的阿特拉斯眼珠一转，满口答应。赫拉克勒斯使出全身力气，以令人难以置信的力量从阿特拉斯的肩上接过了沉重的天宇，等着泰坦神的归来。

阿特拉斯回来后，手里举着金苹果狡黠地对英雄说道："赫拉克勒斯，这就是欧律斯透斯所要的三个金苹果。还是由我亲自把它们送到迈锡尼吧！你先扛着天宇等我回来，回来后我就替换你。"赫拉克勒斯知道泰坦神的伎俩：他是想永远逃避这艰苦的劳动。于是，宙斯之子便按普罗米修斯的计策给他来了个将计就计。

赫拉克勒斯故作高兴地回答说："那太好了，感谢您的代劳！不过，您刚才把天宇交给我时忘了弄个垫肩，现在咯得肩膀无比疼痛。我怕坚持不到您赶回来替换我，我想还是您先替我扛一会儿，我去找个垫肩过来。"

与众兄弟相比，阿特拉斯毕竟不是普罗米修斯。虽然他智商高于厄庇墨透斯，但脑筋转得还是有点慢。他一听宙斯的儿子说得也有道理，就又站到原先的位置上，将沉重的天宇接了过去。赫拉克勒斯立即捡起金苹果，一脸诡笑地说道："再见吧，阿特拉斯！这天空还是您自己扛着吧——谁让您是擎天神呢！"知道上当的阿特拉斯听了这话都快哭了，可又有什么办法呢？

赫拉克勒斯拿着金苹果来到欧律斯透斯面前交差。国王没敢私自收下，把苹果交给了主子赫拉，赫拉又把它们还给了赫斯帕里得斯姐妹。

任务十二：征服地狱三头狗刻耳柏洛斯。

现在就剩最后一项任务了，一旦完成，赫拉克勒斯将获得自由身。赫拉也就失去了对他的控制权。

屡次失算的赫拉并不甘心。后来她平心静气地想了想：自己一路走来挖空心思地整赫拉克勒斯，不就是想让他早点死吗？与其这样，还不如直接让他去冥府。于是，在赫拉的授意下，欧律斯透斯派赫拉克勒斯去哈迪斯的冥国征服可怕的恶狗刻耳柏洛斯。

刻耳柏洛斯是那对有名的制造怪物专业户——提丰与厄喀德娜的孩子。它有三个狗头，脖颈上长着一条条毒蛇，尾部顶端则是一个张着血盆大口的蛇头。它是地下王国的卫士，守在通往冥府的大门边。亡魂进来时，刻耳柏洛斯俯首帖耳、非常友好；如果想再出去的话，它就会马上翻脸，如同凶神恶煞。

接受命令的赫拉克勒斯启程前往拉科尼亚，那里的无底深渊通往黑暗的冥国。就在这时，亡灵接引者赫尔墨斯赶到了。毫无疑问，他是受宙斯的指派赶来帮助这个人间兄弟的。

赫尔墨斯对冥府熟门熟路。有了他的指引，赫拉克勒斯轻而易举地到达了哈迪斯冥国的大门旁。在这里，赫拉克勒斯见到了久未谋面的亲戚——雅典英雄忒修斯①，还有忒萨利亚国王珀里托俄斯。他们被锁在冥府门外的岩石之上。

忒修斯将在后面的第三家族中作为故事的主角出现，在此不作叙述。这里只简略讲一下珀里托俄斯以及他们为什么被困冥府。

作为老色鬼的宙斯已好久没有在我们的故事中登场了，现在终于又轮到他了。宙斯这次看上的是统治拉庇泰人的忒萨利亚国王伊克西翁②的老婆狄亚。在偷情这种事情上从来不惜浪费脑细胞的宙斯开动脑筋，想出了调虎离山之计。他邀请伊克西翁来奥林匹斯山参加诸神的宴会。不知是计的伊克西翁受宠若惊，屁颠屁颠地赶来喝酒。酒席宴间宙斯抽身离开，偷偷来到忒萨利亚，不容分说推倒美女狄亚，尽情地发泄着他的兽欲。事后，

---

① 赫拉克勒斯和忒修斯的亲戚关系参见本书第 265 页。
② 伊克西翁与医神阿斯克勒庇俄斯的母亲科洛尼斯是亲姐弟。如此说来，阿波罗与这位伊克西翁是姐夫与小舅子的关系。

神王心满意足地回到了奥林匹斯山。可就在他走进宴会大厅的那一刻,老宙被眼前的一幕惊呆了:喝得醉醺醺的伊克西翁正借着酒劲对天后赫拉动手动脚。众神之王一看,这报应也太快了吧!我刚调戏完你老婆,你竟然也在调戏我的老婆。你老婆得到我的宠幸,那是你小子的福气;你胆敢对我老婆动歪心思,那可是犯了弥天大罪。宙斯又想起了以前伊克西翁娶妻时不但没有送给丈人曾允诺的聘礼,反而将其推进铺满炭火的坑里活活烧死,不由得怒火升级,因为现在那也是我的老丈人啊!想到这里,神王施展法力将老婆隐身,用长相酷似赫拉的云彩女神涅斐勒做了替身。喝了不少酒的伊克西翁不知有诈,搂着假赫拉得意万分。一番云雨之后,伊克西翁回到了忒萨利亚。现在他可有吹嘘的资本了,逢人便讲自己和天后有一腿。宙斯一气之下将他打入地狱,并绑在永恒转动的轮子上鞭打他,让他遭受万劫不复的惩罚。

之后,和伊克西翁一夜激情的涅斐勒为他生下了半人马——肯陶洛斯人(意即"云雾之子孙")一族。这些半人马和前文提到的同为半人马的多才多艺的喀戎[①]、热情好客的福罗斯[②]可没法比,他们共同的性格特点就是野蛮粗暴、放荡好色、荒淫无度、胡作非为。

各位可能要问了:我们这里要讲的明明是珀里托俄斯,可到现在故事中还没有出现他的名字,那他到底是谁呢?他就是向来百发百中的宙斯与伊克西翁的老婆狄亚激情过后的产物。如此说来,他和赫拉克勒斯还是从未谋面的同父异母兄弟,都是父亲宙斯偷情生下的孩子。

那忒修斯和珀里托俄斯又为什么会被困在冥府门前呢?原来,身为忒萨利亚国王的珀里托俄斯久慕雅典国王忒修斯的大名,打算与其一较高低。

---

① 参见本书第 157 页。
② 参见本书第 165 页。

结果，两位一见面都被对方的英雄气概所折服，遂放下武器成为惺惺相惜的好朋友。① 后来，珀里托俄斯的老婆年纪轻轻就死了，忒修斯娶了两个老婆也先后丧命。两个光棍人老心不老，志趣相投的他们决定出去找点刺激，一人抢一个宙斯的漂亮女儿作为妻子。他们先是瞄准了天下第一美女海伦②。当时的海伦虽然尚未成年，但她的美貌在整个希腊已是人尽皆知。于是，两人不辞辛苦跑去斯巴达，把海伦抢了回来。但海伦只有一个，到底归谁呢？他们决定用最古老、最公平的办法——抓阄来解决这一问题，结果忒修斯是那个幸运者，抱得美人归。但根据事先的约定，胜利者要帮助失败者再抢一个美女回来，而且抢哪一个由失败者提出。色胆包天、不知天高地厚的珀里托俄斯选定的是宙斯与得墨忒尔的女儿、哈迪斯的老婆——冥后珀耳塞福涅。忒修斯力劝珀里托俄斯放弃这个危险的想法，但他坚决不肯。最后，一向重哥们义气的忒修斯头脑一热就跟着朋友下到冥府抢人，但他们不知道冥王的厉害，结果就被锁在了石头上。③

失陷之后，向来目中无人的忒修斯和珀里托俄斯完全没了脾气，终于领教了神灵的威力。现在见到熟人了，忒修斯感到无比兴奋，连忙请求赫拉克勒斯拯救自己。赫拉克勒斯将他救了出来，但当准备再去解救珀里托俄斯的时候，大地突然一阵颤动。宙斯的儿子心里明白，这是冥王愤怒了，不同意释放珀里托俄斯。想着接下来自己还有求于人家，赫拉克勒斯只好收手，悲催的珀里托俄斯从此也就再无出头之日了。

赫拉克勒斯在赫尔墨斯的引导之下顺利进入哈迪斯的冥国。死者的阴魂见到伟大的英雄吓得四处飞散。只有墨勒阿革洛斯④的魂魄看见赫拉克

---

① 参见本书第 278 页。
② 海伦的身世参见本书第 387 页。
③ 参见本书第 283 页。
④ 墨勒阿革洛斯的故事参见本书第 343 页。

勒斯后并不逃避——他们两个可是旧相识，曾一起参加过阿耳戈英雄的远征。赫拉克勒斯停下脚步和故友聊了一会儿，临近分别之时墨勒阿革洛斯含着泪向宙斯那伟大的儿子恳求道："我的老朋友，伟大的赫拉克勒斯，请您可怜可怜我那孤苦伶仃的妹妹得伊阿尼拉吧！我死之后她无依无靠，请您娶她做妻子吧！"赫拉克勒斯答应了朋友的请求。

跟随赫尔墨斯的脚步，赫拉克勒斯继续向前走。迎面走过来的正是被前辈珀尔修斯砍下头颅的戈耳工女妖美杜莎的阴魂。她伸出铜胳膊、扇起金翅膀，头上的毒蛇扭动着身躯、咝咝作响，好像要把满腔的仇恨发泄到这个晚辈后生的头上。大英雄毫无畏惧地抽出利剑，正欲上前作战。赫尔墨斯及时阻止了他，说道："赫拉克勒斯，这只不过是没有肉体的阴魂。它根本威胁不到你的生命，不必理她。"

最后，赫拉克勒斯终于来到冥王的宝座前。哈迪斯见这个侄子如此英俊神武、正气凛然，心中无比喜悦。虽然他们未曾谋面，但天生就有一种说不出的亲近感。冥王问他为什么离开阳光照耀的世界，来到这黑暗的冥国。赫拉克勒斯躬身回答："我的伯父，伟大的哈迪斯，我请求您允许我把三头狗刻耳柏洛斯带往迈锡尼。当然需要说明的是，这样做不是出自我的意愿——迈锡尼国王欧律斯透斯在赫拉的授意下让我这么做，我奉奥林匹斯众神的命令必须为他效劳！"

"宙斯的儿子，我会满足你的请求。"哈迪斯说，"不过，你也知道赫拉既是我的姐姐，也是我的丈母娘，碍于她的面子我不能出手相助。根据命运女神的安排，你必须徒手制服刻耳柏洛斯，才能把它带往迈锡尼。"

赫拉克勒斯也没指望哈迪斯帮助自己，那样又会在欧律斯透斯那里落下把柄。于是他告别伯父，原路返回。宙斯之子刚出冥府的门口，三头狗刻耳柏洛斯就张牙舞爪，凶神恶煞一般朝他猛扑过来。赫拉克勒斯侧身闪开，随即以迅如闪电的速度张开像钢钳一样强劲的臂膀紧紧抱住它的脖子——这一"勒抱神功"可是他的拿手绝活。三头狗发出阵阵狂叫，拼命挣扎，终究无法摆脱赫拉克勒斯那强有力的双手。刻耳柏洛斯那条长着蛇头的尾巴缠住了英雄的双脚，并用利牙去撕咬他的身体。然而这样做也是徒劳，根本伤不了他，因为赫拉克勒斯有涅墨亚巨狮那刀枪不入的狮皮做护身。强健的赫拉克勒斯那双大手越勒越紧，刻耳柏洛斯已经几乎喘不过气来。憋得半死不活的恶狗终于被制服，不得不败在英雄的手下。

赫拉克勒斯带着被他制服的三头狗，离开哈迪斯的冥国，前往迈锡尼。一直生活在黑暗之中的看门狗初见阳光，吓得浑身冒冷汗，三张嘴中不断吐出有毒的唾液，滴落之处便长出一棵棵的毒草，从此人世间就又多了一个有毒的物种。

宙斯之子带着刻耳柏洛斯来到迈锡尼的城墙下。胆小如鼠的欧律斯透斯只看了一眼就吓得腿打哆嗦，跪地哀求赫拉克勒斯赶快把它送回哈迪斯的冥国。

按照之前宙斯与赫拉的协定，赫拉克勒斯已经完成十项丰功伟绩，加上不算数的那两项——斩杀九头蛇许德拉、清扫奥革阿斯牛圈，实际上完成了十二项，现在伟大的赫拉克勒斯再也不必为懦弱的欧律斯透斯效劳了。他终于获得自由身，步入人生新阶段。

大英雄赫拉克勒斯离开伤心之地迈锡尼返回他的出生地忒拜，虽然自由了，但未来等待他的并不是光明，而是更多的磨难，因为女神赫拉背地里依然如故，时刻不忘迫害赫拉克勒斯。

4. 赫拉克勒斯的求婚之路

好不容易重获自由，对于赫拉克勒斯来说，此时的他可以做很多事，比如去开疆拓土发展自己的地盘，或者向完成十二大功绩过程中结下的敌人寻仇，或者去好好放松享受生活等等。然而这些事他都没有急着去做，而是干了一件最合乎男人本性的事情——找个老婆。

在优卑亚岛上的俄卡利亚城，国王欧律托斯箭术超群，因为弓箭之神阿波罗曾手把手教给他射箭之术，并赠他神弓。少年赫拉克勒斯就曾拜在欧律托斯的门下，学习射箭技术。现在这位国王普告全希腊，要来个射箭招亲：如果谁能在比赛中胜过他，他就把美丽的女儿伊俄勒嫁给谁。

赫拉克勒斯早就知道小师妹美若天仙，正为找媳妇一事烦恼的他听闻有这等好事，就赶紧前来报名参赛。后来又曾得到一代名师喀戎指导的赫拉克勒斯自然轻而易举地战胜了师父欧律托斯。按照约定，国王应该将女儿伊俄勒嫁给他。可出乎意料的是，欧律托斯反悔了——也许是觉得败在徒弟手下很没面子。他肆意侮辱伟大的英雄，声称绝不会把女儿嫁给曾经的奴隶，最后竟将他逐出俄卡利亚城。

赫拉克勒斯并没有当场和欧律托斯翻脸。他不想背负欺师灭祖的骂名，只得满腹悲伤地独自离开了。

离开俄卡利亚，伟大的英雄来到卡吕冬。这时他才突然想起自己下到冥府征服地狱三头狗刻耳柏洛斯时曾遇到卡吕冬王子墨勒阿革洛斯的鬼魂，并答应过娶他的妹妹得伊阿尼拉为妻。[1]明明有个现成的媳妇，为什么偏要娶伊俄勒？想到这里，心情大好的赫拉克勒斯来到国王俄纽斯面前，向其说明情况并请求将女儿嫁给他。

俄纽斯早就听闻赫拉克勒斯的威名，也很想把女儿许配给他。但他眼下有一个难题：大洋神俄刻阿诺斯三千儿子里的老大——河神阿刻罗俄斯看上了得伊阿尼拉，接连好几天上门求亲，可女儿并不喜欢他。这位"官二代"是个典型的花花公子，曾和司悲剧的缪斯女神墨尔波墨涅生下塞壬女妖[2]，和其他几位缪斯也有说不清道不明的关系，不少水中仙女据说都

---

[1] 参见本书第 190 页。
[2] 塞壬女妖的故事参见本书第 327 页。

是他的孩子。可俄纽斯又得罪不起这位河神，因为其河流就在卡吕冬一带流过，如不答应这门亲事，阿刻罗俄斯将使这条河流干涸，到时整个卡吕冬会深受其害。

听到这里，大英雄赫拉克勒斯火冒三丈。自己平日里最瞧不上的就是仗势欺人的主儿。这事让他碰上，他非管不可。于是，他建议俄纽斯搞个比武招亲，谁打赢了就可以带走得伊阿尼拉。

比武场上，蛮横骄纵的河神阿刻罗俄斯撇着嘴角，对赫拉克勒斯说："你说你是宙斯与阿尔克墨涅的儿子，谁会相信呢？在我看来，这事有两种可能：一种是假的，你是在冒名顶替、招摇撞骗；还有一种可能是真的，那就说明你妈阿尔克墨涅和宙斯有奸情！这样一来，要么宙斯不是你爹，要么你是你妈偷情之后生下的野种。请你选一个吧！"

赫拉克勒斯哪里受过这样的嘲讽、侮辱与挖苦，直气得双眼冒火。他恶狠狠地说道："阿刻罗俄斯，我虽不如你牙尖嘴利，但我的拳头一定可以让你闭嘴。"说罢，赫拉克勒斯已伸出强劲有力的双手，又一次施展他的"熊抱神功"。没想到，大英雄这次遇上了真正的对手，高大的阿刻罗俄斯也抱住了他。两人你来我往，像摔跤选手，又像犄角交叉的公牛斗在了一起，谁都不肯示弱。

拼到最后，赫拉克勒斯还是技高一筹。他像沉重的大山一样压住河神，使劲将他按向地面。阿刻罗俄斯的腰渐渐弯了下去，双腿开始颤抖，头也触到地面。为避免失败，天生就有变形本领的河神突然变成一条蛇，从英雄的怀中滑脱。见此情景，赫拉克勒斯哈哈大笑："老子可是玩蛇高手！还在摇篮里的时候我就扼死过毒蛇，长有九个头的勒耳那水蛇也是我的手下败将。"说着，他那铁钳般的双手已死死扼住蛇颈。阿刻罗俄斯拼命挣脱，又变成一头凶猛的公牛，向赫拉克勒斯冲来。宙斯之子得意地说道："我可也是斗牛高手！克里特公牛怎么样？还不是被我轻松活捉？"说话间,他已抓住牛角,将它掀翻在地。由于用力过猛,一只牛角竟被折断。阿刻罗俄斯疼痛难忍,只得甘拜下风。

就这样,俄纽斯高高兴兴地把女儿得伊阿尼拉嫁给了赫拉克勒斯。

婚后,大英雄告别岳父带着爱妻去特拉基斯定居。途中,他们需渡过水流湍急的欧厄诺斯河[①]。在这里,伊克西翁与涅斐勒[②]生下的马人儿子涅索斯用宽阔的臂膀背人渡河,收取费用。

赫拉克勒斯把美丽的妻子扶到马人的背上,自己则游泳过河。他刚一上岸,就听到得伊阿尼拉的呼救声。原来,好色的马人迷恋她的美色,以为四条腿的自己怎么也比两条腿的赫拉克勒斯跑得快,遂起了色心,想掳走美女。

宙斯的儿子朝马人怒吼一声:"你这个头脑简单的好色之徒!你跑得再快,能赶得上我的飞箭吗?"说着赫拉克勒斯弯弓搭箭,用浸有九头蛇许德拉毒液的弓箭朝涅索斯奋力射了过去。箭矢从他的背部扎入,从他的胸口穿出。

受了致命伤的涅索斯轰然倒地,沾上九头蛇毒液的鲜血不断从伤口流出。涅索斯不报此仇死不瞑目。他用尽最后一丝力气对得伊阿尼拉说:"临死之前,我已幡然悔悟。我要做一件好事来弥补我所犯下的罪行。请你把我流出的血收集起来保存好,如果以后赫拉克勒斯对你变心,你只需要把这些血涂在他的衣服上,他就会回心转意,并能使他对你的爱超过对任何一个女人的爱。"单纯的得伊阿尼拉听信了涅索斯的话,赶紧把马人"落在地上的精子和从那箭锋的伤口流出来的血液和在一处"[③],贴身藏好。

[①] 想当年,美女玛耳珀萨被莽汉伊达斯劫走,父亲欧厄诺斯奋力急追,结果还是没追上,绝望的父亲投河自尽。从此这河便被叫作欧厄诺斯河。参见本书第63页。

[②] 伊克西翁与涅斐勒的故事参见本书第187页。

[③] 【古希腊】阿波罗多洛斯:《希腊神话》,周作人译,长江出版社,2018年版,第143页。

涅索斯此时也渐渐没了气息。

赫拉克勒斯并不知道这一切，他带着爱妻来到特拉基斯。

5. 赫拉克勒斯与翁法勒女王

虽然历经了一些磨难，但赫拉克勒斯最终还是抱得美人归，结束了光棍生涯，与妻子得伊阿尼拉在特拉基斯过着幸福快乐的日子。

想不到没过多长时间，风波又起……

前文提到，赫拉克勒斯被曾经的恩师欧律托斯驱逐出俄卡利亚城。[①]之后不久，欧律托斯的牛群被人偷走了，窃贼就是神偷赫尔墨斯的儿子——号称"盗圣"的奥托吕科斯[②]。但国王想当然地认定是赫拉克勒斯偷了牛群，认为他对昔日所受的侮辱怀恨在心，故意报复。只有欧律托斯的大儿子伊菲托斯不相信伟大的赫拉克勒斯是那种小肚鸡肠之人，会做出这种卑鄙无耻之事。为了还英雄以清白，他自愿去寻找牛群。

在此期间，伊菲托斯来到梯林斯。当时赫拉克勒斯也正在此地，久未谋面的老朋友见面，有说不完的话。有一天，情同手足的兄弟俩站在梯林斯高峻的城墙上欣赏优美的风景，伊菲托斯忍不住把丢牛、寻牛一事的来龙去脉给赫拉克勒斯说了一遍。大英雄听了之后当然非常生气。为了证明自己的清白，他答应和老朋友伊菲托斯一起去找牛。

然而不幸的是，就在这时，那位一直视赫拉克勒斯为眼中钉、肉中刺的天后赫拉出手了。她施展法力，又一次使宙斯的这个私生子疯病发作。[③]现在赫拉克勒斯满脑子都是欧律托斯对他的侮辱。难以抑制的怒火使他完

---

① 参见本书第192页。

② 阿波罗与赫尔墨斯这一对不愧是好兄弟。他们一起看上了人间美女喀俄涅。兄弟俩在同一夜分别与美女同床，喀俄涅为他们生下一对孪生兄弟：惯偷奥托吕科斯和著名歌手菲拉蒙。一看前者就是赫尔墨斯的种，后者则是阿波罗的种。

③ 之前一次，丧失理智的赫拉克勒斯亲手杀死了妻子墨伽拉和三个儿子。参见本书第160页。

全丧失了理性，再也无法克制自己。他一把抓住伊菲托斯，把他从城墙上扔了下去，摔得粉身碎骨。

清醒过后，赫拉克勒斯深感罪孽深重，陷入了无尽的痛苦和自责之中。他请皮洛斯国王涅琉斯①为他净罪，但涅琉斯和伊菲托斯的父亲欧律托斯是朋友，所以他拒绝了赫拉克勒斯的请求。这使宙斯之子更加愧疚。心力交瘁的赫拉克勒斯最后不得不去德尔斐神示所，请求阿波罗的神谕，询问他该如何摆脱神祇对他的惩罚。但是女预言家皮提亚一脸怒气地说他这个杀人犯玷污了神殿，不容分说将他赶了出去。

愤怒的赫拉克勒斯离开时顺手偷走了皮提亚的三脚供桌。此事又惹怒了太阳神阿波罗。结果，宙斯的这两个儿子打了起来。赫拉克勒斯虽然勇猛，但他毕竟是一个凡人，肯定打不过永生的神祇阿波罗。所以，宙斯在他们中间及时投下雷电，将其隔开。兄弟俩明白了父亲的用意，实现和解。随后，阿波罗授意他的祭司皮提亚对赫拉克勒斯做出如下答复："你必须卖身为奴三年，方能净除罪孽。卖身所得的钱财都给欧律托斯，以赎杀死他儿子伊菲托斯之罪。"就这样，赫拉克勒斯刚出火坑，又入火海，还要继续为奴。

可怜的赫拉克勒斯被卖给吕底亚的寡妇女王翁法勒做奴隶。商业之神赫尔墨斯亲自把他的卖身钱交给欧律托斯，但是骄傲的俄卡利亚国王不肯收钱，又给退了回去。赫拉克勒斯一听也是怒了："虽说你是我的师父，但当初你弄了个比武招亲，我拿了冠军，你却耍赖不认账，不肯把女儿伊俄勒嫁给我，才闹出后面这许多事情来。现在我卖身赔钱给你，又被你拒绝，你让我的脸往哪里搁？既然放着师父、岳父不当，那就走着瞧吧！这笔账我早晚是要找你算的！"

---

① 涅琉斯是海神波塞冬与堤洛的儿子。参见本书第 296 页。

算账的事以后再说。既然已经卖身，悲催的赫拉克勒斯只好去履行三年的奴隶义务。

吕底亚位于小亚细亚，和希腊本土相隔甚远。虽然赫拉克勒斯这些年声名远扬，但女王对他的事迹并不熟悉，只知道他是个战斗力很强的精壮猛男而已，所以安排他替自己干了不少事，比如帮她除掉吕底亚的葡萄园恶霸绪琉斯，打败她多年的宿敌依托涅斯人，等等。这不由得让女王大为高兴，心想：这汉子真会办事！作为寡妇的她开始对这个奴隶产生了兴趣。

经过一番盘问，翁法勒才知道这奴隶竟然是宙斯之子，还是希腊赫赫有名的大英雄。她马上对赫拉克勒斯另眼相看，心想：老娘单身多年，没想到手下就有一个如此优秀的奇男子，不用岂不是浪费？赫拉克勒斯虽有一身武艺，但一路走来满是坎坷，虽有老婆但远在他乡，心里憋屈无人倾诉，倍感孤单寂寞。于是两人眉来眼去，互诉衷肠，没多长时间就生活在了一起。

不过，这对情侣却有点不走寻常路。两人有一个共同的爱好——"异装癖"：翁法勒经常披上赫拉克勒斯的狮皮，手持大英雄的标志性武器——那根狼牙棒；而赫拉克勒斯却穿着女王的衣服，头戴花冠，颈挂项链，胳膊上戴着手镯。这还不算，在翁法勒面前，赫拉克勒斯还是个"受虐癖者"：女王让赫拉克勒斯手拿纺锤，纺织羊毛；她则时常把脚架在英雄的脖子上，看到他干不好活就随时对他连打带骂。正如施瓦布所说，"赫拉克勒斯迷醉于爱情，竟至于愿意坐在妻子的脚旁，专心致志地赶纺羊毛……他跟女佣们坐在一起，面前挂了一根纺纱杆，用瘦骨伶仃的手指摇纺粗大的纱线。他担心完不成任务会遭到女主人的嘲笑和责骂"。[①]

---

① 【德】古斯塔夫·施瓦布：《希腊古典神话》，曹乃云译，译林出版社，2010年版，第190页。

总之，不可一世的英雄秒变成伪娘。

从心理学上讲，异装、受虐在一定程度上可以起到缓解压力、调节情绪的作用。强大的赫拉克勒斯受懦弱的欧律斯透斯的奴役，男人味十足的大英雄给一个女人做奴隶，加之老婆孩子和朋友都死于自己手下，可想而知他的心理压力有多大，确实需要一个缓冲的渠道。

但英雄毕竟是英雄，无论何时也无法完全遮掩他的昔日雄风。

赫尔墨斯之子、好色之徒潘神看上了翁法勒，趁着夜黑风高潜入女王寝宫欲行非礼。屋里黑灯瞎火，潘神什么也看不见，就在床上乱摸一气，不一会儿还真摸到一件又细又滑、质地松软的高档睡衣。他一阵暗喜，心想这必定是翁法勒无疑了。于是接着往下摸，想摸一下女王那光溜溜的大腿。可等他真摸到腿了，突然感觉不对：怎么这么多腿毛啊？没错，潘神摸的不是翁法勒，而是身着女装的赫拉克勒斯！我们不知道潘神当时心里是什么滋味，只知道被摸醒的赫拉克勒斯一脚就把他踹到了床下。自知理亏的潘神不敢声张，忍着剧痛灰溜溜地逃掉了。

就这样，赫拉克勒斯和女王翁法勒还算和谐地生活了三年。刑满之后，他又获得了自由身。伟大的英雄再也不愿过这种不男不女的生活。他毅然决然地离开女王，回到了得伊阿尼拉的身边。

6.赫拉克勒斯的复仇之路

自从和翁法勒女王过了三年异装和受虐的生活之后，赫拉克勒斯整个人性情大变：那个行侠仗义的大英雄成了满腔仇恨的复仇者。他决定狠狠报复那些以前得罪过他的人，找他们算账。

第一笔账：特洛伊国王拉俄墨冬。

想当年赫拉克勒斯抱打不平，从波塞冬派来的海怪嘴里救下特洛伊公主赫西俄涅。事后国王拉俄墨冬却说话不算数，不但不给他之前许诺下的神马，还连讽刺带挖苦地把他赶出特洛伊。①

想起这件事，威望甚高的赫拉克勒斯振臂一呼，立即召集起由珀琉斯、忒拉蒙②等英雄组成的九百人团队，乘坐十八艘大船，前去攻打特洛伊。

船队抵达特洛伊城下的海岸边。赫拉克勒斯吩咐部下俄伊克勒斯率一小队人马守护大船，自己则率领大部队开赴特洛伊城。宙斯之子刚一离开，狡猾的拉俄墨冬就抄后路袭击了俄伊克勒斯。英雄们听到了船边的厮杀声，赶忙回援，但还是晚了一步。俄伊克勒斯已被杀死，拉俄墨冬也已退回城内。

赫拉克勒斯直气得暴跳如雷，立即率领全部人马不惜任何代价围攻特洛伊城。拉俄墨冬的军队抵挡不住众英雄猛狮般的进攻。围城不久，英雄们便攀上高大的城墙，攻入城内。

如今已变得像天后赫拉一样善妒的赫拉克勒斯看到第一个入城的不是他自己，而是英雄忒拉蒙，顿时感到这是对其赫赫威名的侮辱。赫拉克勒斯无法容忍任何人和他抢风头。他抽出佩剑，朝忒拉蒙猛扑过去。

精明的忒拉蒙感觉到了死亡的威胁。他急中生智，赶紧弯腰捡石头。赫拉克勒斯停下脚步，面带惊讶地问道："忒拉蒙，你在干什么？"

忒拉蒙机智地答道："宙斯最伟大的儿子，我最崇拜的英雄，我在为无所不能的您堆砌祭坛！"这个回答平息了赫拉克勒斯心中的怒火。

杀红了眼的赫拉克勒斯用毒箭射死了拉俄墨冬及其儿子们，只有小儿子波达耳刻斯躲过一劫。赫拉克勒斯把他曾经搭救过的公主赫西俄涅送给了骁勇善战的忒拉蒙做妻子，并允许她交付赎金选择一个俘虏来释放，赫

---

① 参见本书第 179 页。
② 珀琉斯与忒拉蒙兄弟的身世参见本书第 302 页。

西俄涅以她最珍贵的公主金冠为代价买下了她的弟弟波达耳刻斯。从此以后，人们把波达耳刻斯称为普里阿摩斯（意即被赎的、买来的）。

赫拉克勒斯离开特洛伊时，将城市的统治权交给了普里阿摩斯。赫西俄涅则被忒拉蒙带回希腊娶为妻子。

若干年之后，普里阿摩斯派儿子帕里斯去希腊接姐姐赫西俄涅回来，没想到他却半路勾搭别人的老婆，把海伦拐来。特洛伊战争由此爆发。这是后话，按下不表。

赫拉克勒斯率领军队离开特洛伊城，扬帆返航。女神赫拉看到志得意满的赫拉克勒斯，气就不打一处来。于是她让睡神许普诺斯将宙斯催眠，在海上掀起巨大的风暴，以使仇人葬身大海。

最后，这场风暴将赫拉克勒斯的大船刮到了科斯岛海岸附近。岛上居民以为是海盗入侵，纷纷投掷石块，阻止战船靠岸。这可惹怒了赫拉克勒斯。到了晚上，他率领大家离船登岸，大开杀戒，杀死了岛上的国王、波塞冬的儿子欧律皮罗斯，并将全岛洗劫一空。在这次战斗中，赫拉克勒斯作战过于勇猛，致使自己多处受伤。宙斯醒来后见此情景，连忙将爱子保护起来。

弄清事情真相的宙斯得知自己一心栽培的儿子竟遭遇如此大的危险，不由得怒火中烧。气急败坏的他对妻子赫拉施以严厉的惩罚。他给赫拉的双手戴上金镣铐，将她悬挂于天地之间，并在脚上系了两个沉重的铁砧坠在下面。赶来为赫拉求情的一众神仙，全都被盛怒之下的宙斯扔下了巍峨的奥林匹斯山。

第二笔账：厄利斯国王奥革阿斯。

想当年赫拉克勒斯甘当掏粪工，为奥革阿斯清理了三十年没有打扫过的牛圈。事成之后，国王反悔，可怜的英雄不仅没有得到事先答应好的报酬——三百头牛，还因索要酬劳，而使此事被欧律斯透斯排除在十项功绩之外。^① 这对赫拉克勒斯来说简直是奇耻大辱。想起此事，他忍无可忍，决定出手报仇雪恨。

这次赫拉克勒斯用的还是老办法。他振臂一呼，又召集了一批志愿军跟随他浩浩荡荡地杀入厄利斯。经过浴血拼杀，赫拉克勒斯用致命的毒箭将奥革阿斯和他的儿子们全部射死，并踏平了他的王国。和攻打特洛伊城一样，赫拉克勒斯攻打厄利斯不是为了王位。他召回了流浪在外的奥革阿斯儿子费琉斯，把王位交给了他。当年父亲赖账的时候，他坚持说做人应该守信用，结果就和赫拉克勒斯一样被驱逐出境。赫拉克勒斯现在这样做算是对他的报答。

一切安排妥当之后，赫拉克勒斯用大量的战利品向奥林匹斯诸神献祭，并举办了一次竞技会。这次大会非同小可，因为它就是鼎鼎大名的奥林匹克运动会。据说，玩性大发的宙斯也变做凡人模样赶来参赛，结果在角力比赛中还输给了他那伟大的儿子赫拉克勒斯。

第三笔账：皮洛斯国王涅琉斯。

已杀红了眼的赫拉克勒斯现在秉持的原则是：凡得罪过他的人，一个也不放过。他把下一个复仇目标指向了皮洛斯国王、波塞冬的儿子涅琉斯。当初赫拉施展法力使赫拉克勒斯得了间歇性精神病，他发疯时把好友伊菲托斯从城墙上推了下去，而涅琉斯拒绝为他净罪。^②

赫拉克勒斯率领军队攻打皮洛斯城，但遭到涅琉斯的十一个勇猛无比、能征善战的儿子们的顽强反抗。特别是其中的珀里克吕墨诺斯最得爷爷波塞冬的宠爱，爷爷曾亲传他变成各种动物的本领。赫拉克勒斯奋勇杀敌，兄弟十个纷纷倒在他的大棒之下。珀里克吕墨诺斯见此情景，连忙变成一

---

① 参见本书第 167 页。
② 参见本书第 196 页。

只雄鹰飞上天空,意欲逃跑。力求赶尽杀绝的赫拉克勒斯"嗖"地射出一箭,正中其翅膀根部。雄鹰坠落,摔到地上,一命呜呼。接下来,凶残的赫拉克勒斯对涅琉斯全家展开了一次灭门屠杀,只有尚未成年的小儿子涅斯托耳因寄养在外地而幸免于难。

这位涅斯托耳也真是命运多舛。他的母亲是尼俄柏之女克罗里斯。尼俄柏因挑衅勒托而被双胞胎姐弟阿尔忒弥斯和阿波罗灭门,涅斯托耳从小就失去了母爱[①]。现在他爹涅琉斯一家又几乎被赫拉克勒斯灭门,从此可怜的孩子也就成了无依无靠的孤儿。不过幸运的是,命运之神觉得涅斯托耳的身世过于悲惨,就让他接管了皮洛斯城,并把尼俄柏的子女原本应有的寿命全都给了他作为补偿,所以他也就成了远近闻名的老寿星。在特洛伊战争期间,涅斯托耳作为希腊联军一方的老英雄出场,还是颇有威信的。

第四笔账:斯巴达国王希波科翁。

斯巴达国王希波科翁的儿子们曾帮着涅琉斯对抗赫拉克勒斯。大英雄秉持"赶尽杀绝"的原则,接着又向斯巴达发起了进攻。

希波科翁是老国王俄巴洛斯的私生子。父亲死后,他带着残忍凶狠的十二个儿子发动政变,将其他同父异母的兄弟驱逐出境,篡夺了王位。[②]

斯巴达军队作风强悍,战斗力极强。赫拉克勒斯一时难以取胜。于是,他来到阿耳卡狄亚地区的忒革亚,请求国王刻甫斯[③]及他的二十个儿子出兵帮助自己。刻甫斯与赫拉克勒斯一同参加过阿耳戈号的远征,是老朋友、旧相识。因此,刻甫斯挺愿意出兵相助,但他有后顾之忧——他怕离开后虎视眈眈的阿尔戈斯人会来进攻他的国家。于是,赫拉克勒斯拿出一件法

[①] 参见本书第 220 页。
[②] 参见本书第 387 页。
[③] 与埃塞俄比亚国王、珀尔修斯的老丈人刻甫斯同名。参见本书第 144 页。

宝——当年雅典娜女神送给他的一个装着美杜莎蛇发的青铜瓶,并把它交给了刻甫斯的女儿斯忒洛珀,告诉她如有敌人来犯,就在城墙上把这个有着引发恐惧魔力的瓶子连举三次,敌人就会望风而逃。一切都安排好之后,刻甫斯带着儿子们跟随赫拉克勒斯出征了。

与斯巴达的战斗异常惨烈。获得最后胜利的虽然是赫拉克勒斯,但同母异父兄弟伊菲克勒斯英勇捐躯,刻甫斯和他的儿子们也全部战死沙场。攻下斯巴达后,赫拉克勒斯又展开了对希波科翁一家的灭门行动。之后,他召回以前被希波科翁驱逐出境的同父异母兄弟廷达瑞俄斯,并把王位交给他,自己则又一次拂袖而去。①

7. 赫拉克勒斯的封神之路

东打西杀很多年,静下心来的赫拉克勒斯又想起了一次耻辱经历。当初自己刚刚完成十二大功绩,正是风华正茂、意气风发的好年龄。他自信满满地去参加早年的弓箭师父欧律托斯为女儿举办的比武招亲大会,胜出后本想把小师妹伊俄勒带走,就此过上幸福生活。岂料欧律托斯翻脸不认人,不但不认这个女婿,还把他羞辱了一番。后来盗圣奥托吕科斯偷了欧律托斯的牛群,他又把这个屎盆子扣在了自己身上,由此自己才失手杀死好友伊菲托斯。为了赎罪,他不得不在翁法勒女王手下为奴。这段生活又使得他性情大变,成为好勇斗狠的角色。如此看来,他的这一系列不幸遭遇皆因欧律托斯而起,不对他进行报复简直天理难容。

说干就干。赫拉克勒斯再次组织起一支义勇军,朝优卑亚岛上的俄卡利亚城进发,没费吹灰之力就将欧律托斯的城池攻陷。接下来,愤怒的赫拉克勒斯砍瓜切菜般将国王和他的儿子们统统干掉。然而,当他面对小师妹伊俄勒时,赫拉克勒斯的心肠软了。在美女面前,他不由得放下了手里

---

① 参见本书第 387 页。

的屠刀。

美女虽手无缚鸡之力，但有时又有一种无形而不可捉摸的强大力量。就在见到伊俄勒的那一刻，大英雄赫拉克勒斯决定放弃血腥的屠杀和复仇，带着她回家和老婆孩子安安稳稳地过日子。

途经优卑亚地区一个优美的海岛时，幡然悔悟的赫拉克勒斯打算在这里为父亲宙斯建造一个豪华祭坛。出于礼节需要，大英雄派使者利卡斯前往自己在特拉基斯的家中拿他的正装。

然而，从多嘴的使者口中，赫拉克勒斯的妻子得伊阿尼拉听说了关于丈夫和伊俄勒的故事。"小三"的威胁顿时让她感到坐立不安，天后赫拉趁机让谣言女神进一步蛊惑她的内心。在这种强烈的危机感中，得伊阿尼拉想起了曾劫掠她的马人涅索斯的临终遗言。[1] 于是，她小心翼翼地拿出了当年保存下来的毒血，将其抹在了丈夫的衣服上，并让利卡斯给赫拉克勒斯送过去。

毫无戒备的赫拉克勒斯满心欢喜地穿上新衣，当时并没有任何异样。然而献祭一开始，祭坛上的火把衣服烤热了，所谓的"爱情毒药"开始发作，只见他身上冒起烟来，皮肤也开始溃烂。赫拉克勒斯连忙用手去撕扯衣服，可它已牢牢粘在了身上。他用力一扯，皮肉也跟着被撕落，甚至连骨头都露了出来。极度的痛苦使赫拉克勒斯陷入了疯狂，他将利卡斯一把抓住，扔了出去。

家里的得伊阿尼拉让使者把沾有涅索斯血液的衣服送走之后，心里也一直忐忑不安。她发现之前用来往衣服上抹血的那团羊毛在了阳光下冒出了一股黑烟，迅速化为灰烬。看到这一幕的得伊阿尼拉吓坏了，连忙叫儿子许罗斯赶往祭坛，让他阻止父亲穿上这件有毒的衣服。

---

[1] 参见本书第194页。

可许罗斯还是晚了一步。他亲眼看到了祭坛上发生的那幕惨剧。等父亲稍微平静了一会儿之后，许罗斯给他说明了事情的真相。赫拉克勒斯这才恍然大悟。他想起了之前针对他的那则预言，说他会死于一个居住在冥国的死人之手。现在看来，这则预言就要成为现实。

没有谁比赫拉克勒斯更了解九头蛇的毒性。他知道自己没救了，但他不想死在荒郊野外，所以让儿子许罗斯用船把他运回特拉基斯的家中。妻子得伊阿尼拉早已得知这个不幸的消息。悔恨交加的她再也无法面对丈夫，于是自杀身亡。

毒性的进一步发作令赫拉克勒斯疼痛难忍。他决定用自焚的方式来结束生命，于是命人垒起柴堆，铺上狮皮，将他的武器——大棒和弓箭放在上面，最后自己静静地躺了上去。临终之前他拉着儿子许罗斯的手，让他答应两件事情：第一，娶伊俄勒为妻；第二，亲手点燃柴堆。第一件事许罗斯答应了，可让他为难的是第二件——他无论如何也下不了手。英雄的老部下也没有一个人愿意点火。

这时，有个名叫波阿斯的外地人因寻找牛群打此路过，赫拉克勒斯用自己的弓箭作为报酬，让他点着了火堆。①烈火熊熊燃烧，"将他从凡人的母亲承受来的人的分子用火煅净了。那神的分子是清净无垢的，便升到诸神中间去了"②。只见空中一阵电闪雷鸣，雅典娜和赫尔墨斯乘着金马车将人间最伟大的英雄接往光明的奥林匹斯山，成为永生的神祇。宙斯封他为"武仙座"，以另一种形式开始了新的生命。

至此，天后赫拉与位列仙班成为同事的赫拉克勒斯一笑泯恩仇，还把

---

① 波阿斯的儿子菲罗克忒忒斯从父亲那里继承了神弓和浸过勒耳那水蛇毒液的箭。之后他参加了特洛伊战争，帕里斯就死于他的箭下。

② 【古希腊】阿波罗多洛斯：《希腊神话》，周作人译，长江出版社，2018年版，第146页。

女儿——青春女神赫柏嫁给了他。两位神仙就此过上了其乐融融的幸福生活。

8.赫拉克勒斯的后代子孙

赫拉克勒斯死后，他的母亲阿尔克墨涅和子女都住在梯林斯。可是没过多长时间，迈锡尼国王欧律斯透斯就得知了赫拉克勒斯的死讯。害怕遭到英雄后代报复的他决定斩草除根，开始追捕他的家人。阿尔克墨涅等人为了逃命，在希腊境内到处流浪，后来被年迈的伊俄拉俄斯[①]收留。但欧律斯透斯仍不肯放过他们。最后，他们只得和伊俄拉俄斯一起逃往雅典，当时在雅典执政的是忒修斯和淮德拉的儿子得摩福翁[②]。

欧律斯透斯在得知赫拉克勒斯的家人已到雅典后，马上派传令官科普瑞俄斯去见得摩福翁，警告他："马上交人！如若不然，兵戎相见，踏平雅典！"得摩福翁知道：第一，自己与赫拉克勒斯一家有亲戚关系[③]；第二，当年父亲忒修斯被困冥府，正是赫拉克勒斯出手相救，才使他重见天日[④]。现在他的家人前来求助，自己无论如何都不能坐视不管。想到这里，得摩福翁将科普瑞俄斯逐出雅典。

不久，欧律斯透斯果然率领大军浩浩荡荡开赴阿提卡地区。马上面临一场恶战的雅典人请求众神的谕示，询问战争的结局。神谕告诉他们只有用一个出身高贵的姑娘作为祭品献祭给冥后珀耳塞福涅，胜利才会属于雅典。赫拉克勒斯的长女玛卡里为了拯救家人，自愿献出了生命。

战斗空前惨烈，双方死伤惨重，最后雅典人取得了胜利。欧律斯透斯

[①] 伊俄拉俄斯就是赫拉克勒斯同母异父的弟弟伊菲克勒斯的儿子,在赫拉克勒斯斩杀九头蛇许德拉时，曾给他当过助手。参见本书第 162 页。

[②] 参见本书第 285 页。

[③] 参见本书第 265 页。

[④] 参见本书第 189 页。

率领残兵败将落荒而逃。赫拉克勒斯的儿子许罗斯一马当先，追捕父亲的仇敌。

伊俄拉俄斯看到后，上前央求许罗斯将战车让给他。他迫切地想亲手活捉欧律斯透斯，替伯父赫拉克勒斯复仇。许罗斯答应了老大哥的请求。伊俄拉俄斯立即乘上战车，快马加鞭追了上去。眼看就要追上了，年迈的伊俄拉俄斯怕自己打不过仇人欧律斯透斯，遂虔诚地向奥林匹斯众神祈祷，恳请他们赐给他一天的青春年少和昔日力量。赫拉克勒斯的妻子赫柏就是主管青春的女神，自然会帮助伊俄拉俄斯替丈夫报仇。她施展法力，老英雄马上焕发出青春的光彩，变得强壮而有力。不一会儿，伊俄拉俄斯就追上了欧律斯透斯，并徒手将其活捉。

伊俄拉俄斯像个朝气蓬勃的年轻人，一路兴高采烈地押着被缚的欧律斯透斯赶了回来。赫拉克勒斯的母亲阿尔克墨涅看到仇敌就在眼前，想起他对儿子的各种迫害、对自己家人的一路追杀，不禁新仇旧恨一起涌上心头。尽管欧律斯透斯把所有的责任都推卸给了天后赫拉，阿尔克墨涅还是忍不住用双手抠出了他的眼珠，并将其杀死。

赫拉的忠实走狗欧律斯透斯就这样死掉了。对于他的死，天后不会有半点眷顾，因为他已完全失去了利用价值。加之，赫拉克勒斯现在已是她的乘龙快婿，成为一家人，丈母娘绝不会再支持欧律斯透斯迫害女婿的家人了。

欧律斯透斯死后，许罗斯立即挥师前往珀尔修斯家族的故地——伯罗奔尼撒半岛。要知道，当年他奶奶阿尔克墨涅和名义上的爷爷安菲特律翁在这里曾拥有迈锡尼的统治权，只因误杀老丈人厄勒克特律翁才被欧律斯透斯的父亲斯忒涅罗斯驱逐，所以他此次出兵夺回本属其家族的地盘也有充分的理由。但赫拉克勒斯后代子孙的这一回归过程可谓历尽艰险、几经波折，许罗斯之后三代人经过一百多年的征战才最终收复伯罗奔尼撒地区。

伯罗奔尼撒所划分的三个王国中也只有斯巴达坚持到了最后,所以斯巴达人坚定地认为他们就是赫拉克勒斯的后裔,其勇武好战正是继承了先祖的遗风。

二、卡德摩斯世家

前文提到,珀尔修斯世家源于宙斯推倒伊那科斯的美丽女儿伊俄,干完坏事之后,像往常一样,拍拍屁股走人,继续寻找下一位美女。被抛弃的伊俄也和同宙斯发生过一夜情的其他女人一样,被明媒正娶的赫拉一路追杀。历经千辛万苦,她在埃及生下宙斯之子厄帕福斯。后来,这孩子登基坐殿,成为国王。弟弟到处寻花问柳,做哥哥的也不甘落后。一向以"欺女霸女"闻名四海的波塞冬霸占了厄帕福斯的女儿利彼亚。海神果然出手不凡,美女为他生下阿革诺耳与柏罗斯一对双胞胎兄弟。[①]

成年之后,柏罗斯继承了外祖父厄帕福斯的王位,后来才有了珀尔修斯世家。阿革诺耳则背井离乡、四处漂泊,最后在小亚细亚安顿下来,建立了自己的王国——腓尼基,从而繁衍出这里要讲的卡德摩斯一脉。由此看来,卡德摩斯世家与珀尔修斯世家同根同源,同属一支。

(一)宙斯诱拐欧罗巴

腓尼基国王阿革诺耳有三个儿子,他们是福尼克斯、喀利克斯和卡德摩斯。不过今天故事的主角轮不到他们,而是阿革诺耳那个名闻天下、像女神一样美丽的女儿欧罗巴。

一天晚上,欧罗巴做了一个奇怪的梦,梦见她所居住的亚细亚和隔海

---

① 参见本书第134页。

相望的另一块大陆同时变身为两个妇女来争夺她。身着当地人服饰的亚细亚情绪激动，说自己是生她、养她的母亲，理应归她所有；而具有异域风情的陌生女人却要强行将她拉走，并对她说："美丽的欧罗巴，跟我走吧！我要带你去见那伟大的宙斯，因为命运女神指定你做他的情人。"

被吓醒的欧罗巴呆坐良久。她不明白这个梦意味着什么，只是朦朦胧胧地觉得梦中那位陌生女人虽然在用暴力手段拉扯她，可自己非但不讨厌她，反而有点渴望遇到她，因为她的面容是那么温柔、那么慈祥。

第二天，欧罗巴也不知道为什么，鬼使神差地精心打扮一番后，才和女伴们一起去绿草如茵、鲜花盛开的海边玩耍。阿革诺耳的女儿在人群中显得如此娇美和出众，就像被女孩们簇拥着的美神维纳斯。

不一会儿，姑娘们四下散开了，各自采摘着喜欢的鲜花。欧罗巴摘到了一束象征爱情的玫瑰花。随后，姑娘们手持美丽的鲜花，伴着笑声在草地上跳起了欢快的舞蹈。

女孩们的欢声笑语在空中远远飘荡，惊动了在奥林匹斯山上无所事事的大色狼——雷神宙斯。他站在云端，向下观瞧：这么一个大美女，怎么原来没有发现？差点就错过了！宙斯"倏"地一下就来到了人间。正欲上前，他突然想起家中的母老虎最近盯得比较紧，上次霸占美女伊俄被迫将美人变成母牛的场景还历历在目。想到这里，神王定住脚步，眉头一皱，计上心来。

宙斯传唤忠实跟班赫尔墨斯前来帮忙，让他扮演牧牛少年，自己则变成一头漂亮的公牛混在普通的牛群中间。牛群在赫尔墨斯的驱赶下来到草地上，走到女孩们身边。少女欧罗巴一眼就看到了那头不同凡响的公牛。就像她在姑娘们中间是那么显眼和出众一样，这头公牛也是如此地与众不同——它有着强健的身躯、金色的牛毛、晶莹的牛角，特别是那双清澈明亮的眼睛流露出深深的情意和眷恋。欧罗巴情不自禁地走过去轻轻抚摸牛背并给它带上美丽的花环，公牛则十分善解人意地亲吻了姑娘那柔嫩的玉手，略显慵懒地在她的脚边卧倒，忽闪着眼睛，似乎在请姑娘骑到它的背上。欧罗巴也正有此意，就笑盈盈地坐到了那宽阔的牛背上。

就在这时，公牛突然一跃而起，急速朝大海的方向奔去。看到这一幕，姑娘们一个个吓得花容失色，急欲跑上前去救下欧罗巴，可公牛风驰电掣般飞奔，又让姑娘们感到束手无策。不一会儿，公牛就跃入大海，像海豚一样飞快地向对岸的方向游去。

真不愧是亲哥俩！之前波塞冬霸占了宙斯的孙女利彼亚，现在波塞冬赶来帮助宙斯抢夺自己的孙女欧罗巴。只见海神在众多虾兵蟹将的簇拥下，威风凛凛地坐在车上，用他的三叉戟削平浪头，为兄弟宙斯铺平了海上通道，颇有一番大义灭亲的劲头。再看那可怜的美女欧罗巴，早已吓得脸色苍白、瑟瑟发抖，但也只能坐在牛背上，紧闭双眼，握住牛角，任它奔驰。

不久，公牛驮着心爱的美人儿上了岸，来到他再熟悉不过的克里特岛。当年，他为了避免被父亲克洛诺斯吃掉，整个幼年、童年、少年时代都在此度过。①

到了一棵大树旁，公牛俯下身来，让姑娘从背上轻轻滑下。按理说，此时的老色狼宙斯应该迫不及待地和美女欧罗巴翻云覆雨，但这次他的行事方式却和以往不同，突然玩起了失踪。也许是神王来到童年曾经生活过的地方，玩性大发，想和美女来个"躲猫猫"，反正他对这里的一草一木都非常熟悉，她跑不出自己的手掌心；也许是宙斯觉得当年母亲瑞亚把他藏在此处，想来此处必定十分隐蔽，他也就不易被家里的母夜叉赫拉找到，所以不必急于一时。

小姑娘欧罗巴四下望去，空无一人，真是又怕又恨。为了驱赶心中的

---

① 参见本书第12页。

恐惧、发泄内心的怨恨，她忍不住高声呼喊："该死的公牛，你躲到哪里去了？你要再敢出现在我的面前，我一定折断你的犄角！"可是岛上没有任何声响，欧罗巴继续喊道："公牛不出来，那就来一头雄狮或猛虎吧！我宁可被这些猛兽吃掉，也不愿再看见那头可恶的公牛！"四周仍是一片寂静。

绝望的姑娘向海边走去——她想投海自尽。就在这时，突然听到背后有人，欧罗巴赶紧回过头去，看到一位神采奕奕、光彩照人的女神站在面前。女神嘴角露着一丝微笑，说道："美丽的姑娘，我是女神维纳斯。昨天晚上正是我托梦给你。你所诅咒的那头公牛是伟大的雷神宙斯。他马上就会来到你的面前，任由你将他的牛角折断。不过，到时我怕你会不忍心下手，因为命中注定他就是你的情郎。而且你的名字也将不朽——这块与你的故乡'亚细亚'遥相对应的大陆将被命名为'欧罗巴'！"

欧罗巴知道任何人都无法违逆命运的安排，所以在心里也就默默地接受了宙斯。这次，神王终于不用"霸王硬上弓"了——欧罗巴非常温顺地投入了情郎的怀抱。后来，她为宙斯生下三个强大而睿智的儿子——米诺斯、拉达曼提斯和萨耳珀冬。

新鲜劲一过，宙斯又一次拍屁股走人，留下妻儿在人间。不过，这些被宙斯抛弃的女人从来不愁没人接手，而且接手的往往是一国之主。欧罗巴也一样，她嫁给了克里特国王阿斯忒里翁。不仅如此，宙斯一般还会让老国王绝后，以便让自己的亲生儿子继承王位，延续血脉。

（二）卡德摩斯创基业

我们暂且把视线离开克里特岛，回过头来再说一下腓尼基。国王阿革诺耳就这么一个宝贝女儿欧罗巴，那可是他的掌上明珠，现在无缘无故地被公牛带走，至今生死不明，这令年迈的老父亲悲痛欲绝。最后，阿革诺耳决定派他的三个儿子——福尼克斯、喀利克斯和卡德摩斯出去寻找欧罗巴，并给他们几个下了死命令："如果找不到妹妹，那你们就再也不要踏上腓尼基的土地。"

世界如此之大，找一个人谈何容易？福尼克斯、喀利克斯哥俩出来没多长时间就已心灰意冷，但又不敢回家，于是他们分别建立了属于自己的王国。

意志坚定的卡德摩斯不辞辛苦，在世界各地漫游，独自寻找妹妹欧罗巴。可是，宙斯这次做得如此隐蔽，连天后赫拉都没有发现，卡德摩斯一个凡人怎么可能找得到呢？最后，内心绝望的他只得来到德尔斐神示所，请教预言之神阿波罗。阿波罗借用祭司之口对他发布了以下神谕："勇敢的卡德摩斯，不要再找欧罗巴了！你不可能找到她，还是去建立一座属于你的城市吧！你跟着一头没有主人的母牛走，它在哪里躺下，你就在哪里筑城。这将是一座伟大的城市。"

卡德摩斯只得服从命运的安排，放弃继续寻找妹妹的想法。刚一离开德尔斐神示所，他果然看见了一头雪白的母牛，便和忠实的仆人一起跟着它走。跨过河谷之后，在一片开阔的平原地区，母牛停下行进的脚步，安然地躺在了绿色的草地上。

卡德摩斯虔诚地跪下亲吻着这片陌生的土地。接下来，他堆起祭坛，准备向诸神献祭，请求他们为以后生活在此地的居民带来福祉。一切都已准备就绪，卡德摩斯才发现这里没有制作祭品用的清水。他只得派一路追随他的仆人前去寻找水源。

仆人一路前行，进入一片古老的树林。树林中央有一个深不见底的山洞，山洞旁边巨石林立、灌木丛生，洞中涌出一股晶莹清澈的泉水，淙淙流淌。卡德摩斯的仆人欣喜异常，赶快拿出水罐去接这清凉的泉水。可就在这时，他们听到了可怕的嗞嗞声，接着一条毒龙从洞中爬出。只见它双眼冒着火光，嘴里长着三排尖利的毒牙，三叉芯子正从血盆大口中吐出，头上的金冠也在不时抖动着，庞大的身子则蜿蜒于巨石之间。

原来，这里是战神阿瑞斯的圣林，这条毒龙在此负责看护林中这眼泉水。看到有人取水，毒龙尾巴着地，直起身来，龙首比旁边的参天古树还要高。卡德摩斯的仆人早已吓得面无人色，四肢僵硬，动弹不得。没等这些人缓过神来，毒龙直接扑了过去，将他们全部杀死。

太阳西斜，卡德摩斯见仆人还未归来，一种不祥的预感涌上心头。于是他披上战袍，拿起盾牌，挎上利剑，手执长矛，沿着他们的足迹朝树林走去。最终，他看见了被撕碎的仆人的尸体，而那条吃饱喝足的巨龙正在尸体旁边休息。眼前的这一幕使卡德摩斯悲愤万分。他不容分说抓起身旁的一块巨石，猛地向凶手砸了过去，可毒龙那坚硬的鳞甲确保它安然无恙。钝器不行换利器。卡德摩斯没等巨龙反应过来，就已挺起长矛，使足全身力气朝怪物的身上投去。长矛深深地扎进了毒龙的身体，疼痛难忍的它冲天而立，用尾巴卷起巨石甩向卡德摩斯。强大的英雄用盾牌护住自己，并挥剑向毒龙一阵猛砍。狂怒的毒龙用牙齿去咬锋利的剑，可一切皆是徒劳。最后，卡德摩斯瞅准时机朝它的颈部猛地刺了一剑。这一剑着实有力，将阿瑞斯的毒龙钉在了一棵百年老橡树上。

就在这时，卡德摩斯的耳边突然传来一个陌生男子的声音："阿革诺耳的儿子，你杀死了我的巨龙，将来你也会变成一条龙！"

听到这样的预言，卡德摩斯惊出一身冷汗。他环顾四周，没有见到一个人影。恍恍惚惚之中，这位英雄没有看见说话的男神，倒是看到了女神雅典娜的身影。她吩咐卡德摩斯将龙牙拔下，一半给她，另一半作为种子播种到土地里。[①]

[①] 卡德摩斯只种了一半龙牙，还有一半将出现在"夺取金羊毛"的故事中。参见本书第318页。

卡德摩斯浑浑噩噩地依言行事。他刚把龙牙插进土里，奇迹出现了：泥土松动，冒出了无数的枪尖，转眼间头盔出土，接着是武士的头、肩、穿着铠甲佩着利剑的身体和执着盾牌的手破土而出。这一颗颗的龙牙竟长成了一队全副武装的战士。

卡德摩斯握起利剑正准备和这群新出现的敌人厮杀。女神雅典娜告诉他："不用紧张！你需要做的只是向人群里扔一块石头。"卡德摩斯照做了，没想到这些刚从土地里长出来的龙牙战士个个脑残，都以为是身旁的人故意袭击自己，没吵几句就上演了一出"兄弟阋于墙"的惨剧。他们纷纷拿起长矛短剑展开了血腥的拼杀，直杀得血肉横飞、尸横遍野。

经过这么一番优胜劣汰，只剩下了五个战斗力最强的武士。雅典娜遂上前制止了这场厮杀，让他们结为兄弟，作为助手帮助卡德摩斯建立城邦。

这就是传说中的"龙牙五武士"：厄喀翁，乌代俄斯，克托尼俄斯，许珀瑞诺耳，珀罗洛斯。有了他们的帮助，卡德摩斯很快就建立了一座新的城市——卡德摩亚城堡。他还将母语——腓尼基字母带入希腊，后来便演化出希腊文字。

功成名就之后，卡德摩斯也该成家立业了。这时，神王宙斯出面了。可能觉得正是自己拐走了欧罗巴，才害得卡德摩斯背井离乡，所以神王决定给他补偿一下。补偿的方法就是亲自给这位三舅哥找个媳妇，把阿瑞斯与维纳斯的私生女哈耳摩尼亚许配给他①。这下可把战神给气坏了：卡德摩斯杀死宠物巨龙的仇还没报，现在又要把女儿嫁给他，真是"赔了女儿又折兵"啊！但他又能怎么办呢？父亲宙斯的命令是无论如何也不敢违逆的，战神只能默默地忍了。

宙斯钦点卡德摩斯的婚事，众神哪能不给面子？他们都赶来参加这豪

---

① 参见本书第74页。

华而隆重的婚礼，并送上各自的贺礼。有了各路神仙的祝福，卡德摩斯的家庭看起来应该会永远充满着幸福和欢乐，但事情正好相反——等待他们一家的将是无尽的痛苦和灾难。这是因为有一位神祇不想让这两口子有好日子过，他就是赫淮斯托斯。

　　这位一向以忠厚善良闻名天下的火神为什么会如此对待卡德摩斯一家呢？只是因为卡德摩斯娶的老婆是哈耳摩尼亚，而哈耳摩尼亚正是他的老婆维纳斯与情夫阿瑞斯的女儿。前文讲过，赫淮斯托斯将奸夫淫妇捉奸在床，并在众神面前来了个现场直播，可无奈适得其反，不但没人为他做主，倒是让老婆和兄弟的奸情由地下转到地上，公然在一块儿过起了日子，并生下小爱神丘比特、和谐女神哈耳摩尼亚、恐惧神得摩斯、惊慌神福波斯、互爱之神安忒洛斯五个孩子。无比悲催的火神这次真是上火了。希腊版的"武大郎"看不住整日里欲火中烧的老婆"潘金莲"，又打不过自己这个兄弟"武二郎"加"西门庆"，只能将内心的怒火发泄到这对奸夫淫妇的儿女身上。怎么发泄呢？这位老兄已经戴了一顶绿帽子，哪里还敢惹主管爱情的丘比特？否则日后绿帽子的数量会更多[①]！得摩斯和福波斯兄弟整天陪伴在阿瑞斯左右，不好下手；安忒洛斯年龄尚小，不能下手。选来选去最后只剩下了这个哈耳摩尼亚，也就是卡德摩斯的老婆。在他们的婚礼上，赫淮斯托斯装作十分坦然的样子，若无其事地送上了亲手打造的一条巧夺天工、无与伦比的金项链。但这对新婚夫妇哪里知道，项链精美的外表掩藏着一个恶毒的诅咒：它会给拥有者及其家庭带来无穷无尽的灾难……

　　婚后，卡德摩斯和哈耳摩尼亚共育有四个女儿、一个儿子。大女儿塞墨勒成年后怀上宙斯的孩子——后来的酒神狄俄尼索斯，但她还未分

[①] 不过，以后的事实证明，赫淮斯托斯尽管没惹丘比特，可他的绿帽子仍是与日俱增。

娩就被宙斯的雷电击死。[1] 二女儿伊诺以第三者的身份插足阿塔玛斯的婚姻并嫁给了他。因他们两口子窝藏小狄俄尼索斯，赫拉施展法力，使丈夫发疯，伊诺被逼跳海。[2] 三女儿阿高厄嫁给了"龙牙五武士"中的厄喀翁，生下儿子彭透斯，继承了卡德摩斯的王位。当狄俄尼索斯周游世界带着大批信徒来到该城时，国王彭透斯瞧不起这位疯疯癫癫、神神道道的表弟，所以禁止自己的臣民敬拜他。其实当年塞墨勒与宙斯偷情时，阿高厄就嫉妒姐姐，说她是因为和凡人通奸却吹嘘跟宙斯有一腿，所以才遭到报应，被神王烧死。现在好了，新仇加旧恨，狄俄尼索斯要一起报。他施展法力首先让阿高厄发了疯，成为他的忠实信徒。然后，在他的蛊惑下，阿高厄带着一众狂女在忒拜城南的喀泰戎山上将儿子彭透斯撕成了碎片；四女儿奥托诺厄嫁给了阿波罗与库瑞涅之子阿里斯泰俄斯，他们的儿子阿克泰翁成了阿尔忒弥斯怒火的牺牲品。[3] 卡德摩斯的儿子是波吕多洛斯。他的命运还算不错，但赫淮斯托斯的诅咒却应验在了波吕多洛斯的重孙子——俄狄浦斯的身上，他将成为整个希腊悲剧乃至迄今为止所有悲剧人物的典型。[4]

当然，"一条项链引发的悲剧"到这里还远远没有结束。在后面的故事中我将一一铺陈展开。

塞墨勒和伊诺的意外死亡使暮年的卡德摩斯郁郁寡欢。他把王位传给了外孙彭透斯，自己则带着妻子哈耳摩尼亚离开卡德摩亚城四处流浪，最后来到遥远的伊吕里亚。在这里，卡德摩斯想起了他早年屠杀毒龙后那个陌生声音说过的话，于是自言自语道："被我刺死的那条巨龙难道属于某

---

[1] 参见本书第 98 页。

[2] 参见本书第 100 页。

[3] 参见本书第 53 页。

[4] 参见本书第 223 页。

位神祇？如果因为它的死才使我的家族遭到如此严厉的惩罚，那么就请把我变成龙来赎罪吧！"话音一落，卡德摩斯的双腿合二为一，已变成弯弯曲曲、长满鳞甲的龙尾。他刚想呼唤妻子，可舌头分叉了，嘴里只能发出咝咝的声响。变成巨龙的卡德摩斯缠绕在哈耳摩尼亚的身上，依恋地用舌头舔着她的脸。忠贞的妻子忧伤地抚摩着丈夫，嘴里说道："我也愿变成一条巨龙，永远陪伴在你的身边。"话音刚落，战神阿瑞斯满足了女儿的心愿，将她也变成了龙。

卡德摩斯夫妇虽然已变身为龙，但厄运并没有终止。它们仍然会伴随在这对夫妇留在卡德摩亚城的后代子孙身边。

（三）安菲翁建忒拜城

如前文所述，卡德摩斯和妻子哈耳摩尼亚离开卡德摩亚城时，儿子波吕多洛斯年纪尚小，就让外孙彭透斯继位。后来，彭透斯被母亲阿高厄残忍地杀死，卡德摩斯的儿子才坐上王位。

之后，波吕多洛斯娶了尼克透斯的女儿尼克提斯。这位尼克透斯就是当年协助卡德摩斯建城的龙牙五武士之一——克托尼俄斯之子。婚后他们生有一个儿子——拉布达科斯，并承袭了卡德摩亚城堡的王位。拉布达科斯的儿子是拉伊俄斯。他刚满一岁时父亲就死掉了，所以卡德摩亚城堡的政权暂由尼克透斯执掌。

除了嫁给波吕多洛斯的尼克提斯之外，尼克透斯还有一个更漂亮的女儿叫安提俄珀。她长得如花似玉、肌肤赛雪、风采迷人、倾国倾城，就凭这份容貌也极易招来大色狼。有一次，这位美女竟身着薄纱，光天化日之下在一棵大树底下睡起觉来——这愈发显出她那曼妙动人的身姿。奥林匹斯山上著名的老色狼宙斯看到这一幕后，再也无法抑制那烈火灼心般的欲望,便化作同样猥琐的好色之徒——萨提尔[①]的形象偷偷前来与熟睡的美女交合。

就这样,万能的宙斯在安提俄珀毫不知情的情况下竟然让她怀孕了。后来,安提俄珀生下一对双胞胎男孩,父亲尼克透斯知道后气急败坏,骂她辱没门庭、败坏家风,并派人把孩子扔到喀泰戎山上让他们自生自灭。作为父亲的宙斯当然不会坐视不管。他变身凡人找到一个好心的牧羊人,对他说明情况后让其将两个婴儿带回家中细心抚养。

父亲不问青红皂白的严厉斥责和对孩子的冷酷无情使无辜的安提俄珀失望至极,加上众人的指指点点,她被迫离开故土,远走异国他乡。安提俄珀四处流浪,最后只身一人来到科林斯海湾的西库翁王国。落魄的生活掩盖不住公主骨子里的美丽高贵和优雅举止。国王厄波剖斯对她一见钟情,娶她为妻。尼克透斯得知这一消息后,大为震怒,觉得女儿没经父母允许就自作主张嫁人的行为让他丢尽了颜面,结果没过多长时间就抑郁而终。临死前,他把兄弟吕科斯叫到跟前,交代了遗言:"我死之后,由你来执掌城邦的政权。做哥哥的只有一个愿望:替我惩罚这对不合礼法的夫妻!"

就这样,吕科斯大权在握后所做的第一件事情就是率领精兵强将向西库翁发起大举进攻。西库翁国小力弱,根本抵挡不住强大的卡德摩亚军队。吕科斯一路势如破竹。厄波剖斯兵败身亡,没过几天安生日子的安提俄珀也被押送回国。

自古红颜多薄命。再一次变得无依无靠的安提俄珀被叔叔吕科斯交给妻子狄耳刻当女奴使唤。狄耳刻嫉妒她的美貌,还怀疑丈夫移情别恋,爱上了这个漂亮的侄女。于是,她想方设法虐待安提俄珀,目的是置她于死地。

安提俄珀如此悲惨的命运全因那好色的宙斯而起,这时宙斯不能不出

[①] 对萨提尔的介绍参见本书第 103 页。

面了。一天晚上，宙斯施展法力让情人双手上的锁链自动脱落，并指引她从潮湿阴暗的地牢里走出来，到了喀泰戎山一个牧人的茅舍之中。

这个牧人正是抚养宙斯与安提俄珀所生双胞胎儿子的好心人。他为两个孩子分别取名为安菲翁和仄托斯。两兄弟随着年龄的增长，性格也变得迥然不同：仄托斯膂力过人、力大无穷，喜好耍枪弄棒、捕捉猛兽，成了强壮的武士和勇敢的猎手；安菲翁则性情温和、酷爱音乐，弹出的琴声悦耳动听，连树木和山岩都为之动容。音乐之神阿波罗对安菲翁宠爱有加，亲自给他送来一把金竖琴，他又给竖琴增加了三根弦，成为一种新乐器——七弦琴。

安提俄珀到来时，牧人正好没在家，家里只有仄托斯和安菲翁兄弟二人，但他们不认识自己的母亲，母亲也不认识他们。尽管如此，心地善良的兄弟俩仍收留了这位陌生的妇女。

第二天，残暴的狄耳刻头戴常春藤，手执酒神杖，和一群癫狂的卡德摩亚妇女来山里庆祝酒神节。她们在山间游荡时偶然来到牧人的茅舍。一看见安提俄珀，狄耳刻气就不打一处来。这个阴险毒辣的妇女在安菲翁和仄托斯兄弟面前竭力诋毁安提俄珀，说她是一个不知廉耻、人尽可夫的坏女人，应该把她绑到牛角上，让牛将她撕碎。

不谙世事的兄弟俩准备按狄耳刻的吩咐行事，将生母安提俄珀绑到狂怒的野牛角上。就在这时，抚养他们的牧人回来了。他赶紧阻止两兄弟即将犯下的可怕罪行，并遵照宙斯的命令告诉他们事情的真相，这才避免了惨剧的发生，母子终于相认。

安菲翁和仄托斯受狄耳刻的唆使，差点干出弑母的暴行。愤怒的两兄弟一把抓住诽谤母亲的狄耳刻，将她绑在了牛角上，结果被野牛活活拖死。

突如其来的变故打破了安菲翁和仄托斯原本平静的生活，使他们很快成熟起来。现在兄弟俩心中只有刻骨铭心的仇恨。他们回到卡德摩亚城堡，联手杀死吕科斯，并夺取了城邦的统治权，放逐了已经长大成人本应承袭王位的拉伊俄斯。

一切都安顿下来，两兄弟决定着手加固城池、扩建城墙，以增强防御。原先卡德摩斯修建的只是卡德摩亚城堡中心卫城，这次兄弟俩要在外围再建一圈大城，并修上高大坚固的防卫城墙，以更好地防范外敌入侵。建城之时，两兄弟各显神通：像泰坦神一样孔武有力的仄托斯干起活来非常卖力，扛来一块块巨石，垒筑城墙；而安菲翁则悠然自得地弹起了他那把神奇的七弦琴，琴声响起，巨石滚滚而来，自动堆成坚不可摧的高大城墙。这样一来，安菲翁的效率就比仄托斯高多了。他是七弦琴的发明者，所以他给这座伟大的城市修建了七座城门。这次扩建的浩大工程结束之后，卡德摩亚城堡改称忒拜城（Thebes，又译作底比斯）或"有七座城门的忒拜"。

自此之后，安菲翁坐上忒拜城的王位，娶坦塔罗斯[①]的女儿尼俄柏为妻，而仄托斯则娶了厄斐索斯国王潘达瑞俄斯的女儿埃冬。可是，尼俄柏和埃冬妯娌俩给安提俄珀的两个儿子带来的不是幸福，而是莫大的不幸。

（四）尼俄柏遭到报应

众神都喜欢文艺青年安菲翁，所以赐予他和妻子尼俄柏七儿七女，而且这十四个孩子个个英俊美丽，就像那青春年少的神祇。相比之下，安菲翁的孪生兄弟仄托斯受到的眷顾就少了很多，他和妻子埃冬只生了一个儿子。不过话说回来，其实这也没什么，关键是尼俄柏这个婆娘虽身为王后，但为人非常讨厌，骄傲、虚荣、爱显摆，整天在妯娌面前吹嘘自己命好——嫁了个国王老公，生育力又那么强，孩子们还个个惹人疼爱。女人之间就怕比老公和孩子。一开始埃冬也没和她计较，可时间一长心里非常不爽。

[①] 坦塔罗斯的故事参见本书第 375 页。

人一旦被逼急了什么事都干得出来。埃冬竟然想杀死哥哥嫂子最心爱的儿子泄愤，可没想到阴差阳错，反而在黑暗中杀死了自己那唯一的儿子。发现真相后，埃冬伤心欲绝，整日里以泪洗面。宙斯出手把她变成了夜莺，让她永远为儿子鸣叫哭泣。

经历这次事件之后，尼俄柏更是觉得她有诸神眷顾，凡和她为敌的人都会受到神祇的惩戒，所以为人更加高调而张扬。

有一次，盲预言家忒瑞西阿斯的女儿曼托来到了忒拜城。这位忒瑞西阿斯因对神王夫妇说在夫妻生活中女人得到的快乐是男人的十倍而被刺瞎双眼但也因此获得了预言能力。他的女儿整天伴随左右，也沾了仙气，能够预测未来。曼托在忒拜的街道上一边行走，一边呼吁城里的所有妇女向阿尔忒弥斯和阿波罗的母亲勒托献祭，因为正是她保佑忒拜妇女生下众多子女，以使该城人丁兴旺、世代延续。妇女们听从曼托的建议，纷纷戴上桂冠向女神献上丰盛的祭品。

在所有妇女中，只有自傲的尼俄柏不肯屈尊向勒托献祭。不仅如此，她还大放厥词："城里的婆娘们都给我听好了！我的父亲是曾和天神同桌进餐的坦塔罗斯，我的爷爷是伟大的雷神宙斯，[①] 我的丈夫是不费吹灰之力建造忒拜高大城墙的安菲翁。再说我吧，我有女神一样娇美的容貌，还有七个英俊神武的儿子和七个如花似玉的女儿。再看看那号称女神的勒托，和我相比她算得了什么！论家世，她的父亲科俄斯是个丑陋的泰坦，一辈子籍籍无名，最后被我的祖父灭掉；论个人，她怀孕时被撵得四处流浪、无处落脚，到最后也只不过生下一儿一女而已，哪能和我这生十四个孩子的女人相比？所以说，无知的女人们，你们应该向我献祭，而不是那可怜的勒托。"

[①] 尼俄柏的家谱参见本书第377页。

听了贼婆娘这番傲慢无礼的话,一向老实巴交的女神勒托也受不了了。她心想:我可不是原来那个人见人欺的受气包了!现在有儿子女儿给我撑腰,我还怕什么?想到这里,她立马把儿子阿波罗和女儿阿尔忒弥斯叫到跟前。还没说话,当妈的已哭得稀里哗啦。两个孝顺的孩子连忙安慰母亲,并询问个中缘由。勒托这才向他俩哭诉道:"坦塔罗斯的女儿、忒拜王后尼俄柏粗暴地侮辱我,侮辱你们的母亲。她不承认我的女神地位,不把我当女神敬奉,甚至还打算捣毁我的祭坛。你们身为我的子女,难道就任由她恣意妄为吗?她是那么狂妄,不光侮辱了我,还贬低了你们,将你们两个永生的神祇与她的凡人子女相提并论……"当年母亲历尽千辛万苦生育他们时,姐弟俩就已暗下决心:时刻保护母亲,不允许任何人、任何神侵犯她的尊严——不管是谁,如有冒犯,定斩不饶。[①]今天一听这话,他们早就受不了了,忍不住打断道:"亲爱的母亲,快别说了,什么都不要说了!您的抱怨只会耽误我们惩罚罪人的时间!"

说话间,阿尔忒弥斯和阿波罗已手持神弓,背着装满弓箭的箭筒,驾着一团乌云飞速驰往有七座城门的忒拜。此时,尼俄柏那七个健壮彪悍的儿子正骑着骏马在城墙边的平地上奔驰。阿波罗披着云彩在城墙上站定,语气坚定地说道:"我是伟大的女神勒托的儿子阿波罗!你们的母亲尼俄柏曾说她的子女像神祇一样永生不死。现在就让我来验证一下吧!"话音落地,一阵箭雨就全方位无死角地将这些毫无防备的无辜少年全部射杀。

仆人满含泪水将这个不幸的消息告诉了女主人尼俄柏,王后趴在儿子们的尸体上号啕大哭。但极度的悲痛并没有打败那颗傲娇的心。她朝天空伸出双手,愤怒地喊道:"残忍的勒托,这次你高兴了吧!不过我劝你别在那里幸灾乐祸了!胜利不属于你,我剩下的孩子还是比你多!"尼俄柏

[①] 参见本书第55页。

刚一说完，还没缓过神来，阿尔忒弥斯那可怕的弓弦又响了。王后的那些站在尸体四周伤心落泪的女儿们又一个接一个地倒地身亡。

现在只剩下了还未成年的小女儿，她早已吓得扑进母亲的怀抱。这时的尼俄柏彻底被摧毁了。她可怜巴巴地望着天空苦苦哀求道："伟大的勒托，我再也不敢和您比了！求求您把这唯一的女儿给我留下吧！"在这个时候，阿尔忒弥斯比任何人、任何神都要残忍。她不会有一丝怜悯和同情。她使尽全力弯弓搭箭，朝最后的女孩射了过去。

尼俄柏默默地站在原地，看着周围躺着的尸体。她已完全麻木，僵在那里。眼睛失去了光芒，风吹不动她的头发，心脏停止了跳动，身体变成了冰冷的石头，只有两行泪水仍在静静流淌。突然，平地里刮来一阵旋风，把她送回了故乡吕底亚。从此以后，变成石头的尼俄柏立在高高的西皮罗斯山上，永远淌着悲伤的泪水。

变故来得太突然。七子七女全被干掉，老婆也成了石头，遭受沉重打击的忒拜国王安菲翁发了疯。他不顾一切地要毁掉阿波罗的神庙，结果自然是被太阳神一箭射死。

（五）俄狄浦斯的悲剧

在卡德摩斯的所有后代中，当属俄狄浦斯的命运最为悲惨。

1. 弑父娶母

因为狂妄自大的尼俄柏，忒拜国王和他的所有子女都断送了性命，整个城市也因此出现了权力真空。不过大家不要忘记，当年安菲翁做国王本来就是篡权——他放逐了理应承袭王位的拉伊俄斯。忒拜人没有忘记他，现在要邀请他回来做国王。

拉伊俄斯回来了。不过此时的他已今非昔比。当年离开时他孤身一人，这次回来却成了一行两人。你也许以为跟他一块儿回来的这个人肯定是他的老婆，那你就错了——这是一个花样美少男。

原来，拉伊俄斯被放逐后，投奔了皮萨国王珀罗普斯[①]。在那里他受到贵宾一般的热情款待。可拉伊俄斯这个人"以怨报德"。身为人类第一个同恋者[②]的他喜欢上了珀罗普斯的儿子、细皮嫩肉的克律西波斯，并在临走时用花言巧语把美少年拐回了忒拜城。

这可把珀罗普斯气坏了。狂怒之下他直接向爷爷宙斯告了御状，并发出如下诅咒：让拉伊俄斯将来的儿子犯下弑父之罪。宙斯觉得拉伊俄斯这人确实不地道。我老宙虽然也喜欢男人，挟持过伽倪墨得斯，但我喜欢过的女人更多啊！所以并不耽误传宗接代。可如果人世间的男人都像你一样只喜欢同性，那我的子民岂不是越来越少？想到这里，他决定使些手段让珀罗普斯的诅咒变成现实。

拉伊俄斯坐上忒拜城的王位之后，宙斯首先施展法力改变了他的性取向，让他喜欢上了女人。后来，这位国王娶了龙牙武士的后代墨诺叩斯的美丽女儿——伊俄卡斯忒，也就放走了珀罗普斯的儿子克律西波斯。爱情事业双丰收的拉伊俄斯看起来生活得无忧无虑，但始终有一件心事让他感到不安：几年过去了，老婆一直没给他生下一儿半女。最后，拉伊俄斯不得不去德尔斐神庙向预言之神阿波罗请教。女祭司皮提亚给了他一个可怕的答复："你会有一个儿子。不过因为你拐走了珀罗普斯的儿子，他对你发下的诅咒一定会应验——将来你的儿子会亲手把你杀死，并取代你的位置，成为你妻子的丈夫！"

"杀父娶母"的预言令拉伊俄斯惊恐不已。回到家后他一直在思考逃

[①] 珀罗普斯是宙斯的孙子、坦塔罗斯的儿子。参见本书第 378 页。

[②] "欧里庇得斯赞同以下观点（他在其他一些场合也曾多次表示过这个态度）：拉伊俄斯是古希腊'恋慕男童'的始作俑者。"（【德】利奇德：《古希腊风化史》，杜昌忠、薛昌明译，海豚出版社，2012 年版，第 146 页。）

避这可怕命运的良策。从此以后不再和老婆同床倒是个好办法，可现在的拉伊俄斯和以前不同了，他不再是一个同性恋者，而且非常喜欢女人，当时又没有任何避孕措施和堕胎办法。这可怎么办呢？最后，他终于想出一个两全其美的办法。夫妻生活照过，儿子照生，先下手为强，儿子一旦降世，立即将其杀死，以绝后患。

不久之后，拉伊俄斯的妻子果然为他生下一个男婴。残暴的父亲用铁条刺穿新生儿的脚掌，并用皮带捆住了他的双腿，据说这样可以避免孩子死后其灵魂回来找寻凶手。然后，拉伊俄斯叫来一名贴身奴仆，令其将婴儿扔到喀泰戎山的森林里，让凶猛的野兽将他吃掉。

到了喀泰戎山上，心地善良的奴仆不忍心将小主人弃之荒野，遂偷偷把他送给了一个正在林中放牧牛羊的牧人。

这名牧人是科林斯城邦统治者波吕玻斯的奴隶。他将男婴抱回去送给了自己的主人。而这位国王正巧无后，当即决定将男孩作为亲生骨肉抚养成人。波吕玻斯看到孩子那肿起的脚掌，遂给他取名俄狄浦斯（意为"肿脚的"）。就这样，俄狄浦斯在波吕玻斯和妻子墨洛珀的精心抚育和照料下长大成人。在这一过程中他从未怀疑过自己的身世。

刚刚成年的俄狄浦斯有一天突然心血来潮，想去德尔斐神庙问一下自己未来的命运。阿波罗借女预言家皮提亚之口对他说："俄狄浦斯啊！你会杀害亲生父亲，娶了亲生母亲。弑父娶母就是你的命运！"

一听这话，俄狄浦斯大为恐惧。他也像当年他的父亲拉伊俄斯一样，努力思索着如何逃避这可怕的厄运。最终，他决定一辈子再也不回科林斯了，他要远离父母，永远做一个无亲无故的流浪者。

然而，既然是命，又岂能逃避？

离开德尔斐，不知去往何处的俄狄浦斯丢了魂儿似的恍恍惚惚。他随意踏上了一条路，岂知这条路恰巧通向忒拜城。当他走到帕耳那索斯山脚下三条道路会合处狭窄的山谷里时，迎面遇上一辆豪华马车，车上除了车夫之外还坐着一位须发灰白、庄严高贵的老者，后面跟着三个趾高气扬的随从。

赶车人举起长鞭向俄狄浦斯身上招呼，并粗暴地命令他赶快让路。"官二代"出身的俄狄浦斯哪里受过这等欺辱？他跃起身来揍了赶车人一拳。车上的老者被激怒了，他突然挥起手杖照俄狄浦斯的头上猛击一下。本来心情就不好的俄狄浦斯气得七窍生烟，便使尽全身力气抡起手中的棍棒狠狠地朝老者打去。老者当即仰面朝天，倒地身亡。接着他又扑向了那几个仗势欺人的随从。经过一番打斗，除一人侥幸逃脱之外，随从皆被俄狄浦斯杀死。

命运的安排就这样兑现了。俄狄浦斯无意中亲手杀死的老者正是他的生身父亲、忒拜国王拉伊俄斯。

原来，因拉伊俄斯对珀罗普斯以怨报德的不义之举，天后赫拉派遣狮身人面鹰翼怪兽——斯芬克斯[①]盘踞在忒拜城边的斯芬吉翁山上，不停地要求城中居民给它送去祭品，而且强迫那些送祭品的人猜一些十分难解的谜语。如果他们猜不出谜底，就要被她当作祭品一起吃掉，因此而丧命的忒拜人不计其数。所以，现在忒拜全城笼罩在人心惶惶、阴森恐怖的气氛中。拉伊俄斯正是为这件事赶往德尔斐去询问阿波罗怎样才能解除忒拜的这场灾难，没想到在半路上被自己的儿子杀死。

俄狄浦斯虽然杀了人，但他觉得这属于正当防卫，所以也就泰然自若地继续赶路，最终他来到了故乡——忒拜城。当地人不但告诉了俄狄浦斯关于斯芬克斯为害一方的事情，而且还告诉他，现在的忒拜城不只遭受着这一个灾难，还有一个就是老国王拉伊俄斯不知道被谁给杀害了。

[①] 斯芬克斯是提丰和厄喀德娜两口子生下的怪物孩子。参见本书第19页。

俄狄浦斯眼见忒拜居民遭受如此灾难，遂决定出手相助。他觉得国王被杀一事自己也帮不上什么忙，于是决定亲自去找怪物斯芬克斯看能不能破解她的谜语。

俄狄浦斯无所畏惧地来到斯芬克斯面前，只见她长着一副女人的面孔，却有一个巨大的狮子身体，身后则长有一对老鹰的羽翼。

见有人从忒拜城的方向走过来，斯芬克斯对他说出了那个最难解的谜语："告诉我，什么生物早晨四条腿，白天两条腿，而晚上却三条腿？"俄狄浦斯不假思索，立即答道："你说的这种生物是人！幼年就是人生的早晨，人用四肢爬行；人生的盛年是白天，人用两条腿行走；人生暮年是晚上，人年迈力衰，需要拐杖辅助，所以用三条腿走路。"俄狄浦斯一语道破天机。斯芬克斯羞愧难当，于是振翅高飞，跳海自尽。

俄狄浦斯一回到忒拜，就受到全城百姓的夹道欢迎。大家一致推举他为新国王。拉伊俄斯死后这一段时间，王后伊俄卡斯忒的兄弟克瑞翁[①]代为执政。他事先做了一个声明："谁能杀死斯芬克斯，解救忒拜城于危难之中，谁就应当成为忒拜国王。"

于是，俄狄浦斯即位，开始执掌忒拜政权。按当时的规矩，老国王死后，继任的新国王如果和他没有血缘关系，那他就要和前任留下的寡妻结为夫妇。就这样，俄狄浦斯娶了伊俄卡斯忒。至此，命运的安排全部应验。他成了自己生母的丈夫，并与她生下两个儿子——波吕尼刻斯和厄忒俄克勒斯，两个女儿——安提戈涅和伊斯墨涅。

然而，所有这些真相，俄狄浦斯和他的母亲及忒拜居民全都蒙在鼓里。

俄狄浦斯是个十分英明的统治者。在他的领导下，忒拜城国泰民安、

[①] 在赫拉克勒斯的故事中，安菲特律翁两口子落难时，正是这位代为执政的克瑞翁国王收留了他们，并助其打下塔福斯，替阿尔克墨涅的兄弟们报了仇。参见本书第151页。

歌舞升平，他也因此深受人民的爱戴。可命运不会放过这个注定不幸的人，巨大的灾难正悄悄来临——阿波罗给忒拜城降下一场可怕的瘟疫。瘟疫悄无声息地蔓延开来，没过多少时间，街上已尸横遍野，根本来不及掩埋。随之而来的还有那肆虐的饥馑，因为庄稼颗粒无收，牲畜大批倒毙。如今的忒拜城繁华早已褪去，似乎成了一座大坟场，到处都是痛苦的呻吟和悲惨的哀号。饥饿的百姓舍不得吃那仅有的食物，而是拿它向众神献祭，祈求他们解除灾难，恢复城市昔日的荣光。但天神的惩罚远远没有到结束的时候，灾难愈演愈烈。

毫无办法的市民成群地聚集在国王的宫殿门前，让俄狄浦斯拿主意，因为上一次正是他帮大家渡过了斯芬克斯那道难关。这次俄狄浦斯也只能像他的父亲拉伊俄斯那样去德尔斐神庙请示阿波罗，看忒拜城到底哪里得罪了奥林匹斯诸神祇，才遭到如此深重的惩罚。他派出妻弟克瑞翁前去完成这一任务，现在正望眼欲穿，盼望着他的归来。

克瑞翁终于回来了。他对俄狄浦斯说出了阿波罗的女祭司对他做出的答复："有一个人的罪孽招致了忒拜的灾难，这个人就是之前杀害老国王拉伊俄斯的那名凶手。忒拜人只有把他找出来并将其驱逐出境，才能清算这块土地上的血债，瘟疫和饥荒才能被解除。"

可是，怎样才能找到杀害拉伊俄斯的凶手呢？毕竟这么多年过去了，况且拉伊俄斯被杀于途中。

俄狄浦斯下定决心无论如何也要找到真凶。他召集全体公民，让大家献计献策，共商寻找凶手的办法。会上有人提出，只有预言家忒瑞西阿斯能帮我们解决这一难题。于是，俄狄浦斯派人将这位洞察一切的盲人请到会场，让他说出凶手的名字。预言家当然知道真凶就在眼前，但他能说什么呢？

忒瑞西阿斯吞吞吐吐的样子引起了俄狄浦斯的怀疑。国王一再追问，预言家坚持不说。最后俄狄浦斯急了,声色俱厉地警告道:"如果你再不做出正面回答,我就要判定你是凶手的同谋,参与了这场谋杀。"忒瑞西阿斯受不了俄狄浦斯的诬陷与责骂,终于开口说道:"俄狄浦斯啊!玷污这个国家的不是别人,正是你自己。你要寻找的那个杀人凶手恰恰就是你本人!"

听了预言家这番话,俄狄浦斯简直要气疯了。他怒斥道:"忒瑞西阿斯,你这个满嘴谎言的卑鄙小人!你这么诬陷我,背后一定有人指使!如果我没猜错的话,指使你的人应该就是克瑞翁。他早就想篡夺我的王位,你肯定是受他的怂恿和教唆才这么说的。你们两个合谋把我弄得臭名昭著,其目的还不是想自己把持朝政?"忒瑞西阿斯没有作任何的辩解和反驳,而是非常平静地继续对俄狄浦斯说:"你来忒拜时,在路上无意中杀死了自己的父亲拉伊俄斯。之后你以一个外乡人的身份进入忒拜城——实际上你生来就是忒拜人。做了国王之后,你娶了拉伊俄斯的妻子伊俄卡斯忒——她不是别人,正是你的生身母亲。做了'杀父娶母'这种大逆不道的事情,你必将受到惩罚:明眼人将成盲人;富人将成乞丐;你将失去一切,离开忒拜,流亡他乡。"说完这话,忒瑞西阿斯迈步离开了。

一直站在一旁的忒拜公民听着忒瑞西阿斯的诉说,一个个直吓得汗毛直立、胆战心惊,因为他们知道这位盲人预言家向来不说假话。

满腔怒火的俄狄浦斯找来妻子伊俄卡斯忒,向她诉说了忒瑞西阿斯的无耻妄言。王后听了这则预言,面带笑容对丈夫说道:"你不必把预言家的话当回事儿,也不用为此动怒。我告诉你一个故事,你听了就会知道,没有一个凡人真能做出准确的预言。想当年,我的前夫拉伊俄斯去德尔斐祈求阿波罗的神谕,我认为那则预言完全是祭司的捏造,因为预言说他将被我和他的儿子杀死。可后来呢,我们的孩子出生后不满三天他就用铁条刺穿其脚掌,派仆人扔到了荒无人烟的深山里。而他自己,则被一群强盗杀死在一个三岔路口。所以说，先知预言未来的本领不过如此，你完全不用信它。"

俄狄浦斯听了这番话，心里却产生了一丝不祥的预感。他随即问道："你说你的丈夫被杀死在一个三岔路口？是哪个三岔路口？"

"那地方叫福基斯。从德尔斐来的路和从道利斯来的路在这里合而为一。"伊俄卡斯忒这样答道。①

俄狄浦斯变得不安起来，心里想的是：难道能看清事情真相的不是我这个明眼人，而是盲人忒瑞西阿斯？想到这里，他接着向妻子询问道："当时你丈夫带了多少人？他的年纪、长相如何？"

伊俄卡斯忒看见丈夫莫名其妙地在发抖，赶紧说道："他们一行五人。拉伊俄斯个子高大，已有一些白发。说起来，他的长相和你还有几分相像呢。"

"我的妻子，这事件的整个过程是谁告诉你的？"俄狄浦斯已变得神色慌张。

"就是那个唯一活着跑回来的仆人说的。"

"那个仆人现在在哪里？"

"自从你执掌了忒拜的王权，他就主动要求去乡间牧羊了。"

"你现在快派人把他找来！一刻也不要耽误！我有话要问他。"

伊俄卡斯忒说："这很容易。可是我现在很想知道，你为什么表现得

---

① 周作人在他翻译的《希腊神话》一书的注释中说："据弗来则（今译为弗雷泽，英国著名人类学家、民俗学家和古典学者，研究原始信仰和巫术活动的巨著《金枝》是他的代表作——引者注）说，从道利斯、忒拜和勒巴得亚三处来的道路都在此处合并，成为一条路，沿着很长的山谷上升，往得尔福伊（即德尔斐——引者注）去。在那里，山峡在两边都被高而险峻的山崖包围，显现出全希腊境内最荒凉、最伟大的景色之一，在山谷北面的帕耳那索斯的崔嵬的绝壁真有崇高之美。四周看不见一点人家的痕迹。一切都是孤独与沉寂，与那地方的悲剧的记忆正相适应。"（【古希腊】阿波罗多洛斯：《希腊神话》，周作人译，长江出版社，2018年版，第 177—178 页。）

如此慌张与害怕？"

"我所经历的事情，我想最应该告诉的就是你。"俄狄浦斯平复了一下情绪，就把自己本是科林斯国王波吕玻斯的儿子，成年后去德尔斐神庙求取神谕，神谕告诉他"杀父娶母"的命运，自己如何打算永离城邦逃避这一宿命，结果路过三岔路口，又如何与迎面而来的几个人起了争执，杀死了一个老者和三个仆人，一一告诉了妻子。随后，俄狄浦斯悲伤地说道："现在我真的怀疑杀死拉伊俄斯的凶手就是我。为了解救忒拜居民的苦难，我必须被驱逐出境。但我又不能回到科林斯，那样的话，我怕'杀父娶母'的神谕会变成现实——杀了我的生身父亲波吕玻斯，娶了我的母亲墨洛珀。"

听了这番倾诉，伊俄卡斯忒说道："我亲爱的丈夫，在向目击者打听清楚之前，先别忙着下这种定论。那个仆人当年给我说的是一伙强盗杀死了拉伊俄斯，而不是一个人。我已派人去找他，很快就会澄清事实。"

就在这时，科林斯城邦的信使来了。他带来了国王波吕玻斯病逝的消息，并让俄狄浦斯回去继承王位。一听这话，俄狄浦斯除了感到悲伤之外，同时精神也为之一振——波吕玻斯寿终正寝，不是死于他这个儿子之手，看来命运的安排自己已成功逃避了一半。伊俄卡斯忒在某种程度上也为丈夫感到高兴，因为这进一步证实了先知的话不可信。

可是，就算这样，俄狄浦斯仍不敢回到科林斯，因为那里还有自己的母亲——墨洛珀。于是，他就把那则神谕告诉了科林斯的信使，并向其说明了当年远离家乡的原因。可信使接下来的话对他又是一次沉重的打击。他说："我的王子，你完全不用怕这个'杀父娶母'的神谕，因为国王波吕玻斯和王后墨洛珀根本就不是你的亲生父母。当你还是个婴儿的时候，正是我在喀泰戎山从一个忒拜人手中得到了你，并把你抱给了我们的国王夫妇。当时你的双脚穿着铁条，又红又肿，所以你才有了'俄狄浦斯'这个名字。听说那个忒拜人是拉伊俄斯的仆人,也许只有他知道你的父母到底是谁!"

这番话说出来,可怕的真相愈来愈明朗,俄狄浦斯简直要崩溃了。但他仍心存侥幸,极力寻找有利于自己的证据。

可站在一旁的伊俄卡斯忒已知道事情不妙。她十分悲痛地说道:"俄狄浦斯,把你抱到喀泰戎山的仆人就是你刚才要找的远在乡村的牧羊人。不幸的人啊!这是我对你说的最后的话,以后不会再有了。"说完,王后满脸泪痕,奔向了寝宫。急于查明自己身世的俄狄浦斯不明就里,并没有追过去。

此时,在伊俄卡斯忒派出去的仆人的带领下,那个唯一幸存的目击者走了过来。来自科林斯的信使一下子就认出了他,随即上前说道:"你还记得吗?很久以前你在喀泰戎山上给过我一个婴儿,眼前的这位——你们的国王俄狄浦斯——就是你当年给我的那个孩子。"

"我不认识你!你干吗对我说这些?你说的我全然不懂。我什么都不知道。"牧羊人满脸怒气地说。

面对俄狄浦斯,这位牧人一开始什么都不肯说,想把整件事情隐瞒一生。可是急欲寻求真相的俄狄浦斯不顾一切地逼问他,他只得说道:"主人啊!看在众神的份上,别再追问啦!这件事对谁都没有好处。"已被逼急了的俄狄浦斯威胁道:"如果你再不如实相告,我就命令手下人将你反绑起来,严刑拷打!"最后,牧人只得承认当初送给信使的男孩正是国王拉伊俄斯的儿子,而俄狄浦斯脚上的伤疤更是铁一般的事实。不仅如此,他还供认当年为了减轻罪责,在拉伊俄斯被杀一事上自己确实撒了谎,杀死老主人的不是一群强盗,而就是眼前站着的俄狄浦斯一人。

所有真相大白于天下。父亲拉伊俄斯和俄狄浦斯本人为逃避命运都付出了各自的努力,可最后的结果又如何呢?事实证明,命运终归无法逃避。

俄狄浦斯绝望地走进王宫，可那里等待他的又是一个悲剧——他的母亲、妻子伊俄卡斯忒经受不住这可怕的打击已上吊自杀。早已崩溃的俄狄浦斯简直痛苦得要发疯了。他拿起金别针刺瞎了双眼——他不想看见阳光，不想看见孩子，也不想再看到整个忒拜城。

现在，忒拜居民要把俄狄浦斯这个罪人驱逐出境，因为遵照神的指示只有这样才能结束城里的瘟疫和饥荒。对于这一决定，克瑞翁和俄狄浦斯的两个儿子并没有提出反对意见。就这样，俄狄浦斯在众人的指指点点和一片唾骂声中跌跌撞撞地离开了故乡。他的两个儿子与克瑞翁分享了城邦的统治权。

2. 流落异乡

双目失明的俄狄浦斯背井离乡，四处流浪。两个儿子波吕尼刻斯和厄忒俄克勒斯心里只有权力，对他不管不顾，没有丝毫怜悯。女儿伊斯墨涅留在忒拜城随时关注局势的变化，另一个女儿安提戈涅则陪伴在父亲左右，对他悉心侍奉。

命运过于不幸的老人在女儿的搀扶下爬过高山，穿过密林，漫无目的地从一个国家走到另一个国家。安提戈涅也不知道该带着父亲去往何处，好像天地虽大可根本没有他们父女的容身之所。经过长期的颠沛流离，受尽苦难的俄狄浦斯最后来到一片树林边。安提戈涅扶着父亲坐在一棵月桂树下的石头上休息。她想前去打听一下这是哪里。正在这时，一个乡民打此路过，他说这是阿提卡地区的科罗诺斯，前方隐约可见的就是英雄忒修斯[①]统治的雅典城，而他们父女身处的这片树林正是复仇女神的圣林。

听到这里，俄狄浦斯心里明白结束一切磨难的最后时刻来临了。阿波罗曾向他做出过这样的预言：在经受长期的颠沛流离后，他将死在伟大女

[①] 忒修斯的故事参见本书第 239 页。

神的圣林中，到时肯收留他的尸体之人将得到巨大的奖赏。现在他明白了，阿波罗所说的"伟大女神"就是伴随他一生的复仇女神，而收留他的就是那伟大的英雄忒修斯。

俄狄浦斯诚恳地请这位乡民去找忒修斯，就说他打算帮国王一个大忙。乡民满腹狐疑。他实在难以相信一个羸弱不堪、看起来即将离世的瞎眼老人能帮强大的国王什么忙！

村民回去之后将此事告诉了众乡亲。科罗诺斯的居民匆匆赶往林边，要看看谁敢进入复仇女神的圣林。俄狄浦斯听见了科罗诺斯人的议论声。他起身立即向圣林深处走去，嘴里喊道："我是来自忒拜的俄狄浦斯，我的归宿就在这片圣林。"

一听此言，乡亲们都吓坏了。谁不知道俄狄浦斯的鼎鼎大名？他那可怕的命运以及犯下的可怕罪行在雅典无人不知！科罗诺斯人不允许罪大恶极的俄狄浦斯留在此地，因为他们担心会惹怒众神。

难道在这从来不拒绝前来祈求庇护之人的神圣的雅典城，俄狄浦斯也找不到栖身之所？拉伊俄斯的儿子折返回来并走出圣林，恳求乡亲们将他留下，说服他们至少请示一下忒修斯再做决定。科罗诺斯人同意了这个可怜之人的请求，并派人去城里向国王说明此事。

就在这时，远处驰来一辆马车，愈驶愈近。安提戈涅定睛一看，车上坐的原来是妹妹伊斯墨涅。来到近前，伊斯墨涅跳下马车，投入父亲的怀抱。她虽然人在忒拜，但时时派人打探消息，了解父亲的行踪。这次，俄狄浦斯见女儿亲自前来，想必是有非常重大的事情发生。

伊斯墨涅给父亲俄狄浦斯带来三个消息：第一，起初，两个哥哥波吕尼刻斯、厄忒俄克勒斯和舅舅克瑞翁共同执掌王权，可后来兄弟俩因权力分配问题发生了争执，都把对方视为自己最大的敌人。最终，厄忒俄克勒斯在克瑞翁的帮助下将波吕尼刻斯逐出忒拜。波吕尼刻斯当然不肯认输。

他前往阿尔戈斯，并娶公主为妻，做上了驸马。现在他正率领岳父的军队进攻忒拜，还扬言要决一死战、不胜不归。①第二，兄弟二人都已请示过德尔斐的神谕，得到的预言是——谁能获得父亲的支持，谁就能取得这场战争的胜利。第三，据可靠消息，克瑞翁正向此地赶来，他要逼迫俄狄浦斯站在厄忒俄克勒斯一边。

俄狄浦斯对不顾他的死活、只是贪图权力的两个儿子早已失望至极，他不会支持任何一方。不仅如此，他还对这两个不孝逆子发下诅咒——他们都将死于对方手下。

闻听此言，心怀怜悯的科罗诺斯人建议俄狄浦斯向复仇女神献祭，以求她们开恩，可怜可怜这位命运悲苦的老人。俄狄浦斯身体羸弱，双目失明，无法献祭。女儿伊斯墨涅决定代替父亲完成这次仪式，于是她步履坚定地进入了复仇女神的圣林。

伊斯墨涅刚离开，雅典国王忒修斯便来到圣林边。他已听闻这个外乡人的悲惨命运，出于同情满口答应一定为他提供庇护。

俄狄浦斯向忒修斯表达了诚恳的谢意，并说道："伟大的国王，我不会亏待你，我会为你的国家提供保护。因为按照神谕，埋葬我这受苦之躯的坟墓将会给安葬之地带来永远的屏障。"②忒修斯又谢过了俄狄浦斯，并告诉他："复仇女神圣林四周的这一大片平原是波塞冬的管辖之地，听说你的女儿已替你去给女神献祭。请你稍等一下，我代替你去给海神送上祭品。"说着，忒修斯带着随从离开了。

忒修斯刚走，克瑞翁率领一队人马赶来了。他先是假惺惺地摆出一副

---

① 具体故事情节参见本书第351页。
② 周作人先生在他翻译的《希腊神话》所做的注释中说，这例子"可以显示出希腊人的一种意见，以为就是外邦人的鬼魂也能成为一地方的守护神，因了他们对于这地方的感激或关切的缘故"。（【古希腊】阿波罗多洛斯：《希腊神话》，周作人译，长江出版社，2018年版，第150页。）

悔过自新的姿态，劝说姐夫俄狄浦斯与他一起回忒拜，并保证在以后的日子里亲人们会好好地照顾他，让他过上无忧无虑、舒适安逸的生活。俄狄浦斯原来是个明眼人，但看不到自己犯下的滔天罪行；现在他是一位盲人，可心里跟明镜儿似的，能够洞察一切。他识破了克瑞翁的阴谋诡计，绝不会和他一起回去，绝不把胜利送给那些使他遭受颠沛流离之苦的人。

克瑞翁见软的不行，就来硬的。转眼间，他已凶相毕露，威胁俄狄浦斯说，再不跟他走，他就要派手下人动用武力将其挟持回忒拜，还告诉他之前去献祭的伊斯墨涅已在自己手上。面对威胁，已经历过大风大浪、万千苦难的俄狄浦斯毫无惧色。克瑞翁见他不肯屈服，遂下令先将陪伴在他身边的安提戈涅抓走。一连被夺走两个女儿的俄狄浦斯气得发狂。他请头缠毒蛇、眼睛滴血的复仇女神作证，诅咒克瑞翁也像他一样失去所有子女。[①] 丧心病狂的克瑞翁不管那一套，一把抓住俄狄浦斯，就想把他掳走。此时，科罗诺斯人也想出面保护俄狄浦斯，可无奈他们人少力单，根本不可能打得过克瑞翁率领的正规军。没有办法，科罗诺斯人赶紧朝着忒修斯前去祭祀的方向跑去，并一路大声呼救。

不一会儿，国王忒修斯率领军队赶到了。他截住了像强盗一样欲掳走俄狄浦斯父女的克瑞翁，满腔愤怒地质问道："无耻之徒克瑞翁，你胆敢在复仇女神的圣林边绑架俄狄浦斯和他的女儿，是不是不想活了？你胆敢武力挟持受神圣雅典保护的人，莫非是欺负雅典无人？你胆敢在我的地盘上胡作非为，难道你根本不把我忒修斯放在眼里？"

克瑞翁知道他无力与忒修斯对抗，所以干脆放低姿态，惺惺作态地为自己的行为辩解："伟大的忒修斯，我绝无冒犯之意。不仅如此，我向来非常敬重您及您领导的城邦。但我也相信，雅典绝不会接受一个杀父者、

[①] 后来，俄狄浦斯的诅咒变成了现实。参见本书第 367 页。

收留一个有娶母婚姻的乱伦者。我将他们从您的国家带走为的是不玷污您这片神圣的土地，为的是让他们涤清自己的罪恶。这也是全体忒拜人的意愿。"

听了这些话，俄狄浦斯愤怒至极。他反驳道："你这无耻之徒！你以为这些话是在侮辱我吗？实际上侮辱的正是你自己！我是犯下了'弑父娶母'的罪行，但那是我在神意的引导下无意之中做出来的恶事。说到'杀父'，我想问你：如果有一个人想要杀你，你在还手之前会不会先问一下那个人是不是你的父亲？说到'娶母'，后来我娶我的母亲为妻，可这是在我们两个都完全不知情的情况下发生的事情啊！我实在不想提及这让人悲伤的事情。可是，我的母亲是你的姐姐啊！你为了自己的利益而一遍一遍地辱没姐姐的名声，你才是名副其实的无耻恶徒！"

忒修斯对克瑞翁的这套说辞也十分不齿，针锋相对地指责道："你明明是为了个人的私利才干出这等目无王法的事情来，却说得如此冠冕堂皇！忒拜人绝不会容忍你这种不法暴行！败坏忒拜名誉的不是别人，正是你自己！"忒修斯还警告克瑞翁如果不交还俄狄浦斯父女，他就别想活着离开此地。面对强大的对手，克瑞翁终于屈服了，他交人后灰溜溜地逃离了阿提卡。

主持正义的忒修斯转身对俄狄浦斯说："在克瑞翁到来之前我向波塞冬献祭之时，遇到了一个青年，他说有重要的事情要和你商量。"

"这个青年人是谁呢？"俄狄浦斯问。

忒修斯说："我也不知道。他只是说来自阿尔戈斯。你想一下在那里有没有什么亲人？"

一听这句话，俄狄浦斯明白了："忒修斯，我不想和他见面。他只会给我带来痛苦！你所说的年轻人就是我所痛恨的儿子波吕尼刻斯。他到阿尔戈斯搬来救兵，想前去攻打忒拜城，从他弟弟那里夺取政权。"

两个女儿都劝说父亲：既然波吕尼刻斯已经来了，不妨听听他要说些什么，反正有忒修斯的保护，他也不敢做出过分的事情来。最终俄狄浦斯同意了。

　　在忒修斯的带领下，波吕尼刻斯走了过来。他一看到双目失明、满头白发、衣衫褴褛的父亲，立即双眼含泪、失声痛哭，接着声泪俱下地将自己被弟弟赶出忒拜、来到阿尔戈斯、娶了公主的经历详细述说了一遍。随后，波吕尼刻斯道出了此行的真实目的：他已经召集了六位英雄，加上自己，兵分七路统领大军向忒拜城发起进攻，欲夺回那本该属于他这个长子的王权；神谕说俄狄浦斯支持哪一方，哪一方就会取得胜利，所以特来请求父亲帮助。

　　波吕尼刻斯接着说道："父亲啊，我央求您摒弃前嫌，协助我向厄忒俄克勒斯复仇！他驱逐我，窃取了我们的祖国。我恳求您垂怜我！为了您的生活，为了您的子女，跟我一起走吧！我们不要在这异国他乡像个乞丐一样流浪了！我会把您送回故居，享受荣华富贵，安度晚年！"

　　儿子的苦苦哀求根本打动不了历经沧桑、尝尽人间冷暖的俄狄浦斯。他知道波吕尼刻斯只是为了能够拿下忒拜、夺取政权才摆出这副低声下气的可怜相。当初难道不是他将自己赶出忒拜的吗？难道不是他使自己成为流浪汉的吗？想到这里，俄狄浦斯狠下心来，咬牙切齿地说道："我不会帮助你去毁灭自己的故乡。谁驱逐你，你就去杀掉谁吧！我还要吁求复仇女神和战神阿瑞斯，煽动你们兄弟二人自相残杀。不仅如此，我还要再次发下诅咒：在攻下忒拜之前你们两个会在决斗中死去，兄弟俩会倒在对方的血泊之中。做父亲的一视同仁，分给两个儿子的礼物是均等的！好了，从此你再也没有父亲，带着我的诅咒滚回去吧！"

　　波吕尼刻斯见父亲如此决绝，也无可奈何，只好垂头丧气地说道："我是多么不幸啊！我怎么能将父亲这样的答复告诉我的同盟军呢？看来别无他法，我也只能默默地去迎接命运的惩罚！"临走之前，黯然神伤的波吕尼刻斯向妹妹提出一个请求："如果以后父亲的诅咒真的应验，我死于战场，请你们不要忘了兄妹之情，一定要将我的尸首安葬，让我的灵魂得到安息。"说完这些话，他悻悻地离开了。

这时，晴朗的天空突然电光闪闪、雷声滚滚，俄狄浦斯意识到他的最后时刻来临了。他搂住两个女儿，说道："孩子，从今往后你们再也没有父亲了！死神塔那托斯已经抓住了我！"伊斯墨涅和安提戈涅抱住父亲号啕大哭。突然从地底下传来一个神秘的声音："俄狄浦斯，你为什么迟迟不走？你拖得太久了！"听到死神的催促声，俄狄浦斯赶紧把两个女儿交给忒修斯，请他做她们的保护人。接着，他对忒修斯说："雅典的主宰，宙斯的雷霆和闪电预示我很快就得去往哈迪斯的冥国，但我会履行之前对您所做的保护雅典的承诺。我要亲自带您去我的墓址，但您不要将这一地点告诉任何人。我的坟墓会保卫您的城市不受忒拜人的侵袭——它比任何盾牌和长枪更有效。永别了，孩子们！跟我走吧，忒修斯！"说着，俄狄浦斯仿佛是个明眼人，大步前行。忒修斯跟在后面，他知道那是灵魂接引者赫尔墨斯在给他引路。

就这样，俄狄浦斯结束了多灾多难的一生。除了忒修斯，没有一个凡人知道他的墓地所在。

接下来就是在波吕尼刻斯的鼓动之下七雄攻打忒拜城的故事了，我将其放到第四编来讲。当然，出于"七雄攻忒拜"与"卡德摩斯世家"的联系，读者也可选择直接翻到第 351 页，先看这个故事！

三、忒修斯世家

像珀尔修斯世家、卡德摩斯世家一样，希腊神话中的大多数家族都要通过追根溯源的烦琐方式在诸神那里找到祖先,而雅典的忒修斯世家则和他们不同,它有着另一个特殊的起源——地生人,也就是说直接出生于大地。这有两个好处:一是自己的老祖宗一下就追溯到了大地女神该亚那里,省去了中间环节,以免和其他地方的神话纠缠不清;二是"这类'土生'神话在当地土著社会中的重要功用,即为占有土地提供'特许证'。如果某氏族世代占有全岛最丰腴的土地,他们就会编造神话,声称其先祖是从这块土地下钻出来的,从而证明对该地的天然拥有权"。[①]

(一)雅典建城及王位更迭

以宙斯为首的奥林匹斯神族的统治秩序确立之时,在希腊半岛地区诞生了一位人身蛇尾模样的地生人——刻克洛普斯。民众对这位直接由大地母亲生下的老兄崇拜有加,当地统治者将其招为女婿。老丈人死后,女婿上位,颇有才能的他率领大家建造了一座雄伟的卫城,成了这里的地标性建筑。

此时,奥林匹斯山上的各位大神正忙着抢地盘。看见大地上又矗立起一座新兴城市,海神波塞冬与战神雅典娜争着抢着要成为这座城市的守护神。

一边是自己的哥哥,一边是最疼爱的女儿,雷神宙斯左右为难。最后,他决定考察一下双方的诚意,让他们各自拿出一件礼物赐予这座城市的居

[①] 这是原籍波兰的英国人类学家马林诺夫斯基(1884—1942)的观点,转引自王以欣:《神话与历史:古希腊英雄故事的历史和文化内涵》,商务印书馆,2006年版,第423-424页。他认为:"神话是为现存事物的存在提供依据的:巫术需要奇迹证明;社会现状需要先例;道德规范需要赞许。神话就是满足这种要求的。它陈述古昔某个一次性起源事件,以之为先例,为依据,为古代的权威和榜样,来确认现实秩序的合理性、有效性。说得更明确些就是:神话是为现存事物颁发一个'社会特许证'(charter),表明其存在的合理性。马林诺夫斯基的理论因而也被称作'特许证理论'。"(王以欣:《神话与历史:古希腊英雄故事的历史和文化内涵》,商务印书馆,2006年版,第126-127页。)

民，然后由刻克洛普斯裁决谁的礼物更为珍贵，胜出者即可获得这一地区的统治权。大地的震撼者波塞冬铆足了劲用他那著名的武器三叉戟在坚固的山岩上刺了一下，顿时出现三个泉眼，咸涩的海水从中汩汩流出。雅典娜则轻描淡写地将她那闪闪发光的长枪插进了土里，接着长出来一棵枝叶茂盛、果实累累的橄榄树。

裁决的时刻到了。地生人刻克洛普斯走出人群，恭恭敬敬地说道："英明的奥林匹斯众神，无边无际的大海就在我们眼前，咸涩的海水到处都是；可这长满丰硕果实的树种则是第一次出现在大地上，它能带来富饶与丰收。我愿意选择女神雅典娜作为我们城市的守护神！"

于是，奥林匹斯众神将刻克洛普斯建造的城市及整个半岛地区的统治权判给了雅典娜。从此以后，这座城市就被命名为雅典城。

其实，这次波塞冬输得冤枉。可怜的他虽然下了血本但还是被雅典人误解了。他送上的礼物不是咸涩的海水，而是对眼前这片大海的控制力。不过，虽然如此，波塞冬这次倒是显示出了难得的宽宏大量。他还是决定将这份大礼送给雅典，这也就是之后雅典人海上军事力量如此强大的原因。

为表示感谢，身为雅典第一任国王的刻克洛普斯在卫城内大张旗鼓地为城邦的保护神雅典娜建造了一座神庙——帕特农神庙[①]，他的三个女儿[②]则成了女神的第一批祭司。

刻克洛普斯的女儿做了祭司，儿子没有长大成人就夭折了。在他之后，又一位地生人——人身蛇尾的克刺那俄斯做了雅典的第二代领导人。这位国王的命运也十分悲催。他一共生下两个女儿。被视为掌上明珠的小女儿

[①] 帕特农即姑娘、处女、贞女的意思。
[②] 这三个女儿就是前面在赫尔墨斯的故事中所提到的潘德洛索斯、赫尔塞和阿格劳洛斯。参见本书第94页。

阿提斯没有结婚就死掉了。悲痛欲绝的父亲为了纪念她，便把雅典城所在的整个地区命名为——阿提卡。本来想给大女儿找个好女婿，也好将来继承王位，可谁承想事情的结果却是引狼入室。姑爷安菲克堤翁[①]等不及继位，直接把老丈人逐出了雅典。天道循环，报应不爽。十年后，安菲克堤翁又被厄里克托尼俄斯驱逐。

厄里克托尼俄斯是谁？

他与刻克洛普斯、克刺那俄斯一样，也是大地所生。可他的出生与二位前辈相比，就颇有传奇色彩了。

自从有希腊版"潘金莲"之称的维纳斯被丈夫赫淮斯托斯捉奸在床并现场直播之后，她完全没有了顾忌，不再偷偷摸摸，而是变本加厉、完全不顾"武大郎"的感受，在仙界和凡间明目张胆地搞起了婚外情。绿帽子无数的赫淮斯托斯有苦无处诉，只怪自己当初有眼无珠，贪恋美色，才找了个这样的风流女子。最后，无计可施的老赫一气之下竟然看开了：既然你无情，也别怪我无义；既然你到处找情人，那我也找个来尝尝新鲜！

宙斯之女雅典娜脸蛋漂亮、魔鬼身材，而且生性干练、行事豪爽。身为女战神的她因工作关系，经常到赫淮斯托斯的铁匠铺来打造兵器。想通了的老赫一眼就盯上了她。向来不解风情的"武大郎"不懂得培养感情，也不会说甜言蜜语，追求美女的那些手段更是一窍不通。一身臭汗、行为粗鲁的赫淮斯托斯放下铁锤，按捺不住内心的欲望直接要强行非礼雅典娜。

可高贵冷艳的雅典娜哪里会看得上他？人家可是女战神啊！怎么会让你这笨手笨脚的火神那么容易得手？在反抗的过程中，已经脱了裤子的赫淮斯托斯一下没忍住，"泄精在女神的腿上"[②]。这下可把这位处女神恶

[①] 大洪水之后，丢卡利翁与皮拉两口子生下两个儿子——赫楞和安菲克堤翁。参见本书第253页。

[②] 【古希腊】阿波罗多洛斯：《希腊神话》，周作人译，长江出版社，2018年版，第228页。

心坏了。她赶紧拿起一团羊毛擦干净大腿，从奥林匹斯山上随手扔了下去。这沾满精液的羊毛会掉到哪里呢？当然是掉到大地上。可怜那身为老奶奶的大地女神该亚真是"躺着也中枪"，一不小心肚子就被搞大了，生出来的就是上面提到的同为人身蛇尾的厄里克托尼俄斯[①]。

孩子出生后，地母该亚不愿意了，心想：你们俩在那里拉拉扯扯，结果却让我意外怀孕！我招谁惹谁了？该亚抱着孩子找到了雅典娜，说："我只是代孕而已，孩子你们还是自己养吧！"雅典娜也觉得委屈："我又没生孩子，还是处女神，抱个孩子算哪一出啊！这孩子明明有爹有妈。当妈的不养，如果自己抱着孩子去找他爹——那个令人讨厌的赫淮斯托斯，奥林匹斯山上整天闲着没事就等着看热闹的神祇可不在少数，被他们看见又得惹出不少闲话。再说，毕竟这孩子和自己有几分关系，还是给他当个干妈，找人代养吧！正好现在雅典城被那个二愣子安菲克堤翁把持，他流的可是泰坦神普罗米修斯的血液。长此以往，我保护之下的雅典城岂非落入他人之手？还是得培养一下自己人，日后让他掌握朝政。"

想到这里，雅典娜就把新生儿放在一个柳条筐里，并把盖子紧紧盖住，偷偷送到雅典第一任国王刻克洛普斯建造的帕特农神庙里，让她的女祭司——也就是刻克洛普斯的三个女儿代为照管，并警告她们只需定时放进食物，不得偷看。

雅典娜走后，姐姐潘德洛索斯和赫尔塞虽然心里也想知道筐子里到底装的是什么，可她们不敢违背女神的命令。妹妹阿格劳洛斯好奇心超强，

[①] 南开大学王以欣教授解释道："从词源学角度看，厄里克桑尼乌斯[即厄里克托尼俄斯（Erichthonius）——引者注]的名号包含'土地（chthon）'的词根，其前缀 eri 则被解释为'羊毛（erion）'或'纷争（eris）'：前者与雅典娜用羊毛擦拭腿上精液的神话情节有关；后者暗示蛇孩诞生于雅典娜与赫淮斯托斯的争斗中。"（王以欣：《神话与历史：古希腊英雄故事的历史和文化内涵》，商务印书馆，2006 年版，第 374 页。）

胆子又大。她想：偷偷看一下，女神也不会知晓。所以她不顾二位姐姐的阻拦，硬是把筐子打开了。当她看到这个半人半蛇的孩子时，聪明的阿格劳洛斯猜想这其中一定隐藏着处女神雅典娜羞于见人的秘密。于是，当女神再次来神庙看望干儿子的时候，贪婪的阿格劳洛斯便向她索要黄金作为封口费。雅典娜怕此事传出去影响自己的名节，便吃了个哑巴亏，只好满足了她的要求。从这时起，雅典娜亲自守护厄里克托尼俄斯。但在女神的心里，这件糗事一直没有忘记。当阿格劳洛斯故伎重施勒索赫尔墨斯时，雅典娜新仇旧恨一起算，借助弟弟之手将她石化。①

厄里克托尼俄斯长大成人之后，在雅典娜的帮助下，赶走了篡夺王位的安菲克堤翁，做上了雅典国王。为了感谢这位干娘，厄里克托尼俄斯在城里供奉了女神的神像，并创立了规模可与奥林匹克竞技会相媲美的古老庆典——泛雅典娜节。

厄里克托尼俄斯死后，他的儿子潘狄翁继位，与妻子生下两儿两女——儿子厄瑞克透斯和波特斯，女儿普洛克涅和菲罗墨拉。我们先来讲他两个女儿的故事。

（二）普洛克涅和菲罗墨拉

雅典国王潘狄翁执政期间，与卡德摩斯创建的卡德摩亚城因领土问题发生争端。战事进行得非常不顺利，年轻的雅典无法与强大的卡德摩亚城相抗衡。在这种情况下，潘狄翁请来阿瑞斯之子、特刺刻国王忒柔斯相助，最终取得了战争的胜利。

事后，为了报答忒柔斯，潘狄翁将大女儿普洛克涅嫁给了他。忒柔斯高高兴兴地偕同新婚妻子返回他的国家特刺刻。这对恩爱夫妻不久之后就

---

① 具体故事情节参见本书第93页。

生下一个十分可爱的儿子。看起来，命运女神给夫妇俩安排了幸福美满的生活，可事实并非如此。

转眼间，五年过去了。普洛克涅非常想念与自己一起长大的妹妹菲罗墨拉。她恳求丈夫："请允许我回去见见我那日夜思念的妹妹吧！或者你到雅典把她接到我们家里来也行！她一次也没有出过远门。"忒柔斯答应了妻子的请求，就驾船远航顺利抵达阿提卡海岸。

老丈人潘狄翁一看多年不见的女婿突然来访，非常热情地招待了他。席间，普洛克涅的妹妹菲罗墨拉出来和姐夫见面。忒柔斯一看就惊呆了。真是女大十八变！几年不见，菲罗墨拉已出挑成一个绝世大美女。心术不正的姐夫竟燃起了对小姨子的强烈欲望。

忒柔斯深藏不露，向丈人说明了来意，并告诉他普洛克涅正在焦急地等待着妹妹的到来，自己不宜久留，明天就走。不知道正面临巨大危险的菲罗墨拉也请求父亲准许她去探望姐姐普洛克涅。潘狄翁同意了。

临走之时，潘狄翁对女婿忒柔斯说："我把宝贝女儿托付给你，你要像父亲一样保护她。她可是我晚年唯一的安慰。"看着美若天仙的菲罗墨拉已登上大船，忒柔斯眉飞色舞地满口答应，恨不得一下子飞回他的国家。

船上人多眼杂，不好下手。到了特剌刻海岸后，忒柔斯怕被妻子发现，没有把菲罗墨拉领到宫中，而是带着几个心腹强行把她押到了密林里。无论菲罗墨拉如何痛哭哀求，心痒难耐的姐夫丝毫不动恻隐之心，像野兽一样对小姨子实施了强暴。随后，忒柔斯又将菲罗墨拉囚禁在密林深处四下有人把守的小屋中，供他随时发泄兽欲。

忒柔斯回到家中，装出十分伤心的样子告诉妻子普洛克涅，他到了岳父家里才知道菲罗墨拉早就得病死了。善良的妻子听了这个假消息后，伤心欲绝。就这样，她被丈夫蒙骗了。

被囚的菲罗墨拉绝望无助，常常撕心裂肺地呼唤父亲、姐姐的名字，向他们抱怨这无比凄苦的命运，并咬牙切齿地向奥林匹斯众神诅咒这心肠狠毒、禽兽不如的姐夫。忒柔斯听到她的诅咒，大怒。他抽出利剑，割掉了菲罗墨拉的舌头。

整整一年过去了，菲罗墨拉慢慢变得坚强起来。她静下心来，终于想出一个向姐姐报信的好办法。屋里有一个破旧的织布机，她坐下来开始织布，把自己的可怕遭遇编成文字织在了头巾上，然后打着手势央求一个女仆将头巾带到宫里交给王后。不明就里却心地善良的女仆答应了这个可怜女人的请求。在普洛克涅展开头巾看到文字的那一刻，她心如刀绞，五内俱焚。但普洛克涅并不哭泣，也没有轻举妄动。她心中只是在默默地盘算着怎么搭救妹妹以及如何向丈夫报仇。

这几天恰逢特剌刻妇女庆祝酒神节。普洛克涅和一帮贴身随从化装成酒神的女祭司，趁着夜色进入了森林。她们找到忒柔斯囚禁菲罗墨拉的茅舍，围着屋子一边大喊一边跳着疯狂的舞蹈。随从们用狂放的舞姿将国王的那些看守迷住，普洛克涅则趁机进入屋中，把妹妹打扮得和她们一样，将其救出，来到宫里。

见到亲人的菲罗墨拉痛哭流涕。坚强的普洛克涅则一滴眼泪也没流。她咬着牙对妹妹说："我们现在要做的不是流泪，而是拿起利剑报仇雪恨！"就在这时，她和忒柔斯的儿子走进了卧室。普洛克涅看着长相酷似他父亲的孩子突然眉头紧锁，狠下心来拔出利剑，朝着正要过来和她亲昵的儿子刺了过去。剑穿过了胸膛，一脸惊讶的孩子倒地而亡。接着，姐妹俩一起动手把孩子剁成碎块，连煮带烤做成了一顿大餐，派仆人叫忒柔斯前来享用。

就在忒柔斯大嚼用儿子的肉做成的饭菜时，突然问站在一旁伺候他进餐的普洛克涅儿子去哪里了。普洛克涅面无表情地说道："你不知道吗？他就在你的身上！"

忒柔斯没有听懂老婆的话。正在迟疑之际，披头散发、满身血污的菲罗墨拉突然从门后挑帘走出，把孩子那颗血淋淋的头颅掷到了饭桌上。现在，忒柔斯知道了"孩子就在你的身上"这句话的含义。他一切都明白了，遂疯狂地一把推开桌子，站起身来，拔出利剑，向姐妹俩扑了过去。普洛克涅和菲罗墨拉转身跑出宫殿，忒柔斯随后跟上。就在利剑要刺到姐妹俩时，她们长出翅膀，飞上了天空。众神将菲罗墨拉变成了燕子，把普洛克涅变成了夜莺。再往后看，忒柔斯则变成了长有大羽冠的长嘴戴胜。

（三）厄瑞克透斯的女儿们

父亲潘狄翁得知了两个女儿普洛克涅和菲罗墨拉的悲惨遭遇。他心脏病发作，气绝身亡。哥哥厄瑞克透斯继承王位，弟弟波特斯做了雅典娜的祭司。厄瑞克透斯在位期间没有多少故事流传下来。我们只知道他曾与阿提卡地区的厄琉西斯进行过长期的战争，并取得了最终的胜利，厄琉西斯由此归雅典领导。[①] 这些情节在此忽略不提。厄瑞克透斯的故事虽然不多，但他的众多子女却给我们上演了一幕幕恩怨情仇的情感大戏。

在这里，讲一下厄瑞克透斯的三个女儿——普洛克里斯、克瑞乌萨和俄瑞堤伊亚留下的三个著名的故事。

1. 普洛克里斯与刻法罗斯

前文提到，神使赫尔墨斯在庙会期间瞄上了雅典第一任国王刻克洛普斯的女儿赫尔塞，经过一番波折终于抱得美人归，并生下一个儿子——刻法罗斯。[②] 父母优良的遗传基因摆在那里，刻法罗斯逐渐长成一个英俊绝伦的美少年、百发百中的好猎手。小伙子情窦初开之时就喜欢上了厄瑞克

[①] 参见本书第 262 页。
[②] 参见本书第 95 页。

透斯的女儿、美丽的公主普洛克里斯，后来两人成为一对人见人羡的恩爱夫妻。

可是，好景不长。有一天，刻法罗斯像往日一样，天还没亮就告别新婚妻子前往许墨托斯山打猎。不一会儿，风姿绰约的黎明女神厄俄斯①推开早晨的一丝薄雾，走上了工作岗位。

不经意间，厄俄斯看到了英姿勃发的刻法罗斯。这位虽已为人妇但以勾搭美少男为业余爱好的女神立即春心荡漾，再也迈不动腿了。女神三下五除二就把帅哥掳到自己帐中，直接向其表达了爱意。②美女心里想的是：人世间经常把漂亮女孩说成是女神级别的人物，那都是比喻。我可是货真价实的女神，现在反过来倒贴追求一个凡人，你心里还不得乐开了花？不过，这位帅哥的反应还真是出乎厄俄斯的预料。好男人刻法罗斯对妻子普洛克里斯忠贞不贰，对女神的强拉硬扯誓死不从。从来不相信世间有真正爱情的厄俄斯第一次遇到不为美女所动、坐怀不乱的男人。这反而勾起了她的兴趣。女神不想对美男子霸王硬上弓。她想：一段时间以后男人对妻子的思念自然会慢慢淡去，到时他就会乖乖就范。

没想到，厄俄斯的如意算盘又一次落空了。刻法罗斯后来为了心爱的妻子竟然不吃不喝，闹起了绝食。见此情景，女神娇嗔道："既然如此，回到你的普洛克里斯身边去吧！不过我要警告你：以后你一定会为有普洛克里斯这样的妻子而懊悔。你以为你对她忠诚就会换来她对你同样的忠诚

---

① 厄俄斯是十二泰坦之一许珀里翁的女儿。参见本书第6页。"因为她曾与阿瑞斯同床，所以阿佛洛狄忒便叫她永久在爱着人。"（【古希腊】阿波罗多洛斯：《希腊神话》，周作人译，长江出版社，2018年版，第42页。）这样一来，黎明女神便成了希腊神话中见一个爱一个的花痴形象。

② 正如《古希腊风化史》中所言，"厄俄斯喜欢所有美的事物，特别是年轻的美男子。只要是能激起她的欲望的人，她总要使用强制手段加以占有。"（【德】利奇德：《古希腊风化史》，杜昌忠、薛常明译，海豚出版社，2012年版，第222页。）

吗？不会的！如果你不相信我说的话，你总该相信自己的眼睛吧？当你见到妻子时，我相信你甚至会后悔当初认识她！"说完，女神释放了刻法罗斯。

　　刻法罗斯心里思念着新婚燕尔的妻子。重获自由的他迈开大步朝家的方向走去。可是，女神的话却一直在他耳边萦绕，挥之不去。他边走边想：我的妻子长得这么漂亮，这段时间一个人独守空房，一定会有别的男人追求她！是不是真的会像厄俄斯说的那样，她耐不住寂寞背着我出轨？一直在暗中观察的黎明女神看穿了帅哥的心思。她立即施展法力改变了刻法罗斯的相貌，好让他去试探妻子的忠诚度。

　　刻法罗斯回到雅典，把自己扮成一个富商来见妻子普洛克里斯。一直以来，普洛克里斯都因丈夫的失踪而愁容满面。刻法罗斯告诉她："漂亮的公主，你的丈夫或者早已死去，或者已经变心，娶了别的女人为妻。不管怎样，你都不用再等他了。请你嫁给我吧！我会爱你一生一世。"普洛克里斯断然拒绝了眼前这个陌生人的求婚。她坚定地说道："我只爱刻法罗斯，无论他在哪里，无论他是死还是活，我都要一辈子忠于他！"

　　听到这里，刻法罗斯心里相当激动。但他突然觉得这游戏挺好玩。于是，不作死就不会死的刻法罗斯想看看妻子能不能经受住物质的诱惑。在接下来的日子里，他想尽各种办法，用尽各种手段，送上大批金银财宝，祈求普洛克里斯和他共度春宵。看到眼前这个男人对自己这么好，哪个女人不动心？普洛克里斯忍不住开始动摇，最后终于答应了。

　　就在此时，黎明女神恢复了刻法罗斯的本来面貌。愤怒的他对老婆破口大骂，骂她不守贞节、不守妇道。普洛克里斯面对丈夫，为自己的话羞愧难当。她低头掩面逃离雅典，来到克里特岛上被森林覆盖的大山中，做了狩猎女神阿尔忒弥斯的随从。

　　老婆离家出走，男人才感觉到她的重要性。静下心来的刻法罗斯扪心自问，也觉得自己做得有点过分了。他不知当时为什么自己如此鬼迷心窍，一门心思要把老婆诱惑到变心为止。其实想想他自己也不一定能经受住这真金白银的诱惑。追悔莫及的刻法罗斯开始到处寻找普洛克里斯。他历尽千辛万苦，终于找到了她。见面之后，刻法罗斯向妻子负荆请罪，磕头认错。在阿尔忒弥斯的劝解下，两人最终破镜重圆、重归于好。临走时女神还送给这两口子两件法宝：一支百发百中且能自动折返的长矛，一条快如闪电不会放过任何猛兽的猎犬[①]。就这样，夫妻二人冰释前嫌，高高兴兴把家还。

刻法罗斯还像以往一样，每天去山里打猎。但和之前不同的是，他为避免再次被花痴黎明女神厄俄斯看见，都是在太阳东升、阿波罗出来上班的时候才出门。第二个变化就是每天打到的猎物明显增多，因为他有了神奇标枪和闪电猎狗的帮忙。

然而，事情不会就此结束。

一天中午，天气十分炎热，林中的刻法罗斯大声呼唤："美妙的清风啊，你在哪里？快像往日一样到我的怀抱中来，让我吸一口你那甜美的气息！只有你能给我最大的快乐。"这时，一个爱嚼舌头的雅典人正巧听到了刻法罗斯的呼喊，赶紧跑回来告诉了普洛克里斯。现在轮到做妻子的怀疑丈夫的忠诚度了。她想：在自己离家的那段日子里，刻法罗斯是不是寂寞难耐，结识了一个名叫清风的新欢？他总是出去打猎，林中那么多好色的宁芙仙女，碰上一两个也是难免的。

普洛克里斯越想越不对头。她以女人的第六感断定刻法罗斯已经爱上了别的女人。第二天，她决定跟踪丈夫，亲自去会会这个名叫清风、专爱勾引别人老公的狐狸精。中午，酷热难耐，树叶纹丝不动，大汗淋漓的刻

[①] 前文讲到，刻法罗斯正是用这条猎犬除掉了透墨索斯恶狐，帮朋友安菲特律翁解决了难题。具体故事情节参见本书第151页。

法罗斯来到树荫下,又一次呼唤起来:"温柔体贴的清风啊,你在哪里?我正焦急地等待着你的出现!"一听这话,藏在树丛后面的普洛克里斯不由得发出了哀伤的叹息声。心灵遭受打击的她身子一颤,带来了树叶的抖动。身为猎人,时刻保持高度警觉的刻法罗斯以为有野兽出没,随即投出了手中那杆百发百中的长枪,不偏不倚正中普洛克里斯的胸口。

普洛克里斯发出一声惨叫,猎人这才发现自己投中的不是什么猛兽,而是妻子。刻法罗斯赶忙替她包扎伤口。然而普洛克里斯受了致命伤,已无力回天。在奄奄一息之际,她对丈夫说:"刻法罗斯,为了我们神圣的婚姻,看在我就要去见冥王哈迪斯的分上,我恳求你,不要让那个叫清风的女人进我们的家门,好吗?"刻法罗斯这才明白事情的原委。他赶紧向妻子说明了缘由,澄清了她的误解。但一切为时已晚,普洛克里斯死在了刻法罗斯的怀里。[1]

事后,雅典法庭判决刻法罗斯犯过失杀人罪,把他驱逐出境。失魂落魄的刻法罗斯离开雅典,来到了有七座城门的忒拜。在这里,他结交了一个好朋友——同样流亡至此的安菲特律翁。刻法罗斯帮助他打下塔福斯,遂定居于此,并将其重新命名为刻法罗尼亚岛。他在岛上建立了一个叫伊塔卡的王国,这个王国因奥德修斯而闻名于世。

2. 克瑞乌萨与阿波罗

雅典国王厄瑞克透斯有一个漂亮的女儿,名叫克瑞乌萨。成年之后,她去德尔斐神示所询问自己的婚事。神庙主宰阿波罗一眼就看上了这位美女。爱情之路上屡遭打击的太阳神自从强抢拉庇泰公主库瑞涅[2]成功之后,一改往日卿卿我我的文艺青年腔调,也走上了父亲宙斯、伯父波塞冬的老

---

[1] 看来,男女猜忌,古今中外,概莫能外。这事和赵小兵的歌曲《我想静静》如出一辙。
[2] 参见本书第65页。

路。他发下神谕："美丽的女孩，按我的预言，你的婚姻大事不用愁，今天就解决！"他嘴里说着，手脚也没闲着，直接将克瑞乌萨掳到雅典郊外的一个岩洞中并强行霸占了她。不愧为大神，他一击中的，之后飘然而去。

克瑞乌萨真后悔去德尔斐：婚事没问着，倒是多了个孩子。在那个没有打胎技术的时代，看着肚子一天天大了起来，她只能默默忍受，并在父母面前极力掩饰未婚先孕的丑事。不久之后，她给阿波罗生了一个儿子。尚未出嫁的姑娘把孩子藏在一只箱子里，偷偷放在了太阳神曾推倒她的那个山洞旁。她知道奥林匹斯山各位神祇，一旦占有女人就弃之不顾，可孩子是自己的，他们不会不管。克瑞乌萨在箱子里放了几件信物，虔诚地祈祷有朝一日母子能够相认。

无所不知的阿波罗能够洞察一切，对于儿子当然不会坐视不管。但好面子的他总是喜欢端着，在下属缪斯九女神面前还得保持良好形象，这种事情他觉得实在不好亲自出面。于是，他找到了好哥们赫尔墨斯。自从在维纳斯与阿瑞斯那次偷情直播现场两兄弟不由自主、不约而同地表露心声之后，他们在这方面就成了无话不谈的好朋友。阿波罗告诉赫尔墨斯："好兄弟，哥哥今天有事相求。在凡间有个女人给我生了一个儿子。现在孩子他妈把他藏在了雅典郊外的山洞里。请你把他放在德尔斐神殿的门槛上，其余的事由我来办。"

有"神行太保"之称的赫尔墨斯向来办事麻利。他趁着夜色，飞到雅典，找到孩子，背起箱子，放在了神殿的门槛上。

第二天，太阳升起，德尔斐女祭司像往常一样来神殿上班，看见了睡在小箱子里的婴儿。阿波罗让她的内心升起一股怜悯之情。女祭司可怜这个弃儿，就把他带在身边自己抚育。孩子一天天长大，终日在父亲的神坛前玩耍，可他并不知道亲生父母是谁。当他长成一个高大英俊的少年时，开始负责看管献给神殿主人阿波罗的祭品。德尔斐居民都非常喜欢这个神庙的守护者。

现在再把视线从德尔斐转到雅典。

雅典人与邻国的欧俾阿人发生了激烈的战事,最后雅典胜利。在此次战争中,来自忒萨利亚的一位英雄——克苏托斯帮了大忙,所以,雅典人非常感激他。

这位克苏托斯是谁?

大家可曾记得第二编讲到,宙斯看到青铜时代的人类正在逐渐走向邪恶与堕落,一怒之下发动大洪水将其毁灭,只剩下虔诚敬神的丢卡利翁与皮拉夫妇。他们顿感孤单,遂依照神谕用石头造人。①

其实,不仅用石头造人这一种方式,丢卡利翁和皮拉两口子还亲自上床自己造,生下儿子赫楞和安菲克堤翁②。赫楞长大成人后,与宁芙仙女俄耳塞斯生下了这里讲到的克苏托斯。当然除了他之外,还有另外两个儿子——多洛斯和埃俄罗斯。③多洛斯是后来灭掉迈锡尼文明使希腊历史进入黑暗时代的蛮族——多利亚人的祖先;埃俄罗斯则子女众多,给我们上演了一幕幕精彩的情感大戏,留待以后再叙。

因权力之争,克苏托斯被两位兄弟驱逐出忒萨利亚。他本是来雅典避难的,正巧赶上了战争。他感觉在雅典站稳脚跟的机会来了,便二话不说,直奔战场,豁出性命,拼命杀敌。厄瑞克透斯非常欣赏这位英勇善战的小伙子,因此当他提出希望娶美丽的公主克瑞乌萨为妻时,国王同意了他的

---

① 参见本书第 118 页。
② 安菲克堤翁就是篡夺克刺那俄斯雅典王位的那个女婿。参见本书第 242 页。
③ 赫楞是希腊人的始祖。他有三个儿子——多洛斯、埃俄罗斯、克苏托斯。多洛斯是多利亚人的祖先,埃俄罗斯是埃俄利亚人的祖先,克苏托斯的儿子阿开俄斯是阿卡亚人的祖先,当然还有即将提到的阿波罗与克瑞乌萨的儿子伊翁是伊奥尼亚人的祖先。他们共同构成希腊的几个主要民族。荷马经常用阿卡亚人代指所有希腊人(当然有时也用阿尔戈斯人、达那俄斯人),这是因为希腊军队以他们为主,在特洛伊战争时期最为强盛。

请求。克瑞乌萨见情夫阿波罗再也没有露过面，觉得这个处处留情的负心汉肯定早已把她忘记了，也就答应了这桩婚事。

令克苏托斯万万没想到的是，找个媳妇竟然会惹恼一位大神。阿波罗心想：我临幸过的女人你也敢碰？虽然你排在后面，但也不能轻易便宜了你小子。再说，这个克瑞乌萨也不地道——既然做了我的女人，就应该一辈子为我守身如玉，哪能随便嫁给他人？为了惩罚这两口子，阿波罗让他们一直生不出孩子。

若干年以后，克瑞乌萨隐隐觉得没有子嗣可能与阿波罗有关。可这事又不能跟丈夫提起，于是，她打算再次去德尔斐神庙祈求神谕，看阿波罗作何解释。打定主意后，克瑞乌萨对丈夫撒谎说想去供奉记忆女神谟涅摩绪涅的特洛福尼俄斯求子，克苏托斯一听此言，决定和妻子同去。就这样，夫妇二人带着一群仆人动身了。走到半路上，克瑞乌萨对丈夫说："不如你自己去特洛福尼俄斯吧。我去德尔斐神庙等你，然后你再赶来和我会合，看两个神谕是否一致。"克苏托斯同意了妻子的建议。

克瑞乌萨来到德尔斐神殿前时，睹物思情，心中不禁想起了那个负心汉，想起了儿子，再也控制不住情绪的她眼泪吧嗒吧嗒地掉了下来。此时，她和阿波罗所生的儿子正在装饰门框。小伙子见这位贵妇人如此悲伤，就过来搭话："夫人，你可以不说出悲伤的原因。但请你告诉我：你是谁？来自什么地方？"

"我叫克瑞乌萨，是雅典公主。我的父亲是国王厄瑞克透斯。"克瑞乌萨答道。

青年一听，立马兴致勃勃地和克瑞乌萨聊起了雅典的历史：聊她的先祖刻克洛普斯、曾祖父厄里克托尼俄斯，聊地生人的神奇事件，聊她的父亲厄瑞克透斯的英雄事迹。母子俩毕竟血脉相连，越聊越觉得亲切。克瑞乌萨不自觉地开始向面前这位年轻人敞开心扉，并告诉他说："神殿的守护者，我此次前来德尔斐，为的是祈求神祇赐予我一个儿子。我想只有阿波罗知道我没有孩子的原因，只有他才能帮助我。"

听到这话，年轻人面露同情的神色："你没有儿子，真是个不幸的人啊！"

克瑞乌萨说："在这之前，我已经是个不幸的人了。我真是羡慕你的母亲，能够有你这么一个富有同情心的孩子。"

此时，年轻人面带悲伤，幽幽地说道："我从来不知道我的亲生父母是谁。神殿的女祭司是我的养母，我从小就住在这里，做阿波罗的仆人。"

两人聊到这里，颇有些同病相怜的感觉：一个没有父母，一个没有儿子。真是应了那句话："同是天涯沦落人，相逢何必曾相识！"克瑞乌萨沉默了一会，开始按照我们所熟悉的套路，以第三人称的方式讲起了她自己的故事："我有一个朋友，作为母亲也在寻找儿子。她和现在的丈夫结婚之前曾被迫和这个神庙的主人阿波罗发生过一夜情，并生下一个儿子。女人害怕遭到父亲的惩罚，孩子一出生就将他遗弃了，从此以后杳无音信。我这次来其实也要为她祈求神谕，向伟大的神祇打听一下她儿子的死活，以及如果活着，现在身在何处。"

年轻人不禁问道："你说的这是多少年前的事情？"

克瑞乌萨回答："如果那个孩子尚在人间，那么他应该和你差不多大。"

年轻人顿时感到无比伤感："你的那位朋友远在雅典，我在德尔斐，我们虽素不相识，但命运却何其相似！她寻找儿子，我寻找母亲，真是一对可怜人啊！可是，尊贵的夫人，你别指望神祇会给你一个满意的答复，因为这涉及他的隐私、牵涉他的不义。神祇们都很要面子，他们是不会向凡人认错的！"

"别说了！"克瑞乌萨看到克苏托斯正向这边走来，立即打断了年轻人的话，"我丈夫过来了！他先去特洛福尼俄斯听取了谟涅摩绪涅的神谕。

请你记住，我刚才对你说的那位朋友的秘密千万别让他知道。"

说话间，克苏托斯已来到妻子面前，高高兴兴地对她说："我在特洛福尼俄斯得到一个非常好的预言，说我此番前来肯定会带着一个孩子回去。"接着，克苏托斯转向妻子身边的年轻人，询问道："这位是谁？"

年轻人谦恭地回答说："我是神殿的仆人。这里是德尔斐人最敬重的圣地，人们要在阿波罗的祭坛前聆听女祭司宣示神谕。"听到这话，克苏托斯当即拉着克瑞乌萨，跟前来求取神谕的人一样，走进圣殿的里间，祈求阿波罗赐给他们一个吉利的神谕。

不一会儿，阿波罗亲自给克苏托斯一个谕示："现在走出门去，遇到的第一个人便是你的儿子。"克苏托斯不敢迟疑，一个人站起身来兴冲冲地向门外走去，迎面碰上了刚才和他说话的那位年轻人。他欣喜若狂，一把抱住了阿波罗的这个私生子，连声叫他儿子。年轻人不明就里，被他的举动吓蒙了。克苏托斯解释道："神谕宣示，你就是我的儿子。我也不知道为什么，因为我的妻子从来没有为我生过孩子。可是我相信神灵的话，也许这是神的赐予吧！"

年轻人从小在神庙里生活，对神谕坚信不疑。他为能够找到父亲而欣喜不已，不过转念一想：克瑞乌萨那位朋友对于婚前和阿波罗有一腿并生下一个儿子的事羞于向人启齿，让她来代为请求神示。现在看来，她的情况也差不多，因为我也是她的丈夫和别的女人生下的私生子。算了，还是先不管这些了。如今关键的问题是：父亲找到了，亲生母亲又在哪里呢？父亲现在的妻子——克瑞乌萨能否容得下我？

克苏托斯先给儿子起了个名字——伊翁①。当儿子问起他的生身母亲是谁时，克苏托斯叹了一口气，语重心长地说道："孩子啊，你爹我想当

---

① 伊翁意为"走出来的时候遇着的"。

年身为忒萨利亚王子，那也是才貌出众、风流倜傥，俘获了无数女孩子的芳心。至于你，如果我没有记错的话，应该是有一次在附近的帕耳那索斯山参加祭拜酒神的仪式时，不知和哪位喝醉了的狂女一夜风流的产物。①现在看来，想找你妈，难啊！我和现在的妻子没有生下儿女，所以她不是你的母亲。至于你的身份还是暂时先瞒着她吧，等以后有机会我再慢慢告诉她。"

说完这话，克苏托斯命手下人在神庙附近的空地上搭起帐篷，让儿子伊翁邀请德尔斐的居民在这里举行一个庆祝宴会。他则要立即前往帕耳那索斯山向酒神狄俄尼索斯献祭，感谢他赐给自己一个儿子。

克苏托斯的举动以及他与伊翁的对话全被一位对克瑞乌萨忠心耿耿的老仆人看在眼里、听在耳中。克苏托斯一走，他马上跑到仍在阿波罗的祭坛前想独自一人和之前的情夫说几句心里话的女主人面前，对她说了下面这番话，显示了他的编剧天分："不幸的女主人啊，你的丈夫克苏托斯之前曾和参加酒神祭的某位狂女生下一个儿子，并将他送到神庙里抚养。如今他已长大成人，就是您刚才见过的那个守护神殿的年轻人。今天，在克苏托斯的安排下，又上演了一出神明赐子、父子相认的情感大戏，其实就是为了骗过您。他给儿子起名字叫伊翁，我不知道谁是他的母亲。我只知道，现在他正在外面举办欢宴。接下来，作为一个外来人，克苏托斯就要和他这个私生子联起手来篡夺雅典政权，夺取我们的土地和财富。"

随后，老仆人建议女主人设计杀死丈夫的私生子，以绝后患。此时的克瑞乌萨想着自己被从前的情人抛弃、被现任的丈夫欺骗，顿时感到悲愤交加、气急败坏，就同意了他的主张。当初，女神雅典娜取美杜莎的毒血放进一副镯子里，并把它送给了养子厄里克托尼俄斯，现在这个镯子传到

---

① 每一年，酒神的信徒都要在帕耳那索斯山举行祭拜仪式，饮酒狂欢。

了克瑞乌萨的手上。他将其交给老仆人，让他立即赶到宴会现场，趁其不备将毒血滴进伊翁的酒杯。

老人走进帐篷，挨个儿为宾客斟酒。当他要给年轻的新主人斟酒时，趁人不注意悄悄地在酒杯里放入了致命的毒药。就在伊翁举杯欲饮之时，站在旁边的一个仆人突然不经意间骂了一句脏话。常年在德尔斐神庙工作的伊翁知道这是一种不祥的预兆，于是便让在场的所有人把杯里的酒全倒在地上，举行隆重的浇祭仪式。这时，外面飞进来一群圣鸽，争相去饮浇祭的美酒。结果，别的鸽子都安然无恙，只有饮过伊翁杯中酒的那只鸽子抽搐而死。

伊翁一把抓住老人，大声质问道："心肠狠毒的老头子，快说，是谁在背后指使你谋害我？"老人惊吓过度，说出了克瑞乌萨的名字。听了这话，伊翁气不打一处来：想加害于我的竟然是那个之前在我面前装可怜的贵妇人！我和她无冤无仇，没想到她竟如此蛇蝎心肠！伊翁义愤填膺，离开帐篷，大踏步向神殿走去，要向这位狠毒的继母报仇。德尔斐的宾客们也都跟在后面，异口同声地大喊："用石头砸死这个可恶的女人！"

克瑞乌萨正在阿波罗的祭坛旁焦急地等待着事情的最终结果。这时，另一位忠于她的仆人偷偷抢先跑了回来，急匆匆地对她说明了事情的经过。危急关头，女仆们让女主人紧紧抓住祭坛——这是她最后的保护伞，因为谁要敢在神的祭坛旁杀人，就会犯下不可饶恕的罪孽。

就在这时，暴怒的伊翁已来到祭坛旁。他狠命抓住这个打算置自己于死地的仇敌，想把她拖离祭坛。可他哪里知道这正是他的生母啊！那样他会犯下弑母的滔天大罪。在这关键时刻，作为父亲、作为丈夫的阿波罗不得不出面了。他把一切前因后果都告诉了女祭司。女祭司听完主人的故事，赶紧将之前盛放婴儿的小箱子拿到祭坛前。伊翁看到养母，向她讲述了自己刚刚经历的那惊心动魄的一幕，并告诉她："亲爱的母亲，我有一个好消息告诉你，那就是我已找到亲生父亲。他就是克苏托斯。然而，还有一个坏消息，就是现在我手里抓着的这个女人要谋杀我。现在她的阴谋败露，我要杀了她！"女祭司严厉地警告他说："在我把话讲完之前，你千万别动手，否则你会后悔终生。你看到这只小箱子了吗？当年你就是被装在它里面，然后被遗弃在这里的，里面的东西可以帮助你找到生母。"

女祭司首先拿出当年包裹婴儿的麻布。克瑞乌萨一眼就认出了它，立即明白了事情的真相，眼含热泪高兴地对着伊翁叫了起来："我的儿啊！我终于找到你啦！"说话间她的双手已紧紧抱住伊翁。伊翁不明就里，狠命挣脱了她的怀抱。克瑞乌萨后退几步，努力抑制住激动的情绪，对他说道："亲爱的孩子，我知道你一下子接受不了这样的事实，可我就是你的母亲。几件信物可以向你证实这一点。孩子，你把这块麻布摊开，就会看到中间织的是美杜莎那颗长满毒蛇的可怕头颅。"伊翁半信半疑，可当他打开麻布时，发现真的如克瑞乌萨所说。

"箱子里还有一条金龙项链。"克瑞乌萨继续说道。伊翁摸了摸箱子底，将那条项链拿了出来，此时的他脸上已露出幸福的微笑。

"最后一个信物，"克瑞乌萨说，"是一个永不凋谢的橄榄叶花环，因为它取自雅典娜女神给雅典城的珍贵赠礼——她亲手种下的第一棵橄榄树。"伊翁果然找到了那个独一无二的花环。

年轻的伊翁哽咽了，他嘴里大声呼喊着"母亲"，一把抱住了克瑞乌萨的脖子，在她的面颊上不停地亲吻着。突然，伊翁松开了手。他想派人赶快到帕耳那索斯山把父亲克苏托斯找来，让他知晓当年在醉酒状态下与他共度春宵的恰巧正是他现在的妻子，这样就可以实现一家团聚。克瑞乌萨此时不得不对儿子道出全部真相："克苏托斯不是你的父亲。你的父亲是这座神殿的主人阿波罗，之前我向你提到的'朋友'其实就是我自己。"

这一连串的事情都要把伊翁搞蒙了：难道这么多年他一直在给亲生父

亲打工?

事情发展到这一步,抹不开面子的阿波罗又请来雅典娜帮忙。女神向大家说明了所有的往事,并预言了未来:"伊翁将成为伊奥尼亚人的祖先,而克苏托斯和克瑞乌萨也将有个儿子阿开俄斯——他的后代子孙就是阿卡亚人。"最后女神叮嘱道:"事情的真相就别告诉克苏托斯了。让他保持美好的想象,始终认为伊翁是他的亲生儿子吧!"

一切误会烟消云散,去帕耳那索斯山向酒神献祭的克苏托斯也回来了。就这样,一家三口高高兴兴把家还,真是个大团圆的结局。

可还得说一句:这个故事唯一有点对不起的就是那位戴着隐形绿帽、满心欢喜替别人抚养孩子的克苏托斯。

3. 俄瑞堤伊亚和玻瑞阿斯

在"普洛克里斯与刻法罗斯"的故事中出现的风流女神厄俄斯是有正牌老公的,他就是泰坦神克利俄斯和欧律比亚的儿子阿斯特赖俄斯[①]。两口子生下四风神——西风神仄费洛斯、北风神玻瑞阿斯、南风神诺托斯和东风神阿耳革斯特。其中北风神玻瑞阿斯最为威严可怖。他发起怒来席卷陆地和大海,能够无情地摧毁一切。

有一天,玻瑞阿斯从阿提卡上空飞过,看见了雅典国王厄瑞克透斯的三女儿俄瑞堤伊亚。一直打光棍的北风神对姑娘一见钟情。他收起狂风,下到陆地,来到王宫,信心满满地恳求厄瑞克透斯将女儿嫁给他,并允许他婚后把妻子带到遥远的北方生活。可令他没想到的是,一个神祇对凡人的求婚失败了——国王父女无情地拒绝了他。玻瑞阿斯只好放下面子苦苦央求,但都无济于事。原因是:一方面,女孩害怕他那威严的神情;另一方面,姐姐普洛克涅和菲罗墨拉的悲惨遭遇给国王带来心理阴影,他不愿

[①] 参见本书第6页。

把女儿嫁去远方。

这下可惹恼了向来不肯屈服的北风神。他高声怒吼道:"我能在海上掀起如山巨浪,能在陆地上拔起千年古树,能驱散乌云、冻水成冰,干吗要低三下四地央求你们父女?那真是自取其辱。现在我想通了,应该直接用武力夺取美丽的新娘。看谁能够阻止我!"

刹那间,玻瑞阿斯腾空而起,扇起了他那双强劲有力的翅膀。顿时雅典上空狂风大作。接着,玻瑞阿斯像雄鹰一样俯冲下来,一把抓住俄瑞堤伊亚,盘旋上升,朝着北方他的居所飞去。

就这样,俄瑞堤伊亚做了玻瑞阿斯的妻子。两口子先是生下两个女儿——克勒俄帕特拉和喀俄涅,后来又一胎生下两个像父亲一样脚踝两侧长有翅膀的儿子——仄忒斯和卡拉伊斯。两个儿子长大成人后参加了阿耳戈号的远征,而克勒俄帕特拉也将在金羊毛的故事中涉及,所以他们三个留待以后再说。

现在来看喀俄涅①。这位美女被海神波塞冬瞄上。这个色鬼将其强行推倒,暗结珠胎。十个月之后,喀俄涅生下一个男孩——欧摩尔波斯。她害怕脾气暴躁的父亲知道此事——否则必将引发风神与海神的一场恶战,于是,就偷偷把婴儿扔进了大海里。大家都知道这些神的德行——他们对被自己占有的女人可以不管不顾,但在亲生骨肉面临危险时绝不会袖手旁观。波塞冬救下了欧摩尔波斯,并让自己的女儿抚养他。等欧摩尔波斯长大成人后,这个女儿又把自己的女儿嫁给了他。绕来绕去,也就是说,波塞冬的私生子娶了波塞冬的外孙女。再后来,欧摩尔波斯做了特刺刻的国王。

---

① 与"盗圣"奥托吕科斯的母亲喀俄涅同名。参见本书第195页。

前文提到，厄瑞克透斯在位期间雅典曾与厄琉西斯发生长期战争。[①]欧摩尔波斯和厄琉西斯国王的关系一直不错，就率领一支大军前来助战。这样一来，雅典王厄瑞克透斯就与外曾孙成了战场上兵戎相见的敌人。欧摩尔波斯继承了海神的血统，战斗力超强，战事的发展对雅典越来越不利。没有办法，厄瑞克透斯去德尔斐神示所，询问用什么方法才能赢得这场战争。女预言家皮提亚做出了这样的回答："雅典国王只有将一个女儿献祭给众神，才能战胜欧摩尔波斯。"

厄瑞克透斯带着这个可怕的答复离开德尔斐回到雅典。他的女儿克托尼亚非常热爱祖国，愿意为雅典城献出年轻的生命。尽管厄瑞克透斯为女儿的命运感到悲伤，但拯救雅典的强烈愿望迫使他最终做出了这样的牺牲。

献祭之后，敌对双方展开决战。厄瑞克透斯和欧摩尔波斯在战场上相遇了，经过一番拼杀，雅典王最后用长枪刺死了外曾孙，取得了这场战争的胜利。

欧摩尔波斯的阵亡激怒了老爸波塞冬。他乘着战车劈波斩浪来到阿提卡，抡起三叉戟，叉死了厄瑞克透斯。

（四）忒修斯出世

厄瑞克透斯的女儿们给我们上演了一幕幕精彩纷呈的情感大戏，他的两个儿子——刻克洛普斯二世和墨提翁则要平淡得多。老爹死后，继位的是刻克洛普斯二世。他死之后，王位又传给儿子潘狄翁二世。不过这位潘狄翁二世在国王的位子上还没坐热乎，就被一群叔伯兄弟——墨提翁的儿子们赶下了台。

潘狄翁二世流亡，来到雅典附近的麦加拉。老套的故事又上演了：麦

[①] 参见本书第 247 页。

加拉国王将女儿嫁给这位流亡者，老丈人死后女婿成功上位。之后，他连着生了埃勾斯、帕拉斯①、尼索斯和吕科斯②四个儿子。

潘狄翁二世带着遗憾客死他乡。儿子们长大成人，为父报仇，兵发雅典，赶走了非法篡权的堂叔，成功复国。大哥埃勾斯成为雅典国王，尼索斯则继承了父亲在麦加拉的王位。

坐上王位的埃勾斯事事如意，唯有一件事情让他无法释怀：他先后娶了两个媳妇，可一个孩子都没生下。再看老二帕拉斯，却已经有了五十个儿子，所以这个兄弟一直对哥哥的王位虎视眈眈。

后来，埃勾斯去了无所不能的德尔斐神示所，询问阿波罗众神不赐予他儿子的原因。预言家给出的是一个含糊不清的答复："不要轻易解开羊皮酒囊上突出的嘴。"埃勾斯在回去的路上苦苦思索，可仍然捉摸不透、不解其意。

路经阿尔戈斯的特洛曾时，埃勾斯突然想起了老朋友——足智多谋、学识渊博的国王庇透斯③。他决定去询问一下，看他能否猜中神谕的玄机。庇透斯热情地接待了久未谋面的老友。酒过三巡，菜过五味，埃勾斯对他说出了心事。聪明的庇透斯当即猜出了其中的含义：羊皮酒囊里的酒把它撑得鼓鼓的，一旦打开噘起的嘴就会有液体流出，所以神谕的意思是回去后与第一个女人同床就能一击中的。庇透斯猜出来了，但他并没有告诉埃勾斯，因为他知道这孩子遵照神意而生，将来必然不凡。而且很凑巧的是，他头一天晚上刚刚做了一个梦：女儿埃特拉④注定不会得到一桩公开的美

---

① 与斯堤克斯的丈夫帕拉斯同名。参见本书第14页。与雅典娜的儿时玩伴帕拉斯同名。参见本书第45页。
② 与尼克透斯的弟弟吕科斯同名。参见本书第218页。
③ 庇透斯是珀罗普斯与希波达弥亚的儿子。参见本书第380页。
④ 与擎天神阿特拉斯的妻子，即许阿得斯七仙女的母亲埃特拉同名。参见本书第101页。

满婚姻，但将生出一个不同凡响的儿子。想到这里，庇透斯主意已定，便对埃勾斯说神谕的具体含义他也无力解开。一听这话，埃勾斯失望至极，加上庇透斯极力劝酒，结果他喝得酩酊大醉，不省人事。当天晚上，在庇透斯的安排下，女儿埃特拉与醉酒的埃勾斯共枕而眠。

早上醒来，埃勾斯只觉得头脑昏昏沉沉，已完全不记得头天晚上发生的事。他一翻身，突然发现身边多了个裸体姑娘，浑身一激灵，一下子就清醒了。埃特拉则表现出一副委屈加难为情的样子，诉说着喝醉后的埃勾斯怎么强行占有了她。无奈之下，被赖上的埃勾斯只得和埃特拉举行婚礼，娶她为妻。但没过几天，埃勾斯就以"身为国王、国事为重"的理由要求回到雅典，而且告诉埃特拉如果带她回家，势必造成不良影响，所以，还是先自己一个人回去为好。他不止一遍地说了"现在暂时不能给你名分，委屈你了""虽然人不能和你在一起，但我们的心永远在一起""相信我，我会爱你一生一世"等骗人的鬼话。

临行前，埃勾斯与新娘在海边道别："如果将来你能为我诞下一子，希望你把他抚养成人，不要对任何人说出他父亲的名字。我现在把随身宝剑和一双凉鞋压在身旁这块巨石之下。当他长到足以搬动这块石头时，就让他拿着这两件信物，去雅典找我。那时，我们自然就能父子相认。"说这些话时，埃勾斯心里想的是：这么多年自己都没能生下儿子，哪有这么巧你就能怀上？万一怀上，为了名誉，也不能让人知道我是他的父亲。但这话不能明说，还得给埃特拉留下几分念想，所以就想出了巨石底下藏信物的主意。无奈，蜜月期的女人智商下降十分明显，也就相信了夫君的话。

后来，神谕应验，埃特拉果然生下一个儿子。他就是未来的大英雄忒修斯。老谋深算的庇透斯为女儿借种成功。外孙在各方面都超过同龄人，更是印证了自己之前的猜测，他心中自然无比喜悦。他对外宣称，外孙是城邦的保护神波塞冬的儿子。国王的女儿为海神生下一个孩子，特洛曾居民感到无上光荣。实际上，庇透斯这话也并非完全扯谎，因为就在埃勾斯与埃特拉同衾共枕的那个晚上，酒后酣眠的埃勾斯不知道除了自己之外，他身边的这个女人还被好色的波塞冬给霸占了。这样一来，忒修斯就既是英雄的儿子又是神祇的后代。

颇感自豪的庇透斯十分关心外孙的教养。他让外孙拜在那位世外高人、培养英雄专业户喀戎的门下学习文武艺。学成归来，忒修斯已年满十六，长成了一位英俊潇洒、体格匀称、肌肉发达的盖世英雄。

（五）忒修斯回乡

多年来，埃特拉对儿子一直严守秘密，从未向他提起过生身父亲埃勾斯。现在，她见儿子已长大成人，其智慧、体力和武艺都已无人可比，觉得告诉他身世的时机到了。于是，母亲埃特拉把忒修斯带到海边那块巨石旁，对他说："儿啊，我要告诉你一个埋藏已久的秘密。你的父亲不仅是我们城邦的保护神波塞冬，还是雅典国王埃勾斯。这块无人能搬起的巨石下放着你父亲当年留下的宝剑和凉鞋。他说当你有能力将它挪开时，就带着这两样东西去雅典找他。这是你们父子相认的信物。"

听了这话，忒修斯感到无比自豪：自己竟然有俩爹，一位是神祇，一位是国王！他弯下腰轻而易举地把巨石移开，拿出了宝剑和那双质量过硬、至今依然保存完好的凉鞋。神祇爹轻易见不着面，还是去找国王爹吧！英雄当即决定告别母亲和姥爷，去雅典寻父。从特洛曾到雅典路途遥远，有陆路和海路两种方式可以选择：海路较远，但比较安全；陆路虽近，但治安极差，强盗匪徒经常出没。母亲劝他像父亲埃勾斯当年那样选择海路，但忒修斯不听劝告，坚决走陆路。大英雄赫拉克勒斯的母亲与埃特拉的母亲是亲姐妹，忒修斯小时候，赫拉克勒斯曾来到家里看望姨父、姨母。当时，看到威武雄壮的赫拉克勒斯，忒修斯在幼小的心灵里就已埋下英雄崇拜的种子。他立志以赫拉克勒斯为偶像，长大后也要行侠仗义、为民除害。现在机会终于来了。忒修斯要会会这些恶匪路霸，以他们为垫脚石在江湖中闯出名堂。

赫拉克勒斯有著名的十二大功绩。小辈忒修斯打了个对折——他除掉六害，建立了六大功绩。

第一害："棒子手"珀里斐忒斯。忒修斯刚刚走出特洛曾国界，在厄庇道洛斯城附近就遇上了"棒子手"珀里斐忒斯。他是赫淮斯托斯婚内出轨，与臭名远扬的盗贼奥托吕科斯①的女儿安提克勒亚生的儿子。珀里斐忒斯和他那位火神父亲一样，也是个瘸子。但他人高马大，残暴无比，手里拿着一根赫淮斯托斯亲手打造的铁棒，凡从他所居住的山区经过的旅人都被那根铁棒打死。然而，英雄忒修斯轻而易举就将铁棒从珀里斐忒斯手中夺了过来，将他击死。之后，这根铁棒（亦称狼牙棒）成了忒修斯的标配武器，比偶像赫拉克勒斯的木制棒槌杀伤力更强。

第二害："扳松贼"辛尼斯。忒修斯继续向前赶路，来到伊斯特摩斯的松林。这里有一个心狠手辣的强盗辛尼斯。他杀害路人的办法既独特又凶残：先将两棵松树的树冠扳弯，再把无辜路人的两只脚分别绑在两棵树的树梢上，然后松开。松树带着巨大的力量挺直的时候路人也就被撕成了两半。因此，辛尼斯有了"扳松贼"的外号。正如《天龙八部》中的慕容复，善于"以彼之道，还施彼身"的忒修斯用同样的办法将辛尼斯杀死，为百姓们除了一害。

第三害："大母猪"淮亚。忒修斯来到了克洛密翁城。在这里，神话界鼎鼎大名的怪物制造专业户提丰和厄喀德娜生下的一头大母猪正在为害四方。这头名叫淮亚的野猪虽然性别为母，但论个头、论体力、论凶恶残

---

① 奥托吕科斯是赫尔墨斯的私生子。参见本书第195页。

忍的程度，它都绝不输于男性。它不但把城四郊的庄稼糟蹋得一片狼藉，还经常来城里荼毒人类。城中居民央求忒修斯斩除这头妖孽。年轻的英雄追上野猪，挥剑将它砍死。

第四害："洗脚贼"斯刻戎。忒修斯继续赶路，来到麦加拉与阿提卡的交界处。这里的地理环境非常险恶。陡峭的山岩高插云天，悬崖脚下则是那波涛翻滚的大海。不过，比这更危险的是住在山崖边缘的强盗斯刻戎。他是波塞冬的儿子，生来就有一个颇为奇特的爱好：不管是谁，只要从此处经过都要替他洗脚。如果你认为这家伙只是比较爱讲卫生而已，那就错了——其实他的脚从来没洗过，因为当人们背向大海刚要俯身帮他洗的时候，这个凶残的强盗就会猛踹一脚，将不幸的路人踹下悬崖，使其掉入大海。不管路人死活，海里有一只大海龟时刻在那里等着，它会直接将其吞噬。可这一次斯刻戎碰上了忒修斯，他的死期也就到了。大英雄反应极快，一把就抓住了踹出来的那只脚，直接将"洗脚贼"扔进大海，让海龟吃掉了。

第五害："摔跤手"刻耳库翁。赫拉克勒斯在赶往赫斯帕里得斯姐妹看管的圣园摘取金苹果的路上，遇到了强迫所有旅人与他搏斗的安泰俄斯。① 忒修斯在离厄琉西斯城不远的地方也遇到了与安泰俄斯类似的主儿——"摔跤手"刻耳库翁。他是波塞冬的儿子，也以与人搏斗为乐。忒修斯向自己的偶像学习，施展开"勒抱神功"——强有力的双手像一把铁钳紧紧扼住刻耳库翁的脖子，最终将他勒死。

第六害："抻人匪"达玛斯忒斯。一过厄琉西斯，忒修斯来到了父亲管辖的阿提卡地界。英雄为马上就能见到父亲而高兴，但他哪里知道在刻菲索斯河谷还有一个最为残忍的强盗——波塞冬的儿子达玛斯忒斯。这个强盗患有严重的强迫症。他有一大一小两张床，逼迫个子高的路人躺在小

---

① 参见本书第 184 页。

床上，个子矮的则躺在大床上，然后把前者比床长出来的一截腿锯断，把后者抻到与床一样长。忒修斯这次又发挥了他那"以其人之道还治其人之身"的特长，把达玛斯忒斯摁到小床上，直接从腰部锯断了这位高人。

六害已除，忒修斯到达雅典。一路上，英雄的事迹早已传开。忒修斯就像"打虎英雄"武松回到阳谷县一样，受到当地民众的夹道欢迎。

（六）忒修斯认父

再回过头来看忒修斯的父亲埃勾斯。自从当年离开特洛曾回到雅典之后，这位国王在很长的时间里依然没有生下儿子，流逝的时光不断消磨着他的锐气和雄心。老人彻底绝望了。可就在这时，一位美女的出现又让老国王看到了一丝希望。这位美女是谁呢？她就是拥有美丽容颜、掌握神奇魔法的美狄亚。关于美狄亚，暂且不作详细介绍。她是后面要讲的英雄们四次集体行动之———"夺取金羊毛"的女主角，她的情感大戏我将在那里为你徐徐展开。

在这个故事里，我们只需要知道美狄亚是一位精通巫蛊之术的女巫师即可。她为了爱情，不惜背叛父亲、杀死弟弟，帮助心上人伊阿宋成功夺得金羊毛，但后来丈夫见异思迁，喜欢上了别的女人，无情地将她抛弃。被彻底激怒了的美狄亚为报复负心汉伊阿宋，丧心病狂地杀死了他们的两个孩子，然后离开伤心之地科林斯，来到雅典投靠埃勾斯。

那为什么美狄亚要来投靠埃勾斯而不是别人呢？

原来，当年埃勾斯因为没有儿子去德尔斐神庙请求神谕时，路过科林斯，见到了刚被丈夫抛弃的美狄亚。极度痛苦的她当时正处于感情脆弱期，很想找一个倾诉对象。埃勾斯的到来恰好填补了这一空白。她央求埃勾斯为她这个无家可归的流亡者提供栖身之所。面对楚楚可怜的美女，雅典国王拍着胸脯说没有问题。但美狄亚只能自己设法去雅典，埃勾斯不能带着她回去——他怕那样做会引发两个城邦之间的战争。

后来，美狄亚逃离科林斯，来到埃勾斯身边。她虽已是徐娘半老，但风韵犹存，老头子立即被迷得七荤八素、神魂颠倒。不仅如此，美狄亚还向他保证，能够利用魔法帮埃勾斯生下儿子，正为没有子嗣发愁的国王一听这话，欣喜若狂，马上娶她为妻。结果，没过多久，美狄亚真的为他诞下一子——墨多斯。老来得子的埃勾斯对娇妻更是宠爱有加、言听计从，早已把和他做过露水夫妻的埃特拉抛到了九霄云外。

忒修斯除六害的事儿，老国王已经听说，但他无论如何也想不到那就是他的亲生儿子。自己当年回家时都没有胆量选择走陆路。年轻的小伙子一鼓作气除掉了这些臭名昭著的路霸劫匪，为老百姓解决了出行的实际困难。他的英雄事迹四处流传，他进入雅典城时又吸引来众多粉丝，引起很大的轰动。埃勾斯决定在宫中为他设下盛宴，以示表彰。

雅典王不知道忒修斯的真实身份，女巫师掐指一算已经明了。贪恋权力的美狄亚明白，如果埃勾斯父子相认，那自己的儿子墨多斯将来就无法继承王位。想到这里，她向埃勾斯进言："尊敬的国王、我的丈夫，我的预言能力告诉我，这个年轻人是你弟弟帕拉斯派来的奸细。他勇武过人、能说会道，可能会利用见面的机会和你拉近关系，千万不要相信他。他将来会对你的王位不利。"年老力衰的埃勾斯一听此言，非常恐惧，赶紧向她询问对策。心肠毒辣的美狄亚建议用毒酒置他于死地。糊涂的老国王听从了妻子的这一建议。

忒修斯应召来宫中赴宴，美狄亚已为他备好了毒酒。英雄一见父亲的面，马上说道："亲爱的雅典国王，我一见到您就有一种亲切感，因为我们血脉相连，您就是我多年未见的父亲。"埃勾斯一听，对美狄亚的预言能力更是深信不疑。他心想：之前爱妻就曾说过这家伙肯定会和我套近乎，果然不出她所料！只是没想到他这关系拉得也太近了——直接就认爹！谁不知道，我埃勾斯只有一个儿子，就是美狄亚生下的墨多斯。想到这里，埃勾斯含糊答应，寒暄几句就要劝酒。

忒修斯自以为接下来就会出现父子相认的感人场面，但令他失望的是期待已久的情节并没上演。此时英雄已隐约感到老爸的不正常，随即献上了家传的宝剑。埃勾斯没想到他会主动交出武器，不禁心中暗喜。结果，剑一到手，他傻眼了：这不就是十六年前我留给埃特拉的那把剑吗？再往年轻人脚下一看——他穿的正是自己压在石头下面的那双质量超好的凉鞋。难道面前这位真的是我和埃特拉的儿子？想到这里，埃勾斯赶紧询问了小伙子的家庭情况、年纪和家乡。忒修斯一一作答。此时，老国王终于醒悟了。他一把打翻盛着毒酒的杯子，满含热泪抱住了儿子。接着，埃勾斯也明白了美狄亚的险恶用心。他马上翻脸，下令将她们母子逐出雅典。

父子相认，埃勾斯向全体公民郑重宣布儿子的归来。忒修斯也名正言顺地成了雅典王位的继承人。

（七）忒修斯杀牛

就在雅典居民为王子的归来欢欣鼓舞之际，宙斯与欧罗巴的儿子、克里特国王米诺斯的使者来催缴贡赋了。原来，向他进献少男少女的日子又到了。这个消息使整个阿提卡顿时陷入无尽的悲愁之中。

这是怎么回事呢？

前文讲到，欧律斯透斯给赫拉克勒斯安排的第七项任务是活捉波塞冬的公牛。当英雄完成任务带着疯牛来到迈锡尼时，懦弱的国王不敢收下。赫拉克勒斯也不想得罪威力无比的海神，所以就把它给放掉了。公牛一路狂奔，穿过科林斯地峡，来到阿提卡的马拉松平原，继续为害人间。[1]

---

[1] 参见本书第 171 页。

有一年，雅典举办大型竞技会，克里特国王米诺斯的儿子安德洛革俄斯也赶来参加，一举夺得全能冠军，成了名噪一时的大英雄。国王埃勾斯见安德洛革俄斯十分了得，就请他帮忙除掉境内的那头疯牛。自负的克里特王子高估了自己的实力，信心满满地去了。结果牛没被他杀死，他反而被牛给杀了。

那时，势力强大的克里特已成为海上霸主。骄纵的国王米诺斯岂肯善罢甘休！他御驾亲征，率领舰队来到雅典，要为儿子复仇。经过一番恶战，埃勾斯吃了败仗。米诺斯提出要求：雅典必须每隔三年向克里特进献七对少男少女，让老婆帕西菲生下的那个牛头人身怪物米诺陶洛斯[①]吃掉。

现在是雅典人第三次被迫向克里特缴纳这可怕又屈辱的贡赋了。无奈的居民已备好大船，并挂上表示哀悼的黑帆。孩子们哭喊着被送上甲板，当父母的心如刀绞、无比悲痛。看到这一幕，年轻的英雄忒修斯决定和他们同去，杀死米诺陶洛斯，终止这可怕的贡赋。

父子刚刚相认，儿子又要踏上这危险的征程，埃勾斯当然不会同意。忒修斯苦苦相求也无济于事。最后，两人达成妥协：忒修斯先去会一会马拉松平原的那头野牛，如果能将它杀死，埃勾斯就不再阻拦。

英雄无所畏惧地起程前往马拉松，很快就找到野牛，并将其制服，牵回雅典。

看到儿子如此英勇，埃勾斯无话可说了。忒修斯将野牛杀掉，献祭给德尔斐的阿波罗。可神谕显示，忒修斯应该选择爱欲之神作为此次行动的保护神。英雄不明其意，但他还是向维纳斯敬献了祭品，然后起航前往克里特。临行前，埃勾斯与儿子约定，如果此去成功，回来时就将黑帆收起，挂上白帆。

[①] 米诺陶洛斯的身世参见本书第 171 页。

大船顺利抵达克里特岛。一上岸，好色的米诺斯就看上了其中一个漂亮姑娘，并明目张胆地对她实施性骚扰。一身正气的忒修斯挺身而出，命令他放开咸猪手。骄纵跋扈的克里特国王从未想到竟有人敢站出来指责他，何况还是个雅典人。他怒气冲冲地说道："我是伟大的雷神宙斯的儿子，你算什么东西？"

　　英雄自豪地对国王说："你以宙斯的后代而骄傲，可我也不是凡人的儿子。我的父亲是伟大的海神波塞冬。"

　　"年轻人，别吹牛了。" 米诺斯不屑一顾地哈哈大笑，说着他把一枚金戒指抛进大海，"如果你真是波塞冬的儿子，那就去海底把这枚戒指捞上来吧！"

　　米诺斯哪里知道，忒修斯确实流着一半海神的血液！只见英雄先向父亲波塞冬做了祈祷，然后义无反顾地一跃入海。大海的波涛吞没了忒修斯，一块儿来的雅典人无不为他捏了把汗。除了他们，在克里特的人群里，有一位姑娘更是揪心——她就是米诺斯的女儿阿里阿德涅。姑娘从看见气度不凡的忒修斯第一眼起，一缕情丝就已系在他的身上。

　　忒修斯入水后，波塞冬和安菲特里忒的儿子特里同接住了他，将这个同父异母弟弟送到父亲的宫殿里。波塞冬满心欢喜地迎接儿子的到来，并把米诺斯的戒指交给了他。向来大度的安菲特里忒见丈夫在外面鬼混生下的私生子找上门来，不仅没有指责丈夫、责罚孩子，反而像母亲一样非常喜欢忒修斯，并亲手给他戴上一顶金冠。还得说一句：大哥有这样的媳妇，让做兄弟的宙斯情何以堪啊？

　　之后，特里同又托起这个弟弟，把他送回克里特岛的海岸。当米诺斯亲手接过戒指的时候，他不得不承认忒修斯是海洋主宰波塞冬的儿子。上次因公牛一事欺骗了波塞冬，老婆才会生下这个孽种米诺陶洛斯。现在面对这位大神的儿子，一时间他也不知道该如何处置。

到了晚上，国王的女儿阿里阿德涅来到忒修斯的住处，直接向英雄表达了爱意，并决定和心上人私奔，请求他趁着夜色偷偷离开这是非之地，将她带回雅典。直到这时，忒修斯才明白阿波罗让他选择维纳斯作为此次行动保护神的含义——原来是女神在阿里阿德涅的心中燃起了对他的爱情之火。忒修斯说道："美丽的姑娘，我一定会带你走！不过在这之前要先除掉米诺陶洛斯。根据神的意志，你应该会帮助我的。"一听此言，阿里阿德涅惊恐不已。她告诉忒修斯："米诺陶洛斯被关在由著名的能工巧匠代达罗斯亲手设计建造的迷宫里，其布局错综复杂，任何人一旦进入，再也无法走出，就连代达罗斯本人也是如此。我恳求你还是放弃这不可完成的任务，带着我一起离开这里吧！"但忒修斯不为所动——谁也无法动摇他的意志。阿里阿德涅没有办法，决定去找聪明的代达罗斯，向他询问计策。

代达罗斯是谁？在这里有必要先做个简单介绍。

代达罗斯是前文提到的墨提翁的儿子、厄瑞克透斯的孙子，是雅典最知名的建筑师、雕塑家、能工巧匠。他以那出神入化的技术而声名远扬。

代达罗斯的姐姐珀尔狄刻有一个儿子——塔罗斯。他非常崇拜舅舅的才华，便拜他为师。塔罗斯拥有惊人的天赋和创造力，没学多长时间，就已显露出超越老师的苗头。代达罗斯嫉妒外甥的才华。他决不允许任何人超过他，暗下决心一定要将其置于死地。

有一天，代达罗斯和外甥站在高耸的雅典卫城上欣赏风景。艺术家见四处无人，就将塔罗斯推了下去。没想到天网恢恢，他的罪行还是被雅典人发现了。阴谋败露，代达罗斯被判死刑。

代达罗斯非常聪明，竟从牢狱里逃了出来，偷偷跑到克里特岛，投奔了米诺斯。艺术家感谢国王收留自己，为他制作了许多精妙绝伦的艺术品，特别是建造了一座只要进入就再也找不到出口的著名迷宫，可怕的牛首人身怪物米诺陶洛斯就被囚禁于此。米诺斯发现代达罗斯是个不可多得的人才，便把他当成俘虏软禁起来，严加看管，防止他逃跑为别人所用。

阿里阿德涅利用公主身份见到了代达罗斯。代达罗斯早就对米诺斯心生憎恨，也一直在苦苦思索脱身之策，但苦于监视严密，暂时无法逃脱。阿里阿德涅说明来意。代达罗斯非常乐意帮助她，随即拿出一个线团交给公主，告诉她让忒修斯将线的一头系在迷宫的入口处，边走边放线，出来时就能按原路返回。至于要杀死怪物米诺陶洛斯，还需要米诺斯佩戴的那把削铁如泥的宝剑帮忙。受维纳斯蛊惑的阿里阿德涅现在心里只有情郎。告别代达罗斯后，她毫不犹豫地将父亲的利剑偷来，和线团一块儿交给了忒修斯。

忒修斯依计行事，终于找到了牛头人身怪米诺陶洛斯。怪物怒吼着，朝英雄猛扑过来。激烈的搏斗开始了。经过一番胶着的打斗，力大无穷的忒修斯死死抓住一只牛角，将利剑狠狠地刺进了它的胸膛。米诺陶洛斯挣扎了几下，轰然倒地，气绝身亡。

随后，忒修斯顺着线走出迷宫，阿里阿德涅早已在门口迎接心上人。他们救出雅典来的那些少男少女，一行人来到海边。忒修斯先将克里特人的船底凿穿，使他们无法追赶，然后上了自己的大船，立即起航返回雅典城。

逃离了魔掌，船上一片欢声笑语，不知不觉已来到那克索斯岛。这对甜蜜的恋人和伙伴们在岛上休息之时，就发生了我们在第一编"狄俄尼索斯"部分讲到的那一幕：在忒修斯的睡梦中，命运女神指定阿里阿德涅做酒神狄俄尼索斯的妻子，让忒修斯立即收拾行囊，离她而去。忒修斯不敢违抗神的意志，只能照做。①

失去阿里阿德涅，忒修斯悲痛欲绝，只顾在大海上高速航行以发泄郁闷情绪，竟忘记了离开雅典时与父亲的约定：如果杀死米诺陶洛斯，返航

---

① 参见本书第 104 页。

时将船上的黑帆换成白帆。

爱子心切的埃勾斯天天站在海边高高的山崖上凝视远方，盼望儿子归来。这时，海天交接之处出现一艘帆船，越来越近。埃勾斯认出这正是儿子的船。他瞪起双眼仔细一看，船上挂不是他所期望的白帆，而是黑帆。这下，埃勾斯绝望了——看来儿子已被米诺陶洛斯吃掉，驾船回来的只是前去送贡赋的那些使者。想到这里，埃勾斯纵身跳崖，浪涛滚滚的大海吞噬了他的生命。

大船靠上阿提卡的海岸，忒修斯才知道无意之中自己竟成了杀死父亲的罪魁祸首。无比悲伤的他隆重地安葬了父亲，并将父亲丧生的那片海域叫作埃勾斯海，后通称为爱琴海，以示纪念。

（八）忒修斯执政

埃勾斯的兄弟帕拉斯家族本指望借米诺陶洛斯之手将忒修斯干掉，那样的话，年迈的埃勾斯一死，政权自然就会落入他们手中，万万没想到忒修斯能得胜归来。这样，他们掌管雅典的希望就落空了。帕拉斯的五十个儿子气急败坏，发动了政变。可最后的结果是，英勇的忒修斯将叔伯兄弟们统统杀光，跟随他们的部下也被一网打尽。尔后，他继承了雅典的统治权。

内乱解决了，但外部的压力依然存在。忒修斯杀掉了米诺陶洛斯，拐走了阿里阿德涅，赔了女儿又折兵的米诺斯岂肯善罢甘休？

可令忒修斯没想到的是，米诺斯并没有在第一时间兵发雅典。克里特国王在干吗呢？原来他在查找内奸。米诺斯知道忒修斯能够顺利出入迷宫、杀死米诺陶洛斯，一定有人在背后出谋划策。一来二去他查到了代达罗斯头上。虽然他在迷宫里也不能来去自由，但毕竟他的嫌疑最大。所以，米诺斯将他和他的儿子伊卡洛斯抓起来直接关进了迷宫里。

代达罗斯思考了很久，最后他终于想出了逃离迷宫的办法：我虽然从地上的通道走不出去，但天空总是为我敞开的——天空就是我逃离克里特、摆脱米诺斯控制的出路！

打定主意，代达罗斯开始收集羽毛，并用蜂蜡将它们粘在一起，制成四个翅膀。他先把一对翅膀系在儿子背上，并让他的双臂伸进固定在上面的两个绳套中，接着给自己装上了另一对翅膀。飞行前，父亲对儿子说："现在我们就飞着离开克里特岛。飞行的时候一定要小心，不能太低，太低的话浪花就会溅湿你的翅膀。当然也不能飞得太高，太高的话太阳就会晒化翅膀上的蜂蜡。你跟在我的身后，千万不要落得太远。"伊卡洛斯满口答应。

代达罗斯的手艺太精巧了！父子俩稍一扇动翅膀，便轻巧地离开地面飞了起来，就像两只大鸟在空中翱翔。克里特居民看见他们，还以为是两位神祇在天上飞驰。他俩飞离克里特岛，飞越了得罗斯、帕洛斯等诸多岛屿。已熟练掌握飞行技术的伊卡洛斯感到非常开心，胆子也越来越大。此刻他早已忘记父亲的告诫，不愿再紧跟在他的身后。

伊卡洛斯用力扇动双翅，一跃飞上了高空。光芒四射的太阳瞬间烤化了他的翅膀上的蜂蜡，羽毛纷纷脱落。他使劲挥动双臂，可再也没有翅膀了。可怜的伊卡洛斯从空中急速坠向大海，还没来得及呼救就溺死于波涛之中。

代达罗斯回头看时，发现儿子不见了。焦急地高声呼喊："伊卡洛斯！伊卡洛斯！你在哪里？"可是没有回音。预感到事情不妙的艺术家往下一看，看见了海浪中漂浮的羽毛。他一切都明白了。代达罗斯连忙收住羽翼，降落在附近的海岛上。不一会儿，汹涌的海浪把伊卡洛斯的尸体冲到了岸边，绝望的父亲掩埋了儿子。

代达罗斯继续飞行，最后来到西西里，在国王科卡罗斯家安顿下来。

再回过头来看那位克里特国王米诺斯。他得知代达罗斯父子成功脱逃后，想起当年这家伙帮老婆帕西菲做了个假牛与真牛交配，给自己搞了顶绿帽子，然后又施计策帮雅典人逃脱惩罚，拐走了自己的女儿，现在还变成"鸟人"从自己眼皮子底下飞走了，真是气不打一处来。新仇旧恨齐涌心头，米诺斯立马决定：雅典的仇以后再报；当务之急是抓住代达罗斯，把他杀了，以洗刷自己的耻辱。

但是，话虽如此说，狡猾的代达罗斯已跑出米诺斯的势力范围，谁知道这会儿他在哪里呢？经过一番思索，老狐狸米诺斯想出了一条"引蛇出洞"的计策：他命手下在希腊各城邦张贴告示，说谁能把一根线从螺旋形的蜗牛壳里穿过去，将得到重赏！

没有人能想出这一难题的解决办法，除了代达罗斯。聪明人都有着极强的表现欲，知道问题的答案不说出来心里就难受。于是，急欲表现自己的代达罗斯让国王科卡罗斯出面告诉看榜士兵："在蜗牛壳尖头磨个小孔，抹上蜂蜜，抓只蚂蚁绑上线放到里面，不一会儿，它就爬过去了。"

米诺斯得知这一消息后，马上率领大军杀到西西里，正颜厉色地对科卡罗斯说道："快把代达罗斯交出来，否则踏平西西里岛！"科卡罗斯知道自己打不过强大的克里特军队，但又不想乖乖交出这位伟大的艺术家。他在心里一直思忖对策，表面上却连连允诺："伟大的米诺斯国王，我一定会把代达罗斯送到您的面前。但您远道而来，我也一定要好好地招待您，为您接风洗尘，然后再让我的女儿们去服侍您沐浴更衣。"前文说过，米诺斯是个好色之徒，看见雅典进贡来的少女，在大庭广众之下就忍不住揩油。一听说有美女伺候他洗澡，他立马两眼放光，变得和颜悦色起来。酒宴过后，米诺斯迫不及待地进入西西里国王的后宫，赤身裸体的公主们已为他备好洗澡水。此刻，色狼眼里只有美女，忍不住向她们伸出了咸猪手。就在米诺斯失去警觉的时候，姑娘们一起将他推进了洗澡池。克里特国王此时才意识到上当了，因为池子里全是滚开的热水。科卡罗斯的女儿们七手八脚，直接把这位一代枭雄按在里面活活给烫死了。

代达罗斯的余生都在西西里度过。在那里，他培养了许多艺术家，也受到国王及当地居民的普遍敬重。但儿子的死让他无法释怀。他一直处于极度的忧郁悲苦之中，最后郁郁而终，客死西西里。

强大的敌人米诺斯死了。这一消息迅速传到雅典，忒修斯终于没了心头大患。现在内忧外患都已解除，这位雅典王可以安心地巩固政权了。忒修斯不愧是颇有作为的一代明君。他将阿提卡半岛散漫的十二个小城邦联合起来组成统一的国家，成立了以雅典为中心的中央管理机构，创立了比较完善的民主制度，并主动限制自己的权力，让王权从此受到议会的制衡。在他的英明领导下，雅典逐渐走向强盛。

（九）忒修斯交友

前文讲到赫拉克勒斯为征服地狱三头狗刻耳柏洛斯去往冥界，在哈迪斯冥国的大门旁遇到了一位亲戚——他就是这位雅典国王忒修斯，与忒修斯在一起的朋友是忒萨利亚地区拉庇泰人的国王珀里托俄斯。两个大胆狂徒欲抢夺冥后珀耳塞福涅而被锁在岩石之上。后来赫拉克勒斯救下了忒修斯，按照神的意志把珀里托俄斯继续留在了冥界。[①]

那么忒修斯与珀里托俄斯年轻时又是怎么成为好朋友的呢？

臭名昭著的伊克西翁因调戏天后赫拉被宙斯一怒之下打入地狱。伊克西翁的老婆狄亚为宙斯生下的儿子珀里托俄斯继承王位，继续统治着英勇强悍的拉庇泰人。[②]他听闻雅典出了个英雄忒修斯，力量超群，无人能敌，所以很想与他一较高低。

[①] 参见本书第 187 页。
[②] 参见本书第 188 页。

比试总要有个由头。为了激怒忒修斯，珀里托俄斯来到马拉松平原偷走了阿提卡地区的牛群。忒修斯听到消息，马上去追赶盗贼。珀里托俄斯故意放慢脚步，所以很快就追上了。本以为一场恶战不可避免，可没想到剧情突然发生反转。两位英雄顶盔掼甲，手持利刃，凛然而立，四目相交，彼此竟被对方的强大气场和豪迈气概所折服，不约而同地扔掉武器，握手言和，建立了伟大的革命友谊。

之后不久，珀里托俄斯向好友发来请柬——他要与拉庇泰少女希波达弥亚举行婚礼，邀请忒修斯前来参加。雅典国王欣然前往，并备上一份大礼。

婚礼现场隆重而热烈，各路英雄纷纷赶来祝贺。当然，这次婚礼的宾客中少不了一个特殊的群体——马人，因为他们是珀里托俄斯名义上的父亲伊克西翁和云彩女神涅斐勒的后代。前面我们曾多次提到半人马一族遗传了伊克西翁的劣质基因，一个个好酒贪杯，强悍野蛮，荒淫无度。几杯酒下肚，马人们意乱情迷，开始把毛茸茸的手伸到拉庇泰妇女身上。其中最粗暴的欧律提翁[①]看见美艳绝伦、光彩夺目的新娘再也按捺不住心中的欲火，抱起美女就想夺路而逃。见此情形，其他马人也纷纷扑向身边的妇女，都想抢一个回去。

珀里托俄斯、忒修斯以及宴会上的其他英雄哪能任由他们恣意妄为，一个个拍案而起，抄起武器，展开了厮杀。马人抵挡不住英雄们的进攻，包括欧律提翁在内接二连三倒地身亡，尸体越堆越高。剩下的那些只能放下妇女，狼狈逃窜。经过这场残酷的搏斗，幸存下来的马人为数不多了。

经此一战，忒修斯与珀里托俄斯之间的友谊更深了。

---

① 与格律翁的牧人欧律提翁同名。参见本书第 181 页。

（十）忒修斯娶妻

国家安定，一切步入正轨。忒修斯不安于长时间过一种稳定的生活，时常出去参加希腊英雄们建功立业的各种集体活动，如阿耳戈远征、卡吕冬狩猎等。

除了这些，前文还曾讲到忒修斯追随赫拉克勒斯参加了征讨阿玛宗女人国的战争。这一役，忒修斯在偶像面前表现十分英勇。赫拉克勒斯为了奖励他，将作为俘虏的希波吕忒女王送给他做了媳妇。[①] 回到雅典后，两人正式成婚。能嫁给如此伟大的英雄做妻子，希波吕忒非常满足。偶像赫拉克勒斯亲自主持婚事，忒修斯也甚感荣耀。因此，小两口生活美满，婚姻幸福。不久后，他们便生下儿子希波吕托斯。

阿玛宗人新任国王彭忒西勒亚为希腊人摧毁她们的都城、掳走她们的国王愤恨不已，决定复仇。她亲自率领好战的阿玛宗女人气势汹汹地杀进阿提卡，围困雅典城。忒修斯把城里的男人武装起来，出城迎敌，无奈根本就不是这些女战士的对手，只得退回城内，坚守不出。

王后希波吕忒站在高高的城墙上对自己的同胞喊道："姐妹们，快回去吧！来到雅典做忒修斯的妻子是我主动做出的选择。而且，现在我和丈夫生活得非常幸福，请你们不要干涉我的私生活了！"但彭忒西勒亚根本就不听那一套，她也高喊着："希波吕忒女王，我们要把你从忒修斯的沉重奴役下解救出来。我们是战神阿瑞斯的后代，一生都要在战场上骑马杀敌，而不是做别人的妻子纺纱织布。请和我们一块儿回去，否则，我们就要踏平雅典，抢你回去。"

面对这些不懂生活、不可理喻的老部下，希波吕忒为了保护家园，重新披挂上阵，和丈夫并肩作战，奋勇杀敌。可是，多年来脱离戎马生涯的

[①] 参见本书第 177 页。

女王已没有了往日驰骋疆场的风采。在战斗中阿玛宗人投出的长枪深深地扎进了她的胸膛,她坠马而死。交战双方都惊恐地望着她的尸体,血腥的战斗中止了。

满怀悲痛的忒修斯给年轻的王后举行了隆重的葬礼。阿玛宗人也主动撤离阿提卡,返回到小亚细亚那遥远的故乡。

(十一)忒修斯二婚

克里特国王米诺斯死后,他的儿子卡特柔斯继位。面对日渐强大的雅典,卡特柔斯只好捐弃前嫌,主动与忒修斯修好,并多次乘船来雅典拜见他。

一听说忒修斯死了老婆,卡特柔斯觉得机会来了,便亲自前来保媒:"伟大的雅典王,您原来喜欢我的姐姐阿里阿德涅,可半路杀出个酒神,抢走了她,做了神仙的老婆。我的妹妹淮德拉小时候您也曾经见过,现在她已长大成人,和阿里阿德涅容貌相似。我想您也应该喜欢她。我真心希望我们两家能够结为秦晋之好!"忒修斯欣然应允。

不久之后,忒修斯满心欢喜地来到克里特,见到了淮德拉。他发现这女孩的音容笑貌真的和阿里阿德涅一模一样。于是,忒修斯就把对姐姐的爱情转移到了妹妹身上,两人结为夫妻。

一年后,忒修斯夫妇生下一对双胞胎儿子——阿卡玛斯和得摩福翁。老来得子,忒修斯觉得自己的生活非常幸福。可命运女神打破了英雄这平静的生活,让它再起波澜……

前妻希波吕忒的儿子希波吕托斯自幼喜爱打猎,是狩猎女神阿尔忒弥斯的超级粉丝和忠实信徒。在这位贞节女神的熏陶下,他厌恶爱情和婚姻,立志一辈子不和任何女人结合,保持处子之身。可这样一来,阿尔忒弥斯是高兴了,维纳斯却不愿意了。这位情欲之神最讨厌那些守身如玉、自命清高的人——无论男女,概莫能外。因此,她要对希波吕托斯实施报复。

维纳斯报复的办法很是阴损——她让儿子丘比特对着希波吕托斯的继母淮德拉射了一箭，让她对这个养子产生了强烈的爱情。爱情的小火苗被点燃后，越烧越旺。希波吕托斯在淮德拉眼里就是她小时候见到的青春年少、风华正茂、英俊潇洒的忒修斯。白天，她眼前都是希波吕托斯的身影；晚上，她辗转反侧难以入眠，以致愁肠百结，相思成病，不吃不喝。

有一段时间，忒修斯离开雅典外出办事。淮德拉忍受不了爱情的折磨，终于鼓起勇气对继子表白了心意。① 希波吕托斯听了之后愤怒不已，断然拒绝。父亲不在家，希波吕托斯为防后患，直接从家里搬了出来，到野外陪伴女神阿尔忒弥斯狩猎。

被拒绝的淮德拉羞愧难当。她害怕希波吕托斯会把实情告诉丈夫忒修斯——如果那样，她必会颜面尽失、身败名裂。想到这里，淮德拉狠下心来，定下一条以生命为代价报复希波吕托斯的毒计……

有一天，仆人告诉淮德拉，国王忒修斯已经回到雅典。王后赶紧将事先写好的书信攥在手里，然后在卧室上吊自杀了。忒修斯一进屋，被眼前的一幕惊呆了。他急忙命人救下淮德拉，可为时已晚，王后已没有了呼吸。他将妻子手里的信看完后，直气得火冒三丈。原来上面写着："亲爱的丈夫：在你走后，厚颜无耻的希波吕托斯对我百般调戏。我到处躲避，可结果还是被他无耻地强暴了。这使做妻子的我感到无地自容，没有颜面再面对你。因此，我自行了断，以谢其罪。"

狂怒的忒修斯高举双手，向海神大声祈祷："我的父亲，伟大的波塞冬，请您在日落之前杀死这个不孝的逆子——希波吕托斯。"

---

① 淮德拉对希波吕托斯那难以言表的爱慕与思念之情，被十分善于揣摩女性心理活动的古罗马诗人奥维德表现得淋漓尽致。参见诗人假想深受不合法爱情折磨的淮德拉写给儿子的那封哀怨而炽热的情书——《菲德拉（即淮德拉——引者注）致西波力托斯（即希波吕托斯——引者注）书》。（【古罗马】奥维德：《爱经·女杰书简》，戴望舒、南星译，吉林出版集团有限责任公司，2015年版，第145–155页。）

当希波吕托斯驾着马车路过海边时，一头狂躁的公牛从波浪中冲了出来。受到惊吓的马匹一路狂奔。结果，马车的一个轮子撞在了岩石上，希波吕托斯从车上一头栽了下来，奄奄一息。

就在这时，阿尔忒弥斯出现了。她要为这位追随者伸张正义。女神把全部实情告诉了垂死的希波吕托斯和冤枉他的父亲忒修斯。恍然大悟的雅典王赶紧跑到海边，抱起了命悬一线的儿子。他满含热泪地向儿子道歉，表达自己的懊悔之情。儿子则欣慰地告别父亲，去了哈迪斯的冥国。

正是因为这次事件，以心眼小而著称的阿尔忒弥斯恨透了维纳斯。所以，当维纳斯爱上人间美男子阿多尼斯时，她才给阿瑞斯出了个主意：变成野猪趁机杀死阿多尼斯。[①] 如果不是阿尔忒弥斯在幕后指使，就凭阿瑞斯那猪一般的脑子，怎能想出变成猪杀死情敌的招数呢？

（十二）忒修斯抢妻

第二个老婆淮德拉也死了，忒修斯重回单身状态。不过，鳏居的不只他自己，还有他那位惺惺相惜的老朋友——珀里托俄斯。珀里托俄斯的老婆、美丽的希波达弥亚因为婚礼上的那场恶战惊吓过度，没多久就去世了。现在，两个老朋友成了两个老光棍，而且还是两个贼心不死、人老心不老的老光棍。甚感孤独的他们决定出去找点刺激。那怎样才够刺激呢？俩鳏夫一商量，要干就干票大的——各自抢一个宙斯的女儿回来当老婆。

忒修斯和珀里托俄斯决定干脆来个老牛吃嫩草。他们挑中了宙斯与斯巴达王后勒达的女儿海伦[②]。现在的海伦虽然只有十二岁，但已是远近闻名的绝代佳人。两个老不正经的不辞辛苦，渡海远航悄悄潜入斯巴达，看

[①] 参见本书第 80 页。
[②] 海伦的身世参见本书第 387 页。

见海伦正和女伴们在阿尔忒弥斯的神庙里跳舞。海伦那娇美的面容加上曼妙的舞姿顿时使两个老色鬼神魂颠倒，不容分说将海伦拿下，掳回家乡。

美丽非凡的姑娘到手了，可只有一个，到底归谁所有呢？两个老头子商定用最古老的方式——抓阄定胜负。抓阄之前互相发下誓言：谁抓到归谁，抓不到的那位另外选定一位美女，抓到的那一个必须帮助对方把她抢来。最后的幸运者是忒修斯。他高高兴兴地把海伦带回雅典，交到母亲埃特拉的手里。随后，他又来找珀里托俄斯，问他想要宙斯的哪个女儿。

珀里托俄斯狂妄地说道："既然你得到了宙斯最漂亮的女儿，那我就要得到宙斯最难得到的女儿。她就是宙斯与得墨忒尔的女儿、现在的冥后珀耳塞福涅。"一听此言，忒修斯觉得珀里托俄斯简直是疯了。但他又有什么办法呢？英雄之间既已发过誓言，就绝不能反悔，只能怪自己交友不慎啊！

忒修斯只得陪同珀里托俄斯通过幽深的裂罅去往冥府，来到哈迪斯面前。不自量力的两个"老流氓"加"老糊涂"竟然厚颜无耻地直接要求冥王将他的老婆拱手相送。冥界主宰者从没见过如此胆大妄为之人，心想：我抢个老婆容易吗？你们竟敢在太岁头上动土！他二话不说，将两位昔日的英雄锁在了冥界入口处的一块岩石上。

（十三）忒修斯之死

忒修斯被困冥国，雅典城发生内乱。他的宿敌、曾被父亲埃勾斯放逐的墨涅斯透斯利用雅典人民对忒修斯荒唐行为的不满情绪，趁机聚集起帕拉斯当年的余党，夺取了政权。

美女海伦的两个哥哥卡斯托耳和波吕丢刻斯率领军队到处寻找妹妹，最后一路打听终于知道了她的下落：被忒修斯藏匿在雅典。两位英雄已做好攻城的准备，没想到墨涅斯透斯干脆放弃抵抗，打开城门将他们直接迎了进来。卡斯托耳和波吕丢刻斯救出妹妹，并将忒修斯的母亲埃特拉当作奴隶掳走。

前文曾讲到，赫拉克勒斯接到欧律斯透斯的命令，去往冥界制服地狱三头狗，救出了抢夺珀耳塞福涅事件的帮凶忒修斯，而那个主犯珀里托俄斯则落了个万世不得翻身、永无出头之日的下场。①

就这样，在赫拉克勒斯的帮助下，忒修斯又回到了阳光照耀的世界。可此时的雅典早已物是人非：政权旁落，海伦被救，母亲被俘，儿子逃亡。

年迈的忒修斯伤心地告别阿提卡，远走斯库洛斯岛。那里有当年他的父亲埃勾斯用祖传的财富买下来以备不时之需的一块地产，一直托付给老朋友斯库洛斯岛国王吕科墨得斯代为管理。现在，不幸的忒修斯请国王将那块土地还给他，以安度晚年。吕科墨得斯怕这位昔日英雄以后会篡夺他的王位，遂以看田产为由将忒修斯骗到高高的悬崖上，一脚把他踹下了大海。阿提卡最伟大的英雄就这样结束了自己的生命。

后来，忒修斯的两个儿子——得摩福翁和阿卡玛斯重新夺回雅典政权，并参加了特洛伊战争。战争结束后，他们在特洛伊找到了当年作为女奴和海伦一起来到这里的祖母埃特拉，把她带回雅典。

---

① 参见本书第189页。

Gods and Heroes

侯继迎
编著

英雄与神祇

趣说希腊神话

— 下卷 —

广西师范大学出版社
· 桂林 ·

第四编 四次行动

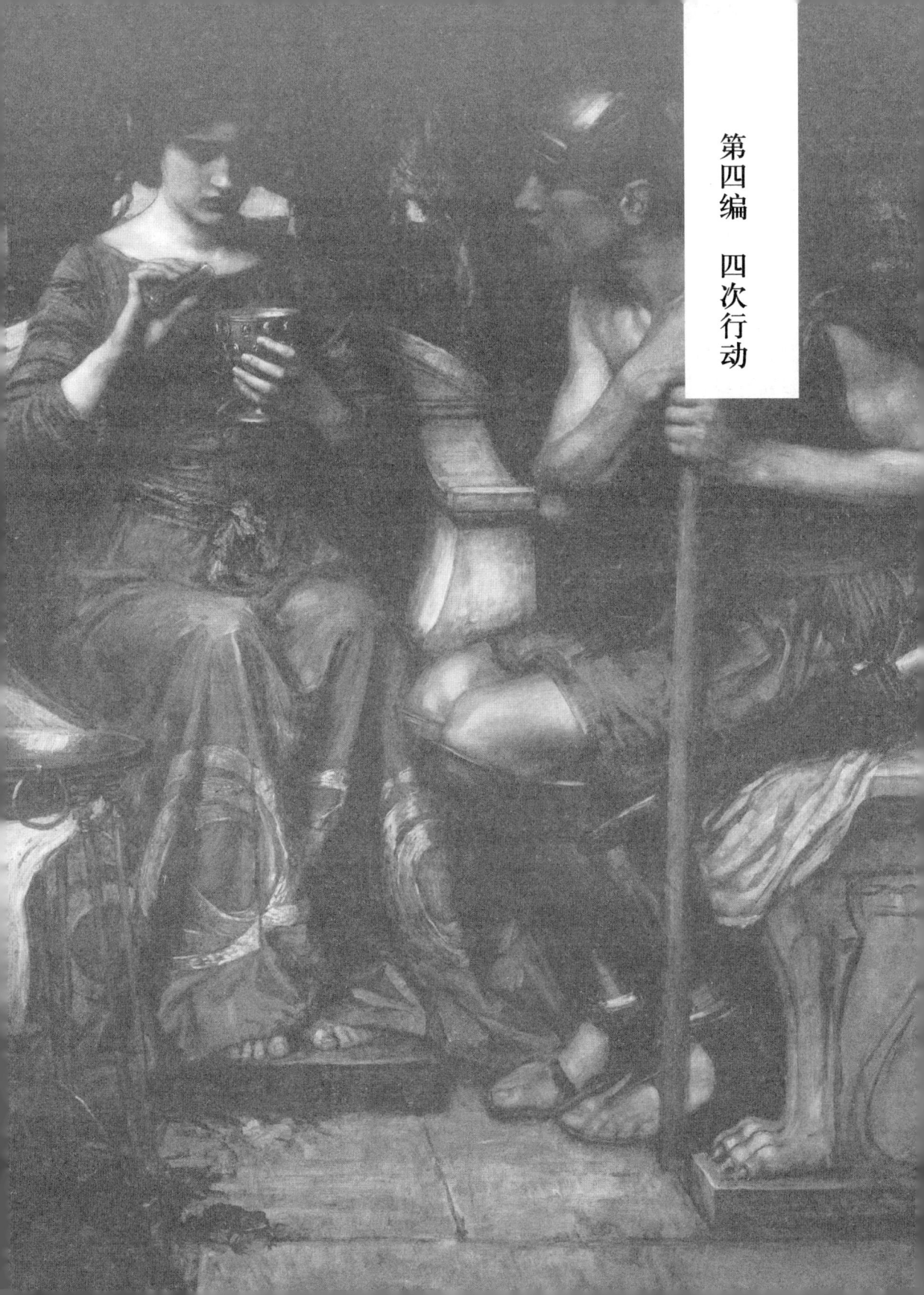

希腊神话与传说中的英雄是神祇与人类结合的后代。他们天赋异禀，能力超群，而且在道德上比奥林匹斯众神更完美、更高尚。但是，所有这些并不能改变他们必然走向死亡的命运。英雄们不甘于此。他们要追求另一种方式的永生——完成普通人无法完成的壮举，赢得至上的荣耀，成为所有人的集体记忆。基于此，英雄们建立了各种不世伟业。在这一过程中，他们也就能以更坦然、更宁静的方式面对死亡。这些千秋功业，既有个人行为，也有组团行动。这一编我将为大家讲述英雄们最为著名的四次大型集体行动。

对于这四次行动，我将以其发生时间的先后顺序依次展开：夺取金羊毛；卡吕冬狩猎；七雄攻忒拜；特洛伊战争。

一、夺取金羊毛

夺取金羊毛亦可称为阿耳戈远征。这一故事的主角是伊阿宋。要引出伊阿宋，我们需要追溯他的家族渊源。

前文提到，大洪水之后，丢卡利翁与皮拉夫妇生下儿子赫楞。赫楞娶宁芙仙女俄耳塞斯为妻，育有三个儿子——克苏托斯、多洛斯、埃俄罗斯。[①]

老大克苏托斯娶了雅典国王厄瑞克透斯之女克瑞乌萨。克瑞乌萨婚前曾为阿波罗生下一子伊翁，十六年后在德尔斐神庙母子相认。只是可怜了这位克苏托斯，在整个事件中都被蒙在鼓里不说，还高高兴兴地抚养起了老婆与情夫的孩子。他们的感情纠葛，前文已经详述。[②]

老二多洛斯没有故事流传下来，只知道他是多利亚人的祖先。历史上，

[①] 参见本书第 253 页。
[②] 具体故事情节参见本书第 251 页。

野蛮的多利亚人灭掉了辉煌一时的迈锡尼文明,把希腊推入黑暗时代。

今天重点讲的是老三——埃俄罗斯①的子女们。埃俄罗斯有着极强的生育能力,和女仙老婆埃那瑞忒共生下七个儿子——西绪福斯、萨尔摩纽斯、玛格涅斯、阿塔玛斯、得伊翁、珀里厄瑞斯、克瑞透斯;五个女儿——卡那刻、阿耳库俄涅、珀西狄刻、卡吕刻和珀利墨得。十二个孩子的名字不好记,当然也无须全部记住。我在这里只挑几位身上有故事的来讲,其他人权且当作参考资料吧。

玛格涅斯和前面的故事有关。他娶了位海洋神女,生下两个儿子——波吕得克忒斯和狄克堤斯。兄弟俩建立了塞里福斯城邦。哥哥做了国王,弟弟则看透名利当起了渔夫。一天,狄克堤斯在海边打鱼时救下了被阿克里西俄斯扔进大海的达娜厄母子。这孩子就是宙斯化作黄金雨让美女为他生下的大英雄珀尔修斯。后来,波吕得克忒斯垂涎美色,欲强娶达娜厄为妻,被手持美杜莎头颅的珀尔修斯化为石头人。②

卡吕刻和前面的故事有关。丢卡利翁和皮拉两口子除了生下赫楞和安菲克堤翁两个儿子之外,还有一个女儿。他们的这个女儿后来被老色鬼宙斯霸占,生了个儿子——埃特利俄斯,卡吕刻就嫁给了他。这两口子生下了一个著名的儿子——恩底弥翁,也就是那位因为长得帅、又爱在山坡上裸睡,结果被第二代月神塞勒涅偷袭,变成睡美人,终生被她霸占的小伙子。③

除了这两位,下面详细介绍一下在埃俄罗斯的孩子当中比较出名的三位。

---

① 很多神话书把这里的埃俄罗斯说成是风神,是不准确的。风神埃俄罗斯实际上是这个埃俄罗斯的孙子,埃俄利亚岛的统治者。后面奥德修斯的故事中会讲到他。参见本书第516页。
② 具体故事情节参见本书第139页。
③ 具体故事情节参见本书第51页。

（一）西绪福斯

西绪福斯和夺取金羊毛的集体行动关联性不大，但他建立的城邦科林斯正是后来伊阿宋和美狄亚的流亡之地。[①] 而且，他算得上埃俄罗斯众多子女中最有名的一个，和前后的故事都有联系。所以，我们还是很有必要对他做一番介绍。

西绪福斯聪明绝顶又狡猾至极，志在四方的他年纪不大就离开父母，建立了自己的城邦——科林斯。经过一番励精图治、发愤图强，科林斯在他的领导之下很快就呈现出一幅蒸蒸日上、繁荣昌盛的景象。

后来，西绪福斯找了个老婆。她是谁呢？大家可曾记得，阿特拉斯因反对宙斯被判无期徒刑去劳动改造，他与普勒俄涅生的七个仙女一下子成了无依无靠的流浪儿。奥林匹斯众男神岂肯放过这些美女！宙斯抢了三个，波塞冬抢了两个，阿瑞斯抢了一个。还有一个叫墨洛珀[②]的姑娘嫁给了凡人，这个凡人就是狡猾的西绪福斯。[③]

都能和神仙一起抢女人，还有什么事情能难倒诡计多端的西绪福斯呢？说起来还真有一件事令他愁眉不展，那就是科林斯的水源问题。科林斯城邦什么都好，就是经常缺水。著名的忒拜城外倒是有一条美丽的河流，可那里的河神阿索波斯瞧不上奸诈的西绪福斯。所以，西绪福斯虽百般请求，倔强的老爷子就是不给他解决用水问题。

可是，有一天，阿索波斯妥协了。这是为什么呢？

话说这阿索波斯，正是大洋神俄刻阿诺斯的儿子。他有个女儿埃癸娜生得花容月貌，无人能及。有一天，姑娘在河中洗澡，老色狼宙斯正好由

[①] 参见本书第 336 页。
[②] 与科林斯国王波吕玻斯的妻子、俄狄浦斯的养母墨洛珀同名。参见本书第 225 页。
[③] 参见本书第 89 页。

此路过。有着猎鹰一般视力的他一眼就瞥见了这个裸体美女。目标已锁定，宙斯变身雄鹰俯冲下来，以迅雷不及掩耳之势将姑娘掳走。少女连声呼救，神王哪管这些！他震动着那双有力的翅膀飞走了。

老河神听到了女儿的呼喊，可当他赶过来时肇事者已不见了踪影。失魂落魄的阿索波斯四下寻找，来到科林斯，遇见了正在野外找水源的西绪福斯。宙斯掳走埃癸娜的一幕恰巧被这位科林斯国王看到。他眉头一皱计上心来，对河神说道："只要你肯送给我的城邦一条四季长流、永不干涸的河流，我就告诉你女儿的去向。"阿索波斯虽不情愿，无奈寻女心切，只得答应。这时狡猾的西绪福斯说："我可以把这个秘密告诉你，但你知道了也没用，因为掳走埃癸娜的正是众神之王宙斯。我劝你还是算了吧！女儿是要不回来了。"河神不管那一套。那可是他的宝贝女儿，不管是谁都不能轻易从他身边抢走。他二话不说，直接沿着西绪福斯所指的方向追去。

欲火中烧的宙斯降下云端，刚想和美女发生关系，见老岳父竟然追了过来，真是气不打一处来。他想：我看上你家闺女是你这老家伙的福气，你还敢过来索要！我让你尝尝我的厉害！想到这里，宙斯抱上美女腾空而起，并随手朝河神掷下一道闪电，击中了老人的一条腿，然后趁机逃之夭夭。美丽的少女最终被宙斯带到一个无名小岛上成就好事。这个岛从此便被命名为埃癸娜岛。

事后，宙斯一调查，得知原来是那个不知天高地厚的小子西绪福斯泄露了他的秘密。这下可惹恼了宙斯。他想：我身为一代神王，抽空找个情人，防着家里那只母老虎也就罢了，你一个凡人居然也敢找我的茬！看来不给你点颜色你不知道我老宙的厉害！于是，他要求冥王哈迪斯立即把西绪福斯押入地狱。

哈迪斯不敢怠慢，马上派出死神塔那托斯前去抓捕西绪福斯。死神的名头虽然听起来令人恐怖，但他其实无论是体力还是智力都很一般——前面就讲过凡人英雄赫拉克勒斯曾在搏斗中将他制服，救下了代替丈夫阿德墨托斯去死的阿尔克斯提斯。[①] 这次面对狡猾的西绪福斯，可怜的死神又被骗了。塔那托斯来到西绪福斯家准备押他去往哈迪斯的冥国，可西绪福斯不但没有惊慌失措，还热情地欢迎他的到来。西绪福斯不慌不忙地把塔那托斯请进一间密室，说让他稍等片刻，以便自己和妻子告个别。一般说来，死神一到，大家唯恐避之不及。塔那托斯哪里享受过这样的待遇？他一下子被西绪福斯搞得不知所措，自己反倒拘谨起来。就在这时，走出房门的西绪福斯一把将门反锁，死神到这时候才意识到被骗了。战斗力一般的塔那托斯无法脱困，只得大声呼喊。死神喊起了救命，倒也十分滑稽。西绪福斯对他置之不理，优哉游哉地过起了自己的安稳日子。

可如此一来，结果就是长久以来没人死去、没有灵魂来冥府报到。人间没有葬礼，冥国也就收不到献祭。冥王觉得此事必有蹊跷。他一调查，事情的真相不禁让他暴跳如雷。这事因宙斯而起，他就到弟弟那里告了御状。宙斯一看这可恶的西绪福斯竟敢打乱人间秩序和天道循环，这还了得！他赶紧派出战神阿瑞斯去干掉西绪福斯，解救塔那托斯。不知宙斯是不是被气糊涂了：阿瑞斯这个有勇无谋的脑残能是西绪福斯的对手吗？结果，塔那托斯是救出来了，可智商低下的战神又被西绪福斯给算计了，中了他的计谋，也被关进了密室。

这样一来，事情再次进入循环：非正义战神被关押，人间很长时间没有发生不义之战，死亡人数骤减。宙斯感到奇怪，调查结果一出来他又被气得大发雷霆。本想给阿瑞斯一个机会，让大家改变一下对他的印象，可事实证明这家伙成事不足败事有余。看来，还是得让自己的得力干将——

---

① 参见本书第 174 页。

精明强干的赫尔墨斯出面。赫尔墨斯果然不负所望，轻松救出阿瑞斯。

西绪福斯泄露秘密，拘留天神，宙斯命令哈迪斯赶快处死这胆大妄为的奸诈之徒。气急败坏的塔那托斯再次来到西绪福斯家。西绪福斯知道老办法不管用了，只得连连向死神道歉，并乖乖地跟他走了。但在和妻子分别之际，他偷偷叮嘱道："千万不要埋葬我的尸体，也不要举行葬礼给冥国诸神献祭！"

到了冥国，奸诈的西绪福斯坦然自若地来到哈迪斯的宝座前，说道："灵魂的主宰者，伟大的冥王，我特别崇拜与尊敬您！但您也看到了，我的妻子是多么愚昧无知——我死后她不埋葬我的尸体！当然这还不算什么。关键是她太抠门，竟敢不举办祭奠仪式，不对您老进行献祭！这也太过分了！简直就是赤裸裸地亵渎神灵！是可忍孰不可忍！我实在看不下去了。请冥王先放我回去，把这个不懂规矩的败家娘们儿狠狠教训一番，再给她做细致的思想工作，让她倾家荡产也得给您敬献大量的祭品。监督她完成这件事情之后，我就立即返回冥国。"哈迪斯见他说得言辞恳切、颇有道理，就把他放回去了。计谋又一次得逞。西绪福斯来到人间，哪肯再回到那阴暗的冥府？他在豪华的宫殿里尽情享乐，逢人便讲自己是唯一能从冥国再次返回的凡人。

哈迪斯接二连三地被骗，直呼自己的智商还有很大的提升空间。他又找到宙斯。宙斯只好派神使赫尔墨斯再次出马。赫尔墨斯来到西绪福斯的宫中，二话不说直接将他送去地府。这次西绪福斯的灵魂一去不复返了。

被气急了的哈迪斯要让西绪福斯为他的狡猾奸诈付出沉重的代价。他罚西绪福斯往陡峭的山上一刻不停地推一块巨石。当他使出全身力气马上就要到达山顶之时，巨石就会突然从他手中滑落，滚到山底。西绪福斯只得从头开始，再次重复同样的劳动。这种每天周而复始、枯燥无味、毫无价值的沉重劳动，类似于宙斯对阿特拉斯降下的擎天惩罚，属于无期徒刑加劳动改造。

（二）阿塔玛斯

下面来介绍埃俄罗斯的另一个儿子——阿塔玛斯。

阿塔玛斯统治着玻俄提亚地区的俄耳科墨诺斯城邦，前文略有提及[1]。他娶云彩女神涅斐勒为妻，并生下两个孩子：姐姐赫勒和弟弟佛里克索斯。之后，阿塔玛斯变了心——也许是嫌弃以前涅斐勒曾充当赫拉的替身与色狼伊克西翁生下半人马一族[2]，所以他与其分手，又娶了卡德摩斯和哈耳摩尼亚的二女儿伊诺。当然，由于赫淮斯托斯"金项链"的诅咒，和卡德摩斯家族的女人发生关系自然不会有好下场。

作为希腊神话中"坏后妈"的典型代表，伊诺经常虐待丈夫与前妻生下的两个孩子。特别是当她和阿塔玛斯有了自己的两个儿子后，更是想方设法要置他们姐弟于死地。

伊诺暗地里吩咐人把炒熟的种子混到当地农民的麦种里，让肥沃的良田再也长不出禾苗。颗粒无收带来的饥荒威胁着俄耳科墨诺斯的居民。国王阿塔玛斯无计可施，只能派使团去德尔斐神示所，向预言之神阿波罗询问解除灾难的办法。奸诈的伊诺事先收买了使团成员。所以，使团根本没到德尔斐就返回来了，并按照之前的商定，向阿塔玛斯发布了假神谕："女预言家皮提亚给了这样的答复：国王必须把他的儿子佛里克索斯和女儿赫勒献祭给诸神，土地里才会重新长出庄稼。"在老百姓的强烈要求下，阿塔玛斯没有办法，也不敢违背神的意志，遂决定牺牲自己和前妻生下的两个孩子。整个事件完全在伊诺的掌控之中，她的阴谋就要得逞了。

---

[1] 参见本书第 100 页。
[2] 参见本书第 188 页。

一切都已准备就绪，献祭马上开始。姐弟俩眼看就要死在祭司的屠刀下。在这千钧一发之际，空中突然飞来一只长满金毛、肋生双翼的公羊把他们给救了。佛里克索斯坐在前面，赫勒坐在后面，金毛羊驮着姐弟俩飞向了遥远的北方。原来这是神使赫尔墨斯送给涅斐勒的一只神羊，当妈的在关键时刻将它派出拯救了自己的儿女。

姐弟俩骑着神羊飞过陆地，来到大海上空。姐姐赫勒往下一看，顿时产生了高空反应。她一阵头晕，栽了下去，掉在海里淹死了①。金山羊将佛里克索斯平安地带到了攸克辛海沿岸埃厄忒斯管辖之下的科尔喀斯城邦。

埃厄忒斯是谁？需要做一个简要介绍。

第二代太阳神赫利俄斯娶三千海洋神女之一珀耳塞为妻，生下儿子埃厄忒斯和珀耳塞斯②、女儿喀耳刻和帕西菲。帕西菲前文出现过，就是克里特国王米诺斯的妻子，并与公牛生下怪物米诺陶洛斯的那位③；喀耳刻是著名的女巫，在后面的故事中将会出现；珀耳塞斯则完全是个"打酱油"的角色，可以忽略不计；老大埃厄忒斯也就是这位科尔喀斯国王。

科尔喀斯国王热情地接待了来自远方的逃难者。佛里克索斯根据神意把那只金毛羊宰杀之后献祭给宙斯，金羊毛则作为礼物献给了接纳他的埃厄忒斯。国王又将这珍贵的羊毛挂在科尔喀斯城邦的保护神阿瑞斯的圣林里，并让一条从不合眼的喷火恶龙看守着。

不久之后，关于金羊毛的各种故事就在整个希腊传开了，而且越传越神奇。当时，大家都认为金羊毛是无价之宝，拥有它是无上荣耀的象征。

---

① 这片海因而得名赫勒海峡，今名达达尼尔海峡。
② 与泰坦神克利俄斯和欧律比亚的儿子珀耳塞斯同名。参见本书第6页。与珀尔修斯和安德洛墨达的长子珀耳塞斯同名。参见本书第146页。
③ 参见本书第170页。

许多英雄豪杰对它梦寐以求，为了得到它不止一次踏上那漫长而艰险的征程，但不仅没有一个获得成功，反而许多人因此丢了性命。尽管如此，依然有人为了它摩拳擦掌、跃跃欲试、前赴后继。故事的主角——英雄伊阿宋就要登场。他要和众英雄一起踏上征程，夺取金羊毛。

（三）克瑞透斯

埃俄罗斯还有一个儿子叫萨尔摩纽斯。他先后娶过两个媳妇，但只和第一个妻子生了女儿堤洛。这家伙不知天高地厚，竟号称自己是那万能的宙斯。神王一生气，一个霹雳将他化为灰烬。

萨尔摩纽斯一死，撇下了年轻的老婆西得洛和年幼的女儿堤洛。谁来养这娘俩呢？不是别人，正是这里要讲的埃俄罗斯的小儿子克瑞透斯。此时，克瑞透斯已继承父亲的王位，成为忒萨利亚地区伊俄尔科斯城的国王。

按照希腊神话的一般逻辑，克瑞透斯这时应该开始对年轻貌美、颇有姿色的寡嫂动心了。但这小子没按常理出牌——他喜欢的却是年幼的侄女堤洛。可现在的堤洛只是一个孩子啊！没关系，克瑞透斯有的是耐心。他可以等，等侄女成年之后再娶她为妻。

克瑞透斯想得不错，可千算万算不如天算。堤洛情窦初开时，偏偏爱上了俄刻阿诺斯和忒堤斯的三千儿子之一——厄尼剖斯河神，并经常一个人溜到河边向他倾诉衷肠。结果，河神那边没什么反应，却招来了猥琐偷窥男——海神波塞冬。有一天，海神忍不住变成河神的模样，轻而易举地夺走了姑娘的贞操。完事之后，波塞冬还得意地向姑娘道出了实情。堤洛羞愧不已，可她毫无办法。而且，在这方面波塞冬和兄弟宙斯有一拼，向来一击中的。堤洛后来为他生下一对双胞胎儿子——珀利阿斯[①]和涅琉

[①] 珀利阿斯和他的女儿阿尔克斯提斯在前面的故事中出现过。参见本书第 172 页。

斯①。

克瑞透斯在得知这件事之后，肠子都悔青了。自己辛辛苦苦等了这么多年，结果被波塞冬占了先机。可他拿大神又有什么办法呢？本来堤洛就够委屈的了，可西得洛偏偏像前面讲的伊诺一样，也是一位典型的坏后妈。她经常揭继女的伤疤，并想方设法羞辱她。待堤洛的双胞胎儿子出生后，西得洛直接把他们扔到了荒郊野外，任由野兽撕食。

故事发展到这里，善良的牧羊人或牧马人就要出现了。他的任务是救下并抚养孩子长大成人，为后续的情节发展做个必要的铺垫。当然，这个故事也不例外，仍是老套路，就不细讲了。

世上没有不透风的墙。后来珀利阿斯和涅琉斯兄弟知道了自己的身世，便来到伊俄尔科斯城与堤洛母子相认。之后，兄弟俩决定向欺负母亲并抛弃他们的西得洛实施报复。这对孪生兄弟手提利剑直奔她的寝宫。得到消息的西得洛吓得躲进了赫拉的神庙，向天后寻求庇护。但随后追来的珀利阿斯冲进神庙，不容分说将她的人头砍下。

在神庙里杀人，是不可饶恕的罪过，因为这是对神灵的莫大亵渎。珀利阿斯已与赫拉结下不共戴天之仇，他早晚要为这野蛮的行为付出代价。珀利阿斯知道罪孽深重，便来到德尔斐神庙，请求神谕。神谕给出的警告是：提防穿一只鞋的人。他反复思忖，始终不明白神谕的含义。

克瑞透斯倒是个仁义之人。他知道所有这些事情并非出自堤洛的本意，所以也没有嫌弃她曾怀孕生子，还是娶她为妻。后来，夫妻二人生下三个儿子——阿密塔翁、菲瑞斯、埃宋。

阿密塔翁家族将在"七雄攻忒拜"的故事中提及，在此先不作陈述。②

---

① 涅琉斯在赫拉克勒斯的故事中出现过。参见本书第 196 页。
② 参见本书第 351 页。

老二菲瑞斯离开家乡建立自己的城邦——菲赖城,后来生了个命运好到极致的儿子阿德墨托斯。这孩子先是在阿波罗的帮助下抱得美人归,娶了珀利阿斯的女儿阿尔克斯提斯;临死的时候,阿波罗又请求命运女神给予他找人代死的权利,贤良淑德的老婆心甘情愿替他去死。承蒙大英雄赫拉克勒斯出手相助,他将死神塔那托斯痛扁一顿,把善良的阿尔克斯提斯从死亡线上拉了回来。[1]

老三埃宋在父亲克瑞透斯死后继承了伊俄尔科斯城的王位,并生下儿子伊阿宋——他就是"夺取金羊毛"故事的男主角。可伊阿宋出生没多长时间,生性软弱的埃宋就被同母异父的两个哥哥珀利阿斯和涅琉斯用阴谋诡计赶下了台。当然,他们说得很好听——等埃宋的儿子长大成人之后再把王位交还给年轻人,并答应让埃宋留居该城享受生活。

后来,兄弟俩发生内讧。珀利阿斯将弟弟驱逐出境,独霸了伊俄尔科斯城邦的统治权。他与比阿斯[2]的女儿阿那克西比亚结婚,生下儿子阿卡斯托斯和四个女儿——当然最有名的就是后来成为阿德墨托斯老婆的那位阿尔克斯提斯。弟弟涅琉斯被放逐之后,创建了皮洛斯城,娶了安菲翁和尼俄柏的女儿克罗里斯。他们一共生了十二个儿子。之后的事情前文已经讲过。尼俄柏因向女神勒托显摆自己子女众多,结果被阿波罗和阿尔忒弥斯报复,将包括克罗里斯在内的七儿七女全部射死[3]。赫拉克勒斯因疯病发作杀死好友伊菲托斯,找涅琉斯净罪被拒绝。为此,大英雄对他实施了灭门式的报复——除了年幼的小儿子涅斯托耳因当时不在家而幸免于难,涅琉斯和十一个儿子全部死在赫拉克勒斯手中[4]。

---

[1] 具体故事情节参见本书第 172 页。
[2] 比阿斯是阿密塔翁的儿子。参见本书第 352 页。
[3] 具体故事情节参见本书第 220 页。
[4] 具体故事情节参见本书第 201 页。

（四）伊阿宋回乡

埃宋知道，如果不尽早采取措施，儿子伊阿宋早晚有一天会被骄横狠毒的珀利阿斯害死。他对外宣称孩子不幸夭亡，并举行了隆重的葬礼，暗地里却偷偷把他送到了最富智慧的马人喀戎那里，让孩子拜师学艺，以图日后抢回王位，报仇雪恨。喀戎被父子俩的不幸遭遇深深打动，决定尽平生所能，将伊阿宋培养成才。

转眼间二十年过去了，伊阿宋在喀戎的精心教导下，已长成一位膂力过人、勇猛无敌、英姿飒爽的俊美少年。现在，喀戎觉得时机已经成熟，就对徒弟讲明了他的身世和使命。之后，伊阿宋含泪告别师父离开珀利翁山，去伊俄尔科斯城向珀利阿斯要回本属于他的权力。

多年前，珀利阿斯因在赫拉的神庙里将西得洛杀死，亵渎了神灵。这笔账赫拉不会忘记。但天后不想亲自出手，她需要找个代理人。伊阿宋无疑是个合适的人选。为了考验他，当看到他从山上下来经过一条大河时，赫拉变身老妪求他帮忙渡河。小伙子二话没说挽起裤腿，背着老人，趟过了冰凉的河水。在过河时，伊阿宋左脚上的鞋子陷在泥里找不到了。不过他也没有抱怨，穿着一只鞋就默默地离开了。乐于助人的"活雷锋"立马博得赫拉的好感。从此之后，天后时时处处罩着这位在她看来很是厚道的年轻人。不过话说回来，成也萧何败也萧何。赫拉在背后推动着整个金羊毛事件的发展，其最终目的是报复珀利阿斯。她为达目的不择手段，但目的一达到，英雄也就失去了利用价值，所以赫拉在成就伊阿宋威名的同时也毁了他的一生。

伊阿宋气宇轩昂地来到伊俄尔科斯城的广场上。穿着一只鞋的美貌英雄立即引起城内居民的注意。这时，国王珀利阿斯坐着豪华马车也来到广场上，要在这里向父亲波塞冬献祭。无意间，珀利阿斯看到了这位与众不同的青年。发现他只有一只脚穿着鞋，国王不由得心里一惊。他想起了当年来自德尔斐的神谕："提防穿一只鞋的人。"珀利阿斯掩饰起内心的恐惧，摆出一副高傲的姿态故作镇静地询问道："小伙子，你是谁？来自何方？不许撒谎！必须实话实说！"仇人就在眼前，伊阿宋镇定自若，回答道："我不是外人，就出生在这伊俄尔科斯城。我叫伊阿宋，是原来的国王埃宋的儿子，不过之前一直跟随伟大的圣贤喀戎在山洞里生活了整整二十年。现在我回来了。你就是篡夺我父亲王位的珀利阿斯吧？我想今天到了你兑现诺言的时候了——请将伊俄尔科斯的统治权还给我！"

老奸巨猾的珀利阿斯不动声色，客气地说："亲爱的伊阿宋，现在不是说这些的时候。我想你还是先去见见你的父亲吧。他一定非常想念你。"接着，他便派人带伊阿宋去了他父亲的住所。父子相认，年老的埃宋老泪纵横，满心欢喜。

第二天，伊阿宋再次来到国王珀利阿斯面前，谦和地说："我的伯父，您知道，我才是王位的合法继承人，请您把占据多年的权杖还给它的主人吧！"狡黠的珀利阿斯将心中的不安掩饰起来，亲切地说："我说到做到，肯定会满足你的要求。但在这之前还得请你替我做一件事。你的伯父佛里克索斯被金毛羊带到了位于大地极北之处的科尔喀斯城。他在夜里托梦给我，说他已客死异乡，但灵魂一直无法平静，只有把那只救命公羊的金毛带回故乡，他才能得到安息。照理该由我去完成这一使命，可无奈我年迈体衰，已无力做这件事了，只能把这件光荣的任务交给你。当然对你这个当侄子的来说，这也是分内之事，况且你还可以凭借此事扬名立万，建立不朽的功勋，获得无上的荣誉。到时你带着这宝贵的战利品胜利而归，获得王位那也是众望所归。"珀利阿斯这番话说得入情入理，让伊阿宋无法拒绝，但其中却掩藏着他那险恶的用心——他深信，如果伊阿宋真的去科尔喀斯夺取金羊毛，那他一定是有去无回。

年轻气盛的伊阿宋满口答应下来。他回家给老爹一说，可把埃宋给吓坏了。他早就听闻有无数英雄曾踏上这凶险无比的遥远征程，但无一例外全都客死他乡。父亲有心不让儿子去，可除此之外，人单势孤的他们又有什么办法夺回王位呢！最后，老埃宋思来想去，建议儿子广撒英雄帖，邀请全希腊各路英雄，组团去建立这空前绝后的伟大功勋。伊阿宋听取了父亲的建议，立即采取行动，着手准备。

（五）阿耳戈远征

经过一番宣传与奔波，伊阿宋几乎召来了当世所有伟大的英雄。大多数人都觉得靠一己之力、单枪匹马无法完成这一伟业，而夺取珍贵的金羊毛又是他们梦寐以求建功立业的好机会，所以大家一呼百应，齐聚伊俄尔科斯城。这套全明星阵容共五十位成员，其中主要成员如下：

赫拉克勒斯。这位英雄当时尚处于为欧律斯透斯的服役期，只是来这里客串一下，中途就退出了。当然对于早已名声在外的赫拉克勒斯来说，根本就不需要靠这次远征来扬名立万。

忒修斯。前文提到，他力斩牛头怪，成为雅典王，平定内乱，让国家步入正轨。他本可以享受生活，但闲不住的英雄从不甘于平庸，应伊阿宋之邀，参加了这次远征。[1]

阿德墨托斯。菲瑞斯的儿子、伊阿宋的叔伯兄弟，前文已介绍过这位命好的老兄。[2]

墨勒阿革洛斯。卡吕冬国王俄纽斯的儿子，后来"卡吕冬狩猎"的主持者。[3]

---

[1] 参见本书第 280 页。
[2] 参见本书第 298 页。
[3] 参见本书第 343 页。

仄忒斯和卡拉伊斯。北风神玻瑞阿斯和俄瑞堤伊亚的双胞胎儿子，脚踝两侧长有翅膀，飞起来很快，合称玻瑞阿代兄弟。[1]

林叩斯[2]和伊达斯。前文讲到，珀尔修斯和老婆安德洛墨达有一个叫戈尔戈福涅的女儿[3]。这个女孩闻名天下，全凭着她在希腊神话里开了一个先河，那就是寡妇再嫁第一人。她先是嫁给了墨西拿国王佩里厄瑞斯，为他生下两个孩子——阿法柔斯和琉喀波斯。老公死后，风韵犹存的寡妇又和斯巴达王俄巴洛斯结婚，生了个以戴绿帽子而闻名的儿子廷达瑞俄斯[4]。这里的林叩斯和伊达斯兄弟正是戈尔戈福涅和前夫生下的阿法柔斯的儿子。林叩斯号称目光锐利、透视大地的"千里眼"，伊达斯则是力量强大、无所畏惧的"大力士"。他们合称阿法瑞伊代兄弟。

波吕丢刻斯和卡斯托耳。戈尔戈福涅和第二个老公生下的儿子廷达瑞俄斯娶了个如花似玉的媳妇勒达，生下卡斯托耳。勒达长得这么漂亮，不用说那位波吕丢刻斯肯定是那从不放过任何一个美女的神王宙斯的儿子。同母异父的兄弟俩合称狄俄斯库里兄弟。[5]

珀琉斯和忒拉蒙。前文提到，宙斯变作老鹰将阿索波斯的美丽女儿埃癸娜劫持到一个无名小岛上[6]，让少女变少妇，生下一个儿子埃阿科斯。埃阿科斯长大成人后娶一代圣贤马人喀戎的女儿恩得伊斯为妻，生下珀琉斯和忒拉蒙兄弟。

俄耳甫斯。他的父亲是音乐之神阿波罗，母亲是司管史诗的缪斯女神

---

① 参见本书第 261 页。
② 与达那伊得斯姐妹们中许珀涅斯特拉的丈夫林叩斯同名。参见本书第 136 页。
③ 参见本书第 149 页。
④ 参见本书第 386 页。
⑤ 参见本书第 387 页。
⑥ 参见本书第 291 页。

卡利俄珀。良好的遗传基因给了俄耳甫斯非凡的艺术才能。他成为举世闻名的音乐家和抒情歌手。阿波罗非常喜欢这个儿子，将好兄弟赫尔墨斯送给自己的竖琴作为礼物给了他。这把琴经俄耳甫斯的改造，琴弦增加到九根，正合缪斯九女神的数目。在他的弹奏下，竖琴更是充满了神奇的魔力，能使神人陶醉、猛兽俯首、顽石移步、树木弯枝、河水停流。在接下来的远征中，我们将会看到，俄耳甫斯虽没有超强的战斗力，但他那美妙的歌声和动人的琴声也将发挥不可替代的作用。

总之，这次远航英雄云集、声势浩大。

此次行动的幕后推手赫拉找来雅典娜帮忙，因为身兼智慧女神和女战神的她既能帮助天后出谋划策，关键时刻还能"路见不平一声吼，该出手时就出手"。英雄们远航所需的五十桨豪华大船由希腊最优秀的造船者阿耳戈斯①在雅典娜的帮助下建成，被命名为"阿耳戈号"。这次，赫拉和雅典娜两个女神要合唱一出戏，保护英雄们完成远航。

起航之前，众英雄聚集在伊俄尔科斯城召开武林大会，除了商讨远征的各项具体事宜之外，还要推举一位盟主。一说到盟主之位，几乎所有人的目光都不约而同地聚焦在第一英雄赫拉克勒斯的身上，可是他拒绝了大家的好意。一来，赫拉克勒斯一贯淡泊名利，从不贪图功名利禄；二者，现在他尚未完成欧律斯透斯布置下的任务，随时可能要退出。但除了他，谁又能担此重任呢？最后，赫拉克勒斯提议：还是让把大家召集在一起的伊阿宋担任首领吧！

不管论年龄还是论资历，伊阿宋都只是个初出茅庐的小伙子。他有能力领导大家完成这艰险的任务吗？后来的事实证明他确实不大行，而且相对于能力来说，他的人品更不行——他怎么看都像是一代圣贤喀戎培养出

---

① 与看守伊俄的那位百目巨人同名。参见本书第 130 页。

来的"残次品"。可是人家"背后有人"（应该说"背后有神"才对），还有什么完成不了的任务吗？

虽然有些英雄心里不服伊阿宋，可凭赫拉克勒斯在大家心目中的地位和威信，大家也就不好再反对。

第二天，黎明女神厄俄斯一上班，阿耳戈英雄们就陆续登上大船。他们划起船桨，驶离港口，劈波斩浪，飞速航行。

1. 偶遇女儿国

对于这次远航，英雄们早已做好征服千难万险的心理准备。然而令他们万万没有想到的是，第一站就碰上了一个大大的福利——他们竟然来到了女儿国……

经过几天的航行，阿耳戈英雄们为了补充给养，登上了爱琴海北部的楞诺斯岛。

就在前几年，楞诺斯岛上的女人在祭祀时漏掉了维纳斯，女神一怒之下降下惩罚，让女人天生的体香变成了无法消除的体臭。不过，如此一来，苦的是岛上的男人——他们无法和老婆亲近。这可怎么办啊？后来，饥渴的男人自力更生，学会了航海，不断从世界各地带回具有异域风情的女子。看到自己的男人与别的女人鬼混，这些留守的妇女情何以堪？最后，她们终于忍无可忍，秘密商定将岛上所有男性和"小三"无论大小统统杀死。在这次集体谋杀行动中，只有老国王托阿斯[①]幸免于难。他的女儿许普西皮勒不忍心杀死父亲，于是将他偷偷送到船上远走他乡。事后，公主许普西皮勒被推举为女儿国国王，统治着楞诺斯岛。英雄们来到这里时，维纳斯的惩罚已经解除，女人们恢复如初。然而由于害怕那些外邦女子的家人前来寻仇，她们一直在海滩上保持着高度的警戒。

---

① 托阿斯是酒神狄俄尼索斯和阿里阿德涅的儿子。

阿耳戈英雄向严阵以待的娘子军表明来意。传令官向女王通报了情况，请示让不让这些男人上岛。许普西皮勒召集岛上居民在广场上商议对策。她的意见是不能让这些人上岸，否则有可能无意间暴露之前所犯的罪行。但一位老年妇女提出了异议。她说："事情已经过去好几年了，那些尸体也已腐烂，只要大家守口如瓶，怎么会被发现？关键的问题是，长久以来，岛上没有男人，我们这些女人干着急生不出孩子，眼看着人口老龄化问题越来越严重。等女王这辈儿人老了之后，别说抵御外敌了，不用外敌，我们自己就死光了。我听说船上这些男人个个都是精壮汉子。这真是个千载难逢的机会啊！一定不要错过！最好把他们留下来传宗接代，还能保护我们。"大家觉得老太太说得在理。女王遂派人去请各位英雄豪杰上岸。

传令官告诉伊阿宋："之前，我们岛上的男人全都无情无义。他们不仅抛弃了原配，和年轻的情人跑了，而且连男孩子也都带走了。现在，我们这里住着的只有女人。所以女王诚意邀请诸位英雄留下来，和我们一起生儿育女、保卫国家。"

伊阿宋到船上向各位兄弟说明了情况。英雄们一阵欢呼雀跃，跑着就进城了。"未婚少女对陌生男子的渴望被激荡起来了……女人们都蜂拥着跟在他们身后"[1]，这些久旷之身将中意的男子各自拉回家中居住。

只有赫拉克勒斯没有上岸，仍和他的仆人许拉斯留在船上。在许拉斯还是个孩子的时候，赫拉克勒斯和他的父亲发生争执，失手将其打死。他看见眉清目秀、唇红齿白的许拉斯时，立刻喜欢上了他。从此，不明真相的许拉斯不离英雄左右，长大之后，也就成了他的仆人兼男娈童。[2]

---

[1]【古希腊】阿波罗尼俄斯：《阿尔戈英雄纪》，罗逍然译笺，华夏出版社，2011年版，第30页。
[2]"古希腊社会有男子同性恋的风气，年龄较大的男子钟爱较小的少年。"前者被称为"爱者"，后者被称为"娈童"。（【古希腊】柏拉图：《会饮篇》，王太庆译，商务印书馆，2013年版，第14页注释。）

连日来，楞诺斯全岛洋溢着节日的欢快气氛。女人们缠着各自的男人如胶似漆、欢天喜地，英雄们在温柔乡里开怀畅饮、花天酒地，似乎早已将等待他们去建立的伟大功勋抛在脑后。时间一长，赫拉克勒斯实在受不了了——他自己还有任务在身，在这里耽搁不起。他让许拉斯进城传话："我们是不是出于对异邦女子的渴望才组织这次远征的？如果是，干脆趁早散伙。让那个伊阿宋整天待在许普西皮勒的温柔乡里吧！看金羊毛能不能自己飞到他的手中！"

赫拉克勒斯的训斥唤醒了醉生梦死的英雄。他们个个面带愧色，决定立即离开楞诺斯岛。听到消息的妇女成群地拥到海边，含泪恳求自己的男人留在岛上。但英雄们去意已决，楞诺斯妇女只得洒泪送别。好在不少人已怀上孩子，她们心里也算有了寄托。

十个月之后，许普西皮勒为伊阿宋生下两个儿子，女王本可以就此过上幸福生活。可谁知道，当年放走父亲一事后来被人揭发，她被驱逐出岛，途中又落入海盗之手，被卖给涅墨亚国王吕枯耳戈斯当了奴隶。她在照顾小主人俄斐尔忒斯时遇到了前去攻打忒拜城的英雄们，并帮助他们找到了水源地。[①]

2.误杀好国王

英雄们登上阿耳戈号，用力划动船桨。浪花四溅，船飞速前进。

不久之后，大船来到以当地国王库吉科斯命名的一个半岛，这里生活着海神波塞冬的后裔多利俄涅人。新婚的国王热情好客，恭恭敬敬地摆上丰盛的宴席，尽心尽力地接待着阿耳戈众英雄。第二天凌晨，给大船补充了给养之后，阿耳戈号驶离港湾，继续上路。可船还没出海，海湾对岸的小岛上突然出现一群六臂巨人。他们撕下山岩上的巨大石块，朝阿耳戈船

[①] 参见本书第 357 页。

出海的通路扔了过去。好久没有打过仗的赫拉克勒斯一见敌人，立即兴奋起来。他拿起弓箭，一支接一支地射了过去，巨人们接二连三轰然倒地。有了赫拉克勒斯的掩护，其他英雄趁机登上小岛，掩杀过去，用手中的长枪将他们挨个刺死。

阿耳戈号可以顺利出海了。乘着顺风，大船扬起风帆，航行了一整天。可夜幕降临时，风向突然发生逆转。英雄们用力控制大船，好在没有发生侧翻，最后终于靠上一处海岸。已被大风吹得晕头转向的英雄辨不清方向。他们不知道大船其实又被刮回了库吉科斯海岸。黑暗之中岛上居民也没能认出他们，以为是海盗入侵。结果，双方爆发一场恶战。战斗整整持续了一个晚上。当晨光女神厄俄斯在东方出现时，他们才发现事情的真相，可为时已晚。和英雄交战的岛上居民死伤惨重。热情好客的国王库吉科斯也已惨死在伊阿宋的长矛之下。

阿耳戈英雄和当地居民为死者举行了三天的悼念仪式。国王那新婚燕尔的妻子经受不住丈夫死亡的打击，饮剑自尽。

3. 两英雄离队

经过长时间的航行，一天傍晚，阿耳戈船抵达密西亚海岸。英雄们靠岸停船，一是要在这里补充淡水和食物，二是强壮的赫拉克勒斯划船时用力过猛，船桨被折断，他要去树林里找棵大树做一条新桨。

赫拉克勒斯趁着月色走进树林，寻找合适的树木。他最喜欢的仆人许拉斯则随手拿起青铜罐，去林中寻找干净的水源。不知不觉许拉斯已来到密林深处，终于找到一眼清泉。就在这位帅哥低头弯腰向罐中汲水时，一位久居此地很少有机会见到男人的水泽仙女看到了月色下他那朦朦胧胧、英俊秀美的面庞，立即被小伙子迷住了。色心大动的仙女"迅速从水下伸出湛蓝的左臂搂紧他的脖子并急切地想要亲吻他柔软的双唇，右手则拉住他的手肘,让他跌入了激流的中心"①。可怜的许拉斯只喊了一声"救命",便就此销声匿迹,不见了踪影。

赫拉克勒斯的妹夫波吕斐摩斯②酒足饭饱之后到林中散步,突然听到许拉斯的呼救声。但等他跑到泉边的时候,许拉斯已踪迹全无,水面又恢复了平静。波吕斐摩斯赶忙跑去给姐夫说明了情况。赫拉克勒斯拔腿就跑,四处寻找深受自己宠爱的许拉斯。但他们无论如何也找不到这位小帅哥了。两人越走越远,离开了阿耳戈团队。

第二天,天色未明,阿耳戈英雄即已动身启程。黎明之后,他们才发现船上少了三个人。英雄们要求立即返航,寻找他们最出色的伙伴,只有伊阿宋无动于衷、默然不语。忒拉蒙实在看不下去了。他愤怒地质问道:"伊阿宋,你不是我们的首领吗?现在为什么保持沉默?莫非是你有意将赫拉克勒斯留在岸上?是不是你觉得这样一来,如果此次行动成功,你在全希腊的威名就能盖过宙斯之子?告诉你,没有赫拉克勒斯的帮助,我们完不成任务。如果你不回去找他,我也撤出,不再和你同行。"说着,忒拉蒙已冲向舵手,强迫他将船掉头开回密西亚。北风神之子、玻瑞阿代兄弟赶紧上前劝说忒拉蒙先冷静一下,大家共同商议对策。可忒拉蒙根本听不进去。双方剑拔弩张,一触即发。

就在这时,海浪中突然冒出来一个缠满水草的脑袋。他抓住阿耳戈号的船帮,对船上的英雄说:"我是能预见未来的海神格劳科斯③,两位英雄留在岛上完全出自宙斯的神意。赫拉克勒斯必须返回希腊继续为欧律斯透斯效力,对他来说那才是正事。波吕斐摩斯则注定要去建立一座光荣的

---

① 【古希腊】阿波罗尼俄斯:《阿尔戈英雄纪》,罗逍然译笺,华夏出版社,2011年版,第46页。
② 阿尔克墨涅被宙斯蒙骗生下赫拉克勒斯之后,又与丈夫安菲特翁生下女儿拉俄诺玛。所以,拉俄诺玛是赫拉克勒斯同母异父的妹妹。后来,拉俄诺玛嫁给了拉庇泰英雄波吕斐摩斯。
③ 格劳科斯原是海边一渔人。他偶食仙草,投身大海,遂变成半人半鱼形象的海神。

城市喀俄斯。许拉斯被水泽仙女相中，做了爱情的俘虏。英雄们，快继续你们的航程吧！不要再把时间浪费在无谓的争执上了！"说罢，格劳科斯沉入海中，不见了踪影。经格劳科斯这么一说，英雄们误会解除，矛盾化解。忒拉蒙郑重地向伊阿宋道了歉，两人重归于好。

4. 杀掉赛拳手

英雄们各就各位，划动船桨，阿耳戈号继续飞速前进。一天早晨，大船抵达比堤尼亚海岸。在这里居住着柏布律喀亚人，他们的国王是海神波塞冬的私生子阿密科斯。

阿密科斯可不像库吕科斯那样热情好客。作为一位强壮有力、残暴骄横的拳击手，他款待外乡人的方式就是与他赛拳。他会毫不留情地挥起有力的拳头将客人击毙。阿密科斯见到阿耳戈英雄时也不例外。他先是讥笑一番，然后让他们任意选出一位最有力量的人与他比赛。英雄们哪受过这等欺凌？个个义愤填膺、跃跃欲试。最后，徒手搏击的佼佼者波吕丢刻斯从人群中镇定自若地走出来接受挑战。宙斯与波塞冬两位大神的儿子各自拉开架势，准备展开一场生死较量。大块头阿密科斯像一头狂怒的公牛直扑过来，抡起铁锤般的拳头向波吕丢刻斯砸了过去。矫健的波吕丢刻斯则闪展腾挪，灵活地躲避着对手的进攻，并找准机会随时反击。打到后来，两人都有些累了。阿密科斯想尽快结束战斗。他挥起拳头狠力朝波吕丢刻斯的头部打了过来，打算给他致命一击。可是年轻的英雄灵巧地避开了，并顺势一下跨到了对方身后，转而朝阿密科斯的耳根狠命挥出一拳，将他的头骨打碎，他倒地身亡。神情紧张的阿耳戈英雄终于松了一口气。大家为波吕丢刻斯的胜利大声欢呼。

柏布律喀亚人见国王被人打死，便蜂拥而上，朝波吕丢刻斯扑来。阿耳戈英雄们也顺手拿起武器投入战斗。这场较量实力悬殊。英雄们直杀得敌人落花流水，四散奔逃。随后，他们带着大量战利品回到海边，将大船的给养补足。接着，英雄们喝着美酒，唱起赞歌，好好地庆祝了一番。

5.解救菲纽斯

第二天早晨，阿耳戈英雄们继续上路，很快抵达色雷西亚海岸。上岸后，他们看见岸上只有一座孤零零的房子，便好奇地走了过去。

一位双目失明的老人从屋里走了出来。他瘦骨嶙峋，羸弱不堪，颤颤巍巍地挪动着脚步，没走两步，就跌倒在地。英雄们走上前去，赶快将老人家扶了起来，并询问他何以至此。老人缓慢地说道："我叫菲纽斯[①]，是海神波塞冬的儿子，本是色雷斯国王，还是当地出了名的预言家。当年我娶了北风神玻瑞阿斯与雅典公主俄瑞堤伊亚的女儿克勒俄帕特拉[②]。老婆为我生下两个儿子之后就死了。后来我又娶了达耳达诺斯[③]的女儿伊代亚。谁知道她是个人品极差的恶妇，经常背着我虐待前妻留下的儿子，还造谣说这两个孩子偷看她洗澡。我当时鬼迷心窍，被她蒙蔽，最终把两个孩子弄瞎了。神王宙斯因为此事给我降下严厉的惩罚。他让我选择：要么死亡，要么失明。两害相权取其轻，我当然选择失明。可不知哪根筋转错了，我说的是：'愿意永远看不到太阳。'这下我又得罪了光明之神阿波罗。他派出'人面鹰身女妖'——哈耳皮埃姐妹[④]来惩罚我。每当我准备用餐时，这两姐妹就猛扑下来，以极快的速度用她们的青铜爪抓起食物，并在拿不走的食物上排便，然后振动翅膀火速离开，把我这屋里直弄得臭气熏天、垃圾遍地，让我再也无法进食。久而久之，我就变成这副皮包骨头、弱不

---

① 与埃塞俄比亚国王刻甫斯的弟弟、安德洛墨达的未婚夫菲纽斯同名。参见本书第145页。
② 参见本书第261页。
③ 达耳达诺斯是宙斯与普勒阿得斯七仙女之一厄勒克特拉的儿子。参见本书第390页。
④ 前文提到，海之奇观陶玛斯娶三千海洋神女之一厄勒克特拉（与达耳达诺斯的母亲同名）为妻，生下彩虹女神、女神使伊里斯（参见本书第14页）。其实，除了这个孩子，这两口子还生下哈耳皮埃两姐妹。

禁风的样子了。不过现在好了，因为你们来了。我凭借自己的预言能力知道能拯救我的只有两位小舅子——脚生双翼的玻瑞阿代兄弟。我相信他们兄弟俩一定会出手相助的。"

玻瑞阿代兄弟上前与姐夫相认，决定帮他解除灾难。

就在英雄们为菲纽斯准备好丰盛的饭菜后，两只人首怪鸟如约而至。她们照例糟蹋一番，然后盘旋而起，迅速撤离。仄忒斯和卡拉伊斯兄弟不敢怠慢，拍动翅膀冲上云霄追了上去。他俩追了很久，最后终于在普罗提亚群岛附近追上了怪鸟。兄弟二人拔出利剑刚要砍杀，哈耳皮埃的姐姐、女神使伊里斯扇动着彩虹般的翅膀飞到他们面前，说道："按宙斯的旨意，诸神对菲纽斯降下的惩罚已经结束。不可射杀神鸟！她们也不会再去打扰菲纽斯的生活了。"说完之后，姐妹三个就离开了。玻瑞阿代兄弟飞回色雷西亚，向姐夫及诸位英雄叙述了事情的经过。菲纽斯获救了。阿耳戈英雄又为老人家准备了食物，让他饱餐了一顿。

心里无比欢喜的菲纽斯为了向英雄们表示感谢，凭借预言能力告诉他们："接下来你们将遇到蓬托斯海入口处的'撞岩'。一定要先放飞鸽子——它会告诉你们能否顺利通过。一路上，女神赫拉和雅典娜会保护你们的安全。到了科尔喀斯，还要靠另一位女神出手相助——她就是维纳斯。只有她才能帮助伊阿宋取得金羊毛。"

6. 成功过撞岩

阿耳戈英雄告别菲纽斯，驾船乘风破浪飞速前进，又踏上了征程。突然，前方传来波涛轰鸣声——他们知道老人说的撞岩出现了。

走到近前，英雄们也被眼前的景象惊呆了：只见海峡两岸矗立着两座无根巨岩，随着海水的流动猛烈地撞在一起，一声震耳欲聋的巨响过后，又快速分开。每一次相撞，都会使四周的海面巨浪翻滚。每一次分开，又会使海面形成庞大的旋涡。英雄们想起了菲纽斯的主意：先放出一只鸽子。

它代表着阿耳戈号的命运，如果鸽子能从撞岩之间飞过，那么阿耳戈号也会安然无恙。

就在两座岩石刚一分开之际，英雄将鸽子放出。鸽子迅速向岩石之间飞去。在这千钧一发之际，两岩又撞在一起。鸽子安然飞过，但尾尖的一撮羽毛还是被夹掉了。阿耳戈英雄立即明白了其中的含义，让坐在船尾的几位赶紧挪到了前面。接着，无所畏惧的英雄们齐心协力奋勇划桨，用最快的速度冲了过去。撞岩再度分开，巨浪托起阿耳戈号，将它抛入两岩之间的水道。就在这时，巨岩又迅速往一起靠拢，眼看马上就要相撞。在这生死存亡之际，雅典娜终于出手了。这位女汉子不愧为战神！只见她左手来了个"排山倒海"挡住岩石，右手来了个"如来神掌"把阿耳戈号推出了撞岩之间的水道，只有船尾末梢被岩石击碎了。

一旦有船通过，撞岩再度分开，就永远不动了。这是命运的安排。阿耳戈英雄欢呼雀跃，继续前行。

7. 遭遇铜怪鸟

接下来，阿耳戈英雄沿攸克辛海岸平安地航行了很长时间，也经过了很多国家，见到了许多民族的奇异风俗。比如，在提巴雷诺伊人的土地上，"当女子为男人生下婴儿之后，男人们会倒在床上，把头向前伸着发出呻吟声，而女人们则用食物悉心地照料他们，并为他们准备产后沐浴"；莫许诺伊科伊人的习俗更是与众不同，"那些理应在人群中或集市上公开做的事，他们都在家里进行；而那些我们在自家做的事，他们会在门外的街上毫无顾忌地做。他们在别人面前做那床笫之私也毫不羞愧，就好像野外放养的猪一般，和女人在地上当众交合，而并不在乎有人在旁边"。①

---

① 【古希腊】阿波罗尼俄斯：《阿尔戈英雄纪》，罗逍然译笺，华夏出版社，2011年版，第87页。

有一天，阿耳戈英雄的大船刚想靠近一座岛屿，突然岛上飞起一只阳光一照闪闪发亮的大鸟。大鸟在阿耳戈号上空抖落了一根羽毛。这根羽毛如同利箭一般扎进了俄琉斯的肩膀，伙伴们赶紧拔出羽毛为英雄疗伤。包扎好伤口之后，大家才发现这竟然是一根铜羽毛。就在这时，岛上又飞来一只大鸟，不过众英雄不会让它再次伤人。大鸟还没来得及抖落它的羽毛，墨勒阿革洛斯已弯弓搭箭将它射落海中。阿耳戈英雄捞起它的尸体一看，顿时明白了：原来这就是战神阿瑞斯手下那些长着铜翅、铜爪、铜嘴的斯廷法利斯湖怪鸟。英雄们早就听说，当年赫拉克勒斯用赫淮斯托斯亲手铸造的铜钹将这些怪鸟从斯廷法利斯湖赶走，来到了阿瑞提亚岛。原来这里正是它们的栖息地。①

阿耳戈英雄从赫拉克勒斯的传说中得知，这些铜鸟最害怕的恰恰就是铜器的敲击声。所以，他们纷纷戴上头盔，举起盾牌护住自己，然后靠近岛屿，用长枪和利剑使劲敲击盾牌。怪鸟受不了这巨大的敲击声，成群地从岛上振翅起飞，并在阿耳戈号上空抖落下那如利箭一般的羽毛。各位英雄借助盾牌遮挡，没再受到伤害。鸟群在空中盘旋了一圈，很快飞离，又去祸害另一个地方了。

8. 救下堂兄弟

铜鸟飞走了，众英雄终于可以安心登上阿瑞提亚岛了。就在他们准备歇息之时，突然在这荒无人烟的地方出现了四个衣衫褴褛、蓬头垢面、疲惫不堪的青年。经过询问得知，他们正是被后妈伊诺迫害、骑着金毛羊飞到科尔喀斯的佛里克索斯的儿子们。

原来，起初科尔喀斯国王埃厄忒斯对佛里克索斯真是不错，还把女儿

---

① 参见本书第 169 页。

卡尔喀俄珀嫁给了他。后来夫妻俩生下阿耳戈斯[①]等四个儿子。本来一家人生活得挺幸福，可埃厄忒斯后来得到一条神谕：一定要提防外来人和自己的后代！

最可恨的就是神谕从来不明说，老是搞得神神秘秘，到最后还是害人害己。这"外来人"到底是谁？这"自己的后代"到底是哪个后代？不知道！从此以后，埃厄忒斯可就猜忌上了。他想：这"外来人"肯定就是佛里克索斯，"后代"必定是女儿卡尔喀俄珀和外来人生下的四个儿子。国王埃厄忒斯越想越后怕，于是瞒着女儿将女婿佛里克索斯给杀了，并命令四个外孙去遥远的俄耳科墨诺斯找祖父阿塔玛斯取回他们的父亲应该继承的那份遗产——其真实目的实际上就是想除掉这几个孩子，以绝后患。为保险起见，埃厄忒斯给了四兄弟一条类似《射雕英雄传》中黄药师给自己和老婆冯蘅准备的用胶粘起来的大船，所以，它在海上没航行多长时间就散架了。但四位年轻人命不该绝——他们正好赶在英雄们驱走怪鸟之时落难于阿瑞提亚岛，与阿耳戈英雄相遇。这次意外相逢令伊阿宋高兴不已。他们可不是外人，正是自己的堂兄弟，因为伊阿宋的祖父克瑞透斯和他们的祖父阿塔玛斯是亲兄弟。当然不只伊阿宋，其他英雄也很高兴，因为看样子离这次行动的目的地科尔喀斯已经不远了。

伊阿宋先将此行的目的告诉了几位堂兄弟，然后说道："兄弟啊，你们现在没船了！就算有船，路途遥远，千难万险，就凭你们几个也回不了希腊！干脆跟我们一块儿回去吧！你们熟悉科尔喀斯，帮我弄到金羊毛之后，咱们一起回老家。"阿耳戈斯兄弟四人知道埃厄忒斯残酷无情、手段毒辣，但现在走投无路，也没别的办法。再者说来，看眼前这些英雄个个勇猛过人，外公也不敢明目张胆地害他们几个，所以就答应下来。

[①] 与看守伊俄的百眼巨人同名。参见本书第130页。与造船者阿耳戈斯同名。参见本书第303页。

9. 美狄亚出场

休息了一个晚上后，第二天清晨，阿耳戈英雄又登船起程了。路上他们拜访了一代圣贤喀戎，因为船上多位英雄都曾向他拜师学艺。在航行的过程中，英雄们还听到了被锁在高加索山上的泰坦神普罗米修斯因被恶鹰啄食肝脏而发出的呻吟声。

阿耳戈英雄奋力划桨，沿着法细斯河逆流而上，抵达了科尔喀斯海岸。当时正值晚上，英雄们不敢轻举妄动，遂在茂密的芦苇丛中抛锚停泊，整顿休息，等待天亮。

看到伊阿宋一行人已到科尔喀斯，奥林匹斯山上的女神、这次行动的幕后主使赫拉来找雅典娜商议如何帮助他的代理人取得金羊毛。智慧女神指出："尊敬的天后，从整个行动过程来看，你挑选的这个伊阿宋确实能力一般：阿密科斯是波吕丢刻斯打死的，制服哈耳皮埃姐妹靠的是玻瑞阿代兄弟，撞岩多亏我亲自出手，赶走怪鸟是靠从赫拉克勒斯那里学到的办法。伊阿宋确实杀死了一个人，那就是库吉科斯，结果发现还杀错了。当然，他在第一站——楞诺斯岛表现不错——他和许普西皮勒在床上腻歪了很久，让她怀上了两个儿子。"一听这个，赫拉脸上挂不住了，但又不好发作，毕竟有求于人，只得说道："先别提这些了。关键是现在怎么办啊？"雅典娜说："依我看，靠伊阿宋根本完成不了这项任务，必须有内线帮忙。我倒是有个计策，不知你是否同意。"赫拉赶紧催促她快说。智慧女神道："伟大的天后，你也知道，科尔喀斯国王埃厄忒斯是太阳神赫利俄斯的儿子，与妻子生下卡尔喀俄珀和美狄亚两个女儿。大女儿卡尔喀俄珀嫁给了佛里克索斯，小女儿美狄亚待字闺中尚未出嫁。她从祖父赫利俄斯那里习得魔法，是个神通广大的巫师。伊阿宋若能得她相助，此事必成。我的办法就是请维纳斯出面，让她的儿子丘比特在美狄亚心中射上一箭，使她爱上伊阿宋。这样她就会帮助心上人从父亲手中夺取金羊毛。"

一听这话，赫拉犯愁了。她说什么也不愿意去求那个维纳斯。为什么呢？只因前不久发生的"金苹果选美"一事①——号称"白富美"的堂堂天后竟然输给了一个风流女子，心里一直不痛快。其实，这也是雅典娜在此次金羊毛事件中能痛快地答应帮助赫拉的原因——两位比美失败的女神同病相怜，容易走到一起。

天后向来心高气傲，但这次也没了办法。她自己去找维纳斯实在有些不好意思，所以还是拉上了雅典娜。

维纳斯独自在家，正坐在丈夫赫淮斯托斯精心打造的豪华宝座上梳理她那一头松软美丽的秀发。看到赫拉与雅典娜来了，维纳斯起身相迎。嘴里不冷不热地说道："众神中最高贵的两位女神，你们平时不怎么来我这里，今天大驾光临一定有什么事吧？"赫拉有事相求，不好与她计较，只得情真意切地说明了来意。

选美获胜，"天上地下第一美女"的称号令维纳斯心里无比高兴，现在见手下败将亲自登门求她办事，她更是飘飘然了，于是满口应允下来。俗话说："三个女人一台戏。"现在可是三个女神要合演一出戏。

赫拉和雅典娜走后，维纳斯去找丘比特。她搂着淘气的儿子，说："快去替我办一件事——拿上你的弓箭，飞到科尔喀斯，朝那里的公主美狄亚射上一箭，让她和伊阿宋之间产生美好的爱情。事成之后，我把宙斯童年时玩的一个金球送给你。"丘比特请求母亲先把玩具给他，可维纳斯知道儿子狡猾无比，不能上了他的当。丘比特玩性大发，拿上弓箭，匆匆离开奥林匹斯山，飞向科尔喀斯。

我们再把视线转回阿耳戈船。一大早，英雄们经过商议，决定先礼后兵，佛里克索斯的四个儿子带着伊阿宋等几位英雄先去拜见外祖父——国

---

① "金苹果选美"是特洛伊战争的导火索，我们以后再讲。参见本书第 392 页。

王埃厄忒斯。他们一踏进王宫大院，正巧公主卡尔喀俄珀和美狄亚从屋里出来，二人都情不自禁地惊叫一声。卡尔喀俄珀日夜担心四个儿子的安危，现在突然看到他们这么快就平安归来，自然惊讶不已。可令美狄亚吃惊的是，当她看见伊阿宋这位素昧平生的外乡人时，竟然立即燃起了爱情的火焰，顿时觉得心口灼热、灵魂融化。原来，一心想尽快拿到新玩具的丘比特此时已神不知鬼不觉地躲到伊阿宋背后，朝美狄亚射出了一支金箭，接着便迫不及待地飞走了。爱情本是相互的，可是丘比特并没顾上把代表爱情的金箭射向伊阿宋，所以当美狄亚饱含柔情蜜意的眼神盯着这位帅哥时，他心里想的只是如何弄到金羊毛。

这时，国王埃厄忒斯也走出宫殿。阿耳戈斯当着大家的面说明了事情的经过，并隆重介绍了他们的救命恩人——堂兄弟伊阿宋。听完这番话，三个人的反应各自不同：卡尔喀俄珀对伊阿宋充满了感激；美狄亚心里满是崇拜；埃厄忒斯则是满心猜忌。

埃厄忒斯对伊阿宋救回四个外孙一事虽然心里不高兴，但也不能表现出来，还是非常热情地将他们请进宫中，大摆筵席。酒过三巡，埃厄忒斯才开口询问各位英雄此行的目的。伊阿宋说只为金羊毛而来，别无他意，希望国王能允许他们将其带走。一听此言，埃厄忒斯双眉紧锁、满腹狐疑，他不相信这么多英雄冒着千难万险远航到此只为金羊毛。此时，他突然想起父亲赫利俄斯曾做出的不幸的预言，让自己小心外乡人和后代。亲生儿子和女儿并不用担心，肯定是这几个外孙引来希腊英雄，妄图篡夺我的政权。想到这里，埃厄忒斯当场翻脸、凶相毕露。他说："各位英雄，你们搭救了我的外孙，为了表示感谢，我自然会送上一些金银财宝。但科尔喀斯不欢迎你们，请尽快离开此地，否则格杀勿论。"说着就要将伊阿宋逐出宫殿。站在一旁的忒拉蒙怒火升腾，拉开架势就要动武。伊阿宋将他拦住，并诚恳地向国王表明了态度："令人崇敬的埃厄忒斯，我来向您索要金羊毛也是无奈之举，只为夺回在伊俄尔科斯城我应有的王位。我们无意冒犯，来到科尔喀斯只是为了金羊毛。而且我可以向您保证，只要您肯将金羊毛给我们，我愿先为您效劳，赴汤蹈火，在所不辞。"

埃厄忒斯想了想，还是无法判断伊阿宋的话是真是假。最后他决定，不管怎样，为保险起见，还是想办法把他弄死比较安心！主意已定，他说道："年轻人，我可以给你金羊毛。不过我不想把它送给不如我勇敢的人，你必须将我之前完成的事情再照做一遍。工匠之神赫淮斯托斯曾送给我父亲赫利俄斯两头喷火铜足公牛和一具坚不可摧的犁杖。请你套上公牛，让它们拉着铁犁将存放金羊毛的阿瑞斯圣田翻耕一遍，这样你就成功了一半。当年，卡德摩斯杀死阿瑞斯的毒龙并拔掉龙牙，遵照雅典娜的吩咐将一半种在土里，还有一半由女神亲自保管①。后来她给了我的父亲，并传到我的手里。你将这些龙牙种到翻耕过的土地里。等龙牙长成武士，你就与他们厮杀，将他们统统杀掉。这样你就完成了整个任务，金羊毛自然就归你了。"埃厄忒斯确信伊阿宋不可能做到，不管是他知难而退还是被公牛或龙牙武士弄死，都能达到目的。一听此言，伊阿宋也知道自己没那两把刷子，可既然已夸下海口，也只能硬着头皮先答应下来。接着，伊阿宋在美狄亚那满是关切与担心的眼神中和同伴离开了埃厄忒斯的宫殿，回到船上商量对策。

10. 美狄亚赠药

就在阿耳戈英雄个个愁眉苦脸、无计可施之际，阿耳戈斯偷偷跑来船上，对有救命之恩的伊阿宋说道："我的外祖父给你安排了无比艰巨的任务。我想你可能需要我的姨妈美狄亚的帮助，因为她是神通广大的巫师。如果需要，我可以去求求母亲卡尔喀俄珀，让她去说服她妹妹。"听了这

---

① 参见本书第 213 页。

话，伊阿宋犹豫不决。就在这时，一只被老鹰追逐的白鸽突然飞到伊阿宋身边，躲进了他的衣襟，而那只鹰则坠落在船上。善于解读鸟语的预言家拉庇泰人摩普索斯高声说道："大家是否记得菲纽斯的建议，他让我们去恳求维纳斯的帮助！现在，女神的圣鸟在伊阿宋的胸膛上得救。这是诸神降下的吉兆，快去向爱欲之神献祭吧！她会帮助我们的！另外，应该让阿耳戈斯去见他的母亲，好让她去说服美狄亚。"

英雄们依言行事，向维纳斯敬献了丰厚的祭品。而阿耳戈斯则匆匆回到宫中，去了母亲那里。卡尔喀俄珀爽快地答应了儿子的请求，因为她知道残暴的父亲一直想害死他的四个外孙，这次如果不是阿耳戈英雄出手相救，儿子们早已命丧大海。

与此同时，国王埃厄忒斯已下定决心将这些异乡人置于死地。他的计划是等伊阿宋一死，就放火烧船，再将佛里克索斯的四个儿子就地处死，以绝后患。

夜幕降临，科尔喀斯全城寂然无声，美狄亚却无法入眠。她是一个单纯善良的女孩，可现在心中燃起的爱情之火让她备受煎熬。她当然舍不得让心上人葬身牛蹄之下，但出手相助，又感到无比羞怯。再说，如果这样做，做女儿的帮助外人无疑会惹怒可怕的父亲。一边是爱人，一边是亲人，女孩面临着艰难而痛苦的抉择。坐立不安的美狄亚想去找姐姐商量却又不知如何开口，三番五次已抓住门把手，可又都退了回去。就在这时，卡尔喀俄珀趁着月色来了。她想探探妹妹的口风，看她是否愿意出手相助，帮助儿子的那些救命恩人。

卡尔喀俄珀觉察到了妹妹眼神里的不安与恐惧。她说："我的妹妹啊，你怎么了？看样子你好像刚刚哭过。"姐姐这一问令美狄亚面红耳赤——她悲伤的原因实在难以启齿。情急之下，美狄亚找到一番托词："姐姐，我是在为我心爱的四个外甥担心啊！我能感觉到父亲已经怀疑是他们把伊阿宋引到这里来的，其目的就是夺取他的王位。所以，父亲想借助神牛除掉你儿子的这些帮手，下一步就要对他们下手了。"卡尔喀俄珀知晓妹妹的超能力。她听了这些话惊恐不已，赶紧搂住美狄亚，恳求她帮忙。这正中美狄亚的下怀。她心中暗喜：终于可以名正言顺地去帮心爱之人了。于是，她对姐姐说："请你放心，我会帮助他们的。你让阿耳戈斯告诉伊阿宋，明早让他到我的主人赫卡忒[①]的神庙里来，我将告诉他战胜神牛的办法。阿耳戈英雄们取得金羊毛之后，你的儿子就可以跟他们去往遥远的希腊了！不过，这件事必须做好保密工作，否则会害了所有人。"卡尔喀俄珀知道事关重大，向妹妹保证肯定会守口如瓶。

卡尔喀俄珀走后，屋里只剩下美狄亚一人。此时的她内心矛盾重重，不敢相信自己竟然轻易做出了违抗父命去帮助外乡人的承诺。现在想来，是不是有点太过分了？就在美狄亚的内心受到谴责之时，已得到心爱玩具的丘比特一时兴起，又给她补了一箭。这样一来，公主顿时觉得坦然了。爱情的力量超乎想象。美狄亚已不再是那个善良单纯的小女孩了！现在她的心里只有伊阿宋，为了他可以放弃一切、做出任何事、背叛所有人。

美狄亚久久盼望的黎明女神终于上班了！她早已忍不住从床上起来，开始对镜梳妆，以使自己更加楚楚动人。此时的她已将恐惧抛在脑后，心里想的只是尽快与心上人会面。收拾好之后，她满心欢喜、迫不及待地向赫卡忒神庙赶去。

到了约会地点，美狄亚才发现来早了——情郎还没到。她第一次感到时间的流逝竟如此缓慢，仿佛静止了一般。

终于，伊阿宋在阿耳戈斯的带领下赶到了。美狄亚看到英姿勃勃、神采飘逸的心上人，顿时眼前一亮，小心脏开始剧烈跳动，火热的面颊上泛

[①] 赫卡忒是阿斯忒里亚和珀耳塞斯的女儿（参见本书第 48 页），美狄亚是她的祭司。

起红晕,低着头不敢和他对视。

爱情的滋润使美狄亚更加妩媚动人,羞涩的神情更是招人怜爱。可伊阿宋根本没注意到这些。他走过来直接握住公主的手,说:"美丽的姑娘,你为什么不敢看我?从你的容貌我知道你的内心温柔善良。请你如实相告,你愿不愿意帮助我?你应该知道,米诺斯的女儿阿里阿德涅因帮助英雄忒修斯杀掉牛头怪,获得了多少荣光。① 如果你能助我战胜神牛取得金羊毛,那么你就会得到和她一样的荣誉,你的美名将在整个希腊永远传颂。"

美狄亚含情脉脉地望着伊阿宋,很想向他吐露心事,但在爱情的驱使下自己却变得笨拙无比。最后她说道:"我心里想的并不是那些赞誉,我不在乎这些,只想帮助你取得胜利。到那时你带上金羊毛,就可以光荣地回家了。不过,到了故乡,可别忘了我——哪怕间或想起我也好!"说到这里,美狄亚的双眼已泛起泪花。此时,伊阿宋已觉察到眼前这位美女对自己的情意。他就趁势来了个顺水推舟,对美狄亚一番赞扬之后,说道:"美丽的姑娘,你这么帮我,你那冷酷无情的父亲不会饶了你。事成之后和我一起回伊俄尔科斯城吧!在那里我将让你躺上我的婚床,保证爱你一生一世!"被爱情俘虏的女人智商迅速降低,直至为零,美狄亚也不例外。听到心爱之人做出这种承诺,她马上就找不着北了。她愿意离开科尔喀斯,常伴伊阿宋的左右。

接着,伊阿宋直奔主题,问美狄亚到底怎样才能取得金羊毛。被爱情迷惑的美狄亚"慷慨地从自己芳香的胸带中取出灵药"②,递给伊阿宋,低声说道:"听我说,这叫普罗米修斯油膏——在高加索山上被缚的普罗米修斯脚下生长着一种天天吸取这位泰坦神肝脏里滴出的血液的神奇植

---

① 参见本书第 273 页。
② 【古希腊】阿波罗尼俄斯:《阿尔戈英雄纪》,罗逍然译笺,华夏出版社,2011 年版,第 133 页。

物，油膏是用这种植物根部流出的汁液熬制而成的灵药。任何人抹上它都会在一天之内进入无敌状态，不但力大无穷，而且刀枪不入，神牛喷出的烈火也无法将他伤害。伊阿宋，请你记住，今天夜里你要先到河里洗个澡，然后穿上一袭黑衣，在河岸上挖个深坑，将一只抹上蜂蜜的黑羊献祭给我的主人赫卡忒。做完这些事之后你就立即往大船停靠的方向走。在这个过程中，你将听到人声鼎沸、恶狗狂吠。不过你不必害怕！千万不要回头观望！径直前行，直到船上！明天早晨，出征之前，你用这油膏涂抹整个身体以及你所使用的武器。它会赋予你不可战胜的力量，定能助你打败铜腿公牛，让它们为你耕耘阿瑞斯圣田。等种上的龙牙长成武士，你就学当年雅典娜教给卡德摩斯的办法，将石头扔到他们中间，他们就会因互相猜忌而厮杀。等这些人精疲力竭之时你再出手，定能克敌制胜。"

伊阿宋迫不及待地用双手接过灵药，为马上就能取得金羊毛而欣喜不已，美狄亚则对他恋恋不舍。最后男人对女人说这只是暂时的分别，事情办完之后两人再相见，到时永不分离。憧憬着以后的美好生活，美狄亚陶醉在心上人的柔情蜜意中，高高兴兴地回到宫中。伊阿宋则欣喜若狂地回到船上，告诉同伴美狄亚已被他搞定。

11. 伊阿宋斗牛

夜幕降临，伊阿宋不敢怠慢。他遵照美狄亚的嘱咐去了法细斯河边，在湍急的河水中洗净身子，并向赫卡忒敬献了祭品。献祭一结束，伊阿宋转身往回走。就在这时，冥后珀耳塞福涅的侍女赫卡忒伴随着妖魔鬼怪的叫声和地狱恶狗的吠声出现了。伊阿宋感到十分恐怖。他头也不回地跑回了阿耳戈船。

第二天一大早，伊阿宋开始用美狄亚的神药涂抹长矛、宝剑和盾牌，之后又抹在了身体的各个部位。油膏一上身，伊阿宋顿感浑身肌肉坚硬如铁，充满了一股源源不断的神奇力量。他知道自己离成功不远了。一切准备就绪之后，信心满满的伊阿宋在英雄们的簇拥下来到阿瑞斯圣田。此时，国王埃厄忒斯已经到了，只见他头戴金盔，身着金甲，手持长矛，威风凛凛地立于战车之上——他要亲自看看两头神牛杀死伊阿宋的惨烈场景。除了国王，好奇的科尔喀斯居民也已站在四周的山坡上。

伊阿宋看到坚不可摧的犁杖和纯铜打造的牛轭都已在圣田中备好，便向埃厄忒斯要来龙牙，二话不说，拿起武器和盾牌大踏步向公牛藏身的地方走去。突然，嘴里喷着烈火的两头神牛从地洞中一跃而出，疯狂地吼叫着冲向英雄。伊阿宋不躲不闪，手持盾牌护住身体，抵御两对牛角的猛烈撞击。铜腿公牛的力量超乎寻常，任何人都经受不住这种冲撞。然而有附了魔法的神奇油膏相助，伊阿宋变得像两腿生根一样稳如泰山，屹立不倒。两头神牛从来没遇到过这样的对手，一次次怒吼着向英雄发起连续攻击。伊阿宋则不动不摇，以逸待劳。这种特别消耗体力的打法即使是神牛也坚持不了多长时间。伊阿宋看它们已喘起粗气，遂瞅准时机扔掉武器和盾牌，伸出强有力的双手抓住了两头公牛的犄角，将它们硬拉到犁杖旁。公牛仍不肯屈服，挣扎着向伊阿宋喷出烈火，可他有神油护身，公牛火攻也无济于事。这时，按照事先约定，波吕丢刻斯和卡斯托耳兄弟俩赶紧跑过来将铜轭递给伊阿宋并迅速跑开。接着，伊阿宋敏捷地将铜轭架在牛脖子上，套上铁犁，挥舞长枪，赶着公牛，耕完了阿瑞斯圣田，并播下龙牙。随后，伊阿宋卸下神牛。它们已筋疲力尽，完全没有了之前的威风，就连忙跑回洞里，老老实实地待着去了。

没过多长时间，地里已冒出矛尖，接着长出了一个个顶盔掼甲的勇士。伊阿宋谨遵美狄亚的嘱托，采用当年卡德摩斯的方法，抓起一块巨石掷到龙牙武士中间。这些脑残们互相猜忌，手执兵刃展开了血腥厮杀。当他们中的大多数死于同伴手下，剩下的也已伤痕累累之时，伊阿宋冲了过去，将其一个个砍倒在地。

此时的埃厄忒斯已惊讶得说不出话来。他呆呆地看着伊阿宋，对他的超能力百思不得其解。没等伊阿宋过来，他已登上战车，一言不发地向宫中走去，并苦苦思索着事情的原因和害死伊阿宋的办法。

任务完成，伊阿宋胜利而归。朋友们热情地赞颂着他建立的这一伟大功绩。

12. 金羊毛到手

看到父亲埃厄忒斯闷闷不乐地回到宫中，美狄亚知道伊阿宋成功了，但同时她也意识到父亲早晚会想到整个科尔喀斯城除了她美狄亚没人帮得了这个外乡人。觉察到危险会随时降临，姑娘心神不定，坐立不安。好不容易熬到晚上，她偷偷溜出王宫，沿着法细斯河岸来到阿耳戈英雄点燃的篝火附近。事情紧迫，美狄亚不得不鼓起勇气让小外甥佛戎提斯把伊阿宋叫出来，将心中的不祥预感告诉了情郎，并满怀深情地说道："我心中的英雄，一切都将暴露，赶快和我一起去取金羊毛吧！为了你，我放下了面子，放弃了亲情。跟你回到故乡之后，你一定要让我这个异邦人有所依靠啊！"说着，美狄亚已忍不住痛哭流涕。伊阿宋一听此言，心中狂喜：就在刚才英雄们还在船上讨论虽然完成了任务但看样子埃厄忒斯不会轻易让他们取走金羊毛，此时他知道日思夜盼的金羊毛马上就要到手了。伊阿宋紧紧握着美狄亚的手，赶紧发下誓言：让婚姻女神赫拉作证，一回到希腊，我马上娶你为妻。听情郎信誓旦旦地说出这话，美狄亚破涕为笑。

伊阿宋拿上武器，穿戴整齐，当即和美狄亚一同前往挂有金羊毛的阿瑞斯圣林。此时虽然已是夜晚，四周漆黑一片，可金羊毛并不难找，因为只有它金光灿灿、闪闪发光。两人刚一靠近，二十四小时全天候守护金羊毛的毒龙探起身来，向入侵者喷出火焰。女巫美狄亚口中念起咒语，召来睡眠之神许普诺斯相助。困意来袭，毒龙忍受不住，趴在地上，不过它的脑袋依然昂着，和困倦做最后的抗争。美狄亚掏出催眠药水洒在它的眼睛上，毒龙再也坚持不住。它双眼合上，躺在大树底下睡着了。伊阿宋不敢急慢，赶紧爬上橡树，取下金羊毛。

两人带着金羊毛匆匆回到船上，诸位英雄为这意外的惊喜而欢欣鼓舞。可是他们来不及庆祝，必须赶在埃厄忒斯知道金羊毛被盗之前离开科尔喀斯。事已至此，美狄亚没有选择，只能和伊阿宋私奔。她情真意切地说道："伊阿宋，我为了你背叛父亲，孤身一人去你的家乡，请你永远不要抛弃我。"伊阿宋拍着胸脯保证："亲爱的美狄亚，我知道，此行如果没有你的帮助，我们只能无功而返。让婚姻保护神赫拉作证，一回到希腊，我就和你举行盛大的婚礼，并保证爱你到永远。"美狄亚像喝下了蜂蜜，觉得自己是天底下最幸福的女人，一把抱住了伊阿宋。

英雄们不敢久留，当即解下缆绳，拿起船桨，奋力划动。阿耳戈号如离弦之箭，劈波斩浪，飞速驶向大海，眼看离科尔喀斯城越来越远。

13. 美狄亚杀弟

回到宫中的埃厄忒斯一直在思索伊阿宋到底什么来头，谁是他的后台，何以具有如此神力，以及用什么办法才能置他于死地，一夜没睡好。第二天一大早，他竟然得到了金羊毛被盗、伊阿宋逃走的消息。不仅如此，女儿美狄亚还被他拐走。埃厄忒斯彻底明白了事情的真相。他大怒欲狂。到这时，他终于知晓了之前神谕的含义：警惕外乡人和自己的后代，原来指的正是伊阿宋和美狄亚。

气急败坏的埃厄忒斯立即下达死命令，让自己的儿子、美狄亚的弟弟阿布绪耳托斯率领科尔喀斯人驾船追赶，如果不能夺回美狄亚、取回金羊毛，他们将全部被处死。

此时阿耳戈号扬起风帆，飞速航行在攸克辛海上。三天三夜之后，英雄们终于看到了斯库提亚的陆地。可是当他们抵达依斯忒耳河口时，突然发现几乎所有岛屿都已被熟悉地形、抄了近路、先期到达的科尔喀斯人布下重兵。阿耳戈英雄知道敌众我寡，来硬的不行。他们只好先登上一座荒岛另作谋划。这是阿尔忒弥斯的猎场，科尔喀斯人敬畏女神，所以没有在此驻兵。英雄们刚一上岛，科尔喀斯人马上将它团团围住，战争一触即发。

各位英雄无计可施。他们又把求助的目光投向了美狄亚。美狄亚这时已彻底成为爱情的俘虏。为了伊阿宋，她什么都肯干。最后，女巫一狠心，做出了一件丧心病狂的事情：她派人捎信给弟弟，说她跟随阿耳戈船逃走并非出于自愿，而是被胁迫；她已经为先前的行为感到后悔，现在很想回家，让弟弟当晚到岛上的神庙与她会面，共商盗回金羊毛、杀死伊阿宋的办法。善良的阿布绪耳托斯相信了姐姐的话，趁着夜色偷偷来到神庙。他毫无戒备，刚踏进门，就被埋伏在门后的伊阿宋一剑刺死。接着，伊阿宋和美狄亚又干了一件令人发指的事情：将阿布绪耳托斯的尸体剁成碎块，抛进依斯忒耳河。按当地风俗，据说这样一来，鬼魂就丧失了行动能力，无法再找行凶者复仇。可洞察一切的复仇诸女神还是清清楚楚地看到了神庙里发生的一切。虽然碍于赫拉的面子，当时不好出手，但她们还是将这一罪行牢牢地记在了心里。

狠毒的美狄亚点燃火把，向阿耳戈号发出信号。英雄们知道计谋得逞，他们立即对敌人发起突袭。睡梦中的科尔喀斯人陷入慌乱，又没有了首领的指挥，惊慌之余四散奔逃。

阿耳戈英雄趁机乘船逃走，一路沿依斯忒耳河航行了几天，终于进入亚得里亚海。希腊半岛已近在眼前。

14. 喀耳刻净罪

就在英雄们为马上就要回到故乡而欢呼雀跃之时，海上突然刮起了可怕的风暴，狂风大作，巨浪翻滚。阿耳戈号的风帆被撕毁，船板被压弯，船桨也已折断。失去控制的大船就像一叶扁舟在惊涛骇浪中随意漂荡，死亡正威胁着阿耳戈英雄。

这时候，船尾传来一个声音。这声音来自雅典娜当初帮助阿耳戈斯造船时装上的一块能传达神意的圣橡木。它吩咐众英雄速速前往女巫师喀耳刻①居住的埃亚岛，为伊阿宋和美狄亚洗刷残害阿布绪耳托斯的罪孽。阿耳戈英雄服从神意，掉转船头，对准北方，风暴接着就平息了。他们在海上又航行了很久，最终抵达神奇的海岛——埃亚岛。

一见到美狄亚，喀耳刻就认出她是父亲太阳神赫利俄斯的后裔，因为她们家族的人有一个共同特点：眼睛闪着两道金光。经过询问，原来是亲侄女到了。坐下详谈，喀耳刻才知道事情的经过。喀耳刻明白这个家族的人向来作风比较彪悍：自己毒死丈夫，妹妹帕西菲与公牛交配，哥哥埃厄忒斯杀掉女婿……从遗传基因来看，侄女美狄亚为了心爱的男人把弟弟分尸也算不了什么！想到这里，喀耳刻开始施展魔法为美狄亚和伊阿宋净罪：她先杀掉猪崽向宙斯敬献祭品，再用流出的鲜血冲洗两人的双手，并将祭品焚烧祈求复仇女神平息怒气。

净罪仪式结束后，英雄们并未久留，又踏上了回家的路。

15. 塞壬的歌声

埃亚岛之行改变了阿耳戈英雄的既定航程。他们乘风破浪，不久之后来到安特莫埃萨。那里有一个长满鲜花的美丽岛屿，看上去很迷人却暗藏杀机，因为海妖塞壬就居住在这里。

前文讲到，塞壬是河神阿刻罗俄斯和缪斯九女神中司悲剧的墨尔波墨

---

① 前文讲过，喀耳刻是太阳神赫利俄斯和珀耳塞所生的孩子，埃厄忒斯的妹妹，帕西菲的姐姐，美狄亚的姑姑（参见本书第295页）。她是希腊神话中著名的女巫，善于用药，经常以此使她的敌人变成怪物。她为篡夺王位将丈夫毒死，后来事情败露被臣民驱逐，父亲赫利俄斯令她在埃亚岛隐居。

涅所生三个女儿的统称。[①] 她们长着美女的头、鸟的身子，从父亲那里继承了暴戾的性格，从母亲那里遗传了迷人的歌喉。每当有船只打此路过，她们就开始展现那具有无限魔力的声音。曼妙的歌声有着不可抗拒的诱惑力，只听得水手们浑身酥软、个个痴迷，最后失魂落魄、难以自持，纷纷下海游向魅力无穷的塞壬，结局无一例外不是淹死在海中就是饿死在海岛。

阿耳戈号来到此地，塞壬女妖照例施展开她们那魅惑无比的磁性声音，马上就有英雄被歌声迷住，打算跳水。大家可曾记得，希腊神话里的第一音乐家俄耳甫斯也在船上，参加了此次远征？在这危急时刻，该他出手了！只见俄耳甫斯拿起父亲阿波罗送的竖琴，拨动琴弦，弹起激扬澎湃的乐曲，唱起铿锵有力的歌曲。[②] 这下塞壬女妖遇到了真正的对手。她们那引人走向死亡的靡靡之音被俄耳甫斯的激昂旋律所遮盖，再也发挥不了它的作用，甚至几乎使这些通常用歌声捕获船员的妖怪情不自禁地随英雄们而去。

16. 墨西拿海峡

经过几天的航行，阿耳戈英雄来到意大利与西西里岛之间狭窄的墨西拿海峡。这是一个比"撞岩"更危险的地方。

墨西拿海峡的北边是卡律布狄斯大漩涡。这个卡律布狄斯是地母该亚与孙子波塞冬生下的女儿。她生性贪婪，因偷吃赫拉克勒斯从革律翁那里赶来的牛群而被宙斯的闪电打入海中，成为大漩涡一般的海怪。每当有航船经过时，她就将船只和船员吞掉。

墨西拿海峡的南边是斯库拉。斯库拉本是西西里岛一位美丽可爱的水

[①] 参见本书第 192 页。

[②] 古希腊九大抒情诗人之一西摩尼得斯的诗作《俄耳甫斯》反映的可能就是俄耳甫斯在阿耳戈船上放声浩歌的情景："那儿禽鸟无尽，翻飞在他头顶；群鱼直跃，出碧水，追随他美妙歌声。"（引自《古希腊抒情诗选》，水建馥译，商务印书馆，2013 年版，第 182 页。）

泽仙女。海神格劳科斯①对她一见钟情，遂展开疯狂追求，女孩以年龄差距太大为由拒绝了他。格劳科斯找朋友喀耳刻帮忙，让她以过来人的亲身感受劝劝斯库拉：只要有感情，年龄不是问题；相反，男人年龄大点更懂得珍惜，会加倍疼爱心上人。喀耳刻一听，格劳科斯说得很是在理。她去撮合他们了吗？没有！她觉得现在这个社会像格劳科斯这么重感情的神不多，好不容易遇上一个，岂能便宜了别人？于是，喀耳刻不但没有去劝斯库拉，反而开始追求格劳科斯。无奈老头子非常专一，心里只有斯库拉一人，断然拒绝了送上门来的这位美女。女巫喀耳刻急眼了。看来斯库拉只要在这世上一天，自己就别想得到格劳科斯。面对情敌，善于下毒的喀耳刻醋意大发。她亮出了拿手绝活——把毒草汁倒进了斯库拉经常沐浴的河水里。斯库拉中毒后，由一个美女变成了一个可怕的怪物——上半身还是美丽少女，下半身却长出六个面目狰狞的狗头，从此隐居于卡律布狄斯大漩涡对岸猎食水手。同时，她还在海里投下暗礁，危害过往船只。

卡律布狄斯大漩涡和斯库拉使所有过往航船腹背受敌、进退两难，阿耳戈号要在它们之间安全通过，比登天还难。②可是，英雄们通过这最危险的地方，反而没费什么力气。为什么呢？当然是因为那位背后大佬——天后赫拉的帮忙。赫拉知道她的这些复仇代理人没有能力通过墨西拿海峡，便说服了海洋女神忒提斯率领她的众多姐妹③将阿耳戈大船整个托起，平稳地渡过了海峡。

17. 美狄亚完婚

阿耳戈英雄经过漫长的航行来到淮阿喀亚人居住的海岛——斯刻里亚

---

① 参见本书第 308 页。
② 英文中的习惯用语"between Scylla and Charybdis"即来自于此。
③ 即涅柔斯与多里斯的五十个女儿。参见本书第 35 页。

岛，受到了国王阿尔喀诺俄斯的热情接待。①英雄们本以为可以在这里好好休整一番，可是就在当天，海岛边又出现了科尔喀斯人的船队。他们是国王埃厄忒斯派出的第二批追兵，在此偶遇阿耳戈英雄。他们要求第二天必须交还美狄亚和金羊毛，否则兵戎相见。

阿尔喀诺俄斯不想让两伙人在自己的国土上开战。他想从中调停，以和平方式解决争端。可一直到晚上，国王也没能想出一个两全其美的办法。一方面，按照宙斯秉持的热情好客原则，既然阿耳戈英雄来到自己的国家，就应给美狄亚提供庇护，不该把她交出去；另一方面，美狄亚为了一个外乡人背叛她的父亲，也是罪不可赦。这可怎么办呢？和妻子上床休息的时候，阿尔喀诺俄斯终于有了主意：如果美狄亚还是个处女，那她就应该跟随科尔喀斯人回到父亲身边；如果她已经和伊阿宋完婚，那她帮助自己的丈夫也无可厚非。想到这里，向来主张夫妻平等的阿尔喀诺俄斯征求妻子阿瑞忒的意见，问她第二天这样裁决是否公平。阿瑞忒举双手赞成丈夫的这一提议。她明白作为女人一旦陷入爱情的漩涡，将是如何无法自拔。所以，她一直在思考着如何帮助美狄亚。

阿尔喀诺俄斯已经睡去。阿瑞忒偷偷来到阿耳戈英雄的休息处，将丈夫的决定告诉了他们。既然如此，那就好办了。英雄们连夜为伊阿宋和美狄亚举行了婚礼。只是，美狄亚心如蜜甜，伊阿宋却勉为其难。

第二天，国王阿尔喀诺俄斯对科尔喀斯人庄严宣布：美狄亚已经是伊阿宋的妻子，婚后妻子必须和丈夫待在一起，恕我不能把她交给你们。

整件事情最聪明的不是王后阿瑞忒，而是国王阿尔喀诺俄斯——他才

---

① 波塞冬的儿子瑙西托俄斯统治着航海者的民族——淮阿喀亚人，原本居住于许珀里亚，与独目巨人族库克罗普斯（他们的故事参见本书第 511 页）做邻居，但这些巨人常常劫掠他们，瑙西托俄斯遂率领他的人民离开故土迁居于斯刻里亚岛。瑙西托俄斯去世后，他的儿子阿尔喀诺俄斯继位，并娶侄女阿瑞忒为妻。

是真正的老奸巨猾。他知道科尔喀斯距离遥远，一辈子也打不着交道，犯不上为了他们得罪近邻希腊，所以头天晚上他想出这样的裁决办法并以商量的名义告诉了妻子，然后装睡，好让妻子去告知阿耳戈英雄，成全此事。这样一来，既达到了目的，又显得秉公行事，没有拉偏架的嫌疑。

科尔喀斯人对阿尔喀诺俄斯的裁决提出了异议。国王威严地告诉他们："事情就这样定了，后面的路你们自己选择吧：第一，掉转船头回到科尔喀斯，我不会阻拦；第二，用武力强夺美狄亚，那我就不能坐视不管；第三，放下武器留在这里，我举双手欢迎。"科尔喀斯人知道事已至此，没有别的选择：回去，国王不会放过他们；开战，人数太少打不过。他们只有投降一条路可走了。

18. 利比亚遇险

事情得到圆满解决，阿耳戈英雄向国王表达谢意，并在斯刻里亚岛休整一天之后继续航行。没过多长时间，他们就已看到伯罗奔尼撒的海岸。故乡就在眼前，英雄们又是一阵欢呼。可惜，他们命中注定回到希腊的日子尚未到来。海上突然刮起一阵旋风，卷着阿耳戈号在茫茫大海上一路向南。九天九夜之后大船被抛到水草密布的沼泽里搁浅了。当英雄们从船上下来的时候，他们绝望了——这里没有任何生机，只有一片死寂。

根据命运的安排，英雄们不会就此死亡。就在他们陷入绝望之时，三位类似中国"土地公"的自然神女出现了，并宣示了如下神谕：这里是利比亚；波塞冬的妻子安菲特里忒从马车上卸下神马时，为了向那位将你们装在肚子里跋涉千山万水的母亲表示酬谢，应该将她抬出泥泞，扛到肩头，跟着神马走出此地。

突然，英雄们看见从海中跑过来一匹雪白的双翼神马。英雄珀琉斯恍然大悟，大声喊道："海后安菲特里忒已经为波塞冬的马车解开缰绳，把我们装在肚子里的母亲就是阿耳戈号。它载着我们历尽艰辛。现在我们需要把它扛在肩上进行酬谢。"于是，英雄们扛起大船，沿着神马的足迹，冒着酷暑，忍着饥渴，在沙地里走了整整十二个日夜，最后终于来到擎天神阿特拉斯的地盘。大家向看守金苹果的赫斯帕里得斯姐妹诉说了事情的经过，并请求她们给些泉水解渴。

阿特拉斯的女儿说："你们来得太巧了。就在前一天，大英雄赫拉克勒斯为完成欧律斯透斯分配的任务，刚刚骗走了三个金苹果。[①] 可能是因为完成这次任务没费什么力气，身为大力士的他觉得不过瘾，就用脚猛踢了三下岩石，石缝中流出了泉水。"接着，她们便指点这些英雄到泉眼处饮水。

赫拉克勒斯虽然早已离开团队，可他在无意中又一次帮助了曾经的伙伴。

阿耳戈英雄在神马的引导下找到一片水域，可这并不能使他们兴奋，因为这根本不是大海，而只是一片湖泊。就在英雄们无计可施之时，海神波塞冬的儿子特里同以一个年轻男子的形象现身了。他为阿耳戈英雄指明了出海的通道。按照特里同的指引，阿耳戈号又一次进入宽阔的海面。

19. 杀死塔罗斯

阿耳戈号顺风顺水，带着英雄一路航行，到了克里特岛。他们打算上岛补充淡水，可是被守卫克里特岛的青铜巨人塔罗斯[②] 挡住了去路。

这位塔罗斯是"青铜时代"的最后一位人类。他历劫不灭，直到"英雄时代"尚在人间。他的特点是全身上下为青铜铸就，刀枪不入，所向无敌。宙斯将他安排在克里特岛给美女欧罗巴当保安，每天绕岛巡逻三次。

[①] 参见本书第 183 页。
[②] 与代达罗斯的外甥塔罗斯同名。参见本书第 273 页。

发现敌人后,远的他就用石头砸;近的他就跳进火里把自己烧红,然后冲上去把人抱住直接将其烫死。但他也有一个致命弱点:这家伙全身上下只有一根血管,从颈部直通膝盖,然后以铜钉堵住。这便是他的命门所在。

塔罗斯威胁阿耳戈英雄,如果胆敢再靠近一点,他就要用巨石砸碎大船。英雄们虽然知道只要拔出铜钉,这位青铜巨人就会血流不止,直至死亡。可问题的关键是,你根本无法靠近他。这时,那个无所不能的美狄亚又站出来了。她念起咒语,并以闪着金光的眼神与塔罗斯对视。不一会儿,巨人困意来袭。他头晕眼花,不由自主地躺在岩石上睡着了。众人赶紧将船划至岛边,上得岸来,小心翼翼地来到塔罗斯身边,一下将他膝盖上的那枚铜钉拔了下来。他顿时血管破裂,灵血就像融化的铅一样喷涌而出。塔罗斯疼得醒了过来,摇晃着站起身,大吼一声,然后轰然倒下,栽入海中。现在,阿耳戈英雄可以放心地补充水源了。

20. 伊阿宋回乡

阿耳戈英雄离开克里特岛,家乡已近在咫尺。英雄们不敢欢呼——他们害怕再次被风暴吹走。可是,就算没有欢呼,风暴依然无法避免。这时,狂风肆虐,大雾笼罩,漆黑的夜里根本辨不清航向。伊阿宋举起双手,向光明之神阿波罗祈求帮助。阿波罗从天而降,立于巨石之上,拉开银弓,向空中射出一支支金箭,耀眼的光芒照亮了四周,引领着阿耳戈英雄将船停靠在阿那斐岛,躲避风暴。天亮之后,风暴停息。他们筑起祭坛,感谢阿波罗的救命之恩。

此时,海上刮起了顺风。阿耳戈号在蔚蓝的大海上平稳地航行,再未遇到任何凶险。英雄们终于回到了日思夜盼的伊俄尔科斯城。

伊俄尔科斯全城欢欣鼓舞,庆祝英雄们远航归来,热情赞颂他们所成就的不世伟业。众英雄向奥林匹斯诸神祇敬献大量祭品之后,各自回到自己的城邦。夺取金羊毛的团队就此解散。

（六）伊阿宋复仇

珀利阿斯万万没有想到，伊阿宋能成功取得金羊毛。按之前的约定，他应该将王位归还。但他舍不得这样做，遂以各种理由拖延，并苦苦思索除掉埃宋父子的办法。这下可惹恼了初获成功、自命不凡的伊阿宋。他决定对不守诺言的珀利阿斯实施报复。怎么报复呢？还得靠老婆！美狄亚对心爱的丈夫言听计从，愿意帮他实现心愿。

不久，美狄亚想出了复仇的办法。

年迈的埃宋得知儿媳是个神通广大的巫师，便让儿子请她为自己恢复青春。丈夫相求，美狄亚在所不辞。

半夜里，美狄亚身穿黑色衣衫，披头散发，走出家门，跪倒在地。她念动咒语，祈求赫卡忒女神的帮助。赫卡忒听见她的祈祷，送来一辆有翼飞龙拉着的神车。接下来的九天九夜，美狄亚乘坐这辆豪华专车不辞辛苦地走遍高山丛林、河边海滨，采集各种神奇草药。之后，她为巫术女神赫卡忒和青春女神赫柏分别设下两座祭坛，并献上丰盛的祭品。

女巫美狄亚用一口铜锅精心熬制采来的草药。熬好之后，她拿一根百年古树的枯枝，搅动锅内的汤药。神奇的事情发生了：枯枝发出新芽，长出嫩叶，结出饱满的果实；有几滴汤药滴落在地上，大地便长出了鲜花和青草。实验成功！美狄亚念动咒语、施展巫术将埃宋催眠，然后用剑切开他的喉咙，把老化的血液放尽，再将药汁从切口处灌进血管。奇迹又出现了：老人的白发开始变黑，皱纹渐渐消失，脸上重现红润。埃宋醒来后发现自己真的又恢复了青春活力，变得朝气蓬勃。

美狄亚策划的残酷复仇计划已成功迈出第一步。接下来，她假装和伊阿宋吵架、闹分手，然后跑到宫中向珀利阿斯的女儿们倾诉苦楚。一来二去，她们之间便结下深厚的友谊，成了无话不谈的好朋友。熟悉之后，女孩们时常会有意无意地打听美狄亚用魔法帮埃宋返老还童的事情，并隐约表现出也想让父亲珀利阿斯恢复青春的想法,但好像又对此事心存疑虑。

狡猾的美狄亚含糊其辞,没有直接回答她们的问题。

有一天,美狄亚独自一人在院子里放了一口大锅。锅下火焰正旺,里面的水烧得滚开。这时,珀利阿斯的四个女儿正好经过。她们询问美狄亚要干什么。女巫闭口不言。只见她牵来一只老态龙钟的山羊,然后一刀把它杀死,切成碎块儿,放进锅里,接着倒进去一些神奇药水。再看美狄亚,她已闭上双目,嘴里不停地念着口诀。突然,她猛地掀开锅盖。奇迹发生了:锅里竟跳出一只活蹦乱跳的小羊羔!珀利阿斯的女儿们被眼前的一幕惊呆了。她们对美狄亚的法力赞叹不已,彻底信服。美狄亚不失时机地说道:"你们的父亲位高权重、金银无数,我可以让他重返青春,使你们的家族永享荣华富贵。"此时,天真的女孩对美狄亚的魔法已经深信不疑,让父亲返老还童又是她们一直以来的梦想,所以极力请求这位女巫师帮助她们达成心愿。

珀利阿斯的女儿已经中计。美狄亚将这个好消息告诉了丈夫伊阿宋。伊阿宋为自己离掌握最高权力又近了一步而欣喜不已。痴情的美狄亚看到丈夫喜笑颜开,也感到无比欣慰。为了心爱的丈夫,她可以做任何事情,无论这件事情多么残暴。

美狄亚一本正经地熬制好毫无神奇功效的一般草药,并施展巫术将珀利阿斯催眠。公主们已进入父亲的卧室。女巫吩咐她们切开珀利阿斯的喉咙,但这时几个女孩都胆怯了——她们实在不敢下手。美狄亚高声命令道:"快拔出利剑,砍向你们的父亲!此事不可耽搁,要不然草药就会丧失神奇功效,到那时你们再后悔就晚了!"

珀利阿斯的女儿们一听此言,赶紧扭过头去,纷纷挥剑朝父亲砍去。受了重伤的珀利阿斯醒来了。他呻吟道:"孩子们,为什么你们对自己的父亲下这样的毒手?"

女孩们一个个吓得脸色煞白、六神无主。见此情景，美狄亚迈步来到珀利阿斯床边，一刀刺进他的喉咙将其杀死，接着把他剁成碎块，扔进了院子中那口沸腾的大锅里。珀利阿斯的女儿们眼巴巴地等着父亲返老还童从锅里走出，可她们等来的只是一锅热气腾腾的人肉汤。就在这时，赫卡忒借给美狄亚的那辆有翼飞龙快车来到珀利阿斯的寝宫，对杀人分尸习以为常的美狄亚从容地跳上车子飞走了，只留下那几个早已失魂落魄的公主待在那里一动不动。珀利阿斯不得好死的宿命变成了现实。

珀利阿斯因为在赫拉的神庙里杀死西得洛得罪了天后，之后发生的一切都是赫拉为实现对他的惩罚设下的一个棋局，伊阿宋就是她的棋子。现在她的目的实现了，棋子也就丧失了它应有的价值。功利至上的赫拉头也不回地抛弃了伊阿宋，无论他接下来混得有多惨，赫拉再也不会去管他。

（七）伊阿宋负心

整件事情，从头至尾，美狄亚所做的一切都是为了伊阿宋一个人。可到头来，她得到的唯一回报却是他的负心。

珀利阿斯虽然死了，但伊阿宋仍未能获得伊俄尔科斯的统治权。珀利阿斯的儿子阿卡斯托斯纠集起本家族的支持者，轻而易举地得到了王位。随后，他向广大居民揭露了伊阿宋伙同妻子美狄亚用阴谋诡计谋害老国王的卑劣行径，并遵照群众的意愿将他两口子驱逐出境。

落难的伊阿宋和美狄亚在科林斯国王克瑞翁[①]那里找到了栖身之所，并生下两个儿子。他们虽然流亡在外，可生活还算安定，一家四口也比较幸福。美狄亚觉得只要能和心爱的丈夫在一起，不管他是不是国王都非常知足。然而，在伊阿宋的心里，美狄亚从来没那么重要，有的只是利用价

[①] 这里的克瑞翁是西绪福斯的小儿子，与忒拜国王克瑞翁同名。参见本书第 151 页。

值，对她的爱情从一开始就谈不上。现在，随着岁月的流逝，伊阿宋骨子里卑鄙的一面更是显露无遗。他不甘心久居人下，对权力的渴望超过了一切。他想着：国王克瑞翁没有儿子，只有个女儿格劳刻，我如果能做上驸马，以后科林斯的王位就是我的。于是，他展开了对公主的追求。克瑞翁是西绪福斯的儿子，人品肯定也不怎么样。他对与自己臭味相投的伊阿宋早就有仰慕之心，所以两人一拍即合，国王决定把女儿嫁给他。

一般来说，丈夫出轨，妻子总是最后得到消息的那个人。直到伊阿宋与格劳刻筹备婚礼之时，美狄亚才得知此事。这个消息对痴情的美狄亚来说无异于五雷轰顶。她实在想不出丈夫背叛她的任何一个理由。

美狄亚，太阳神赫利俄斯的孙女、科尔喀斯国王埃厄忒斯的女儿、巫术女神赫卡忒的祭司、神通广大的女巫，竟然被人蒙骗、欺负、侮辱到这种程度！她岂肯忍气吞声、善罢甘休？

狂怒的美狄亚坐立不安，痛苦地诅咒着一切仇敌：伊阿宋，克瑞翁，格劳刻……就在这时，国王克瑞翁来了。他要求美狄亚带着两个儿子立即离开科林斯。

"我也不必隐瞒流放你的理由。我知道一个懂妖术的女人在被丈夫抛弃之后是多么可怕，因此我得在我受害之前采取相应的预防措施，否则可能会后悔莫及。"克瑞翁说。

听了这话，美狄亚故作可怜，假意说道："令人尊敬的国王，我不得不说，名声这东西没有给我带来任何好处，带来的反而是巨大的危害。其实您完全没有必要担心我会伤害您，因为您根本就没有得罪我。您按照自己的心愿嫁女儿，又有什么错呢？我心里恨的只有我的丈夫。克瑞翁，您作为一国之主，当然有驱逐我的权力。但看在我的孩子尚且年幼的分上，请容许我在科林斯再多住一天，好让我考虑一个比较周全的流亡计划，让孩子们少遭受些苦难。我请求您发发慈悲，可怜可怜我们这无依无靠的母子吧！"当然，这套说辞对美狄亚来说只是为了赢得复仇的时间。

面对声泪俱下的美女，克瑞翁心软了。不过他提醒美狄亚，第二天如果在科林斯的地盘上再看到她和她的儿子，就地处决。美狄亚满口答应，但她心里知道，真正面临死亡的不是她，而是克瑞翁本人。

克瑞翁走了，伊阿宋来了。

一见丈夫，美狄亚的五脏六腑简直要气炸了。她恶狠狠地说道："伊阿宋，我从一开始就死心塌地爱着你。为了你，我背叛父亲、杀死弟弟、残害珀利阿斯，和你一起流亡并生下两个可爱的孩子，最后得到的却是这样的结局。我想，在这个世界上，再也没有比你更坏的男人了。对于你，我只能用'无耻'两个字来形容。"

知道这件事情终究会暴露的伊阿宋早有准备。他假惺惺地对美狄亚说："我的妻子，首先我承认之前你确实给了我很多帮助，但同时你也过分夸大了对我的恩情。其实，你心里也明白，促使你屡次救我的是那丘比特射出的百发百中的神箭。再说了，在整个过程中，你已经得到了加倍的报偿：你脱离了野蛮的家乡，来到了文明的希腊；你得到了好的名声，你的故事在整个希腊流传。有了这些，还嫌不够吗？当然，也许你觉得这些并不重要。实际上，这也不是我要表达的重点。现在我想说的是，我答应过爱你一辈子，我不会违背曾经发下的誓言。我不是不爱你了，相反我是更爱你了。我现在所做的一切都是为了你和我们的儿子。你想想，我们现在流亡在外，身处异乡，一家人将来依靠谁？我之所以再婚，不是因为我真正爱上了公主，而是因为除了娶国王的女儿之外，我实在找不到别的办法让我们的生活更体面。日后，如果我能和公主再生下几个儿子，那么他们和我们的孩子便是同父异母兄弟，将来不管是我们俩还是儿子都能在他们那里找到依靠。靠将来的孩子帮助现在的孩子，把他们提到同样高的社会等级，我难道算计错了吗？女人的想法总是婚姻幸福美满就万事大吉了。我告诉你，你把生活想得过于简单了。"

听了这番表白和辩解，美狄亚气得牙根痒痒。但她面无表情地说道："你把抛妻弃子、另寻新欢、自己去过王族的生活、让老婆孩子孤苦伶仃流亡在外竟然说得如此冠冕堂皇，让我不得不对你的口才刮目相看。一个坏人，偏偏又生得巧舌如簧，凭借能言善辩把他做的坏事巧妙地掩盖起来。我想这样的人配得上最重的惩罚。"

"在科林斯的国土上，拥有至上权力的克瑞翁本想将你杀害。是我流着眼泪苦苦哀求，才改为流放的惩罚。这是我为你争取到的最为宽大的处理。我也希望你能继续住在这里。但是自从知道我和公主的婚事之后，你就出言不逊，辱骂国王，那只能说是你咎由自取，怪不得别人。"伊阿宋继续狡辩道。

美狄亚接着说道："说到这里，还有一个问题。说出来只能表明你更加可耻：我们母子被科林斯流放后，能去哪里？到我父亲那里去吗？我已经为了你背叛了他、背叛了我的祖国。回伊俄尔科斯城吗？我已经为了你残忍地杀死了那里的国王，我能回得去吗？希腊的女人都以为你会给我幸福的依靠，因为为了你我什么都肯做。可现在呢？我无依无靠、无处容身。"其实，这并不是气话，而是美狄亚的心里话，也正是她需要考虑的一个大问题。

美狄亚的这番话把伊阿宋逼到了墙角。他只能说："我不想再和你争辩下去了！如果你需要钱财或别的东西，尽管说出来，我会慷慨解囊，竭力帮助你和孩子们。如果你拒绝这个，那就太傻了。"

直到这时，美狄亚终于彻底意识到爱情应该是相互的、平等的，正是因为她的一味痴情才落到这样悲惨的境地。尽管美狄亚以前如此地爱着伊阿宋，可现在她的心里除了恨，空无一物。

最后，美狄亚从牙缝里挤出一句话："滚！去迎娶你的新娘吧！我想你很快就会后悔有这次婚姻的。"

伊阿宋悻悻地走了，留在那里的美狄亚似乎已变成一块没有任何知觉的石头。她不吃不喝，沉浸在无尽的悲痛之中。此刻，她已下定决心，要实施报复，而且是残忍无情的报复。

（八）美狄亚杀子

就在美狄亚筹划复仇和之后的落脚之地时，雅典的统治者埃勾斯来了。前文提到，这哥们儿一直没孩子，跑去德尔斐求取神谕。他路过科林斯，见到了处于感情脆弱期的美狄亚。

美狄亚正愁着复仇之后无处可去，就立即打上了他的主意。她向埃勾斯诉说了自己的不幸遭遇，并请求为她这个被丈夫所抛弃的流亡者提供栖身之所。埃勾斯答应了，但为避免引起外交纠纷，美狄亚必须自己一人前往雅典。[1]

后顾之忧已解决，美狄亚再没什么担心的了。她终于可以实施残忍的报复计划了。

美狄亚打发女仆把伊阿宋找来。面对丈夫，她假装顺从，恳求道："我的爱人，既然之前我们那么恩爱，请你原谅我那暴躁的脾气吧！我一听说你要迎娶别的女人，确实失去了理智，等静下心来，我终于理解了你的良苦用心。与王室联姻确实是让我们的孩子过得更好的唯一办法。求你千万不要和我一般见识！为了孩子，为了你，我心甘情愿离开科林斯。不过，还有一事相求，请你去说服你的岳父克瑞翁，让他把我们的儿子留在这里吧！我希望你亲手把他们养育成人，而不是跟着我去四处流浪。"

伊阿宋听了美狄亚的话，顿觉释然，说道："因为丈夫另娶妻室，女

---

[1] 参见本书第268页。

人一开始接受不了也是很自然的事。既然现在已经想通了,我当然会原谅你。至于你说的让孩子留在科林斯,我答应你去请求一下我的岳父。不过我不知道能不能说服他,我也只能尽力而为了。"说完这话,伊阿宋迈步出门去了王宫。

接着,美狄亚叫来两个儿子,让他们给未来的继母格劳刻送去一件精美绝伦的婚礼服(那是她的祖父、第二代太阳神赫利俄斯传下来的宝物),以博得她的好感和欢心,将他们收留在伊阿宋即将组成的新家庭里。

公主格劳刻从没见过这么漂亮的礼服,忍不住试穿起来。她哪里知道,美狄亚早已在这件衣服上涂了一层毒液!这是死亡的赠礼!新衣服刚穿到身上,毒药就渗入了她的肌肤,开始灼烧她的身体。格劳刻痛苦地嘶喊着,惊动了她的父亲克瑞翁和未婚夫伊阿宋。他们立即赶来相救。克瑞翁救女心切,跨步上前想为女儿脱下有毒的衣衫,结果将一块块皮肉连同礼服一起撕了下来。不仅如此,毒液又粘在了克瑞翁的身上。最后,父女俩在痛苦的折磨中相继死去。整个过程,伊阿宋看在眼里,但他没敢上前。他突然意识到,这肯定是美狄亚下的毒手。他心里产生了一种莫名的恐惧,遂快步向家中跑去。

美狄亚听说克瑞翁和格劳刻已经丧命,不由得心中暗暗高兴,但是他们的死并不能平息女巫心中的怒火。就在伊阿宋迈步闯进家门时,他听到了儿子那凄惨的哭喊声和呻吟声——亲生母亲已经将他们杀了。

面对此情此景,伊阿宋惊骇不已。这时,有翼飞龙拉着的那辆快车出现在空中。美狄亚连孩子的尸体也不给伊阿宋留下,抱着死去的儿子踏上车子飞走了。

至于伊阿宋本人,美狄亚不想亲手杀死他,因为她给他留下了更为残酷的惩罚——"让他活下去!让他成为一个流亡者,生活贫困,飘零异邦,满心惶惧，遭人厌弃，无固定家神"①。

美狄亚离开科林斯来到雅典，接下来就是前面在讲"忒修斯世家"时谈到的故事了——她嫁给国王埃勾斯，并为其生下儿子墨多斯。埃勾斯对于自己有一个名叫忒修斯的英雄儿子毫不知情。当忒修斯来雅典寻父时，美狄亚担心英雄会对她们母子不利，便想方设法害死他。最后，阴谋败露，父子相认，美狄亚被逐出雅典。②

美狄亚带着儿子墨多斯几经辗转，最终又回到了故乡科尔喀斯。当时，科尔喀斯正处于激烈的政治斗争之中，埃厄忒斯的王位已被弟弟珀耳塞斯篡夺。美狄亚用魔法干掉叔叔，帮助父亲重新夺回王权，从而博得了父亲的谅解。她终于可以在自己的祖国安度余生了。

再看伊阿宋。他知道在科林斯肯定是待不下去了，所以偷偷逃了出来。之后，他一直四处流浪，找不到栖身之地。有一天，伊阿宋路经伊斯特摩斯，来到已被献祭给海神波塞冬的阿耳戈大船旁边。他站在那里，想起当年的辉煌，久久不愿离去。之后，疲惫不堪的他躺在船尾下的阴凉处不知不觉睡着了。结果，早已朽烂的船板塌了下来，砸死了这位昔日的英雄。

二、卡吕冬狩猎

相对英雄们的另外三次集体行动而言，卡吕冬狩猎的情节比较简单、时间比较短暂，说白了，其实这就是一次"杀猪大会"。

---

① 【古罗马】塞内加：《美狄亚》，王焕生译，引自《古罗马戏剧选》，人民文学出版社，1991年版，第477页。

② 参见本书第269页。

（一）"杀猪大会"与墨勒阿革洛斯之死

第一编曾讲过第二代月神塞勒涅与凡人恩底弥翁之间那段缠绵悱恻的爱情故事：最后痴情女以主动辞职为代价让宙斯把情郎变成"睡美男"，并为他生下了 50 个女儿。① 其实，恩底弥翁被塞勒涅霸占之时已经不是年轻的小伙子了，因为在这之前他已和妻子生下儿子派翁、厄珀俄斯和埃托洛斯。成年之后，厄珀俄斯继承父亲的王位，成为厄利斯城邦的国王。埃托洛斯则离开故乡，建立了属于自己的城邦——埃托利亚。埃托洛斯去世后，他的儿子厄普琉戎继位，另一个儿子卡吕冬则像父亲年轻时那样离开家乡到外面闯荡，后来也建立了以他的名字命名的城邦。

厄普琉戎生子阿革诺耳②，卡吕冬生女厄庇卡斯忒。这对叔伯兄妹结为夫妻，生下一儿一女——波耳塔翁和得摩尼刻。波耳塔翁有六个孩子，但我们只需要知道一个俄纽斯就够了。得摩尼刻先和阿瑞斯生下儿子欧厄诺斯，欧厄诺斯有一女就是"阿波罗恋爱史"中讲到的玛耳珀萨。③ 后来，得摩尼刻又被色狼波塞冬霸占，生下一个叫忒斯提俄斯的儿子。这孩子本身倒没什么可说的，但他的女儿了不得：一个是著名的勒达，也就是特洛伊战争中美女海伦的母亲；还有一个就是今天要谈到的阿尔泰亚——她的丈夫是波耳塔翁的六个孩子之一——俄纽斯。

俄纽斯继承了卡吕冬城邦的王位，和妻子阿尔泰亚过着幸福美满的生活。不久他们的儿子降生了，取名墨勒阿革洛斯。孩子出生时，命运女神向夫妇俩做出这样的预言：炉中的木柴正在不停地燃烧，烧完的那一刻即是墨勒阿革洛斯生命结束之时。做父母的他们一听这话，惊恐不已。母亲

---

① 参见本书第 51 页。
② 与欧罗巴的父亲阿革诺耳同名。参见本书第 208 页。
③ 参见本书第 63 页。

阿尔泰亚急中生智，赶紧从炉灶中把木柴取出，用水将火焰浇灭，亲手把它藏了起来。墨勒阿革洛斯长大成人后参加了阿耳戈英雄的远征。他作战非常勇敢，但因为他母亲的举动，没有人能够伤害他的性命。

每年谷物成熟时，卡吕冬的国王都要对诸神进行献祭，感谢神祇们赐予他的臣民以丰收和喜悦。但这一次老国王却忙中出错，竟然忘了给月亮女神阿尔忒弥斯奉上祭品。女神可是出了名的小心眼，睚眦必报正是她的典型性格。俄纽斯也是倒霉催的：忘了谁不行，偏偏忘的是她！女神很生气，后果很严重。她派了一只巨大无比的野猪前来破坏卡吕冬城邦的庄稼，目的是让那里的居民来年颗粒无收，其他的神也别想得到任何祭品。野猪还捣毁百姓的房屋，伤害他们的生命，弄得整个城邦鸡飞狗跳、一片狼藉、民不聊生。猎人们也曾多次对它展开围捕，结果不但没有成功，反而葬送了几条性命。

正在国王俄纽斯愁眉不展、无计可施之时，他的儿子墨勒阿革洛斯完成阿耳戈远征，胜利归来了。

了解了家乡的具体情况后，墨勒阿革洛斯毫不迟疑，便学习伊阿宋向全希腊广撒英雄帖，号召刚刚回家的众英雄再次聚集起来，展开一次集体围猎行动，并承诺事成之后野猪归杀死它的勇士所有，那将是一种莫大的荣耀。接到消息的各路英雄豪杰纷纷响应，又从四面八方向卡吕冬赶来。参加阿耳戈远征的主要英雄除了赫拉克勒斯之外，伊阿宋、忒修斯、阿德墨托斯、伊达斯和林叩斯兄弟、波吕丢刻斯和卡斯托尔兄弟、珀琉斯和忒拉蒙兄弟等都一一到位。除了这些，还有墨勒阿革洛斯的两个舅舅——埃托利亚王子普勒克西波斯和图斯克俄斯。当然，所有人中最为引人注目的要数一位特殊的女英雄——阿塔兰忒。

阿塔兰忒是阿耳卡狄亚国王伊阿索斯的女儿。当年，伊阿索斯一直盼望着能生个儿子将来继承王位，当他发现又是一个女孩的时候失望至极，遂将她抛弃在荒郊野外。不久后，有个猎人发现了女孩——当时一只母熊正在给她喂奶。他非常喜欢这个不同寻常的孩子，就把她带回了家，取名阿塔兰忒，并传授给她打猎的本领。整天在荒野中生活的阿塔兰忒天赋异禀，很快就成长为一名出色的猎手。听说各路英雄齐聚卡吕冬，要围猎一头野猪，女英雄如期而至。

狩猎之前，英雄们召开了一次集体会议。此次行动的各项事宜很快达成一致，唯独在一件事情上有人提出了反对意见：捕杀凶猛的野猪是男人的事业，作为女人的阿塔兰忒跟着掺和什么！但行动的组织者墨勒阿革洛斯却不这么认为。他解释道："阿塔兰忒虽是女流之辈，而且还是位公主，但她可不是待在深宫里的娇小姐。此前，声势浩大的阿耳戈远征招募英雄时，阿塔兰忒就想参加，可大家觉得五十个精壮汉子和一个女人在同一条船上，很是不便，就拒绝了她。当时我也没说什么。可这次不同了。我们的任务是到森林里围捕猎物，而阿塔兰忒是一位相当不错的猎手，并且她那善于奔跑的技能令很多男人都自愧不如，所以我们应该把她带上。"

墨勒阿革洛斯这番话说得言之凿凿、义正词严，大家再也不好反驳了。实际上，英雄们哪里知道，墨勒阿革洛斯力挺阿塔兰忒另有原因：女英雄不但身姿矫健、体态健美，而且容颜美丽、身材标准，堪称野性与妩媚的完美结合。她早已令墨勒阿革洛斯神魂颠倒。他虽已有妻室，但心里不由得想趁机博得女英雄的欢心，希望有一天能够娶她为妻。

装备齐全后，众英雄组成的狩猎队伍开始向卡吕冬森林进发。那头巨大的野猪很快便嗅到人类的气息，从藏身之处横冲出来，直接朝人群撞了过去。英雄们一边躲闪野猪的攻击，一边向它射出利箭、投掷长矛。但凶狠无比的野猪速度飞快，人们不但没有打中它，反而有几位英雄被它杀死。珀琉斯瞅准机会，使出全身力气把手中的长枪向野猪投去。无奈野猪动作非常灵活，它一下躲了过去，长枪直接刺中了岳父欧律提翁[①]，使他枉送了性命。英雄们一个个毫不退缩、勇往直前、穷追不舍，一直在树林里追了它五天。他们使用"疲劳战术"加"车轮战术"，让野猪不停地奔跑。到了第六天，野猪已是直喘粗气、动作迟缓、疲惫不堪。善于奔跑的阿塔兰忒身先士卒，将野猪逼到了海边，并向它射出致命一箭。然而，凶残的野猪并没有坐以待毙，而是使出最后的力气转身向女英雄直扑过来。就在这千钧一发之际，墨勒阿革洛斯及时赶到。英雄救美，奋力一矛将它刺死。

猎手们陆续赶到，一起动手将猪头砍下作为此次集体行动的战利品。按照事先约定，野猪头理所当然归最后杀死它的那位勇士——墨勒阿革洛斯。但出乎大家意料的是，这位英雄拿到奖品之后随即把它送给了阿塔兰忒。

这时，女神出场了。阿尔忒弥斯看到自己派去祸害卡吕冬的野猪竟然被这群胆大妄为之徒给杀了，小心眼的她岂肯善罢甘休！正在冥思苦想怎么惩罚凶手之际，墨勒阿革洛斯的行为触发了女神的灵感。作为处女神，她最讨厌的就是男男女女在那里玩暧昧。当她知道墨勒阿革洛斯喜欢阿塔兰忒后，她决定利用这一点来制造事端。

参加这次集体行动的埃托利亚王子，也就是墨勒阿革洛斯的两个舅舅对外甥的做法非常不满。他们想：即使你不要这战利品，按照亲疏远近也应该把它送给我们啊！怎么能给一个外人呢！于是，在回家的路上，他们对墨勒阿革洛斯又是责备又是嘲笑，说他心里只有这个皮肤黝黑的女人而完全不把长辈放在眼里。他们说着就要从阿塔兰忒手里将猪头抢走。墨勒阿革洛斯这下可恼了，觉得自己在心上人面前丢了面子。一气之下，他把这两个舅舅给杀了。

英雄们还没到达卡吕冬，阿尔泰亚就已经接到消息，知道她的儿子

[①] 与革律翁的牧人欧律提翁同名。参见本书第181页。与人马族中的欧律提翁同名。参见本书第279页。

为了讨一个女人的欢心把亲舅舅给杀了。这使她悲痛不已。她发誓要为死去的兄弟报仇雪恨。冲动之下，她将保存多年的木柴扔进了燃烧的炉火之中。

此时，正走在回家路上的墨勒阿革洛斯突然觉得心如火焚，痛苦地倒在了地上。就在那块木柴烧成灰烬的时候，他的生命也走到了终点。墨勒阿革洛斯出生之时的预言就这样变成了现实。当儿子的尸体摆在母亲面前时，她对自己的行为感到无比悔恨，遂和儿媳克勒俄帕特拉①一起自杀而亡。

看到这一切，女神阿尔忒弥斯露出了满意的笑容。

（二）阿塔兰忒和希波墨涅斯

下面再来讲讲那位女英雄阿塔兰忒。

前文只是提到墨勒阿革洛斯暗恋阿塔兰忒。那么，女孩对他有没有感觉呢？完全没有。成年之后的阿塔兰忒曾为自己未来的婚事请求过神谕。神告诉她："可怜的姑娘啊，你不是克夫命，而是被夫克的命。也就是说你只要结婚，丈夫就会给你带来不幸。可命运之神又不允许你永远过单身的生活，你必须出嫁，但婚后你会过得生不如死。"听了这个神谕，阿塔兰忒感到无比害怕。她极力逃避婚姻，不让自己喜欢上任何一个男人，宁愿当剩女也不想谈情说爱。

卡吕冬狩猎结束之后，阿塔兰忒并没有回到野外继续打猎，而是拿着战利品直接来到了阿耳卡狄亚的宫廷之中，以向父亲证明自己并不比男人差。伊阿索斯很是羞愧。他为之前的过错向女儿赔礼道歉，并许诺将她定

---

① 克勒俄帕特拉是前文讲到的伊达斯和玛耳珀萨的女儿。参见本书第64页。与玻瑞阿斯和俄瑞堤伊亚的女儿同名。参见本书第261页。

为王位继承人。

这次狩猎行动给阿塔兰忒带来了无上的荣誉,使她名满天下、芳名远播。慕名前来的求婚者实在太多,简直踏破了门槛。女英雄一概拒绝,并向大家说了之前的神谕。可令人无奈的是,没有人相信她,都觉得那只是她的托词而已。追求者仍然络绎不绝。时间一长,阿塔兰忒也懒得解释了。她干脆一不做二不休,让这些求婚者去死,省得他们让自己心烦意乱。于是,善跑的女英雄提出一个条件:"想娶我可以,但我可不嫁无能之辈。咱们先来一场赛跑,如果有人赢了我,我就跟他结婚;但要是你输了,就得付出生命的代价。"

阿塔兰忒哪里知道,她的魅力实在是太大了。这样的条件仍无法阻挡英雄追求美女的脚步。虽然很多人被她的长矛刺死,但求婚的人依然前仆后继。

阿塔兰忒这一举动招来了爱欲之神维纳斯的强烈不满。她最讨厌的就是那些自命清高、保持独身、守身如玉的女人了,认为她们没有履行作为女人的职责。所以,女神决定用些手段,让阿塔兰忒爱上一个男人。

又到了阿塔兰忒和求婚者比赛的时候了。这一次,玻俄提亚的英俊少年希波墨涅斯抱着看热闹的心态也坐在了观众席上。他要看看那些前来求婚的人是多么愚蠢,竟然为了一个女人不惜牺牲性命。可当阿塔兰忒出现在希波墨涅斯面前的时候,爱神丘比特已将金箭射入他的心中。英俊少年立即被姑娘的"美貌和赤裸的身体"[①]征服了,无可救药地爱上了她。女神维纳斯马不停蹄,飞速赶往世界的尽头,在赫斯帕里得斯姐妹看管的圣园里摘下三个金苹果,然后又隐身来到希波墨涅斯身旁,把苹果交给他,并轻声告诉小伙子如此这般……

---

① 【古罗马】奥维德:《变形记》,杨周翰译,上海人民出版社,2016 年版,第 281 页。

比赛开始了，自信满满、稳操胜券的阿塔兰忒让那些前来求婚的人先跑一程，然后她就像离弦之箭飞奔过去，不一会儿便将其赶超，轻轻松松到达终点。希波涅墨斯看到奔跑的阿塔兰忒更显飒爽英姿，更具青春魅力，忍不住走上前去，表示愿意和她比个高低。

就在阿塔兰忒看到眼前这位风流倜傥的小伙子之际，那个总爱背后发坏的丘比特一箭射到了姑娘的心里，使她也燃起了一股强烈的爱情火焰。阿塔兰忒含情脉脉地看着希波涅墨斯，说道："你这么年轻帅气，哪个姑娘都愿意嫁给你。还是不要和我比赛了！你赢不了我，我不愿看到那可怕的结局。"但希波墨涅斯心中的爱情之火烧得比她还旺，坚持要和阿塔兰忒比赛，心中默念："神圣的维纳斯女神，请您一定要帮我娶到心上人！"

在众目睽睽之下，阿塔兰忒没有退路。比赛在一片呐喊助威声中开始了。希波墨涅斯的身手也十分了得。他一马当先，拼尽全力，如风一般向前一路狂奔。周围的观众忍不住报以热烈的掌声。虽然如此，他和阿塔兰忒还是没法比。他回头一看，姑娘已经追了上来。其实，女英雄早就可以超过他，可是帅哥回头的样子太迷人了。她为了多看两眼实在不忍超过小伙子。但问题的关键是再不超过去，作弊嫌疑就太明显了，会让观众看出来的。无可奈何的阿塔兰忒只能加快脚步，超过了希波墨涅斯。

这时，希波墨涅斯听从维纳斯的嘱托，急忙从口袋里掏出一只金苹果，往女英雄眼前扔了过去。这黄金苹果太诱人了。阿塔兰忒一看见它，女人的好奇心战胜了一切。她连忙来了个急刹车，停下脚步弯下身子，将它从地上捡了起来。年轻英俊的小伙子趁机超了过去。当阿塔兰忒再次赶上希波墨涅斯的时候，他又把第二只苹果扔在了跑道上。阿塔兰忒还是没有抵制住诱惑。他如法炮制，把最后一只金苹果也扔了出去。阿塔兰忒犹豫了一会儿，忍不住又弯腰把它拾了起来。

程咬金的三板斧用完了，希波墨涅斯没了办法。眼看就要到达终点了，但他已是精疲力竭、气喘吁吁。尽管阿塔兰忒捡了三个苹果，耽误了时间，但还是超过了他。绝望的希波墨涅斯都快要哭了，心想心思单纯的自己会不会是被女神给耍了。但这时的他已没了别的办法，只有大声向维纳斯女神祷告，希望她帮人帮到底。女神便运用神力使苹果的重量增加，这样阿塔兰忒就跑不快了。希波墨涅斯顺利到达终点，赢得了比赛。

输掉比赛的阿塔兰忒心甘情愿地嫁给了希波墨涅斯。两人婚后甜甜蜜蜜、如胶似漆，成为一对人见人羡的恩爱夫妻、神仙眷侣。后来，他们生了儿子帕耳忒诺派俄斯[①]。

但接下来，悲剧上演了。

希波墨涅斯忘了自己怎么赢得的比赛和凭什么抱得美人归。女神帮了你这么大的忙，怎么也得隆重的祭祀一番吧？但沉浸在幸福之中的希波墨涅斯满脑子只知道老婆孩子热炕头，竟然对维纳斯女神连一声道谢都没有。小心眼的阿尔忒弥斯生起气来后果很严重，美女维纳斯也不是好惹的。她决定借刀杀人。

有一天，希波墨涅斯和妻子阿塔兰忒经过一片树林，来到一座供奉天地万物之母库柏勒[②]的庙宇之中歇脚。维纳斯施展法力，催起了希波墨涅斯的情欲，让他忍不住在神庙里和阿塔兰忒肆无忌惮地行起了夫妻之事。这显然是对神灵莫大的亵渎。气坏了的库柏勒将夫妻二人变成一对狮子，并命令他们终生替她拉车。

为什么偏要变成狮子而不是别的动物呢？希腊人认为狮子之间没法交配，只能和豹子交配。这就可以使他们两口子即使有了欲望也无法合体。负责给库柏勒拉车的野兽本来就有一只雌豹，阿塔兰忒只能眼睁睁地看着

[①] 长大成人后，帕耳忒诺派俄斯作为七雄之一参加了攻打忒拜城的集体行动。
[②] 参见本书第 102 页。

希波墨涅斯和豹子交配。就这样，女英雄婚后生不如死的神谕应验了。

三、七雄攻忒拜

英雄们的四次集体行动之一——七雄攻忒拜是卡德摩斯世家的后续故事。

前文讲到，在命运的安排下，俄狄浦斯杀父娶母，被驱逐出忒拜城，并死于雅典。他那两个忘恩负义的儿子波吕尼刻斯、厄忒俄克勒斯和舅舅克瑞翁分享了城邦的统治权。后来，兄弟俩祸起萧墙，厄忒俄克勒斯把哥哥逐出了有七座城门的忒拜。接下来，波吕尼刻斯就要借兵攻打忒拜城了。"七雄攻忒拜"的故事由此展开。

（一）波吕尼刻斯借兵

被逐出忒拜的波吕尼刻斯背井离乡，远走阿尔戈斯。当时统治阿尔戈斯的是阿德拉斯托斯。这里很有必要先对这位国王做一番介绍。

在讲"克瑞乌萨与阿波罗"的故事时，我曾经提到丢卡利翁的儿子赫楞与宁芙仙女生有三个孩子——克苏托斯、多洛斯和埃俄罗斯。[1] 埃俄罗斯生育力极强，育有七子五女。绝大多数儿子长大成人之后，都陆续离开家乡，出去闯荡江湖，建功立业。小儿子克瑞透斯则留下来继承了父亲在忒萨利亚蔚蓝色的海岸边建造的伊俄尔科斯城的王位。他娶侄女堤洛为妻，二人生下儿子阿密塔翁、菲瑞斯和埃宋。[2] 我们这里讲到的阿德拉斯托斯就属于阿密塔翁家族。

---

[1] 参见本书第 253 页。
[2] 参见本书第 297 页。

英雄阿密塔翁居住在同母异父的哥哥涅琉斯创建的皮洛斯城，娶了普洛托斯的妹妹伊多墨涅。夫妇俩生有两个儿子——墨兰波斯和比阿斯。他们兄弟又分别娶了普洛托斯国王的两个女儿。

于是，这里又出现了另一个关键人物——普洛托斯。他是谁呢？

不知各位读者是否记得，前文讲到宙斯化作一阵黄金雨霸占了阿克里西俄斯的漂亮女儿达娜厄，生下著名的英雄珀尔修斯。这位阿克里西俄斯还有一个弟弟、一个妹妹，也就是普洛托斯和伊多墨涅。这个家族有着兄弟相残的传统。阿克里西俄斯与他的孪生兄弟普洛托斯在娘胎里就打个不停。成年之后，哥哥把弟弟驱逐出境，自己则继承了父亲的阿尔戈斯王位。[①]

把仇恨记在心里的普洛托斯只身逃到吕喀亚。国王伊俄巴忒斯非常喜欢这位雄心勃勃的年轻人，遂把女儿安忒亚许配给他。在岳父的强力支援下，普洛托斯率领大军卷土重来，杀回老家阿尔戈斯。阿克里西俄斯抵挡不住，被迫签下和约，让出梯林斯地区。自此，普洛托斯成为梯林斯国王，并和妻子生下一儿三女，一家人过上了幸福甜蜜的生活。

可是，普洛托斯的三个女儿实在不让人省心。身为公主的她们一身娇气，傲慢无比，连奥林匹斯山上的神祇都不放在眼里。她们不敬酒神，拒绝参加他的祭拜仪式。这惹恼了狄俄尼索斯。他一生气祭出了自己的绝招，使三个姑娘发了疯，在城郊的田野和树林中大喊大叫地裸奔。焦虑无比的普洛托斯四处求医，但那些凡夫俗子哪有本事解除狄俄尼索斯降下的惩罚！

情急之下，束手无策的普洛托斯突然想起了妹妹伊多墨涅和阿密塔翁的儿子墨兰波斯。灵蛇曾舔过这个外甥的耳朵，使他可以听懂鸟语，后来又得到预言之神阿波罗的点化，所以他颇有些法术。墨兰波斯告诉舅舅：

[①] 参见本书第 137 页。

"我有十足的把握治好表妹的疯病，但有一个要求：你必须把三分之一的领地送给我。"普洛托斯一听就急眼了，认为这熊孩子是趁火打劫勒索舅舅，简直天理难容，所以断然拒绝了他的无理要求。这样做的结果就是灾难加重，不但一个女儿枉送了性命，城邦里的其他妇女也都渐渐染上疯病。

普洛托斯见事态变得如此严重，没有办法，只得厚着脸皮再次来找外甥墨兰波斯，并同意了他之前开出的条件。可是，脸厚心黑的墨兰波斯竟然坐地起价。这次他要求的国土面积不再是三分之一，而是两个三分之一——一个给自己，另一个给兄弟比阿斯。普洛托斯的肺都要气炸了，但他又能怎么办呢？他只得强颜欢笑，接受了外甥的无理要求。不愧是阿波罗的徒弟，墨兰波斯手到病除，治愈了所有妇女的疯病。事后，普洛托斯说话算数，梯林斯一分为三——普洛托斯、墨兰波斯、比阿斯各占一份。但把大片土地割让出去也着实让人心疼，于是，聪明的普洛托斯想出了一个两全其美的办法：把两个女儿嫁给他们兄弟。这等于这些土地还在自家人手里。

后来的故事就是前面在"珀尔修斯世家"中讲到的，珀尔修斯当上阿尔戈斯国王后，根据命运的安排，无意中杀死了外祖父阿克里西俄斯，因此他再也不愿做这个伤心之地的国王。于是，珀尔修斯和普洛托斯、墨兰波斯、比阿斯的后代进行了交换，让他们来统治阿尔戈斯，自己则去做了梯林斯的国王。[①]

到了俄狄浦斯时代，墨兰波斯的曾孙安菲阿拉俄斯当家，而兄弟比阿斯这边是其曾孙阿德拉斯托斯掌权。绕了一大圈，终于引出了故事开头提到的阿尔戈斯国王阿德拉斯托斯。

有一次，安菲阿拉俄斯和他的叔父——也就是阿德拉斯托斯的父亲，

---

① 参见本书第 148 页。

发生了争吵，一怒之下竟失手将他给杀了。兄弟二人就此结下仇怨。之后，哥哥随意找了个借口，就把弟弟给驱逐出境了。阿德拉斯托斯出走西库翁，投奔了外公——当地国王波吕玻斯[①]。后来，他竟然又娶了外公的小女儿，也就是自己的小姨，并继承了王位。我们只能说，在希腊神话里，辈分简直太乱了，根本没法论啊！既然这样，干脆也就别论了。

我在"安提俄珀"的故事中曾提到过西库翁这个国家。[②] 它国小力弱，阿德拉斯托斯根本没有实力像普洛托斯那样在岳父的支持下杀回老家。那怎么办呢？看着自己的家乡越来越强盛，不甘愿在西库翁这样的番邦小国籍籍无名地待一辈子的阿德拉斯托斯只有忍气吞声，回到阿尔戈斯求得哥哥安菲阿拉俄斯的谅解。这些年来，安菲阿拉俄斯也自知理亏，早就想与兄弟和解，但碍于面子，没有主动表达这一意愿。现在，兄弟俩一拍即合，又一次共享了阿尔戈斯的王权。不仅如此，阿德拉斯托斯还让姐姐厄里费勒嫁给了堂兄安菲阿拉俄斯。这样一来，他们的关系又近了一层。为了实现长久和平相处，兄弟俩发下如下誓言：今后若有争执，请厄里费勒出面仲裁，他俩必须无条件服从。他们相信，厄里费勒是阿德拉斯托斯的姐姐，又是安菲阿拉俄斯的妻子，所以必定会做出公平公正的裁决。可后来的事实证明，这个誓言成了其家族毁灭的祸根。这是后话，下面再讲。

绕来绕去，现在终于要回到故事开头了。

波吕尼刻斯被兄弟厄忒俄克勒斯逐出忒拜城，走投无路的他来到强大的阿尔戈斯寻求庇护和帮助。他走到国王阿德拉斯托斯的宫廷门前时已是

[①] 与科林斯国王波吕玻斯同名。参见本书第 225 页。

[②] 参见本书第 218 页。

深夜。说来也巧，卡吕冬国王俄纽斯的儿子堤丢斯[①]因性格狂躁鲁莽杀死了叔叔和叔伯兄弟，此刻也赶来阿尔戈斯避难。两位英雄在王宫门前相遇。波吕尼刻斯心情郁闷，堤丢斯生性暴躁。结果，他们没搭几句话就吵了起来，还大打出手。阿德拉斯托斯听到声音后走出王宫，想看个究竟。当他看见这两位青年的铠甲外一个披着雄狮皮、一个披着野猪皮时，大感震惊。这让国王想起了之前预言家对他说过的话："你的两个女儿必然会嫁给狮子和野猪。"英雄的奇特装束使一直为"美女配野兽"的神谕焦虑不已的阿德拉斯托斯恍然大悟。他赶紧将两位正在打斗的未来女婿拉开，带入王宫，奉为上宾。不久，阿德拉斯托斯便将女儿阿耳癸亚许配给了波吕尼刻斯，让得伊皮勒嫁给了堤丢斯。

在宫中过了一段平静的日子后，波吕尼刻斯觉得时机已经成熟，遂请求岳父阿德拉斯托斯帮他复国。阿德拉斯托斯倒是答应了女婿的请求，但他也提出了一个条件：必须劝自己的堂兄兼姐夫——英勇善战的斗士安菲阿拉俄斯一同出征。

波吕尼刻斯和堤丢斯两人一起将此事告诉了安菲阿拉俄斯，不想竟遭到他的断然拒绝。原来，安菲阿拉俄斯作为墨兰波斯的曾孙，继承了曾祖父那未卜先知的预言本领。他知道这次征讨与众神的意志相悖，如果出征必将激怒众神，遭到失败的命运，他也会在战争中丧命。所以他坚决不同意发兵。一听此言，脾气暴躁的堤丢斯就要对他大打出手，不过被波吕尼刻斯劝阻了。但在这里祸根已经种下，堤丢斯终将死于安菲阿拉俄斯之手。

波吕尼刻斯垂头丧气地回到家中。精明的妻子阿耳癸亚问明原因后给

[①] 参见"卡吕冬狩猎"。卡吕冬国王俄纽斯的儿子墨勒阿革洛斯和妻子阿尔泰亚相继死去，可日子还得过。他又续弦生了一个儿子，就是这位堤丢斯。因此，这里的堤丢斯与前面的墨勒阿革洛斯是同父异母兄弟。

丈夫出了个主意。她将父亲阿德拉斯托斯与伯父安菲阿拉俄斯之前共同发下的那个誓言告诉了波吕尼刻斯：当兄弟俩发生争执时，他们都必须服从厄里费勒的仲裁。此事的突破口在她那里。阿耳癸亚接着说道："我亲爱的丈夫，你可曾记得，在你离开忒拜城时，拿来了你们卡德摩斯家族的传家宝——赫淮斯托斯打造的那条巧夺天工的金项链？新婚之日，你把它送给了我，我一直带在颈上。你不知道，我的伯母厄里费勒是个贪财之徒。从她看我的眼神中，我知道她早已对这条项链垂涎三尺。现在你把项链送给她，她肯定会听从你的安排。"

波吕尼刻斯依计行事，将项链送给了厄里费勒。厄里费勒顿时两眼放光，早已对这条项链朝思暮想的她顾不上丈夫的死活，随即做出了安菲阿拉俄斯必须参加此次征讨的决定。厄里费勒哪里知道，忒拜首任国王卡德摩斯的妻子哈耳摩尼亚的这条项链附有赫淮斯托斯的诅咒，它会给主人带来无穷无尽的灾难。因为和兄弟之间有那条誓言，安菲阿拉俄斯再也无法拒绝了。厄里费勒就这样把丈夫送到了必死无疑的绝境。

（二）七雄攻打忒拜城

部队整装待发。此次征讨共集齐了七路人马——阿德拉斯托斯和他的姐夫安菲阿拉俄斯、两个女婿波吕尼刻斯和堤丢斯、侄子卡帕纽斯和希波墨冬，另外还有帕耳忒诺派俄斯[①]。头领们不听预言家安菲阿拉俄斯的规劝，以阿德拉斯托斯为联军统帅，一个个毅然决然地率部踏上了征程。

安菲阿拉俄斯的军队也要出发了。临别之前，他满脸悲苦地看了一眼尚在保姆怀中的小儿子安菲罗科斯，又拥抱了年少的大儿子阿尔克迈翁，并附在耳边叮嘱他长大后不要忘了向母亲复仇——正是她将父亲置于死

[①] 帕耳忒诺派俄斯是墨勒阿革洛斯和阿塔兰忒的儿子。参见本书第350页。

地。和子女诀别后，安菲阿拉俄斯登上战车，踏上了不归路。

很快，大军到了涅墨亚。口渴难耐的士兵四处寻找水源，可他们根本找不到一眼清泉。宙斯痛恨这些英雄违背他的意愿发动这场征讨，已命令神女们堵塞了所有泉眼。后来，七雄遇见了曾与伊阿宋同居并生下两个儿子的楞诺斯岛女儿国国王许普西皮勒。现在她已被海盗卖给涅墨亚国王吕枯耳戈斯当奴隶，做了他年幼的儿子俄斐尔忒斯的保姆。① 许普西皮勒知道掩在林中的一处隐蔽泉水。她把小主人放在草地上玩耍，亲自去为英雄们指点水源所在地。可他们刚一离开，树丛中就爬出一条巨蛇，将俄斐尔忒斯缠住了。听见哭喊声，大家立即跑回来相救。但为时已晚，孩子已被巨蛇勒死。只有安菲阿拉俄斯明白，俄斐尔忒斯是死亡的引路人，他的死预示着英雄的覆灭。可是那些首领依然故我，不听劝告，固执地向着毁灭走去。

阿尔戈斯的大军已穿过森林茂密的喀泰戎山，进抵阿索波斯河岸，逼近忒拜城下。阿德拉斯托斯没有下令立即攻城。他决定先礼后兵，派使者前去谈判，看能不能和平解决争端。他的想法不错，可他派谁不行，派出的偏偏是那个堤丢斯。这位英雄堪称希腊神话版的"黑旋风李逵"：性格鲁莽、脾气火爆，成事不足败事有余。

堤丢斯来到城内，显贵们正在国王厄忒俄克勒斯的宫殿里有说有笑，大吃大喝。人家忒拜人根本没拿这重兵压境当回事，声称凭借前辈修建的那坚不可摧、牢不可破的城墙，阿尔戈斯军队也不可能攻破忒拜城。堤丢斯一看对方完全不把他放在眼里，顿时气得火冒三丈。他不顾自己孤身犯险，大胆提出要和忒拜勇士决斗。不过话说回来，堤丢斯也是艺高人胆大。他逐个战胜了所有挑战对手。看呆了的忒拜人还没回过神来，堤丢斯已大

---

① 参见本书第 306 页。

摇大摆地走出了城门。直到这时，国王厄忒俄克勒斯突然意识到，坚决不能让这样勇猛的敌人留在世上，否则打起仗来会给自己带来不少麻烦。于是，他派出以迈翁为首的五十个精壮武士设伏于堤丢斯回营的必经之路，打算对他搞个突然袭击。但堤丢斯的功夫确实不是吹的，在这次交战中他又杀死四十九个人，留下一个迈翁——不是杀不了他，而是让他回去向忒拜人宣扬一下自己的绝世武功。

这下好了，忒拜与阿尔戈斯之间再无半点和解的可能。联军诸位首领将双手浸在血水中立誓：不攻破有七座城门的忒拜，宁愿血洒疆场！阿尔戈斯军队已做好攻城准备，七位首领率军各自攻打一座城门。

被激怒的厄忒俄克勒斯决定决一死战，让哥哥波吕尼刻斯请来的援兵有去无回。他也已做好守城的各项准备工作。面对阿尔戈斯七路大军的进攻，忒拜也来了个针锋相对，七位将领分头守卫七座城门。

大战在即，克瑞翁让儿子墨诺叩斯[①]把先知忒瑞西阿斯请来，询问战争的结局。年迈的预言家直言相告："忒拜人要想取得这场战争的胜利，必须把你的小儿子墨诺叩斯献祭于战神阿瑞斯。"

听了这话，克瑞翁傻眼了，急切中带着气愤的口吻询问道："这是为什么？为什么偏偏是我的儿子？"

"你的先祖卡德摩斯杀害了阿瑞斯的毒龙至今令他无法释怀。龙牙所生的种族里必须有一个子孙献祭给他，在即将爆发的战争中他才会成为你的战友。现在，龙牙一族中只有你和你的两个儿子是纯种的了。你的大儿子海蒙和俄狄浦斯的女儿安提戈涅已有婚约在身，不能献祭，所以命运之神选中了墨诺叩斯。"忒瑞西阿斯不紧不慢地做出了这样的回答。

血气方刚的墨诺叩斯得悉这一预言后主动登上城墙，面对着毒龙原先

[①] 墨诺叩斯这孩子与他爷爷同名。参见本书第 224 页。

栖息的山洞，将利剑刺入了胸膛。克瑞翁闻听儿子的死讯，悲痛不已。

在接下来的战斗中，包括阿瑞斯在内的众神祇都站在了忒拜人一边，他们注定会取得胜利。不过，这一胜利来得也并不那么容易。

艰苦的攻城战开始了。

身材魁伟、如同巨人的卡帕纽斯有超人的神力。他身先士卒，首先将云梯靠上城墙。虽不时有巨石落下，但他一路拼杀，还是爬了上去，眼看就要突进城内。傲慢的卡帕纽斯目空一切。他威胁忒拜人说："即使众神抵挡，我也要攻破城门！就是那雷神宙斯也不能阻止我前进的脚步！"卡帕纽斯这牛吹得也太大了：一代神王岂能容他如此放肆？宙斯一甩手，投下一道闪电将已站在城头的卡帕纽斯击死。他那燃烧的尸体瞬间掉下城墙，落在城下阿尔戈斯战士的脚边。估计这位好吹牛的莽撞青年到头来都不知道自己是怎么死的。

年轻的帕耳忒诺派俄斯作战也异常勇敢，但他碰上了强壮有力的珀里克吕墨诺斯[①]。波塞冬的这位私生子大显神威，从城头上举起一块如山的巨石，向帕耳忒诺派俄斯砸去。可怜的英雄顿时脑袋迸裂，倒地身亡。

阿尔戈斯七位英雄霎时就挂了两个。统帅阿德拉斯托斯一看强攻忒拜代价太大，遂命令军队立即后撤。看到敌人后退，忒拜军队士气大振，厄忒俄克勒斯率领大军从城里掩杀出来。敌人的追赶激起了阿尔戈斯英雄的斗志。他们宁愿牺牲生命也不能做战场上的逃兵。于是，各路英雄纷纷掉过头来，与忒拜人展开近身肉搏、疯狂厮杀。这一役直杀得尘土飞扬，天昏地暗，血肉横飞，尸横遍野。虽然忒拜最终打退了阿德拉斯托斯的进攻，但也是杀敌一千自损八百，伤亡非常惨重。

忒拜人刚一退回城内，阿尔戈斯军队又回过头来将整个城市团团围住。

[①] 这里的珀里克吕墨诺斯是波塞冬的私生子，波塞冬还有个孙子也叫这个名字。参见本书第201页。

英雄们早已下定决心，不管遇到什么困难，不拿下忒拜誓不班师。

此时，城内的厄忒俄克勒斯觉得只因他们兄弟俩争夺权力，忒拜人竟付出了如此沉重的代价，心里也是感到十分不安。于是，他决定只身一人前去迎敌，与哥哥波吕尼刻斯单挑，通过决斗的方式解决争端。他当然不知道父亲俄狄浦斯之前对兄弟俩发下的诅咒①，所以才做出了这样的决定。

波吕尼刻斯接到挑战书后，感到报应的时刻到来了，父亲对儿子的诅咒在这一刻要成为现实。可他又有什么办法呢？只能服从命运的安排。祖父拉伊俄斯和父亲俄狄浦斯都曾采取各种措施逃避命运，但到头来还是难以避免"弑父娶母"的厄运，自己更是无力与命运抗争。既然敌人已发出挑战，作为英雄，他别无选择，只能接受。如若他选择逃避，必然留下笑柄。

英雄注定是悲情的，或者说只有悲情才能称得上真正的英雄。

敌对双方共同商定，决斗的胜出者掌握忒拜的统治权。俄狄浦斯的两个儿子都已做好准备。兄弟俩心中燃烧着仇恨的烈火，骨肉相残的战斗马上就要开始。俗话说："二虎相争，必有一伤。"可铁石心肠的命运女神却安排了另外的结局，复仇女神也未曾忘却俄狄浦斯发下的诅咒。

顶盔掼甲的两兄弟就像那狂怒的雄狮一样展开了激烈的厮杀。他们用坚固的盾牌护住身体，满含仇恨的眼睛紧盯着对方的一举一动，拼命搏杀。突然，厄忒俄克勒斯被脚下的石头绊了一下。波吕尼刻斯不会放过这个机会。他挺起长枪，刺中了弟弟的大腿。但在伸出长枪时也暴露了自己的右肩，厄忒俄克勒斯毫不迟疑，举起长枪便刺了过去。枪尖刺中了波吕尼刻斯那坚硬的铠甲，由于用力过猛，枪杆折断了。厄忒俄克勒斯扔掉断枪，一弯腰抱起一块巨石，朝兄弟砸了过去。波吕尼刻斯拿长枪抵挡，结果枪

---

① 这一诅咒即兄弟俩将同时死于对方的剑下。参见本书第235页。

杆也被砸断。

兄弟俩同时抽出腰间的佩剑,把盾牌靠在一起,继续挥剑拼杀。战斗中厄忒俄克勒斯突然后退一步。波吕尼刻斯不知有诈。他拿开盾牌,稍一迟疑,兄弟的利剑猛然间急刺过来正中他的腹部。波吕尼刻斯跌倒在地,顿时血流如注,死神的脚步越来越近了。不知自己宿命的厄忒俄克勒斯洋洋自得,以为他已获胜,便跑过去剥取哥哥身上的铠甲作为战利品。此刻,波吕尼刻斯使出最后的力气,欠身举起剑来,刺中了兄弟的胸部。波吕尼刻斯的灵魂随即飞向了哈迪斯的冥国。同时,还没缓过神来的厄忒俄克勒斯也已气绝身亡,倒在了哥哥的尸体上,两人的鲜血流在一起。俄狄浦斯的诅咒在这一刻变成了残酷的现实。忒拜人和阿尔戈斯人都惊呆了。兄弟俩同时死去,胜负没有决断,这仗还得继续打下去。

敌对双方的休战并未持续多长时间,血腥的战斗又开始了。强大无比、嗜血成性的堤丢斯虽杀敌无数,但也被龙牙武士的后代、英勇善战的墨兰尼波斯刺出了致命的重伤。就算这样,勇猛异常的他还是奋力向墨兰尼波斯投出长枪将他刺死。女神雅典娜欣赏堤丢斯的英雄气概,便打算拿美杜莎那能起死回生的血液去拯救自己宠爱的英雄,并赐予他永生。可就在这个时候,安菲阿拉俄斯砍下墨兰尼波斯的头颅,掷给了垂死的堤丢斯。已杀红眼的堤丢斯疯狂地一掌劈开敌人的颅骨,像野兽一样喝起了他的脑浆。雅典娜见堤丢斯竟如此狂暴与凶残,转身离他而去。堤丢斯那已飞离肉体的灵魂看见了雅典娜的背影,终于明白了:女神是来救我的;可因我极力鼓动对忒拜发兵,预言家安菲阿拉俄斯怀恨在心,便故意将我置于万劫不复之地。想到这里,堤丢斯赶紧对雅典娜说出了他的最后一个请求:"伟大的女神,请您以后多多关照我的儿子狄俄墨得斯[①]。"在后来的特洛伊

[①] 与阿瑞斯的儿子、圈养食人烈马的狄俄墨得斯同名。参见本书第 171 页。

战争中，雅典娜果然站在了狄俄墨得斯身边，帮助他在作战中所向披靡，甚至刺伤了阿瑞斯和维纳斯两位大神。①

在之后的战斗中，七雄之一希波墨冬也阵亡了。预言家安菲阿拉俄斯知道自己命不久矣，但任何人临死之前都会本能地抗争。他乘着战车匆忙奔逃，曾一石头砸死帕耳忒诺派俄斯的那位勇猛善战的珀里克吕墨诺斯紧随其后，追了过去。眼看就要追上安菲阿拉俄斯，珀里克吕墨诺斯想着七雄中的两雄都要死于他的手下，不免心中暗喜，便扬起长枪刺了过去。突然，晴空中电闪雷鸣，大地开裂，将安菲阿拉俄斯连人带车一起吞没。原来，宙斯不想让这位伟大的预言者死于敌人的刀剑之下；既然他命中注定要死，干脆自己出面将他劈死，直接进入哥哥哈迪斯的地府算了。

这一役，阿尔戈斯人大败，在忒拜城下全军覆没，只有统帅阿德拉斯托斯一人保住性命。这是因为那匹名叫阿瑞翁的迅疾如风宝马②把他带到了忒修斯的雅典城，尔后又从雅典跑回了阿尔戈斯。

忒拜人为战争胜利、城邦得救而欢呼雀跃，随后将本方阵亡的英雄和将士运回城中。俄狄浦斯的两个儿子都已战死，王权重回克瑞翁手中。他为死者举行了隆重而豪华的葬礼。之后，克瑞翁下令所有阿尔戈斯人的尸体不得埋葬，任由其横尸疆场、暴尸荒野，特别是对带领他国军队进攻忒拜的卖国贼波吕尼刻斯的尸体必须严加防范，任何人如果胆敢将他埋葬，就要在全体人民面前被石块砸死。克瑞翁要让这位外甥的灵魂永远漂泊，成为孤魂野鬼，而不能到哈迪斯那里报到获得安宁。

阿尔戈斯阵亡英雄的母亲、妻子知道儿子、丈夫的尸体仍未安葬，悲

---

① 参见本书第 437、439 页。
② 得墨忒尔的女儿珀耳塞福涅被冥王哈迪斯掳走，当妈的神不守舍、失魂落魄，波塞冬乘虚而入，占有了她，遂生下这匹名叫阿瑞翁的宝马良驹。

伤不已。国王阿德拉斯托斯已没有实力与忒拜对抗，遂和这些妇女一起去了阿提卡，恳求向来主持正义的国王忒修斯帮助她们要回死者的遗体将其埋葬，以维护希腊的礼法。就在忒修斯尚未做出决断之时，已得到消息的忒拜国王克瑞翁派来的使者赶到了。他要求忒修斯不要帮助这些妇女，必须把阿德拉斯托斯驱逐出境。

忒修斯勃然大怒，心想：我堂堂雅典国王，还轮不到你对我颐指气使、指手画脚！难道你忘了当年我收留俄狄浦斯之时对你的教训吗？[①]那就让我再教训你一次，也好让你长长记性！于是，本来犹豫不决的忒修斯当即决定率领大军征讨忒拜。刚刚经历一场大战尚未恢复元气的忒拜人哪里是强大无比的雅典军队的对手？忒拜人最终战败，不得不交还阿尔戈斯所有阵亡将士的尸体。但波吕尼刻斯的尸体被克瑞翁留下了，他的理由是波吕尼刻斯本来就是忒拜人，死后也应留在忒拜，并答应忒修斯一定将他好好安葬。

阿尔戈斯人在忒拜附近的阿索波斯河岸边点燃篝火，将士兵的尸体焚化并埋葬在喀泰戎山谷。诸位首领的尸体则运到阿提卡地区的厄琉西斯焚化，骨灰由他们的母亲或妻子带回故乡。只有卡帕纽斯的骨灰没有被带回，因为他是被雷神宙斯亲手击死的，其尸体也就具有了神圣性。在将卡帕纽斯的尸体置于火堆之上时，他的新婚妻子也纵身跳进大火殉情而死，与丈夫的灵魂一起去了哈迪斯的冥国。

（三）安提戈涅葬兄长

克瑞翁虽然答应忒修斯安葬波吕尼刻斯，但那只是缓兵之计。他根本没有那样做，还是一如既往地要求所有忒拜人不许触碰他的尸体，否则处

[①] 参见本书第 236 页。

以极刑。对国王这种出尔反尔的做法，忒拜居民心里非常不满，但一个个也只是敢怒不敢言。

有一个人决定冒死站出来为波吕尼刻斯下葬——她就是俄狄浦斯的女儿、波吕尼刻斯的妹妹安提戈涅。俄狄浦斯死后，安提戈涅和伊斯墨涅谢绝了雅典国王忒修斯的保护，回到故乡忒拜城，试图设法阻止亲人之间的屠杀。她们目睹了攻打忒拜城的一切军事行动，但身为弱女子，对眼前发生的一切却无能为力。

安提戈涅看到波吕尼刻斯死后还遭此侮辱，心中无比悲痛。当年在科罗诺斯兄妹最后一次见面时，哥哥曾交代她，如果日后战死沙场，一定帮他将尸首安葬，让他的灵魂得到安息。① 想到这里，心地善良的姑娘决定不顾一切也要安葬哥哥的遗体。她叫妹妹与她同行，可是胆怯的伊斯墨涅害怕了，竭力劝说姐姐放弃这一冒险行动。

内心无比坚强的安提戈涅不会被克瑞翁吓倒。她独自一人安葬了哥哥波吕尼刻斯。

克瑞翁很快便知道了有人违反禁令，大怒，遂命令士兵将波吕尼刻斯的尸体从泥土里扒出，日夜看守，决心抓住这个胆大妄为之徒。第二天，士兵就抓到了正伏在波吕尼刻斯的尸体上哭泣不止的安提戈涅。暴怒的克瑞翁判决处死外甥女。面对这一判决，安提戈涅毫无惧色，大义凛然。她的整个生命里充满了悲伤。死亡一点也不能使她恐惧，相反，现在的她倒是渴求死亡的来临。

接着，克瑞翁命令手下人将伊斯墨涅抓来，让她们姐妹同赴刑场，因为他认定伊斯墨涅必定是安提戈涅的帮凶。一听这话，安提戈涅极力辩解，将整件事揽在自己身上，以免枉送了妹妹的性命。可是克瑞翁根本不听那

---

① 参见本书第 239 页。

一套，他要赶尽杀绝。

　　一向懦弱的伊斯墨涅直面死亡时勇气倍增，决心与姐姐共担此事。伊斯墨涅斩钉截铁地告诉克瑞翁："我也参与了安葬波吕尼刻斯的行动。请你将我一块儿处死吧！不过我要提醒你，安提戈涅不但是你姐姐伊俄卡斯忒的女儿，也是你儿子海蒙的未婚妻，如果你将她杀死，便是让你的儿子永远不能和他所爱的人在一起。"然而，伊斯墨涅这番话根本不能触动铁石心肠的克瑞翁。虽然两人已经结下亲事，但他绝不允许儿子娶违拗自己意志的罪犯为妻。

　　得知父亲要处死他的未婚妻，海蒙急忙赶了过来，大着胆子说："我的父亲，忒拜的全体居民虽然不敢站出来说话，但他们在心里都同情安提戈涅，认为她这是在执行众神的旨意。您的做法违背了神意，不要再执迷不悟了。"

　　一听此言，克瑞翁怒火上升。他觉得海蒙是受了安提戈涅的媚惑，才竭力为她辩护的，遂愤怒地对儿子说："无论如何，我已下定决心要处死安提戈涅，并且还要当着你的面将她杀掉。"海蒙听见父亲做出这样的决定，说道："她不会当着我的面受死的，往后你永远看不见我了！"之后，他便伤心地离开了。

　　不能自制的克瑞翁不管那一套，依然我行我素。因害怕亲手杀死有血缘关系的亲属会受到复仇女神的惩罚，丧心病狂的克瑞翁最终决定将安提戈涅直接砌入一个墓穴里，然后给她留点食物让她慢慢死去。安提戈涅毫无惧色，十分坦然地踏上了生命的最后旅程——她早就想和亲人们团聚了。

　　这时，盲人预言家忒瑞西阿斯在女儿曼托的搀扶下来到克瑞翁的面前。他对国王说："你犯了两重罪过：波吕尼刻斯的尸体不得安葬，这是不让死者魂归冥府；安提戈涅活着被埋入坟墓，这是不让生者见到阳光。"克瑞翁指责忒瑞西阿斯一定是被人收买，才敢来这里教训国王。他随后说道：
"我不听你的鬼话！即使宙斯的神鹰将尸块叼到我的宝座旁，波吕尼刻斯的尸体依然不许安葬；即使神祇出面，也救不了该死的安提戈涅。"

忒瑞西阿斯见克瑞翁如此狂妄，从未发过脾气的预言者对他厉声说道："你干的一切都是在犯罪！即使天上的神祇也没有权力这样做！你的行为将引来复仇三女神的无情报复：因为这两重罪过，你将失去两个亲人，城邦也将遭受更大的厄运。任何力量都不能使你摆脱这可怕的报复，因为你惹怒了众神。"

"失去两个亲人"的预言把克瑞翁真的给吓住了。逐渐恢复理性的他赶紧命人将波吕尼刻斯的尸体下葬，并亲自前往埋葬安提戈涅的陵墓，想把她从墓中救出来。可是太晚了，安提戈涅将衣服搓成绳索，已在墓中上吊自尽了。那抱着尸体痛哭的正是他的儿子海蒙。克瑞翁劝说儿子离开坟墓，海蒙当着父亲的面将利剑刺进了胸膛，倒毙在未婚妻的尸体之上。看到这一幕，克瑞翁震惊了。他就两个儿子。忒拜战争前墨诺叩斯殉国，现在海蒙又殉情，这让他如何受得了？不过，另一个噩耗还在等着他呢——妻子欧律狄刻[①]因海蒙的死悲伤过度，已自缢身亡。

前文讲过，克瑞翁收留了逃难来到忒拜的安菲特律翁和阿尔克墨涅两口子。在这里，阿尔克墨涅为神王宙斯生下了赫拉克勒斯。克瑞翁不会放过这个机会，便将女儿墨伽拉嫁给了这位大英雄。之后，夫妇二人生下三个英俊可爱的儿子。克瑞翁心想：这下好了，自己不但后继有人，而且还有了女婿这个大靠山。没想到，千算万算不如天算。天后赫拉把宙斯的这个私生子弄成了间歇性精神病，发病时将老婆儿子全部杀光。[②]

[①] 与美女达娜厄的母亲欧律狄刻同名。参见本书第137页。
[②] 参见本书第160页。

现在，克瑞翁真的成了无儿无女无老婆的孤家寡人，俄狄浦斯在科罗诺斯时对他发下的诅咒变成了现实。①

不过，克瑞翁也真想得开。他想：一个女婿半个儿；何况我这女婿是宙斯的儿子，有他相助，谁也不敢拿我怎么样！可惜，他又想错了，就在赫拉克勒斯下到冥府执行欧律斯透斯交给他的任务时，吕科斯②发动政变，杀死了他。

（四）后辈英雄攻忒拜

七雄攻打忒拜城的战争已过去十年，当年在城下阵亡英雄的儿子们皆已长大成人。他们决定再次组织起来，重新踏上征程，为父辈的失败报仇雪恨。

之前预言家忒瑞西阿斯就曾对克瑞翁说过，他的倒行逆施，必然会给忒拜城带来更大的厄运。现在报应的时刻到了，后辈英雄们得到众神的庇护。这次征战必将取得胜利。

可事情开始时也非一帆风顺。

波吕尼刻斯的儿子忒耳珊得洛斯是这次战争的极力鼓吹者。他求得德尔斐神示说，如果预言家安菲阿拉俄斯的儿子阿尔克迈翁参加此次征讨，就能取得胜利。忒耳珊得洛斯极力煽动阿尔克迈翁加入这场战争，可他还是回绝了。

十年来，父亲安菲阿拉俄斯攻打忒拜临行前的嘱托始终在阿尔克迈翁的耳边萦绕、挥之不去："如果我死在战场上，一定要杀了你的母亲替我报仇，因为正是她把我送入了死亡的深渊。"但阿尔克迈翁迟迟没有动手，

---

① 参见本书第 236 页。
② 这个吕科斯是尼克透斯的弟弟吕科斯（参见本书第 218 页）的儿子，所以也可称为吕科斯二世。

因为他一直对独自一人照顾他们兄弟俩的母亲下不了手。这让他不知如何是好，因此非常苦恼，无心参战。

了解情况后，阿耳癸亚又像当年帮丈夫波吕尼刻斯出主意成功劝得安菲阿拉俄斯出战一样，告诉儿子还得走厄里费勒这条路子。这次，阿耳癸亚又拿出了一件压箱底的东西——在忒拜先祖卡德摩斯和哈耳摩尼亚的婚礼上，纺织女神雅典娜送上的那件由她亲手织成、华贵无比的衣服①。她让儿子将衣服送给厄里费勒，以此收买她。贪婪的厄里费勒毫无疑问又一次被宝物打动，做出了让儿子阿尔克迈翁和安菲罗科斯参加此次征战的决定。

如此一来，参加本次忒拜战争的就有阿德拉斯托斯的儿子埃癸阿琉斯、安菲阿拉俄斯的儿子阿尔克迈翁和安菲罗科斯、堤丢斯的儿子狄俄墨得斯、波吕尼刻斯的儿子忒耳珊得洛斯、帕耳忒诺派俄斯的儿子普洛玛科斯、卡帕纽斯的儿子斯忒涅罗斯②、希波墨冬的儿子波吕多洛斯③等众多英雄。其中，堤丢斯的儿子狄俄墨得斯被推举为联军统帅。

有了诸神的护佑，英雄们意气风发，踏上征途。

后辈英雄的军队抵达了有七座门的忒拜城外。他们排兵布阵，做好了攻城的准备。忒拜现任国王厄忒俄克勒斯之子、狂暴的拉俄达玛斯来了个先下手为强，率军出城展开反击，惨烈的战斗就这样开始了。

阿德拉斯托斯是之前"七雄攻忒拜"的唯一幸存者，但在这次战斗中，他的儿子埃癸阿琉斯却被拉俄达玛斯的长枪击中身亡，成了唯一的牺牲者。

---

① 处女之神雅典娜憎恨维纳斯和阿瑞斯这对奸夫淫妇，同情火神的悲惨命运，所以在卡德摩斯和哈耳摩尼亚的婚礼上送来的衣服也施加了诅咒。当然，像赫淮斯托斯打造的那条金项链一样，这件衣服也是当年波吕尼刻斯离开忒拜时偷偷拿走的。

② 与珀尔修斯的三儿子同名。参见本书第149页。

③ 与卡德摩斯的儿子同名。参见本书第216页。

阿尔克迈翁见堂兄弟被杀，朝着拉俄达玛斯就冲过去了，也将他刺死。经此一战，忒拜人伤亡过半，只得退回城内。

国王阵亡，群龙无首，加之十年间忒拜城经历多重打击，早已是衰弱不堪，城中居民不由得个个人心惶惶。老先知忒瑞西阿斯提出，忒拜城是注定守不住了，为今之计只有派出使者佯装与阿尔戈斯人议和，到了晚上趁着夜色各自带上妻子儿女，抄无人知道的小路悄悄撤出忒拜，前往北方的忒萨利亚地区会合。

大家依计行事。在逃亡的路上，这位因判定在夫妻生活中女性比男性得到的快乐多出十倍而获得预言能力并享七世寿命的忒瑞西阿斯不幸身亡。经过长途跋涉，忒拜人终于来到忒萨利亚，开始在该地定居。

阿尔戈斯的军队直到第二天才发现中了忒拜人的空城计。气急败坏的他们一拥而入，闯进城里，像鬼子进村一样开始大肆搜刮与破坏，还拆毁了安菲翁与仄托斯兄弟修筑的声称坚不可摧、牢不可破的城墙。就这样，整个忒拜城被夷为平地，金银财宝也被英雄们各自瓜分。

这时，英雄们突然想起，出征前曾在德尔斐神庙立下的誓言："如果攻陷了忒拜，将把最珍贵的战利品献给阿波罗。"那什么才称得上是最珍贵的战利品呢？后来，他们在一个角落里找到了忒瑞西阿斯的女儿曼托。她继承了父亲的预言能力，知道自己命中注定要终生侍奉阿波罗，所以没有跟随父亲逃亡。于是，众英雄将曼托作为礼物献给了德尔斐的神示所，成为阿波罗的女祭司。后来，经阿波罗口传心授，曼托的预言本领日臻完善，成为著名的女先知。

后辈英雄胜利而归。现在的忒拜成了一片废墟，波吕尼刻斯的儿子忒耳珊得洛斯留下来重建忒拜城，也算完成了父亲生前一直梦想的复国愿望。

（五）阿尔克迈翁弑母

攻陷忒拜，胜利回国，后辈英雄受到了民众的热烈欢迎。就在大家载歌载舞庆祝胜利之时，阿尔克迈翁从众英雄的嘴里偶然得知母亲命令他们兄弟出征的真相，原来和十年前父亲安菲阿拉俄斯被迫出征一样，又是因为她受了贿赂。不同的只是，之前那次是波吕尼刻斯送了她一条金项链，这次是忒耳珊得洛斯送了她一件漂亮衣服！阿尔克迈翁联想到父亲的死，想起他出征之前对自己说过的话，心里对这位只顾贪恋财富、不顾丈夫儿子死活的极品母亲痛恨至极，便拔出剑来，亲手杀死了她。之后，心力交瘁的阿尔克迈翁拿着那条金项链和那件华美的衣服逃亡了。

然而，不管阿尔克迈翁有多么充分的理由，复仇女神都不会饶恕他亲手弑母的罪行。无论他逃往何地，女神们始终围绕在他的身边，绝不放弃对他的追缉。不幸的阿尔克迈翁四处流浪，到各地去寻找栖身之所，并洗刷身上的罪孽。最后，他来到阿耳卡狄亚地区的普索菲斯城。该城国王斐勾斯终于同意为他净罪。不仅如此，公主阿耳西诺厄还爱上了这个罪孽深重的年轻人。怀着对他们父女的感激之情，在婚礼上阿尔克迈翁将哈尔摩尼亚的金项链和那件漂亮衣服送给了新婚妻子，婚后的他打算在普索菲斯城安心度日，终此一生。

可是，命运注定不让阿尔克迈翁得到安宁。母亲临死时曾发下诅咒："无论哪个国家收留这个弑母的逆子，灾难就会降临此地。"厄里费勒的诅咒实现了。维护母亲权益的大地女神不让他在此地长久居留，给普索菲斯城降下了严重的饥馑和可怕的鼠疫，死亡的阴影笼罩全城。阿尔克迈翁意识到这灾难应是因自己而起，所以他不远千里去了德尔斐神示所。女预言家皮提亚给出的神谕是："你必须离开普索菲斯，去找河神阿刻罗俄斯①。只有他能为你彻底净罪。到那时，你方能在母亲发下诅咒时尚未出现的一块土地上找到安身之所。"

阿尔克迈翁回来后告别岳父、妻儿，跋涉千山万水来到阿刻罗俄斯河边。虽然早先因与赫拉克勒斯争夺得伊阿尼拉失败也曾情绪低落，但现在这位河神早已觅得新欢，并为他生下儿女，一家人过上了其乐融融的日子。心情不错的阿刻罗俄斯亲自为阿尔克迈翁洗净了弑母的罪孽，不仅如此，还要把女儿卡利洛厄嫁给他。看样子阿尔克迈翁这小伙子肯定长得英俊神武，还能说会道。要不然怎么走到哪里都有美女喜欢，还能讨得岳父的欢心呢？不过，这小子也实在不怎么地道，明明早已娶妻生子，但一见美女就毫不犹豫地选择了隐瞒真相，装出一副身为处男初学乍练的样子和卡利洛厄谈起了恋爱。阿刻罗俄斯见女儿有了一个好的归宿，马上满足佳婿的要求，为他找到一块厄里费勒发下诅咒时尚未出现的土地——河的入海口一个由泥沙淤积而成的小岛。此时的阿尔克迈翁已将深爱他的妻子和可爱的儿子抛到了九霄云外。从此以后，小两口就在这里住下来，过上了幸福甜蜜的日子。

故事就这样结束了吗？不！岂能便宜了阿尔克迈翁这个抛妻弃子的"陈世美"？

谈恋爱的时候，阿尔克迈翁为了在恋人面前显示他的神武，当然不会忘了添油加醋地给卡利洛厄讲整个家族的英雄事迹——讲当年父亲作为七雄之一攻打忒拜城的故事，后辈英雄率领大军攻陷忒拜城的故事，自己手刃忒拜国王拉俄达玛斯的故事等。没见过什么世面的卡利洛厄睁大了眼睛，直听得五迷三道，对眼前这位恋人更是崇拜至极，简直到了为他神魂颠倒

---

① 阿刻罗俄斯是大洋神俄刻阿诺斯三千儿子里的老大，就是和大力神赫拉克勒斯争夺美女得伊阿尼拉最后战败的那位。参见本书第192页。

的地步。不过，不要忘了，每个女人都喜欢珍贵的首饰和漂亮的衣服，认真听故事只是因为它出自恋人之口。卡利洛厄最感兴趣的还是故事中提到的波吕尼刻斯和忒耳珊得洛斯父子送给厄里费勒的那条项链和那件衣服。恋爱时没好意思说，婚后，对这两件宝物神往已久的卡利洛厄还是没有忍住，撒着娇打听它们的下落，以崇拜的眼神询问无所不能的丈夫能不能取来送给她。这下阿尔克迈翁傻眼了——吹牛吹大了，直懊悔自己在故事中提到这个情节。现在怎么办？两件宝贝都在前妻阿耳西诺厄手里，可这也不能如实相告啊！面对娇妻，阿尔克迈翁没法拒绝，便撒谎说宝物藏在遥远的地方，并拍着胸脯保证一定为她弄到手。

阿尔克迈翁告别妻子，不远千里回到了普索菲斯城。他告诉前妻，河神已经为他净了罪，但需要将那项链和衣服献给德尔斐神庙，以感谢预言之神阿波罗给他指了一条明路。听了这话，善良的妻子便将宝物交给了丈夫。宝物到手，阿尔克迈翁便急不可耐地踏上了归途。可就在他为自己把整件事情处理得天衣无缝而心中窃喜时，没想到却出了岔子。阿尔克迈翁的一个仆人实在看不下去了，便偷偷将实情告诉了国王斐勾斯。斐勾斯一怒之下，派出两个儿子沿路设伏，把阿尔克迈翁干掉了。

兄弟俩来到妹妹的房间，将事情的来龙去脉告诉了她，并把两件宝物送还。本想着阿耳西诺厄会感激他们替自己杀了这忘恩负义的"陈世美"，没想到妹妹不但不领情，还对两个哥哥一顿臭骂，责怪他们擅作主张将自己深爱的丈夫杀害。这下兄弟俩真是恼了，一怒之下把宝物抢过来，并将妹妹带走送给了邻国国王，还诬陷她谋杀亲夫。结果，阿耳西诺厄被处死了。

后来，新婚妻子卡利洛厄知道了事情的全部真相。但她像阿耳西诺厄一样，也不计较阿尔克迈翁对她的欺骗，决定向斐勾斯父子报杀夫之仇。然而，卡利洛厄毕竟是女流之辈，力量有限，双胞胎儿子阿卡耳南和安福忒洛斯还躺在摇篮里。这可怎么办呢？复仇心切的她遂向宙斯祈求：将两个儿子变成强壮的青年,让他们替父报仇。宙斯接受了她的请求,一夜之间两个儿子就已长成浑身充满力量、心里满是仇恨的成年人。兄弟二人前往普索菲斯城,杀死了斐勾斯父子三人。就这样,卡德摩斯家族的传家宝又断送了一个家庭。

阿卡耳南和安福忒洛斯拿到赫淮斯托斯打造的项链和雅典娜织成的衣服后也是爱不释手。这时,外祖父阿刻罗俄斯对他们说:"我阅尽人间沧桑,见证了卡德摩斯和哈耳摩尼亚的豪华婚礼,也看到了这个家族所遭受的重重灾难。由于你祖母的贪婪,在你们的祖父、父亲两次攻打忒拜之后,这个家族几乎彻底毁灭了。现在,斐勾斯一家也搭上了性命。难道你们还要让这灾祸继续下去吗?宝物的旅程,让我看清了人类那难以克制的贪欲,看到了贪欲带来的祸害。这是不祥之物,快去把它们献给德尔斐神庙吧!只有这样,不幸才会终止。"听到这里,兄弟俩赶紧将宝物献给了德尔斐的阿波罗,赫淮斯托斯项链的诅咒至此终于结束了。

卡德摩斯世家的故事,可以简单地概括为:一条项链引发的血案。它制造了一出出的人间惨剧,断送了一条条的鲜活生命。而所有这一切,只因水性杨花的"潘金莲"惹恼了老实巴交的"武大郎"。俗话说:"狗急跳墙。""兔子急了也咬人。"赫淮斯托斯用血淋淋的事实向我们证明了一条真理:不要轻易触碰老实人的底线,他们一旦被逼急了,报复起来比谁都狠。

总之,一句话,婚姻必须门当户对,不般配的婚姻注定是不幸的!

四、特洛伊战争

特洛伊战争是英雄们四次集体行动中规模最大、历时最长、伤亡最重的一次远征。对于这次战争,我先从它涉及的三个主要城邦讲起。

（一）迈锡尼

在讲"珀尔修斯世家"时，我曾经提到大英雄珀尔修斯的次子厄勒克特律翁长大成人后离开家乡，溯伊那科斯河而上，在阿尔戈斯的北部创建了一座新城——迈锡尼。迈锡尼城依山而筑，居高临下，厚实坚固的城墙将两山之间的坡地环绕起来，仅留有一座城门。这座城门就是大名鼎鼎的狮子门。厄勒克特律翁娶阿尔卡俄斯的女儿，也就是自己的侄女——阿那克索为妻，生下了美丽的阿尔克墨涅。阿尔卡俄斯的儿子安菲特律翁后来又与阿尔克墨涅结为夫妻，但新婚妻子却以兄弟的大仇未报为由拒绝与丈夫同床，导致精神恍惚的安菲特律翁无意之中射死了岳父厄勒克特律翁。此时，珀尔修斯的三儿子斯忒涅罗斯借口安菲特律翁有意弑君将他们两口子驱逐出境，霸占了迈锡尼王位。乘安菲特律翁率兵攻打塔福斯为舅子们报仇之机，宙斯让美丽的阿尔克墨涅怀上了他的孩子，并向诸神宣称珀尔修斯家族今天第一个出生的孩子将来要成为迈锡尼国王，并统治这一家族的所有后代。嫉妒的赫拉派出女儿——生育女神厄勒提亚给斯忒涅罗斯那怀孕刚刚七个月的妻子尼喀珀催产，让她赶在阿尔克墨涅之前生下了一个儿子——欧律斯透斯。就这样，欧律斯透斯成为迈锡尼的统治者。赫拉为惩罚宙斯与阿尔克墨涅生下的私生子——大英雄赫拉克勒斯，授意欧律斯透斯给他安排了十二项任务。后来，欧律斯透斯被重新恢复青春的伊俄拉俄斯活捉，并死于阿尔刻墨涅之手。①

话说早产儿欧律斯透斯身体虚弱，当上国王之后一直生不出孩子来，死后后继无人，迈锡尼王位空缺。谁来填补呢？这个人就是欧律斯透斯的舅舅——阿特柔斯。

要讲阿特柔斯，得从他那著名的祖父坦塔罗斯讲起。而我们这里的主

---

① "前情回顾"的详细内容，参见本书第 149 页。

要任务是引出特洛伊战争中的一位重量级人物——希腊联军统帅、迈锡尼国王阿伽门农，所以我从他的角度来介绍这个家族。

1. 阿伽门农的曾祖父——坦塔罗斯

一般来说，宙斯不管是强抢神女还是民女，都有比较精彩曲折的故事情节。可凡事皆有例外。宙斯与三千海洋神女之一普路托之间的情事就没有留下任何蛛丝马迹。当然，两位神仙发生关系之后的事情还是没有走出俗套：宙斯一击中的，普路托怀孕，嫁给国王，生下儿子，继承王位。

这孩子名叫坦塔罗斯，长大后继承养父的基业，成了吕底亚地区最富裕的城邦西皮罗斯的主宰。宙斯非常宠爱这个儿子，不但经常赐予他奇珍异宝，还不止一次邀请他登顶光明的奥林匹斯山，参加诸神的宴会。这还没完，各位大神有时还屈尊降贵，来到坦塔罗斯家中做客。所有这些，对一个凡人来说，那都是无上的荣耀。坦塔罗斯本可以就此过上富足而光荣的生活，可命运女神不允许，否则我们也就没有什么故事可写了。

坦塔罗斯集万千宠爱于一身，渐渐养成了自以为是、傲慢骄横的性格，甚至认为自己无所不能，与那万能的神祇无异。参加奥林匹斯宴会，他时常将诸神享用的神食和仙酒偷偷带走，然后与凡人朋友一起分享；诸神开会时对人类及世界命运所做的决定，他也拿来当作小道消息四处散播显摆。所有这一切，宙斯心知肚明。但他没有因为这些小事与坦塔罗斯计较，因为他是如此喜爱这个儿子。

宙斯的一味骄纵令坦塔罗斯变本加厉，变得不可一世、目空一切。不久之后发生的两件事情粗暴地侮辱了永生的众神。直到这时，宙斯才忍无可忍，决定对他加以惩罚。

当年，瑞亚害怕小儿子宙斯也像哥哥姐姐一样被克洛诺斯吞食，将其藏在克里特岛的山洞里，并让一条金毛犬守护他的安全。后来，宙斯造反成功，夺取了对世界的统治权，遂命赫淮斯托斯打造了一只黄金狗供奉在克里特岛上的神庙里。

厄斐索斯国王潘达瑞俄斯[①]胆大妄为，偷走了这只金狗，并将其藏匿于好友坦塔罗斯家中。无所不知的宙斯勃然大怒，便叫他的贴身跟班赫尔墨斯去找坦塔罗斯要回金狗。

赫尔墨斯转眼来到西皮罗斯，对这位同父异母兄弟说："老弟啊，快把金狗还给父亲宙斯吧！凡人干的事情怎么能够瞒得过他？当心惹怒神王，招来可怕的惩罚！"坦塔罗斯傲慢地说道："谁承认你这位兄长！你不过就是宙斯的跟屁虫而已。别拿宙斯吓唬我，他喜欢我还来不及呢！怎么舍得惩罚我？神也有搞错的时候，我对天发誓，从没见过什么金狗。"坦塔罗斯指着奥林匹斯山发下的骗人誓言让宙斯怒不可遏，但即使这样，他还是强压怒火，选择了忍耐。

对藏匿金狗一事宙斯没再追究。这不由得让坦塔罗斯开始怀疑众神真的无所不知。他不知道这件事情已经触碰了宙斯的底线，得寸进尺会成为招来众神惩罚的最后一根稻草。

奥林匹斯众神来坦塔罗斯宫中赴宴。这家伙异想天开，想出一个试探诸神预知能力的可怕计谋。他为神祇们准备了丰盛的菜肴，其中有一盘炖肉是杀掉儿子珀罗普斯剁成小块之后做成的，看他们是否有能力将其识破。众神当即看穿坦塔罗斯的险恶用心，谁也没动筷子，只有得墨忒尔当时因思念被冥王抢走的爱女珀耳塞福涅而心神不定、神情恍惚，误食了珀罗普斯的一个肩膀。

坦塔罗斯的罪恶行径是对众神的极大侮辱，终于超出了神王宙斯的容忍极限。他将这个曾经倍加宠爱的儿子直接打入哈迪斯的冥国，让他在那里接受三重可怕的惩罚：坦塔罗斯站在清澈的河水中，河水深及他的下巴，

[①] 潘达瑞俄斯是前文提到的仄托斯的岳父。参见本书第220页。

要想解除干渴，低下头就可以喝到，可是他只要一低头，河水马上退去，只剩下干燥的土地；坦塔罗斯头顶上方悬着果实累累的枝条，熟透的水果几乎擦到他的头发，要想解除饥饿，抬起头就可以吃到，可是他只要一抬头，水果马上飞走，只剩下干枯的枝条；坦塔罗斯还要忍受永恒的恐惧，他的头顶上方悬着一块儿似掉没掉、摇摇欲坠的巨石，随时都可能掉下来将他砸中。

对于孙子珀罗普斯，宙斯及时采取了补救措施，请求命运女神中负责纺织生命之线的小妹克罗托将其复活。克罗托搬来一口神锅，放在熊熊的烈火上，把男孩的肉和骨头倒进去又回了回锅，珀罗普斯重新组装，终于让他起死回生。可众神一看，这男孩虽然比原来更英俊，无奈成了一个缺胳膊的残疾人。就在这时，能工巧匠赫淮斯托斯登场了，他当即用象牙为珀罗普斯制作了一个肩膀。这位工匠之神的手艺精妙绝伦，制作的这个假肢和真的一样好使，堪称完美。不过这男孩也留下了一个后遗症——那就是他及其后代的右臂都长得很白很白，就像那白臂的赫拉。

坦塔罗斯虽已去了冥界接受惩罚，可他的狂妄性格和卑劣举动却已经为整个家族罩上了不幸的阴影：除了珀罗普斯，坦塔罗斯还有一个女儿尼俄柏和一个儿子布洛忒阿斯。尼俄柏的故事前面已经讲过。她嫁给忒拜国王安菲翁，生有七儿七女，傲慢自大的她因为挑衅女神勒托而被双胞胎姐弟阿尔忒弥斯和阿波罗灭门[①]；布洛忒阿斯没有吸取姐姐的教训，竟然不承认阿尔忒弥斯的女神身份，结果以心眼小而著称的女神使其发疯，自以为火不能伤人，遂跳入火里被活活烧死。

那这里的主角珀罗普斯的命运又如何呢？他遗传了父亲卑劣无耻的性格，后来又得罪了赫尔墨斯，致使他的后代更是丑事频出、厄运无穷。

[①] 具体故事情节参见本书第 220 页。

2. 阿伽门农的祖父——珀罗普斯

被救活的珀罗普斯成为西皮罗斯国王。可没过多长时间，强大的特洛伊国王伊罗斯率兵来犯，打败了西皮罗斯，珀罗普斯被迫逃离故乡。他带着忠实的随从登船渡海，去往遥远的希腊，后来在希腊最南端的半岛定居下来。从此，这里便以珀罗普斯的名字被命名为伯罗奔尼撒。

皮萨国王、阿瑞斯的凡间儿子俄诺玛俄斯有一个美丽的女儿希波达弥亚①。各路英雄皆为女孩的美貌所倾倒。求婚者络绎不绝，珀罗普斯也是其中一员。但国王俄诺玛俄斯不许女儿出嫁，因为他曾得到神示："你将来会死在女婿手中。"可是如何才能拒绝这些求婚者呢？俄诺玛俄斯想出一个办法——所有求婚者都必须与他比赛驾车，获胜者可以娶走希波达弥亚，失败者则要付出生命的代价。俄诺玛俄斯之所以做出这样的决定，是因为他不但拥有父亲阿瑞斯送的神马，而且他的驾车技术在全希腊也是无人能敌。

希波达弥亚实在太漂亮了，丧命的危险并不能阻挡英雄们前来求婚的脚步。他们纷纷来到宫中，要求与俄诺玛俄斯赛车。然而，所有参赛选手没有一人能够逃脱厄运，失败后全都被残暴的国王用长矛刺死。他将这些人的头颅钉在城门之上，希望能够警醒后来者，让他们知难而退，主动放弃比赛。

已有十三人死于俄诺玛俄斯手下。第十四个前来求婚的英雄就是珀罗普斯。国王严厉地对他说："难道你没看见挂在城门上的那些脑袋吗？他们可都是声名显赫的英雄。我想你也难逃这样的命运！"珀罗普斯语气坚定地说："你不用拿这些来吓唬我！我是不会退缩的——相反，我会不惜一切代价娶你的女儿为妻。你就等着做我的老丈人吧！"俄诺玛俄斯撇着

---

① 与珀里托俄斯的妻子希波达弥亚同名。参见本书第279页。

嘴说那就第二天赛场上见分晓!

对于这次比赛,珀罗普斯实际上并无必胜的把握。不过这都不是事儿。这个家族向来都是,靠实力不行,那就玩儿阴的。晚上,珀罗普斯悄悄找到俄诺玛俄斯的车夫密耳提罗斯——他是赫尔墨斯与人间一女子生下的儿子。奸诈的珀罗普斯请他把主人车轴上的一根铆钉偷偷拧松,以使高速旋转的车轮飞脱。当然,事成之后,密耳提罗斯也将得到丰厚的报酬:新娘的初夜属于他,而且还能得到一半的国土。密耳提罗斯早就垂涎希波达弥亚的美色。虽然觉得这样做有点不地道,但他经受不住诱惑,还是答应了珀罗普斯的要求。

第二天早晨,太阳初升,比赛即将开始。国王俄诺玛俄斯淡定地走到宙斯的祭坛前,高傲地对珀罗普斯说:"你可以先出发了,我向伟大的雷神献祭之后会赶上你的,到那时我的长矛将刺穿你的胸膛。"

珀罗普斯不敢怠慢,登上马车,全速飞奔。没过多大会儿,后面已远远传来急驰的马车声。响声越来越清晰——俄诺玛俄斯追过来了。珀罗普斯赶紧用皮鞭抽打马匹,顿时四周尘土飞扬,耳边风声呼啸,马车疾驰如飞。可就算这样,皮萨国王仍是越追越近,珀罗普斯已经感觉到后面他的马喷出的气息了。再回头一看,俄诺玛俄斯正得意扬扬地举起长矛对准了他。珀罗普斯这下慌了:难道自己所托非人,密耳提罗斯没有帮我的忙?就在这万分紧急的时刻,俄诺玛俄斯的车轮飞了出去,马车倒扣过来。珀罗普斯调转马头,趁机将长矛刺入他的后背。

珀罗普斯怀着胜利的喜悦回到皮萨城,当天就与希波达弥亚举行了婚礼,并接管了俄诺玛俄斯的王国。傍晚时分,车夫密耳提罗斯要求珀罗普斯兑现他之前做出的承诺,可这时他却怎么也舍不得了。狡猾奸诈的珀罗普斯深藏不露。他假意邀请密耳提罗斯到附近山上趁着月色看一下划给他的一半国土,然后乘其不备,将其从悬崖上推了下去。在坠落的过程中,密耳提罗斯诅咒珀罗普斯及其后代全都不得好死。

后来，尽管珀罗普斯为赫尔墨斯修建了宏伟的神庙，并为密耳提罗斯建造了豪华的陵墓，但一切皆是徒劳，根本无法平抑他们心中的怒火。从此以后，无穷无尽的灾难（弟弟诱奸嫂子[①]、兄弟相互残杀[②]、父亲女儿乱伦[③]、妻子谋杀丈夫[④]、儿子杀死母亲[⑤]等）将落到背信弃义的珀罗普斯及其后代头上。

3.阿伽门农的父亲——阿特柔斯

珀罗普斯与希波达弥亚婚后生下一个女儿——尼喀珀，四个儿子——阿特柔斯、堤厄斯忒斯、阿尔卡托俄斯、庇透斯。已有五个孩子的希波达弥亚失去了昔日的美丽容颜，喜新厌旧的珀罗普斯又同达那伊得斯姐妹之一阿克西俄涅鬼混在一起，并生下一个俊美非凡的孩子克律西波斯。大家是否记得，这位克律西波斯在前面的故事中露过一面——本应继承忒拜王位的拉伊俄斯被安菲翁和仄托斯驱逐，投奔了皮萨国王珀罗普斯。珀罗普斯好吃好喝招待他，可同性恋者拉伊俄斯恩将仇报，喜欢上了小帅哥克律西波斯，并将其拐走，这才引发了俄狄浦斯杀父娶母的悲剧。[⑥]

克律西波斯回国之后，父亲珀罗普斯对他更是宠爱有加。这招致了原配希波达弥亚的嫉妒，她怕珀罗普斯将来会把王位传给这个孩子，便教唆自己的四个儿子联手害死了克律西波斯。

犯下杀人大罪的四兄弟害怕父亲的惩罚，畏罪潜逃。老四庇透斯来到

[①] 堤厄斯忒斯诱奸嫂子阿厄洛珀参见本书第 382 页。
[②] 阿特柔斯和堤厄斯忒斯兄弟互残参见本书第 383 页。
[③] 堤厄斯忒斯与女儿珀罗庇亚乱伦参见本书第 384 页。
[④] 克吕泰涅斯特拉谋杀丈夫阿伽门农参见本书第 526 页。
[⑤] 俄瑞斯忒斯杀死母亲克吕泰涅斯特拉参见本书第 548 页。
[⑥] 参见本书第 224 页。

阿尔戈斯的特洛曾，后来做了国王，还用计谋算计了埃勾斯，成了英雄忒修斯的外公。① 老三阿尔卡托俄斯则去了麦加拉国王麦伽柔斯那里。关于他的故事，后面将会讲到。这里要讲的主要是老大阿特柔斯和老二堤厄斯忒斯——他们投奔了前面提到的迈锡尼国王斯忒涅罗斯，而斯忒涅罗斯的妻子就是珀罗普斯与希波达弥亚的女儿尼喀珀②。所以，阿特柔斯兄弟俩和迈锡尼国王之间是姐夫与小舅子的关系。

在迈锡尼，阿特柔斯娶妻成家，妻子名叫阿厄洛珀。

阿厄洛珀是谁？必须介绍一下。

前文提到，克里特国王米诺斯被西西里国王科卡罗斯的女儿们直接摁到装满开水的浴池里给煮了③，他的儿子卡特柔斯继承王位，阿厄洛珀就是这位卡特柔斯国王的女儿。除了阿厄洛珀，卡特柔斯还有一个儿子——阿尔泰墨涅，另外两个女儿——克吕墨涅④、阿珀墨绪涅。一家人本可以过上幸福快乐的生活。可就在这时，卡特柔斯得到一个可怕的神谕："以后你终将死在其中一个孩子的手中。"就在他想方设法避免这一命运时，阿尔泰墨涅和阿珀墨绪涅已经知晓了这个消息。他们害怕遭遇不测，遂偷偷逃离克里特岛来到罗得岛。残忍的父亲卡特柔斯请优卑亚国王、著名的航海者瑙普利俄斯⑤把他另外两个女儿——阿厄洛珀和克吕墨涅带到远处投入大海，以绝后患。可精明的瑙普利俄斯还有另一重身份：奴隶贩子。他收了钱后并没有照卡特柔斯的吩咐去做。他见克吕墨涅长得漂亮，便留

---

① 参见本书第 263 页。
② 参见本书第 155 页。
③ 参见本书第 277 页。
④ 与泰坦神俄刻阿诺斯的女儿、三千海洋神女之一克吕墨涅同名。参见本书第 7 页。
⑤ 达那俄斯的五十个女儿之一——阿密摩涅被萨提尔性骚扰，情急之下向波塞冬求援，正中这位色狼的下怀。他来了个英雄救美，赶走了萨提尔，自己霸占了美女阿密摩涅，生下瑙普利俄斯。这里的优卑亚国王、航海者瑙普利俄斯要比波塞冬的儿子瑙普利俄斯晚五代人，可称为瑙普利俄斯二世。

下做了媳妇。阿厄洛珀则被他卖给了来迈锡尼投奔姐夫的阿特柔斯，二人遂结为夫妻。后来，他们生下两个了不起的孩子——阿伽门农和墨涅拉俄斯。这两位在特洛伊战争的故事中将作为极其重要的角色出现。除了他俩，这两口子还有一个女儿安阿克西比亚和另一个儿子普勒斯忒涅斯。安阿克西比亚嫁给了涅斯托耳——就是当年赫拉克勒斯报复皮洛斯国王涅琉斯时给他剩下的唯一儿子[①]。普勒斯忒涅斯命运悲惨，在接下来的故事中马上就会登场。

接续前文。迈锡尼国王斯忒涅罗斯死后，他的妻子尼喀珀生下的那个早产儿欧律斯透斯掌握大权。欧律斯透斯被阿尔克墨涅杀死，后继无人。于是，迈锡尼居民去请求神示，问一下谁应成为他们的统治者。神谕做了这样的答复："掌握迈锡尼统治权的应该是拥有金毛羊的人！"之前，赫尔墨斯刚刚送给阿特柔斯一只金毛羊，这预示着神有意让他成为国王。当然，神使这样做的意图是借这"不祥之物"挑起纷争，为死去的儿子密耳提罗斯报仇。

弟弟堤厄斯忒斯对哥哥轻松获得王权一事很是不服。他决意无论如何一定要夺取阿特柔斯手中的权力。但怎样才能做到这一点呢？堤厄斯忒斯心想：要取得王权的合法性就必须先得到金毛羊，而金毛羊的藏身之处只有哥哥和嫂子知道。这样一来，阿厄洛珀就成了唯一的突破口。于是，他便用甜言蜜语将嫂子顺利拿下，阿厄洛珀帮小叔子偷走了丈夫的金毛羊。

有了金毛羊，堤厄斯忒斯理直气壮地向哥哥索要王权。宙斯对他的这种丑恶行径十分痛恨，便改变了太阳飞车的方向。由西向东反过来行驶的阿波罗也心怀不满，遂以神谕的方式向迈锡尼居民宣告了事情的真相。阴谋败露，堤厄斯忒斯与嫂子害怕遭到阿特柔斯的惩罚，迫不得已逃离迈锡

---

① 参见本书第 202 页。

尼。不过，临走之时，这对奸夫淫妇还悄悄带走了年幼的普勒斯忒涅斯。

恶毒的堤厄斯忒斯在异国他乡像对待亲生儿子一样悉心教导不明真相的小侄子普勒斯忒涅斯，不但教他杀敌本领，还培养他对阿特柔斯的刻骨仇恨，为的是让他日后亲手杀死自己的父亲。阿厄洛珀死心塌地爱着堤厄斯忒斯，并为他生下三个儿子和一个女儿，完全不顾前夫和儿子的死活。

普勒斯忒涅斯长大成人后，堤厄斯忒斯派他去迈锡尼杀死阿特柔斯，但结果却是他被生身父亲亲手杀死。阿特柔斯得知事情的真相后气急败坏，发誓一定要向残忍无比的弟弟和那个败家娘们儿展开无情的报复，于是策划了一个同样恶毒的复仇计划。

阿特柔斯装出一副并不知道刺客就是亲生儿子的样子，放出悔过自新、不计前嫌要与兄弟和解的风声，并派人去找堤厄斯忒斯，请他返回迈锡尼共同执政。堤厄斯忒斯放松了警惕，与老婆阿厄洛珀来到宫中，想趁机刺杀阿特柔斯。阿特柔斯为他们摆上丰盛的宴席，并和颜悦色地说了一些客气话，这对夫妇也假意逢迎，安然地吃起美味大餐来。他们哪里知道，桌上这些饭菜非比寻常。阿特柔斯趁兄弟离家之时已吩咐手下偷偷把他的三个儿子抓来，将其杀死，制作了这可怕的菜肴。

堤厄斯忒斯和阿厄洛珀饱啖亲生儿子的肉之后，天上响起了滚滚惊雷，那是宙斯在为这可怕的一幕表达愤怒。听到这雷声，堤厄斯忒斯心中突然隐隐涌起一股不祥的预感。就在这时，阿特柔斯叫仆人把孩子的手和脚拿了进来，并一脸平淡地说出了事情的真相。

悲痛而愤怒的堤厄斯忒斯掀翻桌子，疯狂地跃起身来跑出宫殿。阿特柔斯没有杀他，因为他想让兄弟也体验一把生不如死的感觉。不贞的阿厄洛珀则被扔进了大海。

失魂落魄的堤厄斯忒斯跌跌撞撞、浑浑噩噩地走上了逃亡之路。他不知走了多久，最后来到厄庇洛斯国。那里的国王忒斯普洛托斯给他提供了栖身之所。在这里，堤厄斯忒斯被丧子之痛、杀子之仇折磨得心如刀绞、昼夜难眠，虽然心里一遍一遍地诅咒阿特柔斯，可他根本没有能力和强大的哥哥对抗。后来，堤厄斯忒斯还是选择去了德尔斐神庙，请求神灵赐予他报仇的办法。阿波罗借用祭司之口告诉他："你和你唯一的女儿珀罗庇亚生下的孩子才是替你报仇的人。"

这样的神示不由得让我们觉得奥林匹斯山上的这些神祇是不是都抱着一种"看热闹不嫌事大"的变态心理，将人类玩弄于股掌之间？

心肠狠毒的堤厄斯忒斯听了这一神谕也感到无比震惊。当年因三个儿子被害，他离家出走时根本没管女儿的死活，也不知道她如今流落何方。现在诸神竟让他做这种不伦之事，当父亲的岂能下得了手？可是，经过一番激烈的思想斗争，报仇心切的堤厄斯忒斯最后还是说服了自己。为了报仇，他已经顾不了太多。

堤厄斯忒斯对忒斯普洛托斯假意说自己非常思念失散多年的女儿，请求国王帮他寻找。忒斯普洛托斯被朋友的"情真意切"所打动，经过不断努力，最后终于在西库翁找到了珀罗庇亚。

堤厄斯忒斯偷偷潜入西库翁，在女儿祭神回来的路上扮作匪徒把她强奸了，然后趁着夜色溜之大吉。后来，可怜的珀罗庇亚发现怀孕了。正在她愁眉苦脸、无计可施之时，冤大头自己找上门来。他不是别人，正是女孩的伯父阿特柔斯。

原来，自从"人肉汤"事件之后，诸神本不想再管这对人渣兄弟的事，可堤厄斯忒斯的全天候不间断诅咒实在把神仙们惹烦了，诸神便给阿特柔斯的国家迈锡尼降下了罕见的饥荒。这回该轮到阿特柔斯祈求神示了。预言家告诉他，只有把堤厄斯忒斯接回迈锡尼，这场灾难才能结束。没有办法，阿特柔斯只得去希腊各地寻找兄弟。当他来到西库翁时，恰巧看到珀罗庇亚，立即被她的美貌迷住，并请求她嫁给自己。怀有身孕正苦于找不到下家的珀罗庇亚没有犹豫，马上表示同意。就这样，伯父与侄女谁都不认识谁，竟举行了婚礼，成为一对夫妻。

之后没过多长时间，阿特柔斯便打听到了堤厄斯忒斯的藏身之地，不容分说将他带回迈锡尼。迈锡尼的灾难解除了，但阿特柔斯并没有给兄弟以自由，而是将他囚禁起来。

珀罗庇亚很快便生下儿子埃癸斯托斯。阿特柔斯愚蠢地以为这是他的孩子。许多年过去了，埃癸斯托斯已长大成人，阿特柔斯便派他去杀掉堤厄斯忒斯。埃癸斯托斯带上佩剑去执行"父亲"的命令，但不知道要杀掉的这个人才是自己的父亲。

就在埃癸斯托斯马上要犯下弑父大罪之时，堤厄斯忒斯看到了他手中的利剑，忙问这把剑来自何处。埃癸斯托斯告诉他："这是母亲珀罗庇亚所赠，是她当年路遇强人，争斗之时从其腰间拽下的武器。"堤厄斯忒斯认出那正是他的佩剑，眼前站着的便是自己与女儿生下的孩子，也就是命中注定替他报仇雪恨的人。他当即向埃癸斯托斯说出了实情，可年轻人对他的话始终持怀疑态度。堤厄斯忒斯乞求儿子让他与珀罗庇亚见一面，埃癸斯托斯也怕犯下不可挽回的错误，就答应了他的请求。

面对女儿，堤厄斯忒斯老泪纵横，向她讲述了事情的来龙去脉。珀罗庇亚羞愧难当，从儿子手中抢过剑来引颈自刎。父子相认，抱头痛哭，尔后拟定了刺杀阿特柔斯的复仇计划。

埃癸斯托斯拿着带血的利剑回宫禀告阿特柔斯，说他已将囚犯杀死。阿特柔斯为除掉这一心腹大患而欣喜若狂。就在他得意忘形之际，埃癸斯托斯猛地拔出剑来，刺进了他的胸膛。阿特柔斯死了，堤厄斯忒斯大仇得报，终于得到了迈锡尼的统治权。

阿特柔斯的两个儿子——阿伽门农和墨涅拉俄斯只得亡命他乡。

后来，阿伽门农和墨涅拉俄斯兄弟得到斯巴达国王廷达瑞俄斯的庇护，又卷土重来，杀回迈锡尼，替父报仇处死叔叔堤厄斯忒斯，叔伯兄弟埃癸斯托斯则流亡异国他乡。就这样，之后征讨特洛伊的联军统帅阿伽门农坐上了迈锡尼的王位。

（二）斯巴达

阿伽门农成为迈锡尼国王，那他的兄弟墨涅拉俄斯又如何呢？现在就让我们再来了解一下特洛伊战争中的另一位重量级人物——墨涅拉俄斯。讲到他，必然要谈到斯巴达城邦及相关精彩故事。

前文曾讲到，泰坦神阿特拉斯被判无期徒刑外加劳动改造之后，他那七个漂亮的女儿被瓜分一空。宙斯抢了三个，其中有一个叫塔宇革忒的美女为他生下儿子拉刻代蒙。拉刻代蒙后来娶河神欧洛塔斯的女儿斯巴达为妻，并以妻子的名字为都城命名，也就是我们这里所说的斯巴达。

拉刻代蒙与斯巴达有一儿一女：女儿欧律狄刻嫁给阿尔戈斯国王阿克里西俄斯，生下一个大美女达娜厄，就是宙斯化作黄金雨使其怀孕，瓜熟蒂落之后为他生下大英雄珀尔修斯的那位[1]；儿子阿密克拉斯则继承了父亲的王位，成为斯巴达国王。

后来，阿密克拉斯的儿子库诺耳塔斯又接替了他的王位，但并没有什么故事流传下来。

库诺耳塔斯的儿子俄巴洛斯继承斯巴达王位后，娶了个著名的媳妇——珀尔修斯和安德洛墨达的女儿戈尔戈福涅。前文讲到，戈尔戈福涅之所以有名，只因她是希腊神话里的寡妇改嫁第一人——老公死了之后她才嫁给这位斯巴达王。[2] 想必这美女具有非凡的魅力，否则身为国王的俄巴洛斯怎么会找个二婚的呢？不过，再婚的戈尔戈福涅为丈夫生下两个儿

---

[1] 参见本书第 137 页。
[2] 参见本书第 302 页。

子——廷达瑞俄斯、伊卡里俄斯之后，还是失去了吸引力。俄巴洛斯又被一位美丽的水泽仙女迷住，和她生下一个儿子希波科翁。

俄巴洛斯临死之前，已定好王位继承人——正室所生的儿子廷达瑞俄斯。可他死之后，已有十二个儿子的希波科翁仗着人多势众霸占了斯巴达王权，并将同父异母兄弟驱逐出境。

廷达瑞俄斯经过长期的颠沛流离，最后投奔了埃托利亚国王忒斯提俄斯①。忒斯提俄斯对这位流亡者相当不错，把像女神一样美丽的女儿勒达嫁给了他。

接下来的故事就是，在"赫拉克勒斯的复仇之路"中所讲到的大英雄联合忒革亚国王刻甫斯对希波科翁一家的灭门行动。之后，从不贪恋权力的赫拉克勒斯将廷达瑞俄斯召回，让他掌管斯巴达的政权。②

廷达瑞俄斯虽遭此劫难，但结局不错：自己没付出什么努力，却弄了个爱情事业双丰收。他本可以从此过上"老婆孩子热炕头"的自在生活，可无奈媳妇勒达长得实在是太漂亮了，这样一来，也就难逃那从来不会放过任何一个美女的大色狼——宙斯的魔爪。

有一天，美丽的勒达在河中沐浴。眼神极好的宙斯打此路过，一眼就瞄到了美女洗澡的场景。他顿时神魂颠倒，再也拔不动腿了，于是化身天鹅，并令那只凶恶的老鹰来追逐自己。善良的勒达见天鹅楚楚可怜，赶紧用那美丽的胴体护住了它。宙斯见美女轻易中招，心中暗喜，还没有变作人形就迫不及待地将勒达按倒在地，成就好事。

美女与野兽交配的结果是胎生变卵生——勒达生下两只双黄鹅蛋，一只孵出了孪生兄弟波吕丢刻斯和卡斯托耳，另一只孵出了双胞胎姐妹克吕

---

① 忒斯提俄斯是波塞冬和得摩尼刻的儿子。参见本书第 343 页。
② 参见本书第 202 页。

泰涅斯特拉和海伦。神王这次怎么如此厉害，一下让美女给他生下四个孩子？其实根本就不是那么回事儿。勒达在野外与天鹅交配后怕自己怀孕无法向老公交代，回家之后干脆又和廷达瑞俄斯温存了一番。这样一来，波吕丢克斯和海伦是宙斯的孩子，另外两个则是戴着绿帽子的廷达瑞俄斯的种。

波吕丢刻斯和卡斯托耳合称狄俄斯库里兄弟。他们虽是同母异父，但哥俩好得像一个人似的，不是亲兄弟胜似亲兄弟。后来，两人一起参与了阿耳戈远征和卡吕冬狩猎。克吕泰涅斯特拉和海伦姐妹俩则不同。虽说姐姐长得也不错，但没法和妹妹比，因为海伦拥有倾国倾城之貌，乃世间无人出其右的第一美女，甚至连美丽的女神见了她都要嫉妒三分。

海伦尚未成年之时，她的绝色姿容已在整个希腊传扬开来，惹得两个耐不住寂寞的老光棍忒修斯和珀里托俄斯不辞辛劳来斯巴达抢人。此次行动倒是获得了成功。但后来又被波吕丢刻斯和卡斯托耳兄弟夺回——这一事件前文已经讲过。[①]

成年之后的海伦更是美艳得不可方物，接二连三的求婚者踏破了廷达瑞俄斯王宫的门槛，每个人都想娶她为妻。廷达瑞俄斯见各路英雄纷纷前来求婚，心里自然欢喜，但这也让他犯了难：到底应该把女儿嫁给哪位呢？他知道不管嫁给谁，都会得罪众多的求婚者，搞不好还会触发一场大战。就在他犹豫不决，不知如何是好之时，足智多谋的英雄奥德修斯[②]给他出了一个主意："让海伦自己做主，选择佳婿。但在选择之前，所有求婚者必须在美女面前发下誓言：无论海伦选谁做丈夫，其他人绝不可因为嫉妒而对他动武。不仅如此，在以后的日子里，不管这个幸运者遇到何种危难，

[①] 参见本书第 283 页。
[②] 奥德修斯是奸诈狡猾的西绪福斯的儿子。参见本书第 407 页。

大家都必须鼎力相助。"

廷达瑞俄斯采纳了奥德修斯的建议。在所有求婚者都对诸神发下这一誓言之后，海伦才说出她的选择。她选中的正是前文提到的阿特柔斯的儿子、阿伽门农的弟弟墨涅拉俄斯。当时，阿伽门农和墨涅拉俄斯兄弟俩被堤厄斯忒斯和埃癸斯托斯父子俩逐出迈锡尼，正在廷达瑞俄斯这里避难，所以海伦和他们早就认识。也许姑娘之前就看上了体格健壮、为人实在的墨涅拉俄斯，也许她想的是找个熟人当老公总比陌生人强，总之，最后抱得美人归的是墨涅拉俄斯。落选的英雄遵守诺言，纷纷祝福这对新婚夫妇，并又一次对天发誓：如果以后有人胆敢再动歪歪心思，将海伦从丈夫那里夺走，他们将不惜一切代价帮助墨涅拉俄斯夺回妻子。

眼看天下第一美女被弟弟揽入怀中，阿伽门农心存嫉妒，但既然已经发下誓言也就没了办法。最后，阿伽门农舍而求其次，要求廷达瑞俄斯将大女儿克吕泰涅斯特拉嫁给他。国王答应了他的请求。就这样，两兄弟娶了两姐妹，成为连襟。

羽翼丰满之后，兄弟俩杀回故乡。阿伽门农执掌了迈锡尼的王权，墨涅拉俄斯则在老岳父廷达瑞俄斯死后当上了斯巴达的国王。娶了第一美女，又身为一国之主，墨涅拉俄斯志得意满，在王宫里过着无忧无虑的日子。但他哪能想到，美丽的海伦日后要给他惹出惊天事端、带来无尽灾难。

（三）特洛伊

泰坦神阿特拉斯的七个漂亮女儿被宙斯抢了三个。前文已讲到其中的两个：迈亚为他生下神使赫尔墨斯[①]；塔宇革忒为神王生下的是拉刻代

[①] 参见本书第 89 页。

蒙①。还有一个就是厄勒克特拉②，为宙斯生下了两个孩子——伊阿西翁和达耳达诺斯。

后来，兄弟俩参加了卡德摩斯和哈耳摩尼亚的世纪婚礼。③婚宴现场，神界之中一向还算矜持的得墨忒尔醉酒后疯狂地爱上了伊阿西翁。在这位农产女神的引诱之下，他们双双离席，在克里特岛"第三次新翻耕的田地里"结合④。这下可把宙斯给惹着了。他心想：得墨忒尔可不光是我的姐姐，还是我的妻子；你小子竟敢动她，看样子是不想活了，那我就成全你吧，于是他发出一道雷电将伊阿西翁殛死。我们不得不说，伊阿西翁死得确实有点冤。没办法，别管他俩谁主动，反正人类只要得罪了老天爷就得遭雷劈！

情人伊阿西翁被丈夫宙斯下了死手。已有身孕的得墨忒尔心情坏到了极点，结果生了个残疾儿子——被称为财神的普路托斯。⑤这孩子天生眼瞎，导致世间财富分配不均、两极分化严重。⑥后来，医神使其复明，他重新分配财富。这样一来又出现了"平均主义大锅饭"。经过一番折腾，普路托斯发现不能走极端，还是得"让一部分人先富起来"。

哥哥死了，达耳达诺斯悲伤地离开家乡萨摩特拉岛，来到亚细亚的密西埃海湾，娶了当地国王透克洛斯的女儿巴忒亚。透克洛斯死后，女婿成

---

① 参见本书第137页。
② 与彩虹女神伊里斯的母亲、三千海洋神女之一厄勒克特拉同名。参见本书第14页。
③ 参见本书第215页。
④【古希腊】荷马：《荷马史诗·奥德赛》，王焕生译，人民文学出版社，1997年版，第92页。
⑤ 冥王哈迪斯的另一个名字普路同(Plultôn)与普路托斯(Plutos)同出一源，五谷、矿藏皆自地出，便也有了"财富"的意思。
⑥ 古希腊抒情诗人提摩克瑞翁这样说道："但愿你，瞎眼的普路托斯，不在大地上、不在大海上、不在大陆上出头露面，而是定居在塔耳塔洛斯和阿克戎；因为有你在场，人类中总有各种祸患。"（引自【德】恩斯特·狄尔编：《古希腊抒情诗集》第四卷，王扬译注，上海人民出版社，2018年版，第1549页。）

功上位。再后来，王位经过儿子厄里克托尼俄斯①传给孙子特洛斯。特洛斯继位后，城邦改名特洛伊。

特洛斯与妻子生下三个儿子——伊罗斯、阿萨剌克斯、伽倪墨得斯。伽倪墨得斯的故事前面已经讲过，就是被变作老鹰的宙斯掳走做了他的情人，后又被嫉妒的赫拉变成水瓶的那位帅哥。②特洛斯死后，长子伊罗斯继承王位。在伊罗斯掌权期间，雅典娜的好友帕拉斯的塑像——帕拉狄昂③奇迹般地从天上降到特洛伊城。据说，宙斯企图占有厄勒克特拉之时，美女誓死不从，遂躲到帕拉狄昂神像后面寻求庇护。心急火燎的宙斯哪管这一套！他把神像一扒拉，就将美女占为己有。于是，这神像自此就从高高的奥林匹斯山上掉了下来。当它掉到特洛伊城内之时，宙斯与厄勒克特拉的子孙已历经四代传承。为了对美女有所补偿，宙斯做出承诺：只要帕拉狄昂神像尚在，特洛伊城就固若金汤。

特洛伊，一座被神祇庇护的城堡，后来却又被无情地抛弃。这究竟是为什么呢？是因为两个人和两件事。

第一个人：背信弃义的拉俄墨冬。

第一件事：欺骗神祇和英雄。

伊罗斯之后，他的儿子拉俄墨冬继位。这位臭名昭著的国王从不讲信用。波塞冬和阿波罗因参与赫拉策划的反叛行动被宙斯罚去给拉俄墨冬修筑城池。两位大神兢兢业业干了一年，把特洛伊城墙修建得既高大又坚固，可在讨要工钱时，却遭到黑心老板的拒绝。从此之后，这两位成了特洛伊城的冤家。④

---

① 与雅典地生人、半人半蛇的厄里克托尼俄斯同名。参见本书第242页。
② 参见本书第25页。
③ 参见本书第45页。
④ 参见本书第178页。

等拉俄墨冬给宙斯汇报完工作之后，两位大神再也忍不住了：一怒之下，阿波罗降下瘟疫，特洛伊尸横遍野；波塞冬派出海怪，特洛伊民不聊生。为了摆脱灾难，拉俄墨冬只得将女儿赫西俄涅献祭。就在这时，赫拉克勒斯打此路过，来了个英雄救美。不过大英雄索要的报酬不是美女而是几匹神马。救人要紧，拉俄墨冬只得答应。可事成之后，他再次反悔。当时身为奴隶的赫拉克勒斯选择了忍耐。十二功绩完成后，大英雄第一个报复的就是拉俄墨冬。他振臂一呼，立即组成九百人团队，攻陷特洛伊，杀死了拉俄墨冬和他的儿子们，只有小儿子普里阿摩斯因为姐姐赫西俄涅的保护才躲过一劫。向来不计功名利禄的赫拉克勒斯把特洛伊王位交给了他。① 正是在普里阿摩斯当权期间，发生了举世闻名的特洛伊战争。

第二个人：诚实率真的帕里斯。

第二件事：金苹果选美事件。

这个人、这件事堪称整个特洛伊战争的导火索。接下来我将把这一宏大场面徐徐为你展开。

（四）金苹果之争

金苹果之争源起于珀琉斯与忒提斯那场轰动天庭与人间的世纪婚礼。

1. 珀琉斯的身世

大家可否记得，宙斯为了破除父亲克洛诺斯的诅咒，使他的神王位置不被代替，曾使出各种手段逼迫先知普罗米修斯说出和哪位女神生下的儿子会比他更强大？最后，普罗米修斯妥协了，向第三代神王揭示了这个重大秘密：宙斯若与海洋神女忒提斯结合，生下的儿子将推翻父亲的统治。

---

① 参见本书第 198 页。

这个答案把宙斯惊出一身冷汗，因为他当时正在追求忒提斯。①老宙忍痛割爱，赶紧收手，不但下定决心永远不和忒提斯有肌肤之亲，而且还决定让女神直接下嫁凡人。因为这样一来，他们生出的孩子就不是不死的神祇，而是有死的英雄，再也不会危及他的王位。这事容不得半点马虎。宙斯亲自为忒提斯物色了一个人选——他就是以洁身自好而著称的英雄珀琉斯。

珀琉斯是哪位？

前面在讲西绪福斯的故事时，曾经讲到宙斯变成老鹰把河神阿索波斯的美丽女儿埃癸娜掳到一个无名小岛上，从此这座岛屿被命名为埃癸娜岛。②在岛上，埃癸娜为宙斯生下一个儿子——埃阿科斯。埃阿科斯娶马人喀戎的女儿恩得伊斯为妻，生下珀琉斯、忒拉蒙兄弟。

宙斯这事做得还算隐蔽，但时间长了还是没能瞒过善妒的赫拉。她看到埃癸娜一家的幸福生活之后，燃起满腔妒火，降下瘟疫将岛上居民全部杀死。埃阿科斯恳求父亲宙斯帮他度过这场灾难。在宙斯眼里，和自己发生过关系的女人可以不管，但儿子不能不顾。于是他拿出霹雳棒，放下一道闪电，一场甘霖从天而降，可怕的瘟疫被清扫干净。随后，宙斯施展法力将岛上的蚂蚁变成人形，从此便又有了大量的居民。③经过埃阿科斯的努力，没过多长时间，埃癸娜岛再次呈现出繁荣景象。

在岁月的侵蚀下，恩得伊斯成了黄脸婆。埃阿科斯移情别恋，迷上了海神涅柔斯④生下的五十个海洋仙女之一——普萨玛忒。普萨玛忒虽然使出家传的变身本领，但还是没能逃脱埃阿科斯的魔爪，为其生下儿子福科斯。这孩子打小就甚得父亲的宠爱，长大成人后又立下许多战功，所以埃

---

① 参见本书第 117 页。
② 参见本书第 291 页。
③ 这些人被称为密耳弥多涅人，希腊语的意思即蚂蚁人。
④ 涅柔斯是该亚和蓬托斯的儿子。参见本书第 10 页。

阿科斯非常喜欢他。这招来了同父异母兄弟珀琉斯和忒拉蒙的嫉妒，二人用计将其杀死。埃阿科斯得知真相后，将兄弟俩驱逐出埃癸娜岛。

忒拉蒙去了萨拉米斯，投奔了那里的国王库克柔斯。关于他的事迹，我们以后再说，现在关注故事主角——珀琉斯。

珀琉斯逃到忒萨利亚地区的佛提亚，国王欧律提翁对他真心不错，不仅赠送三分之一的领地，还将女儿安提戈涅①许配于他。后来，珀琉斯与兄弟忒拉蒙一起参加了赫拉克勒斯组织的特洛伊城之战、伊阿宋组织的阿耳戈远征、墨勒阿革洛斯组织的卡吕冬狩猎等多次集体行动。不幸的是，在卡吕冬狩猎过程中，珀琉斯不慎误杀老丈人欧律提翁。②英雄为这事深感愧疚，于是选择自我放逐，和妻子离开佛提亚去了伊俄尔科斯。伊俄尔科斯国王、珀利阿斯之子阿卡斯托斯③收留了他，并为其净罪。

天长日久，阿卡斯托斯的老婆阿斯梯达弥亚爱上了英俊的珀琉斯，遂想方设法勾引他。可大英雄秉持着"朋友妻不可欺"的原则，严词拒绝了她。阿斯梯达弥亚恼羞成怒，一气之下施行了离间之计。她对安提戈涅说："你的丈夫嫌弃你人老珠黄，打算偷偷娶我的女儿斯忒洛珀④为妻。"安提戈涅信以为真，竟上吊自杀。这还不算完，狠毒的婆娘又向丈夫诬告说："你交的是什么朋友？珀琉斯垂涎我的美色，竟然背着你调戏我。"阿卡斯托斯也听信了妻子的谗言，决定杀死珀琉斯。然而，按照风俗，谁都不能亲手杀死自己为其净过罪的人。阿卡斯托斯于是想出了"借刀杀人"的办法。

有一天，阿卡斯托斯带着珀琉斯去马人的聚集地——珀利翁山的森林

---

① 与俄狄浦斯的女儿安提戈涅同名。参见本书第227页。
② 参见本书第346页。
③ 珀利阿斯被女巫美狄亚害死之后，他的儿子阿卡斯托斯继承伊俄尔科斯王位。参见本书第336页。
④ 与忒革亚国王刻甫斯的女儿同名。参见本书第203页。

里狩猎。午饭时，他将珀琉斯灌醉，并扶着他在草地上睡着后，又把他的佩剑偷偷藏了起来，然后与仆人们扬长而去。珀琉斯睡醒后，不见了朋友，就大声喊了起来。这一喊不要紧，阿卡斯托斯没来，倒是惊动了那些彪悍好斗的马人。

血腥野蛮的马人蜂拥而至，要将这个陌生人撕成碎片。找不到武器的珀琉斯只能赤手空拳，拼死抵抗。可是马人越聚越多，最后珀琉斯的身上已是伤痕累累，渐感气力不支。眼看寡不敌众，他就要死于马人之手。在这危急时刻，马人喀戎及时赶到，一看被围攻的竟是他的外孙，立即喝退所有马人，把珀琉斯带回家中。在喀戎的精心治疗与照料下，英雄很快就痊愈了。

有外祖父帮忙，经过一番调查，珀琉斯终于知道了事情的全部真相。随后，他杀死了背叛友情的阿卡斯托斯，并把那个搬弄是非的阿斯梯达弥亚斩为三截，从而夺取了富饶的伊俄尔科斯城。

2. 忒提斯的婚礼

珀琉斯的妻子安提戈涅被阿斯梯达弥亚害死，宙斯决定将永远不能和其发生关系的海洋仙女忒提斯嫁给这位不贪恋女色的人间国王。但当神使赫尔墨斯把宙斯的这一决定告诉忒提斯时，没想到女神对包办婚姻极其反感。她坚决拒绝，誓死不从。

接着，赫尔墨斯又把宙斯的意愿和忒提斯的反应告诉了珀琉斯。珀琉斯也感到很为难：他不敢违背神王的意志，但忒提斯又不想嫁给他，这便如何是好呢？外祖父、明智的喀戎告诉珀琉斯："涅柔斯和多里斯所生的这五十个海洋仙女都具有高超的变形本领。你潜伏在忒提斯经常去休息的一个山洞中等着她，趁其不备紧紧将其抱住，不管她变成什么东西都不要放手，直到她恢复人形为止。到那时，她就会乖乖地嫁给你做妻子了。"

珀琉斯依计行事，躲在山洞里等候忒提斯的到来。不多时，忒提斯浮出海面，走进山洞。珀琉斯瞅准机会，猛扑过去，用强有力的双手，死死抱住了她。忒提斯拼命挣扎，先后变成火、风、树、鸟、虎、狮、蛇、乌贼等各种形式，试图摆脱珀琉斯的控制，可最终还是失败了。她遂化为人形，同意了这桩婚事。

在珀利翁山马人喀戎那宽敞的洞府里，一对新人正在筹备婚礼。一直困扰宙斯的心头事终于解决了，再也没有谁能撼动他的地位。兴奋的神王让珀琉斯夫妇把喜帖发给各路神仙，让奥林匹斯山的所有神祇作为娘家人都出席这一盛大婚宴，其目的就是把它搞成一个世纪婚礼，昭告天下：忒提斯是洁身自好的英雄珀琉斯的妻子，以后谁也别想再打她的主意。

婚礼当天，宾客齐至，欢声笑语，热闹非凡。可就在大家载歌载舞，沉浸在一片喜气洋洋的氛围中时，有一位女神却一直在喀戎的山洞附近孤单地来回徘徊。她就是专门负责煽风点火、散播仇恨、无事生非的纷争女神厄里斯[①]。原来，珀琉斯两口子实在太忙了，竟忘记了给她发请帖。当然，也可能是故意的——在这大喜的日子里谁也不想让这丧门星搅了局。神仙们都到齐了，就她自己没收到请帖。感到面子上挂不住的厄里斯岂肯善罢甘休？女神怀恨在心，不请自来，盘算着挑起争端的办法。

突然，厄里斯有了主意。她飞速前往赫斯帕里得斯圣园，取来一个金苹果，在上面写上"送给最美的女神"，然后悄悄飞到筵席旁，神不知鬼不觉地将苹果扔在了宴会的餐桌上。

当众神看到这个金苹果时，男神们都在争论到底应该把它送给哪位神仙。谁才称得上是最美丽的女神呢？女神们一开始虽然嘴上都不说话，但个个心里认定自己才是最美的。后来，男神们觉得"女人结婚那天就是最美的"，今天既然是海洋女神忒提斯的大喜日子，这个苹果理应给新娘子。

[①] 厄里斯是五大创世神之一黑夜女神倪克斯的女儿。参见本书第3页。

到了这个时候，女神们绷不住了，特别是地位显赫的天后赫拉、英姿勃发的战神雅典娜和千娇百媚的美神维纳斯当即争吵起来。三位女神互不相让，都觉得自己才应是金苹果的拥有者。就这样，珀琉斯的婚宴在一片争吵声中不欢而散。看到这一幕，厄里斯露出了欣慰的笑容。

婚礼虽然结束了，但三位女神的争吵并没有停止。最后，她们闹到了宙斯那里，让他来裁决这场纷争。

老油条宙斯才不会亲自做出这种得罪人的判决呢！一个是老婆，一个是女儿，一个是梦中情人，谁都得罪不起。老谋深算的神王拿起苹果，交给了赫尔墨斯，对他说："你把三位女神带到特洛伊城郊的伊达山上，那里有一个俊美的男人帕里斯，让他去做出裁决吧！"

3. 帕里斯的裁决

帕里斯是谁？前文讲到，赫拉克勒斯杀死拉俄墨冬之后，将特洛伊王位交给了普里阿摩斯。普里阿摩斯先是娶了预言家墨洛普斯的女儿阿里斯柏，与她生下一个儿子埃萨枯斯。接着，这家伙就表现出了很多男人都会有的"喜新厌旧"的一面。他抛弃原配妻子，又迎娶了佛律癸亚年轻貌美的公主赫卡柏。夫妻二人生的第一个儿子就是特洛伊的大英雄——赫克托耳，帕里斯是他们的第二个儿子。

帕里斯出生的前夜，他的母亲赫卡柏做了一个噩梦。她梦见生下一个燃烧的火球，点燃了特洛伊城，使整座城市化为灰烬。赫卡柏非常害怕，第二天将梦境告诉了丈夫普里阿摩斯。普里阿摩斯去请教当地的解梦专家。这位专家是谁呢？正是他与前妻所生的儿子埃萨枯斯。他从外祖父那里习得这套本领。埃萨枯斯倒是不计前嫌，对这个抛弃他们母子的父亲说道："您的妻子就要生下一个儿子，他将给特洛伊城带来毁灭性的灾难。"

当天，赫卡柏果真生了一个儿子。普里阿摩斯犯难了：这小子的解梦水平到底怎么样啊？想当年他的外祖父、我的老丈人墨洛普斯的水平可是一般，要不然他怎么没能算出来我会将他的女儿抛弃呢？想必我这儿子的水平也高不到哪里去，也许是因为记恨我而故意报复才说了这么一番危言耸听的预言。不过，话说回来，此事关系到我的王位，倒也不可大意。思来想去，国王还是决定杀死儿子，以除后患。父亲杀儿子，终究下不去手，遂决定让他的忠实仆人把新生儿遗弃于伊达山，让野兽撕食。

故事发展到这里，牧羊人又该出现了。他救起这个孩子并给他起名帕里斯。

帕里斯逐渐长成一个膂力过人、胆识超群、英俊非凡的美少年。子承"父"业，他也成为一名牧羊人。不知身世的帕里斯在伊达山上过得倒也安定，对这种境遇也感到颇为满足。

有一天，帕里斯正在山上的森林里放牧，赫尔墨斯带着三位女神飞速来到他的面前。帕里斯见几位大神飘然而至，吓得拔腿就要逃跑。赫尔墨斯拦住了他，把事情的原委向他说明，并将金苹果递到他的手中。

突然能够以宙斯的名义对三位美女行使裁决权，帕里斯受宠若惊。被委以重任的他坐到石头上以后，才敢正眼观瞧站在面前的三位女神。

选美比赛开始了。裁判员帕里斯想看一看裸体[①]，狡黠的赫尔墨斯便让三位女神脱掉了衣服。维纳斯、赫拉、雅典娜逐个宽衣解带，展示她们那美丽的身体。在乡野之中长大的帕里斯只见过本村小芳这样的姑娘，哪里见过三位女神这样的大美女？本性好色的他这次真是大饱眼福。他流着口水，从左看到右，从右看到左。三位女神的美貌怎么看都是不相上下：赫拉高大匀称、雍容华贵、仪态万方；雅典娜清纯秀美、目光深邃、英姿勃勃；维纳斯体态婀娜、娇艳柔媚、光彩照人。真是各有各的美！帕里斯

[①] 参见【古罗马】琉善：《路吉阿诺斯对话集》（上册），周作人译，中国致公出版社，2019年版，第75页。

简直被眼前这幅景象惊呆了！美艳至极的三位女神赤裸裸地站在眼前，他完全僵在那里，怎么还能判定哪一位女神最美丽？在他心里哪个都美，谁给自己当媳妇都不错。帕里斯就这样足足欣赏了半个时辰，没能冒出一句话来。

三女神光着身子，光天化日之下等了这么长时间，面前这小子只顾着流哈喇子，也不说一句话，心里自然十分不爽。但为了能够在这场选美比赛中脱颖而出，她们又能怎么办呢？想了想，她们也只能强压怒火。

最后，老于世故的三位女神同时做出了贿赂裁判的决定。她们逐个上前说服帕里斯把金苹果交给自己。赫拉答应给他人世间最大的权力。雅典娜说要让他成为人间常胜的战士。而维纳斯则不慌不忙地来到帕里斯的近旁，嘴里说道："你可仔细地一一观察，各部分都要看到，漂亮的青年！如果你愿意把金苹果给我，我可保证将人间第一美女赐给你做妻子。"①

说到这里，大家肯定能猜到帕里斯会把金苹果给谁了吧？

这位年轻力壮、肌肉发达、精力充沛、正处于青春萌动期的小伙子想都没想，直接将金苹果递到了维纳斯的手中。

帕里斯出于本心，做出了天真、诚实却又十分轻率的裁决。他不会想到这一举动将会引起什么轩然大波，又会给特洛伊带来多么巨大的灾难。

从此以后，帕里斯成了维纳斯的宠人。她爱屋及乌——她也爱特洛伊，决定要保护特洛伊。但白白光了半天屁股啥也没捞着的赫拉和雅典娜感觉受了奇耻大辱，对帕里斯自然无比痛恨。她们恨屋及乌——她们也痛恨特洛伊，决心要摧毁特洛伊。② 俗话说："当两个女人同时看不上第三个女

---

① 参见【古罗马】琉善：《路吉阿诺斯对话集》（上册），周作人译，中国致公出版社，2019年版，第77—78页。

② 帕拉狄昂神像的降落预示着特洛伊城将处于雅典娜的保护之下，但因为金苹果选美大赛的失利，女神毫不犹豫地选择了倒戈。

人的时候，她俩就是闺蜜。"女人如此，女神也一样。在共同的敌人维纳斯面前，赫拉和雅典娜抛弃了对对方的一切成见，立马结为同盟。

另外，大家不要忘了，在之前的伽倪墨得斯事件中，赫拉就已种下对特洛伊人的仇恨之心。① 现在，新仇旧恨一起算，在接下来的特洛伊战争中，天后不遗余力地帮助希腊人摧毁特洛伊城。

（五）帕里斯诱拐海伦

三位女神走后，帕里斯继续在伊达山上做他的牧人，期待着维纳斯早日兑现她的承诺。

十几年来，普里阿摩斯一直以为他的儿子早已命丧黄泉。可妻子赫卡柏对这个孩子总是念念不忘，觉得做父母的对不住他，所以整日里郁郁寡欢。应王后的要求，普里阿摩斯决定在城里举办一次竞技会，以追念逝去的儿子，竞赛的奖品是伊达山上最健壮的一头公牛。

普里阿摩斯的仆人去伊达山挑选公牛，正好选中了帕里斯的畜群中他最喜欢的那一头。小伙子舍不得与这头牛分开，所以他决定进城参赛，夺回公牛。

比赛中，机敏灵活、勇敢善战的帕里斯打败了所有对手，包括特洛伊的几个王子，也就是他的弟弟。一向骄纵嗜斗的王子得伊福玻斯恼羞成怒，拔出剑来就要将帕里斯刺死。情急之下，帕里斯跑到宙斯的祭坛旁寻求庇护。此时，正在那里祭祀的普里阿摩斯的儿子赫勒诺斯一眼便看出这位牧人正是他的亲哥哥，因为灵蛇曾舔过他的耳朵，使他具有了预言能力和占卜本领。

就这样，兄弟相认，误会解除。国王夫妇找到了遗弃多年的儿子，更

---

① 参见本书第 26 页。

是大喜过望。他们满心欢喜地将帕里斯接回王宫，恢复了他的王子身份。至于帕里斯会给特洛伊城带来灾难的预言，国王普里阿摩斯现在认定就是埃萨枯斯因为记恨他而故意搞出来的骗人把戏。

家人团聚，王后赫卡柏多年的愿望终于实现。但这次又轮到普里阿摩斯忧心忡忡了：触景生情，他也非常思念自己的姐姐赫西俄涅。

想当年，赫拉克勒斯为报复言而无信的拉俄墨冬，几乎将其灭门，只剩下他从波塞冬派来的海怪嘴里救出的公主赫西俄涅。赫西俄涅又以最珍贵的公主金冠为代价赎回了已做俘虏的弟弟普里阿摩斯。事后，赫拉克勒斯将赫西俄涅送给好友忒拉蒙做了他的第三任妻子。①

前文提到过忒拉蒙——他是埃阿科斯的儿子，珀琉斯的兄弟。兄弟俩合谋杀死了继母的儿子福科斯，所以被父亲驱逐。②忒拉蒙到了萨拉米斯。安定下来之后，他曾派信使到埃癸娜岛，试图得到父亲的谅解，但遭到埃阿科斯的断然拒绝，并声称永远不许儿子踏上故土半步。③之后，忒拉蒙娶萨拉米斯国王库克柔斯的女儿格劳克为妻，又一次上演了岳父死后女婿继位的戏码。格劳克死后，忒拉蒙又与珀里玻亚结婚。

珀里玻亚是谁？我们还得做个简单介绍。

前面在讲迈锡尼王位传承时，曾提到阿伽门农的父亲阿特柔斯有三个兄弟：一个是堤厄斯忒斯，一个是庇透斯，还有一个就是这里要提到的阿尔卡托俄斯。④阿尔卡托俄斯因杀死同父异母弟弟克律西波斯而逃到麦加拉，后来同国王麦伽柔斯的女儿结婚并取得王位。忒拉蒙二婚娶的珀里玻

---

① 参见本书第 199 页。
② 参见本书弟 394 页。
③ 正因为这件事，埃阿科斯以处事公正而闻名天下，死后宙斯派他做了冥界判官。另外两位判官是米诺斯和拉达曼提斯。参见本书第 36 页。
④ 参见本书第 380 页。

亚就是这对夫妻的女儿。这位姑娘年少时曾作为贡品被送到克里特岛，就是国王米诺斯打算对其非礼但被忒修斯救下的那位。① 忒拉蒙与珀里玻亚生下一个著名的儿子——埃阿斯。在后面的特洛伊战争中，我们将看到作为主力战将的他的身影。

再后来，忒拉蒙帮助赫拉克勒斯复仇，征服了拉俄墨冬统治的特洛伊。作为他英勇作战的奖赏，赫拉克勒斯又将普里阿摩斯的姐姐赫西俄涅送给他做了妻子。赫西俄涅就这样同丈夫忒拉蒙去了萨拉米斯，并为他生下儿子透克洛斯②。

姐姐被杀父仇人掳走，还给人做了小老婆，做弟弟的普里阿摩斯对这个深仇大恨始终不敢忘怀。他一直盘算着如何在有生之年洗刷家族耻辱，夺回日夜思念的姐姐。

初出茅庐、急欲表现自己的帕里斯得知父亲的心事后，便自告奋勇要率领一只舰队开往希腊，救出姑姑，完成父亲的心愿。普里阿摩斯为拥有这样一个充满血性的儿子而感到欣慰，他同意了帕里斯的请求。

远征的战船很快造好了。一支强大的船队在帕里斯的率领之下踏上了遥远的征程。

能预卜未来的卡珊德拉看到船队离开了故乡的海岸。她绝望地高声喊道："帕里斯，快停止你那可怕的远航吧！它会给伟大的城市带来无穷无尽的灾难！特洛伊将葬身火海，城里的居民将成为异乡人的奴隶！"卡珊德拉虽喊得声嘶力竭，但由于阿波罗的惩罚，根本没人相信她的预言。③

立功心切的帕里斯义无反顾地出发了。他的战船越驶越远。一路上，

---

① 参见本书第 272 页。
② 与达耳达诺斯的岳父透克洛斯同名。参见本书第 390 页。
③ 参见本书第 62 页。

帕里斯都在想到底怎样才能救出姑姑赫西俄涅。最后他决定先礼后兵。

经过长时间的航行，船队到达伯罗奔尼撒半岛的最南端。这时，帕里斯心想：斯巴达的波吕丢刻斯和卡斯托尔兄弟是忒拉蒙的好朋友，他们曾一起参与了阿耳戈远征和卡吕冬狩猎，不妨让他们兄弟出面调停，劝忒拉蒙主动放姑姑回去；如果不成功，再直抵萨拉米斯海湾，武力解决也不迟。想到这里，帕里斯登陆去了斯巴达。

斯巴达国王墨涅拉俄斯热情地接待了来自远方的客人。他哪里知道这分明是在引狼入室。

为了款待帕里斯，墨涅拉俄斯摆下丰盛的宴席。席间，帕里斯向墨涅拉俄斯说明了此行的目的。斯巴达国王听后，面带悲伤地告诉特洛伊王子，波吕丢刻斯、卡斯托尔兄弟因为和伊达斯、林叩斯兄弟发生争执，在战争中不幸死去了，所以无法给他提供帮助。帕里斯听闻这个消息，也感到非常遗憾。就在这时，墨涅拉俄斯的妻子、美丽的海伦从内室走了出来。

之前，三女神选美事件中维纳斯对帕里斯许下的把人间第一美女赐给他的诺言就要兑现了。世上再也没有比海伦更漂亮的女人了。就在海伦与帕里斯对视的那一刻，维纳斯的儿子丘比特不失时机地向他俩射出了爱情之箭。有爱神在背后帮忙，帕里斯被海伦那非凡的美丽容颜所迷惑，当然这位英姿勃勃的东方王子同时也轻而易举地俘获了海伦的芳心。

在接下来的几天里，帕里斯哪里还记得去救姑姑的事？美丽的海伦已占据他的全部身心。他觉得自己率领千军万马远征希腊的目的就是为了得到海伦。现在他满脑子想的都是怎么背着墨涅拉俄斯和海伦搭上话，好把美女弄到手。当然，这一切，墨涅拉俄斯完全被蒙在鼓里。

就在帕里斯苦苦思索，不得其法之时，机会终于来了。

前文讲到，克里特国王米诺斯死后，他的儿子卡特柔斯继承了王位。卡特柔斯曾得到一个可怕的神谕：以后终将死在其中一个孩子的手上。儿子阿尔泰墨涅和女儿阿珀墨绪涅得到消息后，害怕遭遇不测，逃到了罗得岛。女儿克吕墨涅给奴隶贩子瑙普利俄斯做了媳妇。阿厄洛珀则被卖给了阿特柔斯，并生下阿伽门农和墨涅拉俄斯。[①] 多年后，孤苦伶仃的卡特柔斯已老迈年高。他想把王位传给儿子，便率部到罗得岛寻找阿尔泰墨涅。岛上居民以为是海盗入侵，所以船一靠岸，他们就对卡特柔斯发起了袭击。阿尔泰墨涅赶来后不容分说，一枪将其首领刺死。当他看清死者面孔时，才发现正是自己的父亲，但已追悔莫及。神谕就这样应验了。悲伤的阿尔泰墨涅派人将父亲死亡的消息告诉了外甥墨涅拉俄斯。这位斯巴达国王要去克里特岛参加外祖父的葬礼。

临走之时，墨涅拉俄斯叮嘱妻子海伦一定要替他好好照顾客人，让他样样不缺，处处方便，想住多长时间就住多长时间。可是，令这位国王万万没想到的是，他前脚刚走，欲火难耐的老婆就把这位俊美飘逸的客人直接照顾到了床上，真算是够周到的了。

一向调皮的丘比特不知在海伦心里射了多少支爱情之箭。此时的她已完全成为爱情的俘虏。为爱疯狂的女人抑制不住内心的冲动。她抛弃了丈夫和孩子，也抛弃了故乡斯巴达，毅然决定跟着一表人才的帕里斯私奔，去往特洛伊。

临走之时，海伦还尽可能多地把斯巴达王宫的金银财宝装到情夫帕里斯的大船上。一切准备就绪，帕里斯在美女的陪伴下，趁着夜色开动大船，劈波斩浪飞速向特洛伊的方向驶去。在女神的庇护下，大船在顺风中疾驰，三天后平安抵达特洛伊海岸。

进得城来，小王子帕里斯命人带海伦先去寝宫休息，他则去面见父亲普里阿摩斯。普里阿摩斯正在大厅与几个王子议事，帕里斯的到来令他无

---

① 参见本书第382页。

比兴奋，忙问事情办得怎么样。帕里斯一五一十地交代了事情的经过。众人一听，这还了得？赫西俄涅没接回来也就罢了，竟然还拐了别人的老婆；一般人的老婆也就罢了，竟然还是强大的斯巴达国王墨涅拉俄斯的老婆。众兄弟对帕里斯的所作所为义愤填膺，接下来就是一顿劈头盖脸的埋怨和谩骂。帕里斯倒觉得十分委屈，说道："你们没有见过美丽的海伦，难道还没听说过吗？等你们看见她时就知道为什么有那么多英雄迷恋她的美貌了。"说完，帕里斯派人去请海伦。

当金发卷曲、体态曼妙的海伦步履轻盈地走进大厅站在众人面前时，本来对帕里斯的说法不屑一顾的王子们顿时鸦雀无声了。海伦那深邃的目光摄人心魄，一颦一笑让人瞠目结舌，举手投足都会令人陶醉，果然名不虚传。这时，在场的每个人似乎在一瞬间都理解了帕里斯那胆大妄为的做法。接着，帕里斯领大家参观了从斯巴达带回来的大批金银财宝和众多美女侍从，并分给了众兄弟。在财富和美色面前，王子们早已忘记了战争的威胁。他们一致决定留下海伦，与海伦共存亡。只有大王子赫克托耳目光阴郁，保持沉默。

晚上，赫克托耳来找帕里斯，对他说："我的好兄弟，你千万不能被蒙蔽，留下海伦会给特洛伊带来无穷无尽的灾难。希腊人不会放过我们。听我的，明天马上派人把海伦送回去吧！那样或许能够避免一场永无休止的战争！"沉迷于美色的帕里斯现在哪里听得进去这些劝告？他告诉赫克托耳，即使付出生命的代价，那也心甘情愿。

说服不了帕里斯，赫克托耳来找父亲普里阿摩斯，焦急地说道："我的父亲，您是特洛伊的国王，一定要为全体国民考虑，命令帕里斯把海伦送回斯巴达，否则战争不可避免。不仅是墨涅拉俄斯，他一定会求助于他的哥哥——迈锡尼国王阿伽门农。而阿伽门农因觊觎我们的财富，亡我之心早已有之。我们不能给他动武的借口。"普里阿摩斯双眉紧锁，沉思良久，语重心长地说："亲爱的儿子，你说的这些我都知道。即使帕里斯没把海伦带回来，他们也一样会来攻打特洛伊。想发动战争，借口总能找到。现在，就算帕里斯把海伦送回去，战争也一样无法避免。我估计他们此时已经在召集人马了。我这一生经历了无数次的战斗，还从来没有一次为爱情而战。你的母亲已经问过海伦，她和帕里斯之间是真爱，要求得到我们的保护。我引以为傲的儿子，现在我将这把特洛伊先祖们代代相传的宝剑送给你。准备战斗吧！这一切都是神的安排。神会保佑我们的！"赫克托耳从父亲手中接过宝剑的那一刻，感到肩上的担子无比沉重。

战争的阴云离伟大的特洛伊城不远了。

（六）战前动员

再来看希腊这边。

伽倪墨得斯事件使赫拉对特洛伊人失去好感，金苹果选美一事更是惹怒了这位天后娘娘。现在，花心老公的私生女海伦又完全不念夫妻情分，卷着家财和花花公子帕里斯私奔了。这位主管婚姻的女神怒不可遏，立即派出女神使伊里斯马不停蹄赶往克里特给墨涅拉俄斯通风报信。斯巴达国王一听说老婆被人拐走了，气得嗷嗷直叫。他二话不说，直奔迈锡尼，去找哥哥阿伽门农商量对策。

此时的阿伽门农经过几番征战，已经成为希腊各城邦事实上的军事首领。野心勃勃的他早已对富庶的特洛伊觊觎良久，正苦于找不到战争借口。这时，墨涅拉俄斯来到他的宫中。听了弟弟的倾诉，阿伽门农表现出一副极其愤怒的样子，立即拍案而起，打包票不踏平特洛伊决不罢休。于是，兄弟俩商议，召集之前海伦的那些求婚者一起参加远征，因为他们曾发下誓言：不管海伦选择谁做丈夫，各路英雄都必须在这位幸运者遇到危难之时鼎力相助。

在接下来的日子里，阿伽门农与墨涅拉俄斯兄弟遍访希腊各路英雄。对原来海伦的求婚者，兄弟俩要求他们履行誓言；没有求过婚的，兄弟俩则鼓动他们依靠战争建立功勋。游说工作开展得非常顺利，决定参战的英雄众多：力大无穷的狄俄墨得斯[1]，聪明机智的帕拉墨得斯[2]，神通广大的伊多墨纽斯[3]，继承赫拉克勒斯毒箭的菲罗克忒忒斯[4]，膂力过人的大埃阿斯[5]，傲慢自大的小埃阿斯[6]，长寿英雄涅斯托耳[7]，等等。

但是，对于这次远征而言，光有以上这些英雄并不够，因为还缺少两个关键人物：聪明过人的奥德修斯，战无不胜的阿喀琉斯。他们二人若不参战，希腊人注定无功而返。

计赚奥德修斯。前文提到，赫尔墨斯有一个号称盗圣的儿子奥托吕科斯，像鼓上蚤时迁一样到处行窃。[8] 有一次，他偷了同样以狡猾奸诈著称的西绪福斯的牛群。奥托吕科斯为逃避追查，给牛毛染了新的颜色，以为这样就万无一失了。他错了，西绪福斯也不是吃素的——他早已将自己的名字刻在牛蹄子下面。牛腿一抬，盗圣立刻哑口无言。奥托吕科斯以为既然被发现了，把牛还上也就没事了。岂料这次他又错了。在他的女儿安提克勒亚嫁给丈夫莱耳忒斯[9]的前一个晚上，睚眦必报的西绪福斯偷偷摸进

---

[1] 堤丢斯的儿子，后辈英雄攻忒拜的联军统帅。参见本书第368页。
[2] 前文提到，克里特国王卡特柔斯的女儿克吕墨涅嫁给了优卑亚国王瑙普利俄斯（参见本书第381页），帕拉墨得斯即是他们的儿子。
[3] 伊多墨纽斯是丢卡利翁（这里的丢卡利翁是克里特国王米诺斯与妻子帕西菲的儿子，与大洪水之后用石头造人的丢卡利翁同名）的儿子。
[4] 波阿斯的儿子。参见本书第205页。
[5] 忒拉蒙与珀里玻亚的儿子。参见本书第402页。
[6] 罗克里亚国王俄琉斯的儿子。参见本书第313页。
[7] 皮洛斯国王涅琉斯的儿子。参见本书第202页。
[8] 参见本书第195页。
[9] 莱耳忒斯是刻法罗斯的孙子，赫尔墨斯的重孙子。

女孩的闺房强行占有了她。西绪福斯一击中的,怀上的便是这位鼎鼎大名的奥德修斯。

奥德修斯智慧超群,同时也狡猾无比。作为伊塔卡国王的他当年也是美女海伦的仰慕者之一,但到了斯巴达一看,求婚者太多,不管是论国力还是比帅气,自己的胜算太低。于是,聪明的奥德修斯及时转变思路:退出对海伦的竞争,把目标定位于同样美若天仙的珀涅罗珀——她是伊卡里俄斯[1]的女儿,也就是廷达瑞俄斯的侄女。前面讲过,奥德修斯给廷达瑞俄斯出谋划策,帮他摆脱了因求婚者众多而造成的困境[2]。当然,这忙不能白帮,其筹码就是把侄女珀涅罗珀许配给他。最终,墨涅拉俄斯得到海伦的青睐,抱得美人归。其他求婚者一无所获,悻悻而去。而奥德修斯也算功德圆满,收获了美丽的珀涅罗珀。

在伊塔卡,奥德修斯与妻子过着幸福甜蜜的生活。特别是当他们有了自己的儿子忒勒玛科斯之后,一家三口其乐融融、逍遥自在。就在这时,奥德修斯得到消息:阿伽门农、墨涅拉俄斯、涅斯托耳、帕拉墨得斯四位英雄已来到伊塔卡,目的就是邀他参战。他怎么舍得抛下心爱的妻子和可爱的儿子,背井离乡,远航特洛伊呢?所以奥德修斯决定想办法逃避这场可怕的战争。

当英雄们见到奥德修斯时,他来了个装疯卖傻,亲自套上一头驴去耕地,故意把盐粒当种子撒播在田里。但这并没有骗过聪明绝顶的帕拉墨得斯。他来了个将计就计——把仍裹在襁褓中的忒勒玛科斯抱来,放在了耕犁必须经过的田沟中。看到宝贝儿子,一向诡计多端的奥德修斯也没了办法,只得把犁头提起来绕过去,结果真相暴露。此时,奥德修斯真是悔不

---

[1] 参见本书第 387 页。
[2] 参见本书第 388 页。

该当初为了蒙蔽众英雄在海伦面前假模假样地发下誓言——因为这个誓言，现在他不得不告别妻儿，远离故乡，踏上征途。不过，自此以后，奥德修斯心里也种下了对帕拉墨得斯仇恨的种子。他时刻不忘报复这位迫使他参加远征的仇人。

计赚阿喀琉斯。前文提到，先知普罗米修斯曾做出预言，海洋神女忒提斯不管嫁给谁，都将生下一个比丈夫更为强大的儿子。这则预言把正打算对忒提斯霸王硬上弓的宙斯着实吓了一跳。他赶紧收手并亲自主持将其嫁给了人间国王珀琉斯。宙斯为这两口子操办了一场超豪华的世纪婚礼。婚后他们生下一个儿子，这就是著名的阿喀琉斯。

阿喀琉斯一出生，忒提斯就得到如下预言：日后，你的儿子将在战争中建立不可磨灭的卓越功勋，但同时他也将战死沙场。听了前半句，忒提斯心里甚为欢喜，可后半句又使她的心凉了半截。哪个当妈的愿意让自己的儿子横尸疆场呢？忒提斯决定和命运抗争：女神握住孩子的脚踝，将其全身浸泡在冥河之中，这样就可以使其浑身刀枪不入；她还用天宫的琼浆玉液涂抹儿子周身，夜里再将其放在火上烘烤，目的是想把阿喀琉斯遗传自父亲的凡人成分去除掉，使他成为永生的神祇。

母亲爱子之心切无可厚非，关键是你得给当爹的把事情的原委说清楚啊！也许是因为身为神仙的忒提斯根本就瞧不上这个凡人丈夫，对这桩包办婚姻从一开始就心存不满，所以女神我行我素，从来不和珀琉斯沟通。一天夜里，就在忒提斯抓着儿子在火上炙烤的时候，珀琉斯醒了，眼前的一幕令他惊恐万分。当爹的救子心切，便不容分说从火里把儿子抢出，并拔出宝剑向老婆冲了过去。历练阿喀琉斯成神的过程就此被打断。忒提斯气急败坏，愤愤离去，回到了父亲涅柔斯的海底宫殿里。

自此以后，珀琉斯将儿子阿喀琉斯交给那位培养英雄专业户——马人喀戎教养。在一代圣贤的精心栽培下，阿喀琉斯逐渐长成一个身体强健、武功高强、多才多艺、胆识过人的真英雄。当然，母子连心，忒提斯不会对孩子置之不理。她也经常浮出海面与儿子相见。

后来，整个希腊都在传播一个消息：阿伽门农和墨涅拉俄斯兄弟正在召集各路英雄，准备组成大军征讨特洛伊。听到消息的忒提斯想起了阿喀琉斯降世时得到的预言。她决定保护儿子，避免他去参加这场可怕的战争。海洋女神让阿喀琉斯躲到斯库洛斯岛国王吕科墨得斯[①]的宫廷里，并把长相俊秀的儿子打扮成少女模样，与公主们一起生活，以图混淆视听、掩人耳目。

但命运女神岂肯轻易退让？阿喀琉斯注定的归宿并不会因为母亲的努力而发生丝毫改变。

阿波罗的孙子、杰出的预言家卡尔卡斯做出如下预言：阿喀琉斯若不参战，小亚细亚的特洛伊城是攻不破的。墨涅拉俄斯不知道阿喀琉斯人在哪里，卡尔卡斯便向其透露了他的藏身之所。于是，墨涅拉俄斯派出力大无穷的狄俄墨得斯和聪明过人的奥德修斯赶往斯库洛斯岛，前去邀请阿喀琉斯。

此时的阿喀琉斯已经与斯库洛斯岛国王的女儿得伊达弥亚成婚，并生下一个可爱的男孩——皮洛斯。在这一过程中，忒提斯与丈夫珀琉斯的紧张关系也得以缓解。狄俄墨得斯和奥德修斯到了宫中表明来意，不出所料，遭到双方老人的激烈反对。他们的理由就是：阿喀琉斯并不是当年海伦的追求者，所以没有义务参战。奥德修斯巧舌如簧，从国家到个人多个层面列举了身为英雄的阿喀琉斯应该前去参战、建立功勋的各种理由。老英雄珀琉斯最终被奥德修斯绘声绘色的言辞所感染，不由得追忆起自己年轻时驰骋疆场的大将风采，顿时觉得身为男人就应该出去建功立业，即使战死

[①] 吕科墨得斯就是暗地里杀害忒修斯的那位国王。参见本书第 285 页。

也光荣。想到这里，他同意了这位说客的请求，答应让儿子参战。但身为母亲的忒提斯仍是极不情愿。她想再次验证一下儿子的命运，于是转身对奥德修斯说道："这样吧，我让儿子穿上宫里的女装，和公主、宫女们混在一起，如果你能将他从中挑出，那没得说，我就让他和你一起走；如果挑错了，那你就得愿赌服输，再也不能来请阿喀琉斯参战。"相当自信的奥德修斯同意了忒提斯的这一提议。

忒提斯回到后宫，把儿子装扮成女孩的样子，并叮嘱他千万不要露出马脚。

一切准备停当，阿喀琉斯和众多女孩化着一样的妆、穿着一样的衣服来到前厅。由于长相英俊，单凭眼睛根本无法辨别哪个是阿喀琉斯。但这难不倒足智多谋的奥德修斯。他与狄俄墨得斯也已私下商议好对策，并各自做好了准备工作。

奥德修斯回到宫中，拿出斯库洛斯岛居民从未见过的各种绫罗绸缎、金银首饰、奇珍异宝。姑娘们一看到这些新鲜东西，眼神中透露出无比的兴奋，立马围拢过来。阿喀琉斯依照母亲的嘱托，也故意装出一副非常感兴趣的样子盯着这些货物，但他那游离的目光还是被明察秋毫的奥德修斯捕捉到了。为了万无一失，奥德修斯又在这些琳琅满目的物品旁边放上了一杆长矛和一副盾牌。就在这时，突然间宫外号角齐鸣，刀剑铿锵，喊杀声四起，好像有外敌入侵。姑娘们吓得在忙乱中随手抓起一把首饰，四散奔逃。而此时的阿喀琉斯再也掩饰不住他的英雄本色，抄起矛和盾迎着"敌人"冲了出去，可到了外面才发现上当了——原来是狄俄墨得斯遵从奥德修斯的安排，率领同伴敲击盾牌，佯装进攻。

就这样，男扮女装的阿喀琉斯被认出来了。女神忒提斯再也无话可说。实际上，身为大英雄的阿喀琉斯本人也想出去建功立业，不想碌碌无为地过一生，所以他欣然应允远征特洛伊。同他一起参战的还有他那形影不离的挚友帕特洛克罗斯。

　　至于帕特洛克罗斯的身世，我们需要作一个简单的介绍。当年，宙斯化作老鹰掳走埃癸娜，成就好事之后生下一个儿子——埃阿科斯，也就是阿喀琉斯的祖父。神王的一贯作风就是占有美女之后就弃之不顾，美女自有凡人接手，埃癸娜也不例外。后来，她嫁给了得伊翁①的儿子阿克托耳，生下墨诺提俄斯②。这位帕特洛克罗斯就是墨诺提俄斯的儿子。由此说来，帕特洛克罗斯的祖母正是阿喀琉斯的曾祖母——埃癸娜。年少的帕特洛克罗斯因失手杀人，被父亲送到了珀琉斯那里。自此以后，他就和阿喀琉斯一起在喀戎的抚养下长大，成了生死与共的莫逆之交。也就是说，若论起辈分，帕特洛克罗斯应该算阿喀琉斯的叔叔，但年龄却比阿喀琉斯小，结果他们两个就以朋友相称。不仅如此，这小叔还成了大侄的粉丝。③

　　阿喀琉斯就要走了。这一去，他必将建立不朽的功勋，成为特洛伊战争中最伟大的英雄；但同时他也注定会死于特洛伊城下，无法生还故乡。

（七）出征受挫

　　经过两年多的筹措，远征特洛伊的一切准备工作都已就绪。十万大军、一千一百八十六艘战船齐聚奥利斯港，整装待发。强大的迈锡尼国王阿伽门农当仁不让，成为联军统帅。

1. 献祭伊菲革涅亚

　　不论一开始对这场战争的态度如何，当众多英雄聚集在奥利斯港时，他们对战争表现出了天生就有的一种本能渴望。特别是这次远征特洛伊，

---

　　① 得伊翁是埃俄罗斯的七个儿子之一。参见本书第 289 页。
　　② 与普罗米修斯的哥哥墨诺提俄斯同名。参见本书第 7 页。
　　③ "伟大的悲剧作家埃斯库罗斯说，阿喀琉斯和帕特洛克罗斯之间的友谊是建立在性爱基础之上。"（【德】利奇德：《古希腊风化史》，杜昌忠、薛常明译，海豚出版社，2012 年版，第 467 页。）

无论规模还是距离都堪称史无前例。建立不世功业的吸引力对英雄来说实在太大了。

可是，就在大家雄赳赳、气昂昂迫不及待地准备开拔时，天公却不作美——一连好几天整个海面平静如镜，没有一丝微风。船帆像泄了气的皮球一般垂在桅杆上，没有丝毫动静。十万大军滞留在海边。他们无所事事，寂寞无聊，后来逐渐焦躁不安，军心涣散。不得已，阿伽门农前去请教卡尔卡斯。预言家对联军首领说道："前段时间，你打猎时射杀了一只漂亮的赤牝鹿。这鹿是阿尔忒弥斯的神兽。狩猎女神的性格你是知道的，现在正是她让海面风平浪静，让船不能起航。要想顺利出征，也不是没有办法。女神要求你把美丽的女儿伊菲革涅亚献祭，给她的宠物抵命。"

听了这样的神谕，阿伽门农顿感懊恼、悲伤与绝望。无奈之下，他向各位首领表达了放弃远征特洛伊的想法。听到统帅做出这样的决定，大家群情激昂，喧闹不止。情绪低落的阿伽门农退回帐中。墨涅拉俄斯紧随其后，面红耳赤地大声喊道："我的哥哥，这场战争可以说是为了我那不忠的妻子海伦。但这种屈辱仅仅属于我吗？不是，这是我们家族的耻辱。如果现在退出战争，以后再提起这件事，别人都会说我们兄弟俩是无能之辈。再说了，特洛伊的财富不是你多年来梦寐以求的吗？你不是早就想征服这座城市了吗？盟军统帅的位置也是你的追求与梦想，你不会这么快就忘了吧？如果这些都不能成为理由，请你到外面去看看，看看那些将领的激动情绪。如果你临阵脱逃，他们必定会把你杀死，到时你的女儿也不能幸免。所有这些，请你掂量掂量。你不应该在需要做出点个人牺牲的时候临阵退缩。"

墨涅拉俄斯的这番话使阿伽门农动摇了。他沉思了一会儿，最终决定狠下心来，为了事业牺牲女儿。阿伽门农当着弟弟的面派人去迈锡尼送信给妻子克吕泰涅斯特拉，谎称："大英雄阿喀琉斯喜欢女儿伊菲革涅亚，打算出征前与她订婚,所以请王后把她送到奥利斯海港。"看到哥哥的这个决定,墨涅拉俄斯满意地迈步走出大帐。

信使一离开奥利斯,阿伽门农就后悔了。伊菲革涅亚可是他最喜欢的女儿啊!难道就这样亲手断送她的性命?不行,此时一个当父亲的责任感压倒了一切,他的良心受到无尽的谴责。到了晚上,内心无比痛苦的阿伽门农派出心腹之人快马加鞭送信给克吕泰涅斯特拉,称女儿的订婚仪式改到了战争结束之后,所以不要来奥利斯港了。可惜,墨涅拉俄斯对这一手早有防备。他唯恐生变,派人时刻盯着哥哥的一举一动,送信的使者被逮住了。

一连几天,阿伽门农坐立不安,最终他等来的是妻子克吕泰涅斯特拉和女儿伊菲革涅亚。母亲为女儿能嫁给阿喀琉斯这样的大英雄而高兴,天真无邪的伊菲革涅亚也非常仰慕自己未来的这位夫君。此刻,唯有阿伽门农已彻底陷入进退两难的绝境。他明白,这时全军将士从上到下皆已知晓阿尔忒弥斯的神意,如果不主动把女儿进献出来,他们也不会放过伊菲革涅亚。

阿伽门农惴惴不安,满腹悲伤地出来迎接妻子和女儿。他虽然极力装出一副亲人见面十分欣喜的样子,但还是被聪明的女儿看出了异样。阿伽门农守口如瓶,只是说要带女儿一起出征,劝克吕泰涅斯特拉尽快返回迈锡尼,因为他不忍心让妻子目睹女儿的死亡。

克吕泰涅斯特拉实在不理解丈夫的举动,一气之下走出帐篷,迎面正好碰到阿喀琉斯。当她得知眼前这位英雄就是女儿的未婚夫后,当即转怒为喜,忙问他何时和女儿举行婚礼,是否打算把妻子带在身边。一听这话,阿喀琉斯直接蒙了:"尊贵的王后,您在说什么?我从来不曾对阿伽门农说过要迎娶他的女儿啊!"这下轮到克吕泰涅斯特拉尴尬了。她满脸羞愧,不知道该对阿喀琉斯说些什么。

就在这时，阿伽门农第二次派往迈锡尼的那个心腹回来了。因为墨涅拉俄斯知道侄女伊菲革涅亚已来到军营之中，所以就把他放了。信使把事情的真相一五一十地告诉了女主人。克吕泰涅斯特拉彻底惊呆了。孤立无助的她痛不欲生地跪倒在阿喀琉斯面前，苦苦哀求道："伟大的女神忒提斯的儿子，你虽然不是伊菲革涅亚的未婚夫，但我恳求你救救我的孩子！现在除了你，我们母女没有任何人可以依靠。"

看到克吕泰涅斯特拉如此绝望，阿喀琉斯决定帮她，随即说道："我虽然不是您的女婿，但伊菲革涅亚是因为我被骗到这里来的，如果她因此而送命，我的内心也会感到愧疚。所以，我愿意尽我所能拯救她的生命。"

克吕泰涅斯特拉在向阿喀琉斯表达谢意之后，满怀悲愤地冲进营帐，疯狂地谴责阿伽门农："虎毒不食子。你这个爱权力胜过爱一切的父亲简直禽兽不如，竟然要亲手杀死自己的女儿！战争因海伦而起，她也有女儿。为什么不把她作为祭品，而偏偏是我的女儿？一个忠贞守家的妻子失去女儿为的却是让那个离家私奔的女人能够回家和她的女儿过幸福的生活！这是多么不公平啊？"

面对这样的指责，阿伽门农能说什么？虽说献祭伊菲革涅亚不是他本人的意愿，而是阿尔忒弥斯的要求，但那也是因他而起。最后，阿伽门农只能说："做这样的决定我也感到无比痛心。但我是整个征战舰队的统帅，如果不按神谕的指示做，那么特洛伊城就无法攻陷。所以说，牺牲伊菲革涅亚是为了全希腊的利益。英雄们现在已是箭在弦上，不得不发。我如果选择退却，就会将他们激怒，到时死的就是我们整个家族。"

这时，营帐外面的阿喀琉斯已顶盔掼甲，手握利剑，威风凛凛地站在伊菲革涅亚身前，向大家宣布："这位姑娘因为我才被骗到军营里来。我绝不允许把她作为祭品。为了她，我已做好流尽最后一滴血的准备。"这番话惹怒了在场的所有人。将士们虎视眈眈，手持兵器，随时可能冲向阿喀琉斯。

　　血腥的厮杀眼看一触即发。阿伽门农夫妇快步走出营帐。可就在这时，谁也没有想到的一幕出现了。一向柔弱的伊菲革涅亚目光炯炯、步履坚定地走到阿喀琉斯身前，面对全军将士铿锵有力、义正词严地说道："请大家放下武器，不要因为我而同室操戈。既然女神阿尔忒弥斯要我献身，既然这场战争胜利与否取决于我，那我自愿死于屠刀之下。等你们攻破了特洛伊城，那片废墟将是我永恒的纪念碑。"姑娘的这些话深深地打动了包括阿喀琉斯在内的所有人，他们不由自主地收起刀枪，自动后退，让出一条道路。

　　现在，美丽端庄的伊菲革涅亚全身充满勇气，泰然自若地走向女神阿尔忒弥斯的祭台。祭司卡尔卡斯拔出雪亮的尖刀，放到一个金匣子里，然后开始祈祷："高贵的女神阿尔忒弥斯，请您收下这份神圣的祭礼，保佑我们的战船一帆风顺，踏平特洛伊。"说罢，卡尔卡斯拿起利刃，向伊菲革涅亚刺去。再看阿伽门农，他已是泪流满面，克吕泰涅斯特拉则早已因悲伤过度而晕倒在地。

　　就在所有人都以为伊菲革涅亚必死无疑之时，奇迹出现了：手起刀落，倒在祭坛上的不是伊菲革涅亚，而是一只垂死挣扎的赤牝鹿。看到这一幕，全军将士错愕不已。预言家卡尔卡斯顿时明白了事情的原委。他高声说道："心地善良的女神带走了可怜的伊菲革涅亚，赦免了她。这只赤牝鹿才是她所要的祭品。现在好了，希腊的将士们，你们该高兴了。女神将保佑我们顺利出征，今天就能离开奥利斯港！"①

---

　　① 话说，这位睚眦必报、一向以心眼小而著称的女神怎么会突生怜悯之心，在屠刀之下救走了伊菲革涅亚？真实的情况是，阿尔忒弥斯将可怜的女孩掳到了野蛮的托阿斯（与许普西皮勒的父亲、楞诺斯岛的老国王托阿斯同名。参见本书第304页）统治的陶里斯岛，并让她做了自己神庙的女祭司，其职责就是将踏上这片土地的所有希腊人献祭于她。

看到事情竟然出现这样的转机，阿伽门农非常高兴，而他的妻子克吕泰涅斯特拉苏醒之后，了解了事情的经过，鄙视地看了丈夫一眼，头也不回地踏上了返回迈锡尼的大路。

祭台上的赤牝鹿还未完全焚化，海面上就已刮起顺风。拉起的船帆被吹得"呼啦啦"直响，整个海港响起了震彻天空的欢呼声。士兵们一个个精神抖擞——他们终于可以起航了。

2. 误伤忒勒福斯

全军将士整装待发，纷纷推船下水。桨手们使出全身力气划动船桨，一艘接一艘的大船乘风破浪飞速驶离奥利斯港。

一路无话，希腊舰队平安抵达小亚细亚海岸。可是，由于地理不熟，他们来到密西亚的海岸边，错误地以为这里就是特洛伊。然而当地国王忒勒福斯其实也是希腊人。

说起忒勒福斯，不得不提到一个名叫奥革的姑娘。

阿耳卡狄亚地区忒革亚国王阿琉斯有一个女儿名叫奥革。神示警告说，这姑娘日后的孩子会杀死她的弟弟，也就是孩子的舅舅。出于对儿子的保护，阿琉斯将女儿送到雅典娜的神庙里当了女祭司——这样她也就不能和别人结婚了。

前文提到，赫拉克勒斯因打扫牛圈被侮辱一事曾前往厄利斯向奥革阿斯复仇。[①] 路上途径忒革亚，国王阿琉斯盛情款待了心中景仰已久的大英雄。宴会结束，已经喝醉了的赫勒克勒斯在雅典娜神庙附近的小河边看到了美丽的奥革，宙斯之子一时性起，把姑娘按倒在地给强暴了。

赫拉克勒斯果然遗传了父亲的良好基因，在这事上也是百发百中。当爹的留了个名字转身就离开了，可苦了这当娘的。奥革怕父亲知道，就偷

---

① 参见本书第 200 页。

偷摸摸生下孩子并把他藏在了雅典娜的神庙里。父亲阿琉斯是不知道了，人家雅典娜可是处女之神啊！在她的神庙里有个孩子算怎么回事啊！愤怒的女神给忒革亚降下瘟疫，来惩罚这个国家。通过请示神谕，阿琉斯知道了事情的真相，一怒之下派人把孩子扔到了山里。但出于神的意志，一头母鹿喂养了这个可怜的婴儿。后来，孩子被牧人捡到收养，起了个名字叫忒勒福斯（意即小鹿）。对于女儿，狠心的阿琉斯则把她交给了奴隶贩子、著名的航海者瑙普利俄斯。最后，几经辗转，远渡重洋，奥革被带到密西亚，那里的国王透特剌斯买她做了义女。

忒勒福斯长大之后，果然在不知情的情况下杀死了舅舅。早年的神谕应验了。杀人之后，忒勒福斯潜逃德尔斐，并在那里得到神谕："你是大英雄赫拉克勒斯的儿子，去密西亚寻找你的母亲吧！"

忒勒福斯渡海来到密西亚时，正好遇到外敌入侵。国王透特剌斯请求他的帮助，并允诺如果能够击退敌人，就把奥革嫁给他作为回报。忒勒福斯英勇杀敌，最终获胜。国王说到做到，马上为他和女儿操办婚礼。新婚之夜，奥革无法忘记曾强暴过她的赫拉克勒斯，又不好违拗义父的意思，所以身藏匕首进入洞房，决定找机会杀死这个年轻人。但就在奥革举刀行刺的瞬间，床上突然窜出一条巨蛇。惊恐之中事情败露。忒勒福斯义愤填膺，反手夺刀，刺向了奥革。情急之下，奥革喊出赫拉克勒斯的名字。忒勒福斯突然想起德尔斐的神谕。他不解其意，疑惑地询问奥革为什么要向这位大英雄求救。奥革一五一十地向他讲述了整件事情的经过，忒勒福斯这才意识到眼前站着的正是自己的生身母亲。就这样，近在眼前的乱伦和凶杀得以避免，母子相认。后来，密西亚国王透特剌斯把自己的女儿嫁给忒勒福斯，并将王位传给了他。

回到前文。希腊舰队误以为已到特洛伊，英雄们趁着月色登岸，杀入密西亚。忒勒福斯得知有敌军入侵，遂率军迎敌，捍卫领土。血腥的战斗开始了。忒勒福斯作战勇猛，杀死了不少希腊人，还打伤了阿喀琉斯的忠实跟班帕特洛克罗斯。这下激怒了阿喀琉斯。他奋勇杀敌，将忒勒福斯的大腿刺伤。忒勒福斯撤回城内，闭门固守。希腊联军则退回海岸。

第二天清早，希腊人打扫战场，才发现头天晚上与之激战的也是希腊人，并非特洛伊军队。真是"大水冲了龙王庙，一家人不认一家人"！于是，双方消除误会，缔结和约。

阿伽门农恳请忒勒福斯做联军向导，指引他们去往特洛伊。忒勒福斯倒是答应了，但一直无法出行，因为他的腿伤久治无效，日益恶化。后来，痛苦到极点的忒勒福斯只得派人去德尔斐向阿波罗求教医治办法。女预言家皮提亚给了这样的答复："只有刺伤忒勒福斯的武器才能医好他。"众英雄听了这个神谕百思不得其解。最有智慧的奥德修斯突然悟到了其中的含义。他命人从阿喀琉斯的长枪上刮下一些铁屑，撒在忒勒福斯的伤口上。果然，"药"到病除，伤口立即愈合。忒勒福斯欣喜若狂。作为报答，他答应带领希腊联军去往特洛伊。但是，忒勒福斯拒绝参战，因为他的第二个妻子是特洛伊国王普里阿摩斯的女儿。

就这样，希腊舰队在忒勒福斯的指引下，向特洛伊大举进发。

3. 抛弃菲罗克忒忒斯

海上一直刮着顺风，航行非常顺利，船队劈波斩浪高速前进。特洛伊海岸已遥遥在望，希腊人这时得到如下神谕："必须在附近的克律塞岛上找到当年伊阿宋远航科尔喀斯夺取金羊毛时建立的祭坛，并向小岛的庇护女神献祭，才能攻下特洛伊城。"

整座小岛荒无人烟，到处长满了低矮的灌木丛。拥有赫拉克勒斯赠予的神弓和毒箭的英雄菲罗克忒忒斯首先发现了已坍塌大半的祭坛。突然，灌木丛中窜出一条守卫祭坛的毒蛇，没等菲罗克忒忒斯反应过来，他的脚已被这条蛇咬了一口。英雄大叫一声，倒在地上。蛇毒迅速侵入体内，脓血涌出，发出恶臭。菲罗克忒忒斯剧痛难忍，不停地呻吟。面对这种情况，英雄们束手无策，随军医生谁也不知道解除这种蛇毒的办法。

献祭仪式已经结束。晚上休息的时候，菲罗克忒忒斯痛苦的呻吟声搅得希腊将士不得安宁，伤口散发的臭味更使他们无法忍受。大家开始抱怨了。奥德修斯召集众首领来到阿伽门农的大帐之中，建议将菲罗克忒忒斯随便遗弃在就近的某个海岛之上，免得扰乱军心、传播瘟疫。一番商议之后，大家表决，一致同意奥德修斯的想法。

第二天，船队出发，当航经楞诺斯岛时，菲罗克忒忒斯昏睡过去。阿伽门农下令将他抬到荒凉的海边，安置在山岩之间。离开之前，在他身边摆了一些食品和他的随身弓箭。然后，希腊军队继续他们的行程。

这些英雄哪里知道，他们早晚会为这不义的举动付出代价——他们不得不再次回到这里央求菲罗克忒忒斯参战！

（八）战争前九年

特洛伊战争一共打了十年。可前九年发生的故事加在一起也远远不如第十年丰富多彩。

1. 正面交锋

希腊联军到达特洛伊之前，特洛伊已经做好充分的战前准备。国王普里阿摩斯年老力衰。他的大儿子、有勇有谋的赫克托耳当仁不让成为全军统帅。

除了赫克托耳，特洛伊最伟大的英雄当数埃涅阿斯。在讲特洛伊王位传承时，我曾经提到特洛斯与妻子生下三个儿子——伊罗斯、阿萨剌克斯、伽倪墨得斯。其中，阿萨剌克斯的儿子卡皮斯娶了伊罗斯的女儿忒弥斯忒，生下安喀塞斯。这个家族的男人基因超好，个个长得容貌非凡，要不然宙斯也不会迷恋伽倪墨得斯。① 安喀塞斯也不例外。他在山上放牧时，既漂亮又好色的美神维纳斯一眼就相中了这位帅小伙。女神施些手段在伊达山上与其成就好事，后来生下埃涅阿斯，并在马人喀戎的教育下长大成人。在特洛伊战争及之后的神话传说中，埃涅阿斯都发挥了重要作用，成为不可或缺的故事主角。②

除了这两位英雄，普里阿摩斯的其他儿子也是军队首领。加上附近盟邦赶来增援的各路人马，特洛伊在短时间内也聚集起一支规模巨大、战斗力极强的军队。这还不算，令普里阿摩斯坚信自己能够抵御希腊人进攻的一个重要因素是特洛伊那高不可攀、坚实厚重的城墙。

当希腊舰队靠岸时，英勇善战的赫克托耳已调兵遣将，杀出城门，打算趁敌人立足未稳之机，以逸待劳，打他们个措手不及。

希腊英雄看到严阵以待的特洛伊军队，着实吃了一惊。他们怎样才能顺利登陆呢？船上的所有英雄都知道一条神谕："第一个踏上特洛伊土地的人将会最先在这场战争中阵亡。"所以，希腊将士虽然一个个摩拳擦掌、跃跃欲试，但没人敢贸然行事。

聪明的奥德修斯一马当先，第一个跳到岸上。立功心切的忒萨利亚英雄普洛忒西拉俄斯见奥德修斯已经上岸，立马从船上跳了下来，拔出利剑冲向敌军。可是他并未注意到，人家奥德修斯是先把盾牌抛到岸上，然后才跳下去的，也就是说他首先踩的是自己的盾牌，而不是特洛伊的土地。

普洛忒西拉俄斯刚冲入敌营，就被赫克托耳的长枪刺中了要害。神谕应验了，他成为第一个以鲜血染红特洛伊土地的人。见此情景，希腊将士一

---

① 荷马把伽倪墨得斯誉为"世间闻名的美男子"，称拉俄墨冬为"完美无瑕的拉俄墨冬"，足见他们个个都帅到什么程度。（参见【古希腊】荷马：《荷马史诗·伊利亚特》，罗念生、王焕生译，人民文学出版社，1994年版，第482页。）

② 以埃涅阿斯为主角的代表性著作是古罗马作家维吉尔的《埃涅阿斯纪》。

齐跳下战船，扑向敌群。赫克托耳和埃涅阿斯像两头凶猛的雄狮，所向披靡，只杀得冲在前面的希腊士兵人仰马翻。阿喀琉斯和大埃阿斯加入了战团。他们奋勇作战，止住了希腊人的颓势，并逼迫特洛伊人节节败退，撤回城里。

第二天，双方休战，清理和安葬各自阵亡的将士。希腊军队趁机将战船拖上岸，着手修筑土墙，挖掘壕沟，建立营寨。前方左右两翼设下阿喀琉斯和大埃阿斯的营帐，以防特洛伊人偷袭。中央耸立着阿伽门农的中军大帐和议事大厅，足智多谋的帕拉墨得斯和奥德修斯则在阿伽门农的近旁扎下大营，以便随时了解军情。

2. 陷害战友

在接下来的时间里，特洛伊人不再主动出击，而是待在易守难攻的特洛伊城内坚守不出，试图拖垮远道而来的敌人。希腊军队将特洛伊城重重包围，先后几次实施强攻，但结果都是无功而返。

一晃几年过去了，征服特洛伊的战争没有任何进展，而且看不到一丝胜利的曙光。希腊阵营中最有智谋的帕拉墨得斯认为这样耗下去劳民伤财，不是长久之计，所以他向阿伽门农提议考虑终止战争，返回故乡。听到这个消息，一直处心积虑要害死帕拉墨得斯的奥德修斯感觉机会来了。前文提到，奥德修斯对帕拉墨得斯的仇恨起于当初这个家伙揭穿他的诡计，使他不得不离开心爱的妻子和年幼的儿子，远征特洛伊。[①] 后来，奥德修斯对他的反感与日俱增，因为他发现帕拉墨得斯比自己更聪明，在军中的威信更高。这使他无法容忍。现在，报复的时机来了。奥德修斯想出一个无比阴险的计划。

奥德修斯以普里阿摩斯的口吻给帕拉墨得斯写了一封信，然后把它交给一个特洛伊俘虏，吩咐他回城将此信送给国王普里阿摩斯。特洛伊人高高兴兴地出去了，可他没走多远就被奥德修斯事先埋伏下的心腹给杀了。

---

① 参见本书第 409 页。

士兵们从他身上搜出信件之后，马上呈献给联军统帅阿伽门农。阿伽门农打开一看，信中说，上次送来的黄金是对帕拉墨得斯所提供军事情报的报酬；这次如果成功劝返希腊人，他将得到更为丰厚的酬金。

阿伽门农气急败坏，立即通知在议事大厅紧急召开首领会议。毫不知情的帕拉墨得斯也赶来参会。会上，阿伽门农将"通敌叛国"的信件公之于众。众位首领深感错愕，帕拉墨得斯更是不明就里。阿伽门农带领大家赶往帕拉墨得斯的营帐，命人搜查，结果真的在帐中挖出一袋黄金——那是奥德修斯重金收买帕拉墨得斯的奴仆之后令他事先偷偷埋好的。

尽管帕拉墨得斯竭力辩解，说他只是从实际情况出发提出停战返乡的建议，绝对从未有过叛变的念头，但在"证据"面前这样的辩解显得非常苍白。现在所有人都深信帕拉墨得斯是叛徒，大家一致决定对他处以极刑——用石块将他砸死。

无辜的帕拉墨得斯知道再去争辩也是徒劳。他戴着沉重的锁链，没有呼喊，没有怨言，凛然走向刑场。就这样，希腊最高尚、最聪明的英雄被人诬陷，命丧黄泉，尽管他为希腊人提供了如此多的帮助——草药治病、灯塔导航、按月计时等，但这些并不能挽救他的生命。后来，瑙普利俄斯因儿子帕拉墨得斯的无辜死亡对希腊人进行了报复，只是这报复的方法比较特别：蛊惑参战英雄的妻子在家里给自己的老公戴绿帽子。可令人啼笑皆非的是，几乎所有妇女都没守住贞节，她们另寻新欢。唯独害死他儿子的真凶奥德修斯的老婆珀涅罗珀是个例外。

阿伽门农对这种"背叛"行为无比憎恨。他不仅处死了帕拉墨得斯，还不许安葬他的尸体，让他的灵魂四处漂泊。但大埃阿斯始终不相信帕拉墨得斯会叛变，觉得此事必有蹊跷，便力劝阿伽门农应该让死者的灵魂得到安宁。最后，阿伽门农终于同意为帕拉墨得斯举行火葬。自此，大埃阿斯又招来了奥德修斯的记恨，后来在争夺阿喀琉斯的武装时被他害死。[①]

3. 清理外围

特洛伊城久攻不下。希腊人干脆放弃攻城，转而去攻打特洛伊周边的属地、盟国和附近岛屿。

在这一系列的征讨活动中，阿喀琉斯的表现最为出色。他率军摧毁了诸多城邦和岛屿。比如，他占领了赫克托耳的岳父厄提翁统治的城邦，不仅缴获了大量战利品，还斩杀了国王和他的七个儿子；在攻下吕耳涅索斯王宫后，阿喀琉斯杀死国王布里修斯，俘虏了"皮肤黝黑"的美丽公主布里塞伊斯，以及阿波罗神庙的祭司克律塞斯那"皮肤白皙"的、同样美丽的女儿克律塞伊斯。在战利品的分割中，阿喀琉斯得到了布里塞伊斯，并成为他最宠爱的女奴；克律塞伊斯被赠给阿伽门农，以表示对王权的尊重。其他战利品和女俘则在士兵中平均分配。

除了阿喀琉斯，表现最为英勇的当数忒拉蒙的儿子大埃阿斯。他也攻占了许多城池。他占领了普里阿摩斯的女婿波吕墨斯托耳统治的特剌刻。战争开始前，普里阿摩斯为保护自己最幼小、最宠爱的儿子波吕多洛斯[②]，将他随同一批黄金悄悄送出特洛伊城，托付给这个女婿照管。没想到，波吕墨斯托耳是个贪生怕死之辈，大埃阿斯兵临城下时，他竟主动把小王子进献出去。

经过几年征战，特洛伊四周已被荡平。但城中的特洛伊人却仍旧坚守不出，希腊军队拿他们还真没什么好办法。

4. 谈判失败

战争已进入第九年，希腊人看起来仍是毫无取胜的希望。无奈之下，

---

① 参见本书第 491 页。
② 与卡德摩斯的儿子同名。参见本书第 216 页。与希波墨冬的儿子同名。参见本书第 368 页。

希腊将领一致决定，用大埃阿斯俘获的小王子波吕多洛斯换取被帕里斯掳走的海伦和斯巴达的财宝，以便尽早结束这场旷日持久、看不到尽头的战争。

奥德修斯、墨涅拉俄斯和狄俄墨得斯三位英雄作为使者进入特洛伊城谈判交涉。在议事大厅，奥德修斯慷慨激昂地说道："尊敬的特洛伊人，现在你们周围的盟国和属地都已被我们征服，九年来你们也饱尝了围困之苦。我想，和平解决问题应该也是你们的期望。今天，我把国王的爱子波吕多洛斯带来了——他就在城外。如果你们能交出本属于斯巴达王墨涅拉俄斯的海伦和财宝，我们立马奉上小王子，离开特洛伊，撤兵回国。如果我们的要求被拒绝，国王将失去他的儿子，特洛伊城也终将毁灭。"

特洛伊的王子们主张接受希腊人提出的条件。他们的理由是：现在我们的家园已被毁坏，城中居民生活困苦，就不要再进一步加重这一苦难了！这时，大王子赫克托耳站了出来。他又一次提出不同意见："战争未开始之时，你们主张留下海伦，我提出了反对意见。现在，你们主张交出海伦，我不得不再次反对你们。当初，海伦要求得到我们的保护，不管怎样我们最终接受了她，并让她成为家族中的一员。既然这样，作为男人，我们就应该保护妇女、保卫家乡。在国家危难之时，把她交出去，那就是让一个弱女子去承担本应由男人承担的责任。这难道不是我们莫大的耻辱吗？"

赫克托耳的一番话使整个大厅沉寂下来。埃涅阿斯突然站起身来，大声喝道："希腊的使者，别想用波吕多洛斯来要挟我们！国王的儿子多的是！海伦是不会交还的！如果你们不肯撤兵，我们奉陪到底，也让你们尝尝特洛伊人的厉害！快滚回去吧！"

赫克托耳和埃涅阿斯铿锵有力、掷地有声的话语鼓舞了诸位王子，特别是帕里斯的士气，他们已下定决心与希腊人死磕到底。三位使者受到如此侮辱，怒气冲冲地离开了特洛伊城。

到了城外，怒不可遏的希腊人迫不及待地下令处死波吕多洛斯。可怜的小王子就这样当着卫城上父母的面被希腊士兵用石块砸死了。事后，五内俱焚的普里阿摩斯含泪将孩子的尸体拉进城内安葬。

希腊和特洛伊就此彻底决裂。双方势不两立，已经毫无和平解决争端的可能性。

（九）战争第十年

特洛伊战争进入了最艰苦、最惨烈的第十年。这一年，奥林匹斯山上的众神祇将全面卷入这场血雨腥风的战争。

1. 阿喀琉斯的愤怒

前文提到，阿喀琉斯征战吕耳涅索斯，俘虏了两个美丽的女孩："皮肤黝黑"的布里塞伊斯（国王布里修斯的女儿）和"皮肤白皙"的克律塞伊斯（阿波罗的祭司克律塞斯的女儿）。在分配战利品时，阿喀琉斯得到了布里塞伊斯，而克律塞伊斯则被送给了联军统帅阿伽门农。

第十年初的一天大清早，阿波罗神庙的祭司克律塞斯随身携带一大笔赎金来到希腊军营，向他们恳求道："伟大的英雄们，我是阿波罗的祭司，看在银弓之神的面上，请接受我的赎金，归还我的女儿克律塞伊斯吧！如果能答应我的请求，我将虔诚地祈祷神灵保佑你们成功拿下特洛伊城。"听了克律塞斯这番话，希腊将士出于对阿波罗的敬畏、对祭司的尊重和对胜利的渴望，都表示应该满足他的请求。

可是，专横傲慢、刚愎自用的阿伽门农听了后勃然大怒。他对克律塞斯粗暴地呵斥道："老东西，你不就是个神庙祭司吗？竟敢和我这伟大的迈锡尼国王、联军统帅讨价还价！少拿阿波罗来压我，妄想赎回你的女儿！她永远是我的奴仆！我劝你赶快离开这里，否则，阿波罗也救不了你的命。"

克律塞斯悲愤地离开军营，跟跄着来到海边。他举起双手向主人阿波罗哀求道："银弓之神啊，我是您最忠实的仆人！看在我虔诚地服侍您的分上，让傲慢的希腊人尝尝金箭的滋味吧！"阿波罗知晓事情的经过。他无法容忍妄自尊大的凡人对他的侮辱。克律塞斯的话还没说完，阿波罗早已手持神弓、肩背箭筒，飞速冲下光明的奥林匹斯山。

弓箭之神来到希腊人军营上空，脸色阴沉地把带着死亡的无形毒箭嗖嗖地射了下去。可怕的瘟疫蔓延开了。一连九天，焚烧尸体的火焰从未熄灭，似乎希腊人的末日已经来临。

恐慌的希腊人不知所措，首领会议决定请教随军预言家卡尔卡斯。卡尔卡斯了解事情的起因，但他请求在说出来之前得到阿喀琉斯的保护，阿喀琉斯欣然应允。卡尔卡斯这才说道："因为阿伽门农对克律塞斯的侮辱和驱逐，惹怒了勒托的儿子阿波罗。这是他对渎神行为的无情报复。只有将克律塞伊斯归还她的父亲，再用一百头公牛向阿波罗献祭，才能得到他的宽恕。"

卡尔卡斯说完后，阿伽门农已暴跳如雷，指责他这些话全是因为嫉妒而借神诽谤。阿喀琉斯义愤填膺，他站出来要求阿伽门农顾全大局，为了全体将士的安危，按照卡尔卡斯所说的去做。阿伽门农心中早就对阿喀琉斯颇有怨言，觉得他倚仗英勇过人、立功较多而从不把他这个领导放在眼里。现在，他要借着这件事打压一下阿喀琉斯的嚣张气焰，随即说道："好吧，如果能解除瘟疫之灾，我愿意交出克律塞伊斯。但必须有一件新的礼物来做交换，以补偿我的损失。我看就把你得到的女奴布里塞伊斯交出来吧！"

"贪婪、奸诈、无耻的君主！"阿喀琉斯高声嚷道，"你每次得到的战利品都比我们多，还不满足，竟要抢夺属于我的那一份！试问你怎么配做联军主帅？我并不是海伦的求婚者，特洛伊人也从未得罪过我，所以根本就没有义务参加这场战斗！我来这里卖命是给你们兄弟俩帮忙。现在，我觉得你根本不配得到我的帮助，所以我决定退出这场并不荣耀的战争，返回家乡。"

"好啊！那就请回吧！"阿伽门农怒而答道，"你来这里根本也不是为了我，而是为了建立功业，好让自己的名字流芳百世。不过，我告诉你，历史记住的从来只是国王，而不是像你这样的将领。还有一点，回去之前不要忘了把布里塞伊斯交出来！"

阿喀琉斯从未受过这样的侮辱与恐吓。他已握住剑柄，就要拔出利剑扑向阿伽门农。突然，忒提斯的儿子觉得身后有人触碰他的头发，回头一看，他吓了一跳：原来是智慧女神雅典娜——当然其他人看不见她。雅典娜此行的目的是劝阻阿喀琉斯，因为在"三女神选美事件"中，帕里斯得罪的不只是赫拉，还有她雅典娜，所以女神站在希腊一边，不想让两位英雄发生内讧。

雅典娜悄悄对阿喀琉斯说："我是来传达神意的。请你服从奥林匹斯众神的意志，不要拔剑，口头上教训一下阿伽门农就行了。不久之后，你将因今天所受的委屈而得到数倍的补偿。"

阿喀琉斯不敢违背神的意志，放弃了杀掉阿伽门农的想法。他放下狠话："利欲熏心的阿伽门农，早晚有一天你会来求我帮助你攻打特洛伊的！不过那时就晚了——我再也不会帮你打仗了！"说完，阿喀琉斯气冲冲地回到营帐。

在之前的一段时间里，布里塞伊斯虽然是阿喀琉斯的女奴，但英雄已经深深地爱上了这个美丽善良的姑娘。营帐里，阿喀琉斯把当天发生的事情告诉了女孩，并气呼呼地拔出利剑，说道："谁胆敢把你带走，我要他人头落地。"布里塞伊斯，这位昔日的公主，紧紧握着阿喀琉斯的手，温柔地看着她心目中的大英雄，语气坚定地说："如果你只会打打杀杀，那不是我所喜欢的阿喀琉斯。我虽然是你的奴隶，但你从没把我当下人看待。你给我自由，让我按自己的意志行事，我非常感激你。可是，我不想有任何人为我送命。如果我不跟他们走，必然会招致你和阿伽门农的冲突，那是对女神意志的违背。接受命运吧，我愿意为你做任何事情。"女孩这番话让阿喀琉斯感动不已。就在这时，阿伽门农派来的两个传令官已来到阿喀琉斯的营帐，要把布里塞伊斯带走。阿喀琉斯听从了心爱之人的劝告，没有为难传令官，无奈地看着布里塞伊斯跟他们走了。

与此同时，阿伽门农把克律塞伊斯送还了她的父亲，并向阿波罗敬献了一百头牛作为祭品。这样，流行于军中的瘟疫解除了。

受到侮辱的阿喀琉斯独自来到空旷的海边，面对大海，向母亲忒提斯倾诉着内心的苦楚。女神在大海深处听见了儿子的心声，立即分开波浪，浮出海面，急匆匆地来到岸上，将心爱的儿子揽入怀中，关切地说道："可怜的孩子！作为英雄，你不想过碌碌无为、籍籍无名的生活，而是选择了伟大与光荣，那你就要去忍受苦难与磨炼，你也会因此获得名垂青史的回报。不要伤心！不要气馁！我这就去请求宙斯，让他出面帮助你，使你的荣耀因你受到的磨难而加倍为世人所称颂。这段时间你待在帐篷里，不要搭理他们，更不要去参加战斗。"

忒提斯告别儿子，回到海底特意梳妆打扮一番，然后前往光明的奥林匹斯山。到了天庭，她单膝跪地，左手抱住宙斯的双膝，右手托住他的下巴以示对神王的敬意。女神恳求道："万神之父，请你念在我曾请来百臂巨人帮你化解危难的情义上[①]，帮帮我的儿子吧！你一定要让阿伽门农为他那愚蠢的行为付出代价！我祈求你，在希腊人重新对我儿子表示恭敬之

[①] 参见本书第 117 页。

前，在他们央求我儿子的帮助之前，你得让特洛伊人占上风，直到阿伽门农把荣誉重新归还我的儿子为止。"

前文说过，宙斯对美女忒提斯早就有好感，只是因为普罗米修斯的警告和预言，他才忍痛割爱，放弃了对她的追求。现在，心上人求到自己门上，宙斯真想一口答应她的请求。但扭转战局这个要求实在非同一般。良久，宙斯长长叹了一口气，说："漂亮的女神，这件事真让我犯难！你知道，我老婆赫拉和女儿雅典娜是站在希腊一边的。我帮助特洛伊就是和她们作对。这还不算，和特洛伊站在一起的是谁啊？是美神维纳斯，赫拉本来就怀疑我心里一直惦记着这位美女，如果那样做更是有了把柄和口实。"忒提斯一听这话不高兴了，耍起了小性子，低声说道："直说就行！别找借口了！干脆拒绝我，好让我知道在诸神中你最不怜惜的就是我！"果然，还是这招管用。宙斯看见美女楚楚可怜的样子，心肠一软，立马改变了主意，拍着胸脯说道："好吧，为了你，管不了那么多了！我满足你的要求就是了。不过我劝你还是快点离开奥林匹斯山，免得被赫拉看见，又得惹麻烦。"忒提斯目的达成，匆匆离开圣山，返回海底。

然而，忒提斯的背影还是被时刻保持高度警惕的赫拉发现了。她来到宙斯面前，单刀直入："你刚才和那个狐狸精在密谋什么？她来找你是不是因为她的儿子阿喀琉斯和阿伽门农争吵一事？你又对这位昔日情人旧情复燃了吧？是不是答应了她的请求，打算帮助特洛伊？"老婆的窥视令宙斯非常反感。他威严地瞪了赫拉一眼，没好气儿地说道："不要老是自作聪明猜测我的心思！你永远不可能了解我的全部想法！"赫拉也夹枪带棒地回击道："第一，不管你如何折腾，你也改变不了特洛伊城最后被希腊人摧毁的命运；第二，不管你心里多喜欢忒提斯，你也不敢对她有实际行动——这一点我非常放心。"这两句话插中了宙斯的肺管子。他气急败坏地说："赫拉，你不会这么快就忘了那次你施展阴谋诡计让我的爱子赫拉克勒斯受伤而受到的惩罚吧？① 是不是又想让我把你吊起来暴打一顿了？"这下，赫拉不敢说话了。

2. 阿伽门农的试探

夜晚，希腊人沉浸在睡梦之中。雷神宙斯想出一个替阿喀琉斯报复阿伽门农的办法。他召来睡神许普诺斯的儿子——梦神摩耳甫斯面授机宜。

梦神扇动翅膀飞速来到希腊军营，对睡梦之中的阿伽门农说："伟大的联军统帅，快醒醒吧！赫拉已说服所有神祇站在希腊一边。今天就是你踏平特洛伊、建立不世伟业的日子。"

阿伽门农惊醒了，但梦中的那些话清晰可辨，不断在耳边回响。迈锡尼国王兴奋得再也睡不着了，便起身来到海边，见朝霞已布满天空——伟大的太阳神就要上班了。于是他命传令官通知所有将士召开大会。

会上，阿伽门农决定先试探一下军队的士气。他手持权杖，语气沉重地说："看来，诸神欺骗了我们。战争已进入第十年，可特洛伊城依然坚不可摧。我们抛妻弃子来到这里，为战争付出了巨大的代价，甚至献出了生命。也许发动这场战争本来就是个错误。现在我想我们不得不服从神意，无功而返，回到家乡。"

这番话说出来，阿伽门农预想的结果是受到大家一致的反对和指责，没想到适得其反，战士们听后竟一片欢欣鼓舞。攻城不克，久离战阵，士兵们丧失了斗志，思乡情绪日重，早就想起航回家了。一时间，海滩上已是人喊马嘶，一起朝战船飞奔而去。

奥林匹斯山上的赫拉往下一看：这是要干什么呀？难道希腊人要撤兵？那样的话，岂不是功亏一篑？自己和特洛伊的深仇大恨如何能报？她按捺不住，立即派出雅典娜到现场鼓舞士气。女神来到奥德修斯身边，对

---

① 参见本书第 200 页。

他耳语道:"聪明的奥德修斯,我是战神雅典娜!快用你的智慧和口才,阻止他们推船下水,不要放弃对特洛伊的围困!"

奥德修斯听见女神那威严的声音,马上冲到各位首领中间,以神的名义命令他们召回自己的士兵。随后他高声喊道:"将士们,如果不拿下特洛伊就返回故乡,那么蒙受耻辱的不光是阿伽门农,还有我们每个人。我们的妻子儿女含辛茹苦地等了九年,到最后等来的却是一群一事无成的逃兵,他们会怎样看待我们!况且,现在已经是第十年了,胜利即将到来。如果不信,就请听一下卡尔卡斯的预言吧!"卡尔卡斯走上前来,向大家讲述了军队当初在奥利斯港集结时的一条神谕:"起航之前,我曾在一棵百年老梧桐的树荫下向诸神献祭,突然从祭坛底下爬出一条可怕的大蛇。它迅速爬到树梢,吃了鸟巢里的九只小鸟。它试图向母鸟发起攻击,却变成了石头。这是神的预示,预示我们得用九年时间围攻特洛伊城,到第十年才能将它拿下。现在已是最关键的第十年,如果你们不想功亏一篑,还想建功立业,那就留下来吧!不久的将来,我们就能胜利而归。"

奥德修斯和卡尔卡斯的这番话重新激起了大家对建立战功的强烈欲望。阿伽门农看到这种情形,赶紧举起权杖,满怀激情地讲述了梦中得到的喻示。听说今天就能攻克特洛伊城,将士们的战斗热情一下被推到了顶点。

接下来,全军将士饱餐一顿,养足了精神,做好了投入血腥战斗的一切准备。只有阿喀琉斯和他的挚友帕特洛克罗斯待在营帐之中,好像什么都没有发生一样。

阿伽门农按照德高望重的长者涅斯托耳的建议,将整个联军按部落、家族组编方阵,排成矩形阵列向特洛伊城推进。

3. 两个丈夫的决斗

自从小王子波吕多洛斯在特洛伊城下被残忍地杀死之后,普里阿摩斯决定不再一味采取闭门不出的战术，而是针锋相对，誓与希腊人拼个你死我活。

当赫克托耳得悉阿伽门农率领的希腊联军逼近特洛伊城下之时，这位统帅果断决定出城迎敌。特洛伊的城门已经好几年没有打开过了，将士们常年憋在城里也觉得十分窝火。城门一开，披挂整齐的特洛伊人及其盟军一个个生龙活虎，铆足了劲儿涌出大门。他们排列整齐，摆开战阵。

两军对垒，统帅赫克托耳还未派兵遣将。突然，握着长枪和盾牌的帕里斯从特洛伊的队伍中走出。他大踏步来到两军阵前，高声叫阵："事情因我而起，就由我来打第一仗吧！你们哪位英雄敢出来和我决斗？"墨涅拉俄斯一看是帕里斯，就像饿极了的雄狮见到猎物一样，眼里直放光。他也没等阿伽门农下令，就迫不及待地跳下战车，手持寒光闪闪的兵器，杀气腾腾地迎了上去。帕里斯看到巨人般强壮的墨涅拉俄斯，心头一颤，不由自主地又退了回去。

赫克托耳气愤地指责道："帕里斯，刚才你主动出战，令我感到无比欣慰。谁知道你竟是个色厉内荏的家伙！我看你除了拐骗别人的老婆比较擅长，其他一无是处。"除了哥哥的责备，希腊人的嘲笑声帕里斯也听到了。他脸上发烫，只好硬着头皮说道："我退回来不是因为恐惧，只是突然想到一个解决问题的办法：双方何不定下合约，让我和墨涅拉俄斯在两军阵前单独决斗，谁胜了，美丽的海伦和斯巴达的财宝就归谁。这样一来，也省得大动刀兵，伤及无辜。"赫克托耳听弟弟这样说，很是满意，便转身来到两军阵前，大声宣布了帕里斯的决定。此时，在后方的帕里斯已是懊悔不已，不知自己怎么会脱口说出这个要命的决定。

事已至此，已无退路。希腊人也想早点结束战争，便同意了赫克托耳的提议。就此，双方立下遵守合约的誓言，决战马上开始。

赫克托耳派传令兵将这一决定告诉在城楼上观战的父亲普里阿摩斯和

母亲赫卡柏。王后又派侍女到后宫把海伦请来。海伦快步走上城楼，关切地看着他的两个丈夫。老国王示意海伦坐在自己身边，并向她打听城下那些希腊英雄的情况，借以转移她的注意力，缓解她的紧张情绪。

战场上，赫克托耳和奥德修斯已测量好决斗的距离，接下来的事情就是抽签决定谁先掷矛。写好名字的签牌已放入头盔，晃动一下，看谁的签牌先掉出来。结果，帕里斯的先出来了。按照约定，他先向墨涅拉俄斯投掷长矛。

全副武装的两位英雄走进决斗场。帕里斯使出全身力气将手中长矛投向对手，斯巴达王举起盾牌将其挡住，矛尖已成弯钩。轮到墨涅拉俄斯了。他对这位恩将仇报的客人早已恨之入骨，眼中闪着阴森可怖的光芒，手中抖起沉重的长矛，猛地投掷过去，同样击中了帕里斯的盾牌。可是，墨涅拉俄斯的长矛势大力沉，已透过盾牌，洞穿铠甲，一直刺到了帕里斯的衣衫。不等惊魂未定的帕里斯缓过劲来，墨涅拉俄斯已拔出佩剑，不容分说朝他的头盔砍去。可是由于用力过猛，宝剑断成两截。杀红了眼的墨涅拉俄斯扔掉剑柄，徒手扑向帕里斯。墨涅拉俄斯抓住他的头盔盔带，一把将其拉倒在地，转身拖着仇敌朝希腊人的阵地走去。盔带勒住了帕里斯的喉咙，看来到不了阵地，这位王子的小命就没了。

这个时候，神仙就要出场了。维纳斯是帕里斯的保护神。宠人有难，岂能不帮？女神降下浓雾，趁机割断了勒住帕里斯的盔带，并把他带离战场，直接送回特洛伊城内。

如此一来，墨涅拉俄斯手里就只剩了一顶头盔，气急败坏的他像一头凶猛的野兽四处搜寻仇人的踪迹，可是毫无结果。

阿伽门农看到这一幕，举起权杖，高声宣布："特洛伊人，你们听着！墨涅拉俄斯赢了！愿赌服输，请按照合约把海伦和珍宝交出来！特洛伊从此臣服于希腊，每年都要向我们缴税纳粮。"

4. 整整一天的战斗

再看奥林匹斯山上的神祇们，他们此刻正在聚餐，一边品着美酒佳肴，一边欣赏着希腊与特洛伊的战争大片①，好不悠闲！

当墨涅拉俄斯打败帕里斯时，宙斯故意挑逗赫拉："再也没有好戏看喽！特洛伊人与希腊人之间的这场战争就要以斯巴达国王的胜利而终止了。"一听这话，赫拉急了。大仇未报，连续剧就要结束，怎么能行？她来到雅典娜身边，悄悄说道："你赶快去特洛伊军中，怂恿他们破坏誓约，以重新挑起争端，让战争继续进行下去。"

雅典娜变身凡人悄无声息地来到特洛伊的阵营之中。她走到特洛伊人的盟友——吕卡翁国王的儿子、曾得阿波罗真传的神箭手潘达洛斯身边（他是一个鲁莽的人，所以雅典娜选定了他），拍着他的肩膀说："你看，战胜帕里斯的墨涅拉俄斯是多么傲慢！他得意的时候也正是最容易放松警惕的时候。你为什么不趁机向他射出一支冷箭？如果那样，特洛伊人特别是帕里斯会永远感激你！建功立业的机会不可多得，就看你能不能把握住。"女神的话使潘达洛斯动了心。他弯弓搭箭，朝毫无防备的墨涅拉俄斯射了过去。当然，站在希腊一方的雅典娜绝不想就此要了墨涅拉俄斯的命。她施展法术，故意让这一箭射偏，结果正中腰带的位置。虽然有双层护甲，但箭头还是扎伤了斯巴达国王的身体。

看到墨涅拉俄斯被暗箭所伤，希腊军营中有人高声喊道："背信弃义的特洛伊人违背了誓约！"阿伽门农见兄弟受伤，也是气急败坏，便立即撕毁和约，下令大军向特洛伊人发起进攻。希腊英雄一个个像猛兽一样怒吼着冲入敌阵。特洛伊人不甘示弱，双方随即展开了血腥的白刃战。

---

① 对于特洛伊战争来说，"神一直像在观看一部戏剧演出，或一场体育比赛"。（Jasper Griffin. *Homer on life and Death*, Clarendon Press, 1980, P.197）

在希腊人的步步紧逼下，特洛伊军队渐渐支撑不住，开始败退。因阿伽门农侮辱他的祭司一事而坚定地站在特洛伊一方的阿波罗在奥林匹斯山上看到这一情景，顿时燃起满腔怒火。他转瞬来到队伍中间，高声怒吼："特洛伊的将士们，希腊人不是铁石身躯，不要轻易放弃阵地！你们看，他们当中最英勇善战的阿喀琉斯今天没有参战。大胆地前进吧！"

阿波罗的一席话极大地鼓舞了特洛伊人的士气，战斗变得更加残酷。希腊这边，女战神雅典娜也大显神威。在这次战斗中，她要满足堤丢斯临死前对她的请求——以后多多照顾他的儿子狄俄墨得斯[①]，女神决定帮他成就一番伟业。

狄俄墨得斯本来就力大无穷、勇猛异常，现在女神又赋予了他不可战胜的力量，更是如虎添翼，助他杀死了很多特洛伊英雄。神箭手潘达洛斯看到后，想再立一功，便瞅准机会，朝狄俄墨得斯射了一箭。利箭正中他的肩膀，殷红的鲜血顿时染红了铠甲。潘达洛斯欣喜若狂，高声呼喊："狄俄墨得斯受了致命的创伤！他马上就会倒下！"

狄俄墨得斯一边忍痛拔出利箭，一边向雅典娜祈祷："伟大的女战神，请您保佑我，让我的长矛刺穿那个向我射出冷箭的家伙！"雅典娜答应了狄俄墨得斯的祈求，又给他增加了成倍的勇气和力量，并告诉他："勇敢的狄俄墨得斯，我已去除你的凡人眼帘，现在你能分辨出凡人与神祇。你要记住，不可冒犯永生的神祇！但有一个例外，如果你在战场上遇到那可恶的维纳斯，不要惧怕也不要留情，大胆地把你的长矛向她投过去。现在，勇敢地投入战斗吧！"得到女神眷顾的狄俄墨得斯伤口已不再疼痛。他再次疯狂地杀入敌营。

英雄埃涅阿斯见许多特洛伊将士命丧狄俄墨得斯之手，赶紧驱车来到

---

① 参见本书第 361 页。

潘达洛斯身边,对他喊道:"快上我的战车!我们一起去迎战狄俄墨得斯!"潘达洛斯飞身上车,朝敌人冲杀过去。狄俄墨得斯瞄准射伤他的仇敌,铆足了劲投出长枪。潘达洛斯一下就被刺穿,应声倒地身亡。英雄埃涅阿斯见状,便立即跳下战车,手执长矛和盾牌保护战友的尸体。狄俄墨得斯随手抓起一块沉重无比的巨石,猛地掷向埃涅阿斯。巨石正中他的大腿,英雄应声倒地,昏厥过去。

埃涅阿斯是维纳斯的宝贝儿子。当妈的对他宠爱有加,所以时刻关注着战场上他的一举一动。可惜这位女神只善于催起人的情欲,论战斗力实在太弱。她无法阻挡狄俄墨得斯掷出的巨石。现在,眼见儿子情况危急,维纳斯赶紧跑来用袍子将其裹住,夹着他离开战场。

已去除凡人眼帘的狄俄墨得斯一眼就认出了维纳斯。牢记雅典娜嘱托的他随即追了上去,用长枪刺中了女神那柔嫩的手腕。维纳斯疼得大叫一声,不禁松开了怀里的埃涅阿斯。美神边跑边呼喊情夫阿瑞斯的名字,让他帮忙照顾埃涅阿斯。战神阿瑞斯虽然脑残,但也不想管维纳斯和别人生下的儿子。他驾着战车来到维纳斯身边,握着她那受伤的小手,颇为关切地说道:"你伤得这么重,真是让人心疼!我快把你送上奥林匹斯山吧!"说罢,阿瑞斯带着维纳斯飞速来到宙斯面前。宙斯笑着对她说:"可爱的女神,你不会打仗,还是'爱情'这事你比较在行!把战争的事留给雅典娜和阿瑞斯吧!"

见此情景,一旁的赫拉心中窃喜,阴阳怪气地说道:"美丽无比的维纳斯,是不是又在怂恿希腊妇女和特洛伊男人私奔啊?是不是在触碰妇女裙子时被别针伤到了你那纤纤玉手?"维纳斯还未答话,雅典娜也从战场上回到了奥林匹斯山。看见手还在滴血的维纳斯,她也幸灾乐祸地说道:"最美的女神,这次伤着手臂问题还不大。下次要是一个不小心伤了你那漂亮的脸蛋,可不是闹着玩儿的。我劝你,还是待在家里比较保险!"两位女神夹枪带棒这么一说，无异于伤口上撒盐。维纳斯气得扭头就回家了。

视线再回到特洛伊战场。

见埃涅阿斯又一次倒在地上，已杀红了眼的狄俄墨得斯扑上去就要取其性命。愤怒的太阳神阿波罗用盾牌挡住了他的进攻。堤丢斯的儿子定睛一看，认出了伟大的神祇，赶紧退了回去。

阿波罗将埃涅阿斯带到特洛伊城内，让孪生姐姐阿尔忒弥斯为他疗伤。太阳神则飞速来到奥林匹斯山，让战神阿瑞斯尽快参战，帮助特洛伊人制服狄俄墨得斯。

两位大神加入战团，使战斗变得更加残酷，英雄们接二连三倒地身亡。在阿尔忒弥斯的帮助下，埃涅阿斯的腿伤很快痊愈，他又重回战场。这无疑极大地鼓舞了特洛伊人的士气。

赫克托耳身先士卒，冲在特洛伊军队的最前头。凶神恶煞般的阿瑞斯则站在他身边，与他并肩作战。狄俄墨得斯看见阿瑞斯，便对希腊将士喊道："朋友们，赫克托耳作战如此勇猛，我们不必大惊小怪，那是因为战神阿瑞斯和他在一起。我们撤一撤吧，不可与神祇交战！"

赫克托耳用长枪刺死了许多希腊英雄，特洛伊军队的攻势越来越猛。

这时，奥林匹斯山上的赫拉坐不住了。她赶紧叫来雅典娜，说："你看，我那不争气的儿子阿瑞斯竟然为了维纳斯这狐狸精与我作对。如果我们再不出手，任由他在那里肆意屠杀，精心设计的复仇计划就泡汤了。"雅典娜二话不说。她穿上铠甲，手握长枪，背上那令人不寒而栗、嵌有美杜莎头颅的神盾，纵身跳上赫拉的战车。赫拉策马飞驰，两位女神火速奔赴战场。

赫拉变身凡人，激励希腊将士不要惧怕特洛伊人，让阿喀琉斯看一下，没有他照样也可以打胜仗。雅典娜则来到狄俄墨得斯身边，对他说："堤丢斯的儿子，你的父亲在攻打忒拜城时，临死之前还喝了墨兰尼波斯的脑浆。我想让你建立卓越的功勋，你却远不如他勇敢，不敢与特洛伊人厮杀！"听了这话，狄俄墨得斯感到十分惊讶！他满腹委屈地说："不，英明神武的雅典娜女神，我并不惧怕与任何一个特洛伊英雄交战。我只是牢记您的吩咐，不能挑战永生的神祇。看到战神阿瑞斯之后，我才后退的。"

雅典娜一想，也是啊，明明是我让他这么做的。但神祇哪有给凡人认错的道理！她随即说道："那是刚才，现在不同了。不久之前，阿瑞斯还保证说站在希腊一边。可能是维纳斯的枕边风一吹，让这家伙倒戈了，所以我们必须教训一下这个不守信用的神祇。阿瑞斯做赫克托耳的帮凶，我来给你做后盾，你就不用怕他了。驾起战车，勇敢地向前冲吧，见人杀人、见神灭神。"说罢，雅典娜跳上狄俄墨得斯的战车，施展法力将自己隐在迷雾之中。有了女神这番话，狄俄墨得斯还怕什么？他催赶战车，直接朝阿瑞斯扑了过去。

男战神遇上女战神，实力就不行了。

阿瑞斯朝狄俄墨得斯投来一枪，雅典娜使它偏离了方向。接着，雅典娜使狄俄墨得斯的力气增长了十倍，让他的长枪狠狠地刺中了阿瑞斯"捆着布带的地方"①。这位女战神也够阴损的！"捆着布带的地方"是哪里？我们只要看看反映希腊神话的大量油画作品就不难得出结论。关键部位受伤，阿瑞斯发出了撕心裂肺、响彻天地的嚎叫，直听得战场上所有将士毛骨悚然、不寒而栗。

血腥残暴的阿瑞斯受伤之后，裹着黑云飞速逃离战场，回到了光明的奥林匹斯山。来到宙斯面前，阿瑞斯哭哭啼啼地一边将伤口指给父亲看，一边告雅典娜的状。宙斯看见这个儿子，气就不打一处来：我这么高的智

---

① **【古希腊】**荷马：《荷马史诗·伊利亚特》，罗念生、王焕生译，人民文学出版社，1994年版，第133页。

商，竟然有这么一个脑残儿子！活像你的母亲赫拉！到处惹事不说，一旦遇到强敌就乱喊乱叫，天上地下丢尽了我的颜面！这也就罢了，维纳斯这么漂亮的姑娘，我碰都没碰过，竟然被你弄到手了！简直没有天理啊！想到这里，宙斯没好气地对他说："别在这里抱怨了，这些孩子我最宠爱雅典娜，最讨厌的就是你！你要不是亲儿子，我早就把你打入塔耳塔洛斯地狱了。你还在这里告她的状！别自讨没趣了，快回去养伤吧！"阿瑞斯见在宙斯这里讨不到半点怜悯，悻悻地走了。

这时，帮助希腊人打败战神阿瑞斯的赫拉和雅典娜也回到了奥林匹斯山。

特洛伊城下的激战仍在进行。赫拉和雅典娜赶走了嗜杀好战的阿瑞斯，希腊军队士气大振。相反，特洛伊人少了这么一个得力帮手，有点顶不住希腊人如潮水般的进攻了。埃阿斯、狄俄墨得斯、墨涅拉俄斯、阿伽门农和其他英雄杀死了许多特洛伊勇士，并将他们的铠甲剥下来作为战利品。

就在特洛伊人节节败退之时，普里阿摩斯的儿子、具有预言能力的赫勒诺斯跑过来，对赫克托耳和埃涅阿斯两位英雄说："虽然我们的军队遭到重创，但还没到山穷水尽的地步。希腊人之所以能暂时占得上风，那是因为战神雅典娜的帮助。我的哥哥赫克托耳，你应该先回到城里，请我们的母亲和特洛伊妇女到雅典娜神庙进行隆重的献祭，祈求得到女神的怜悯。伟大的英雄埃涅阿斯，你应该负责把溃逃的士兵拦在城门口，鼓舞他们的士气，坚持到赫克托耳重新返回战场、投入战斗。"两位英雄听从了赫勒诺斯的建议。埃涅阿斯掩护赫克托耳退回城中，并拦住了向后逃跑的特洛伊人。

赫克托耳进城后，急匆匆地赶往父亲的王宫，对母亲赫卡柏表明了来意："请您快去召集特洛伊妇女，向雅典娜敬献华丽高贵的衣服和大量的祭品，祈求她让特洛伊城度过今天这一劫。"母亲赫卡柏欣然应允。她想给儿子端杯酒解解乏，可是赫克托耳拒绝了——他没有时间喝酒。赫克托耳匆匆赶往帕里斯的寝宫。他一进门就看见被维纳斯救回宫中的帕里斯正坐在地毯上悠闲地擦拭兵器，旁边桌子上还放着一杯紫红色的葡萄酒，气就不打一处来。赫克托耳忍不住斥责道："特洛伊的勇士都在城外浴血奋战，你却好像什么都没发生似的待在家里。难道你忘了这场战争是由谁引起的？"没等帕里斯说话，美女海伦面带愧色，对赫克托耳说："我们罪孽深重，给特洛伊带来了无尽的灾难，让那么多妇女失去了丈夫或儿子。现在灾难临头，我也希望我的丈夫能担起责任，勇敢地投入战斗。而我自己则打算跟阿伽门农和墨涅拉俄斯兄弟回去，任由他们处置，只求尽早结束这场残酷的战争。"赫克托耳转向海伦，说道："你不要胡思乱想了！现在一切都为时已晚！你以为主动回去就能解决问题吗？你以为阿伽门农真的在乎你和墨涅拉俄斯的婚姻吗？"说完这话，赫克托耳急忙转身离开。直到这时，帕里斯才说："哥哥，我马上就出去作战。"

　　赫克托耳重返战场之前还要见一下妻子安德洛玛刻和儿子阿斯堤阿那克斯，因为他不晓得这一去还能不能活着回来。到了家里，他才知道妻子听说战场上情况危急，已经心急火燎地带着儿子到城墙上去观战了。赫克托耳匆匆走出家门，向城楼跑去。在城门口，他们相遇了。安德洛玛刻看到心爱的丈夫，泪如泉涌："我的丈夫啊，你的勇敢会害了你！你不可怜即将成为寡妇的妻子，难道也不怜悯我们那幼小的儿子吗？现在，除了你，我已经没有别的亲人了，你就是我的一切。可怜可怜我和儿子吧！不要出城作战了！你一生都在为特洛伊打仗，这次就让别人去吧！"

　　战场上，赫克托耳是一个出色的战士；在家里，他也是一个称职的丈夫和父亲。此刻，他无比忧伤地看着妻子，对她说："你说的这些我都知道，这一切也正是我所担心的。我十分清楚，离特洛伊城毁灭的日子不远了。那一天到来的时候，最令我悲伤的就是你的命运——希腊人将把你作为俘房带走,在遥远的异国他乡做奴隶,被迫为那些外乡人织布挑水。唉!想到这些,我愿意现在就死!但是,话说回来,如果我留在城内袖手旁观,不去参加保卫特洛伊的战斗,那么,我又有何颜面面对城里的父老乡亲?我必须去冲锋陷阵!临阵退缩对我来说无异于奇耻大辱。"

说完这番话,赫克托耳想凑过去亲吻一下幼小的儿子,可阿斯堤阿那克斯害怕父亲头盔上飘动的饰品,哭喊着躲进奶妈的怀里。看到这一幕,安德洛玛刻和赫克托耳幸福地笑了。

赫克托耳摘下头盔,抱起儿子亲吻了一下,然后将他高高举起,并向诸神祈求道:"永生的神祇,我恳求你们保佑我的儿子长大后威武强壮,让他的英雄气概胜过他的父亲,让他的敌人闻风丧胆。"之后,赫克托耳又把儿子递到妻子怀中,安德洛玛刻噙着泪水露出了甜蜜的微笑。此时,不可一世的大英雄心肠也软了。他搂住妻子的肩膀,柔声说道:"亲爱的安德洛玛刻,我也想看着儿子一天天长大,但没有哪一个人能够逃脱命运的安排。所以不要悲伤!我们能做的,只有坚强!"

说完这些话,赫克托耳戴上头盔,一转身,迈开大步,头也不回地向城外走去。

此时,顶盔掼甲奔赴战场的帕里斯赶上了哥哥。兄弟二人一起投入了残酷血腥的厮杀。

特洛伊将士看到两位英雄重新归来,个个欢欣鼓舞、士气大振。经过一番激战,许多希腊英雄命丧黄泉,顽强的特洛伊人击退了希腊军队的新一轮进攻。

在奥林匹斯山上观战的雅典娜又沉不住气了,便立即驰往特洛伊。在城郊一棵百年橡树下,雅典娜遇到了阿波罗。阿波罗单刀直入,问道:"狠心的雅典娜,你是不是打算赶去帮助希腊军队?特洛伊妇女已经为你献上丰厚的祭品,你还是坚持让特洛伊城在今天被希腊人摧毁吗?如果特洛伊注定要成为一片废墟，为什么非要急于一时呢？"雅典娜随即说道："你放心，我不会让希腊人轻易攻破坚固的特洛伊城！我此行的目的是想以赫克托耳与一位英雄单独决斗的方式来结束今天的战斗。"

两位神祇刚拿定主意，特洛伊城的预言家赫勒诺斯便立即知晓了神意。他来到赫克托耳面前，将阿波罗和雅典娜的决定告诉了他。赫克托耳不敢违背神的意志，当即命令特洛伊军队停止战斗。他来到阵前，高声喊道："希腊的将士们，特洛伊人破坏合约，那不是我们的本意，而是出于神的愿望——诸神不允许以这种方式结束这场战争。现在，希腊的英雄们，谁有胆量站出来和我单独决斗？这也是神意。"

听了特洛伊大王子的挑战，希腊人沉默着——与赫克托耳决斗谁都得掂量掂量。这时，墨涅拉俄斯沉不住气了，他要上前迎战。阿伽门农及时抓住了他，因为他担心兄弟会死在赫克托耳的手下。

德高望重的长者涅斯托耳愤怒地谴责希腊人，说他们是不敢接受挑战的胆小鬼。他的话激怒了众人，立即有九位英雄从队伍里站出来应战。根据涅斯托耳的提议，每个人的名字都写在竹签上，然后放入头盔，在摇头盔的过程中，竹签先掉出来的那位就去与赫克托耳决斗。最终，大埃阿斯中签。忒拉蒙的儿子魁梧强壮、武艺高强。他一手拿着硕大的青铜盾牌，一手抖动着沉重的长枪，十分自信地向决斗场走去。

特洛伊人看到大埃阿斯，无不胆战心惊。

站定之后，赫克托耳首先投出长枪，但未能刺穿敌人的盾牌。接下来轮到了大埃阿斯。他奋力一掷，长枪透过赫克托耳的盾牌，扎入了他的铠甲。要不是普里阿摩斯的儿子躲闪及时，这下就要了他的命。

接着，两位英雄拿起长矛，展开厮杀。赫克托耳的矛虽又刺中大埃阿斯的盾牌，可矛尖被折弯，并没有刺穿。相反，大埃阿斯则再次洞穿赫克托耳的盾牌，矛尖划破了他的脖子。虽然受了伤，但英雄无所畏惧。他退后两步，抄起一块巨石，向大埃阿斯砸去。大埃阿斯用盾牌抵挡，发出一声巨响。忒拉蒙的儿子接着抓起一块更大的石头，猛地砸向赫克托耳的盾牌，盾牌被砸了一个口子，伤到了他的膝盖。

赫克托耳踉跄着后退几步，随即拔出宝剑，又冲了过去。大埃阿斯的剑也已出鞘，准备着最后的决战。

就在这时，特洛伊的传令官走上前来，举起权杖将两位英雄隔开，高声喊道："黑夜已经降临，大家需要休息！两位伟大的勇士，先停止战斗吧！"

大埃阿斯虽然暂时占得上风，但他也十分敬佩赫克托耳的英雄气概，随即对传令官说："是赫克托耳提出的挑战，所以你刚才说的话该由他说。如果他想停止决斗，那我无所谓。"

赫克托耳上前一步，对大埃阿斯说："忒拉蒙的儿子，众神赋予你强健的体魄和过人的本领，你非常值得我尊敬。今天我们暂且休战，以后还会在战场上相遇。分别前，我建议互赠礼物，让双方将士知道我们决斗时是仇敌，分别时却是一对好友。"大埃阿斯欣然同意了赫克托耳的请求。

赫克托耳解下剑鞘，将随身携带的银柄宝剑送给了大埃阿斯，而大埃阿斯则将紫金腰带回赠给赫克托耳。两位英雄以这样的方式结束了这场决斗，同时，整整一天的战斗也终于落下帷幕。将士们拖着疲惫不堪的身体回到各自的大营。他们总算可以休息了。

第二天休战一天，以殓葬阵亡将士的尸体。

5. 特洛伊人的胜利

又是新的一天。清晨，黎明女神厄俄斯刚刚飞上天空，众神之王宙斯就将各路神祇召集到光明的奥林匹斯山上，对他们说："你们听着，今天我有要事要办，在我回来之前谁都不许离开奥林匹斯山！如果哪个胆敢违抗我的命令，下去为特洛伊人或希腊人助战，我就毫不客气地把他打入塔耳塔洛斯地狱。"大家听了宙斯这番话，个个胆战心惊。

接着，宙斯乘上他的雷霆金车，下山去了。

一代神王搞这么大的动静，这是要干什么去啊？原来，他要兑现之前对女神忒提斯的承诺：借助特洛伊人的力量惩罚一下傲气十足的阿伽门农，让他知道希腊人缺少了阿喀琉斯是攻不破特洛伊城的，从而逼迫阿伽门农主动与女神之子和解，为阿喀琉斯受到的屈辱找回面子。

宙斯跃马扬鞭，飞速来到高高的伊达山。在山巅之上，他俯视战场，察看希腊和特洛伊的战况。

双方军队开赴战场，惊心动魄的战斗又开始了。一直到正午，双方依旧打得难分难解，不分胜负。这时，只见宙斯把权杖一挥，向希腊军中甩出一串雷电。将士们知道这是雷神发怒的警告，一个个吓得直往后退。

只有年迈的涅斯托耳仍在阵前，因为他的马被帕里斯的箭射伤，立在原地打转。赫克托耳驾着战车朝他猛扑过去，老将军眼看就要命丧黄泉。在这千钧一发之际，狄俄墨得斯鼓起勇气赶来相助，把涅斯托耳提上他的战车。与此同时，他手中的长枪也已投了出去。长枪刺穿了赫克托耳驭手的胸膛，驭手倒地身亡。旋即，另一位特洛伊英雄跳上赫克托耳的战车，给他充当驭手，冲向狄俄墨得斯。

宙斯又朝狄俄墨得斯的车前扔出一道耀眼的闪电，涅斯托耳吓得大声喊道："英勇的狄俄墨得斯，不要恋战！今天伟大的宙斯站在了特洛伊一边，我们注定不能取胜，赶快撤退吧！"尽管狄俄墨得斯很想继续冲杀，但他不敢违逆神意，只得掉转马头向后逃跑。

赫克托耳率领军队边追边喊："雷神宙斯在帮助我们作战，勇敢的特洛伊人，向前冲杀吧！今天我们要冲进希腊人的营寨，烧毁他们的战船。"

这一幕让奥林匹斯山上的赫拉心急火燎。她坐卧不安，恳求大地的震撼者波塞冬帮助希腊人对特洛伊人展开反攻。可是，有宙斯的警告，海神怎敢答应赫拉的请求！

激烈的战斗已经推进到希腊人修筑的寨墙跟前。阿伽门农看着溃不成军的希腊人感到焦急万分。他声泪俱下，无助地喊道："伟大的宙斯，您曾许诺给我荣耀。我从未怠慢过你！请您不要让我遭世人唾骂，成为千古罪人！"宙斯听了阿伽门农的哭诉，顿时觉得十分好玩。一时兴起的神王又给希腊人降下吉兆：一只翱翔在空中的雄鹰将抓着的一头小鹿投到了宙斯的神坛上。

希腊将士看到这一吉兆，精神大振，重新鼓起勇气向特洛伊军队发起反击。感到窝火的狄俄墨得斯第一个冲入敌阵，奋力拼杀。特洛伊的几位英雄都死于他的长矛之下。还有，特别值得一提的是大埃阿斯的同父异母兄弟透克洛斯①。他在哥哥的掩护之下，箭无虚发，接连射死了许多特洛伊英雄。这位神射手接下来又瞄准了最英勇的赫克托耳，可宙斯使他的箭偏离了目标，让新驭手成了挡箭之人。赫克托耳悲愤交加、大怒欲狂。他跳下车来，举起一块巨石朝透克洛斯砸了过去。透克洛斯的锁骨被砸断，应声倒地。大埃阿斯急忙用盾牌护住兄弟，把他救了回去。

导演宙斯觉得这段戏差不多了，转而又去帮助特洛伊，再次激起他们的勇气，让赫克托耳在敌群中勇猛冲杀，一鼓作气把希腊军队逼到了战船边。

看到这种情况，赫拉那颗小心脏又受不了了。她不敢自己下山，便说服宙斯最宠爱的女儿雅典娜与她一同前往，请求神王改变主意。

赫拉与雅典娜乘车刚一离开奥林匹斯山，愤怒的宙斯马上派使者去阻挡两位女神，并传话过去："明天我要让特洛伊人取得更大的胜利，直到

---

① 透克洛斯是忒拉蒙与普里阿摩斯的姐姐赫西俄涅的儿子，所以与大埃阿斯是同父异母兄弟。参见本书第 402 页。

阿伽门农低头认错，让阿喀琉斯同意出战为止。你们竟敢违抗我的命令，难道就不怕我的惩罚吗？"一听这话，两位女神吓得赶紧又返回了奥林匹斯山。

夜幕降临，血腥的战斗暂时停止。根据赫克托耳的安排，特洛伊军队在战场上就地宿营，不再撤回城内，打算天一亮接着攻打希腊人的营地和船只。

6. 阿喀琉斯拒绝和解

晚餐过后，阿伽门农神情沮丧地在营帐内召开了首领军事会议。他叹了一口气说道："宙斯明明在梦里给了我一个吉兆，示意我很快就能拿下特洛伊。现在看来他骗了我。他好像让我们撤离特洛伊，返回希腊。"阿伽门农这番灰心丧气的话触怒了狄俄墨得斯。他说："如果你思念家乡，那你就回去吧！希腊的英雄没那么容易被征服！我要留在这里摧毁普里阿摩斯的王宫，踏平特洛伊！"

明智的老英雄涅斯托耳趁机说道："眼下，敌人已逼近我们的战船，在我们的身边燃起了篝火，说气话或丧气话有用吗？关键是怎么找到解决问题的办法。出战之前，我们就得到神谕，没有阿喀琉斯的帮助，希腊人就不能取得最终的胜利，所以还得想办法请他出山。而你，阿伽门农，为了个人私利，从阿喀琉斯那里抢走了他钟爱的女奴布里塞伊斯，使他受尽屈辱，从而退出战争。现在，到了考虑与这位英雄和解的时候了。希腊军队不能没有他。"

聪明的奥德修斯也同意老人的看法。他说："你和阿喀琉斯的恩怨正在毁灭整个希腊军队。我们在这里打仗，是为了希腊，而不是为了你的自尊心。"

两位英雄这么一说，吃了苦头的阿伽门农也感到很羞愧。他开口说道："我承认之前做的事确实有些过分，也承认希腊军队离不开阿喀琉斯。我愿意与他和解，给他补偿：归还布里塞伊斯，另外再加七名美女、七个三脚鼎、十锭黄金、二十口大锅、十二匹骏马；征服特洛伊后，给他一船黄金，外加二十个长相仅次于海伦的美貌妇女；回到希腊之后，我还愿意将一个女儿嫁给他，并送上七座城池给女儿做嫁妆。"

有了这一承诺，奥德修斯、大埃阿斯等五位使者奉命来到阿喀琉斯的营帐。阿喀琉斯正悠闲地与他的忠实跟班帕特洛克罗斯弹奏竖琴，吟唱英雄颂歌。

看到老友到来，阿喀琉斯设下酒宴热情地接待了他们。席间，奥德修斯向阿喀琉斯介绍了希腊人最近的不利战况，转达了阿伽门农的歉意和承诺，希望阿喀琉斯在这生死存亡的关头，从大局出发，与阿伽门农和解，归队参战，带领希腊人打败特洛伊。

听完这话，阿喀琉斯语气坚定地对奥德修斯说："阿伽门农已经骗了我一次，我绝不会让他再骗第二次。我在战场上浴血奋战，服务的却是一个不知感恩的国王！我不知道你们为什么会对这样一个愚蠢至极的家伙忠心耿耿！我希望你们不要再浪费唇舌，任何人都不能使我回心转意。我已决定近期起航，返回故乡。战争总有人失败，无论是谁，与我无关。"

奥德修斯巧舌如簧，但始终无法打动阿喀琉斯。几位使者只得默默离开他的营帐，回去复命。

7. 希腊人夜袭敌营

阿喀琉斯的决绝态度让各位首领倍感失落。阿伽门农更是无法入眠。他起身来到帐外，营寨周边特洛伊人熊熊燃烧的篝火、不绝于耳的欢笑声和悠扬动听的笛声都使他心烦意乱、六神无主。

阿伽门农想去找智慧老人涅斯托耳商量对策，在路上遇到了同样睡不着的弟弟墨涅拉俄斯。兄弟俩商定叫醒所有首领召开临时军事会议。

会上，涅斯托耳提议趁着夜色，派人潜入特洛伊的营地刺探军情。身身手矫健的狄俄墨得斯自告奋勇,并提议让聪明机智的奥德修斯与他同去。

两位英雄穿戴整齐、装备停当,悄然离开希腊军营。

就在阿伽门农派出狄俄墨得斯和奥德修斯侦察特洛伊军情的同时,赫克托耳也在召开会议,并做出了同样的决定:派人探听希腊军营的戒备情况。传令官欧墨得斯的儿子、善于奔跑的多隆听赫克托耳许诺把阿喀琉斯的战车和神马[1]作为此次行动的奖赏。爱财如命的他怦然心动,主动要求前去执行任务。

黑暗中,双方狭路相逢。身材矮小的多隆看见魁梧高大的两位英雄,吓得撒腿就跑,比兔子还快。狄俄墨得斯大喝一声:"站住!"接着投出了他的长枪。虽然长枪只是从多隆的肩头擦过,但他也早已吓得魂飞魄散、呆若木鸡。

面无人色的多隆停在原地,恳求饶命。奥德修斯面带微笑,对他说:"不要害怕,告诉我们你是谁?此行的目的是什么?"多隆战战兢兢地如实回答。奥德修斯心中暗喜,但脸色一沉:"只要你把特洛伊军队驻扎的详情、布防以及同盟军的情况告诉我们,我就放你一条生路。如若撒谎,立刻要了你的命。"贪生怕死的多隆哪敢隐瞒,把他知道的情况和盘托出,最后说道:"赫克托耳和将领们正在特洛伊先祖的墓旁开会,如果想进入营地,首先要通过我们的盟军——色雷斯人的驻扎地。他们的首领瑞索斯是河神的儿子,拥有黄金铠甲和黄金战车。除此之外,他还有海神波塞冬赐给的洁白似雪、迅捷如风的宝马良驹。不过,我要告诉你们,这支援军今天刚刚赶来,瑞索斯就在帐中,没有去开会。好了,我所知道的就是这些,你们放了我吧!"

---

[1] 哈耳皮埃姐妹之一波达耳革与西风神仄费洛斯生下一对孪生神马——克珊托斯和巴利俄斯。当年,波塞冬把它们送给珀琉斯和忒提斯作为结婚礼物,所以它们也就成了阿喀琉斯此次出征的战马。

多隆的话刚说完，狄俄墨得斯拔出剑来，寒光一闪，要了他的命。

两位英雄根据多隆提供的消息，悄悄地摸到色雷斯人的营地中央。奥德修斯附在朋友耳边说道："我们分工，你负责杀人还是偷马？"动作敏捷的狄俄墨得斯嘴里说出"杀人"时已像一头雄狮扑向了熟睡之中的色雷斯将士。一番砍杀，十二个人已死于他的剑下。奥德修斯此时也麻利地解下神马的缰绳，将它们牵出营地。随后，给同伴打了一声"逃跑"的呼哨。这时的狄俄墨得斯手起刀落，已将瑞索斯杀死。正想顺便推走那辆黄金战车时，他听到了奥德修斯催促离开的口哨声。狄俄墨得斯赶忙出营，纵身上马，与朋友一起飞速撤回希腊人的军营。

8. 特洛伊再次胜利

狄俄墨得斯和奥德修斯成功偷袭敌营，极大地鼓舞了希腊人的士气。阿伽门农决定今天拼死一战，彻底打败特洛伊人。

天一亮，阿伽门农穿着华丽的铠甲，气宇轩昂地率领英雄们开赴战场。

在这场战斗中，阿伽门农表现最为勇猛。他冲进敌阵斩杀了包括普里阿摩斯的两个儿子在内的许多特洛伊英雄。在他的带领下，希腊人奋勇杀敌，特洛伊人一个个被斩于马下。赫克托耳在军中来回穿梭，指挥军队顽强抵抗。但在阿伽门农的强大攻势下，他也无法完全阻挡特洛伊士兵的后逃，没有办法，只好被裹挟着向特洛伊城门退去。

奥林匹斯山上的宙斯看见特洛伊军队节节败退，当即吩咐伊里斯去向赫克托耳传达神意。女神使火速赶到特洛伊城下，告诉赫克托耳："只要阿伽门农一受伤，你立即展开反攻；今天伟大的宙斯将赋予你无穷的力量，把希腊军队一直逼到他们的战船旁。"有了神的护佑，赫克托耳心里有了底，又沉着地投入到战斗中。

与此同时，所向披靡的阿伽门农仍在接二连三地砍杀特洛伊英雄。他杀死了安忒诺耳之子、特洛伊猛将伊菲达玛斯。可就在他剥取死者的铠甲时，伊菲达玛斯的哥哥——科翁挺起长矛向阿伽门农扑了过来，一矛正中他的右臂。受了伤的阿伽门农气得嗷嗷直叫，一把抓住对方的长矛，用力一拉，连人带矛都飞了过来，他挥剑砍下了科翁的头颅。

阿伽门农疼痛难忍，手臂无法发力，只得退出战场。

赫克托耳发现阿伽门农受伤败走，便立即大声呼喊："希腊统帅已负伤逃跑！雷神宙斯将保佑我们取得胜利！将士们，冲啊！"特洛伊人跟随赫克托耳像旋风一样掩杀过去。普里阿摩斯的儿子一路拼杀，许多希腊英雄死于马下，战局很快得以扭转。

希腊这边，奥德修斯和狄俄墨得斯两员猛将拼命搏杀，顽强抵抗，有力地阻挡着特洛伊军队的进攻。赫克托耳看到后，急忙驱车过去。狄俄墨得斯瞅准机会，将长枪投向了赫克托耳，正好击中他的头盔。有宙斯的保护，枪尖并没有穿透头盔。即便如此，受到重击的赫克托耳仍是眼前一黑，晕倒在地。帕里斯见哥哥受伤，立即向狄俄墨得斯射出一箭，正中他的右脚面。狄俄墨得斯一边骂帕里斯暗箭伤人，一边忍着剧痛拔出利箭。他已无法继续作战，只得在奥德修斯的掩护下撤离战场。

重新返回战场的奥德修斯很快就被特洛伊人团团围住。但他毫不示弱，用长枪反击向他进攻的敌军将士，冲上来的英雄转眼间就被他杀死了五六个。特洛伊人索科斯见自己的兄弟也被奥德修斯挑于马下，怒火中烧的他奋力一刺，将这位希腊英雄的盾牌刺穿，并扎伤了他的肋骨。奥德修斯咬着牙，迅速反击，一枪将侧身抽剑的索科斯刺穿了。报仇之后，奥德修斯拔出身上的长枪，流出的热血一下子染红了胸前的铠甲。

发现奥德修斯已经受伤，特洛伊人迅速向他涌来。这位伊塔卡国王只得大声向战友求援。大埃阿斯和墨涅拉俄斯听见呼救，连忙赶了过来。忒拉蒙的儿子用墙面一样的盾牌横扫奥德修斯周边的特洛伊人，顿时尸横一片。墨涅拉俄斯则趁机搀着奥德修斯冲出敌群，上了战车，把他送回营地。

就这样,奥德修斯也退出了战斗。

此时,希腊随军医生玛卡翁[①]和猛将欧律皮罗斯[②]也先后被帕里斯的箭所伤。老将涅斯托耳急忙用战车把他们送回营寨。赫克托耳远远看见仍在奋勇作战的大埃阿斯,立即赶了过去。在之前与赫克托耳的决斗中,大埃阿斯本来略胜一筹。但这次宙斯却使他心生恐慌,不由自主地将巨大的盾牌背在背上,慢慢撤退。

撤退的希腊人陆续从阿喀琉斯的营前经过。坐在船尾的阿喀琉斯叫来朋友帕特洛克罗斯,让他去找涅斯托耳打听一下都有哪些英雄在战斗中负伤。帕特洛克罗斯来到涅斯托耳的营帐,看他正在给玛卡翁包扎伤口,旁边的欧律皮罗斯也因腿上的箭伤在痛苦地呻吟。

帕特洛克罗斯说明来意。皮洛斯国王涅斯托耳感慨道:"有劳阿喀琉斯的关心!现在几乎所有最勇敢的英雄都受伤了:阿伽门农和奥德修斯被长枪所伤,狄俄墨得斯、玛卡翁和欧律皮罗斯则受了箭伤。赫克托耳率领的特洛伊人已逼近我们的营寨,难道非要等到寨墙被攻破、战船被烧毁的时候阿喀琉斯才肯出战吗?在这生死存亡的紧急关头,我希望你去劝劝你的主人,也许他会听从你的建议。"老英雄这些话打动了帕特洛克罗斯。他决定回去劝说阿喀琉斯参战。

战斗仍在进行,特洛伊人已控制整个战局。数万希腊士兵丢盔弃甲,狼狈地跑进围墙,将大门牢牢关住。

赫克托耳像一头雄狮率领将士们追了过来,但他们无法越过那又宽又深的壕沟,去摧毁寨墙。于是,他让冲上来的特洛伊人跳下战马,分成五

---

① 前文提到的医药之神阿斯克勒庇俄斯(参见本书第124页)有两个儿子:玛卡翁是外科医生,波达利里俄斯是内科医生。兄弟俩也是海伦的求婚者,所以他们都参加了这场战争。

② 与赫拉克勒斯杀掉的波塞冬的儿子欧律皮罗斯同名。参见本书第200页。

个步兵队，由自己和波吕达玛斯①、帕里斯和阿革诺耳②、赫勒诺斯和得伊福玻斯、埃涅阿斯、萨耳珀冬③和格劳科斯④几位首领分别指挥向希腊人的五个营门发起冲击。

逃回营寨的希腊士兵在大埃阿斯、小埃阿斯、透克洛斯等将领的带领下誓死抵抗，飞蝗般的利箭射向试图撞开营门、爬上寨墙的特洛伊人。没过多长时间，五路勇士的鲜血已染红营门口的整个阵地。

希腊人顽强死守，击退了特洛伊人一次又一次的进攻。

这时，空中突然飞来一只抓着赤练蛇的苍鹰。当鹰飞过特洛伊军队上空时，那蛇身子一扭，朝鹰的胸口反咬了一口。苍鹰一声惨叫，扔下赤练蛇飞走了。蛇正好掉入赫克托耳的队伍中。

看到这一幕，聪明的波吕达玛斯惊恐地对赫克托耳说："到嘴的猎物又失去了！这是宙斯对我们降下的不祥预兆。他劝我们不要贪功心切，急于求成，还是赶快收兵吧！"赫克托耳不屑一顾地说："蛇在鹰的爪下反败为胜的情况多了，和我们有什么相干？我只关心怎么拯救特洛伊城。虽然我们是从小一块儿长大的朋友，但如果你敢临阵脱逃，同样会死于我的长枪之下！"

说完这话，赫克托耳命令弓箭手掩护自己，像一头杀红了眼的雄狮朝希腊军营的大门猛扑过去。到了门下，勇猛过人的特洛伊英雄怒目圆睁，举起一块希腊人撑门用的巨石，猛地砸了过去。两扇大门轰然倒下。就这

---

① 波吕达玛斯和赫克托耳同一天出生，是一块儿长大的好朋友。
② 阿革诺耳是特洛伊英雄安忒诺耳的儿子，与欧罗巴的父亲阿革诺耳同名。参见本书第208页。与埃托利亚国王厄普琉戎的儿子阿革诺耳同名。参见本书第343页。
③ 这里的萨耳珀冬是吕喀亚国王，宙斯和拉俄达弥亚的儿子。他与宙斯和欧罗巴的儿子萨耳珀冬（参见本书第211页）同名。
④ 这里的格劳科斯是萨耳珀冬的表哥，他与海神格劳科斯（参见本书第308页）同名。格劳科斯与萨耳珀冬是特洛伊的盟友，因此很早就率领吕喀亚人前来参战。

样，赫克托耳这队人马首先打开了希腊军营的缺口，随后而来的特洛伊人潮水般涌入那看似牢不可破的营寨。希腊将士看到寨墙被攻破，纷纷逃窜，退到战船边。

海神波塞冬一直关心着战争的进展情况。

当年，波塞冬在赫拉的鼓动下参与了推翻宙斯统治的谋反行动，失败后被罚给特洛伊国王拉俄墨冬修筑城墙。竣工后，黑心老板不但拒付工钱，还威胁说要向宙斯汇报他谋反之心不死。随后，波塞冬虽然派出海怪惩罚了特洛伊，但他觉得被凡人侮辱丢了大面子，一直为此事耿耿于怀，伺机报复。之前，慑于宙斯的威严，波塞冬没敢出手。现在情况不同了，战争打到了海边，那可是他的地盘！海神波塞冬有了出手的正当理由。

眼看希腊人的最后防线就要被特洛伊人突破，愤怒的波塞冬掀起冲天巨浪，排山倒海般压向海岸。他则变成预言家卡尔卡斯的模样，劈波斩浪来到大、小埃阿斯面前，用权杖分别点了他俩一下，两位英雄顿时觉得身体里充满了无穷的力量。大埃阿斯首先意识到他是海神波塞冬，随即兴奋地向希腊人喊道："全军将士，震撼大地的波塞冬已经来到我们身边！大家鼓起勇气，相信一定能够击退特洛伊人的进攻！"

希腊士兵明白，眼下只有保住战船，才有生还故乡的希望，背水一战是唯一的选择。他们现在听到这个消息，更是士气大振，勇气倍增。全体将士迅速聚集在两个埃阿斯身边，排列成行，盾牌挨着盾牌，手中紧握长枪，眼睛怒视前方，等待着特洛伊人的进攻。

特洛伊人在赫克托耳的率领下发起新一轮潮水般的攻势，激烈的战斗又开始了。没过多长时间，许多英雄倒了下去，其中包括波塞冬的孙子安菲巴科斯。海神为此大怒。他鼓动克里特国王伊多墨纽斯为其复仇。伊多墨纽斯闪电般冲到阵前，向敌人发起猛烈的进攻，霎时有不少特洛伊人死于他的长矛之下。普里阿摩斯的儿子得伊福玻斯看到这一情况，赶紧喊来埃涅阿斯、帕里斯，一起向伊多墨纽斯杀了过去。伊多墨纽斯毫不畏惧，以一敌三丝毫不落下风。

特洛伊人的锐利攻势暂时被遏制住，但赫克托耳并没有撤退的意思，仍然率领着军队向希腊人不断发起攻击。双方的呐喊声、厮杀声，武器的撞击声，直冲云霄，震动天宇。

受伤的阿伽门农看到抵御特洛伊人的寨墙已被摧毁，战斗已被推进到战船近旁，便对身边的涅斯托耳及同样受伤的狄俄墨得斯和奥德修斯沮丧地说道："敌人已进入我们的腹地，再也没有什么屏障能保护战船。趁着战船还没有被破坏，赶快把它们拖下水，以便天黑时逃离特洛伊！"

一听这话，奥德修斯气急败坏地说："阿伽门农，你实在不配做勇士们的统帅！战斗还在进行之中，胜负未分，你却只想着逃跑。一旦战船下水，势必军心涣散，等待我们的将是全军覆没。"

阿伽门农面带愧色地说："我也不想撤退！可现在我们已陷入绝境，难道你还有更好的办法吗？"狄俄墨得斯沉不住气了，气愤地喊道："唯一的办法就是回去战斗！我们这些伤员即便不能直接上场拼杀，但站在那里也能提高士气！"阿伽门农听从了他的建议，四位英雄重回战场。

在波塞冬的帮助下，希腊人虽暂时挡住了敌人的进攻，但如果展开反攻就必然会离开海神的势力范围，慑于宙斯的警告，波塞冬也不敢贸然行事。

奥林匹斯山上的赫拉看出了事情的端倪。她虽然忍不住跃跃欲试，但端坐在伊达山上的那威严的宙斯使她没有直接参战的胆量。此时，女神灵机一动，计上心来。她悄悄离开奥林匹斯山，飞速来到睡眠之神许普诺斯居住的岛屿，请他出手将宙斯催眠，以便让战场上的波塞冬大显神威。一听这话，许普诺斯连连摆手。他对赫拉说："尊贵的天后，难道您忘了上次您让我将宙斯催眠，把他的儿子赫拉克勒斯弄到科斯岛，致使他多处受伤这件事？① 结果，您被宙斯吊在了天地之间！要不是我的母亲——黑夜之神倪克斯为我求情，恐怕我也难逃厄运。"

赫拉脸色一沉，对许普诺斯说："赫拉克勒斯是宙斯的爱子。和他相比，特洛伊人算什么？再说，我也不会亏待你。此事如果办成，我将把赫淮斯托斯打造的那把黄金座椅送给你做酬劳。还是别废话了，赶快按我的意思去办吧！"面对天后赫拉，睡神当然害怕，但他更晓得宙斯的威严。他掂量了一下，还是选择了拒绝。

天后一看硬的不行，就来软的，转而说道："长相俊美的睡神，你至今仍是孤身一人吧？如果这事你替我办好了，我就把美惠三女神中最漂亮的帕西忒亚嫁给你。你看如何？"

常言说："英雄难过美人关。"在这一点上，神祇与人类没有区别。这位小许同志本就对小帕同学垂涎已久，现在听了赫拉的许诺，不禁心头一乐。但他还是不放心。他一定要让天后对着斯堤克斯河水发下誓言。赫拉没有办法，只好照做。

许普诺斯变作小鸟，飞速地来到伊达山顶，隐藏于宙斯身后的一棵大树上。他避开神王的目光，悄悄地将催眠药水洒了下去。就在此时，刻意打扮了一番的赫拉迈着轻盈的步履款款走了过来。宙斯见老婆今天格外漂亮，眼神里又满是柔情蜜意，忍不住情欲上撞，说道："现在让我们躺下尽情享受爱欢。无论对女神还是凡女，泛滥的情欲从没有这样强烈地征服过我的心灵。"② 天后赫拉故作娇羞又十分诡诈地回答说："这是什么话！你要我们现在就躺在这伊达山顶，偎抱爱抚。这里裸露得毫无遮蔽，倘若

---

① 参见本书第 200 页。
② 【古希腊】荷马：《荷马史诗·伊利亚特》，罗念生、王焕生译，人民文学出版社，1994 年版，第 337 页。

有哪位永生的神明看见我们睡在这里,并去传告其他的天神,将如何是好?从这样一张床榻爬起来,多么羞人!我还怎么去你的宫殿!"①此时的宙斯早已按捺不住,嘴里说道:"这个你不用担心,我会把一团浓浓的金云布在周围,连光线最敏锐的太阳神都无法洞观这一切。"他手上也没闲着,紧紧地搂住赫拉在山上行起了夫妻之事。完事之后,神王已彻底无法抵挡不断袭来的困意,不一会儿就躺在老婆的怀里进入了梦乡。赫拉见计谋得逞,事不宜迟,便赶紧派出睡神将这一情况告诉了大地震撼者波塞冬,让他趁机帮助希腊人发起反击。

波塞冬听到这个消息,自然十分高兴。他再也没有了顾忌,便亲任联军统帅,率领希腊军队如汹涌的波涛一样向特洛伊人展开疯狂反扑。英勇的大埃阿斯抡起臂膀,投出巨石,一下击中赫克托耳的胸部。铁塔般的赫克托耳摇晃了一下,口吐鲜血,轰然倒地,昏死过去。特洛伊勇士见首领受伤,便蜂拥而上,冒死护住赫克托耳,将他抬离战场,一口气跑到克珊托斯河岸边。

希腊将士见对方最勇猛的英雄因伤退出战场,士气更加高涨,便向特洛伊人发起新一轮的猛攻。鏖战更加惨烈,战斗进入白热化状态,双方又有许多英雄倒了下去。几轮攻击下来,特洛伊人坚持不住了,开始且战且退,直到希腊军营的寨墙外才稳住阵脚。

就在这时,伊达山上的宙斯醒了。看到战场上局势的变化,他气急败坏。神王已经猜到背后的主使,就劈头盖脸地骂了赫拉一顿。天后故作委屈地说道:"夫君啊,你这次可冤枉我了!是那海神波塞冬自作主张去帮助希腊人。其实我还很想去劝说他按你的意思行事呢!"宙斯怒喝道:"你

---

① 【古希腊】荷马:《荷马史诗·伊利亚特》,罗念生、王焕生译,人民文学出版社,1994年版,第337—338页。

是不是已经忘了被金链悬在天地之间的滋味了？我警告你，现在什么也别说了！赶快返回奥林匹斯山，让阿波罗和伊里斯来见我！"赫拉吓得不敢再作声，赶紧去传达宙斯的旨意。

接到圣旨的二位神祇火速赶到伊达山。宙斯派伊里斯去向波塞冬传达退出战场的命令，并吩咐阿波罗快去救治赫克托耳。一眨眼，女神使已到波塞冬面前，并向他说明了来意。波塞冬虽然心里愤愤不平，但还是选择了服从。他离开战场，沉入了海底。阿波罗来到赫克托耳身边，运用神力使他苏醒过来，并对他说："特洛伊王子，我是宙斯的儿子阿波罗。快带领你的军队向希腊人发起进攻吧！我会帮助你取得这次战争的胜利。"

话音刚落，赫克托耳精神为之一振，四肢也充满了无穷的力量。他立即站起身，来到特洛伊人的队伍中间。将士们看到赫克托耳安然无恙，无不欢欣鼓舞。希腊人看到这一幕，则个个大惊失色。

主帅回归，特洛伊人稳住了军心，又开始向希腊人发起猛烈的攻势。已被注入神力的赫克托耳如虎入羊群，横冲直撞，所到之处，杀得希腊联军人仰马翻。再加上隐身云雾之中的阿波罗暗中相助，特洛伊将士势如破竹。希腊人抵挡不住，不得不再次向海岸边的战船撤去。

船边的激烈战斗又开始了。特洛伊人的目标是烧掉战船，以断掉敌人的后路。希腊人则拼死保护战船——只有这样他们才有活着离开的可能。在这生死关头，大埃阿斯振臂一呼，手持盾牌，挺起长矛，大声吼叫着在最前面的几条船上来回跳跃，阻止特洛伊人上船。特洛伊人在赫克托耳的率领下,进攻势头也是有增无减。战斗愈来愈激烈,战船四周已经血流成河。

大埃阿斯虽力大无穷，但奋战既久，也已精疲力竭——持矛的右臂变得软弱无力，扛盾的左膀开始麻木不支。赫克托耳瞅准时机，冲上前来，挥起利剑，斩断了他手中的长矛。此时的大埃阿斯已无还手之力，只得后退。步步紧逼的特洛伊人趁机点燃了普洛忒西拉俄斯的战船。这位普洛忒西拉俄斯，第一个踏上特洛伊的土地，第一个被特洛伊人杀死。现在，他的战船又成了被大火吞噬的第一艘。

看来，希腊人大势已去，全军覆没的命运难以避免。

9. 帕特洛克罗斯之死

就在这千钧一发的生死关头，事情出现了转机。

在阿喀琉斯的战船上，帕特洛克罗斯的眼中流出悲苦的泪水。阿喀琉斯关切地问他："我的挚友，谁欺负你了？为什么像个小女孩一样哭泣呀？"

"珀琉斯的伟大儿子啊，"帕特洛克罗斯答道，"我是在为希腊人痛哭。他们正在蒙受巨大的灾难，眼看战船就要被付之一炬。如果那样，他们将永远不能回到故乡与亲人团聚。我知道，你不愿出手救助，那么就让我率领你的战士去参加战斗吧！请你允许我穿上你的盔甲！这样一来，特洛伊人也许会把我误认为是你，就能唬他们一阵儿，好给希腊人一点喘息的时间。加上我们这股新生力量，希腊人定能将特洛伊人驱离战船。"

听了这话，阿喀琉斯长叹一声，对帕特洛克罗斯说："虽然目空一切的阿伽门农藐视我，但看到希腊人陷入困境我也是备受煎熬。我的兄弟，现在你就穿上我的铠甲、率领我的士兵投入战斗吧！但有两件事你要记住：第一，只要能阻止特洛伊人焚烧战船、解除威胁就可以了，不要追出去太远；第二，不要与赫克托耳交战，因为他的背后有神祇支持。"

帕特洛克罗斯得到了主人的允许，心里十分欢喜。他匆匆穿上阿喀琉斯的铠甲，套上神马，备好战车。此时，阿喀琉斯手下的士兵也已集结完毕，整装待发。他们太久没有打过仗了，一个个摩拳擦掌，像凶残的豺狼一样迫切地渴望投入战斗。

帕特洛克罗斯高声呐喊着扑向敌人。这支生力军左冲右突，所到之处，特洛伊人顿时倒下一片。原本奋勇杀敌的特洛伊士兵，突然看见阿喀琉斯那标志性的黑缨银盔，以为是他本人赶来援助希腊人，直吓得阵脚大乱，不由自主地连连后撤。而希腊人看到这一幕士气大振，勇气倍增。

帕特洛克罗斯率领的士兵乘机将战船上的大火扑灭。接着，他们转身向往后撤退的特洛伊人冲去。赫克托耳本以为可以一鼓作气将希腊联军全部消灭在海边，但新生力量的加入使战局发生逆转，到嘴的肥肉眼看就要飞走。心有不甘的他竭力阻止特洛伊人溃逃，但这种努力已是徒劳。转眼之间，特洛伊人已撤离希腊营寨。他们越过壕沟，退到了城外的平原上。

愈战愈勇的帕特洛克罗斯早已将阿喀琉斯的嘱托抛到九霄云外。他鼓动并率领着希腊士兵一路掩杀过去，又有许多特洛伊将士死于他的长矛之下。

特洛伊的盟友、吕喀亚国王萨耳珀冬看到如此众多的英雄相继倒了下去，愤怒至极。他号召所有吕喀亚人停下来，稳住阵脚，誓与"阿喀琉斯"血战到底。萨耳珀冬跳下战车，等待对手的到来。迎面而来的帕特洛克罗斯见状也跳下战车，两个英雄互相扑向对方。

决斗就要开始。坐在伊达山上观战的宙斯知道萨耳珀冬命中注定要死于帕特洛克罗斯之手。可他毕竟是自己的儿子啊！做父亲的怎么忍心看着他死于非命？一旁的赫拉从宙斯的面部表情看出了端倪。她不失时机地讥讽道："你想违背命运的安排吗？想拯救一个注定走向死亡的人吗？打仗总得死人。神的儿子怎么啦？难道他就应该有特权？如果所有神祇都像你一样去关照自己的后代，那这个仗没法打了！"赫拉的话让宙斯无言以对。他只是默默地看着儿子，忍不住流下了悲伤的泪水。

地面上，两位英雄经过几轮的搏斗，胜负已分。帕特洛克罗斯投出的长枪正中萨耳珀冬的胸部，这位吕喀亚国王轰然倒地。

萨耳珀冬使出最后的力气，大声呼唤表哥格劳科斯："我的朋友，你要号召吕喀亚将士抢回我的尸体！切莫让希腊人剥去我的甲胄，因为那将是我永远无法洗刷的奇耻大辱！"说完之后，死神塔那托斯便合上了他的双眼。

悲痛欲绝的格劳科斯立即召集吕喀亚人去抢夺表弟的尸体，帕特洛克罗斯也呼唤希腊人前来支援。就这样，双方围绕萨耳珀冬的尸体短兵相接，展开了激烈的争夺战。最后的胜利属于希腊人。他们剥下了萨耳珀冬身上的铠甲。

面对这一情景，宙斯感到无比悲痛。他急忙叫来忠实跟班赫尔墨斯，吩咐他去带回萨耳珀冬的尸体，将其洗去灰尘和血污，好好安葬。

战场上，帕特洛克罗斯又杀死了特洛伊的许多英雄，并已将敌人驱赶到城墙脚下。赫克托耳一直撤到城门处才勒住战马。他也在犹豫：到底是应该向"阿喀琉斯"进攻，还是应该命令部下回城坚守？这时，阿波罗变身为赫克托耳的舅舅来到他面前，斥责道："赫克托耳，你打算就此退缩吗？这可不是你的风格！你应该策动战马，继续投入战斗！阿波罗会在背后给你帮助！"这话给了赫克托耳极大的鼓舞，当即吩咐驭手调转马头，径直向"阿喀琉斯"冲了过去。

帕特洛克罗斯一路砍杀过来，所向披靡，顿时觉得自己无所不能，哪里还记得临行前阿喀琉斯对他的叮嘱？见赫克托耳向自己逼近，帕特洛克罗斯跳下战车，一手持矛，一手从地上抄起一块巨石，猛地掷了过去。石头击中了驭手的脑袋，驭手栽下车来，当场毙命。赫克托耳麻利地跳下战车，与帕特洛克罗斯展开了争夺尸体的激烈战斗。就这样，希腊人和特洛伊人的血腥厮杀又开始了。

就在英勇的帕特洛克罗斯又一次一连杀死许多特洛伊将士之时，隐身于一团浓雾中的阿波罗出手了。他在帕特洛克罗斯的背上击了一掌，英雄顿时感到头晕眼花，两脚发虚。接着，阿波罗还折断了他手里的长枪，割断了他肩头的盾带，解开了束在他身上的铠甲。所有这一切使帕特洛克罗斯大惊失色、不知所措，就直挺挺地站在了特洛伊人面前。面对手无寸铁、毫无还击之力的帕特洛克罗斯，特洛伊盟友潘托斯的儿子欧福耳玻斯从他背后刺了一枪。赫克托耳见机挺矛刺向帕特洛克罗斯的腹部。帕特洛克罗斯应声倒地，其灵魂飞往了哈迪斯的冥国。

帕特洛克罗斯一死，周围立刻安静下来。突然，一个特洛伊战士打破了平静。他高声喊道："我们的英雄赫克托耳杀死了不可战胜的阿喀琉斯！"望着躺在地上的"阿喀琉斯"，交战双方都不敢相信自己的眼睛。欣喜若狂的赫克托耳从尸体的头上一把摘掉了属于阿喀琉斯的那震人心魄的头盔。可当他看清死者的脸庞时却惊呆了：他看到的是一张稚嫩的孩子般的脸。这不是阿喀琉斯，而是帕特洛克罗斯！此时希腊人也已明白事情的真相。

接着，交战双方又展开了争夺帕特洛克罗斯尸体的战斗。

墨涅拉俄斯像一头威猛的雄狮冲了过去。他绝不容许特洛伊人污辱为他们献出年轻生命的英雄的遗体。欧福耳玻斯手持长枪冲向墨涅拉俄斯，但被这位斯巴达国王的盾牌挡住。没等欧福耳玻斯缓过神来，墨涅拉俄斯的长枪已刺中他的咽喉。

此时，赫克托耳已剥下帕特洛克罗斯穿的属于阿喀琉斯的铠甲，正要把尸体拖走。墨涅拉俄斯叫大埃阿斯前来支援，一起向赫克托耳发起攻击，以求护住帕特洛克罗斯的尸体。面对两位英雄，赫克托耳只得撇下尸体撤离。

在撤退的过程中，赫克托耳迫不及待地换上了阿喀琉斯的铠甲与战盔——这是珀琉斯和忒提斯结婚时，诸神为他们夫妇献上的礼物。盔甲一上身，赫克托耳立刻就觉得浑身充满了神奇的力量。

有了这样的力量和勇气，赫克托耳停下撤退的脚步，率领特洛伊勇士又向帕特洛克罗斯的尸体冲了过去。墨涅拉俄斯高声呼喊本方英雄前来帮忙。最先赶到的小埃阿斯喊道："阿喀琉斯的盔甲已落入敌方，如果帕特洛克罗斯的尸体再被特洛伊人抢去，我们怎么向阿喀琉斯交代？没有他的帮助，怎么攻克特洛伊城？所以，我们宁愿付出生命，也要护住他的尸体。"

双方对帕特洛克罗斯尸体的争夺使战斗变得异常惨烈。刹那间，战场上已是血流成河，尸体遍地。

英勇无比的大埃阿斯一边杀敌，一边对墨涅拉俄斯说："快去寻找老英雄涅斯托耳的儿子安提罗科斯，让他去给阿喀琉斯送信，就说帕特洛克罗斯已经阵亡，尸体还有被特洛伊人抢去的可能。"墨涅拉俄斯拖着沉重的双腿在一片混乱的战场上来回奔走，终于找到了安提罗科斯，并将事情的原委告诉了他。年轻的安提罗科斯对阿喀琉斯来说，是除了帕特洛克罗斯之外，最要好的朋友了。他得到命令后，急忙去找阿喀琉斯。

大埃阿斯看到墨涅拉俄斯已经回到身边，便告诉他背上帕特洛克罗斯的尸体撤回营寨，自己为他断后。就这样，墨涅拉俄斯背着尸体在前面缓慢地走着，大埃阿斯用最后一丝力气奋力抵挡着特洛伊军队的进攻。

战船里的阿喀琉斯焦急地等待着挚友的归来，但他等来的不是帕特洛克罗斯，而是涅斯托耳的儿子。安提罗科斯泪流满面地告诉阿喀琉斯："帕特洛克罗斯已经阵亡，所穿铠甲也已被赫克托耳剥去。这会儿交战双方还在争夺他的尸体。"听到这一噩耗，阿喀琉斯疯狂地扯着头发号啕大哭。

大海深处的忒提斯听到儿子的哀号，立刻分开波浪来到他的身边。女神搂着心爱的儿子，十分关切地问道："我的孩子，宙斯已满足你的要求，帮助特洛伊人将希腊军队赶到了战船旁边。现在，所有希腊人都已经意识到，没有你的帮助，他们无法取得这场战争的最后胜利。而且，阿伽门农已经派人来过你的营帐，许以厚礼请求你的原谅，并希望你能助他们一臂之力。事已至此，你还有什么不中意的吗？是什么事令你如此悲伤？"

"亲爱的母亲，这些我都知道。"阿喀琉斯说，"但所有的一切并不能使我感到高兴,因为我永远失去了帕特洛克罗斯。赫克托耳杀死了我最亲密的朋友,还剥去了他身上的铠甲——那其实是我的铠甲,是您和我的父亲结婚时诸神送上的礼物。如果我不能让赫克托耳为帕特洛克罗斯的死付出生命的代价,我的心将无法安宁。"

忒提斯听了阿喀琉斯的哭诉,噙着眼泪说道:"我的儿子,赶快放弃这种想法吧!因为命运之神早已做出决定,你与赫克托耳的命运是连在一起的。他死之后,你的生命也将走到终点!"

"帕特洛克罗斯还是个孩子。我带着他远离故乡,却没能好好保护他,让他不受伤害。我继续活着还有什么用处呢?我要忘却对阿伽门农的愤恨,重上战场,杀掉赫克托耳。我从不惧怕死亡!伟大的赫拉克勒斯都难逃一死,何况是我?母亲,请您不要阻拦我,因为帕特洛克罗斯比我的生命还重要!"阿喀琉斯这样回答自己的母亲。

女神没有办法,只得满怀哀伤地说道:"明天一大早,我将给你送来匠神赫淮斯托斯亲手打造的新甲胄。在这之前,千万不要出战!"阿喀琉斯答应谨遵母亲的告诫。

太阳就要落山了,争夺帕特洛克罗斯尸体的战斗仍在激烈地进行。阿喀琉斯不敢违背母亲的叮嘱,无法投入战斗,只能远远地看着这一幕。这更使他徒增悲伤。就在阿喀琉斯心急如焚的时候,赫拉偷偷派出的女神使伊里斯来到他的身旁,对他说:"伟大的英雄,我知道你无法参加战斗。但要帮助希腊人夺回帕特洛克罗斯的尸体,你根本无须作战。你只要登上希腊军营的寨墙,凭借你的声势和威严就足以令进攻的特洛伊人停下脚步。"一听这话,阿喀琉斯迫不及待地大踏步向寨墙走去。

女神雅典娜也赶来帮忙。她将神盾置于英雄的肩上,又使用法力让他的脸上闪耀着神的光彩。阿喀琉斯登上寨墙,威严地一声怒吼,直吓得特洛伊士兵心惊肉跳;第二声怒吼,直吓得特洛伊战马掉头就跑;第三声怒吼，整个特洛伊军队已乱了阵脚。再一看阿喀琉斯那神一般的面孔，有的特洛伊人在慌乱之中栽下马车，有的则直接被自己人刺死。

趁着混乱，希腊人抬着帕特洛克罗斯的尸体，回到阿喀琉斯的战船上。

黑夜来临，整整一天的战斗终于停息了。

特洛伊人在城外的平原上站成一圈，防止阿喀琉斯的突袭。这时，赫克托耳的好友波吕达玛斯建议趁着夜色将军队撤回城内，只要在城上守卫，就不怕阿喀琉斯，因为他也无力攻破这牢固的城池。可是，赫克托耳已被雅典娜蒙蔽了理智。他拒绝采纳波吕达玛斯的建议，并指责道："难道你没有看出来，伟大的雷神宙斯是站在我们这边的？他已经帮助我们两次把希腊人赶到海边。胜利离我们只有一步之遥！明天清晨，我决定向希腊战船发起总攻。到时，如果阿喀琉斯参战，那就让我们一决高下吧！"说完之后，求胜心切的赫克托耳命令军队在野外设营驻扎。

希腊军营内，阿喀琉斯一边用温水帮帕特洛克罗斯洗净身体，一边悲痛地说道："我的挚友，帕特洛克罗斯，命运女神已经决定让我们的鲜血洒在异国的土地上。不过，在我夺回铠甲杀死赫克托耳以前，我还不能死，也不能为你举行葬礼，我要拿凶手的头颅向你献祭。"接着，阿喀琉斯将他的遗体放在华丽的床上，并盖上一条精美的罩袍。

10.阿喀琉斯重返战场

海洋神女忒提斯急速飞上光明的奥林匹斯山，来到赫淮斯托斯工作的铁匠铺。

赫淮斯托斯见忒提斯大驾光临，赶紧停下手头的活计，起身迎接。这位女神可是当年他因天生残疾被赫拉扔下奥林匹斯山之后的救命恩人啊！[1]

---

[1] 参见本书第67页。

工匠之神三步并作两步,来到忒提斯面前,亲切地握着她的手问道:"敬爱的女神,是什么风把您吹来了?告诉我,有什么事需要我帮忙?只要做得到,一切我都愿意为您效劳。"

忒提斯含着泪水把事情的经过向赫淮斯托斯诉说了一遍。工匠之神为阿喀琉斯的命运感到悲伤,说道:"尊贵的女神,请您不要悲伤!我虽然无法改变您儿子的命运,但为他锻造一套令所有人感到惊讶的装备是没有问题的。"

赫淮斯托斯说干就干。他使出平生所学,先为阿喀琉斯打造了一面镶有三道金边、绘有精致图案的盾牌,接着又为他锻造了一副像火焰一样熠熠闪光的铠甲、一个带有金色羽饰的头盔和一副用柔性的锡做成的胫甲。工程结束,赫淮斯托斯恭恭敬敬地将这些装备递给忒提斯。女神向他表达了谢意,然后迫不及待地飞离奥林匹斯山,以便尽快将其送到儿子手中。

朝霞初上的清早,忒提斯已来到儿子身边,看到他仍对着帕特洛克罗斯的尸体流泪。忒提斯一边安慰儿子,一边将新装备拿给他看。周围的将士见这神赐的礼物发出耀眼的光芒,无不称奇。阿喀琉斯更是感到十分欣喜。他迫不及待地穿戴整齐,试着来回走动了一下。战甲轻便如同鸟翼。火神的手艺果然不同凡响。

阿喀琉斯已经等不及了。他想立即奔赴战场与特洛伊人决战,但母亲还是建议他先与统帅阿伽门农实现和解。

阿喀琉斯大踏步来到营地广场,召集希腊将士前来集合。不一会儿,包括受伤的阿伽门农、奥德修斯、狄俄墨得斯在内的所有人都走出帐篷和战船,聚集在广场上。身穿铠甲的阿喀琉斯通体闪耀着神一般的光彩。他跳上一艘高大战船的船头,对阿伽门农大声说道:"我们的统帅,在经过惨重灾难的打击之后,我决定了却个人恩怨,同仇敌忾,并肩作战去打败共同的敌人！"阿伽门农站出来，说道："大家经常谴责我之前做的事情，其实，那是纷争女神蒙蔽了我，让我丧失了应有的理智，从而铸成大错。现在，我愿意向你赔罪并做出补偿，把不久前许诺的礼物都给你。阿喀琉斯，我真心希望你能重返战场，建功立业。"

希腊将士见阿喀琉斯与阿伽门农冰释前嫌，无不欢欣鼓舞。

在全体将士进餐备战之时，阿伽门农把给阿喀琉斯的礼物送来了，当然包括美丽的布里塞伊斯。

报仇心切的阿喀琉斯早已披挂停当，右手执父亲珀琉斯送给他的粗大长矛，左手拿赫淮斯托斯亲自锻造的盾牌，登上战车，威风凛凛地率领密耳弥多涅人①奔赴战场。希腊军队人数众多，头盔、长枪、盾牌在阳光下闪闪发光，大地在战士们的脚下震动。是时候向据守在特洛伊城外的敌人发起进攻了。

此时，云雾缭绕的奥林匹斯圣山上，宙斯召集众神，向他们宣布："希腊人与特洛伊人的决战时刻已经来临！从今天开始，我不再介入这场战争。你们可以自由选择支持哪一方。"此言一出，所有神祇那根因恐惧而绷紧的弦立刻放松了。他们飞往地面，开始自主站队：没有得到"最美女神"称号的赫拉和雅典娜理所当然站在希腊一边，工于心计的赫尔墨斯也选择和颇有权势的两位女神站在一起。得到帕里斯的青睐，获得金苹果的"最美女神"维纳斯毫无疑问会支持特洛伊人。当然，打仗并不是美神的强项，但别忘了她还有一个誓死追随的老情人——战神阿瑞斯。火神赫淮斯托斯一摸头上那顶绿油油的帽子，气就不打一处来，便坚定地站在了希腊人的战队里。特洛伊国王普里阿摩斯的老爸拉俄墨冬因修筑城墙不给工钱一事把海神坑得不浅，波塞冬岂肯放过这次公报私仇的好时机？所以他甘做希

---

① 密耳弥多涅人即蚂蚁人。参见本书第393页。

腊人的坚强后盾。至于阿波罗，按理说，他和波塞冬一起在特洛伊打过工，同样有着被黑心老板坑害的痛苦记忆，也应和希腊联军在一个战壕里作战才对。可他并没有这么做。在他看来，和天后赫拉对母亲勒托的迫害相比，自己的痛根本算不了什么。既然赫拉和希腊人站在一起，那他就要和这位后妈对着干。并且，之前傲慢无礼的阿伽门农没有将祭司克律塞斯的女儿及时归还，阿波罗更是丧失了对希腊人的好感。于是，他便和姐姐阿尔忒弥斯一起做了特洛伊的强大外援。

在特洛伊城外的平原上，战场已经摆开。因为有勇猛过人的阿喀琉斯打前锋，希腊人底气十足，斗志昂扬。特洛伊人远远看到身披"神甲"的阿喀琉斯，已经吓得两腿发抖，不敢前进了。此时，幸好战神阿瑞斯发出了狂风怒号般的吼声，特洛伊人的士气受到激励，否则他们真有可能不战而退了。女战神雅典娜不甘示弱，也在希腊军中来回穿梭，发出威严的呐喊声。这种情况，哪能少得了纷争女神的身影？兴奋异常的厄里斯不失时机地点起战火。

惨烈的战斗爆发了。阿喀琉斯在特洛伊的队列中极力搜寻仇人赫克托耳的身影。可阿波罗早叮嘱赫克托耳要夹在人群中间，尽量避免与阿喀琉斯碰面。此时，阿波罗又化身凡人来到埃涅阿斯面前，对他说："阿喀琉斯是小小的海中神女忒提斯的儿子，而你是奥林匹斯主神维纳斯的儿子。他怎么能和你比？所以，不用惧怕与他交战。"

埃涅阿斯听了这话，颇受鼓舞，顿感自己信心倍增，便不由自主地冲到阵前。阿喀琉斯的目标是赫克托耳。他不愿与埃涅阿斯交战，所以劝他回到阵中换赫克托耳出来。埃涅阿斯觉得这是阿喀琉斯对他的侮辱，便二话不说，举起长枪猛地向敌人投了过去。阿喀琉斯拿盾牌一挡，长枪应声落地——这可是赫淮斯托斯亲手打造的盾牌，岂是凡人的力量能够击穿的？阿喀琉斯一个侧身，手里的长枪闪电般呼啸着飞了过去。面对阿喀琉斯，埃涅阿斯不敢马虎，身经百战的他赶紧举起盾牌挡住身躯，并把腰躬了下去。阿喀琉斯这一枪势大力沉，枪尖击穿了盾牌，从埃涅阿斯的头顶上方划过。要不是埃涅阿斯早有防备，来了一个躬腰的动作，这一枪非要了他的命不可。就这样，也把埃涅阿斯惊出了一身冷汗。

阿喀琉斯的盾牌出自匠神之手，凡人无法击穿，那么这位埃涅阿斯的盾牌又是出自何人之手呢？其实它同样也是赫淮斯托斯的作品。那么这副盾牌怎么就能被阿喀琉斯击穿呢？

事情是这样的。清晨时分，忒提斯拿着新装备从赫淮斯托斯的铁匠铺里走的时候，恰巧被维纳斯看到了。女神心想：阿喀琉斯原本就勇猛异常，再加上这些只有神祇才能拥有的新式装备，岂不就天下无敌了？我的儿子埃涅阿斯如果在战场上遇到他，那可就危险了。想到这里，维纳斯来到丈夫面前，柔声细语地对他说："亲爱的，麻烦你帮特洛伊的埃涅阿斯打造一副刀枪不入的铠甲吧！"赫淮斯托斯一听这话，气就不打一处来，气呼呼地说道："你是我的妻子，埃涅阿斯是你的儿子，并不是我的儿子。我为什么要给他打造装备？"维纳斯自知理亏。可她发嗲撒娇、软磨硬泡的功夫向来不赖，而且在诸多男人身上屡试不爽，这次赫淮斯托斯也不例外。在这千娇百媚的女人面前，老匠神又一次心软了。他重新生火，吭哧吭哧地干了起来。可是，我们千万不要以为这老实巴交的火神就这样心甘情愿地被戴绿帽子。他虽然嘴上不说，但心里自有一套报复的办法。想想当年他在卡德摩斯的婚礼上，送给哈耳摩尼亚的项链就知道这家伙着实不是好惹的。这次，赫淮斯托斯是答应为埃涅阿斯做盔甲了，但他偷工减料，做出来的是个残次品。加之，阿喀琉斯本来就力大无穷，所以它被轻易击穿。

阿喀琉斯一枪差点要了埃涅阿斯的命。还没等他缓过神来，阿喀琉斯又拔出利剑冲了过去。眼看埃涅阿斯就要丧命于剑下，突然来了一位大神出手相助。这位大神正是一直站在希腊一方的海神波塞冬。波塞冬对特洛伊始终怀有敌意，那他为什么又要救埃涅阿斯呢？原来，宙斯并不想彻底毁灭整个特洛伊家族，他选中埃涅阿斯来延续家族血脉。波塞冬此次施以援手只是出于无奈，执行宙斯的命令而已。他在阿喀琉斯的眼前降下一团浓雾，又把阿喀琉斯投出去的标枪放到英雄的脚下，接着把埃涅阿斯带离战场，并不失时机地嘲笑道："你太自不量力了，竟敢和阿喀琉斯对战！我警告你，只要阿喀琉斯还活着，就离他远点！"

波塞冬驱散了浓雾，阿喀琉斯看到投出去的长枪竟在自己脚边，而埃涅阿斯却不见了。他明白，这是众神在保护埃涅阿斯。不过他深信，埃涅阿斯从此再也不敢与他交战了。

阿喀琉斯杀入敌阵，刺死了许多特洛伊英雄，但他时刻没有忘记寻找赫克托耳。赫克托耳谨记阿波罗的嘱托，一直待在后方队伍中。可就在这时，阿喀琉斯用长枪刺死了赫克托耳最年轻的弟弟、深受其父普里阿摩斯宠爱的帕蒙。弟弟在自己眼前丧生，赫克托耳再也忍不住了。他不顾一切地冲向阿喀琉斯。

阿喀琉斯一见赫克托耳，双眼立刻闪耀出可怕的光芒。他咬牙切齿地说道："赫克托耳，你终于肯露面了！正是你杀死了我最亲爱的朋友帕特洛克罗斯！现在，为他报仇的时候到了！就让我把你送到哈迪斯的冥国吧！"

赫克托耳毫不畏惧，凛然答道："之前，我杀死了你的挚友帕特洛克罗斯，可就在刚才，你也杀死了我的弟弟帕蒙。我知道你比我强壮有力，但我的长枪也锐不可当，曾杀死过无数的英雄。所以，鹿死谁手还很难说。"话音刚落，他手里的长枪已经掷了出去。

站在阿喀琉斯背后的雅典娜女神对着飞过来的长枪轻轻吹了一口气，使它偏离了方向，落在英雄的脚边。阿喀琉斯接着奋力投出他的长枪。赫克托耳的保护神阿波罗及时赶到，降下一团浓雾，并急忙把他带离战场。阿喀琉斯气急败坏，怒吼道："狗杂种，这次便宜了你！一定是阿波罗出手救了你！下一次，我不会再让你有逃脱的机会。"

没有杀死赫克托耳，阿喀琉斯把怒火撒到所有特洛伊人身上。他像猛虎一样冲进敌阵，大开杀戒，不计其数的士兵死于他的长矛之下。特洛伊军队潮水般溃退了。就在这时，天后赫拉出马了。她降下浓雾，模糊了特洛伊人的视线，让他们根本看不清败逃的道路。大量的特洛伊人迷失了方向，逃到斯卡曼得洛斯河边，被河水挡住了去路。无路可逃的士兵慌不择路，纷纷跳入河中。阿喀琉斯把长矛放在岸边，也跟着跳了下去，挥起利剑疯狂地砍杀特洛伊人。不一会儿，整条河道已被尸体堆满，河水已被鲜血染红。

杀红了眼的阿喀琉斯越战越猛，大声喊道："听说你们经常给河神斯卡曼得洛斯①献祭，我倒要看看他能不能拯救你们的生命！我要一举歼灭所有特洛伊人，为死去的帕特洛克罗斯及所有阵亡的希腊英雄报仇！"阿喀琉斯这番傲慢无礼的话激怒了河神。他卷起漩涡气愤地说道："阿喀琉斯，你这个杀人如麻的狂徒！特洛伊人的尸体堵住了我入海的通道，你快点从这里滚开！"

阿喀琉斯并不示弱，理直气壮地答道："在战场上杀敌是战士的荣誉和职责。只要我还没有杀死赫克托耳，就不会停止杀戮！"说话间，他并没有停下对特洛伊人的疯狂砍杀。

脾气暴躁的斯卡曼得洛斯河神发出可怕的吼声并翻起浊浪，将死者的尸体全都推上河岸，唯独把阿喀琉斯卷入浪中。急流猛烈地冲击着珀琉斯

---

① 据古希腊历史学家、地理学家斯特拉博的代表作《地理学》，克里特王子斯卡曼得洛斯率领臣民向佛律癸亚殖民，他在与土著人的战斗中跳入河里，化为河神，此河遂得名斯卡曼得洛斯河。

的儿子，使他再也无法站稳。阿喀琉斯连忙伸手抓住河岸上的一棵大树，可是湍急的河水一下就将树连根拔起。这位希腊英雄顺着树枝跳上河岸，撒腿就跑。古希腊哲学家芝诺否定运动的四个论据之一——"阿喀琉斯追不上乌龟"，不是说他跑得慢，而恰恰是说连跑得最快的英雄阿喀琉斯都无法追上乌龟。可你跑得再快，在汹涌的水流面前又算得了什么？斯卡曼得洛斯河神不肯善罢甘休，掀起巨浪咆哮着从后面冲上来要把阿喀琉斯吞没。几欲绝望的大英雄面向苍天大声悲叹："伟大的神祇啊，快来救救我吧！我宁愿死在特洛伊最伟大的儿子赫克托耳手下，也不愿被这河水淹死！"

阿喀琉斯刚说完这番话，波塞冬和雅典娜便出现在他面前。两位神祇抓住阿喀琉斯的手，赋予他神力，助他跳出汹涌的波涛。可是，斯卡曼得洛斯河神仍不罢休。他召来弟弟小河神西摩伊斯前来支援。兄弟俩掀起更高的巨浪一路咆哮着向阿喀琉斯卷来。

这时，天后赫拉出面了。他焦急地派出儿子赫淮斯托斯前去相助。火神来到地面，立即燃起了能摧毁一切的熊熊烈火。尸体被烧着了，树木被烧焦了，原野被烧光了，整个河床成为一片火海。河水被烧得越来越烫，都已沸腾，不停地冒出气泡。

斯卡曼得洛斯河神实在受不了了。他呻吟着从河底钻出，高声呼喊道："伟大的火神啊，我从来不敢和您对抗！快收了您那毁灭一切的烈焰吧！我再也不帮助特洛伊人了，哪怕是希腊人纵火焚烧特洛伊城！"

一听此言，赫淮斯托斯这才熄灭了大火。斯卡曼得洛斯河水也随即缓缓退去，变得平静如初。

奥林匹斯山上的宙斯看到英雄与英雄、英雄与神祇的战斗还不过瘾。他还要观看主神之间的相互厮杀。

嗜血如命的阿瑞斯首先发难。他要向雅典娜复仇，因为这位女战神不久以前曾帮助英雄狄俄墨得斯刺伤了他。[①]阿瑞斯看到雅典娜，挺枪就刺，正中女神的神盾。可是这盾牌坚硬无比，岂能轻易被刺穿？雅典娜随手抓起一块巨石，一下就砸中了阿瑞斯的脖子。这位"脑残"战神跌倒在地，疼得嗷嗷直叫。美神维纳斯见状赶紧跑过来搀扶起自己的情夫，离开战场。她一边走，一边还温柔地说："我劝你以后不要再参与这无聊的战争了！爱情不需要战争，我们以后还是在一起游山玩水吧！"

赫拉实在见不得他俩这副嘴脸，从骨子里瞧不上这对奸夫淫妇的可耻行为，随即对雅典娜说道："处女之神，你看这所谓的'选美冠军'那副没羞没臊的样子，还不过去教训教训她！"雅典娜应声冲了上去，对准美神的酥胸狠狠地打出一拳，弱不禁风的维纳斯哪禁得住女战神这一拳啊？这一拳直打得她一个趔趄，倒在地上。不只自己，连被她搀扶的战神阿瑞斯也被带倒了。看到这一幕，赫拉与雅典娜不禁开怀大笑。

见诸神打得好不热闹，海神波塞冬也忍不住了。他向阿波罗挑衅："远射之神，你看大家都已投入战斗，我们为什么不较量一下呢？如果连仗都没打就回到奥林匹斯山，那多么遗憾啊！你先动手吧！免得其他神祇说我以大欺小！"阿波罗可是理性的代表，他不会像阿瑞斯那样轻易被激怒。他也知道自己不是伯父的对手，所以并不应战，免得打败了被他人耻笑。

阿尔忒弥斯见状，忍不住讥讽道："我的孪生弟弟，面对敌人你难道要选择逃跑？你背上的弓箭难道只是玩具吗？"

赫拉一向瞧不上勒托所生的这一对儿女。她走到阿尔忒弥斯跟前，恶狠狠地说："你那不知羞耻的母亲生下了你这不知羞耻的女儿！你也背了弓箭！我不知道你敢不敢和我较量一番？"说着，天后一把扯下阿尔忒弥斯背上的箭袋，左右开弓打了她两个耳光。

---

① 参见本书第 439 页。

素来随心所欲、骄纵蛮横的阿尔忒弥斯哪受过这样的委屈？但她确实又不敢和天后开战。没有办法，她只好哭着回到奥林匹斯山向父亲宙斯告状。可是，宙斯已有言在先，他不再插手特洛伊战争，包括由这场战争引发的神祇之间的争斗。所以，神王只是笑着拍了拍女儿的肩膀，并没有说话。就在这时，其他神祇也都陆续回到奥林匹斯山，围坐在宙斯周围。

11. 赫克托耳之死

年迈的国王普里阿摩斯站在高高的城楼上看见阿喀琉斯在战场上风卷残云般疯狂地追杀特洛伊人，赶忙下令打开城门让将士们回城躲避。就在特洛伊人纷纷退入城内之时，阿喀琉斯在后面紧紧追赶。

见此情景，阿波罗重返战场。为了防止阿喀琉斯顺势冲入城内，他赋予特洛伊英雄安忒诺耳的儿子阿革诺耳以无限的勇气，激励他回头与阿喀琉斯拼杀。阿波罗则裹着浓雾随时准备为他挡开敌人的武器。受到鼓舞的阿革诺耳挡住阿喀琉斯的去路，猛一挥手，投出长枪，击中了他的小腿，可火神铸造的胫甲一下就将长枪弹落在地。阿喀琉斯随即猛扑过来。阿波罗赶紧用一团黑雾罩住阿革诺耳，帮助他逃脱了死亡。随即，太阳神变成阿革诺耳的模样，撒腿就跑。阿喀琉斯不知其中奥妙，一路追赶下去。就这样，阿波罗为特洛伊人撤回城内赢得了宝贵的时间。

不多时，特洛伊将士都已进城，城外的战场上只剩下赫克托耳一人。城楼上的普里阿摩斯见状，流着眼泪哀求道："我亲爱的儿子啊，你为什么还留在外面？在战争中我已经失去了好几个儿子。阿喀琉斯比你强壮，我不想眼睁睁地看着你死在他的刀剑之下。如果你怜悯我这年迈不幸的老人，就赶快进城来吧！"王后赫卡柏也哭喊着恳求儿子撤回城内，让他不要忘记从小对他的哺育和关爱。

可是，父母的哭喊与哀求无法动摇赫克托耳破釜沉舟的决心。他坚定地站在原地，静静地等待着阿喀琉斯的到来。此时，英雄的心里并不平静。

他在想：阿喀琉斯投入战斗之前，波吕达玛斯就建议退回城内，坚守不出，但由于我的盲目自信，做出了错误的决定，致使许多将士丧命。我愧对特洛伊的父老乡亲！现在，如果我再退缩，也许有一天他们就会说是我葬送了特洛伊城。无论如何，我不能回避与阿喀琉斯的决战，即使今天躲了，以后也无法避免。

被阿喀琉斯追赶的阿波罗估计特洛伊人都已撤入城内，便停下脚步，露出了神的光彩。阿喀琉斯这才知道中了阿波罗的调虎离山之计，但他又无法向神祇报复，只得气愤地转回身来，朝特洛伊城飞奔而去。

阿喀琉斯越来越近，赫克托耳已经看到他的武器和铠甲闪出的耀眼光芒。就在这一刻，赫克托耳突然心慌了，雄心勃勃决一死战的念头消失了。他赶紧掉过头来顺着城墙疯狂奔逃，阿喀琉斯像猎人一样在后面紧追不舍。转眼之间，他们已经绕着城墙跑了三圈。要不是阿波罗暗中相助，赫克托耳早就被阿喀琉斯追上了。

此时，奥林匹斯山上，宙斯将两位英雄的死亡之签分别投入金天平的两个秤盘，结果赫克托耳的签沉向哈迪斯的冥国。宙斯虽于心不忍，但他也无法改变命运之神的安排，遂派雅典娜将这一宿命告诉阿波罗。智慧女神来到战场上，向太阳神说明了情况。阿波罗知道他再帮助赫克托耳已无济于事，便叹了口气，回到了奥林匹斯山。

雅典娜先吩咐阿喀琉斯不要再追赶，然后变成得伊福玻斯的模样来到赫克托耳面前，对他说道："兄长，不要再跑了！我来帮你一起收拾他。"赫克托耳见兄弟在危难之际出城相助，心里满是感激，同时也增加了几分底气。他停下脚步，对阿喀琉斯说："珀琉斯的儿子，我不再躲避你了！现在就让我们拼个你死我活吧！但在这之前，我们还是应该向奥林匹斯神祇发下誓言：不管谁获胜，都只能剥下对方的铠甲，然后把尸体还回去安葬，使死者的灵魂得以安息。"

阿喀琉斯气冲冲地说道:"帕特洛克罗斯死在你的手上,我们之间有不共戴天之仇!你没有资格给我提什么誓言和约定!少废话,快使出你的所有本领吧!偿还血债的时候到了!"

阿喀琉斯的话一说完,将手中的长枪奋力投了出去。赫克托耳急忙弯下身子,躲过了这一枪。雅典娜立即为阿喀琉斯拾起长枪,又放回他的脚边——当然这一切赫克托耳无法看到。特洛伊王子将手中的长枪也投了过去,正中阿喀琉斯盾牌的中心。可是不管这长枪的力量有多大,碰到赫淮斯托斯打造的盾牌也是无济于事。赫克托耳再无长枪。他赶紧回身向得伊福玻斯索要武器,可是哪里还有弟弟的踪影?到这时,赫克托耳才恍然大悟:是神祇欺骗了他!看来今天难逃一死!

但是,赫克托耳并不甘心让敌人轻易得手。他拔出了那把称得上"特洛伊王室传家宝"的利剑奋力刺向阿喀琉斯。阿喀琉斯左手持盾挡住剑锋,右手的长矛已狠狠地刺了过去,正中敌人的脖颈。受了致命伤的赫克托耳倒了下去。奄奄一息的英雄用最后一丝力气恳求道:"阿喀琉斯,把我的尸体还给特洛伊人吧!我的父母会给你数不胜数的赎金。"

阿喀琉斯冷冷地说道:"可恶的赫克托耳,不要痴心妄想了!不管普里阿摩斯给我多少财宝,我都会让恶狗把你的尸体撕碎,让你的父母永远不能为你送葬!"

听了这话,赫克托耳悲愤交加。他断了气息,其灵魂飞往哈迪斯的冥国。

赫克托耳已死,阿喀琉斯大仇得报,但他并不解气。只见阿喀琉斯从敌人尸体上拔出长矛,剥下本来就属于他的铠甲,又用剑在赫克托耳的双脚上戳了两个孔,把结实的皮带从孔中穿过,拴在战车之上。然后,阿喀琉斯跳上战车,在希腊人的欢呼声中策马扬鞭,拖着仇人的尸体,举着刚刚剥下的铠甲,向营地飞驰而去。

特洛伊城楼上的老国王普里阿摩斯看到这一幕忍不住以头撞墙,王后赫卡柏直哭得昏天黑地。赫克托耳的妻子安德洛玛刻闻讯赶来，登上城楼看到丈夫的惨状时一下就昏死过去。

特洛伊最伟大的英雄就这样逝去了。全城恸哭，城垣震颤。

12. 赫克托耳的葬礼

阿喀琉斯将赫克托耳的尸体拖回营地，放在了帕特洛克罗斯的尸体旁边。

特洛伊最伟大的英雄死在他的手下，阿喀琉斯的心里不知道为什么却没有一丝胜利的喜悦，也感觉不到为朋友报仇后的欣慰。他不想洗浴，也不想进食，独自一人来到海边，在满腹的忧伤中躺在沙滩上睡着了。

在睡梦里，帕特洛克罗斯的幽灵来到他面前，恳求他尽快为自己举行葬礼，并在将来把他的骨灰与阿喀琉斯埋葬在同一个坟墓中，永不分离。阿喀琉斯醒来后悲痛不已，默默地为朋友垂下了眼泪，直到晨光女神厄俄斯出现为止。

清早，阿伽门农便派希腊士兵去巍峨的伊达山上砍伐木柴，堆起高高的柴堆。然后，阿喀琉斯命人将帕特洛克罗斯的尸体安放在上面。

在阿伽门农和阿喀琉斯的主持下，成千上万的送葬者为他们的英雄举行了极为隆重的葬礼。除了宰杀牛羊马等祭品之外，阿喀琉斯还亲手杀死掳来的十二名特洛伊贵族青年为朋友殉葬。帕特洛克罗斯下葬之后，希腊人按照惯例，又举行了隆重的竞技大会，以纪念死者。

至于赫克托耳的尸体，阿喀琉斯又将其绑在战车上，围着帕特洛克罗斯的坟墓转了三圈，然后扔在一边等待野狗撕食。奥林匹斯山上的诸神对阿喀琉斯作践凌辱对手尸体的做法极为愤恨和不满。他们用各种办法来保护赫克托耳：阿波罗在尸体上方布了一块乌云，以防被太阳炙烤；维纳斯用香膏涂抹尸体，将其身上的伤口和拖痕遮住，并日夜守护，不让一只饿狗靠近。就这样，赫克托耳的尸体搁在帕特洛克罗斯的坟墓旁已经十一天了。

宙斯实在看不下去了,他派出众神使者伊里斯去找神女忒提斯,让忒提斯向阿喀琉斯转达他的命令:诸神对阿喀琉斯肆意糟蹋赫克托耳尸体的行为感到十分愤怒,必须将其归还特洛伊人!忒提斯不敢怠慢,赶快来到儿子身边,并将宙斯的旨意转达给他。

阿喀琉斯对母亲说:"我尊重宙斯和诸神的意见!只要特洛伊人给我送来高昂的赎金,他们就可以把尸体领回去。"忒提斯的儿子之所以这样说,是因为他认定特洛伊人谁都不敢来希腊军营送赎金。

宙斯在得知阿喀琉斯的想法后,又派伊里斯前往特洛伊,去找老国王普里阿摩斯。特洛伊王宫里,赫克托耳那年迈的父母、可怜的妻子天天以泪洗面。想到自己的儿子、丈夫的尸体近在咫尺却无法安葬,任由他的灵魂在地府门外孤独地飘荡而得不到安息,她们就吃不下饭,睡不着觉。伊里斯看到这种景象,深感忧伤。她满怀同情地来到老国王身边,以宙斯的名义吩咐他带上大量赎金去希腊军营找阿喀琉斯要回赫克托耳的尸体。

听了女神的话,普里阿摩斯精神一振。他当即站起,命人备下丰厚的礼物并装上马车。随后,老国王让传令官伊代俄斯做驭手,在暮色中赶往希腊人的营地。

普里阿摩斯离希腊人越来越近了。尽管是奉宙斯之命来到这里,但他心里不免还是有些担忧与害怕。就在他因不知如何进入希腊营地并找到阿喀琉斯的帐篷而为难时,扮成凡人的赫尔墨斯来到他的跟前。赫尔墨斯对普里阿摩斯说他是阿喀琉斯的仆役,奉命接他进入希腊军营。老国王虽然有些将信将疑,但他没有别的选择,只能听天由命。

在赫尔墨斯的带领下,普里阿摩斯的马车来到希腊军营的大门口。门口站着的卫兵早已被赫尔墨斯那根神奇的双蛇杖催眠,所以他们十分顺利地抵达阿喀琉斯的营帐。这时,赫尔墨斯向普里阿摩斯袒露了自己的真实身份，并吩咐他放心大胆地进入营帐。说完，神使就不见了。

老国王让伊代俄斯看守礼物，独自一人进入帐篷。他快步来到阿喀琉斯面前，跪倒在地，抱住他的双膝，亲吻他那双杀死自己儿子的手。阿喀琉斯坐直了身子，满脸惊奇地问道："你是谁？为何来到我的身边？"普里阿摩斯浑身颤抖，哀求道："伟大的阿喀琉斯，我是不幸的普里阿摩斯，为赎取我儿子赫克托耳的尸体来到了这里。请你同情一下眼前这位和你的父亲一样年迈的老人吧！战争几乎夺去了我所有儿子的性命，包括最英勇机智的赫克托耳。现在，请你收下我送来的赎金，可怜可怜我，就让我把儿子的尸体带回去吧！他需要一个像样的葬礼。"

"可是，他杀死了我的朋友帕特洛克罗斯。"阿喀琉斯随即说道。

"可你又杀死了多少人的兄弟、朋友呢？我本来有五十个儿子，那曾是特洛伊的骄傲，现在一个个都在我的眼前死去了。你杀死的赫克托耳，是王室的继承人，是我老年的依靠。当我眼睁睁地看着他为国捐躯时，死的心都有。可我不能死，我要给他一个体面的葬礼。想想你的父亲，他肯定也是每时每刻为你的安危提心吊胆，但起码他不会亲眼看到自己的儿子倒下去。在我的生命即将油尽灯枯的时刻，请你给我一点怜悯和同情吧！"普里阿摩斯这番情真意切的话语，深深地打动了阿喀琉斯。

老国王的话唤起了阿喀琉斯对父亲的怀念。他的心里一阵酸楚，也禁不住流下泪来。珀琉斯的儿子温和地扶起普里阿摩斯，对他说："可怜又可敬的老人，您独自一人来到这里，我敬佩您的胆量！说起我的父亲珀琉斯，他拥有无数的财富和至上的权力，还有一个女神为妻，可是他也注定要忍受早早失去儿子的痛苦和不幸。我们都受着忧愁、悲伤和苦难的折磨，可这就是神祇给人类规定的命运。老人家，别再流泪了！先坐在这里休息一下吧！眼泪并不能使赫克托耳起死回生。不过，您尽可放心，我会把他的尸体归还给您！"

阿喀琉斯站起身来走出营帐，让手下人把赫克托耳的尸体抬回来，将其清洗之后穿上华贵的衣服，放到普里阿摩斯的战车上。做完这一切，阿喀琉斯看着赫克托耳的尸体忍不住默默地流下了眼泪。他在想：复仇真的有意义吗？自从帕特洛克罗斯死后，自己心里就充满了仇恨。可是手刃仇人之后，内心的痛苦却没有减轻分毫。现在的阿喀琉斯，开始对自己过去坚信的东西产生怀疑：追求个人荣耀有意义吗？战争胜利有那么重要吗？到底怎样的人生才是幸福的？想到这里，英雄又陷入了充满矛盾的痛苦之中。

阿喀琉斯暂且不去思考这些找不到答案的问题。他张开双臂，呼喊着帕特洛克罗斯的名字，说道："我亲爱的朋友，现在我要把赫克托耳的尸体还给他的父亲。请你不要怪我！这是宙斯的旨意。况且，现在我本人也觉得必须这样做。"接着，阿喀琉斯转过身来，对着赫克托耳的尸体说了句："兄弟，我们很快就会相见的。"随后，他回到帐内，故作轻松地对普里阿摩斯说："一切都安置好了！天明之后您就可以带着儿子回去了！现在，请先用餐吧！床铺也已为您安排好。"

自从赫克托耳死后，普里阿摩斯就几乎没吃过什么东西。现在，他终于可以好好地吃顿饭了。席间，阿喀琉斯询问老国王，赫克托耳的葬礼需要多长时间。普里阿摩斯回答说需要十天。阿喀琉斯向他保证葬礼期间不会开战。

餐后，阿喀琉斯安排普里阿摩斯主仆二人睡下。自从赫克托耳死后，老国王几乎还未合过眼，心力交瘁的他躺在床上就睡着了。

睡梦之中，神使赫耳墨斯轻轻来到普里阿摩斯的床边，叫醒他之后说："特洛伊国王，你怎么能在敌人的床榻上安睡呢？如果阿伽门农知道你在这里，你还走得了吗？既然目的已经达到，夜长梦多，快走吧！"一听这话，普里阿摩斯害怕了。他赶紧起来，叫醒伊代俄斯，带着赫克托耳的尸体，在赫尔墨斯的引领下悄悄地离开了希腊军营，消失在夜幕里。

普里阿摩斯已到特洛伊城下。母亲赫卡柏、妻子安德洛玛刻看到赫克托耳的尸体，不禁放声大哭。这哭声引来了特洛伊城的臣民。男女老少聚集在城门口，含着泪水，站在道路两边迎接他们心目中的大英雄。

美女海伦也为赫克托耳的死而痛哭流涕。自从她来到特洛伊，这位性情温和的兄长就像慈爱的父亲一样保护着她。在特洛伊，几乎人人都曾仇视过她，唯独赫克托耳不曾这样。不仅如此，他从未对自己有过责备和埋怨，而是时时处处为她着想，替她辩护。现在，这位可敬的兄长死了，海伦顿时觉得失去了安全感。

在接下来的九天里，特洛伊人从伊达山上运来木柴，垒起高高的柴堆。第十天，他们把大英雄的遗体放在篝火上焚化，然后把骨灰放入金罐，安放到墓穴里，筑起坟冢。就这样，伟大的赫克托耳从此安眠。

13. 阿玛宗女王之死

赫克托耳死了，特洛伊人没有了顶梁柱。他们再也不敢出城到开阔地上与希腊人对阵厮杀。看来此时特洛伊人已别无选择，只能紧闭城门，严防死守。

可就在这时，特洛伊突然迎来一支意想不到的援军——骁勇善战的阿玛宗娘子军。这支军队的首领是战神阿瑞斯的女儿彭忒西勒亚，就是前文提到的围困雅典、声称要拯救老女王希波吕忒于水火之中、结果反倒将其害死的那位。[①] 后来，特洛伊国王普里阿摩斯为她净了罪。女王为了报恩，不远千里从遥远的攸克辛海东岸赶来驰援特洛伊。彭忒西勒亚这次前来带了多少人马呢？连她自己在内十三个人十三匹马！而且女王夸下海口："特洛伊国王，请您放心，明日一战我们十三个人将要一举消灭包括阿喀琉斯

---

① 参见本书第 280 页。

在内的所有希腊英雄，把整个希腊军队永远逐出特洛伊。"老国王看着美丽矫健的女王、英姿飒爽的女兵，虽然心里不大相信她们能打败希腊人，但还是像对待亲人一样热情地接待了她们，并在宴席间说了一些溢美之词。

　　第二天，彭忒西勒亚女王穿上父亲阿瑞斯送给她的金光闪闪的铠甲，更显英姿勃发。十三位女将率领特洛伊士兵犹如狂风冲入希腊人的战阵，一路疯狂砍杀。许多希腊英雄死于非命。士兵们吓得连连败退，一直退到海岸边的战船旁。彭忒西勒亚见状，洋洋得意地高声喊道："阿喀琉斯，大埃阿斯，为什么看不到你们的身影？难道吓得躲起来了吗？"

　　阿喀琉斯和大埃阿斯之所以没有出战，是因为他们压根儿就没把这些女人放在眼里。现在，彭忒西勒亚女王反倒指名道姓地叫起阵来，他们岂能容忍？两位英雄披挂上阵，像凶猛的狮子扑向猎物，眨眼间就有四位女战士死在他们手下。彭忒西勒亚见状，愤怒地冲向强壮的阿喀琉斯，毫无畏惧地向他投出长枪。可是，长枪一碰到阿喀琉斯的神盾便被震飞了。阿玛宗女王怒吼道："第一支矛饶了你，第二支就要你的命！"阿喀琉斯听了她的话觉得十分好笑。这支长枪毫无悬念地又被神盾挡开了。女王还是不甘心，便拔出佩剑刺了过去。阿喀琉斯没了耐心，冲上去一枪刺透了她的胸甲。

　　彭忒西勒亚从马上摔下来，倒地身亡。按照惯例，阿喀琉斯走上前去摘下了她的头盔。可是，当伟大的英雄看到女王面容的那一刻，他惊呆了。尽管彭忒西勒亚的脸上沾满了血迹和尘土，它们也没能掩盖住她那超凡脱俗、妩媚动人的美貌。死后的女王仍像女神一样美丽。阿喀琉斯站在彭忒西勒亚的遗体旁，呆呆地看着她那慢慢失去血色的娇美面容，不由得陷入无尽的悔恨和悲伤之中。他强烈地感到自己已被对死者的爱所征服。他情不自禁地放下头盔，抱起了女王的身体。

　　在这种场合下，不该出现的一幕出现了：希腊军营中驼背瘸腿、面貌丑陋、以讥讽别人为乐的忒耳西忒斯从人群中挤出来，到了阿喀琉斯的面前，嘲笑道："珀琉斯的儿子，你为什么不摘取她的铠甲？是不是后悔杀她了？是不是想让她活着成为你的战利品？都说你是个英雄，现在看来也不过就是个喜欢寻花问柳的好色之徒罢了！"这令人生厌的忒耳西忒斯一边说，一边竟出其不意地用长枪扎破了女王那双美丽的眼睛。阿喀琉斯见状勃然大怒，挥起拳头照着忒耳西忒斯的脸上就是一拳，当场要了他的命。

这时，其他的阿玛宗女将也已全部战死。希腊人将女王连同其战友的尸体还给了特洛伊人。老国王为死者举行了隆重的葬礼。

14. 埃塞俄比亚国王之死

彭忒西勒亚死了，特洛伊再次陷入孤立无援的境地。

就在普里阿摩斯愁眉不展之际，从远方又赶来一支生力军——门农率领的埃塞俄比亚军队。

对普里阿摩斯来说，门农可不是外人。

前文提到，特洛伊国王拉俄墨冬子女众多。后来，宙斯的爱子赫拉克勒斯为报复这位说话从来不算数的卑鄙小人，联合众英雄对他的家族展开了灭门行动，最后的幸存者只有两个：一个是给忒拉蒙做媳妇的赫西俄涅，另一个就是现在的特洛伊老国王普里阿摩斯。[①]

其实，在这次灭门行动之前，普里阿摩斯的哥哥提托诺斯还有一个凄惨的故事。

提托诺斯是个仪表堂堂的大帅哥，不经意间被有花痴之称的黎明女神厄俄斯给盯上了。素来好色的女神岂肯放过眼前的美少年？她施些手段将其拐走，成就好事。后来，厄俄斯为心目中的男神生下两个儿子，其中之一就是这里的门农。虽说遂了愿，但厄俄斯心里也有苦衷：自己身为女神

[①] 参见本书第 199 页。

长生不死，但恋人提托诺斯可是一个凡人，他的生命终将逝去。这可怎么办啊？如何才能留住他与自己长久相伴呢？为了情人，女神也是豁出去了。她放下面子再三恳求宙斯赐予提托诺斯永生不死。宙斯最终答应了她的请求。厄俄斯高兴坏了——她一刻也离不开提托诺斯。愿望一达成，她赶紧回去与他重聚。但是，女神也真是乐昏了头——她忘了请求宙斯让提托诺斯青春永驻。结果，提托诺斯确实不会死，但随着岁月的流逝，他成了一个老态龙钟而又无法死去的老头。一见这种情况，花心大萝卜厄俄斯扭头离他而去。再后来，提托诺斯的身体越来越萎缩，最后竟缩成一只知了，而且每年都要脱掉一次他那衰老的皮肤。

如此说来，门农也就是普里阿摩斯的侄子。侄子为帮叔叔解困，率领人马跨越千山万水，从遥远的大洋河之滨，一路风雨兼程，终于来到了特洛伊城。

相对彭忒西勒亚女王，门农为人比较低调，但普里阿摩斯坚信这侄子必能战胜阿喀琉斯，解特洛伊之困。第一，门农与阿喀琉斯都是女神与凡人所生的后代，但门农的母亲厄俄斯比阿喀琉斯的母亲忒提斯要高贵得多——人家黎明女神是十二泰坦中哥哥许珀里翁与妹妹忒亚的女儿，忒提斯则是十二泰坦中哥哥俄刻阿诺斯与妹妹忒堤斯的女儿多里斯生下的女儿，直接差了一辈儿。第二，忒提斯可以凭关系让赫淮斯托斯给儿子阿喀琉斯打造神盾与铠甲，厄俄斯则不需要——她是赫淮斯托斯的长辈，直接命令工匠之神给她儿子打造一副就是了。匠神也不敢像给埃涅阿斯打造的那副一样打造一个残次品，因为水性杨花的维纳斯可以欺骗，同样水性杨花的厄俄斯可不行。一个是老婆，另一个可是长辈。老婆在外面有私生子可以报复，长辈有私生子那就不是你能管得着的了。所以，门农也拥有一套和阿喀琉斯同等质量的装备。

普里阿摩斯设下丰盛的宴席为远道而来的救兵接风洗尘。席间，他热情洋溢地对门农说："你的到来是神祇对我的眷顾！你神采奕奕，比任何凡人更像一个神！我对你充满信心！你一定能够大获全胜，打败希腊人！让我们提前为即将到来的胜利干杯吧！"一向稳重的门农说："我的叔父，我会竭尽所能助您获胜！至于结局，明天即可见分晓。我建议我们还是早点休息，一场恶战还在等着我们呢！"

清晨，黎明女神厄俄斯极不情愿地乘上金车，升到天宇，吹散薄雾。她的目光一直注视着特洛伊战场，因为她不知道爱子今天将遭受什么样的命运。

此时，门农已披挂整齐。他跳上战车，威风凛凛地率领着由埃塞俄比亚和特洛伊士兵共同组成的战斗阵列冲出城门，奔赴战场。希腊人也早已拉开架势，摆好战阵。两军相遇，话不多说，呐喊着杀在一起。战场上，马匹嘶鸣，长矛飞舞，盾牌相撞，杀声震天。没多长时间，双方将士都已死伤无数，尸横遍野。

小王子帕里斯一箭射中老将涅斯托耳的一匹战马，战车的速度立即慢了下来。门农见状举着长矛就冲了过去。年迈力衰的涅斯托耳哪敢与年轻力壮的门农厮杀？他赶紧高声呼唤儿子前来救援。安提罗科斯应声赶到，挡在父亲身前。门农挺枪就刺，正中小英雄的心脏，安提罗科斯随即倒地身亡。眼看儿子为救他而不幸阵亡，老人悲痛万分。他不顾一切地跳下战车护住儿子的尸体，以防被敌人摘取盔甲。

门农大步上前，想杀掉涅斯托耳。可是当他发现对方是个年迈的老人时，英雄敬畏地退到一旁，说："老人家，刚才我没有看清您的年龄。要知道您是一位老人，我就不会和您交战了。您快离开战场吧！"

涅斯托耳没有搭理杀害儿子的凶手，而是大声呼喊阿喀琉斯的名字，让他前来助战。当阿喀琉斯得知安提罗科斯已经阵亡的消息时，这位英雄惊呆了。要知道，帕特洛克罗斯死后，在所有希腊人中安提罗科斯就是他最亲密的朋友了。

阿喀琉斯不顾一切地向门农冲了过来。门农不敢怠慢，从地上捡起一块巨石朝敌人扔了过去。巨石砸中阿喀琉斯的盾牌，可是被神盾弹开了。阿喀琉斯的长枪闪电般转瞬即到，门农的肩膀被刺伤。英勇无比的门农不顾伤痛，挺枪反击，刺中了阿喀琉斯的手臂。接着，两位英雄拔出利剑，互相砍杀，一时难以分出胜负。

在高高的奥林匹斯山上，神祇们也在观看这场势均力敌、旗鼓相当的决斗。其中，两位英雄的母亲——厄俄斯与忒提斯都在为自己的儿子向宙斯求情。面对两位女神，宙斯也很为难。他说道："命运女神的决定谁也无法改变，包括我在内。我能做的也只是提前知道他们的命运罢了。"说着，宙斯拿出金天平，将两位英雄的命运之签放在上面称重量。结果，门农的签向冥界的方向沉了下去——这意味着命中注定他要死在阿喀琉斯的手下。看到这里，厄俄斯发出一声震彻天宇的哀叹，泪流满面。

战场上，阿喀琉斯举起沉重的长枪，一下刺中门农的脖颈，要了他的命。厄俄斯立即派出她与丈夫阿斯特赖俄斯所生的东南西北四位风神儿子[1]驰往战场，将门农的尸体送到遥远的埃塞波斯河岸边。

门农带来的士兵看见国王的尸体随风而起，情急之下也纷纷追了过去。结果，他们一个个都变成了飞鸟，随主人而去。

悲痛欲绝的厄俄斯女神恳求宙斯赐予他的儿子不朽之身。宙斯答应了。门农遂化身为一根巨大石柱上的国王雕像。每当日出之前黎明女神从天边升起时，雕像就发出优美动听的声音。一听到这声音，女神的眼泪就会夺眶而出，滴落在花草树木之上，形成晶莹剔透的晨露。

---

[1] 参见本书第260页。

15. 阿喀琉斯之死

安提罗科斯的尸体被抬回营地，希腊人为他举行了隆重的葬礼。英雄的骨灰被放入罐内，和帕特洛克罗斯埋在了一起。

安提罗科斯的死亡沉重地打击了阿喀琉斯。英雄的内心又一次被仇恨所占据。他决心再次为朋友的死展开对敌人的无情报复。

阿喀琉斯率领希腊军队来到城下叫阵。特洛伊人本来不敢应战，可在弓箭之神阿波罗的鼓动之下，他们还是打开城门冲了出去。阿喀琉斯见到敌人，变得像一头狂怒的雄狮，吼叫着杀入敌阵，砍瓜切菜般一路杀将过去，特洛伊人立即倒下一片。特洛伊将士从未见过这等阵势，直吓得仓皇逃窜，纷纷向城门方向退去。狂暴的阿喀琉斯在后面掩杀，紧追不舍。接近城门时，他的身后已是尸横遍野，血流成河。

弓箭之神阿波罗看到这一幕，怒不可遏。他威严地对阿喀琉斯大喝一声："珀琉斯的儿子，看看你杀了多少人！还不赶快住手！否则我就要了你的命。"

此时，杀红了眼的阿喀琉斯已经完全丧失理智，恶狠狠地说道："我虽然看不见你，但我知道你就是阿波罗。你说我残酷，你也没好到哪里去！是你帮助赫克托耳要了帕特洛克罗斯的命！是你从我的长矛之下救走了赫克托耳！是你用卑鄙的手段帮助特洛伊人！你是神，你不怕报复！可你知道吗？我多么想将我的长矛刺向你啊！"阿喀琉斯爆发了。他毫无畏惧，即使面对可怕的神祇！

阿波罗简直就要气疯了！从来没有一个凡人敢对他说出这样的话。他隐身于一团黑云之中，将小王子帕里斯射出的箭引向了阿喀琉斯的脚踵。

前文说过，阿喀琉斯出生后，为使儿子练就浑身刀枪不入的本领，母亲忒提斯握住孩子的脚踝，将其浸泡在冥河之中。这样一来，金钟罩铁布衫的功夫是练成了，可被母亲握住的脚踝也就成了阿喀琉斯的唯一命门。

帕里斯射出的箭在弓箭之神的引导下正中脚踝——这对阿喀琉斯来说可是致命的创伤。

阿喀琉斯随即感到一阵剧痛，倒在地上。他忍着疼痛将箭拔出，顿时血流如注。英雄知道死亡已经临近。但阿喀琉斯再次鼓起力量，从地上站了起来，愤怒地骂道："是谁在暗处卑鄙地向我射出冷箭？你就是个无耻的懦夫，根本不敢面对面地和我作战！"他嘴里说着，闪着凶光的眼睛在不停地四处搜寻。帕里斯直吓得心惊肉跳，不敢与阿喀琉斯对视。

在生命的最后一刻，找不到凶手的阿喀琉斯疯狂地又一次扑向敌人，许多特洛伊人瞬间倒在他的长矛之下。可是，阿喀琉斯那钢铁般的四肢渐渐失去了力气，沉重的身体也变得僵硬起来。他的目光凝滞了，拄在地上的长矛已无法承担他身体的重量。伟大的英雄轰然倒地，结束了他那轰轰烈烈的一生。

阿喀琉斯倒下了。特洛伊人不敢相信他们的眼睛，希腊人感到不可置信。整个战场陷入一片寂静。

帕里斯首先回过神来，他兴奋地大声喊道："伟大的神祇站在特洛伊一边！阿喀琉斯真的死了！还犹豫什么？快冲上去抢他的尸体！"

一语惊醒梦中人。特洛伊人士气大振，呐喊着冲向死去的阿喀琉斯。希腊这边强健有力的大埃阿斯挺身而出，抱起阿喀琉斯的尸体冲向战船，奥德修斯作掩护，奋力抗击着特洛伊人的进攻。

战斗结束了。希腊人将阿喀琉斯的尸体洗净，抹上香膏，放到装饰豪华的灵床上。这一夜，希腊将士彻夜未眠，整个海岸回荡着他们的哭声。这哭声惊动了海底深处的女神忒提斯。她分开波浪，来到岸上。虽然女神早就知道儿子的宿命，但当她看见儿子的尸体的时候，仍是忍不住泪如雨下。那凄惨的哭声撕心裂肺，感天动地。

希腊人用了十七天的时间为阿喀琉斯的葬礼做准备。第十八天，人们点起篝火，将英雄的尸体焚化，把骨灰装入金罐，连同大量祭品一起葬入帕特洛克罗斯和安提罗科斯的墓穴。三位好友如愿以偿，从此以后再也不会分离了。葬礼之后，希腊人照例举行了缅怀死者的竞技大会。

16. 大埃阿斯之死

所有的事情都办完之后，女神忒提斯捧出阿喀琉斯那件盖世无双的铠甲，提议把它送给在保护儿子尸体的战斗中功劳最大的那位英雄。

女神的话音刚落，大埃阿斯和奥德修斯同时从队伍中站了出来。两位英雄为此发生了争执。

不善言辞的大埃阿斯说："大家都看到了，是我把阿喀琉斯的尸体和武器从战场上一路扛回来的！奥德修斯，你根本就没有这样的力量！"

"大家都看到了，是我阻挡住特洛伊人的进攻，才保护了阿喀琉斯的尸体。我的手就是在这场战争中被刺伤的。再说了，光有蛮力算什么？打仗靠的是智慧。智慧才是最强大的力量。正是因为我的智慧，阿喀琉斯才能来到特洛伊，否则我们根本就没有打败特洛伊的可能。"奥德修斯反唇相讥。

大埃阿斯气急了，揭起了奥德修斯的老底："你这个卑鄙小人，简直无耻至极！你是有智慧，否则之前也就不会装疯卖傻逃避参战[①]！你是有智慧，否则也就不会主张把不幸的菲罗克忒忒斯遗弃荒岛[②]！你是有智慧，否则也就不会用计将帕拉墨得斯置于死地[③]！"

奥德修斯不肯示弱："智慧可以用在很多地方，比如希腊人想征服特洛伊，光有体力没有智慧办得到吗？况且，我也常常在战场上杀敌立功。

[①] 参见本书第 408 页。
[②] 参见本书第 420 页。
[③] 参见本书第 422 页。

既有智慧又有力量的人总比只有一身蛮力的蠢人更有资格得到这副铠甲吧？"

两位英雄你一言我一语，互不相让，就这样不停地争吵着。后来，阿伽门农和涅斯托耳商议决定，从特洛伊的俘虏中找三个人当裁判，对这件事情做出最终裁决。可想而知，笨嘴拙舌的大埃阿斯哪里说得过伶牙俐齿的奥德修斯！没多长时间，大埃阿斯就憋得满脸通红，没有了说词。结果，裁判们被能说会道、口若悬河的奥德修斯打动，把铠甲判给了他。

有冤无处诉的大埃阿斯简直愤怒到了极点。他气呼呼地回到自己的帐篷，吃不下饭睡不着觉。最终，他决定对奥德修斯展开疯狂的报复，当然还包括那明明看着他将阿喀琉斯的尸体背回来却不肯帮他说话的阿伽门农兄弟。

整个希腊军营都已进入梦乡。大埃阿斯手持利剑走出帐篷，直奔奥德修斯的营房而去。可就在这时，一直视奥德修斯为"人间智慧化身"的女神雅典娜出现了。她在大埃阿斯的头上点了一下，使他发了疯。癫狂的大埃阿斯冲入畜群，以为这些就是他的仇人，遂一边喊着阿伽门农、墨涅拉俄斯、奥德修斯的名字，一边挥起利剑，对它们大肆砍杀。

天一亮，大埃阿斯渐渐清醒了。他看到满地的牲畜时，感到无比惊惧。可怜的英雄站在那里，宝剑从手中滑落，双臂无力地垂了下来，心中感到十分悲凉。他想不通为什么永生的神祇如此宠爱卑鄙狡猾的奥德修斯，对他却没有一点眷顾之情。

刹那间，英雄心中充满了难以言表的痛苦。他决定以死来洗刷耻辱。离开之前，他对自己的特洛伊女奴，也是在这里的妻子说道："你抱着我们的儿子去找我的同父异母兄弟透克洛斯吧！他会把你们母子平安带回家乡的。"温柔的妻子泣不成声，恳求他不要丢下她们母子。大埃阿斯决绝地将她推开，然后来到海边，将赫克托耳送给他的宝剑竖着埋在地上，义无反顾地纵身扑了过去。就这样,继阿喀琉斯之后,希腊军营中最强健、最勇猛的英雄离去了。[①]

在特洛伊东面密西亚高原进行掳掠的透克洛斯正巧回来了。他听说兄长死亡的消息,急忙奔向海边,伏在埃阿斯的身上号啕大哭。他想起出征前,父亲忒拉蒙曾告诉他们,兄弟俩一定要互相照顾,一起回到故乡萨拉米斯。现如今,他可怎么向父亲交代?

大埃阿斯的死,并没有得到阿伽门农的同情,反而使他怒火冲天。他气愤地对希腊众将领说道:"之前,大埃阿斯确实是希腊的英雄,但昨天晚上发生的事让我看清了他的真面目:他想叛变,他想杀死我们。如果不是神祇转移了暴行的方向,我们已死于他的剑下。我告诉你们,他的行为已使他昔日的荣光一笔勾销!这样的叛徒比敌人更可恶!他的尸体不配得到安葬,留着让野狗撕食吧!"

透克洛斯护住哥哥的尸体,极力为他辩解:"我的兄长绝不是那样的人!他为希腊浴血奋战,立下了汗马功劳!别的不提,就说保卫战船那一仗,如果没有他,希腊人早已全军覆没!以这样的方式对待一位英雄是极其不公正的!战争还没有结束,这样做会伤了大家的心!"

争执又一次出现。阿伽门农甚至无礼地谩骂透克洛斯是奴隶的儿子,因为他是特洛伊国王拉俄墨冬的女儿赫西俄涅被掳后为忒拉蒙生下的儿子。透克洛斯受不了这种人身攻击,伸手就要去拔腰间的佩剑。

就在这时,奥德修斯站了出来,对阿伽门农说:"你不能因为手里有权就这样对待一位英雄!死后让他得不到应有的埋葬,这样做会违背神的意志!"

[①] 大埃阿斯因主张为死去的帕拉墨得斯举行葬礼,招来奥德修斯的记恨。参见本书第423页。如今,奥德修斯如愿以偿,将其害死。

对奥德修斯这番话,阿伽门农感到十分惊讶:"你别忘了,是因为你抢了他的功劳他才自杀的!你才是他最大的敌人!"

奥德修斯神色淡定地说道:"大埃阿斯活着的时候是我的敌人,可现在他已经死了。我对他的恨也已成为过去。这一刻,我为希腊人失去这样一个伟大的英雄而悲痛!我愿意帮助透克洛斯安葬他的兄长!"

听奥德修斯这样说,透克洛斯露出鄙夷的神色:"我不允许你触碰我哥哥的身体!他的灵魂不会与你和解!"但接着他又无可奈何地说道:"奥德修斯,现在你站出来为他说话,我还是需要你这种帮助的。"

大多数将领同意奥德修斯的意见,阿伽门农也就不好再说什么了。

战士们洗净了大埃阿斯身上的血污,为他举行了隆重的葬礼。

17. 欧律皮罗斯之死

希腊联军接连折损阿喀琉斯和大埃阿斯两员战将,实力受到极大影响。相反,特洛伊人却得到了有力的支援——他就是密西亚国王忒勒福斯的儿子欧律皮罗斯[1]。前文提到,希腊联军在来特洛伊的路上误入密西亚,打了一仗后才发现是自己人。后来忒勒福斯给他们指明了航向,但拒绝参战,因为他的老婆是特洛伊国王普里阿摩斯的女儿。[2] 如今,老国王忒勒福斯已经去世,他的儿子欧律皮罗斯也已长大成人。年轻力壮、血气方刚的欧律皮罗斯不管父亲忒勒福斯与希腊联军签订的中立协议,坚定地站在外祖父普里阿摩斯一边,率军前来支援。

这样一来,交战双方的实力对比发生了此消彼长的变化:特洛伊人士气高涨,在接下来的几次战斗中,连连获胜;希腊人的情绪则陷入低谷。

---

[1] 与波塞冬的儿子欧律皮罗斯同名。参见本书第 200 页。与希腊猛将欧律皮罗斯同名。参见本书第 452 页。

[2] 参见本书第 417 页。

就在希腊人一筹莫展之际，奥德修斯带来一个好消息："我经过战俘营时，在帐篷外偷听到被俘的特洛伊人说了这么一段话：'我们的王子、具有预言能力的赫勒诺斯曾经说过一则神谕，希腊人必须有阿喀琉斯的儿子皮洛斯①和持有赫拉克勒斯毒箭的菲罗克忒忒斯②的帮助，才能攻克特洛伊城。但是，我估计既然阿喀琉斯已经战死沙场，他的妻子得伊达弥亚不会再让年幼的儿子参战；至于被希腊人弃于荒岛的菲罗克忒忒斯，可能早已不在人世——即使没死，他对希腊人也是恨之入骨，怎么可能赶来助战呢？所以说，特洛伊城是不可能被摧毁的。'朋友们，这条神谕对我们来说非常重要，预言家卡尔卡斯也曾说过只有赫勒诺斯才能对特洛伊城灭亡的条件做出准确的预言。尽管那个俘虏后面说的话也有几分道理，但我们还是应该去试一试，未必就不能成功。"

阿伽门农当即决定派奥德修斯和狄俄墨得斯这对黄金搭档前去完成这一任务。

两位英雄乘船返航，一路无话，来到了斯库洛斯岛。他们弃船登陆时，正好看到年轻的皮洛斯③在练习野外作战。只见他生得双目炯炯、身材魁梧、英气逼人，就像阿喀琉斯重生一般。奥德修斯向他表明身份，讲述了他的父亲在战场上如何勇武过人，并最终战死沙场的整个经过，最后才说明他们按照神谕的要求来到这里请他出征。听完之后，皮洛斯表现出强烈

---

① 出征之前，阿喀琉斯娶了斯库洛斯岛国王的女儿得伊达弥亚，后生下儿子皮洛斯。参见本书第410页。

② 参见本书第419页。

③ 目前是特洛伊战争第十个年头。照此说来，皮洛斯不过才十岁，不可能参战。但《荷马史诗》中，赫克托耳死后借用海伦之口说，自从她离开祖国已经二十个年头。这里依据的是另一个传说，据说海伦被拐后不久，希腊人就远征特洛伊，但是找错了地方，在密西亚登陆。之后他们又返回希腊，准备了十年，再次出征。如果这样一算，此时的皮洛斯已经二十岁了。（参见【古希腊】荷马：《荷马史诗·伊利亚特》，罗念生、王焕生译，人民文学出版社，1994年版，第599页。）

的复仇欲望。他对二位英雄说:"既然神意如此,那我们明天就踏上征程吧!"

皮洛斯的决定遭到母亲得伊达弥亚的反对。她抱着儿子哭了起来:"我的孩子,你可知道,当年就是这两个人来说服你父亲阿喀琉斯参战的。那时你还小,可是你却永远见不到他了。你现在也只是个孩子,没有任何作战经验,还是留在家里吧!我不能再失去你了!"皮洛斯这样安慰他的母亲:"我亲爱的母亲,伟大的神祇决定了每个人的命运!请您不要为还没有发生的事情而悲伤!作为一个凡人,生命都有结束的时候,还有什么能比父亲那样战死沙场更荣耀的呢?"外祖父吕科墨得斯也支持外孙奔赴特洛伊战场建立卓越的战功。得伊达弥亚没有办法,只得与儿子洒泪告别。

就这样,奥德修斯、狄俄墨得斯、皮洛斯三位英雄登上战船,重返特洛伊战场。他们到达时,正赶上勇猛的密西亚王子欧律皮罗斯率领特洛伊军队对希腊军营展开疯狂的进攻,眼看希腊人就要顶不住了。小英雄皮洛斯跃跃欲试,要求马上参加战斗。奥德修斯把阿喀琉斯的装备拿了出来,让英雄的儿子换上。

皮洛斯穿上铠甲,配上利剑,拿起长矛和盾牌,跨上战车,义无反顾地驰向战场。特洛伊人看见他,顿时惊慌失措,忙乱中大喊大叫:"阿喀琉斯来了!他不是没死就是又复活了!"他们嘴里喊着,一个个不由自主地向后退去。皮洛斯见此情景,心里更加敬佩父亲阿喀琉斯了。小英雄替父报仇的欲望如此强烈,又想着千万不能折了父亲的面子,所以一路掩杀过去。他奋勇杀敌,直杀得特洛伊人丢盔弃甲、四散奔逃。

这时,欧律皮罗斯挡在了他的面前,高声质问:"年轻人,你是谁?从哪里冒出来的?"皮洛斯用他那带着几分稚嫩的声音说道:"我是伟大的英雄阿喀琉斯的儿子!这是我父亲用过的长矛,你要不要来尝尝它的厉害?"说话间,沉重的长矛已经刺了过去。

欧律皮罗斯是一位骁勇善战的猛将，许多希腊将士命丧他的长矛之下。可是，阿喀琉斯的儿子还是比他技高一筹。经过多个回合的较量，皮洛斯瞅准对手的一个破绽，一矛刺中他的咽喉，欧律皮罗斯倒地身亡。

特洛伊失去了最有力的援军，希腊人则士气高涨。但在接下来的几天里，希腊联军尽管屡次占得上风，但也就只能杀到城垣边，对特洛伊那坚不可摧的城墙，依然毫无办法。

18. 帕里斯之死

战争又一次进入胶着状态。预言家卡尔卡斯提醒阿伽门农："不要忘了，赫勒诺斯说出的神谕中不只皮洛斯，还有菲罗克忒忒斯。没有他的帮助，我们照样无法摧毁特洛伊。"

阿伽门农没有忘记这一预言，只是每当想起这件事时就感到非常苦闷：当初，菲罗克忒忒斯中了蛇毒，陷入危难之中，我不但没有帮他，反而做出了将他弃于荒岛的决定。现在，我遇到了难处，再去求他，先不说他生死未卜，就算活着，他杀了我都不解恨，岂肯帮我？

但事已至此，又有什么办法呢？只能硬着头皮试一试了。接下来的问题就是：如此艰难的任务，应该派谁去呢？除了足智多谋的奥德修斯之外，阿伽门农想不出更合适的人选。

奥德修斯听了阿伽门农的决定，也是一个劲儿地直挠头。想当年将菲罗克忒忒斯中途抛弃可是他出的主意。虽然可怜的英雄当时不知道，可事后不难猜出事情的真相。这一去，岂不是自投罗网？但同时，颇为自傲的奥德修斯也自认为整个希腊军营中除了他，别人更不可能完成这一任务。他还是希望办成此事来向大家证明自己的能力，满足一下虚荣心。

于是，奥德修斯应允下来，并要求给他分配皮洛斯做副手。阿伽门农欣然同意，两位英雄即刻乘船出发。

奥德修斯很快就在楞诺斯岛上找到了当年他遗弃菲罗克忒忒斯的山

洞。外面的柴火、裹伤用的破布，还有洞里的柴草表明这个可怜的人还活着。奥德修斯不敢见他，便对皮洛斯说："我最好先躲起来，因为菲罗克忒忒斯一定对我恨之入骨。你在这里等他，他回来后你就说：'我是阿喀琉斯的儿子。父亲死后，希腊人把我请到特洛伊替他们作战，但到了战场上我才得知卑鄙的阿伽门农已把我父亲的武器送给了同样卑鄙的奥德修斯，从而剥夺了我拥有它们的合法资格。不仅如此，狡诈的奥德修斯还时时奚落和辱骂我们父子，所以我才决定退出战争返回故乡。'然后，你再用最难听的话把我大骂一顿，问他是否愿意同你一起回家。等上了船就由不得他了。当然，你得先把他的弓箭骗到手，那可是浸过勒耳那水蛇毒液的箭，沾上就别想活了。"

"玩弄阴谋诡计不是英雄所为！像我那光明磊落的父亲一样，我不屑于用欺骗的方法达到目的！"正直善良的皮洛斯生气地说。

奥德修斯则十分平静地说道："孩子，你还年轻。我知道你不愿意骗人。我像你这个年龄时也习惯用双手取得胜利，但后来我发现动嘴比动手更容易获得成功。况且，成大事者不拘小节。没有他，我们无法摧毁特洛伊城。为了全体希腊人，说几句有用的谎话又算得了什么？"

皮洛斯极不情愿地勉强答应了。

奥德修斯刚藏起来，就听到了痛苦的呻吟声——这正是备受折磨的菲罗克忒忒斯发出的。只见他一只手拿着弓，一只手提着刚刚猎获的兔子，一瘸一拐地走了过来。菲罗克忒忒斯突然发现了海边停泊的船只和站在洞口的皮洛斯。他赶忙扔下猎物，跟跟跄跄地来到小英雄面前。皮洛斯将奥德修斯编造的谎话学说了一遍。菲罗克忒忒斯听后异常兴奋，并诉说了他的苦难遭遇，期间不时地咬着牙咒骂一顿奥德修斯。之后，菲罗克忒忒斯打听了特洛伊的战况及各位英雄的命运，又对能带他一起回家的皮洛斯表示千恩万谢。

接着，菲罗克忒忒斯将弓箭交给了他完全信任的皮洛斯，高兴地握着他的手一起向海边的大船走去。见此情形，天性善良的皮洛斯再也忍不住了，便将实情和盘托出。一听这话，菲罗克忒忒斯掉头就跑。奥德修斯连忙从隐蔽处跳将出来，一把抓住了他。

菲罗克忒忒斯一见是奥德修斯，气得嗷嗷直叫。他咬牙切齿地说："你这个奸诈小人，竟然又一次欺骗了我！足足十年啊！你知道我是怎么熬过来的吗？我在这里缺衣少食、忍饥挨饿，只能靠这弓箭打猎勉强度日，而且脚上的伤口日夜疼痛，折磨得我死去活来。而这一切，全是拜你和阿特柔斯的儿子所赐！这刻骨的仇恨，我用毒箭将你们统统射死也无法解除。"菲罗克忒忒斯极力挣脱奥德修斯的束缚，并对皮洛斯大声喊道："善良的孩子，快把弓箭还给我！"

奥德修斯急了："孩子，听我的！绝对不能把那可怕的弓箭给他！"接着，他对菲罗克忒忒斯说："我知道以前是我对不住你！个人恩怨先放到一边！这次你必须听我的，跟我去特洛伊的战场，因为你的弓箭关系到希腊的胜利和特洛伊的灭亡！"

"这场战争谁取得胜利和我没有关系！我是希腊人，但把我害到这种地步的不是特洛伊人，而恰恰就是我的希腊同胞！不管你多么能言善辩，今天注定死于我的弓箭之下！"气急败坏的菲罗克忒忒斯一边说着一边挣脱了奥德修斯的怀抱，并向皮洛斯走了过去。

皮洛斯也开始指责奥德修斯："你不能强人所难！谁也无权违背一个人的意愿命令他做什么！我现在就要带着菲罗克忒忒斯回到他的故乡。如果你不同意，那就得先过我这一关！"说着，他将那致命的毒箭还给了菲罗克忒忒斯。

这下可把奥德修斯吓坏了！他撒腿就跑。

神箭手菲罗克忒忒斯弯弓搭箭，眼看就要取了奥德修斯的性命。可就在这关键时刻，赫拉克勒斯闪烁着神祇的光彩现身云端，大声说道："菲罗克忒忒斯，你要去特洛伊，这是宙斯的决定！到了那里，你的伤口即可愈合，而且在战斗中你还会获得至上的荣誉！战争结束后，你将满载战利品荣耀地返回家乡，见到时刻盼你归来的父母！"

菲罗克忒忒斯举起双手，向渐渐远去的大力神赫拉克勒斯高喊："伟大的神祇，我服从众神的意志！我这就拿上您的弓箭赶往特洛伊，去完成我的使命！"

就这样，菲罗克忒忒斯和奥德修斯和解了。他自愿登上战船，启程去了特洛伊。

一到希腊军营，奥德修斯做的第一件事就是请军中医生为菲罗克忒忒斯疗伤。说来也怪，当年所有药物对他的创口都没有效果，现在敷上药后立刻见效，一下就解除了英雄十年的痛苦。见此奇迹，希腊人惊讶不已，菲罗克忒忒斯本人更是欣喜若狂。这时，联军统帅阿伽门农走了过来，真诚地向他道歉："对不起，我的朋友，当年把你留下也是迫不得已！为此我们已经遭到神祇的惩罚。请你摒弃前嫌，和我们共同战斗！"说着，阿伽门农送上二十匹骏马和七个特洛伊姑娘作为礼物。

菲罗克忒忒斯知道，所有这一切都是神的意志，所以也就消除了对同胞的仇恨。之后，阿伽门农安排他沐浴更衣，并为他备了丰盛的晚宴。

吃饱喝足之后，菲罗克忒忒斯美美地睡了一觉。第二天，七个女奴为他精心打扮了一番。现在再看菲罗克忒忒斯，那真是神采奕奕、精神抖擞，又恢复了往昔的英雄风采。

再来看特洛伊。欧律皮罗斯的阵亡使其实力受损，皮洛斯的参战使其伤亡惨重。面对这种情势，波吕达玛斯又一次提出了闭门死守的策略。他说："我们的城墙坚固无比，就连英勇强壮的阿喀琉斯都无法将它攻破，更何况是他的儿子！所以，我们不用出城迎战，只需固守城池。希腊人早晚会被拖垮,不得不返回故乡!"但波吕达玛斯的合理意见再次被否决——这次反对他的是小王子帕里斯。被神蛊惑的帕里斯趾高气扬地说道:"我们不能做胆小如鼠的缩头乌龟,必须主动出击!如果你们不敢,那我来做全军统帅,一定能一鼓作气打败希腊人!"

第二天,双方在平原上的激战又开始了。

少年英雄皮洛斯挥舞着父亲的长矛在前面开路,菲罗克忒忒斯则在战车上左右开弓,箭无虚发。他们所到之处,敌人都会死伤一片。特洛伊人不甘示弱。孔武有力的埃涅阿斯左冲右突,奋勇杀敌。帕里斯弯弓搭箭,也射死了不少希腊人。

帕里斯向菲罗克忒忒斯射出一箭,可是被他躲了过去,但驭手中箭身亡。这下可把菲罗克忒忒斯气坏了。他怒不可遏地指着帕里斯破口大骂:"你这个人人唾弃的无耻之徒,竟然还有脸活在世上!你是希腊人和特洛伊人的共同敌人,是这场战争的罪魁祸首!现在就让我把你送到哈迪斯的冥国吧!"说着,这位神箭手拉满弓弦,闪电般射出一箭,正中帕里斯的腰部。帕里斯低头一看,伤口已腐烂发黑,他不由得浑身发抖,率军仓皇逃回城里。

夜幕降临,帕里斯的箭伤迅速恶化。他一直在痛苦地呻吟。可是这伤口无药可治,因为他沾上的是九头蛇许德拉的毒液。毒液已侵入帕里斯的五脏六腑,而且愈来愈深。这位"情种"就这样在可怕的折磨和巨大的痛苦中死去了。特洛伊人堆起高大的柴堆,点燃篝火,将帕里斯的尸体火化,并将骨灰装入罐子,埋入坟墓。

19. 盗取帕拉斯神像

帕里斯的死唤醒了特洛伊人——他们终于意识到波吕达玛斯的策略是多么正确。于是,全城人形成统一意见:无论希腊人如何叫阵,再也不出城应战。

皮洛斯杀死了密西亚王子欧律皮罗斯，菲罗克忒忒斯射死了特洛伊王子帕里斯。赫勒诺斯的神谕看起来完全应验了。希腊人兴高采烈，通宵达旦地宴饮庆贺。他们感到明天就能攻破特洛伊城，返回故乡也是指日可待的事情了。

第二天一大早，斗志昂扬的希腊人队列整齐地开赴战场。可是，他们发现偌大的平原上一个人影也没有——特洛伊人没有出城。阿伽门农高声喊道："特洛伊人不敢出城，他们显然是害怕了。我希望大家今天都能奋力攻城！十年了，彻底摧毁特洛伊的日子终于到来了！"话音刚落，希腊军队欢声雷动。

特洛伊有六个城门。阿伽门农兵分六路，迅速包围了整座城池。总攻开始了，士兵架起云梯，一批批地冲了上去。等他们爬到一半时，原本静悄悄的城墙上突然喊杀声四起，一块块巨石雨点般砸了下来。有的石头还缠满草绳，浇油点火，火球般滚落下来。虽然希腊将士也射死了一些守城士兵，但更多的希腊人被砸死、烧死，他们再也无法靠近城墙。

希腊军队伤亡巨大，损失惨重。已经溃不成军的希腊人只得狼狈地退回营地，城里的特洛伊人见状哈哈大笑。

晚上，阿伽门农坐立不安，愁眉不展。他实在想不通既然神谕说的两个条件都满足了，为什么特洛伊城依然无法攻破。就在这时，随军预言家卡尔卡斯来了。他说："对特洛伊的灭亡，我无法做出准确的预言。还记得之前那条神谕是谁说的吗？他就是特洛伊王子赫勒诺斯！现在，伟大的统帅，我告诉您一个好消息：这位预言家已被我军俘虏！从他的口中我得知事情的经过是这样的：特洛伊的两位王子赫勒诺斯和得伊福玻斯觊觎美丽的海伦很久了。帕里斯一死，他们在海伦的归属问题上产生了争执。最终，年轻力壮的得伊福玻斯将美女揽入怀中，赫勒诺斯一气之下离开特洛伊城，跑进伊达山里。结果，就被我们俘虏了。"

海伦归谁，阿伽门农不感兴趣。他急切地问道："从赫勒诺斯那里有没有得到有价值的信息？"

"我来这里，主要的目的就是告诉你赫勒诺斯宣布的一条新神谕：特洛伊城里有一尊古老的帕拉斯·雅典娜神像，只要神像在，特洛伊城就会固若金汤。[①] 要想破城，必须想办法把神像弄到手。"卡尔卡斯说道。

阿伽门农当即决定，让黄金搭档奥德修斯和狄俄墨得斯再次联手，潜入特洛伊城，盗取神像。

第二天，根据协定，双方休战，殓葬将士。奥德修斯与狄俄墨得斯化装成特洛伊士兵趁机混入城内。他们一直等到傍晚祭司外出时才悄悄溜进雅典娜的神庙并顺利偷出神像，可出城时遭遇卫兵盘查。就在他们打算用武力闯出城门时，美女海伦恰巧经过这里。她一眼就认出了两位英雄。奥德修斯难料祸福，但他拉住狄俄墨得斯不动声色，静观其变。只见海伦不紧不慢地走上前去与卫兵搭讪。卫兵一下子就被这绝世美人所迷惑，放松了警惕。两人趁机大摇大摆地走出城门，上了接应他们的战车，迅速离去。

20. 木马屠城计

护城神像到手，希腊人想：这次总可以了吧？可是，接下来的几天里，围城之战照常失败，特洛伊城依然固若金汤。

阿伽门农召集众将领开会，商议对策。大家议论纷纷，七嘴八舌地发表着各自的看法。老谋深算的奥德修斯一直保持沉默。直到阿伽门农询问他的想法，他才开口说道："我估计'神像在，城在；神像不在，城不在'的神谕八成是赫勒诺斯这小子为了应付逼供，信口开河、捕风捉影地编造出来的。我们不能再相信他了，要不然，只能被他牵着鼻子走。要摧毁特洛伊城，还得靠我们自己的智慧。特洛伊的城墙为神祇所砌，看来从外面

---

① 参见本书第 391 页。

是攻不破的。我们必须进入城池内部，来个里应外合。"阿伽门农急切地询问具体的实施办法，奥德修斯给大家详细地描述了他想出来的木马屠城之计，各位首领对这一妙计赞叹不已，决定依计行事。

当天夜里，一直站在希腊一方的雅典娜女神托梦给军中著名的能工巧匠厄帕俄斯，传授给他建造木马的方法，并答应助他一臂之力。第二天，阿伽门农知道此事后，遂任命厄帕俄斯为总指挥，全面负责木马的建造工作。

有了雅典娜女神的帮助，有了厄帕俄斯的精心设计，士兵们仅用了三天的时间就将巨大的木马建造成功。这匹木马英姿挺拔、栩栩如生，看起来好像是一件精美绝伦的艺术品，而实际上它却是暗藏杀机的致命武器。

木马已经建成。接下来要实施这一计谋的第二步。奥德修斯高声说道："现在到了伟大的希腊人显示勇气的时候了！我需要一名无所畏惧、遇事不慌、心理素质好、表演才能强的勇士。他得独自一人留在木马附近，诱骗特洛伊人把木马拖进城内。请问哪位愿意担此重任？"

奥德修斯的话音刚落，站在远处的一位年轻人走了过来。他说："我叫西农，在希腊军中名不见经传，也未立过特殊的战功。在战争的最后一刻，我愿意争取这一功勋。"

前文提到，赫尔墨斯有一个号称"盗圣"的儿子奥托吕科斯。他的女儿安提克勒亚和西绪福斯生了个儿子就是这位奥德修斯。其实，除了这个女儿，"盗圣"还有一个儿子埃西摩斯，西农就是埃西摩斯的儿子。这就清楚了，奥德修斯和西农实际上是姑表兄弟。

奥德修斯一看西农站了出来，立即决定用他，因为他知道自己这位兄弟论狡猾奸诈不在他之下。随后，奥德修斯向西农详细交代了他的任务。

奥德修斯接着说："下面需要做的就是选拔一批勇士，带上武器钻到空心的马腹之中。要知道，藏在黑暗的马腹里，比在战场上作战更危险。"

奥德修斯刚说完，皮洛斯、菲罗克忒忒斯、狄俄墨得斯、小埃阿斯、墨涅拉俄斯、伊多墨纽斯等十八名英雄毫不犹豫地站了出来，相继顺着梯子爬进了马腹。奥德修斯本人随后也跟了进去。最后一个进入的是木马制造者厄帕俄斯。他进去后把梯子拉进马腹，关上木门，从里面插上门闩。就这样，漆黑的马腹中共挤进了二十名勇士。他们全副武装，默默地坐在一起，谁也不知道等待他们的将是什么。

留在外面的阿伽门农依计行事，命令希腊人推倒寨墙，点燃营地，然后登船起航，撤离特洛伊海岸。进入外海后，他们来到忒涅多斯岛，躲到了特洛伊人看不见的背面。

一切准备就绪，大戏就要上演。

希腊联军连续三天没有攻城，被围困的特洛伊人正觉得纳闷。第四天，站在城墙上的卫兵突然发现希腊人驻扎的营地大火冲天、烟雾弥漫。难道希腊人撤兵了？他们赶紧将这个好消息报告给了老国王。普里阿摩斯登城一看，果然如此。但他恐怕有诈，还是抑制住内心的兴奋和激动，没敢出城。一直等到大火渐渐熄灭，烟雾慢慢散去，看到海岸边原来黑压压的战船都已消失，他才确认这是真的。随后，老国王向全城公布了这一消息。十年的围困之苦终于解除。全城男女老幼奔走相告：特洛伊胜利了！希腊人撤兵了！

战争结束了。一切灾难都已过去，整座城市沉浸在一片欢乐的海洋之中。

特洛伊人欢天喜地，一窝蜂地拥出城门，奔向希腊人的营寨。只见希腊军营一片狼藉，有些设施仍在燃烧。他们一路来到海边，发现了那匹面向大海昂首屹立的巨大木马。普里阿摩斯望着这匹木马目瞪口呆，怎么也猜不出希腊人建造它的目的何在。就在大家围着木马七嘴八舌地做着各种猜测时，有个人突然发现马腹一侧刻着一行字："谨以此马献给尊贵的女神雅典娜！"

有人主张，既然特洛伊的雅典娜女神像被希腊人盗走，那么正好可以把这匹马推进城内，献给女神；有人则提议，整个战争雅典娜都站在希腊一边，这莫名其妙的礼物对特洛伊并不吉利，应该将它推进大海。

就在大家争论不休之时，阿波罗神庙的祭司拉奥孔从人群中走了出来。他忧心忡忡地说："我们绝不能相信希腊人！他们中有一个诡计多端的奥德修斯。这礼物绝不是什么好东西，里面一定潜藏着某种危险。"说着，他从身旁的士兵手中拿过一根长矛，刺入马腹。矛尖刺中一位英雄的胫甲，英雄们一个个紧张得心都快跳出来了。

木马四周的特洛伊人正要走上前去一看究竟，突然传来的一声尖叫转移了大家的注意力。原来，几个特洛伊士兵押着一名俘虏走了过来——这俘虏就是故意自投罗网的希腊人西农。他见情况紧急，就装作害怕的样子发出恐怖的声音，好把特洛伊人的注意力吸引过来。

特洛伊人见西农衣衫褴褛、血迹斑斑，站在那里吓得直打哆嗦，纷纷过来嘲笑他。老国王普里阿摩斯上前制止大家，温和地询问西农为什么没有乘船返乡。西农装出一副十分可怜又很胆怯的样子，一边流泪一边说："令人尊敬的国王，不管后果怎样，我都将如实相告。我是帕拉墨得斯的近亲。你们应该早就听说，因为在计谋方面奥德修斯比不上他，所以就怀恨在心，设计陷害并杀死了他。这还不算完，他还想方设法要置我于死地。就在希腊人厌倦了战争，打算撤军回国前，奥德修斯买通预言家卡尔卡斯，让他向大家宣示，说当年从奥利斯港出发时将伊菲革涅亚献祭才保证我们顺利抵达特洛伊，现在众神又要求用人来献祭，并指定我作为祭品，方可保证所有人顺利返回故乡。就这样，我被他们无情地捆绑起来。可在祭神之前我找了个机会逃了出来。我在茂密的树林中躲了很久，等待希腊人全部撤离。然后，我从藏身之处走出来，自愿落入你们手中。我恨死希腊人了！希望你们能够大人大量，收留我这个可怜的人。"

狡猾的西农凭借他的高超演技已初步赢得特洛伊人的信任。普里阿摩斯下令给他松绑，并急切地询问希腊人留下的这匹木马是怎么回事。西农等的就是这句话。他装出一副很为难的样子，高举双手大声说道："伟大的神祇啊，请你们为我作证，我说的话句句属实！按道理说，我不应该泄露同乡人的秘密，但他们的做法太过分了，逼迫我不得不和他们断绝关系。因此，我现在说出这一秘密，也不算是罪过了。"接着，西农转过身对老国王说："在整个战争过程中，希腊人把胜利的希望寄托于女战神雅典娜的帮助。但是，前些天，可恶的奥德修斯从特洛伊将女神那尊最古老的神像盗走之后，雅典娜十分愤怒。她借预言家卡尔卡斯之口对我们说，她不会再帮助希腊人了，希腊人再也没有取得这场战争胜利的可能性。就这样，几天前统帅阿伽门农终于决定撤军回国。离开之前，他们造了这匹木马献给女神雅典娜，以便平息她的怒火，保佑希腊船队一路顺风。希腊人特意把木马造得高过特洛伊城门，防止你们把它拖进城里，因为如果那样的话，雅典娜就会保护你们的城池，日后重整旗鼓再来进攻特洛伊，就会遇到更大的麻烦。最后，我劝你们千万不要损坏这匹木马。如果那样，脾气暴躁的雅典娜女神一定会让特洛伊遭殃，而那正是希腊人希望看到的。"

西农巧舌如簧，把整个故事编得天衣无缝，特洛伊人已对他深信不疑。但拉奥孔是个例外——他时刻保持着高度警惕和十分清醒的头脑。此时，这位阿波罗的祭司提高嗓门，大声吼道："千万不要相信这个骗子的鬼话！我敢保证，这全是奥德修斯设下的圈套！不能把木马拉进城去，否则我们将要大祸临头！"

可就在这时，海面上突然游过来两条巨大的水蛇。它们的速度极快，直奔拉奥孔的两个儿子而来。孩子们躲避不及，已被巨蛇死死缠住。毒液迅速侵入柔嫩的肌肤。拉奥孔急忙赶过去救儿子，但孩子没得救，他自己也被缠住了。拉奥孔奋力挣脱，可一切皆是徒劳。中了蛇毒之后，他们的四肢都在抽搐，更是无力反抗。可怜的拉奥孔和他的两个儿子就这样恐怖地死去了。

这蛇是女神赫拉派来惩罚拉奥孔的，因为他违背神的意志，用长矛刺马腹，试图拯救他的祖国。

特洛伊人把拉奥孔的惨死理解为亵渎神灵而遭到的报应。这使他们更加坚信，应该把木马拖回城内。

就这样，无数的特洛伊人喊着号子用二十根粗绳拖着沉重无比的木马向城门走去。由于木马太过高大，他们在中心城门的上方扒开一个豁口。木马通过城门时，有四次碰到城墙上，马腹内希腊英雄兵器相撞发出清脆的响声，可是，陶醉于欢乐之中的特洛伊人并未听见。

巨大的木马终于被拖到特洛伊的中心广场，全城的人一片欢呼。战争的阴云已在他们心中烟消云散。看到这一幕，能预见未来的卡珊德拉惊恐至极。她向狂欢的人群大声呼喊："快将木马毁掉吧！它给我们城邦带来的将是熊熊烈火与血腥屠杀！"可是，前面我们说过，阿波罗为了惩罚这个感情骗子，使她每次都能做出准确的预言，但所有人又都不相信她的话。这次也一样，特洛伊人对她的预言嗤之以鼻。

夜幕降临，特洛伊人的狂欢活动进入高潮。男女老幼聚在一起弹琴、唱歌、跳舞、饮酒，共同庆祝战争的结束。到了半夜，好多年没有如此放松的士兵都已喝得酩酊大醉、东倒西歪。被特洛伊人当作朋友的西农也装出一副喝醉的样子，躺在王宫前的大理石台阶上，鼾声如雷。

一切都归于沉寂，特洛伊全城进入了梦乡。时机已到，西农悄悄爬起身来，蹑手蹑脚地来到马肚子底下，轻轻敲出约定好的暗号。马腹打开了，厄帕俄斯放下梯子，英雄们鱼贯而出。

奥德修斯立即爬上城墙，燃起火把，晃动起来——这是给隐藏在忒涅多斯岛背后的希腊军队送出的信号。阿伽门农率领船队乘着顺风，火速驶向特洛伊海岸。希腊人弃船登岸，潮水般涌向城门。此时，各个城门早已被走出马腹的众英雄全部打开。

希腊人远离故乡，围困特洛伊已经十年，现在大开杀戒的时候终于到了。他们对熟睡的特洛伊人挥起利剑，无声无息地进行着血腥的屠杀。他们举起火把点燃房屋，肆无忌惮地进行着疯狂的破坏。等特洛伊人如梦初醒时，不知已有多少人死于利剑之下和大火之中了。即使他们已经醒了，完全解除武装和戒备的特洛伊人也丧失了抵抗的能力。

整个特洛伊城火光冲天，战士的厮杀声、老人的呻吟声、妇女的哀号声、孩子的啼哭声混成一片。

阿喀琉斯的儿子皮洛斯首先冲进王宫，残忍地杀死了所有的王子和公主，赫克托耳那年幼的儿子也没有幸免，被从特洛伊的城头扔下。国王普里阿摩斯来到宙斯的神坛下寻求庇护，但这无法改变他的命运。皮洛斯知道正是他的儿子帕里斯射死了父亲阿喀琉斯。报仇的时候终于到了！他愤怒地揪住普里阿摩斯的头发，将利剑刺进他的胸膛。

小埃阿斯冲进雅典娜神庙，一眼就看到了正躲在高大神像后面避难的普里阿摩斯那能预见未来的女儿卡珊德拉。小埃阿斯一把抓住她的头发，卡珊德拉则死死抱住雅典娜的神像。但这救不了她。小埃阿斯使劲一拽，结果连人带神像一起摔倒在地上。这位莽夫没管那一套，粗暴地按倒卡珊德拉并强暴了她。这可惹恼了在奥林匹斯山上观战的处女之神雅典娜。她发誓要对这狂妄的家伙进行残酷的报复。

戴了十年绿帽子的墨涅拉俄斯一路砍杀，找到了他的妻子海伦的寝宫。他要亲手杀死这个水性杨花、不守妇道的女人。在那里，他先杀死了海伦的现任老公得伊福玻斯。接着，他向躲在角落里的海伦举起利剑。可就在这时，已吓得花容失色的绝色美女回过头来，看了墨涅拉俄斯一眼。就这一眼，墨涅拉俄斯的心头怒火一下子就熄灭了。海伦的美称得上惊天地、泣鬼神，岁月不仅没有带走她的美貌，反而比十年前更增添了几分风韵。这一刻，她在恐惧中的那种美，简直摄人心魄，纵是铁石心肠也能被彻底融化。墨涅拉俄斯举着剑的手慢慢垂落下来。他又燃起了对前妻的爱情之火，顷刻间就原谅了她的一切过错，心里只想赶紧带着娇妻回家。

海伦跪在墨涅拉俄斯面前，梨花带雨地哭诉起来："我的丈夫，我知道你对我心怀不满，你现在有权任意处置你那不贞的妻子！但在这之前，有些话我还是想对你说明，不论我说得有理没理。美丽不是我的错！我跟着帕里斯来到特洛伊是因为女神维纳斯在不停地挑动我的内心，我也是身不由己。当年，'三女神选美'事件中，雅典娜许诺帕里斯让他成为最有力量的人，并能率领特洛伊人征服整个希腊；赫拉则承诺帕里斯取得亚细亚和欧罗巴的王权，以使他获得最大的权力。帕里斯放弃了这两个选项，将金苹果交给了维纳斯女神，因为她答应将人间最美丽的女子，也就是我海伦，给他做妻子。我那明智的丈夫，你仔细想想我和帕里斯的婚姻给希腊带来了多大的好处！要不然，斯巴达、迈锡尼等希腊的所有城邦早就处于特洛伊的铁蹄之下了！像我这样对希腊有功的人这些年来却遭到你们无尽的指责，我才是最冤的啊！"

听了这话，墨涅拉俄斯恍然大悟，自己倒显得紧张起来，好像是他对不住海伦一样，便赶紧说道："美丽的妻子，一切都已过去！让我们把过去都忘掉吧！我知道你没有错，我对你也没有任何怨恨。跟我回斯巴达，王后的位置一直给你留着，让我们重新开始美好的生活吧！"

说完，墨涅拉俄斯似乎怕把海伦再弄丢了，便紧紧拉住她的手，屁颠屁颠地走出特洛伊城，直奔海边的战船而去。一路上，墨涅拉俄斯一直担心参战将士见了海伦之后会逼迫自己杀掉这个红颜祸水。但到了海岸边，他发现自己想多了。全军将士见到海伦的那一刻，心里顿时产生了一种共同的想法：为了这样的美女，哪怕再打十年仗也值得！

所有特洛伊英雄之中只有两人幸免于难：一个是埃涅阿斯，维纳斯一路保护他背着年老的父亲安喀塞斯、抱着年幼的儿子阿斯卡尼俄斯、携着年轻的妻子克瑞乌萨①逃出了熊熊燃烧的特洛伊城；另一个是安忒诺耳，希腊人宽恕他是因为他自始至终都劝特洛伊人应该将海伦和墨涅拉俄斯的珍宝还回去。

特洛伊城，这座长期以来小亚细亚最强大的城市覆灭了。

附：奥德修斯返乡

经过连续几天的烧杀掳掠，辉煌一时的特洛伊已成为一片废墟。希腊联军的战船上则装满了金银财宝、牛羊马匹，还有那数不胜数的女俘。② 十年的远征终于结束，现在希腊人迫不及待地要返回故乡了。

由于各位英雄的故乡不在同一个方向，他们共同航行了一段时间之后就带上各自的船队和战利品分别踏上归途。在回乡的过程中，英雄的命运各不相同：有的顺风顺水，没用多长时间就到家了，比如狄俄墨得斯、涅斯托耳、皮洛斯、菲罗克忒忒斯等；有的一路上经受了许多磨难，大费周折才回到故乡，比如墨涅拉俄斯和海伦在海上漂泊了八年，辗转多国才到达斯巴达；有的未能看见故乡的海岸就葬身大海了，比如小埃阿斯在雅典娜和波塞冬共同掀起的风暴中粉身碎骨；有的虽然平安回到了家乡，但到

---

① 这里的克瑞乌萨是特洛伊国王普里阿摩斯和赫卡柏的女儿。与厄瑞克透斯的女儿、阿波罗的情人克瑞乌萨同名。参见本书第251页。

② 作为胜利者，每位希腊英雄抽一次签，选择自己的女奴。卡珊德拉被阿伽门农抽中，安德洛玛刻给了阿喀琉斯的儿子皮洛斯，年老的赫卡柏则做了奥德修斯的奴隶，令这位伊塔卡国王十分懊恼。

家后接着就命丧黄泉，比如阿伽门农历经千难万险终于抵达故乡迈锡尼的海岸，但出轨的妻子和情夫早已决定置他于死地。

当然，所有这些人的故事加在一起也不如奥德修斯的经历曲折离奇。具体详情，且听我慢慢道来。

（一）奥德修斯的遭遇

在特洛伊战争中，奥德修斯凭借他的聪明才智，做出了巨大的贡献，尤其是他的"木马计"使希腊人最终取得了这场战争的胜利，他也因此得到了相当多的战利品。现在，奥德修斯要率领由十二艘战船组成的舰队返回他的祖国伊塔卡。

1. 美酒与忘忧果

在各城邦组成的联军中，奥德修斯离自己的家乡本来就最为遥远，向来谨慎的他又选择了一条虽然较远但相对安全的航线。

起航后，奥德修斯率领着船队在无边无际的大海上平稳地航行。后来，他们抵达了善于酿造美酒的喀孔涅斯人居住的小岛。随风飘来的阵阵酒香让奥德修斯和水手们心醉神迷。他们拿起武器迫不及待地靠岸登陆，像强盗一样烧杀抢掠，摧毁了这座城市。奥德修斯命令大家向船上补充淡水，当然也不要忘了尽其所能拿走当地人的财物，特别是美酒。

所有这一切都干完之后，奥德修斯怕夜长梦多，主张尽快撤离，但他的同伴都觉得主人太过多虑了。土著居民不是被杀了就是逃跑了，还怕什么？干脆在这里休息几天，以便恢复体力。可是，就在这些入侵者狂欢滥饮之时，那些逃脱了的当地人搬来了大量救兵，向他们展开反攻。奥德修斯率领部下奋力抵抗，但终究还是寡不敌众。他当即做出决断：每只船留六个人断后，其余的赶快上船逃跑。最后，七十二位勇士无一幸免，全部被杀，但他们成功地阻击了敌人，保护了同伴。

祸不单行，奥德修斯的船队刚到外海，就起了风暴。狂暴的风神击碎了桅杆上的风帆，海上波浪滔天，天空乌云密布，四周一片漆黑。他们看不清航向，控制不了船只，只能任其漂流。第十天，风暴总算停息后，他们才发现早已偏离航线。不过幸运的是，船只自动在一个海岛靠了岸。

奥德修斯不敢轻易上岛。他先让他的忠实仆人欧律巴忒斯陪着两位英雄前去察看地形、探听虚实，没想到当地居民对这几位异乡人非常友好。他们人人脸上挂着幸福的微笑，端来香甜的水果热情地招待客人。两位英雄从未见过这么漂亮的水果，吃起来更是比蜜还甜。可是，吃完之后，他们就像中了魔法，立即沉浸在无尽的幸福之中，忘了自己是谁，忘了自己的家乡，一心只想留在这里天天吃这美味的水果。原来，海岛上的这种果子名叫忘忧果，吃了之后就会忘记除了这水果之外的一切事情。欧律巴忒斯见此情形，转身就跑，回到船边向主人汇报情况。奥德修斯派出六个水手将上岛的两位英雄捆绑起来强行拖到船上，虽然他们哭着喊着想要留在此地。接着，水手们奋力划桨，飞快离开这座海岛。

2. 智斗独眼巨人

经过一段时间的航行，奥德修斯的舰队又登上一座无名海岛补给淡水。这座海岛景色十分迷人，土壤肥沃，溪水潺潺，绿树成荫，果实累累，还有成群的野山羊在开满鲜花的草地上自由自在地徜徉。大家被这优美的自然风光迷住了，在补充了足够的淡水并猎捕了一些山羊之后，他们一个个像孩子一样开心地玩了起来。

就在奥德修斯一行人在岛上奔跑嬉戏的时候，他们偶然发现了一个无比巨大的山洞口。进到洞里，更是宽阔得可以做竞技场。里面的食物、羊圈、罐子、水壶证明有人居住在这里。奥德修斯被强烈的好奇心驱使，他想看一下到底是什么样的人住在这么大的山洞里。为谨慎起见，他让其余的人将船摇到隐蔽的地方等候，自己则挑选了欧律罗科斯等十二个最勇敢的同伴用羊皮袋拿上美酒待在洞里探听情况。

傍晚，山洞的主人赶着羊群回来了。只见他身材像小山一样高大，面目像恶魔一样丑陋，头发像野草一样蓬乱，胡子像钢丝一样坚硬。最奇怪的是，他那沟壑般的脸上只长有一只眼睛。看到这里，奥德修斯恍然大悟：这就是传说中凶残成性、不讲礼数的库克罗普斯独目巨人族。现在，奥德修斯为自己的好奇心把肠子都悔青了。他一刻也不想待在这里，可他逃不掉。独目巨人就在洞口，他将羊群赶进洞里，转身进来之后抓起旁边那块无比沉重的巨石将整个洞口堵住。奥德修斯一行人看见这一幕，吓得躲到洞内最阴暗的角落里。

巨人悠闲地坐在地上，开始挤羊奶，生火，准备做饭。火光中，他发现了这些不速之客。但他并没有一丝惊奇，而是十分淡定地用他那响雷般的声音询问道："你们是谁啊？为什么来到我这里？"伙伴们早已吓得说不出话来，只有奥德修斯竭力压制住内心的恐慌情绪，保持镇静，机智而狡猾地回答道："我们是从特洛伊战场上返回的希腊人，在海上航行时遇到风暴，船只被岸边的礁石撞碎了，只有我和这十二个同伴被刮到你这里才得以侥幸逃生。我恳求您的保护和援助。您知道，宙斯是所有乞援人的保护神，他会惩罚那些怠慢客人的大胆狂徒。"

独眼巨人一听这话，忍不住大笑起来："孤陋寡闻的外乡人，你知道我是谁吗？你以为我会敬奉神祇并惧怕他们的报复吗？告诉你，这山上住的都是库克罗普斯人，而我是他们中最强大的——我就是摧毁你们船只的大地震撼者波塞冬的儿子。宙斯算得了什么！他管不着我！我想怎么干就怎么干！所有的库克罗普斯人都不用干活，富饶的土地给予我们所需要的一切。当然了，偶尔也会有船只在这里靠岸，那就是我们改善伙食的时候。"

说着，独目巨人慢慢站起身，向来访的客人走了过去。突然，他一弯腰伸出两只大手，像老鹰抓小鸡，一手一个将两个人提了起来，转身将他们在地上摔死，放在灶火上烤熟之后，悠闲地吃了起来。吃完之后，巨人往地上一躺，心满意足地安然入睡了。

奥德修斯和他的同伴被眼前这恐怖的一幕吓呆了。他们蜷缩在墙角里大气不敢喘。此时，巨人鼾声如雷，已进入沉睡状态。奥德修斯尽力使自己镇定下来，曾想趁其熟睡之机用手中的利剑杀死他，但他接着放弃了这一想法。别说这剑在敌人面前就像一根针一样，根本伤害不了他，就算把他杀死了，堵在洞口的巨石怎么办？没有他，别人根本搬不动，还不是得困死在洞里？一整夜过去了，聪明的奥德修斯也没能想出逃脱的办法。

第二天早晨，独眼巨人起身点燃灶火，又随手抓过两个人做了早餐。同伴又一次在眼前被残忍杀害，其他人也只能满怀恐惧地默默看着，没有一点办法。吃完之后，巨人便搬开石头赶着羊群出了山洞，临走时又用它将洞口堵死。

剩下的九个人谁也不知道自己会不会成为这可怕巨人的晚餐。有人开始埋怨奥德修斯不应该带领大家来到这里，有人恳求他快点想脱身的办法。奥德修斯没有说话，他在洞中来回走动，仔细观察这里的一切，心里盘算着下一步该怎么办。最后，他终于有了办法。

洞内有一根桅杆一样粗大的原木，奥德修斯用剑截下它的细端，把一头削尖，并和同伴一起将它打磨光滑，藏在了隐蔽的地方。

夕阳西下，库克罗普斯人赶着羊群回来了。和头天晚上一样，他又杀了两个人放在火上烧烤。这时，奥德修斯克制住内心的恐惧，拿着从喀孔涅斯人那里抢来的美酒壮着胆子走到巨人面前，给他倒了一碗，随后仰着头对他说："无所不能的巨人，虽然我不知道您的名字，但这是我特意给您带来的礼物，请您收下！您要知道，人肉配美酒，味道好极了！"独眼巨人一声不吭，接过美酒，一饮而尽。酒一下肚，他高兴得神魂颠倒，因为他从来没有喝过这么好的酒。

有了美酒，独眼巨人那张面目可憎的脸变得和善起来。他对奥德修斯说："慷慨的外乡人，再给我倒一碗酒吧！我是波塞冬的儿子波吕斐摩斯①。告诉我你叫什么名字，我也要为你准备一份礼物。"奥德修斯给他倒了第二碗酒，恭敬地说道："伟大的波吕斐摩斯，我的名字叫'没有人'。我的父母和乡亲都称呼我'没有人'，您也可以这样叫我。"巨人说："'没有人'，那就请你再慷慨一些，多给我倒些美酒吧！"奥德修斯接二连三地往他的碗里倒酒，独眼巨人贪婪地喝得一滴不剩。不一会儿，一羊皮袋美酒都被他喝光了。这时，已经醉醺醺的波吕斐摩斯对奥德修斯说："'没有人'，你的表现不错，我要最后一个吃你，这就是我送给你的礼物。"

说完这话，波吕斐摩斯摇摇晃晃地仰面躺下，被睡神彻底征服了。时机已到，奥德修斯和他的同伴赶紧扛起那根削尖的原木，将它放在火堆上烧红，刚刚冒火时，又急速抽出。接着，他们抱起木头一起用力，将其刺入巨人的独眼中。巨人疼得大声惨叫，一跃而起。奥德修斯一行人飞快地逃到山洞最边远的角落里，直吓得浑身发抖。波吕斐摩斯忍着剧痛，拔出这根还在冒烟的尖木，鲜血不住地从眼窝涌出。独目巨人失去了他唯一的一只眼。他像受伤的猛兽一样，一边在洞中来回奔突，要抓住那些伤害他的敌人，一边大吼大叫，向散居在山上的其他库克罗普斯人求救。

巨人们闻声赶来，围住洞口向他询问发生了什么事情。波吕斐摩斯发出尖利的怪叫声：'没有人'欺骗我！'没有人'要杀我！快来救我！"

一听这话，所有独目巨人都生气了，他们朝波吕斐摩斯的洞口高声大喊："波塞冬的儿子，你独居洞中，既然没有人对你用暴力，那你大声叫嚷什么？你一定是疯了！这种病我们治不了，还是向你的父亲求助吧！"说罢，那些库克罗普斯人气呼呼地走开了。

---

① 与赫拉克勒斯的妹夫波吕斐摩斯同名。参见本书第308页。

波吕斐摩斯气得嗷嗷直叫，只得自己在洞中跌跌撞撞地摸索，搜寻伤害他的敌人。奥德修斯和他的同伴一边躲避已经失明的巨人，一边按照事先商量好的计策用洞中的柳条把公羊三只一组并排拴绑在一起。天快亮时，奥德修斯把同伴依次绑在每组中间那只羊的肚子下面。

瞎眼的波吕斐摩斯找不到伤害他的人。想到他们无论如何也要从洞口逃出，他便将巨石移开，坐在旁边，伸开大手不停地摸索。羊群拥挤着向洞外走去。波吕斐摩斯仔细抚摸着每一只山羊的背部，却没有想到摸它的肚子。就这样，羊群带着奥德修斯的同伴从巨人身边出了洞。奥德修斯自己则双手抓住那只高大头羊的浓密羊毛，两脚夹住羊肚子，身体贴在下面最后一个逃了出去。

奥德修斯和他的六个伙伴终于逃出虎口。他们赶着波吕斐摩斯的羊群匆匆回到船边，立即解缆离岸。

爱显摆的奥德修斯一旦计谋得逞，不向对方炫耀一下岂能满足他的虚荣心？等船驶出一段距离后，他忍不住对着坐在山头上的波吕斐摩斯高声喊道："听着，残忍的库克罗普斯人，我不叫'没有人'，我的名字是奥德修斯！你的眼睛是伊塔卡的奥德修斯弄瞎的。这是你应该受到的惩罚！"

听到这一切，波吕斐摩斯感到十分悲伤，因为多年前能观鸟占卜的独眼巨人忒勒摩斯就曾告诉他："你的眼睛将被奥德修斯刺瞎。"他一直以为这个叫奥德修斯的家伙也应该是一个与自己实力相当的巨人，没想到被这么弱小的一个人给算计了。心里想着，波吕斐摩斯的手可没停下。他愤怒地掰下身边一块巨石，顺着声音传来的方向用力掷了过去。可惜刚刚变盲的巨人对声音的辨识还没那么敏感，石头落在船边的海水中。即使这样，落石激起的水浪还是差点把英雄们的船只掀翻。奥德修斯不敢怠慢，赶紧命令水手奋力划船，驶向大海。

奥德修斯对波吕斐摩斯说出了自己的名字，气急败坏的巨人怒吼着向他的父亲波塞冬祈求，一定要为他报仇。波塞冬答应了儿子的请求，开始了对奥德修斯那无休无止的迫害。这正应了那句话："不作死，就不会死。"固然上天注定奥德修斯不会死于途中，但一路上的痛苦与折磨却是难以避免的了。

3. 风神埃俄罗斯

远离了恐怖的波吕斐摩斯，奥德修斯率领他的船队继续朝着故乡的方向航行。许多天之后，他们来到了埃俄罗斯居住的埃俄利亚岛。

这里的埃俄罗斯与前文提到的赫楞的儿子埃俄罗斯[①]同名，不过他们可不仅是同名而已。赫楞的儿子埃俄罗斯生育力极强。他不仅和老婆埃那瑞忒生了七个儿子、五个女儿，还在外面和情人生下儿子希波忒斯。希波忒斯的儿子就是这里的风神埃俄罗斯。简单来说也就是，孙子和爷爷共用了一个名字。

埃俄罗斯本来也就是个凡人，但由于深得宙斯的宠爱，被破格提拔为风神。有人也许会问：风神不是黎明女神厄俄斯的四个儿子吗？[②] 没错！他们兄弟四个是东、南、西、北四风神。可人家埃俄罗斯是所有风的管理者，或者说是风神总管。[③]

作为诸风神的头头，埃俄罗斯的居住条件相当不错。埃俄利亚岛是一座浮岛，岛屿四周是险峻的悬崖峭壁，其上修筑着坚不可摧的铜墙。埃俄罗斯的妻子给他生了六个儿子、六个女儿。这一家人凡事都讲究自力更生，

[①] 参见本书第 288 页。

[②] 参见本书第 260 页。

[③] 正如古罗马作家维吉尔所说，"在这儿埃俄路斯王（即埃俄罗斯——引者注）把挣扎着的烈风和嚎叫的风暴控制在巨大的岩洞里，笼络着它们，使它们就范。狂风怒不可遏，围着禁锢它们的岩洞鸣吼，山谷中响起了巨大的回声。但埃俄路斯王高坐山巅，手持权杖，安抚着它们的傲慢，平息着它们的怒气……但一旦有令，也可以放它们出来"。（【古罗马】维吉尔：《埃涅阿斯纪》，杨周翰译，上海人民出版社，2016 年版，第 41 页。）

所以六个女儿分别嫁给了六个儿子。十四口人整天在雄伟豪华、富丽堂皇的宫殿里饮宴作乐。

这么多年来，从没有一个外人来到埃俄罗斯家做客。奥德修斯的船队突然到访，风神欣喜异常，遂设下丰盛的酒宴接待这些异乡人。埃俄罗斯在得知他们都是参加过特洛伊战争的希腊英雄时，更是好奇得不得了，天天摆下宴席，让英雄们讲述战争的经过和细节。

不知不觉，一个月过去了，奥德修斯请求埃俄罗斯让他们返回故乡。风神爽快地答应了，并给所有客人备下丰厚的礼品。临行前，埃俄罗斯把奥德修斯叫到一旁说："为了让你们顺利返乡，我送给你一只皮袋，里面装着所有的风。当然西风仄费洛斯除外，因为他是你的顺风，能把你吹回伊塔卡。但要记住，天机不可泄露，这样的秘密不能告诉任何人，在抵达故乡之前也千万不要解开皮袋口。"说着，埃俄罗斯亲手将袋口紧紧扎住，绑在了奥德修斯所乘的头船上。伊塔卡国王表示一定将风神的这些话铭记于心，并表达了对他的感激之情。

正如埃俄罗斯所言，奥德修斯的船队一路顺风，在无边无际的海面上稳稳地航行了九天九夜。整个航程，奥德修斯几乎没有合眼。他思乡心切，太想尽早回到妻儿身边了。当然，还因为他要照看好埃俄罗斯给他的风袋——那是他顺利返乡的保证，岂敢有丝毫懈怠？

第十天夜里，伊塔卡海岸边点燃的篝火已依稀可见。离开十年的家乡近在眼前，奥德修斯一直紧绷的神经终于可以放松了。这一松不要紧，心力交瘁的他不知不觉睡着了。一路上，同伴们一直纳闷：风神埃俄罗斯到底在皮袋里给他们的国王装了什么好东西，值得他日夜看护？此时，奥德修斯睡着了，这些人便忍不住议论开了。其中一个说道："在战争中，奥德修斯每次得到的战利品都比我们多，这也就罢了。在埃俄罗斯那里，大家都是一样的客人，为什么他得到的赠礼比我们多得多？这皮口袋里面一定是数不清的金银和珍宝！奥德修斯就算不分给我们，起码也得让我们看看究竟有多少吧！"对于这个提议，大家一致表示赞成。就这样，在好奇心的驱使下，他们解开了皮袋口。这就像打开了"潘多拉的魔盒"。顷刻间所有风暴一起袭来，又把船只抛回远离家乡的大海中。呼啸的风声惊醒了奥德修斯。近在咫尺的家乡越来越远，他的心都要碎了。但转念一想：这肯定是神祇做出的决定！既然这样，还是服从命运的安排吧！

肆虐的风暴将船只又刮回埃俄罗斯的岛屿。奥德修斯满是羞愧地来到风神的宫殿，请求他再次帮忙。一听这话，埃俄罗斯很生气，后果很严重。他收起往日的笑容，一脸严肃地说："可恶的奥德修斯，你既然已泄露天机，那这次我只能送给你两个'绝不会'：如果不是你们得罪了一位比我更强大的神祇，绝不会发生这样的事情；我绝不会帮助为大神所憎恨和仇视的恶人。"奥德修斯流着痛苦的泪水，离开了埃俄罗斯的宫殿。

4. 莱斯特律戈涅斯人

奥德修斯的船队在无边无际的茫茫大海中连续航行了七天七夜，终于抵达一个海岛。大家将船驶进平静的港湾抛锚停泊，奥德修斯则爬上高高的山岩向四周眺望。奇怪的是他没有看见任何农田和畜群，只看到远处城里飘着的袅袅青烟。曾经吃过亏的奥德修斯不敢轻举妄动，便派出三个同伴前去打探情况。

三人在城门口遇到一个正在井边提水、身材十分高大的姑娘，便上前询问这是什么地方。姑娘说："外乡人，我们这里是特勒皮罗斯城，居住的是莱斯特律戈涅斯人。我的父亲就是城里的国王安提法忒斯。我领你们去见他吧！他最喜欢你们这样的英雄了！他也一定会好好招待你们的！"见姑娘非常随和，三个人便高高兴兴地跟着她进入了国王的宫殿。国王安提法忒斯走了出来。他的身材比女儿高大得多。还没等奥德修斯的手下反应过来，安提法忒斯一个箭步上去就抓住了其中一人，将他撕成碎块，狼吞虎咽地吃了起来。这下可把另外两个人吓坏了。他们扭过头来，拼命奔逃。

安提法忒斯立即召集手下人在后面追赶。两位英雄刚刚飞身跳到船上时，追兵已到。莱斯特律戈涅斯人是一个力大无穷的巨人族。他们撕下山上一块块的巨石，砸向奥德修斯的船队。结果，暴露在海面上的十一艘大船全部被砸了个稀巴烂，只有奥德修斯乘坐的头船因停泊在港湾入口处的岩石后面，才幸免于难。

可怖的莱斯特律戈涅斯人像捕鱼一样将落入水中的英雄捞到岸边，用尖棍串成一串，扛回城中。奥德修斯命令水手奋力划桨，全速逃离这个鬼地方。

5. 女巫喀耳刻

出发时的十二艘船现在只剩下奥德修斯这一艘了。船上的人无不为死去的同伴哀伤。

几天后，大船驶至埃亚岛。这个岛在前面的故事中曾经出现过：美狄亚设计残忍地杀死了弟弟阿布绪耳托斯之后，她和丈夫伊阿宋曾来到埃亚岛净罪，为他们夫妇净罪的就是这里的女主人——希腊神话中善于用毒将过路的旅人变成各种动物的著名女巫喀耳刻。①

所有人都建议在这平静的海湾边休息一下。奥德修斯同意了，遂下令抛锚停船。大家躺在海边的草地上一睡就是两天两夜——他们实在是太疲惫了。

第三天，奥德修斯拿上长枪朝海岛腹地走去。他要独自一人去岛内打猎，因为船上的食物不多了。走出去一段距离，奥德修斯突然发现山顶上升起一缕袅袅青烟。想起之前特勒皮罗斯城的那股青烟，英雄身上不禁起了鸡皮疙瘩。他决定先回船上，与大家商量对策。回船的路上奥德修斯用

---

① 参见本书第 327 页。

长枪刺死一只肥大的梅花鹿，和同伴一起做了一顿丰盛的晚餐。酒足饭饱，伊塔卡国王向大家说了他的新发现，并表达了前去探险的想法。上次侥幸逃命的这些人都被巨人吓破了胆，便劝自己的主人尽早打消这一想法。一听这话，奥德修斯非常气愤，说道："英雄天生就该具有冒险的勇气，哪怕为此送上性命！临阵退缩算什么英雄？现在，所有人分成两队，分别由我和欧律罗科斯率领，拈阄决定由哪一队前去探听情况。"见奥德修斯这样说，谁也不敢说话了。结果，欧律罗科斯抽中了。

　　欧律罗科斯虽然不情愿，但他又能怎么办呢？第二天，他只得带着他的队伍出发了。很快，他们便来到山顶。展现在眼前的是一座极为壮丽的石砌宫殿，宫中不断传出悦耳动听的歌声。但走近一看，却有许多豺狼虎豹在门口来回走动。欧律罗科斯一行人吓得赶紧躲到一旁，偷偷观瞧。

　　过了一会儿，一个仙女般美丽的女子唱着歌漫步来到宫门处。那些看似凶狠的野兽一见女主人，都跑过来围在她的身旁表示亲热。欧律罗科斯不敢久留，正欲逃跑之时，野兽发现了这些不速之客。七八头雄狮走过来将客人团团围住，吓得这些人魂不附体。但奇怪的是，这群野兽就像对待它们的主人一样，对客人也很温顺，而且眼神中还不时透露出祈求与怜悯之情。

　　一见有人来访，女主人微笑着走过来，热情地打着招呼："来自远方的客人们，我是喀耳刻！你们一定又累又饿吧！那就请和我一起进宫歇歇脚！我会用美酒佳肴来招待你们的。"一听这话，伊塔卡人喜不自胜，陆续随她入宫。心思缜密的欧律罗科斯见这女人虽然美丽高雅，但透着几分邪气，便故意走在最后。进屋时，他一个人悄然隐身屋外。

　　进宫之后，喀耳刻给客人端来飘香的美酒和诱人的糕点。他们已经好长时间没吃过这么美味的食品了，忍不住大吃大喝起来。可就在这时，喀耳刻用权杖对每个人点了一下，结果他们一个个都变成了猪。他们嘴里想喊"救命"二字,发出的却是猪的声音。这一幕可把躲在外面的欧律罗科斯吓坏了。他跌跌撞撞地跑回船上向奥德修斯讲述了同伴遭遇的不幸。

奥德修斯听完之后,立即要求欧律罗科斯带路,一起去搭救他们的同伴。浑身还在打哆嗦的欧律罗科斯死活不肯跟他去,并且请求奥德修斯也不要去,否则会和那些人命运一样悲惨。他认为现在唯一正确的选择是逃离这恐怖的海岛。

奥德修斯见欧律罗科斯已吓破了胆,确实不敢再回去了,就决定独自前往。

无所畏惧的奥德修斯大步赶往喀耳刻的宫殿。半路上,神使赫尔墨斯化身英俊少年出现在他的面前。前面说过,赫尔墨斯和人间美女喀俄涅生的儿子奥托吕科斯就是奥德修斯的外祖父,所以大神才现身来帮助这位外曾孙。[①]

赫尔墨斯向奥德修斯表明了身份,并亲切地对他说:"伊塔卡国王,第二代太阳神赫利俄斯的后代中很多人都会巫术,喀耳刻是最出色的一位。之前她为篡夺王位将丈夫毒死,事情败露后被臣民驱逐,从此成为一个怨妇,在这埃亚岛上为非作歹。不管是谁来到她的地盘,她都会热情招待,为客人备下美酒佳肴。岂知这酒食里面已被她加入了毒药水。待客人吃喝后,她再用魔杖一点,客人就会变成他的宠物。现在,你的朋友已经被女巫变成猪猡,关在她的猪圈里。你去了,也只能成为下一个牺牲者。"

奥德修斯恍然大悟:难怪欧律罗科斯说那些猛兽见了他们都面露祈求之色,原来是在寻求帮助!来不及多想,奥德修斯赶紧向大神询问解决问题的办法。赫尔墨斯随即从地上拔出一棵黑茎白花的野草递给他,说道:"这是破解喀耳刻毒药的魔草。只要你把它吃下去,她就没办法把你变成

---

① 参见本书第 407 页。

动物了。接下来，就要看你的本事了。"

　　奥德修斯谢过神使，信心十足地来到喀耳刻的宫殿。喀耳刻照例非常热情地请客人坐在装饰精美的椅子上，并奉上有魔力的药酒。奥德修斯大模大样地喝了起来，喀耳刻的魔杖在他的头上一点，嘴里说道："到猪圈里去吧！你的朋友在那里等着你呢！"

　　奥德修斯呼地从座位上站起身来，拔出利剑顶住了喀耳刻的脖子。女巫吓得尖声怪叫。她跪倒在地，惊呼道："你是什么人？我的魔药为什么对你没有效果？啊！我想起来了，你就是足智多谋的奥德修斯吧！很久以前赫尔墨斯曾向我预言，你会从我这里经过。如果真的是你，请把剑收起来吧！我们可以交个朋友！"

　　"喀耳刻，我怎么能和把我的同伴变成猪的人做朋友呢？除非你向永生的神祇发下誓言，将他们恢复人形，并且永远不再伤害我们。"奥德修斯厉声说道。

　　喀耳刻二话没说，立即发下誓言，英雄这才将剑收起。

　　喀耳刻吩咐手下将猪栏里的猪放出来，并给它们涂上神奇的油膏。这样一来,奥德修斯的同伴不仅恢复了人形,而且还比之前更英俊、更强壮了。

　　这时，喀耳刻对伊塔卡人说："尊贵的客人，为了表示我的歉意，我想请你们留下来休息一天，品尝岛上真正的美酒佳肴。"奥德修斯同意了她的邀请，并向其说明还有一些朋友在海边的船上等他们归来，喀耳刻随即让他把其余的人全都请到她的宫殿之中。

　　喀耳刻已让女仆为远道而来的客人备好洗澡水。大家沐浴之后全身涂抹香膏，又穿上新鲜亮丽的衣服。面貌一新的伊塔卡人在奥德修斯的带领下来到宴会大厅，喀耳刻为他们准备的盛宴开始了。

　　奥德修斯和他的同伴好长时间没这么放松了。他们尽情地开怀畅饮，品尝着各种美食。狂欢过后，喀耳刻把喝得迷迷糊糊的奥德修斯扶到了自己的床上，与他共度良宵。

这下好了，奥德修斯在喀耳刻的宫里一住就是一年，两人还生下了孩子。同伴们见奥德修斯乐不思蜀，都非常着急。一天，他们终于找到一个与主人独处的机会，劝他尽快动身返回家乡。这话一说，奥德修斯也不好意思了。到了晚上，他十分恳切地向喀耳刻表达了自己的想法。女人真的非常善变。喀耳刻这个受过老男人格劳科斯伤害的女巫师曾经是多么狠毒！[①] 现在她在另一个老男人奥德修斯这里得到爱情滋润后，性格一下子变得温顺多了。听了心上人的请求，她饱含深情地说："转眼之间，我们在一起已经一年了。虽然我对你难以割舍，但既然你思念着家乡的妻子，我也就不能强迫你留在这里。不过，我要告诉你，根据神的安排，你回乡的路途充满了艰难险阻。返航之前你必须先到哈迪斯的冥国走一遭，向忒拜城已逝去的伟大预言家忒瑞西阿斯的鬼魂打听一下你将遇到什么样的凶险，以及用什么办法可以避免，然后你再返回我这里。否则我对你放心不下！"

喀耳刻的话让奥德修斯非常感动。他说："之前我没想到你能如此通情达理。你的话反而使我增添了对你的留恋。我接受你的建议。但是我怎样才能进入地府呢？"女巫师忧伤地回答："这个你不用担心！你们只管坐在船上，顺风自然就会将船吹到泰坦神俄刻阿诺斯大洋流的源头。到了那里，你就会看到一条地平线——这是阴阳两界的界限。你从那里登陆后，就可以找到地府的入口。"

"谢谢你的指点！天亮后我们就启程。"奥德修斯说道。

喀耳刻紧紧拥抱着奥德修斯，以近乎哀求的语气对他说："难道这件事就没有回旋的余地吗？留下来过神仙般的日子不比冒死远航更好吗？在

[①] 参见本书第 329 页。

这里，你就是我们的主人，其地位和伊塔卡的国王没有分别。"奥德修斯用手抚摸着美女那瀑布般的秀发，柔声说道："伊塔卡虽然是穷乡僻壤，但那是我的家乡。每个人都深深地眷恋着自己的家乡，我也一样。亲爱的喀耳刻，对不住了！任何艰难险阻都无法改变我回家的决心！但无论走到哪里，我都不会忘了你！"喀耳刻伤心地流着眼泪，在奥德修斯的怀里睡着了。

6. 前往哈迪斯冥国

第二天，奥德修斯把同伴召集起来，告诉大家去往大地尽头、进入冥国的决定。这可把他们吓坏了。他们纷纷劝解主人放弃这一疯狂的想法。奥德修斯严厉地命令他们服从指挥，立即登船。大家没有办法，纷纷登船起航。

女巫师喀耳刻为奥德修斯送来了顺风，大船在浩瀚无边的海面上高速前行。第二天傍晚，他们终于越过地平线，进入终年为浓雾所笼罩的国度。按照喀耳刻事先的指点，他们找到了通往冥界的阴森可怖的洞口。无所畏惧的伊塔卡国王让同伴在原地等他，他独自一人踏入冥府。

一路上，奥德修斯遇到了许多鬼魂。

奥德修斯的母亲安提克勒亚飘然而至，来到儿子身边。这令奥德修斯十分吃惊。他离开伊塔卡参加远征时，母亲的身体非常好，怎么现在她却身处哈迪斯的冥国？安提克勒亚更是感到惊讶，泪流满面地问道："亲爱的儿子，你怎么会来到这死人待的地方？难道你也在特洛伊战争中阵亡了？"奥德修斯简单向母亲说明了情况，并焦急而悲伤地问她是怎么死的。安提克勒亚这才放下心来，向儿子说起了家中的情况："我的孩子，并不是疾病夺去了我的生命。我是因太过思念你而自杀的。你的父亲为你的命运感到悲伤。他远离伤心之地，独自一人去了乡下，过着农民的生活。不过，你不用为我们而忧伤，你应该为你的妻子和儿子感到欣慰。珀涅罗珀对你忠贞不渝,拒绝了所有求婚者,独自一人备受煎熬,等待着你的归来;忒勒玛科斯已长大成人,他像你一样勇敢无畏,尽其所能保护着你的财产和王杖。"安提克勒亚的话早已使奥德修斯泪流满面。他伸出双手想拥抱亲爱的母亲,可她却像梦幻一样飘忽不见了。

接下来,奥德修斯见到了特洛伊战争中死去的英雄阿喀琉斯、帕特洛克罗斯、安提罗科斯和大埃阿斯的灵魂。

奥德修斯首先对阿喀琉斯说:"现在,人世间到处都在传颂你的不朽功业和英雄事迹。活着时你是顶天立地的大英雄,死后你也一定有享不尽的尊荣吧?"阿喀琉斯满脸悲苦地摇头叹息道:"宁在人间做奴仆,不在地府为君王!这里的岁月实在是毫无欢乐可言!"想当年,阿喀琉斯是何等的英雄气概——他宁要辉煌而短暂的生命,不要沉默而漫长的人生。可现在,当他真正来到地府时,竟忍不住为自己的选择而后悔。①一听此言,奥德修斯赶紧对阿喀琉斯说了他的儿子皮洛斯在特洛伊战争中建立的丰功伟绩,这才使阿喀琉斯的脸上勉强露出了笑容。

大埃阿斯正用充满仇恨的目光盯着奥德修斯。奥德修斯赶紧温和地对他说:"伟大的埃阿斯,你还没有忘记生前为争夺阿喀琉斯的盔甲与我结下的仇怨吗?其实我们都上了神祇的当——那是命运女神做出的决定。失去你,我们在战斗中就丧失了一座坚固的堡垒,那也是我所不愿看到的。所以,我在这里郑重请求得到你的宽恕。"大埃阿斯默不作声,转身离开了。

---

① 阿喀琉斯的话将一切英雄主义神话碾作齑粉,反映了希腊人现世主义的人生态度。正如周作人在翻译琉善的作品时所说,"虽然他们相信有死后的生活,但是既然没有了肉体,所以生活也是空虚的"。[【古罗马】琉善:《路吉阿诺斯对话集》(上册),周作人译,中国致公出版社,2019年版,第158—159页。];又如欧里庇得斯在他的悲剧《奥瑞斯特斯》中借用弗律基亚人之口所说,"任何人,即使是个奴隶,也都喜欢看见阳光"。[《古希腊悲剧喜剧全集》:《欧里庇得斯悲剧》(上),张竹明译,译林出版社,2015年版,第217页。]

让奥德修斯感到十分意外的是，他在哈迪斯的冥国里竟然见到了阿伽门农的鬼魂。这位昔日威风八面的联军统帅神情哀伤地对老友诉说起他的悲惨遭遇："足智多谋的奥德修斯，你也许以为我是返乡的时候被海神波塞冬的巨浪把船打翻淹死的吧？如果真是那样，我倒要感谢命运女神的安排，但事实远比这要残酷得多。你也知道我的家族虽然地位显赫，却历来背负着神祇的诅咒——我的曾祖父坦塔罗斯因狂妄自大被宙斯打入冥府，也使整个家族罩上了不幸的阴影。① 祖父珀罗普斯背信弃义杀死了赫尔墨斯的儿子密耳提罗斯，又得罪了伟大的神使。② 父亲阿特柔斯与叔叔堤厄斯忒斯为争夺迈锡尼王位手足相残，到头来弄得家破人亡。最后，叔叔堤厄斯忒斯与自己的女儿珀罗庇亚生下的儿子埃癸斯托斯杀死了我的父亲阿特柔斯。③ 我本以为家族恩怨至此就已泯灭，恐怖诅咒已经解除。但你不知道接下来又发生了多么可怕的事情：在我们率军远征特洛伊时，我那可恶的叔伯兄弟埃癸斯托斯趁机潜回迈锡尼与我的妻子克吕泰涅斯特拉勾搭成奸，这对奸夫淫妇设下毒计在我回家的当天就将我残忍杀害，篡夺了王位。正因为此，你才能在这幽暗的冥国里见到我。唉！我们家这点见不得人的破事儿还是别提了。奥德修斯，最后我要奉劝你一句：女人都是善变的，不要轻易相信任何一个女人！离开伊塔卡时，你的妻子年轻漂亮，儿子年龄尚小。后面的话我就不说了，你自己琢磨琢磨吧！"说完这话，阿伽门农的鬼魂也消失不见了。

随后，奥德修斯又看到了永无止歇向无底桶中倒水的达那伊得斯姐

---

① 参见本书第 375 页。
② 参见本书第 378 页。
③ 参见本书第 380 页。

妹①，不停重复着推石上山的西绪福斯②，遭受着干渴、饥饿和恐惧三重折磨的坦塔罗斯③。

这时，预言家忒瑞西阿斯的灵魂终于来了。奥德修斯赶紧将喀耳刻为他准备的祭品拿出来进行献祭。之后，奥德修斯恭恭敬敬地向这位著名的先知询问归程的情况。忒瑞西阿斯在享用祭品之后，对他说："机智的奥德修斯，你刺瞎了独眼巨人波吕斐摩斯的眼睛。他可是大海主管波塞冬的儿子啊！因此，你的航程注定不会顺利。但你也不必为此沮丧，命运女神最终会让你回到伊塔卡。不过，我还是要提醒你一句：在经过西西里岛时，一定不要让你的同伴去触碰太阳神赫利俄斯的牛群！否则，他们必遭灭亡。"说完这些话，先知的鬼魂就消失了。

任务完成，奥德修斯匆匆逃离这可怕的冥府，率队回到喀耳刻居住的埃亚岛。

7.海妖塞壬

见心上人成功返航，女巫喀耳刻一颗悬着的心终于放了下来，但她同时也知道不可能再挽留住奥德修斯了。

晚上，女巫师喀耳刻忧伤地告诉奥德修斯在之后的航行途中还会遇到的一些危难，并耐心地教给他渡过难关的办法。

朝霞初上，喀耳刻让女仆把精美的食品和葡萄酒装到船上，恋恋不舍地与情人告别。奥德修斯和桨手们一起划动船桨，强劲的顺风鼓满船帆。大船急速航行在宽阔的海面上，向着故乡的方向驶去。

突然，顺风停了，前面出现一座景色迷人的海岛。同伴们都主张到这

---

① 参见本书第 136 页。
② 参见本书第 293 页。
③ 参见本书第 376 页。

座岛上休息一番,但奥德修斯知道,这里是塞壬女妖居住的"死亡之岛"。①

奥德修斯对他的同伴说:"朋友们,喀耳刻告诉我,这座海岛的主人是人头鸟身的女妖塞壬。她们长着姣好的面容,有着柔媚的歌喉,以此来引诱航经此地的水手,最终让他们饿死在岛上。现在,这座表面迷人的海岛到处都是死者的白骨。当年,阿耳戈英雄从此地经过时,多亏著名音乐家俄耳甫斯出手,才将那诱人走向死亡的声音遮住,惊险过关。我们的队伍里没有俄耳甫斯。喀耳刻教给我的办法是,用柔软的蜜蜡堵住耳朵,什么声音都听不见,用力摇桨通过此地,以免招来杀身之祸。不过,我倒想听听她们的歌声有何等魔力,请你们把我紧紧地绑在桅杆上。到时候,如果我请求解开绳索,你们就把我绑得更紧一些。"同伴们照他说的做了。

不一会儿,海岛上就飘来女妖那迷人的歌声:"啊,伟大的奥德修斯!快将船开到我们这里,倾听我们的歌声!所有路过的水手都从这歌声里得到了难以言表的享受,然后又愉快地开始了他们的航行。"

这歌声名不虚传,果然具有摄人心魄的功效,直把奥德修斯听得意乱神迷,心中好像燃起熊熊烈火,只想着赶紧跑到她们身边将其揽入怀中,哪怕立即变成一堆白骨也心甘情愿。这难以抑制的欲望令奥德修斯忍不住拼命挣扎以脱离绳索。同伴见状反而将他捆绑得更加结实。桨手们拼命划船,直到海岛从他们的视野中消失,才将耳中的蜜蜡取出,将主人从桅杆上解下。恢复理智的奥德修斯感谢同伴们。正是有了他们的帮助,才能使他既享受到这柔美甜蜜的歌声,又能成功逃过一劫。

8. 墨西拿海峡

在"夺取金羊毛"的故事里,阿耳戈船通过塞壬居住的海岛之后,来

---

① 伊阿宋率领的阿耳戈船队曾从这里经过。参见本书第 327 页。

到了墨西拿海峡①，奥德修斯的船队也是一样。

前文提到，这墨西拿海峡的凶险之处在于北边是吸食过往船只的卡律布狄斯大漩涡，南边则是长有六只狗头的吃人海怪斯库拉。通过此地时，阿耳戈英雄有幕后操盘手赫拉相助。奥德修斯一行人可就没那么好的运气了。

大船平稳地向前航行，奥德修斯突然听见远方传来惊天动地的浪涛声。他知道喀耳刻所说的位于西西里岛和意大利半岛之间的卡律布狄斯大漩涡到了。同伴们被眼前的景象惊呆了，不知道该如何渡过这不断吞吐海水的大漩涡。奥德修斯来到朋友们身边，为他们鼓劲壮胆："在这之前，我们已闯过许多难关。我想这一关并不比在独眼巨人的山洞里更凶险。听我说，大家一定要贴着南边的山岩尽全力航行，迅速通过！这样就不致掉到漩涡里了！"

受到鼓舞的同伴依计行事。就在他们把全部注意力都放在卡律布狄斯大漩涡的时候，海怪斯库拉突然伸出六个脖子，张开六张狗嘴咬住了六个水手，将其吞食。这下可把奥德修斯吓坏了！幸亏大家竭尽全力划动船桨，才没有被斯库拉吃掉更多的人，总算闯过了这一关。

奥德修斯不明白：为什么当初女巫师喀耳刻只向他讲了北边的卡律布狄斯大漩涡，却没有提及南边的吃人海怪一事？其实，我们想想就能知道其中的原因：斯库拉本是一个纯洁美丽的少女，是谁把她害成了这副德行？还不是她喀耳刻！所以，这话好说不好听啊！再者说来，如果把其中的凶险全部都告诉奥德修斯，他更是不敢通过这凭人力根本就不可能全身而退的关口。也就是说，死去六个同伴是无法避免的事情。

---

① 参见本书第 327 页。

9. 神祇的圈套

不久之后，奥德修斯眼前出现了一座风光旖旎、满目苍翠的美丽海岛，并已听见岛上牛群发出的哞哞叫声。他知道这里是第二代太阳神赫利俄斯的圣地——西西里岛。此时，预言家忒瑞西阿斯的告诫在他耳边响起：不要触犯赫利俄斯的牛群，否则必遭致命报复！

奥德修斯想尽量避开这次危险，便劝说伙伴们绕开该岛，不要停留。可是，这个提议让疲乏过度的同伴感到大为不快。欧律罗科斯愤怒地说："奥德修斯，你太无情了！简直是铁石心肠！你自己不知疲倦，难道也不让我们休息吗？马上就要天黑了，至少应该靠岸停留到天明再赶路吧？"其他同伴也都随声附和，赞成这一提议。

众意难违，奥德修斯只得让步，并对所有人说道："上岛可以，但我警告你们，这是太阳神赫利俄斯的圣地，伟大的先知忒瑞西阿斯早就说了，千万不要宰杀岛上的任何一头神牛。"所有人都觉得奥德修斯的提醒多此一举：我们粮食充足，为什么偏要杀牛呢？所以，他们欣然表示同意，然后就迫不及待地将船靠岸，纷纷上岛。吃过饭后，疲惫不堪的船员躺在草地上睡着了。

黎明时分，船员们用过早餐，本打算起航，海上却掀起了可怕的风暴。当天出海的计划不得不取消。可是，令他们更加没有想到的是，这风暴一刮就是一个月。船里储存的食品渐渐用尽，大家开始遭受饥饿的折磨。真正的考验开始了！伊塔卡国王一再向同伴发出警告：无论如何也不能动赫利俄斯的牛群！可是，有一次，奥德修斯独自深入海岛腹地向宙斯祈祷，祈求他赐予顺风，赶紧离开这随时会触发危险的岛屿。谁曾想，宙斯非但没有满足他的要求，反而趁此机会让奥德修斯睡着了。

奥德修斯不在，欧律罗科斯向同伴们提议："目前这种情况，我们还是先宰杀几头公牛来解除饥饿吧！如果有幸能回到故乡，我们就为太阳神修建一座华丽的神庙，献上珍贵的祭品，以求得到他的宽恕。如果赫利俄斯真的因此而恼怒，让我们在归途中葬身海底，那也没有什么好抱怨的。人总有一死，只是死法不同，但无论怎样死，都比苟延残喘、慢慢饿死强。"

饥饿难耐的船员一听欧律罗科斯说得在理，均表示同意。他们说干就干，挑了几头肥壮的公牛宰杀了。向众神献祭之后，便在篝火上烤了起来。

不多时，奥德修斯醒来了。他打老远就闻到了烤牛肉的味道，随即高声喊道："神王宙斯，你为什么用难以忍耐的饥饿诱使我的同伴犯罪？你为什么又在这关键时刻哄骗我入睡？难道这就是你为毁灭我们而设下的圈套吗？"明知已经中计，奥德修斯还是加紧跑了回去。看到正在狼吞虎咽的同伴，他真是欲哭无泪。

风暴又肆虐了六天，奥德修斯的同伴们天天肆无忌惮地享受着丰盛的牛肉大餐。他们好像早已忘记先知的预言，或许因为几天下来安然无恙，所以早已习惯了这种生活。

第七天，风暴终于止息，奥德修斯的大船拔锚起航了。

可是，西西里岛刚刚从视野中消失，原本平静的海面上又骤然掀起可怕的风暴。船上的桅杆被狂风吹折，砸在舵手的脑袋上。舵手脑浆迸裂，坠落海中。紧接着，电光一闪，船只被击成碎片。除了奥德修斯之外的所有人都被巨浪卷入水中，葬身海底。情急之下，奥德修斯抱住一块船板，只能听天由命，任凭狂风巨浪翻腾拍打。

奥德修斯在这无边无际的大海上整整漂流了九天。海浪把他冲到了神女卡吕普索的海岛。

10. 仙岛思乡

独目巨人波吕斐摩斯的眼睛被奥德修斯刺瞎。波塞冬也想杀死他替儿子报仇，可他不敢这样做，因为命运女神没有抛弃奥德修斯，他注定要回到家乡伊塔卡。既然不能毁灭他，波塞冬就尽量拖延他返回家乡的日期，让他在归途中受尽折磨，以解心头之气。

经过长时间的漂泊，海浪把奥德修斯抛到了俄古癸亚岛。不过在这里，这位伊塔卡国王倒是交了桃花运。

俄古癸亚岛居住着一位神女——卡吕普索。她是阿特拉斯的女儿。从前面的故事中我们知道，泰坦神阿特拉斯特别有女人缘，众多仙女都为他生下孩子，而且全是女孩，个个都是出类拔萃的美女。这位卡吕普索也不例外，有着出众的美貌。不过，自从阿特拉斯因站错了队被判双肩擎天之后，女儿们也跟着遭了殃：卡吕普索就被软禁在这座小岛之上。话说回来，仙女的居住条件确实不错。俄古癸亚岛古木参天，鲜花繁茂。其间，小溪逶迤穿行，鸟雀飞落盘桓。岛上有个清凉的山洞，葡萄藤在洞府四周攀缘缠绕，四股清泉在洞府前潺潺流淌。这样的条件，哪里算是囚禁？明明是在享受生活、颐养天年！但如果你这样想就错了。岛上的物质条件固然不错，但作为一个神仙和凡人一样，她也需要精神生活啊！对卡吕普索的惩罚主要就体现在精神方面：命运女神每隔一段时间就会送来一个需要帮助的男子汉大英雄，卡吕普索必然深陷爱河，死心塌地爱上他们，但这些英雄在美女面前个个坐怀不乱、不为所动，最终都将离她而去。

这一次，卡吕普索来到海滩，发现了奄奄一息的奥德修斯。她让侍女将大英雄抬回洞府，亲自为他洗净身体，穿上华贵的衣服。然后，她又坐在他身旁，亲手喂他喝下仙汤。仙汤下肚，奥德修斯渐渐恢复了体力和精神。往仙女面前一站，他那健硕的身体、挺拔的身姿、睿智的目光和高贵的气质，更是把卡吕普索迷得神魂颠倒。她日夜守在英雄身边。那姣好的面容、温柔的性格、大方的举止、甜蜜的语言就算是铁石心肠也能被她彻底融化。不仅如此，女神还做出承诺：只要奥德修斯愿意留在岛上和她做长久夫妻，不但岛上的一切全部归他所有，而且还会让他像神祇一样永葆青春。

奥德修斯想都没想，无情地拒绝了她。现在他的心里只有自己的凡人妻子，对女神完全没有感觉。没有办法，卡吕普索只好将心上人软禁起来，晚上与他同床共枕，白天也让他在自己的视线之内。奥德修斯时常恳求卡吕普索放他回到故乡，可女神拒不允许。他只能整天怀着无限的忧伤，一个人坐在岸边的悬崖上，望着家乡的方向默默流泪。这样的日子一晃就过了七年，奥德修斯天天盼着能够得到神祇的怜悯，让他早日返乡。

将奥德修斯视为人类智慧象征的雅典娜为他的真情所动，但一直碍于波塞冬的面子不便出手，以免引起冲突。此时，波塞冬已去埃塞俄比亚度假，因为那里的人不用劳动，精美的食物会自动呈现在他们眼前，而且从来不会腐烂，所以海神经常会去此地吃喝玩乐。趁这个机会，雅典娜请求父亲下令让卡吕普索放掉用情专一的奥德修斯，保护他早日回到故乡伊塔卡。最喜爱的女儿雅典娜张了口，宙斯哪能不答应？他立即派遣赫尔墨斯向卡吕普索传达神的旨意，雅典娜则亲赴伊塔卡探明他家乡的情况。

赫尔墨斯脚蹬有翼靴，手持双蛇杖，迅疾如风。他掠过海面，转眼来到俄古癸亚岛。此时，卡吕普索正坐在织机前纺织美丽的披肩，奥德修斯则独自坐在海边的山岩上远眺大海。女神见赫尔墨斯前来，赶紧起身迎接，同时，心头也不由得产生了一丝不祥的预感。

赫尔墨斯对卡吕普索说："我奉宙斯之命来到这里，告诉你马上让滞留在此已有七年的奥德修斯返乡。命运规定，他应该回到家乡，与亲人团聚。"卡吕普索知道自己不能违抗神王的意志，不禁神色黯然。但她还是抱怨道："啊！残酷而嫉妒的天神！难道你们就不能容许我和一个凡人共度一生吗？当年，奥德修斯的同伴全部葬身鱼腹。他抱着一块破船板被风浪送到此地，是我把他从死亡中救了回来。我对他关怀备至，我们已经像夫妻一样同居了七年。可是到头来，你们却毫不怜惜地把他从我身边夺走！"说到这里，她已经泪流满面。神女拭了拭泪水，又无可奈何地叹息道："唉！我知道，宙斯的旨意不可违背！那就让他回到充满凶险的海上去漂泊吧！"此时，赫尔墨斯早已转身飞走了。

卡吕普索来到奥德修斯身边，对他说："快别独自落泪了！我这就放你回去！"

奥德修斯心中一惊，说道："女神啊，你是不是别有所图？除非你发下不可更改的誓言，否则我不相信你会把我放走！"

"奥德修斯啊，你是不是有点聪明过头了呢？我以斯堤克斯河水向你发誓，绝不会伤害你！明确告诉你吧，这是宙斯的旨意！我也是不得已而为之！"卡吕普索苦笑道。

这下可把奥德修斯高兴坏了！七年来他第一次主动拥抱了卡吕普索。第二天，归心似箭的奥德修斯赶紧着手造船。他一连干了四天，便大功告成。第五天一早，告别的时刻到来了。卡吕普索说出了心中的疑问："执拗的奥德修斯，我真搞不明白，你为什么非要冒着千难万险回到伊塔卡那穷乡僻壤？俄古癸亚岛比那里富饶得多！你为什么非要回到你那早已人老珠黄的妻子身边？我身为不老的女神比她美得多！"奥德修斯平静地答道："尊贵的女神，你可能不明白，家乡是生我养我的地方，是我的根！无论走到何处，置身天涯海角，朝思暮想的永远是故乡！这就叫故土难离、落叶归根。你论相貌、论身材都比我的妻子强。凡间的女子怎么能和永葆青春的女神相比呢？然而，凡人自有凡人的浪漫和幸福，那就是相亲相爱的两个人相互陪伴，一起慢慢变老。最后，感谢你对我的帮助和情谊！坦白地说，像你这样柔情似水的美貌女仙，哪个男人和你在一起生活都是一种幸运！"听到这里，卡吕普索想想她悲惨的命运，忍不住已是泪流满面。

告别卡吕普索，奥德修斯乘着顺风，鼓起船帆，向着家乡的方向破浪前行。

11. 海神的报复

奥德修斯在大海上平稳地航行了十八天，远方终于浮现出一片陆地。英雄当即辨认出，这是距离故乡伊塔卡不远的淮阿喀亚人居住的斯刻里亚岛。[①]思乡心切的他不顾疲倦，使出全身力气划动船桨。

可就在这时，波塞冬现身了。他从命运女神那里得知，奥德修斯一旦触碰到斯刻里亚岛的土地，他的厄运就将终结。大海的主宰者马上挥起三叉戟使劲搅动海水，掀起了可怕的风暴。顿时，天空乌云密布，四周一片漆黑，狂风裹着巨浪从四面八方向英雄袭来。一个浪头打在小船上，一下就把奥德修斯卷进大海。他沉入深深的海底，奋力挣扎了好长一段时间才又浮出海面。此时的奥德修斯万念俱灰。他甚至非常羡慕在特洛伊城下光荣捐躯的诸位英雄。

滔天巨浪排山倒海般不断向刚刚露出水面的奥德修斯扑来，一会儿把他卷进海底，一会儿又把他抛向天空。这位伊塔卡国王拼命挣扎，终于抓住一块船板，用尽全身力气爬了上去。

就在这时，海洋女神琉科忒亚[②]发现了处于危急之中的奥德修斯。她变作海鸟轻轻飞落在船板上，高声说道："可怜的英雄，你一定要坚信，不管波塞冬如何费尽心机折磨你，他也不能伤害你的性命！听我说，不要再抱着这块船板不放了！丢掉它！然后赶紧脱掉女仙卡吕普索给你的衣

[①] 在"夺取金羊毛"的故事中，伊阿宋、美狄亚也曾来到斯刻里亚岛，正是这里的国王阿尔喀诺俄斯、王后阿瑞忒夫妇通过让他们成婚的方式和平解决了与追兵的争端。参见本书第329页。

[②] 卡德摩斯的女儿伊诺跳海之后变成海洋女神琉科忒亚，专门负责搭救在海上遇难的旅人。参见本书第101页。

服——是它不断地把你往水面之下拉扯！我把这块头巾给你。你将它扎在胸前，挥动双臂，不要去管风浪有多么凶险，尽管向淮阿喀亚人的斯刻里亚岛游过去！一旦触及陆地，就把头巾解下，抛到大海中去！"说着，琉科忒亚把头巾递给了奥德修斯。之后，她又飞身投入大海之中。

已经毫无办法的奥德修斯只得一切照办，纵身跃入汹涌奔腾的海浪之中，不顾一切地朝海岛游去。

波塞冬看到这一情景，大声喊道："胆大妄为的奥德修斯，宙斯救你以前，你就在这汹涌的海水中泡着吧！"说完之后，海神驱赶着马车回水下宫殿去了。

奥德修斯在大海上漂流了两个昼夜，已是精疲力竭，呼吸也越来越困难了。突然，一个海浪将他高高举起，他看见了斯刻里亚岛的海岸。可奥德修斯还没来得及高兴，心就凉了半截，因为他发现此处全是突兀的山岩，这种悬崖绝壁根本无法登岸。但奥德修斯不肯放弃任何一线希望。他趁一个巨浪又将他托起之时，双手紧紧抓住了一块突出的岩石，可紧接着一个浪头又把他卷回海中。从不轻言放弃的奥德修斯开始沿着海岸游动，寻找易于上岸的地方。

最后，伟大的英雄终于找到一个河口。他祈求河神的帮助，让他在这里登陆。河神为他的执着精神所感动，随即止住河水的流动，让他游到陆地，成功登岸。可是，长时间的漂流已耗尽他的全部体力。奥德修斯一碰到陆地的沙砾就晕了过去。

不知过了多长时间，伊塔卡国王才勉强睁开了双眼。想起女神的话，他连忙解下头巾，满怀感激地将其扔进水中。

全身赤裸的奥德修斯冻得瑟瑟发抖。他努力爬起身来，跟跟跄跄地离开河滩，来到两棵橄榄树下。英雄吃力地用双手收拢树下的枯叶，钻到里面，借以抵御严寒，不一会儿就进入了沉沉的梦乡。

12. 瑙西卡公主

清晨，当奥德修斯还在枯叶堆中熟睡的时候，他的保护神雅典娜已走进斯刻里亚岛公主瑙西卡的闺房之中。女神变身为公主的一个女伴出现在她的梦境里，对她说道："瑙西卡，你已经到了及笄之年，怎么还能如此懒惰呢？衣橱里堆满了没有洗过的衣服，如果明天就和意中人订婚，你都没有一件干净衣服穿！婚嫁的日子已为时不远，赶紧去洗衣服吧！"

瑙西卡为这梦境感到羞愧。起床之后，她来到父母身边，对他们说道："今天的天气多好啊！请你们为我备下一辆骡车！我要去河边为家人洗衣服。"虽然公主羞于启齿，没有谈及一心期盼的婚事，但国王阿尔喀诺俄斯和王后阿瑞忒都猜中了女儿心底的秘密。阿尔喀诺俄斯亲切地朝女儿笑了笑，便吩咐女仆套车。阿瑞忒则为女儿和女仆们准备了可口的食品和美味的葡萄酒，还有沐浴用的香膏。

早饭过后，瑙西卡公主兴高采烈地和她的女仆出发了。来到河边，大家一起动手将所有衣服洗好漂净，晾晒在铺满鹅卵石的沙滩上。之后，忙得满身是汗的少女们又在河中洗了澡，向洁白如玉的皮肤上涂抹了香膏。洗浴完毕，姑娘们吃了一些食物充饥，然后开始在河边抛掷彩球，娱乐嬉戏。

瑙西卡将球向女伴抛掷过去。隐身的雅典娜趁机施展法力改变了球的方向，让它掉到水里。姑娘们禁不住发出尖叫声，一下吵醒了睡在附近的奥德修斯。但他没有马上起身，而是静观其变。在确认没有危险之后，他才摸了一根树叶浓密的橄榄枝遮住赤裸的下身，走了出来。

少女们看到眼前突然出现一位身上缠着海藻水草、粘着树枝树叶、污秽不堪的中年男子，甚是害怕，直吓得四散奔逃，只有被雅典娜注入勇气和胆量的瑙西卡一人留在原地。奥德修斯怕吓跑这位可能会给予他帮助的少女，不敢上前，而是站在远处恭敬地恳求道："美丽的姑娘，我不知道你是女神还是凡人，但无论你是谁，我都要伸出双手向你求助。如果你是女神，那你必是秀丽端庄的阿尔忒弥斯。如果你是凡人，那么你的双亲有你这样一个可爱的女儿真是福分不浅，而娶你为妻的那个男人又是何等幸运！善良的姑娘，请你怜悯怜悯我吧！我在波涛汹涌的大海上已经连续漂流了二十天，最后海浪把我冲到这陌生的地方。这里应该是斯刻里亚岛吧？所有人都知道淮阿喀亚人热情好客，又充满了同情心，我想你更是如此。请你随便给我一件衣服遮掩一下赤裸的身体，给我一点食物让我能够暂时充饥！愿永生的众神因为你对我的帮助而满足你的一切愿望，让你有一个如意郎君和美满婚姻！"

　　奥德修斯的这番话深深地打动了涉世未深的小姑娘。瑙西卡满怀同情地对他说道："可怜的外乡人，你说得没错。这里就是斯刻里亚岛！我是国王阿尔喀诺俄斯的女儿瑙西卡。我看你的谈吐温文尔雅，应该是一个很有教养的人。我非常愿意帮助你！"说完之后，公主召唤女仆，让她们把为她哥哥那刚洗好的衣服抛给奥德修斯。

　　奥德修斯在河里洗了个澡，穿上公主给的衣服，整个人精神了很多。始终隐身的雅典娜女神又施展法力，让他变得容光焕发、英俊潇洒。当奥德修斯重新来到瑙西卡身边时，美丽的公主眼前一亮，满心希望命运女神能够选他做自己的丈夫。想到这里，瑙西卡羞涩地转过身去，女仆们则为奥德修斯摆上了食物和美酒。英雄坐下来大快朵颐，终于填饱了肚子。之后，奥德修斯向瑙西卡表达了希望能把他带进城里，让国王夫妇帮助他返回故乡的想法。公主欣然应允。

　　太阳西斜，女仆们套上骡车。瑙西卡坐在车上，奥德修斯跟在后面缓缓向城中走去。走了一段距离之后，公主为避免有人说闲话，便让奥德修斯在城外雅典娜的圣林里等一会儿，让她先进城回宫。另外，瑙西卡还提醒奥德修斯，进宫后先抱住她的母亲、王后阿瑞忒的双膝，向她求助。只要能征得她的同意，事情就好办了。①

13. 在阿尔喀诺俄斯的宫中

瑙西卡回到宫中，保姆已为她准备好丰盛的晚餐。

奥德修斯迈步出了圣林，向城内走去。女神雅典娜变成一位淮阿喀亚姑娘来到城门口，奥德修斯向她打听去王宫的路径。女孩热情地答道："我的家就在王宫附近，你跟我走吧！"说着，女神便在前面领着他朝王宫的方向走去。路上的淮阿喀亚人看不到这位外乡人，因为雅典娜在他四周裹上了浓雾。当然，奥德修斯本人并不知道，因为这并不影响他的视线。

到了宫门口，雅典娜停下脚步，对奥德修斯说："这就是阿尔喀诺俄斯的宫殿。听我的忠告，一直走进去！我们的王后阿瑞忒聪慧贤淑，颇受爱戴，就连国王也非常尊重她。所以，先去恳求她的援助吧！"说完之后，女神离开了。

一路上，奥德修斯对斯刻里亚岛的繁荣景象赞叹不已。停满大船的码头，人头攒动的市场，高不可攀的城墙，都是他的故乡伊塔卡所无法比拟的。现在，当他站在国王阿尔喀诺俄斯的宫殿前面时，更是惊讶得目瞪口呆：整座王宫用黄铜铸成，大门系纯金浇铸，门楣用白银制作，门口两边有一金一银两只栩栩如生的狗——它们出自匠神赫淮斯托斯之手。隐身的奥德修斯迈步向里走去，只见参天大树四周林立，累累果实散发香气，一股清泉蜿蜒流淌，巍峨宫殿富丽堂皇。无疑，这里的富饶程度远胜伊塔卡。

奥德修斯定了定神抬脚走进王宫大厅，径直来到王后面前。当他跪在

---

① 《奥德赛》一书中，荷马借女神雅典娜之口说，阿瑞忒"富有智慧，心地高尚纯正，为人善良，甚至调解男人间的纠纷"，阿尔喀诺俄斯"娶她做妻子，无比尊重，超过世上任何一个受敬重的女人"，并因此受到城中居民"真心诚意的尊敬，视她如神明"。（参见【古希腊】荷马：《荷马史诗·奥德赛》，王焕生译，人民文学出版社，1997年版，第122页）正因为此，瑙西卡公主建议奥德修斯先向母亲阿瑞忒求助。

那里，抱住阿瑞忒的双膝时，雅典娜驱散了四周的浓雾。在场的人突然看见这位陌生人，一下子惊呆了。再看他的相貌和浑身透出的光彩，大家都觉得这一定是一位伟大的神祇。王后赶紧扶住奥德修斯，惊恐地说道："您是化身凡人来到人间参加宴饮的神祇吧？"奥德修斯毕恭毕敬地说："尊贵的王后，请千万不要这样想！我可不是神祇，而是和您一样的凡人，并且还是一个流落异乡的漂泊者！我已在外流浪多年，一直渴望返回家乡，可到现在也未能如愿。请您可怜一下我这个不幸的人，帮我回归故土吧！"

王后微笑着点了点头，把奥德修斯扶了起来。她定睛一看，当即认出客人身上穿的衣服正是自己亲手缝制，忙问道："外乡人，你从哪里来？身上的衣服又是谁给你的？"奥德修斯告诉王后阿瑞忒，他如何被卡吕普索强留在埃亚岛上，如何在海里漂流了二十天的时间，之后又如何遇到公主瑙西卡并得到她的帮助，而对于自己的身世和之前经历的事情他则选择了隐瞒。

国王夫妇听了奥德修斯的叙述，对他既同情又钦佩。阿尔喀诺俄斯挽着奥德修斯的手，让他坐到自己身边，命仆人为他摆上食物和美酒，并高声说道："奥林匹斯山英明的众神，如果你们能赐予我的女儿瑙西卡这样一位丈夫，我该多么高兴啊！不过，令人同情的外乡人，我不会为难你，不会违背你的意愿像卡吕普索那样将你强留在岛上。不论你的故乡在哪里，也不管离我们这里有多远，我都会让我的水手驾船把你安全送回家。善于航海的淮阿喀亚人从不惧怕任何艰险遥远的海路！"听了阿尔喀诺俄斯这番话，奥德修斯感激涕零。

夜已深，宴会结束了。王后阿瑞忒吩咐仆人为尊贵的客人铺好床铺，连续多日没有好好休息的奥德修斯疲惫至极，很快就安然入睡。

第二天清晨，阿尔喀诺俄斯召集所有公民在市场上开会，商议送奥德修斯回乡的事宜。雅典娜扮作传令官，亲自走遍全城，通知大家准时赴会。全体人员很快到场。淮阿喀亚人惊奇地望着奥德修斯，因为雅典娜女神令这位英雄变得如此英俊和高贵。阿尔喀诺俄斯对与会者说道："一位外乡人来到我们这里寻求帮助，请求送他返回家乡。对于这种事情，淮阿喀亚人从未拒绝过。我要装备一艘大船送这位尊贵的客人回家，现在需要五十二名桨手，请大家自愿报名。我要邀请所有出航护送的人到我宫中赴宴，同时还要请盲人歌手得摩多科斯用美妙的歌声为诸位助兴。"国王话音刚落，立即就有五十二人挺身而出，报名出航。

散会后，国王的仆人杀羊宰牛，准备了丰盛的宴会。盲人歌手得摩多科斯坐在大厅中间，拨弄琴弦，开始了他的吟唱。他唱的正是特洛伊战争中奥德修斯与阿喀琉斯的英雄事迹。

奥德修斯听了这段吟唱，悲伤的往事不觉涌上心头，情不自禁地流下泪来。他赶紧撩起紫色的罩衫遮住脸庞，以防淮阿喀亚人看到自己流泪。之后，得摩多科斯又唱起希腊英雄在特洛伊城下所建立的卓越功勋，奥德修斯再次流泪。尽管英雄极力掩饰，但还是被坐在身边的国王看出了异样。阿尔喀诺俄斯不愿看到宾客悲伤，所以挥手停止了歌唱。

吃饱喝足之后，为了向外乡人致敬，按照惯例，阿尔喀诺俄斯请所有人去广场参加竞技比赛。当赛跑、摔跤、拳击、射箭、掷铁饼等项目的冠军都有了各自的得主之时，铁饼冠军欧律阿罗斯走到王子拉俄达摩斯面前，说道："你是不是也该邀请看起来体格强健的外乡人参加某项他所擅长的竞技比赛呢？"于是，王子便来到奥德修斯面前，彬彬有礼地请他参赛。

然而，奥德修斯委婉地推辞道："我经历了太多的磨难，现在只想回国，实在没有心思参加任何竞赛。"欧律阿罗斯一听这话，便开口讥讽道："外乡人，我看你也不是一个训练有素的竞技者，倒更像是一个闯荡江湖的商人，所以，你不敢与年轻力壮的运动健儿一较高低。"

一听此言，这位在特洛伊战争中立下汗马功劳的英雄感觉受到了莫大的侮辱，威严地对欧律阿罗斯说："鲁莽的家伙，你竟敢出言不逊！众神给了你英俊的相貌，但并没有给你非凡的智慧！我可不是竞技场上的门外汉，相反，我是经验丰富的好赛手！虽然现在我年龄大了，又遭受了很多苦难，但即使在这种状态下，我也不会惧怕你的挑战。如果不服，就来和我比试一下吧！"说着，奥德修斯抓起一块巨石，单手掷了出去。这块不知比铁饼要重多少倍的巨石呼啸着从人群头顶飞过，在远远超出标线的地方着地。已变身为一个淮阿喀亚青年的女神雅典娜在巨石落地处做了记号，高声喊道："这个外乡人比原先的冠军欧律阿罗斯掷得远多了，他才是真正的冠军得主！"

奥德修斯转过身来对欧律阿罗斯说："目中无人的青年，我可以和你比赛任何项目！射箭我不如菲罗克忒忒斯，投掷标枪我不如阿喀琉斯，但肯定都比你强！"欧律阿罗斯脸色绯红，默默地退开了。

国王阿尔喀诺俄斯见不知天高地厚的欧律阿罗斯激怒了奥德修斯，赶紧走过来说道："外乡人，大家都见识了你那巨大无比的力量！其他项目我们可能也赢不了你，但我们可是奔跑的健将和卓越的航海家。至于饮宴、弹琴和跳舞，更是行家里手。"接着，他转而对在场的淮阿喀亚人说："现在就让表演歌舞和吹拉弹唱的人上台吧！让尊贵的客人看看你们的才艺，回国后也可以让他向妻子儿女夸赞一下我们的精妙艺术！"

舞者来到场地中间，开始展现他们优美的舞姿。奥德修斯从未见过这么美妙的舞蹈，禁不住啧啧称奇，遂对阿尔喀诺俄斯说道："尊敬的国王，可以说没有任何一个民族胜过你们的舞者！他们真是天生的艺术家！刚才赛跑时，你们向我展现的是矫健的一面，现在又充分显示了柔美的一面。你们的身体真是难以形容！"

舞蹈结束后，阿尔喀诺俄斯为感谢奥德修斯的赞美，为他送上了丰厚的礼物。欧律阿罗斯当即解下腰间那把名贵的宝剑恭敬地递到奥德修斯面前，真诚地说："外乡人，我的言语冒犯了你，就让那些话随风而去吧！请收下这把剑！我愿众神保佑你平安返回家乡，早日见到你的妻子和儿女！"

"谢谢你的礼物，但愿你对我的祝福早日变为现实。"奥德修斯一边说着，一边把宝剑挎在腰间。

太阳下山了，大家陆续返回阿尔喀诺俄斯的王宫。

奥德修斯沐浴后，前往宴会厅。突然，他看到瑙西卡正站在宫殿门口的石柱旁——美丽善良的公主其实已在这里等候他多时。瑙西卡脸上现出忧伤的神情，温柔地说："英俊的外乡人啊！祝你早日回到故乡，与你的妻子团聚！不过，回乡之后请你不要忘记我——毕竟我曾经非常荣幸地救过你的命！"

"心地善良的姑娘，我永远都不会忘了你！"奥德修斯对她说，"如果宙斯能让我平安回到故土，我一定向对待女神一样每天都向你祈祷！"说完之后，他迈步进入宴会大厅。瑙西卡公主怅然若失，魂不守舍地回到了她的房间。

饮宴完毕，得摩多科斯唱起了最终攻破特洛伊的"木马计"，这又使奥德修斯禁不住流下了悲伤的泪水。阿尔喀诺俄斯感到非常好奇，忍不住询问道："为什么每次听到歌唱特洛伊城下英雄们的功绩时你都要流泪？请告诉我你的名字，还有你的故乡在哪里。你尽管放心，我之所以一直没有问你这些问题，是因为不管你是谁，不管你是王公贵族还是一介草民，也不管你居住在什么地方，淮阿喀亚人都会履行诺言，将你送回家去。"

"阿尔喀诺俄斯国王，"奥德修斯说道，"得摩多科斯是一个非常出色的歌者，他的吟唱直抵人的内心，不禁让我想起了十年前的往事，所以才会哭泣。现在我告诉你吧，我是特洛伊战争中的奥德修斯，我的故乡当然就是离此不远的伊塔卡。"

这话一说出来，全场的人都大吃一惊。特洛伊战争结束已经十年了，奥德修斯竟然还在异乡漂泊！众人禁不住七嘴八舌地询问起他的经历。

奥德修斯长叹一声，对大家说道："如果你们有兴趣，那我就讲讲我的经历，以满足你们的好奇心。不过，这对我来说，其中有着太多的悲苦……"接着，奥德修斯便讲述起特洛伊战争结束之后他那不平凡的遭遇。不知不觉，一夜的时间就在这曲折离奇的故事中过去了。

听了奥德修斯的经历，所有人都打心底同情他的遭遇，敬佩他的勇气。最后，阿尔喀诺俄斯国王说道："智慧而勇敢的奥德修斯，你经历千难万险，饱经人世沧桑，确实吃了太多的苦，受了太多的罪！不过，所有这一切都已成为过去！请你忘记一切痛苦，天亮之后我就送你回到家乡，以解你的思乡之苦！"

14. 回到伊塔卡

黎明女神厄俄斯准时升上了天空。淮阿喀亚人将送给奥德修斯的礼物装上大船，做好了起航的一切准备。奥德修斯真诚地感谢并祝福国王夫妇之后，坐上大船起航了。

没有了战争，没有了风暴，奥德修斯在疾飞如鹰的大船上沉沉地睡着了。第二天黎明，大船顺利抵达伊塔卡海岸。为了不惊醒客人，淮阿喀亚人将熟睡的奥德修斯小心翼翼地抬到岸上，放在橄榄树下，并把送给他的礼物放在稍远隐蔽的地方，以防被人拿走。然后，水手们便上船摇桨，登上归途。

海神波塞冬看见淮阿喀亚人竟敢将奥德修斯送回家乡，不禁勃然大怒。当返程的大船就要进入海港时，波塞冬从海底升起，对着船底猛击一掌。顷刻间，船只和所有的水手都被石化了。海岸上迎候水手归来的淮阿喀亚人看到这一幕，赶紧去禀告他们的国王。

阿尔喀诺俄斯来到岸边，吩咐公民向波塞冬献祭，然后对大家说："这一灾难是一个古老预言的应验。据我的父亲说,因为我们善于航海,经常把遭遇海难的求助者平安送回家乡,所以得罪了海神波塞冬。他还告诉我,终有一天,送客返乡的船只会变成石头,像山岩一样矗立在城外。现在,这预言变成了现实,从今以后,我们不能再违抗波塞冬的意志了,必须改变护送漂泊者回到故乡的风俗。否则,我们的城池会被愤怒的海神用坚固的石墙牢牢围住。"听了这话,淮阿喀亚人吓得浑身发抖,赶紧给波塞冬奉上了大量的祭品。

再来看躺在海边的奥德修斯。他睡醒之后并未认出已远离二十年的故乡伊塔卡。奥德修斯此时又陷入了绝望,因为他以为淮阿喀亚人将他撇在了某个荒岛之上。他环顾四周,看见了阿尔喀诺俄斯送给他的礼物。可是,没有故乡,这些财富又有什么用呢?

就在奥德修斯不知所措的时候,雅典娜变成了一个英俊少年来到他的身边。奥德修斯态度谦恭地问他这是什么地方。少年回答:"这里是伊塔卡。你一定听说过特洛伊战争中的奥德修斯吧?他就是这里的国王。你是来自远方的客人吗?为什么到了我们这里?"奥德修斯一听说自己已经回到了魂牵梦绕的故乡,心里别提有多高兴了。可是,素来谨慎的他表现得异常平静,随即答道:"我是一个商人,来自遥远的克里特岛,有人企图夺走我的财富。我把他杀了,因此被迫逃出克里特。本想搭乘腓尼基人的海船去往皮洛斯,可是奸诈的腓尼基人趁我睡着的时候,抢走了我的财物,并将我抛弃在这里的海岸上。"

雅典娜微微一笑,现出真身,说道:"奥德修斯,你不愧是一个撒谎高手,随口就能编造一个令人信服的动人故事!我是神祇中的智慧女神,所以要保护世间最有智慧的人。但是,你虽然聪明,还是没有认出我吧?之前我就一直在你身边,但事出无奈不想招惹我的伯父——从未忘记对你实施报复的海神波塞冬,所以只能隐身。现在行了,你已成功回到伊塔卡,和波塞冬没关系了。我就可以光明正大地为你出谋划策、解决难题了。"女神的这些话让奥德修斯既不好意思又甚是感激。他对自己的保护神说:"高贵的雅典娜女神,我一个凡人怎么能认出您来呢?真的非常感谢您一路护送我返回伊塔卡!可令我想不明白的是,我既然已经回到家乡,您为什么还要现出真身来保护我呢?难道还有别的危险在等待着我吗?"

女神先让奥德修斯坐下来,然后说道:"如果你就这样贸然回家,等待你的将是和阿伽门农同样的命运。当然,不是你的妻子珀涅罗珀要杀你,而是那些时刻盼望你葬身大海、一心想得到你妻子的求婚者。至于你离开伊塔卡、远征特洛伊之后发生的诸多事情,我来详细地告诉你……"

(二)伊塔卡的变故

前面讲到卡吕普索时曾提到,为了能够让奥德修斯平安回家,宙斯兵分两路:神使赫尔墨斯向女仙传达神的旨意,让她放走奥德修斯;女神雅典娜则亲赴伊塔卡,探明奥德修斯家乡的情况。[①] 现在,且听雅典娜都探到了哪些情况?为什么她不让奥德修斯直接回家?

1. 求婚者胡作非为

雅典娜变成奥德修斯的好朋友、塔福亚人的国王门忒斯,径直进入伊塔卡的宫殿。一进门,呈现在女神眼前的是混乱不堪的景象:一群粗鲁无礼的家伙横七竖八地斜躺在椅子上饮酒作乐,仆人们则来回为他们斟酒端菜。奥德修斯的儿子忒勒玛科斯对这些人早已厌烦透顶,无意间看到了雅典娜假扮的气宇轩昂的外乡人。他立即起身迎了上去,并请突然造访的客人坐在自己身旁。

这时,伊塔卡著名歌手斐弥俄斯在这伙凶恶之徒的要求下已拨动琴弦,

[①] 参见本书第533页。

开始吟唱起来。在乐曲声音的遮掩下，忒勒玛科斯转身对"门忒斯"低声说道："气度不凡的客人，您从哪里来？能将您的名字告诉我吗？我看您和在座的这些人不一样，也许您是我父亲的朋友吧？"

假扮的门忒斯装作不了解情况，也特意压低声音："你是伊塔卡王子吧？看你的相貌和外表我就知道你是奥德修斯的儿子。告诉你，我是塔福亚人的国王门忒斯。有时间你可以问一下你的祖父莱耳忒斯，我们两家可是世交。你的父亲奥德修斯和我是非常要好的朋友。我来到这里，是想看望一下你的父亲。不过，请你首先告诉我：这些人在你家做什么？他们是来参加结婚庆典或别的盛大宴会吗？"

一听这话，忒勒玛科斯叹了一口气，像受委屈之后终于见到亲人一样，对来访的客人诉起苦来："尊贵的国王门忒斯，我就是奥德修斯的儿子忒勒玛科斯。但我根本不记得父亲的样子，因为在我还是一个裹在襁褓中的婴儿时，他就离开伊塔卡去遥远的特洛伊参加战争了。可是，十年前战争就结束了，我的父亲却至今未归。我不知道他现在是仍在外漂泊，还是早已被海上的风暴吞没——这一直都是我最忧心的问题。可是最近这三年，又有一个新问题困扰着我：你看到了吗？在座的这些人都是有钱有势的富家子弟，他们是向我的母亲珀涅罗珀来求婚的，逼迫她从中选择一人做丈夫。我的母亲深深地爱着我的父亲。她一直坚信自己的丈夫会回来，所以断然拒绝了这些人的无理要求。而他们就是赖在这里不走，无所顾忌地糟蹋我父亲的家产，根本就没有把我和我的母亲当作主人看待。我尚年幼，拿他们实在没有办法。我是多么盼望我那智勇双全的父亲能够回来狠狠地惩治他们呀！"

"门忒斯"用愤怒而坚定的口气说道："这帮狂暴的求婚者真是无耻至极！不过我坚信他们会遭到报应的，因为我觉得你父亲一定还在人间。至于你，我想说的是再也不能任由他们在你家里胡作非为了，那样只会坐以待毙。你不能再把自己当孩子了！你应该已经听说征讨特洛伊的联军主帅阿伽门农回家后就被他的妻子用黄铜双刃斧残忍地杀害的事。可你是否知道他那只有十八岁的儿子俄瑞斯忒斯是怎么做的？他为替父报仇，亲手杀死了母亲。[1] 记住，你是伟大的英雄奥德修斯的儿子，什么时候都不能给他丢脸，而应该让他以你为傲。"

客人的这些话给了忒勒玛科斯无穷的力量，使他信心倍增，当即向父亲的这位老朋友询问计策。"门忒斯"说道："你首先应该以伊塔卡新任国王的身份召集全体公民大会，在会上对那些求婚者的恶劣行径提出控诉，并表达自己绝对不会让步的坚定态度。之后，你应该主动乘船出海去寻找你的父亲。可以先去皮洛斯岛询问一下老英雄涅斯托耳，看他是否能给你提供有用的信息。然后，再去一趟斯巴达，因为墨涅拉俄斯是现在已知的最后一个回到家乡的英雄。他在海上漂泊了八年之久，也许他见过你的父亲或者知道他的下落。"

说完之后，客人突然变成一只小鸟飞走了。忒勒玛科斯这才知道，他刚刚是在与一位神祇交谈。这无疑又给他增添了强大的信心和无尽的勇气。

正在这个时候，珀涅罗珀走出卧室，来到宴会大厅。她要求斐弥俄斯不要再吟唱关于英雄们从特洛伊返回故乡的凄凉之歌。可是，忒勒玛科斯站出来打断了母亲的话。他说："慈爱的母亲，唱哪首歌并不是歌手的过错，而是宙斯的选择。想想那些战死沙场的英雄吧！我的父亲奥德修斯并不是唯一没有回到故土的人，所以请您不要因过度忧伤而将怨气撒在无辜的斐弥俄斯身上。亲爱的母亲，请您回到内室，处理一些纺纱织布、整理

---

[1] 俄瑞斯忒斯和他的姐姐厄勒克特拉（与三千海洋神女之一厄勒克特拉同名。参见本书第14页。与普勒阿得斯七仙女之一厄勒克特拉同名。参见本书第390页）联手杀死了母亲克吕泰涅斯特拉，为父亲阿伽门农报了仇。因此，在心理学上，与恋母情结被称为俄狄浦斯情结相对应，恋父情结被称为厄勒克特拉情结。

房舍等妇人们应该做的事情吧！下命令是男人的事。父亲不在家时我就是这官廷的主人！"

忒勒玛科斯的话令珀涅罗珀大吃一惊！她突然感到儿子一下子长大了，成了一个有担当的男子汉，自己终于有了依靠。但同时令她感到担忧的是，如果儿子得罪了求婚者，那他随时可能会有生命危险。想到这里，珀涅罗珀转身退回内室，关上门，忍不住流下了眼泪。

珀涅罗珀走后，忒勒玛科斯对那些吆五喝六的求婚者大声说道："你们听着，明天我将召开公民大会，控诉你们犯下的罪行，并禁止你们再糟蹋我父亲的财产！如果你们仍旧不肯悔改，我将祈祷众神降下惩罚！"

可是，这种威吓对求婚者并未起什么作用。他们虽然感到了忒勒玛科斯的变化，但根本没把他这个小孩子放在眼里，依然肆无忌惮地饮酒作乐，大喊大叫，一直闹到深夜才各自散去。

2. 召开公民大会

第二天清早，忒勒玛科斯吩咐传令官召集伊塔卡公民还有那些求婚者在市场上开会。所有的人都到齐之后，忒勒玛科斯身背利剑，手持权杖，英姿勃勃地大步走进会场。当他坐在父亲原来的座位上时，公民们感到他们的国王又回来了，因为他的容貌和气质像极了年轻时的奥德修斯。

忒勒玛科斯高声说道："伊塔卡的公民们，你们知道，从我的父亲出征特洛伊算起，二十年的时间已经过去了，至今他仍是杳无音信。在这期间，我们从未召开过公民大会。今天我之所以召集大家，是因为这些可耻的求婚者完全扰乱了宫廷的正常生活！他们夜以继日地宰杀牛羊，滥饮美酒，几乎耗尽了我父亲的财富。现在我请求你们，祈祷众神报复这些不知羞耻的家伙，除非他们尽早回到自己家中。"

忒勒玛科斯说完这番话，全场一片肃静。突然，求婚者安提诺俄斯站起来大声喊道："没有教养的孩子！你竟敢用这种口气跟我们说话？要说错那也不能怪我们，明明是你的母亲珀涅罗珀玩弄计谋！她对我们每个人都许下诺言，说什么'我的公公莱耳忒斯已年老体衰，我得给他织一件华贵的寿衣，等织好之后才能嫁人。否则，伊塔卡妇女会嘲笑我急于再嫁'。我们相信了她的理由，直到昨天，才知道被她给骗了。因为一个侍女偷偷告诉我们，她的女主人白天织、晚上拆，这件寿衣永远都没有完工的那一天。我想也只有奥德修斯的妻子才会如此狡猾。现在所有求婚者都已达成一致意见：只要珀涅罗珀不从中选一位做丈夫，我们就不离开奥德修斯家，继续在这里吃喝！"其他求婚者也都大声附和，要求王后尽快做出决定。

在一片吵嚷声中，忒勒玛科斯再次提高嗓门："所有求婚者都给我听着！你们根本不是因为爱我的母亲才向她求婚。你们觊觎的是她的美貌和家产，还有我们的城邦伊塔卡。我的母亲深爱着自己的丈夫，她不能答应你们的请求，又不敢得罪你们。是你们的逼迫才让她不得不出此下策。如果你们再这样继续下去，我就祈求宙斯的援助。奥林匹斯山上的神祇会让你们遭到应得的报应。"

忒勒玛科斯的话刚说完，宙斯突然降下神示：两只苍鹰在会场上空恶狠狠地注视着下面的人群，之后便互相扑啄，直到胸脯和头颈鲜血淋漓，才从与会者的视线中消失。善于根据飞鸟预卜未来的老预言家哈利忒耳塞斯解释说："公民们，这一征兆预示着我们的主人奥德修斯还活着！他归来的时候这些求婚者都将走向毁灭！"

求婚者欧律玛科斯站起身来讥讽道："愚蠢的老家伙！每天都会有无数的鸟从这里飞过，两只鹰飞过去和我们有什么关系？不要再在这里絮絮叨叨地吓唬人了，回家给你儿子占卜去吧！你以为这样就能吓到我们？告诉你，特洛伊战争都已经结束十年了，奥德修斯还没有回来，肯定早就葬身大海了。我看，你是不是应该到冥府去陪他？告诉你，别想用这些花招来骗人，我们再也不会那么容易上当了！"

这时，奥德修斯的忠实朋友、帮助他照看财产和家庭的门托耳愤怒地站了出来。他对伊塔卡公民深情地说："如果我们的国王生性残暴，你们这样对待他我也没什么好说的。可问题的关键是奥德修斯是一位多么仁慈的君主啊！难道你们就听任这帮求婚者如此糟蹋他的财产、欺凌他的儿子吗？我们人数众多，却都沉默不语，更谈不上去制止这种罪行，难道不是比这些求婚者更应该受到责备吗？等国王回来了，我们怎么向他交代？"

公民们坐在那里仍旧默不作声，求婚者中间却又站起了勒俄克里托斯。他对门托耳威胁道："你这个多嘴的老家伙，竟敢在这里胡言乱语、大放厥词！告诉你，如果奥德修斯能活着回来，阿伽门农就是他的下场：一到宫中我们就会合力把他送往冥府。好了，今天的会议到此为止！大家各自回家去吧！"勒俄克里托斯狂妄至极，竟然擅自解散了公民大会。

面对这些狂徒，忒勒玛科斯没有办法，就满腹忧伤地独自来到海边。女神雅典娜变成老成持重的门托耳走到他面前，对他说："伊塔卡王子，暂且先不要去管那些冥顽不化、必将自食恶果的求婚者了！还是出海去寻找你的父亲奥德修斯吧！你先回家准备远航所需的物品，船只和水手的事情交给我来办！"

忒勒玛科斯听从吩咐，回到家中。他找到父亲奥德修斯的奶妈、忠心耿耿的老女仆欧律克勒亚，让她打开父亲的库房，选取远航所需要的物品，然后悄悄对老人说："我要出海寻访皮洛斯和斯巴达，打探我父亲的消息。但这件事不能告诉我的母亲，免得她为我担忧。除了她，我最信赖的人就是你。请你为我保密！"欧律克勒亚一边为小主人收拾东西，一边默默流泪——从未出过远门的忒勒玛科斯令她担心。

与此同时，变成门托耳的雅典娜走遍全城，利用其口才和威望招来志愿陪同忒勒玛科斯出海的二十名桨手，又在伊塔卡最富有的贵族诺蒙那里借来一艘大船。之后，雅典娜隐身走进宴会大厅，将那些正在大吃大喝的求婚者统统送入梦乡。接着，她又变回门托耳，带着忒勒玛科斯悄悄离开宫殿，来到海边。二十名水手将欧律克勒亚准备好的物品搬来，装到船上。忒勒玛科斯和"门托耳"一起登上大船，轻快地驶向外海。

3.寻访皮洛斯和斯巴达

有女神雅典娜亲自压阵，忒勒玛科斯的大船一路顺风顺水，第二天早晨就已抵达皮洛斯城。他们正好赶上须发皆白的涅斯托耳率领全体臣民向海神波塞冬献祭。仪式结束之后，老国王按照习俗热情款待这些外乡人。

老迈不堪的涅斯托耳询问他们从哪里来以及来到此地所为何事。忒勒玛科斯如实相告。老人一听面前这位青年是他所敬重的英雄奥德修斯的儿子，马上开始喋喋不休地讲起特洛伊战场上及英雄返航途中所发生的种种事情。但当忒勒玛科斯一提到他最关心的父亲的近况时，老人却停下不说了，因为他一点也不知道。最后，年迈的涅斯托耳还是显示了他聪慧的一面。他建议老友的儿子去拜访一下斯巴达的墨涅拉俄斯，因为他最晚回国，可能知道一些奥德修斯的消息。

黑夜来临，"门托耳"对涅斯托耳说："老英雄，我很赞成你的提议！请允许我的小主人在你的宫中住上一夜，明天早上为他备下快马，并派遣你的一个儿子走陆路把他送到斯巴达吧！我就不在这里了——我得到船上把这一情况通知水手。"说完这些话，这个"门托耳"突然变成一只海鹰，腾空而起。

睿智的涅斯托耳握着忒勒玛科斯的手，对他说："奥德修斯的儿子，原来你这个同伴是宙斯的女儿雅典娜！你再也不用为寻找父亲这件事感到悲愁了，因为这位神祇是你父亲的保护神！"听了这些话，忒勒玛科斯顿觉释然。

第二天黎明，涅斯托耳的小儿子皮西斯特拉托斯自告奋勇，愿意陪着忒勒玛科斯去往斯巴达。早餐过后，两位年轻的英雄驾上马车启程了。骏马飞奔，两天后的傍晚，他们来到了群山环抱的斯巴达。

此时，墨涅拉俄斯的宫中正在举行盛大的婚礼。他和海伦的女儿嫁给了阿喀琉斯的儿子皮洛斯——这门亲事早在特洛伊之时就已订下。端坐在丈夫身边的海伦，依然光彩照人、魅力无比。

忒勒玛科斯和皮西斯特拉托斯乘坐的马车来到王宫门口，墨涅拉俄斯的仆人看见这外乡人，便进去向国王报告，问是否让他们进宫。墨涅拉俄斯说："你可知道，我在外漂泊的八年中接受过多少人的盛情款待！现在，有外乡人来到我这里，我怎么能将他拒之门外呢！"仆人赶紧跑出来照国王的吩咐行事，把客人接引进宫。

仆人带领忒勒玛科斯和皮西斯特拉托斯在漂亮的浴室中沐浴更衣，消除疲劳。之后，他们走进宴会厅，去见国王墨涅拉俄斯。墨涅拉俄斯热情招呼两位外乡人，请他们坐在自己身旁。

斯巴达王的宫廷气派豪华，到处都装饰得富丽堂皇，摆设的宴席更是无比丰盛，美味佳肴应有尽有。所有这些都令这位伊塔卡王子目不暇接，甚感惊奇。他转身对皮西斯特拉托斯悄声说："我可从来不曾见过如此豪华的宫殿！我想可能只有奥林匹斯山上宙斯的住处可以和这里相比！"

尽管忒勒玛科斯的声音很小，可还是被墨涅拉俄斯听到了。他微笑着说："亲爱的孩子，凡人无论如何都不能和永生的神祇相比。如果说我拥有巨大的财富，那么我为获取这些财富也遭受了无数的磨难和艰险。不要说特洛伊战争了，我从那里回来就用了整整八年的时间，路上经过了塞浦路斯、腓尼基、埃塞俄比亚、埃及、利比亚等诸多地方。当然，我的遭遇如果与奥德修斯相比，就显得微不足道了。至今，我都不知道他是死是活。也许，他的妻儿此刻正在为他的命运而忧伤。"

听了墨涅拉俄斯的话，忒勒玛科斯禁不住流下泪来。他赶紧用衣服去擦拭。正在这时候，美丽的海伦进来了。她看了一眼来自远方的客人，顿时觉得其中一位年轻人像极了奥德修斯。她在丈夫耳边将这一发现告诉了他。经妻子一提醒，墨涅拉俄斯仔细一看也感到十分惊讶。

皮西斯特拉托斯听到了海伦的话，遂上前说道："你们猜对了！眼前这位的确是奥德修斯的儿子忒勒玛科斯！我是涅斯托耳的儿子，和他一起前来正要向尊贵的国王打听他父亲的消息。"

墨涅拉俄斯意外见到老友的儿子，自然无比高兴，但他同时也为自己不能向这个侄子提供太多信息而感到遗憾。他说道："在去往埃及的途中，我曾用强力制伏俄刻阿诺斯的儿子、波塞冬的侍从、能未卜先知的海中老人普洛透斯。他当时对我说奥德修斯被女仙卡吕普索留在了埃亚岛。这就是我能向你提供的全部信息，其他的我也不知道了。但我相信你的父亲凭借智慧和勇气一定能够回到故乡。亲爱的孩子，不要忧愁，你既然已经来到我这里，就多住几天吧！"

满腹忧伤的忒勒玛科斯没有做出明确的答复。酒席宴间，墨涅拉俄斯又给他讲述起奥德修斯在特洛伊战争中不同寻常的表现和立下的赫赫战功。

不知不觉时间已经很晚了，墨涅拉俄斯让两个晚辈进屋休息。

至此，雅典娜女神结束了对奥德修斯的讲述。

（三）奥德修斯复仇

奥德修斯坐在海岸边，仔细听完雅典娜的讲述。随后他十分不解地问："善良的女神，您既然知晓我的全部情况，为什么不将这些直接告诉我的儿子忒勒玛科斯，却非要让他召开公民大会，还要他去皮洛斯和斯巴达到处打听我的下落？"雅典娜微笑着回答："奥德修斯，你怎么在别人的事上如此聪明，一轮到自己的儿子就糊涂了呢？我之所以这样做，还不是为了给年轻的忒勒玛科斯一个历练的机会！不经过一番磨炼，他怎么在全体伊塔卡公民面前树立威信？怎么在人世间博得美好的声誉？以后又怎么接管你的城邦？远的不提，就说眼前，他如何同你一起老辣地对付那些可恶的求婚者？你放心，他不会遇到什么危险。我在皮洛斯与他分开，他现在正住在斯巴达的王宫中。"

一听这话，奥德修斯打心底里感激雅典娜。她事事都为自己提前考虑好了。"那接下来我该怎么办呢？"奥德修斯无意识地问出了这句话。

雅典娜说："我首先要把你变成一个任何人——不单是求婚者，甚至你的妻子都认不出来的又老又丑、人人讨厌的乞丐，然后，你就去养猪场找你那最忠心的仆人欧迈俄斯。而我要立刻赶往斯巴达，叫回你的儿子忒勒玛科斯，让他回来后去欧迈俄斯那里与你汇合。"

说着，雅典娜用金杖在奥德修斯的头上点了一下。这位高大挺拔的大英雄立马变成一个弯腰驼背、疤痕累累、丑陋粗俗、衣衫褴褛、污秽不堪的老乞丐。随后，雅典娜与奥德修斯分头行事。

1. 忒勒玛科斯归来

雅典娜驰往斯巴达。她走进墨涅拉俄斯的王宫，径直来到忒勒玛科斯和皮西斯特拉托斯睡觉的卧室。女神唤醒忒勒玛科斯，对他说："奥德修斯的儿子，我是雅典娜！你离家没几天，那些求婚者就从诺蒙口中偶然得知了你出海的消息。他们怕你外出求援，所以已经商定好在伊塔卡和萨摩岛之间的海峡伏击你。现在你的母亲珀涅罗珀也已获悉此事，但我已在梦中对她进行了安抚。快回家吧！不过你得在夜间绕过海岛，寻找偏僻隐蔽之处靠岸登陆。随后，你再去找牧猪人欧迈俄斯，并派人把你回来的消息告诉你的母亲。"说完之后，雅典娜便离开了。

忒勒玛科斯不敢怠慢，赶紧叫醒皮西斯特拉托斯，催促他起身立即回皮洛斯。皮西斯特拉托斯劝他还是等天亮再走，不辞而别不礼貌。忒勒玛科斯听从了他的建议，但也睡不着了。

晨光女神厄俄斯刚刚飞上天空，忒勒玛科斯就来找斯巴达国王辞行。得知具体情况后，墨涅拉俄斯不再挽留。他们登上马车，扬鞭策马，沿着通往皮洛斯的大道飞速奔驰。

两位青年第二天便抵达了皮洛斯。忒勒玛科斯归乡心切，没有进宫去见涅斯托耳，而是直奔停在海边的大船，解缆起航。船只刚要离岸，一位中年人飞奔而来。他对忒勒玛科斯说："我是预言家忒俄克吕摩诺斯。如果你不知道我，一定听说过我的曾祖父、具有预言能力的墨兰波斯。①我在阿尔戈斯杀了人，逃到了这里，你能不能让我搭船去伊塔卡？"心地善良的忒勒玛科斯答应了他的请求，让忒俄克吕摩诺斯上了船。

第二天天快亮时，忒勒玛科斯到达伊塔卡。他依照雅典娜的吩咐，在隐蔽之处靠了岸，并请朋友珀拉俄斯先将忒俄克吕摩诺斯带回城里，他则准备去田庄找牧猪人欧迈俄斯。就在这时，突然一只抓着鸽子的老鹰从头顶飞过，鹰爪还在不断撕扯鸽子的羽毛。预言家忒俄克吕摩诺斯握住忒勒玛科斯的手，悄悄对他说："这是一个吉兆。你的家族将永远统治伊塔卡，别人谁也夺不去！"

听到这个预言，忒勒玛科斯感到无比欢欣，便迈开大步去找欧迈俄斯。

2. 会见欧迈俄斯

雅典娜去斯巴达劝忒勒玛科斯回归之际，变身为老乞丐的奥德修斯依计来到牧猪人欧迈俄斯的住处。看护养猪场的几条狗一见陌生人便狂吠着扑了过去。善良的欧迈俄斯急忙跑过来吆喝着把狗赶开，并转身对奥德修斯说道："可怜的老人家，本来对主人的思念已经把我折磨得够痛苦的了。如果我的狗再把你咬伤，我就更心烦了。四处流浪的人，快随我进屋，吃点东西，歇歇脚吧！"

---

① 墨兰波斯是阿密塔翁的儿子。参见本书第 352 页。

奥德修斯一边感谢欧迈俄斯，一边跟随他走进那用石头砌成的小屋，并在盖着羚羊皮的树叶堆上坐了下来。欧迈俄斯杀了两只小猪，忙活着给流浪者做饭，嘴里却一刻不停地唠叨着："老人家，我的一贯原则是，不管是谁，哪怕是最贫穷的人只要到了我这里，我都不会怠慢他。但现在我只能用这样的小猪来招待你，因为我的老主人去参加特洛伊远征至今还没有回来。我养的大肥猪都让那些向王后求婚的无赖给吃掉了。每天早晨都得给他们送去一头——就算我养的猪再多，也架不住这样日复一日地挥霍糟蹋啊！你到处流浪，也许能获悉一些关于我主人的消息吧？"

奥德修斯听着牧猪人的倾诉，随口说道："把你主人的情形说得更详细些吧！我许多年前就已开始浪迹天涯，说不定在什么地方见过他呢！"

欧迈俄斯对奥德修斯的话并不太在意，因为之前已有不少流浪者为博得他的好感，说过类似的话了。但即便如此，他还是摇头叹息道："我的主人就是这里的国王奥德修斯。他是一个聪明而仁慈的君主，但可能他早已客死他乡，不会回来了。"

老乞丐装出一副十分惊讶的样子，对欧迈俄斯说道："原来你一直说的主人就是奥德修斯啊！你算是问着了，我不仅认识他，我们还是好朋友呢！在特洛伊城下，我救过他的命。前段时间，我还见过他呢！你尽管放心，他很快就会回来的。虽然我是个衣衫褴褛的乞丐，但我说的可都是实话。"听了这些，欧迈俄斯依然不为所动，平静地说："老人家，你说这样的话并不会得到我额外的报酬，因为我已对老主人几乎不抱什么希望了。现在让我更感焦虑的是小主人忒勒玛科斯——他一时发昏居然去了皮洛斯！他不知道那些恶毒的求婚者已经设下埋伏，准备杀死奥德修斯的这个唯一的儿子。算了吧，这些事你也帮不上忙。我唠叨了半天，猪肉已经烤好，我们边吃边聊。你来说一下你的身世吧！你为什么来到伊塔卡？"

奥德修斯端起酒杯，吃着烤肉，打开了话匣子。他说："善良的欧迈俄斯，关于我的苦难经历，请听我慢慢道来。我是克里特人，父亲位高权重、财富无数。可他去世后，我的几位兄长欺负我是庶出，不分给我财产，还将我从家里赶了出来。但后来依靠自己的聪明才智，我还是迅速积累起大量财富，并且娶了一位富家小姐为妻。自那以后，我赢得了克里特人的尊重。当阿伽门农组织希腊联军前去远征特洛伊时，我在公众的压力下不得不率军出征。也就是在特洛伊，我结识了你们的国王奥德修斯，并与他并肩战斗。当我们一起驾船返航时，无情的风暴将船队驱散了。我历尽艰险来到埃及，洗劫了沿海的一个乡村。愤怒的埃及人杀死了我的大部分同伴，剩余的则全被俘虏了。我在埃及住了七年，凭我的本事又积攒了许多财物。再后来，我偷偷渡海来到腓尼基，在那里待了一年。有个腓尼基商人以和我做生意为名劝我和他一起去利比亚，实际上他是要将我当奴隶卖掉。可人算不如天算，大船在航行过程中遭到雷击，结果除了我之外所有人都葬身大海。我抱着粗大的桅杆在海上漂流了十天，最后，巨浪把我冲到塞浦路斯的海滩。也就是在那里，我与你的主人奥德修斯又重逢了。他亲口告诉我，宙斯已对他明示，他一定能够成功回到伊塔卡。不几天，奥德修斯决定起航返乡，并让我与他同行。可是，当时正好有忒斯普洛托斯人的一只快船打此路过，奥德修斯就让这艘更加舒适快捷的船只捎上我。但谁也没想到，这些可恶的船员心生邪念，将奥德修斯送给我的华贵衣服剥去，扔给我现在身上穿的这些破衣烂衫，并企图将我卖为奴隶。我费尽周折，终于在船只停靠你们的城邦伊塔卡时趁机逃脱了。就这样，我乱闯乱撞才来到你这里。看来，用不了几天，我又要和老友奥德修斯见面了。"

　　这位伊塔卡国王随口编造谎言的本领实在是太高了！欧迈俄斯听了后，除了涉及奥德修斯的情节外，他都信了。他觉得眼前这个乞丐是为了博得主人的好感以得到更多的赏赐，才在自己的故事中穿插了有关奥德修斯的那些情节。

随后，欧迈俄斯又不紧不慢地向奥德修斯讲起了他自己的经历。不知不觉已到了晚上，四个外出的牧猪人全都赶着猪群回到了猪场。他们和老乞丐一起吃了晚饭。饭后，奥德修斯想试探一下欧迈俄斯是否真心对待一个素不相识的乞丐，便对他说道："热心的牧猪人，你们的生活也不富裕，我不能再给你们增加负担。我打算明天去城里奥德修斯的宫中行乞。如果我能给王后的那些求婚者当仆役，说不定他们能给我吃喝和住处。等老友奥德修斯回来，我就有好日子过了。"一听这话，欧迈俄斯皱紧了眉头，说道："这是什么话！难道你认为我会赶你走吗？相信我，你不会成为我的负担，就安心和我们住在一起吧！那些脾气暴躁的求婚者有用不完的年轻仆人为他们斟酒上菜，你去了就是自寻死路！"老仆人的这番话让奥德修斯甚是欣慰和感动。

3. 父子相认

奥德修斯和欧迈俄斯一大早就醒了。就在他们烧火做饭的时候，外面传来一阵狗吠声。奥德修斯说："应该是你的朋友来了！看门狗面对陌生人不是这种叫法。"正说着，一个相貌堂堂的年轻人跨门而入。奥德修斯抬眼一看，一下就断定这是他的儿子忒勒玛科斯。他知道，在雅典娜的安排下，距离父子相认的时刻不远了！但此时，他还得暂时压抑住自己的情绪，努力平复激动的心情。

欧迈俄斯看见忒勒玛科斯平安归来，立即起身迎接，淌着喜悦的热泪将他拥在怀里，并激动地说："小主人，你可算平安回来了！我真是害怕再也见不着你了！"

忒勒玛科斯怀着歉意说道："你也知道，这几年发生的事情令我很是焦虑，所以已经好长时间没来你的牧场了。这次来这里，想向你打听一下我离开时宫中的情况。"

"自从你的母亲知道你离开伊塔卡，她整日以泪洗面，为你的安全担忧。她知道求婚者已设下圈套，要置你于死地。她已经失去了丈夫，再也不能没有儿子了！而那些无耻的求婚者，仍然像过去一样纠缠着她！"欧迈俄斯回答道。

忒勒玛科斯转身看到奥德修斯，问牧猪人这位老者是谁。欧迈俄斯简单向他讲述了之前奥德修斯随意编造的那套说辞，并说道："小主人，现在我把这个流浪者交给你吧！在你那里他能得到更好的待遇！"忒勒玛科斯说："我想最好不要这样！如果跟我在一起，那帮傲慢无礼的家伙会欺负老人家的，还是让他在你这里待一段时间为好。我会派人送些衣服和食物，等有机会你再送他返回故乡吧！现在，请你去宫中将我平安回到伊塔卡的消息告诉我的母亲，免得她为我担忧。但要记住不能让其他人听见，因为很多仆人不知是敌是友。那些求婚者一直在图谋将我害死！"欧迈俄斯领命而去。

奥德修斯假装十分惊愕："那些求婚者怎么敢公然谋害国王的儿子？是不是你的人民都反对你？如果我是奥德修斯的儿子，像你一样年轻，我会用武力驱赶这些恶徒。哪怕因此牺牲生命，也不能忍受侮辱，任凭自己的家产被肆意践踏！"

"老人家，我的人民并不恨我。他们只是缺少一个强大的领袖。以前我觉得自己年龄尚小，与成群的求婚者难以匹敌，所以三年来忍受了许多屈辱。现在不同了，我再也不会允许这帮混蛋在我家里作威作福了！我要与他们死拼到底！"忒勒玛科斯语气坚定地说道。

这时，雅典娜突然出现在奥德修斯面前，只是忒勒玛科斯看不见她。女神将奥德修斯召到屋外，对他说："现在是你们父子相认，联起手来收拾那些求婚者的时候了！"说着，她用金杖点了一下，奥德修斯马上恢复了真身，又成为一个英俊潇洒、衣着华丽、身材魁梧的大英雄。随后，女神消失了。

奥德修斯转身回到屋内，忒勒玛科斯惊呆了，连忙说道："你怎么这么快就换了一副模样站在我的面前？你一定是一位永生的神祇吧！"

"不，我不是神祇！"奥德修斯回答，"你再看仔细一些，你是不是长得和我非常相像呢？我就是你日夜思念的父亲奥德修斯啊！"说着，这位历经沧桑的英雄早已是泪流满面，紧紧地抱住了久别的儿子。可是，事情来得太突然，忒勒玛科斯无法相信一个人瞬间由流浪汉变成了自己的父亲。奥德修斯了解儿子的疑虑，便接着说道："亲爱的儿子，你离别二十年的父亲真的回来了！是女神雅典娜改变了我的形象！不也是她飞到斯巴达把你召回来的吗？女神叮嘱你上岸之后来这里就是为了让我们父子相认。"

奥德修斯这些话终于让忒勒玛科斯相信站在面前的正是他的父亲。他们父子搂在一起，放声大哭。

父子俩的情绪都平静下来之后，开始制定复仇的具体计划。最后，奥德修斯强调说："我的儿子，明天你仍回到宫中和那群求婚者待在一起，好像什么事都没有发生一样。我仍扮成乞丐和欧迈俄斯随后进宫察看具体情况，看我的眼色见机行事。你要记住四点：第一，我回来的消息千万不可走漏风声，即使你母亲也不要让她知道；第二，无论他们如何欺凌我、侮辱我，你都要忍耐；第三，趁求婚者不注意的时候，找个时机把大厅里的武器收走；第四，你要相信，虽然对方人多势众，但最终的胜利肯定是我们的，因为任何凡人都不能与我们的帮手——雅典娜女神相抗衡！"忒勒玛科斯将父亲的叮嘱牢记于心、依计行事。

傍晚，牧猪人欧迈俄斯回到农场。女神雅典娜又把奥德修斯变成了老乞丐。

第二天清晨，忒勒玛科斯对欧迈俄斯说："老人家，我得尽早赶回王宫，还有好多事情要做。你给那些可恶的求婚者送猪的时候还是顺便把这个可怜的外乡人带到城里去吧！我也管不了这么多流浪者，让他自己去乞讨好了！如果他对我不满，我也没有办法，由他说去吧！"

奥德修斯见儿子说谎时面不改色，心里颇为满意，随即唱和道："年轻人，我本来就不打算再住在这里。在城里乞讨总比在乡下容易些吧！请你先走一步，我再暖和一会儿就跟着你的仆人进城。"

忒勒玛科斯急匆匆地赶回宫中。忠实的老仆人欧律克勒亚首先看到了他，立即跑过去含着眼泪将他抱住，欢迎小主人平安归来。珀涅罗珀闻声从内廷走出来，一把将儿子揽入怀中，说道："亲爱的孩子，你可回来了！那些狠毒的求婚者一直想暗害你，我都担心死了！快告诉我，关于你的父亲，你打探到什么消息了吗？"

忒勒玛科斯遵照父亲的叮嘱，极力压抑住内心的兴奋和欣喜，假装悲伤地向母亲讲述了皮洛斯和斯巴达之行的情况，并说道："我的母亲，还是暂时不要提父亲吧，以免又引起伤感！不过，我们应该相信，他会回来的，你去向伟大的神祇祈愿吧！"珀涅罗珀听儿子这么说，满腹忧伤地退回了内廷。

有了底气的忒勒玛科斯手执长矛大踏步向市政广场走去——他要让所有人都知道他已平安归来。王后的贴身侍女墨兰托早已将王子归来的消息偷偷透露给了求婚者欧律玛科斯，因为她早就做了他的情人。这一消息很快便传遍全城，求婚者个个惶恐不安——他们害怕忒勒玛科斯真的会搬来救兵。就在这些求婚者聚集在广场上商议对策时，忒勒玛科斯赶到了。只见他昂首挺胸、容光焕发，颇有奥德修斯年轻时的风采，所有人看到他后都暗暗惊异。求婚者走过来争先恐后地向他致意、问好，嘴里说着奉承的话，可心里想的是如何害死他。

忒勒玛科斯没有理睬他们，而是径直走到门托耳和哈利忒耳塞斯面前，向他们讲述了外出寻父的简要经历。这时，他的朋友珀拉俄斯带着忒俄克吕摩诺斯也来到广场。忒勒玛科斯邀请这位预言者到自己家中，并与他一起离开了广场。

回家之后，忒勒玛科斯向母亲珀涅罗珀介绍了忒俄克吕摩诺斯的身世及来历。三人共进早餐时，王后又忍不住向儿子打听丈夫的情况。忒勒玛科斯答道："母亲，我已经把我知道的都告诉你了！此行再也没有更多的收获！"忒俄克吕摩诺斯趁机对珀涅罗珀说："尊贵的王后，请您放心！我根据鸟雀的飞行可以做出预言：奥德修斯已经回到故土，正在秘密筹划着将所有的求婚者一网打尽。"珀涅罗珀对类似的预言已经失去了兴趣，只是叹息道："但愿你的预言能早日实现吧！"

4. 回到王宫

牧猪奴欧迈俄斯和乞丐装扮的奥德修斯赶着给求婚者享用的猪群到达城门口时，在居民取水处遇见了牧羊奴墨兰提俄斯[①]和两个助手——他们也正赶着羊群进城。无耻的墨兰提俄斯看见欧迈俄斯和一个身背破口袋、手拄打狗棒的乞丐走在一起，便开口讥讽道："大家快瞧，这真是一个无赖领着另一个无赖！牧猪奴，你要把这个不堪的老乞丐带到哪里去啊？可千万不要让他在奥德修斯家门口露面啊！小心那些求婚者打断他的肋骨！"说着，墨兰提俄斯抬腿踢了奥德修斯一脚。奥德修斯真想一拳将他打死，可他还是压住了怒火，低着头远远走开了。

欧迈俄斯忍不住愤怒地斥责道："卖主求荣的家伙！别看你现在是那些求婚者的宠人，等奥德修斯回来，你不会有好下场！"墨兰提俄斯不屑地瞥了他一眼，口出狂言："你就死了这条心吧！奥德修斯不会回来了！不仅如此，忒勒玛科斯很快也会被杀掉！他们父子就要在地府见面了！"这个可恶的奴仆一边说着，一边大摇大摆地走了。

[①] 墨兰提俄斯是墨兰托的哥哥，唯利是图的兄妹俩分别背叛了他们的主人奥德修斯和珀涅罗珀。

欧迈俄斯和奥德修斯继续赶路。当他们到达王宫门口时，宫中传来嘈杂的琴声、歌声、吵闹声，求婚者的宴饮又开始了。奥德修斯面对已经阔别二十年的王宫，内心悲喜交加、五味杂陈。趴在大门外的一条老猎狗凭借灵敏的嗅觉闻出了主人的味道。它摇着尾巴极力想站起来，可最终因极度虚弱而无力动弹。奥德修斯认出那是追随他多年的忠实猎狗，忍不住一阵心酸，眼泪夺眶而出。他走过去的时候，猎狗目光温柔地望着老主人，嘴巴张了张，似乎有许多话要说，然后眼睛一闭死去了。

奥德修斯掩饰着内心的悲痛，转身对欧迈俄斯说道："想必这就是奥德修斯的王宫吧？我想去里面看看。"牧猪人极力劝阻他不要去招惹这群凶残的求婚人，可奥德修斯就是不听。欧迈俄斯没有办法，只好让他在外面等着，自己先把猪群赶进宫里，也好顺便察看一下情况。

欧迈俄斯迈步进去。忒勒玛科斯看见了他，随即点头示意让他坐在自己身边。牧猪人刚想向小主人说明情况，乞丐扮相的奥德修斯拄着棍子也走了进来，背靠大门一屁股坐在了石头门槛上。

根据事先的安排，忒勒玛科斯拿起面包和烤肉，让仆人送给乞讨人，并转告他，不用害怕，可以大胆地向宾客行乞。奥德修斯像真正的乞丐一样大口咀嚼起来。吃完后，他站起身，走进大厅挨个乞讨，目的是认识一下每一个仇人。

当奥德修斯来到安提诺俄斯面前时，这个残暴粗鲁的家伙高声说道："你是谁啊？谁把你带到这里来的？赶快给我滚开！我不会给你任何施舍！"

没等父亲说话，忒勒玛科斯面带不屑地说："我告诉你，安提诺俄斯，只要我还活着，在这里就是我说了算！你不是我的监护人，没有权力下达将这个乞丐赶走的命令！我知道，你向来都是吃独食，不懂得与人分享！"

"你们听听，这孩子真是越来越放肆了。"安提诺俄斯气愤地说道。

奥德修斯边走边轻声地说："我看这个年轻人说得没错，你舍不得给我一块面包，尽管这面包根本就不属于你！"

安提诺俄斯听到这话，勃然大怒，抓起板凳狠狠地砸在了奥德修斯的背上。受了如此猛烈的一击，尽管疼痛钻心，但奥德修斯像屹立的山岩一样纹丝不动。他摇了摇头，依旧退回门口，转身说道："只要复仇女神肯保护乞丐，那么等待你的就不是婚礼，而是葬礼。"

奥德修斯这句话更是让安提诺俄斯怒不可遏："快闭上你的臭嘴！否则我从这里把你踢出去，活剥了你的皮！"

安提诺俄斯的暴戾举动令其他求婚者也感到难堪。安菲诺摩斯站起来说道："我们不该欺侮进屋的行乞人！经常有永生的神祇扮成云游四方的流浪者来到人间。"安提诺俄斯对他的警告嗤之以鼻，毫不在意。

忒勒玛科斯眼看着父亲受此侮辱和欺凌，早已燃起怒火，但他仍然牢记事先的约定，强行压制住内心的愤恨，一言不发。

珀涅罗珀从仆人那里知道了大厅里发生的事情。她命人叫来欧迈俄斯，向他打听浪游者的来历。当欧迈俄斯说起老乞丐曾对他声称和奥德修斯是特洛伊战场上的朋友，而且前不久还在塞浦路斯见过他的时候，王后有了兴趣。珀涅罗珀说道："快把他带到我的跟前！让我来试探一下他的话是真是假！如果我的丈夫真能活着回来，他一定会和忒勒玛科斯一起残酷无情地向求婚者展开报复！"

母亲的话音刚落，大厅里的忒勒玛科斯就打了一个喷嚏。珀涅罗珀高兴地对欧迈俄斯说："你听见了吗？这必定是个吉兆！赶紧把那个外乡人请进来，我要向他打听丈夫的下落！"

欧迈俄斯来到老乞丐身旁，悄声告诉他王后珀涅罗珀要他进屋相见。奥德修斯说这样做肯定会招来那些求婚者的愤恨，还是晚上见面为好。欧迈俄斯向王后转达了他的意思，珀涅罗珀表示同意。

就在这时，当地非常有名的乞丐伊洛斯突然出现在门口。他是听说城里来了一个新乞丐之后才赶到这里的。伊洛斯一进门，就对坐在门槛上的奥德修斯凶巴巴地说道："老家伙，这是我的地盘！赶快给我滚出去！免得被我扔到门外！"奥德修斯瞅了他一眼，一脸严肃地说："你别生气，这条门槛完全可以容得下两个人！我们都可以在这里乞讨。我劝你不要向我挑衅，否则我会把你打得口吐鲜血！"奥德修斯这番话彻底激怒了伊洛斯，他大声咆哮着："来之前你也不打听打听，整个伊塔卡哪个乞丐敢对我这样说话？既然这样，我们只好决斗了！当然，看你有没有这份胆量了！"

一看这阵势，求婚者可高兴了——他们正愁没有消遣取乐的新鲜玩意儿呢！这下可有好戏看了！欧律玛科斯赶紧煽风点火："朋友们，在此之前，可没有发生过新来的乞丐向伊洛斯挑战的事儿！伊洛斯，今天你遇到对手了！看来你在伊塔卡的地位不保啊！"欧律玛科斯这么一说，无聊的求婚者都想找点刺激，于是极力怂恿两个乞丐一决高低。安提诺俄斯幸灾乐祸地喊道："既然是比赛，就应该有点彩头！看见火上正在烤着的羊腿了吗？它就是获胜者的奖品，并且以后只允许他一个人到这里来行乞。"

奥德修斯同意和伊洛斯单打独斗、一决高低。求婚者将他俩围在中间，不住地起哄。奥德修斯当即脱下身上的破衣服，并将其系在了腰上。这下令在场的所有人特别是伊洛斯大吃一惊，因为谁也没想到这破烂的衣服下面竟然藏着如此强健的身体。肌肉发达的两臂、异常宽阔的肩膀把伊洛斯吓坏了，他两腿发抖，几乎都快站不住了。但众人已把他推上场，不打是不行了。在打斗过程中，奥德修斯心中一直在琢磨：是一拳将他结果了呢，还是仅仅将他击倒在地？为避免引起求婚者的怀疑，他最终决定教训这家伙一下就够了。想到这里，当伊洛斯一拳击中他的肩膀时，奥德修斯朝对方的头部回了一掌。尽管他觉得并没使出多大力气，但仍然使伊洛斯跌倒在地，疼得他哇哇直叫。奥德修斯抓住他的一只脚，将其拖出宴会厅，扔到了院子里，转身又回到大厅。

看到这一幕，求婚者拍手大笑：一是嘲笑伊洛斯的窘样，二是他们又有了新的取笑对象。

此时，求婚者中最为和善的安菲诺摩斯端来一杯酒，向奥德修斯庆祝众神赐予他的胜利。敏锐的奥德修斯发现了他的与众不同，于是对他说："年轻人，回到你父亲身边去吧！你要记住：世间万物当中，人的生命最为脆弱却也最为顽强！这是我从我的人生经历当中领悟到的。也许你们以为已不在人世的那个人却近在咫尺，所以，在他没到家之前，赶快离开这里吧！"他想挽救安菲诺摩斯的生命，可他听不进忠告，依旧迎着死亡而去。

5. 夫妻相见

雅典娜隐身来到珀涅罗珀的内室，鼓动她出去在众人面前亮个相。女神这样做的目的是：一方面让求婚者心中燃起对她更加强烈的爱情之火，另一方面使奥德修斯更加珍视她的忠贞与爱情。珀涅罗珀刚想起身，顿感困意来袭，这也是雅典娜搞的鬼。她要趁王后休息之机，将她打扮得更加漂亮，像永葆青春的女神一样光彩照人。

珀涅罗珀醒来后进入大厅，漫步来到求婚者面前。王后那婀娜的身姿、白皙的皮肤、娇美的面容立即吸引了所有人的眼球。奥德修斯终于见到了阔别二十年的妻子！他多么想跑过去与她相认啊！但他清醒地知道时机还不成熟。珀涅罗珀并没有看其他人，而是直接把忒勒玛科斯叫到面前，责备道："我的儿子，你已经长大成人，该懂得做人的道理了！你怎么能够听任别人在我们家中欺侮不幸的浪游者呢？"面对这样的责怪，忒勒玛科斯并不能告诉母亲事情的真相。他这样说道："亲爱的母亲，都是我的过错才惹得你生气！至于浪游者和伊洛斯的决斗，结果倒是出乎我的意料，但愿院子里躺着的那家伙成为所有人的榜样。"

求婚者并没有听出忒勒玛科斯的弦外之音。欧律玛科斯觍着脸对珀涅罗珀说道："美丽的王后，赶快从我们之中挑一位嫁了吧！要是让其他人再见到你那超凡脱俗的美貌，就会有更多的人加入求婚者的队伍。"

珀涅罗珀回答说："自从我的丈夫远征特洛伊，我就日渐憔悴。只有他的归来，才能使我恢复昔日的娇美。可现在，由于你们的逼迫，看来我只能选择再婚。但是，我只见过青年不惜一切代价给未来的妻子赠送珍贵的礼物，以促使她答应婚事，却从不知道哪里有求婚者肆意践踏新妇家中财产的风俗！"说完这话，珀涅罗珀带着女仆转身回内室了。所有求婚者不敢怠慢，赶紧派自己的奴仆跑回家去筹措昂贵的礼物。

奥德修斯为妻子的机智和忠贞而暗自高兴。

夜幕降临，求婚者吩咐墨兰托等三个女仆把大灯台拿来，点燃灯火。墨兰托见女主人不在，得便就与欧律玛科斯打情骂俏——前文提到她已是欧律玛科斯的情妇、求婚者的耳目。奥德修斯看到她那副轻佻的样子，十分厌烦，便说道："女仆们，你们应该去内廷，和女主人待在一起！让我来照看这客厅里的灯台吧！"

墨兰托满脸的鄙夷和不屑，随即回击道："愚蠢的老乞丐，你的脑子是不是有问题？你应该去灶房，和那些下等人待在一起！这里可都是出身名门的贵族！你以为打败了伊洛斯就不得了了？小心有人把你也暴打一顿，赶出宫去！"奥德修斯想不到妻子一手带大的仆人竟会如此出言不逊、傲慢无礼，遂愤怒地骂道："你这不知廉耻的东西！如果我将你刚才的举止和言语告诉王后珀涅罗珀，看她不把你碎尸万段！"一听这话，墨兰托和其他女仆相继离开宴会厅跑进了内廷。

奥德修斯站在燃烧的灯火旁，拨弄着火苗。正为赶走他的情妇一事愤愤不平的欧律玛科斯马上找到了回击的笑料，便讥讽道："所有的求婚者，你们可要小心了！这个乞丐不会是某位神祇专门派来为我们的宴会增光的吧？要不然这厅内怎么会这么明亮？难道这亮光发自灯台？我看不是，而是发自他那寸草不生的秃头！"众人听到这里，哈哈大笑。

奥德修斯并未发作，而是十分平静地说："欧律玛科斯，你会为你的狂妄自大、目空一切付出代价的！倘若奥德修斯回来，你就会觉得这座宽阔的大门十分狭窄！"

生性暴戾的欧律玛科斯气得火冒三丈。他抓起一把凳子，猛地朝奥德修斯砸了过去。奥德修斯灵巧地闪开了，凳子正砸中一个斟酒的奴仆，奴仆惨叫一声倒在地上。

忍无可忍的忒勒玛科斯开口训斥道："你们这些人在我的宫殿里大吵大闹、胡作非为，是发疯了还是喝多了？既然都已吃饱喝足，那还不赶快停止宴饮，滚回家去！"

求婚者面面相觑：这小子哪来的勇气，竟敢说出这样的话？一看这情势，安菲诺摩斯赶紧出来打圆场："大家都不要动怒！时间确实不早了！我们也该回去休息了！把这个到处惹麻烦的外乡人留给忒勒玛科斯，让他去处理吧！"

求婚者只好作罢，各自散去。

现在，大厅里只剩下了父子俩。奥德修斯对忒勒玛科斯说："是时候把宴会厅内的武器搬到库房了！你先去找我的奶妈欧律克勒亚，让她将所有女仆都关在各自的房间里，免得被她们看见。"忒勒玛科斯遵命行事。收拾停当之后，奥德修斯说："你先回屋休息吧！我去见见你的母亲珀涅罗珀。"

珀涅罗珀迫不及待地盼望着这位浪游者的到来，以便向他打听丈夫的消息。然而，女仆墨兰托一见老乞丐进入了女眷居住的内廷，气就不打一处来。她尖刻地说道："你这个讨人嫌的老家伙，难道想留在这里过夜吗？卑鄙无耻的人，识相点就赶快滚出去！否则小心我用烧火棍招呼你！"

"你这个卑贱的势利眼，只因我是乞丐你就这样欺负我吗？我也曾经拥有一切，过着富贵的生活，只不过现在被人夺走了。请记住，你也会有这一天！奥德修斯一回来，你就得为自己的行为付出代价。即使奥德修斯不回来，忒勒玛科斯也了解每个女奴的品性。他也不会饶了你！"奥德修斯这样斥责道。

听了浪游者这番话，珀涅罗珀也愤怒地申斥墨兰托："你这个不知羞耻的小人，我了解你的行径！难道你不知道他是我请来的客人吗？"墨兰托心里咒骂着，退了出去。

珀涅罗珀端来一杯酒送到客人面前，让他坐在自己旁边，开始打听他的家世和奥德修斯的消息。

面对妻子，奥德修斯抑制住无比激动的心情，满脸悲苦地说："尊贵的王后，还是请你不要问我的身世了！我遭受的痛苦太深，说起来就忍不住流泪，那样只会影响你的心情。"珀涅罗珀也伤心地说道："自从我的丈夫奥德修斯离开伊塔卡，我历经无数苦楚。特别是最近这三年，你也看到了，一大群人强迫我再嫁。我想尽办法逃避这种命运。但现在家中的财产正日渐耗尽，我也不知道下一步该怎么做了。难道我所遭受的苦难还不够多吗？所以，你也不必向我隐瞒你的苦难了！"

"既然你这么说，那我就告诉你吧！"接着，奥德修斯又把他对牧猪奴欧迈俄斯编的谎言重述了一遍。每当听到关于奥德修斯的部分，珀涅罗珀都会忍不住失声痛哭。

王后平复了一下情绪，想来验证一下他说的话是否属实，就问他奥德修斯的样貌、身材与服饰。回答这些问题对这位假扮的乞丐来说当然是易如反掌。他详细描述了奥德修斯的一切，包括衣服上的图案和小的佩饰。由于面前这位浪游者所说的每一个细节都丝毫不差，珀涅罗珀不得不相信他曾经见过自己的丈夫。最后，奥德修斯说："相信我，你的丈夫很快就会回来！到时候，他会为你及他的城邦报仇雪恨。"

珀涅罗珀已等了这么多年，可奥德修斯始终没有回来。现在，她还是不敢相信这位浪游者的预言，只把这句话当作对自己的劝慰。

珀涅罗珀神色凝重地说："外乡人啊，求婚者要将珍贵的聘礼送过来了，我再也没有理由拒绝他们的要求。以前我的丈夫经常把十二把大斧排成一排，站在远处用他那张宝弓射出一箭，就能从所有斧头的孔眼中穿过去。我打算明天安排求婚人进行比赛，谁能做到这一点，我就嫁给谁。不过，我相信他们没人能做得到。"

奥德修斯拍手称赞道："太妙了！明天就这么办！我保证，比赛之时奥德修斯就会赶到！"

珀涅罗珀的内心虽从未放弃过希望，但也一直不敢奢望丈夫能够回到她的身边。见夜色已深，她便吩咐女仆为客人准备床铺。奥德修斯说："我已经习惯了长期的流浪生活，不再适应松软的床铺。给我铺个草垫子就行了。不过，如果可以的话，我倒是希望有一位善良知礼的年迈女仆帮我洗洗那劳累的双脚。"听浪游者这么说，王后便呼唤老女仆欧律克勒亚伺候客人洗脚，她则先回屋休息了。

欧律克勒亚端来铜水盆，一边为奥德修斯洗脚，一边唠叨着："流浪者，我非常愿意为你服务，因为你的身材、嗓音、年岁都很像我亲自哺育过的主人奥德修斯。"说到这里，她的手突然触到了老乞丐膝盖上的伤疤——那是当年奥德修斯在帕耳那索斯山上打猎时，被野猪咬了一道深深的口子落下的伤疤。欧律克勒亚小心抚摸着这道伤疤，禁不住浑身战栗。她热泪盈眶，声音发抖："亲爱的孩子，难道真的是你回来了？"奥德修斯赶紧俯身捂住了奶妈的嘴，压低声音说："是的，你说得没错！我回来了！但绝不能让任何人知道这一消息，包括我的妻子在内。如果你走漏了风声，尽管你是我的奶妈，我也绝不会手下留情！"

欧律克勒亚发誓一定会为他严守秘密，并提醒老主人随时提防宫里的有些侍女。

奥德修斯睡下后难以成眠。他一直在思考向求婚者复仇的所有细节。雅典娜来到他身边，答应他关键时刻自己也会出手相助，并安慰他一切灾难即将结束。女神这样一说，奥德修斯便安稳地睡着了。

可是，睡了没多久，奥德修斯就被珀涅罗珀的哭泣声吵醒。他隐约听见妻子在不住地哭诉："伟大的狩猎女神阿尔忒弥斯，在我被迫背叛丈夫可能与一个远不如他的陌生人结婚之前，我请求你把我带到最遥远的地方！我常常梦见丈夫来到我的床前，可伸手一摸却空空如也。我实在忍受不了这种折磨！"

听到忠贞的妻子说出这样的话，奥德修斯心如刀绞。他站起身来走到院子里，高举双手向宙斯祈祷，恳求降下吉兆：就将我今天最先听到的几句话作为神祇的预示吧！顿时，宫殿上空响起滚滚雷声。旁边房间里通宵达旦为求婚者磨面的女仆听到雷鸣，探头张望，随口说了句："天空没有云彩，宙斯却发出雷声，但愿这是我为求婚者最后一次设宴。"奥德修斯听到这个吉兆，非常高兴。他知道雷神宙斯让他复仇的时刻到来了。

6.诛杀求婚者

主人归来，欧律克勒亚无比兴奋，一大早就起来吩咐女仆擦洗桌椅板凳、准备宴会用的食品。她知道，这些求婚者的末日已经不远了。

忒勒玛科斯与父亲悄悄碰了头。奥德修斯将前一晚思考的详细计划告诉了儿子，父子俩在为复仇做最后的准备。

牧猪人欧迈俄斯、牧牛人菲罗提俄斯、牧羊人墨兰提俄斯赶着供求婚者大吃大喝用的猪、牛、羊进城了。老乞丐装扮的奥德修斯迎面遇见了他们。欧迈俄斯和菲罗提俄斯看到这个无家可归的流浪者，不禁想：莫非自己的主人也在异国他乡如此流浪？想到这里，他们开始祈求众神让奥德修斯顺利返回家乡。

奥德修斯上前安慰两位忠实的仆人，对他们说："放心吧！你们即将亲眼看到老国王如何收拾那帮狂暴的求婚者！"

这时，站在一旁的牧羊人墨兰提俄斯又来欺负他这个流浪汉了。他以轻蔑的口吻说道："可恶的老乞丐，你怎么还没离开这里？难道不被别人暴打一顿，你就不肯走吗？"奥德修斯威严地皱起眉头，一言不发。

求婚者络绎不绝地来到奥德修斯的宫中。他们都已给珀涅罗珀准备了厚礼，再次逼迫她决定丈夫的人选。宴会又开始了，忒勒玛科斯在门边给父亲奥德修斯摆了一张小桌、一把矮凳，并吩咐仆人为他端来食物，斟满美酒。就在此时，预言家忒俄克吕摩诺斯也赶来了。忒勒玛科斯又为他在大厅里准备了桌椅。

这时，求婚者克忒西波斯高声嚷道："你们都看到了，忒勒玛科斯真大方啊！他给这个老乞丐备下了丰盛的食物。既然如此，我们也不能太吝啬，我也为他准备了礼物。"说着，他抓起一只牛蹄朝奥德修斯猛地掷了过去。奥德修斯扭头躲过。他忍住心中的愤怒，没有说话。见此情景，忒勒玛科斯霍地站了起来，冲克忒西波斯喝道："幸好你没有打中他！否则我的长枪定会将你刺穿！我再警告你们一遍：谁也不许侮辱我的客人！"

一个名叫阿革拉俄斯的求婚者站起来说："朋友们，不要动粗！忒勒玛科斯的话还是比较合乎情理的！不过，我希望他的母亲珀涅罗珀也应该讲道理，既然奥德修斯注定不可能回来了，她要的礼物我们也都送上了，那还犹豫什么，赶快出来选丈夫吧！"

阿革拉俄斯的话音刚落，女神雅典娜出手了。她开始施展法力蛊惑求婚者的心智。求婚者突然神经错乱、丧失理智，一个个脸色发白、放声狂笑，他们抓起一块块的生肉塞进嘴里，鲜血不停地从嘴角流了出来。接着，他们又感觉心头郁闷，双眼噙泪，脸上流露出沮丧、悲哀的神情。

见此情景，预言家忒俄克吕摩诺斯说话了："我看到高大的宫墙在滴血，精美的廊柱殷红一片，到处挤满了鬼魂。"没等他说完，求婚人已恢复了理智，他们吵嚷着："这是哪里来的骗子，敢在这里冒充什么预言家！如果你在这富丽堂皇的屋里看见这些，只能说明你不是个瞎子就是个傻瓜。我劝你不要再胡言乱语，赶紧从这里滚出去！要不然你会很难堪！"

忒俄克吕摩诺斯继续说道："我双眼健全，神志清醒，不用你们驱赶，我也会离开这里。血光之灾正在袭来，你们都将遭到毁灭。这是神祇对你们肆无忌惮祸害别人的报应。"说着，他飞快地走出了王宫。

一个求婚者指着忒勒玛科斯嘲笑道："看看你，一个衣衫褴褛的老乞丐，一个招摇撞骗的预言家。本来应该拿他们到市场上去卖钱，在你这里却都成了座上客！真是可笑至极！"

忒勒玛科斯强压心头怒火，随时瞧着父亲，期待他发出反击的信号。但这一切对奥德修斯来说，好像什么都没发生一样。他自顾自地吃着烤肉，喝着美酒。

天过中午，珀涅罗珀起身来到丈夫的库房，从中拿出一张精美绝伦的硬弓和一个装满翎箭的箭壶。

当年，盗圣奥托吕科斯偷了神射手欧律托斯的牛群，这位俄卡利亚国王不辨是非，竟怀疑是他昔日的徒弟赫拉克勒斯所为。欧律托斯的大儿子伊菲托斯坚信享有盛名的大英雄绝非鸡鸣狗盗之辈，遂自告奋勇四处寻牛以还赫拉克勒斯的清白。[①] 当他来到伯罗奔尼撒半岛东南部地区的塞墨涅时，与前去那里索取债务的奥德修斯不期而遇。两位年轻的英雄惺惺相惜，互赠了礼物。伊菲托斯送给奥德修斯的珍贵赠礼便是这张无与伦比的

[①] 参见本书第 195 页。

硬弓。①

珀涅罗珀抚摸着丈夫的旧物，不禁悲从中来，落下眼泪。过了一会儿，她擦干泪水，站起身来，意志坚定地迈步来到宴会大厅。

王后示意求婚者保持安静，并高声宣布她的决定："听我说，这是我丈夫的一套弓箭。我提议用它举行一场射箭比赛。如果谁能像奥德修斯那样一箭射穿十二把斧头的孔眼，就可娶我为妻。"说完，珀涅罗珀把弓交给欧迈俄斯，让他拿给那些求婚者。忒勒玛科斯则命令仆人把斧头依次排列插进土里，并让十二个孔眼形成一条直线。

安提诺俄斯摆出一副胜券在握的样子，说："让我们从左到右轮流上场吧！"

坐在最左边的求婚者觉得自己很幸运，傲慢地走了过去。可一试才知道，别说射穿孔眼了，连弓弦他都装不上。没办法，这张硬弓便在一个个求婚者手里传递下去，结果没有一个人能使它稍稍弯上一弯。

不知不觉，夜幕已经降临，只剩下安提诺俄斯、欧律玛科斯等为数不多的几个人没有尝试过了。此时，安提诺俄斯吩咐牧羊奴墨兰提俄斯去拿些脂油来擦弓，以便使它拉起来更容易些。

就在他们擦弓的时候，牧猪人欧迈俄斯和牧牛人菲罗提俄斯离开宴会厅出去小解，奥德修斯跟着他们走了出去。在院墙的阴影下，他低声问道："如果奥德修斯回来，你们愿不愿和他一起战斗？"两位忠实的仆人异口同声地向宙斯起誓："坚决与主人站在一起！"于是，奥德修斯给他们看了膝盖上的疤痕，并表明了自己的真实身份。两位仆人激动地抱住他，泪流满面。奥德修斯镇静地说："现在不是伤感的时候！我知道

---

① 设想一下，如果伊菲托斯知晓盗牛事件的真凶竟是奥德修斯的外祖父奥托吕科斯，那他还会不会把这张祖传神弓送给奥德修斯呢？

你们两个愿意为我祈祷，盼我返回家园，所以我吐露了实情，并希望得到你们的帮助。"欧迈俄斯和菲罗提俄斯强忍住激动的泪水，压抑住兴奋的心情，表示一切听从吩咐。奥德修斯按照头天晚上考虑好的计划，对他们这样说道："首先要记住，只有我的儿子忒勒玛科斯和奶妈欧律克勒亚知道我的真实身份，千万不要再让别人知道我回来了。待会儿进入大厅之后，我要拿起弓箭参加比赛。这时，欧迈俄斯，你就从小门跑出去告诉欧律克勒亚，让她把所有的女仆都锁在内院，不许她们出来。而你，菲罗提俄斯则负责关住大门、插上门闩，不能让里面的人出去，也不许外面的人进来。"吩咐完毕，他们分别返回宴会厅，奥德修斯又坐在了门边的位子上。

奥德修斯的那把硬弓已擦好脂油，但安提诺俄斯、欧律玛科斯等人仍然无法将弓弦装上。求婚者看到所有人的努力都是徒劳，感到很是沮丧。安提诺俄斯辩解道："今天是祭祀弓箭之神阿波罗的日子。我们还是先回去给他奉上丰盛的祭品吧！也许献祭之后，明天就能轻而易举地拉开这张弓。"大家都觉得这话非常有道理，所以决定退席。

就在这时，奥德修斯冷不丁从门槛边站了起来，说道："在你们回去之前，让我试试这张弓吧！"求婚者们听到这个请求，纷纷嘲笑道："别忘了自己的身份！你只是个老乞丐，根本不配参加求婚比赛！让你在这里和我们一起宴饮就已经是抬举你了，还想得到美丽的珀涅罗珀？简直是痴心妄想！"

端坐在椅子上的珀涅罗珀却温和地说："既然他提出了这个要求，让他试试又何妨？"没等求婚者说话，忒勒玛科斯十分强硬地说道："我的母亲，请你不要忘了，我才是这里的主人！除我之外谁也不能决定让不让他参赛！你作为一个妇道人家还是回内室纺线织布去吧！拉弓射箭是男人的事情！"珀涅罗珀不知道儿子这是找个借口让她远离这场即将开始的屠戮，心里实在不理解他怎么突然对自己如此蛮横无理，只得悻悻地退回内室，默默垂泪。不一会儿，女神雅典娜便让她进入了沉沉的睡梦之中，以防她听到那可怕的厮杀声。

忒勒玛科斯心里也不好受，但他必须忍着。见母亲走了，他便让欧迈俄斯把弓交给奥德修斯。

奥德修斯接过这张久违的硬弓，仔细端详，轻轻抚摸。此时，欧迈俄斯和菲罗提俄斯分别向主人使了个眼色。奥德修斯知道他交代的事情已经办妥，随即双臂一用力，硬弓被按压成半月形状。他安上弓弦并伸出指头弹了弹，看它是否依然坚韧。弓弦发出的嗡嗡声令求婚者心头一震，同时，屋顶上滚过一阵雷鸣，求婚者脸色已经苍白。

奥德修斯知道这是宙斯给他的暗示，当即抓起一支箭，嗖的一声射了出去，不偏不倚刚好从十二把斧头的孔眼穿了过去。

奥德修斯转身对忒勒玛科斯使了个眼色，让他偷偷从侧门出去到库房拿武器。然后，这位伊塔卡国王把身上的破衣服扯去，露出健硕的肌肉，手握弓箭大声喊道："第一个目标我已经射中，现在我又选定了一个新目标！"说着，一箭正中安提诺俄斯的喉咙。安提诺俄斯身子一歪，一声没吭，倒地身亡。

求婚者一看形势不对，赶紧起身去取原先挂在墙上的武器。可直到这时他们才发现，所有的武器都不见了。这下他们心里更慌了，忙问眼前这个射术如此精湛的老乞丐姓甚名谁。

雅典娜使奥德修斯现出真身。这位昔日的大英雄威风不减当年。他冲着求婚者威严地吼道："你们这群不知羞耻的恶棍、畜生，睁开狗眼看清楚了，我就是奥德修斯，伊塔卡的国王，这座宫殿的主人！你们以为我不会回来了，就谋夺我的家产、逼迫我的妻子。现在，我要告诉你们，你们就要大祸临头了。"

一听这话，求婚者都吓破了胆。欧律玛科斯极力保持镇静。他说："奥德修斯，我们承认在您的宫廷里做了许多坏事。但安提诺俄斯这个罪魁祸首已经死去，是他鼓动大家干的这些事情，而且他对珀涅罗珀的求婚也毫无诚意，心里一直想的都是伊塔卡的王位，也是他怂恿我们想办法干掉你的儿子。现在他已得到应有的惩罚，就请您不要再迁怒我们了吧！当然，我们也不可能完全逃脱干系。我想大家应该都愿意加倍赔偿这些年来浪费的财物，以求得您的原谅。"

雅典娜使奥德修斯全身燃烧着复仇的强烈欲望，欧律玛科斯的花言巧语根本打动不了他。威严的伊塔卡国王坚定地说："欧律玛科斯，别浪费口舌了，即使你们把全部家产都给我，也无法浇灭我心中的仇恨！你们要想赎罪只有一种方式，那就是去死。"

奥德修斯的话彻底打碎了求婚者心里仅存的幻想。欧律玛科斯只好对同伴说："既然这样，那别无选择！大家拔出剑来，用桌子当盾牌冲出去吧！"说着，他率先拔剑出鞘，冲了上去。但还没迈出几步，一支利箭已射穿他的胸膛，他倒地死去。

接着，安菲诺摩斯又扑了上来。已取回武器的忒勒玛科斯瞅准目标，将手中的长矛投掷过去，正中他的后心，他倒地身亡。随后，装备整齐的忒勒玛科斯将拿来的头盔、盾牌、长枪，分给欧迈俄斯、菲罗提俄斯使用。

忒勒玛科斯在分配武器装备时，奥德修斯射出一支又一支利箭，每支箭都射杀一个求婚者。翎箭射完的时候，儿子已来到父亲身边，把武器装备交给了他。奥德修斯披挂起来，与忒勒玛科斯、欧迈俄斯和菲罗提俄斯并肩作战，求婚者接二连三倒地死去。

在打斗过程中，欧迈俄斯离开了他所把守的小侧门，狡猾的牧羊奴墨兰提俄斯悄悄从这里逃了出去。他发现忒勒玛科斯搬取武器的库房门忘了上锁，就分几个来回取了十二张盾牌、十二支长枪送给了求婚者。

正在奋力拼杀的奥德修斯突然发现不少敌人已经武装起来，大吃一惊。

忒勒玛科斯说:"这是我的疏忽!事情紧急,我竟然忘了给武器库上锁!而且,也是我让看守小门的欧迈俄斯到这边来作战的。"

欧迈俄斯已经发现了又一次潜往兵器库盗取武器的墨兰提俄斯,并将此情况报告给奥德修斯。奥德修斯命令他和菲罗提俄斯生擒这个卖主求荣的家伙。两个人悄悄接近兵器库,把正在往外搬运武器的墨兰提俄斯按倒在地,再将他的手脚反捆起来,悬在了房梁上。

干完这活,欧迈俄斯和菲罗提俄斯抄起武器赶紧回到主人父子身边。

就在这时候,"门托耳"突然出现在大厅里。奥德修斯知道现在大门、小门都已牢牢关闭,凡人根本就不可能进入,所以眼前这个"门托耳"一定是女神雅典娜的变身。

求婚者不明就里,愤怒地骂道:"可恶的门托耳,赶快滚开!如若不然,你会死得很难堪。"

这下可激怒了雅典娜。女神怕污了她那圣洁的双手,所以不想直接参战。便转身责备奥德修斯:"伊塔卡国王,你难道真的老了吗?这一仗打得可不如你在特洛伊战场上的厮杀那么勇猛。"雅典娜用这样的语言刺激奥德修斯奋勇杀敌。说完之后,她变成一只燕子落在房梁上观察战况。

自己的保护神亲自督战,受到激励的奥德修斯比此前更加勇猛,加上雅典娜暗中相助——使求婚者的长枪都投偏,没多长时间他的身旁就堆满了敌人的尸体。忒勒玛科斯和两个忠实的仆人作战也很勇敢,不少求婚者死于他们的长矛之下。

经过一番厮杀,只有为求婚者唱歌的歌手斐弥俄斯和他们的传令官墨冬得到了奥德修斯的宽恕,因为斐弥俄斯为他们弹唱完全是出于被迫,而且唱的都是英雄们在特洛伊战场上的出色表现;至于墨冬,求婚者策划谋害忒勒玛科斯的消息,正是他告诉珀涅罗珀的。

奥德修斯仔细检查,看是否有人漏网,直到确信所有敌人都已死亡才算放心。接着,他命人把老仆人欧律克勒亚叫来。听说主人召唤,欧律克勒亚赶紧跑来,看到奥德修斯已把所有求婚者杀死,她感到异常欣喜。伊塔卡国王吩咐她将那些背叛主人、私通求婚者的女仆都叫来。对于这些情况,欧律克勒亚早已了如指掌,所以很快就把墨兰托等十二名不知廉耻的女仆领来了。

奥德修斯命令这十二个人将求婚者的尸体搬运出去,堆放在宫殿的柱廊里,然后让她们擦拭桌椅板凳,把整个大厅打扫干净。这些人边干边哭,因为她们知道自己难逃一死。

一切都已收拾妥当。奥德修斯遂下令将十二个女奴排成一行统统吊死。还有那个被关押在兵器库里的牧羊奴墨兰提俄斯,奥德修斯一听他的名字就恨得牙痒痒,所以"用无情的铜器砍下他的双耳和鼻梁,割下他的私处,扔给群狗当肉吃,又割下他的双手和双脚,难消心头恨"[①]。

所有仇人都已受到应有的惩罚。剩下的仆人围在主人身边,为他的回归而欢呼雀跃。看到这一景象,奥德修斯也忍不住热泪盈眶。

7. 夫妻相认

珀涅罗珀还在沉沉地睡着——那是因为雅典娜不想让她看到这血腥的场面。天快亮了,奥德修斯让欧律克勒亚走进珀涅罗珀的卧室叫醒她,并把所有的好消息都告诉她。珀涅罗珀听后,满脸的不满,对老女仆说道:"令人尊敬的奶娘,要是别人这样骗我也就罢了,为何你这个向来心地善良的老人也来捉弄我?自从我的丈夫离家之后,我从来就没有这样酣睡过!你为何用谎话把我弄醒?"

"王后啊,我怎能忍心骗您?我说的全是真话!您昨晚会见的那个外乡人正是您的丈夫奥德修斯。我为他洗脚的时候从膝盖上的伤疤已经认出

[①] 【古希腊】荷马:《荷马史诗·奥德赛》,王焕生译,人民文学出版社,1997年版,第434页。

他来，可当时他不让我告诉您，说要等到将求婚者统统杀死、大仇得报之后才让您知晓这一消息。"欧律克勒亚极认真地说。

珀涅罗珀一下子从床上跳起来，含着眼泪抱住了欧律克勒亚，说道："你说的这都是真的吗？可他独自一人怎么可能杀死那么多的敌人呢？"[1]

欧律克勒亚说："这我也不知道，因为当时我不能进入宴会大厅。当我被允许进入时，求婚者就都已死去。别多说了，赶快去见您的丈夫吧！问问他，所有的疑问就都解开了。"

将信将疑的珀涅罗珀向宴会厅走去。一进门，她就看到了熊熊炉火照射之下的奥德修斯。不过，王后不敢开口，她只是默默地端详着，忽而觉得他就是自己朝思暮想的丈夫，忽而又觉得他还是那个破衣烂衫的老乞丐。

站在一旁的忒勒玛科斯见母亲犹豫不决，便上前说道："亲爱的母亲啊，我们父子早已相认，只是为了报仇才一直瞒着您！之前我对您说了一些冒犯的话，请您不要和我计较！我的父亲离家二十年，千辛万苦地回来，您不是也一直盼望着这一天吗？现在，他就在眼前，您为何一言不发，却如此冷若冰霜？"

"孩子，我那是因为激动而说不出话来！我实在不知道该说些什么。但是，倘若他真是我的丈夫，那我们自然有更好的方式相认，因为有一个只有我们俩才知道的秘密。"珀涅罗珀对儿子这样说。

奥德修斯体谅妻子的苦衷，笑着对忒勒玛科斯说："我的儿啊，我和你母亲并不急于相认！现在有比这个更为紧急的事情。我们杀了这么多人，必然招致他们亲人的报复。目前首要的问题是保守秘密，不能让城中居民知晓此事，以免引起骚乱。"

---

[1] 据《奥德赛》，求婚者共 108 人。（参见【古希腊】荷马：《荷马史诗·奥德赛》，王焕生译，人民文学出版社，1997 年版，第 312 页。）

说完之后，奥德修斯吩咐道："为了避人耳目，拖延时间，宫中所有的仆人都要穿上华丽的衣服，在斐弥俄斯的竖琴伴奏下唱歌跳舞，吃喝玩乐，动静闹得越大越好，让城中居民以为宫中在举行盛大的庆典。"仆人立即照办。

这一招果然奏效，在宫前经过的人都以为珀涅罗珀已选定某位求婚者做丈夫，正在举行他们的结婚喜宴。

和往常一样，直到深夜宴会才告结束。奥德修斯洗完澡，穿上华贵的衣服，雅典娜使他变得容光焕发，神采奕奕。他走进客厅，坐在妻子的对面，珀涅罗珀仍然对他不理不睬。奥德修斯只得这样说："我的奶妈，欧律克勒亚，看来今晚你得为我另铺一张床了！"

这时，珀涅罗珀脱口说道："好吧，欧律克勒亚，你为他准备床铺吧！从卧室把我和奥德修斯的那张床搬出来，再为他重新铺好被褥就可以了。"

"哦，谁能搬得动我制作的那张床？当初建造这座宫殿时，有一棵橄榄树恰恰在我们的卧室里。我亲手把上面的树干砍去，用一截树身直接做成一根床腿。要想搬动它，除非砍断橄榄树。"奥德修斯接口说道。

丈夫这些话一出口，珀涅罗珀已是泪流满面。她颤抖着扑向奥德修斯，紧紧抱住他不停地亲吻着。奥德修斯一直压抑的情绪也在这一刻得到彻底释放，他含泪将忠贞的妻子搂在怀中，连连亲吻。

这天晚上，经历太多苦难的两个人各自向对方诉说着二十年来所遭受的凶险和苦楚。珀涅罗珀幸福地躺在丈夫那有力的臂弯中，整个身心感到无比的轻松和安全。

8. 大团圆结局

天刚蒙蒙亮，奥德修斯拥抱着珀涅罗珀，深情地说："亲爱的妻子，我要和儿子一起去乡下看望我的父亲莱耳忒斯。求婚者被杀的消息很快就会传遍全城，你也带上女仆去你父母家中暂时躲避一下。请相信，有伟大神祇的保佑，我们很快就会重新回到宫中。"在珀涅罗珀眼中，她的丈夫就是无所不能的大英雄，无论他说什么，自己照着做就行了。

奥德修斯、忒勒玛科斯和两个奴仆欧迈俄斯、菲罗提俄斯带上武器，一起走出城去。不多时，他们就来到莱耳忒斯居住的农庄——这是奥德修斯家的祖业。奥德修斯看着房屋旁边的果园，不禁想起了往事：童年时，父亲牵着他的手走在果树中间，告诉他各种果树的名称，并指定几十棵果树送给他。往事好像还在昨天，可事实上他已经有二十年没有来过这里了。

走进茅屋，老女仆没有认出奥德修斯，只是和小主人热情地打着招呼。她告诉忒勒玛科斯："您的爷爷在葡萄园里干活，园丁多里俄斯带着他的六个儿子去修葺果园的围墙了。"

奥德修斯让儿子和两个仆人先留在这里准备饭菜，他则直接去了果园找寻父亲莱耳忒斯。

很快，奥德修斯看到了弯腰驼背的老父亲。他穿着打满补丁的粗布衣服正在吃力地修剪葡萄藤。这一幕让奥德修斯的内心无比辛酸。他可以想象得到在自己离开家园的这二十年里，父亲吃了多少苦、流了多少泪。他擦去眼上的泪痕，走到父亲面前，想试探一下他是否还能认出自己。

奥德修斯像陌生人一样跟父亲搭讪："老人家，您干农活好像很内行啊！把各种果树、蔬菜都料理得很好，只是看起来您自己却没人照顾。"莱耳忒斯没有回答他的问题，而是低着头反问道："异乡人，你来自哪里？为什么来到伊塔卡？"奥德修斯装出一副非常兴奋的样子，对他说："我真的来到了伊塔卡吗？十年前，我曾经在自己家中款待过奥德修斯，临走时还送给他许多礼物。现在，我就去找他，让他也好好款待我一番。"听了他的话，莱耳忒斯摇头叹息道："外乡人，奥德修斯就是我日夜思念的儿子。感谢你对他的盛情款待！但是他可能没法回报你了，因为他已经离开这里二十年了，至今都没有回来。"说着，老人家早已是老泪纵横、泣不成声。

奥德修斯不忍心看着父亲痛苦的样子，赶紧扑上去跪在他面前，双手紧紧抱住他的腿，失声痛哭："父亲！我就是您的儿子奥德修斯啊！根据众神的意愿我回到了伊塔卡,并已经杀死在家里饮酒作乐的那帮求婚者！"

莱耳忒斯不敢相信他说的话。奥德修斯先让父亲看了他膝盖上的伤疤，又将他当年送给自己的果树一一指给他看。在这些证据面前，老人再也无可怀疑，一把抱住儿子，失声痛哭。

突然，老人想起了什么，连忙对儿子说："你杀了那些求婚者固然是好事。可他们个个来自伊塔卡的名门望族，他们的家人岂能善罢甘休？一定会号召全城的人来向你寻仇！"

奥德修斯安慰父亲说："现在先不必为这些事担忧。雷神宙斯的女儿雅典娜是我的保护神，她一定会出手相助的。家里已备好饭菜，您的孙子还有欧迈俄斯、菲罗提俄斯都在等着我们呢！"说着，他们便向茅屋走去。

莱耳忒斯回屋后先洗了个澡，并换上多年未穿的华丽长袍。隐身的雅典娜使这位老人变得精神矍铄，容颜不老。当他焕然一新走出浴室时，奥德修斯大为惊奇，称赞父亲看起来充满了力量。莱耳忒斯说："如果昨天我知道你要向求婚者复仇，我一定会和你并肩作战，杀死几个混蛋！"

这时，老奴多里俄斯带着几个儿子回来了。他认出了主人奥德修斯，站在那里惊讶得一动不动。奥德修斯赶紧让他们坐下，并大致讲述了事情的经过。多里俄斯高兴坏了,连连向诸神祈祷,感谢他们把主人送回伊塔卡。

饭菜都已做好，大家围坐一桌，开心地吃了起来。

与此同时，伊塔卡宫廷之中突然的寂静引起了大家的好奇，有好事者从门缝里发现了庭院一角堆积着的大批死尸。世上没有不透风的墙。奥德修斯归来、求婚者被害的消息迅速传遍全城，死者的亲属从各处涌来,大哭着闯进王宫，可宫中空无一人。他们将死者的尸体抬出来安葬，然后聚集在市政广场，声讨奥德修斯的血腥屠杀，商议复仇计划。

安提诺俄斯的父亲欧珀忒斯哽咽着说道："朋友们，二十年前奥德修斯带着满满八船的英雄子弟远征特洛伊，可现在只有他一人回到伊塔卡。他不仅不向我们谢罪，还大肆屠杀他的子民。如此残暴的人根本就不配当我们的国王！如今，他虽然不在宫中，但也不会跑远。我相信他一定是去了他的父亲莱耳忒斯那里。让我们赶快去追杀这个十恶不赦的罪人吧！"

在他的鼓动之下，广场上顿时群情激愤。

这时，屠杀见证者斐弥俄斯和墨冬来到广场。墨冬挺身而出、仗义执言："伊塔卡的公民们，请允许我说句公道话！杀死求婚者完全是出于神意！我和斐弥俄斯亲眼看见一个伟大的神祇变身门托耳帮助奥德修斯。所以，请大家不要为难我们的国王。"老预言家哈利忒耳塞斯也尽力为奥德修斯辩护："以前，你们为什么放任你们的儿子、亲属胡作非为而不加管束呢？为什么不听从我的预言制止他们的恶行呢？现在发生的一切难道不是他们咎由自取吗？奥德修斯只是杀死了糟蹋他的家产、破坏他的家庭的敌人，难道有错吗？如果你们通晓事理，便不应该追究此事。显然，求婚者被杀是神的意志，不可违逆！"

哈利忒耳塞斯的话一说完，有些人站在了他这一边。但仍有很多人支持欧珀忒斯的说法——他们已经拿起武器，准备战斗。

奥林匹斯山上的女神雅典娜看到以欧珀忒斯为首的一群人已气势汹汹地冲向了莱耳忒斯的农庄，赶忙向父亲宙斯询问："万神之父，请把您的决定告诉我，是让伊塔卡发生内战还是双方和解？"

宙斯答道："命运女神早已决定让奥德修斯返回家乡并成功复仇。他一直在按照神祇的意志行事，并无过错。他智勇双全，应永为国王。让死者的亲人忘掉仇恨和悲伤吧！让双方订立盟约，和平共处！让伊塔卡变得更加繁荣与富饶！"看来，宙斯也厌烦了无休无止的争斗与厮杀。这部战争题材的连续剧是该结束的时候了。

听了父亲的话,雅典娜飞速驰往伊塔卡。

农庄中,莱耳忒斯等人一边吃饭,一边听奥德修斯讲述他的故事。突然,这位英雄说道:"恐怕在我们闲谈的时候,敌人正在积极备战。最好有个人出去放哨,看看他们是否正朝这里赶来。"多里俄斯的儿子领命而去,没走出多远他就看到了蜂拥而至的人群,便赶紧回来报告。

屋内连老带小共十二个人即刻武装起来组成一支小队伍,在奥德修斯的率领下雄赳赳气昂昂地冲出大门,来到空地上准备迎战。这时谁也没有注意到,"门托耳"突然出现在队伍跟前。奥德修斯、忒勒玛科斯、欧迈俄斯和菲罗提俄斯曾在力斗求婚者之时看见过类似的一幕,所以他们知道这是女神雅典娜前来助战,心中暗自高兴。但年迈的莱耳忒斯不明就里,以为真的是门托耳赶到了。老人连忙说道:"门托耳,谢谢你前来助战!你也可以顺便看一下我们祖孙三代人同上战场、奋勇杀敌的场景!"

假扮的门托耳来到莱耳忒斯跟前,对他耳语道:"老人家,你只需向宙斯和雅典娜祈祷,然后不必瞄准尽管向敌人投出你的长枪吧!"莱耳忒斯依言行事,结果他投出去的长枪正中欧珀忒斯的头颅。愤怒的人群一看首领被杀,纷纷投出他们手中的长矛。奥德修斯、忒勒玛科斯等人立即投入战斗,展开猛烈的还击。

在这危急时刻,雅典娜现出真身,威严地高声断喝:"伊塔卡的公民们,我是宙斯的女儿雅典娜!快停止战斗,立即散开!"

听见女神的喊声,复仇者吓得纷纷放下武器。

雅典娜命令所有人去往市政广场,并派遣使者召集全体公民前来开会。待所有公民到齐之后,女神在空中现身,庄严地宣布了宙斯的旨意:"所有恩仇一笔勾销,奥德修斯永为国王!"

神祇、英雄与凡人,谁能抗拒命运之神?

后 记

世间每个人皆有功利之心，且这功利之心内在地具有无限扩张的本性。扩张必然带来僭越，最终侵袭全部身心，一生为追名逐利忙碌奔波。想当年，康德曾高声呐喊："我要为理性划界限，以便为信仰留地盘！"同样的道理，我们要做的也不是彻底抛弃这功利之心，而是将其限制在合理的范围之内，以便为身心自由腾出空间。

记得那是十多年前，当我第一次给学生开设"西方哲学史"这一课程时，了解到哲学是对神话的革命这一命题，便开启了对希腊神话的关注与兴趣。后来，随着相关书籍阅读量的增加，我渐入痴迷状态。在这一过程中，我发现有的著作佶屈聱牙，有的著作故事散乱，于是便产生了自己动笔写一本通俗易懂、体系分明的希腊神话读本的想法。虽然在此期间，我攻读了山东大学哲学博士学位，也曾进入西南大学博士后流动站工作，但从未放弃希腊神话的研究与写作，而且这也给我带来了无尽的享受和乐趣。我想，这就是我最近这些年来自由舒展的心灵空间吧！

还需要说明的一点是，我的妻子也没有太多的功利之心。她给了我自由写作的时间和空间。我想，如果她是个热衷于功名利禄的人，这部书也不可能完成。

希腊神话体系过于庞大，故事太过繁杂，此书无法囊括。最终呈现在大家面前的这部著作虽然几易其稿、反复修改，但肯定还会有许多不尽如人意之处。这些问题只能留待以后来解决了。

  十分感谢广西师范大学出版社精心加工此书的编辑！他们为这部著作的出版做了大量的工作，提供了许多无私的支持与帮助。在此谨表衷心谢意！

侯继迎
2019 年于济南阳光舜城